La résolution des litiges entre le consommateur et le fournisseur de l'énergie électrique au Cameroun

Alain Georges BESSALA

La résolution des litiges entre le consommateur et le fournisseur de l'énergie électrique au Cameroun

Avant-propos de Laurent Vidal

Préface de Jacques Fame Ndongo

L'Harmattan
Cameroun

Du même auteur

Sécurité d'approvisionnement et énergies renouvelables en droit camerounais. Recherches sur les mécanismes de diversification du parc énergétique, L'Harmattan, juin 2021.

5-7, rue de l'Ecole-Polytechnique, 75005 Paris

http://www.editions-harmattan.fr

ISBN : 978-2-336-47955-2
EAN : 9782336479552

À tous mes enfants.

À celle qui, à mes côtés, de près comme de loin, n'a eu de cesse de consentir d'énormes sacrifices. Qu'elle trouve ici, l'expression de ma profonde reconnaissance.

REMERCIEMENTS

Mes remerciements les plus vifs vont :

Au Professeur Laurent VIDAL qui a toujours incité ma curiosité dans ce domaine presque aride qui est celui du droit de l'énergie en Afrique et au Cameroun, et dont les lumineux conseils ont constitué sans aucun doute une source intarissable de motivation et d'inspiration.

Au Professeur Jacques FAME NDONGO, MINETAT, MINESUP, Chancelier des Ordres académiques qui nous a fait honneur en acceptant de préfacer cet ouvrage.

Aux Professeurs Alain Franklin ONDOUA et Marcelin NGUELE ABADA pour leur inconditionnel soutien.

Aux jeunes chercheurs placés sous mon encadrement scientifique pour la relecture du travail.

PRINCIPALES ABRÉVIATIONS

AAI	:	Autorité administrative indépendante
ADD	:	Avant Dire Droit
AES-SONEL	:	Applied Energies Services-Société nationale d'électricité du Cameroun
AIEA	:	Agence internationale de l'énergie atomique
AJDA	:	L'Actualité juridique Droit administratif
AP	:	Assemblée plénière
ARSEL	:	Agence de régulation du secteur de l'électricité
Art	:	Article
Att.	:	Attendu
Aut.conc.	:	Autorité de la concurrence
BE	:	Bureau d'études
Bull. civ.	:	Bulletin civil des arrêts de la Cour de cassation
C. civ.	:	Code civil
C. pr. civ.	:	Code de procédure civile
CADPH	:	Cour africaine des Droits de l'Homme et des Peuples
Cah. dr. entr.	:	Cahiers de droit de l'entreprise
CARD	:	Contrat d'accès au réseau public de distribution
CART	:	Contrat d'accès au réseau public de transport
Cass. civ.	:	Cour de cassation, chambre civile
Cass. crim.	:	Cour de cassation, chambre criminelle
CE	:	Conseil d'État
CE, ass.	:	Conseil d'État, assemblée
CEMAC	:	Communauté économique et monétaire des États de l'Afrique centrale
Chr	:	Chronique

CJEG	:	Cahiers juridiques de l'électricité et du gaz
Concl.	:	Conclusions
Cons. conc.	:	Conseil de la concurrence
Cons. const.	:	Conseil constitutionnel
Conv. EDH	:	Convention européenne de sauvegarde des droits de l'homme et des libertés fondamentales
CS	:	Cour suprême
CS/AP	:	Assemblée plénière de la Cour suprême.
CS/CA	:	Chambre administrative de la Cour suprême
CSPH	:	Caisse de stabilisation des prix des hydrocarbures
CTD	:	Collectivités Territoriales Décentralisées
D	:	Recueil Dalloz
DDHC	:	Déclaration des droits de l'homme et du citoyen
dir.	:	sous la direction de
Dr. soc.	:	Droit social
Ed.	:	Édition
EDCE	:	Études et documents du Conseil d'État
EE	:	Énergie électrique
EPCI	:	Établissement public de coopération intercommunal
EPIC	:	Établissement public industriel et commercial
ERDF	:	Electricité réseau distribution France
ETPA	:	Établissement public administratif
Gaz. Pal.	:	La Gazette du Palais
GRT	:	Gestionnaire de réseau de transport
HT	:	Haute tension
Ibid.	:	Au même endroit
Infra	:	ci-après
J. Cl.	:	Juris-classeur
JCPE	:	Juris-classeur périodique
JO	:	Journal officiel
LDGJ	:	Librairie générale de droit et de jurisprudence
MARD	:	Mode alternatif de règlement des différends

Mél.	:	Mélanges
OCDE	:	Organisation de coopération et de développement économiques
OHADA	:	Organisation pour l'harmonisation en Afrique de droit des affaires
Op. cit.	:	Op. citatum
Ord	:	Ordonnance
p.	:	page, pages
PANERP	:	Plan national de réduction de la pauvreté
PUF	:	Presses universitaires de France
RA	:	Revue administrative
RCD	:	Revue camerounaise de Droit
RDP	:	Revue du Droit public et de la Science politique
RE	:	Réseau électrique.
Rec	:	Recueil
Rec.		Recueil des décisions du Conseil constitutionnel
RED consom.	:	Revue européenne de droit de la consommation
réf.	:	Références
Rev.concessions	:	Revue des concessions
Rev. sc. crim.	:	Revue de science criminelle et de droit pénal comparé
Rev. conc.	:	Revue de la concurrence et de la consommation
RFDA	:	Revue française de droit administratif
RG	:	Répertoire général
RI	:	Réseau interconnecté
RIDE	:	Revue internationale de droit économique
RPD	:	Réseau public de distribution
RPT	:	Réseau public de transport
RSDP	:	Règlement du service de distribution publique
RT	:	Réseau de transport

RTD civ.	:	Revue trimestrielle de droit civil
RTDE	:	Real-time data exchange
RTD com.	:	Revue trimestrielle de droit commercial
RTD Eur.	:	Revue trimestrielle de droit européen
S	:	Recueil Sirey
SA	:	Sécurité d'approvisionnement
SCDP	:	Société camerounaise des dépôts pétroliers
SNH	:	Société nationale des hydrocarbures
SONATREL	:	Société nationale de transport de l'électricité
SPIC	:	Service public industriel et commercial
T. com.	:	Tribunal de commerce
T. confl.	:	Tribunal des conflits
TA	:	Tribunal administratif
TGI	:	Tribunal de grande instance
TPI	:	Tribunal de Première Instance
UEMOA	:	Union économique et monétaire ouest-africaine

SOMMAIRE

PRÉFACE 15

AVANT-PROPOS 17

INTRODUCTION GÉNÉRALE 21

PREMIÈRE PARTIE : L'EFFICACITÉ LIMITÉE DES MODES NON-JURIDICTIONNELS DE TRAITEMENT DES LITIGES 65

TITRE I : L'AMBIGUÏTÉ DES RÉSOLUTIONS ÉDITÉES PAR DES ORGANES NON JURICTIONNELS 69

CHAPITRE I : LA SAISINE PRÉALABLE NON OBLIGATOIRE DES ORGANES ADMINISTRATIFS DE RÈGLEMENTS AMIABLES 71

CHAPITRE II : LE TRAITEMENT ALÉATOIRE DES INCIDENTS NÉS DE LA FOURNITURE PAR DES ORGANES NON ADMINISTRATIFS 109

CONCLUSION TITRE I 147

TITRE II : L'AMBIGUÏTÉ DES SUITES RÉSERVÉES AUX RÉSOLUTIONS ÉDITÉES PAR LES ORGANES NON JURIDICTIONNELS DE TRAITEMENT DE LITIGES NÉS DE LA FOURNITURE DE L'ÉNERGIE ÉLECTRIQUE 149

CHAPITRE I : L'EFFET MITIGÉ DES RÉSOLUTIONS DES ORGANES NON-JURIDICTIONNELS 153

CHAPITRE II : PLAIDOYER POUR UNE OPTIMISATION DE L'EFFICACITÉ DES MODES NON-JURIDICTIONNELS DE RÈGLEMENT DES LITIGES EN MATIÈRE DE FOURNITURE DE L'ÉNERGIE ÉLECTRIQUE AU CAMEROUN 177

CONCLUSION TITRE II 199

CONCLUSION DE LA PREMIÈRE PARTIE 200

DEUXIÈME PARTIE : LA QUASI-JUDICIARISATION DU TRAITEMENT DES LITIGES CONSÉQUENTS À LA FOURNITURE DE L'ÉNERGIE ÉLECTRIQUE 203

TITRE I : LA PRÉÉMINENCE DE L'OFFICE DU JUGE JUDICIAIRE DANS LE TRAITEMENT DES LITIGES INHÉRENTS À LA FOURNITURE DE L'ÉNERGIE ÉLECTRIQUE 207

CHAPITRE PRÉLIMINAIRE : LES FONDEMENTS DE LA PLÉNITUDE DES COMPÉTENCES DU JUGE JUDICIAIRE EN MATIÈRE DES CONTESTATIONS RELATIVES À LA FOURNITURE DE L'ÉNERGIE ÉLECTRIQUE 211

CHAPITRE I : L'ACTION DEVANT LE JUGE JUDICIAIRE DE LA FOURNITURE DE L'ÉNERGIE ÉLECTRIQUE 285

CHAPITRE II : L'ENGAGEMENT DE LA RESPONSABILITÉ ÉLECTRIQUE DEVANT LE JUGE JUDICIAIRE 309

CONCLUSION TITRE I 346

TITRE II : LE CLAIR OBSCUR DE L'INTERVENTION DU JUGE ADMINISTRATIF DANS LE TRAITEMENT JURIDICTIONNEL DES INCIDENTS NÉS DE LA FOURNITURE DE L'ÉNERGIE ÉLECTRIQUE 347

CHAPITRE I : L'INTERVENTION DES JUGES ADMINISTRATIF ET CONSTITUTIONNEL EN MATIÈRE DE FOURNITURE DE L'ÉNERGIE ÉLECTRIQUE 353

CHAPITRE II : L'ENGAGEMENT DE LA RESPONSABILITÉ PUBLIQUE DANS LE CONTENTIEUX ADMINISTRATIF DE LA FOURNITURE DE L'ÉNERGIE ÉLECTRIQUE 393

CONCLUSION TITRE II 413

CONCLUSION DE LA PARTIE II 414

CONCLUSION GÉNÉRALE 415

RÉFÉRENCES BIBLIOGRAPHIQUES 421

INDEX ALPHABÉTIQUE 443

TABLE DE MATIÈRES 449

PRÉFACE

L'ouvrage que publie le professeur Alain Georges BESSALA arrive assurément au moment opportun, au regard de la « popularité » de la problématique de l'énergie électrique au Cameroun.

L'accès à l'énergie, pour la transformation structurelle de l'économie camerounaise, est un des piliers de la Stratégie nationale de développement 2020-2030 (SND30). Ce n'est donc pas le moindre des mérites de cet ouvrage d'ouvrir la réflexion juridique approfondie sur l'épineuse question de la fourniture de l'énergie électrique au Cameroun. En effet, le désengagement de l'État, dans la vague des libéralisations des années 90, caractérisée entre autres, par les concessions de gestion de certains secteurs clés de l'économie, a occasionné une avalanche de litiges d'un genre particulier dont la résolution commande une nouvelle ingénierie. C'est le cas aujourd'hui des litiges opposant le consommateur au fournisseur de l'énergie électrique.

La création, par Son Excellence Paul BIYA, Président de la République, Chef de l'État, d'un ministère de l'Eau et de l'Énergie est la preuve éloquente du souci constant du sommet de l'exécutif camerounais de promouvoir un égal accès pour tous à ces besoins essentiels. D'énormes sacrifices sont consentis pour que l'accès à l'énergie se démocratise au nom de la politique de l'équilibre entre les villes et les campagnes, charte de l'action sociale du Gouvernement de la République. Par ailleurs, dans l'optique de préserver et de protéger les droits du consommateur, une Agence de régulation du secteur de l'électricité (ARSEL) a été créée par la loi n° 2011/022 du 14 décembre 2011 régissant le secteur de l'électricité. En effet, cette loi assigne entre autres à cette agence, la mission « de veiller aux intérêts des consommateurs et d'assurer la protection de leurs droits pour ce qui est du prix, de la fourniture et de la qualité de l'énergie électrique ».

À l'instar de ses homologues occidentaux et africains, le législateur camerounais, dans l'optique de la concrétisation de l'État de droit, a aménagé dans son système normatif, des mécanismes visant à garantir de manière transparente et neutre une protection accrue aussi bien du consommateur que du fournisseur concessionnaire du service public de l'énergie électrique. Néanmoins, en dépit de cet effort normatif suffisamment quantitatif et qualitatif, le processus de règlementation est appelé à se poursuivre, en intégrant davantage les aspects liés à la protection due au consommateur.

Par des analyses pertinentes, l'auteur fait notamment le constat des prérogatives exorbitantes de puissance publique reconnues au concessionnaire de l'énergie électrique face à un consommateur vulnérable, heureusement protégé par le juge. Au demeurant, l'auteur lève, dans son ouvrage, un pan de voile sur la relative fragilité du consommateur en matière de contentieux de l'énergie électrique au Cameroun. Pour pallier cette faiblesse, le juge administratif apparaît particulièrement comme étant un garant de la sauvegarde des droits du consommateur, conduisant l'auteur à militer en faveur d'une catégorisation du contentieux de la fourniture de l'énergie électrique en contentieux de droit public. Par ailleurs, l'auteur propose, à bon escient, des solutions innovantes complémentaires à l'organisation juridictionnelle de résolution du contentieux de l'énergie électrique en vigueur, à travers notamment l'institution d'un médiateur de l'énergie et l'intégration des collectivités territoriales décentralisées dans le processus de résolution des litiges.

Ces orientations analytiques et esquisses de solutions du Professeur Alain Georges BESSALA sont d'un grand apport pour le renforcement de la garantie et de la protection, au Cameroun, des droits fondamentaux du consommateur en général, et du consommateur de l'énergie électrique en particulier.

Je suis bien aise de remercier ce dynamique universitaire, non seulement pour le privilège de la préface, mais aussi et surtout pour de nombreux éclairages qu'il apporte aux utilisateurs de cette source d'énergie, à la communauté universitaire, aux décideurs et hommes politiques.

Pr Jacques FAME NDONGO,

Ministre d'État,
Ministre de l'Enseignement supérieur,
Chancelier des Ordres académiques.

AVANT-PROPOS

C'est un plaisir que de pouvoir réaliser l'avant-propos de l'ouvrage de M. Alain-Georges BESSALA consacré à *« La résolution des litiges entre le consommateur et le fournisseur de l'énergie électrique en droit camerounais : recherches sur les spécificités du contentieux de la fourniture de l'énergie électrique en droit camerounais »*.

Cet ouvrage, qui s'inscrit dans le prolongement des travaux de Monsieur BESSALA et de sa thèse, rédigée au sein de l'Université Paris 1 Panthéon-Sorbonne, fait honneur aussi bien à cette dernière qu'à l'Université de Yaoundé II. C'est à nouveau un sujet complexe auquel il se confronte tant est épineuse la question du contentieux de la fourniture de l'énergie électrique au Cameroun. Cette question illustre en effet l'importance prise par la régulation depuis une trentaine d'années et dont la fonction essentielle réside dans la normalisation des rapports entre différents acteurs économiques.

L'émergence de la régulation économique et sociale favorisée par la démocratisation et la libéralisation du secteur public ont engendré la montée en puissance des litiges d'un genre nouveau dont la résolution commande une nouvelle ingénierie. C'est le cas aujourd'hui des litiges électriques opposant le consommateur au fournisseur de l'énergie électrique.

Ce faisant, l'analyse des rapports entre le consommateur et le fournisseur de l'énergie électrique doit être réalisée à la lumière de la montée en puissance de la régulation économique qui a damé le pion à la régulation juridique dans le but de se soustraire à la rigidité formelle du droit dur. Commandée par le souci d'efficacité et de célérité, la régulation économique s'est imposée dans le secteur de la consommation de l'énergie électrique comme un instrument efficace de normalisation et d'apaisement des rapports entre détenteurs du pouvoir économique et consommateurs.

À l'instar de ses homologues occidentaux et africains, le législateur camerounais, dans l'optique de la concrétisation de l'État de droit, a aménagé, au sein de son système normatif, des mécanismes garantissant de manière transparente et neutre une protection accrue aussi bien au consommateur qu'au fournisseur concessionnaire du service public de l'énergie électrique. C'est en ce sens qu'inspiré par une dynamique de gestion efficiente de son secteur électrique, et conformément aux objectifs de la Stratégie nationale de développement 2020/2030 visant l'émergence du Cameroun à l'horizon 2035, il a opté pour la concession comme mode de gestion.

Cependant, et en dépit de cet effort normatif, l'on constate que la protection due au consommateur de l'énergie électrique en droit camerounais demeure embryonnaire.

En tout état de cause, le règlement du service de distribution publique de l'électricité de 2009 semble conférer plus de droits et de privilèges au concessionnaire de l'énergie électrique au détriment du consommateur. À titre d'illustration, le concessionnaire de l'énergie électrique, dans l'exercice de ses fonctions et missions, jouit des prérogatives exorbitantes de puissance publique, en plus du privilège du préalable, vis-à-vis du consommateur fragilisé. La relation existante entre le consommateur et le fournisseur de l'énergie électrique lève en réalité un pan de voile sur la vulnérabilité du consommateur en droit camerounais. Pour pallier cette vulnérabilité, le juge administratif apparaît comme le meilleur garant de la sauvegarde des droits du consommateur. Il convient d'insister également sur la posture pour le moins ambiguë du législateur camerounais dont les choix ont pour effet de disperser le traitement des litiges inhérents à la consommation de l'énergie électrique entre le droit des obligations, le droit de la consommation, le droit pénal, le droit administratif et le droit international ; choix suffisamment révélateurs des défaillances du système de protection réservé au consommateur de l'énergie électrique puisque, *in fine*, le service de la fourniture est considéré comme une administration d'État dans le cadre de laquelle il est impossible d'attraire le fournisseur en justice.

L'attribution de pouvoirs exorbitants au fournisseur de l'énergie électrique et l'existence de clauses limitatives de responsabilité en faveur du fournisseur constituent quelques exemples de la banalisation du contentieux de la fourniture de l'énergie électrique au Cameroun. Ainsi, et bien qu'au plan normatif et doctrinal, le rapport unissant le consommateur au fournisseur soit un rapport contractuel, la résolution des litiges opposant ces deux agents économiques ne saurait être l'œuvre exclusive du juge judiciaire. Alain Georges BESSALA considère pour sa part que le contentieux de la fourniture de l'énergie électrique est fondamentalement un contentieux de droit public au regard de la nature des critères mis en œuvre. Pour le démonter, l'auteur mobilise aussi bien le droit administratif que le droit de la consommation, le droit des obligations, le droit pénal et le droit international.

À la question de savoir ce qui caractérise la résolution des litiges nés de la fourniture de l'énergie électrique entre le consommateur et le fournisseur de l'énergie électrique, l'auteur répond en insistant, d'une part, sur l'efficacité limitée des modes non-juridictionnels et, d'autre part, sur la quasi-judiciarisation des litiges. À ce stade de sa démonstration, l'auteur expose plusieurs difficultés qui émaillent la résolution des litiges découlant de la fourniture de l'énergie électrique, notamment la nature de service public dont est tributaire l'activité de fourniture. Au-delà de ces écueils, l'auteur reconnaît toutefois que la résolution des litiges entre consommateur et fournisseur revêt des particularismes. Il montre également qu'afin de limiter l'hyper interventionniste du juge judiciaire dans la résolution de ces litiges, il convient de faire valoir le critère de service public de l'activité du fournisseur. Il ressort en effet des analyses effectuées par M. BESSALA que le législateur camerounais, cherchant à exclure subtilement le juge administratif de la connaissance des litiges liés à la fourniture de l'énergie électrique, s'est attelé à consacrer la plénitude de la compétence du juge judiciaire dans le traitement de ces litiges. Pour l'auteur, une telle consécration serait de nature à discréditer la structuration et le régime juridique du contentieux de la fourniture de l'énergie électrique au Cameroun.

Plus largement, les mérites de cet ouvrage sont perceptibles à deux égards :

- Le premier réside dans la posture adoptée par l'auteur qui plaide de manière convaincante et didactique pour l'élargissement du champ matériel d'intervention du juge administratif ;
- Le second réside dans le panorama très complet offert par M. BESSALA qui parvient à contextualiser l'émergence des contestations relatives aux prestations de service public offertes par le fournisseur de l'énergie électrique.

Le sort auquel sont confrontés les consommateurs de l'énergie électrique au Cameroun rend indispensable l'engagement d'une réflexion juridique et donc citoyenne en la matière, ne serait-ce qu'en raison des exigences portées par l'État de droit. À cet égard, les analyses développées par M. BESSALA sont d'une grande utilité. S'attaquant au cadre normatif et technique de résolution des litiges, l'auteur identifie les écueils qui constituent des obstacles à la garantie des droits du consommateur, emportant par la même occasion le recul de l'État de droit. Soucieux des exigences démocratiques, l'auteur s'est donné pour objectif d'établir un diagnostic des mécanismes tant juridictionnels qu'extra juridictionnels de résolution des litiges entre consommateur et fournisseur de l'énergie électrique au Cameroun à l'aune des objectifs inscrits dans l'agenda des pouvoirs publics camerounais à l'horizon 2030 et 2035. Ce faisant, il met à nu les faiblesses qui caractérisent aussi bien la gestion de la distribution de l'énergie que sa fourniture, son transport, son stockage ou encore sa production.

Autre vertu de l'ouvrage, les analyses menées par M. BESSALA le conduisent à proposer aux autorités publiques camerounaises plusieurs solutions. Ainsi l'auteur souligne-t-il avec force la nécessité de moderniser le système de traitement des différends nés de la fourniture de l'énergie électrique entre le consommateur et le fournisseur et de rééquilibrer les pouvoirs du fournisseur concessionnaire afin de lui rappeler que la légalité de l'État de droit postule idéologiquement et substantiellement non seulement le respect, mais également la soumission de tous au droit et, ainsi, la préservation et le respect des droits fondamentaux. En particulier, convaincu du caractère liberticide et inconstitutionnel du règlement du service de distribution publique de l'électricité, qui constitue la pierre angulaire des rapports entre le consommateur et le fournisseur de l'énergie électrique, l'auteur plaide pour un retrait pur et simple de cet instrument de l'ordre juridique et la rédaction d'un nouvel instrument dont la valeur normative serait cette fois législative. Dans la même veine, M. BESSALA insiste sur le fait que le juge administratif devra faire preuve d'une certaine hardiesse afin de se saisir, non pas de façon exclusive, mais en partie, du contentieux de la fourniture de l'énergie électrique sur le fondement de l'activité de service public en cause, de la nature des biens concédés, de l'activité de fourniture marquée par l'usage des prérogatives de service public et de l'exécution des missions de service public de l'électricité. De même, l'auteur montre que l'institution d'un médiateur de l'énergie, la dématérialisation de l'ARSEL, la reconfiguration des comités de recours, l'intégration des CTD dans le processus de résolution des litiges, la coordination, l'harmonisation et la synergie des actions entre les différentes instances chargées de connaitre du contentieux aussi bien au stade de la phase administrative que de la phase juridictionnelle, constituent autant d'atouts valorisant les droits du consommateur de l'énergie électrique.

Les solutions proprement africaines que propose M. BESSALA, si les autorités camerounaises étaient disposées à leur donner une suite favorable, constitueraient selon nous un apport considérable au renforcement des garanties et à la protection des droits fondamentaux du consommateur en général, et du consommateur de l'énergie électrique en particulier.

En somme, l'ouvrage de M. Alain-Georges BESSALA, à la fois théorique et pratique, parce qu'il se situe à la confluence du droit civil des obligations et du droit administratif, permet de renouveler les analyses du sujet qu'il traite. Prenant le contrepied de la doctrine qui sacralise l'interventionnisme du juge judiciaire en la matière, il offre les solutions qui permettront de protéger comme il se doit le consommateur camerounais.

Laurent VIDAL

Enseignant-chercheur à l'Université Paris 1 Panthéon-Sorbonne
Co-directeur du département de recherche « *Sorbonne Droit public et privé de l'économie* » de l'Institut de Recherche juridique de la Sorbonne (IRJS)
Fondateur et ancien co-directeur du master 2 « *Droit de l'énergie* » de l'Université Paris 1 Panthéon-Sorbonne
Avocat associé au barreau de paris spécialisé en droit public
(Cabinet Publica-Avocats)

INTRODUCTION GÉNÉRALE

L'accès à l'énergie constitue non seulement une obligation inscrite à l'agenda des missions régaliennes des pouvoirs publics, mais aussi un enjeu crucial du développement politique, économique, environnemental et géostratégique des nations[1]. Le droit à l'énergie, puisqu'il s'agit de lui, est un droit fondamental du citoyen contenu dans l'idée de sécurité énergétique,[2] laquelle implique la mise en œuvre des mécanismes permettant aux citoyens indépendamment de leurs races, classes sociales, croyances, tribus, origines, *etc.* d'accéder librement à l'énergie électrique.[3]

[1]BESSALA (AG), Sécurité *d'approvisionnement et énergies renouvelables en droit camerounais, Recherches sur les mécanismes de diversification du parç énergétique*, Paris, Harmattan, 2021, pp.28 et s.

[2]DELVOLVÉ (P.), *Le principe d'égalité devant les charges publiques*, Paris, LGDJ, 1969 pp.76 et s.

[3]LORMETEAU (B), « Justice énergétique et inégalités : introduction à la vulnérabilité énergétique » ; l'environnement *Revue juridique de l'environnement* 2021/3 (Volume 46) 2021/3), Éd. Lavoisier pp.543 et s. le droit à l'énergie pour tous peut aboutir à une augmentation de la demande en énergie, alors que la lutte contre le changement climatique exige une réduction des consommations. Ensuite, le développement de l'usage de sources d'énergie renouvelables et de récupération est susceptible d'amplifier un phénomène de vulnérabilité énergétique, déjà existant avec les énergies fossiles. En ce sens, tous les consommateurs ne peuvent avoir accès aux technologies de production et de consommation d'énergie renouvelable, générant, par exemple, des conflits autour des métaux rares, accès aux biens et services énergétiques, notamment la téléphonie mobile, internet, etc. Dès lors, le droit à l'énergie, reconnu lors du Sommet des Nations unies de 2015 sur le développement durable, ne se suffit pas à lui-même, mais doit s'articuler avec un autre concept, celui de Justice climatique1, intégré lors de la COP 21.

L'histoire des grandes révolutions contemporaines[4] nous enseigne que les nations les plus fortement industrialisées ont connu un essor fulgurant grâce à l'énergie électrique.[5]

---

[4]GACCIARI (J), « la catégorie de consommateur d'énergie de la « transition énergétique » Entre injonction à l'autonomie pour les ménages et normalisation économique de leurs pratiques » in *Gouvernement et action publique* 2018/1 (VOL. 7) 2018/1, Éd. Presses de Sciences Po, pp.85-109.

En France, c'est au début du XXe siècle qu'interviennent des transformations décisives pour le secteur industriel de l'énergie. Son organisation était précédemment morcelée en une myriade de compagnies privées ou laissée en partie aux soins des collectivités territoriales (Poppe, Cauret, 1997, p. 200). Ce sont surtout les changements dans le secteur de l'électricité qui vont précipiter l'histoire des recompositions organisationnelles dans le domaine. À partir de 1920, un premier réseau intégré et organisé « de production, de transport et de distribution d'électricité » (Le Roux, 2014a, p. 89) unifié autour de normes cohérentes voit progressivement le jour et s'impose comme un système économique incontournable pour les acteurs industriels produisant et commercialisant de l'énergie aux entreprises et aux particuliers. La référence d'un service à la collectivité devient peu à peu centrale pour la définition du secteur industriel de la distribution d'énergie domestique naissant, comme celui de l'électricité. D'autres secteurs énergétiques se rationalisent dans le même temps, c'est le cas de l'industrie charbonnière. Concernant l'utilisateur particulier du service, si l'on ne parle pas encore formellement d'usager, les autorités identifient à ce moment dans l'accès à l'énergie, quelle qu'en soit la forme, et au moins pour le chauffage domestique et la cuisson, un service de première nécessité. Le Roux précise que les premières interventions de la puissance publique pour la diffusion de l'énergie électrique et du gaz domestique ont arrêté pour longtemps le format de son développement. Il s'agit d'une sorte de logique de sentier de dépendance que l'on peut examiner dans le travail de l'historien BOUNEAU sur les réseaux électriques (BOUNEAU, 2014 ; BELTRAN, BOUNEAU et al., 2009 ; BOUNEAU et al., 2007) ou encore dans celui de Reverdy sur la construction du modèle économique du secteur de l'énergie. Du point de vue plus spécifique aux particuliers, c'est dans le domaine de l'électricité et du gaz que démarre dès 1935 la mise en œuvre d'un premier tarif réglementé par l'État. Cette année-là, dans un contexte économique déflationniste, un décret-loi abaisse le tarif de l'électricité de 10 %, attestant de la poursuite d'interventions autoritaires et directes par l'administration centrale, dans la lignée de celles décrites par de nombreux historiens pour les périodes précédentes. Cette décision d'encadrement fait aussi un premier pas vers la péréquation tarifaire en matière de distribution d'énergie (Le Roux, 2014a, p. 90), qui doit s'entendre comme une réglementation permettant d'éviter des charges trop lourdes pour les individus éloignés des lieux de production. La philosophie d'une égalité du service public électrique et gazier naît en partie de cette période d'après Le Roux. Presses de Sciences Po | Téléchargé le 18/12/2023 sur www.cairn.info via Université Paris 1 Panthéon-Sorbonne (IP : 193.55.96.20) volume 7/numéro 1 I Janvier-mars2018 I VARIA 92 I GACCIARI(J) mouvement d'organisation du secteur de la période précédente, l'affirmation de la catégorie de l'usager comme membre d'une collectivité pour lequel le service doit être assuré commence à s'imposer. Ce repositionnement fait suite à la nationalisation des entreprises électriques, gazières et charbonnières françaises qui opère un regroupement des plus grands acteurs économiques de ce marché. La structure socioproductive qui va participer à la définition de ce service à l'usager-client est déjà bien en place, avec un réseau de distribution conséquent et des agences de services déjà bien disséminées dans les grandes villes et les villes moyennes. Presses de Sciences Po | Téléchargé le 18/12/2023 sur www.cairn.info via Université Paris 1 Panthéon-Sorbonne (IP : 193.55.96.20). Finalement, « les principes fondateurs du concept de service public à caractère industriel et commercial » qui déterminera l'entité et le modèle « EDF/GDF » pour longtemps après 1945, résultent d'approches plus anciennes : « continuité de service, égalité de traitement [...] progrès

La décision de consacrer des lignes à la complexe question des rapports entre consommateur et fournisseur de l'énergie électrique implique sans doute de souscrire à l'exigence conventionnelle méthodologique centrée sur la mise en lumière du contexte de l'étude, des concepts clés, les raisons du choix, l'intérêt, la question centrale, la méthode, l'hypothèse de recherche, *etc.*

I- LE CONTEXTE DE L'ÉTUDE

La concrétisation de l'État de droit commande l'aménagement des mécanismes adéquats concourant au traitement efficient des litiges susceptibles d'opposer les différentes composantes de l'appareil étatique d'une part et la garantie des droits fondamentaux à l'instar des droits processuels des consommateurs d'autre part. La régulation des rapports sociaux apparaît classiquement comme un attribut essentiel du juge qui doit alors rechercher un équilibre entre les prérogatives jugées exorbitantes de la puissance publique et la fragilité des usagers des services publics.

La constitution, norme fondamentale, devrait aménager un cadre de garantie du droit à un procès juste et équitable ainsi que des mécanismes efficaces de résolution des litiges. C'est en sus de ce qui précède qu'il convient de situer le traitement des litiges inhérents à la fourniture de l'énergie électrique mettant en scène le fournisseur et le consommateur de l'énergie électrique.

À titre de rappel historique, les fractures sociales de la révolution industrielle couplées à l'interventionnisme du XIXe siècle ont occasionné la densification des litiges opposant les consommateurs aux opérateurs économiques. Ces litiges généralement centrés sur la consommation et

---

technologique » (Le Roux, 2014a, p. 93). D'après Le Roux, ce service public de l'électricité et du gaz va longtemps jouer un rôle de cohésion sociale et « s'inscrire dans la culture et l'imaginaire des Français » (Le Roux, 2014b, p. 216). Un rôle qui s'affirme dans l'institutionnalisation d'un principe formel : pas de logement sans énergie (Le Roux, 2014b). Le type de cadrage de l'expérience consommatrice peut être associé pour cette période à une logique de recherche de l'abondance énergétique par la définition d'un usager auquel le service est garanti dans un souci de bien-être collectif (Poppe, Cauret, 1997, p. 202). Les sources examinées convergent aussi pour affirmer que c'est dans cette période de l'après-guerre que sont édifiés les premiers jalons d'une stratégie visant à orienter les choix de l'usager d'énergie par le signal des prix, au moins dans le domaine de l'électricité. C'est le cas notamment parce que l'encadrement de la conduite de l'usager participe du modèle économique du secteur. On trouve l'indice de cette conception dans les publications d'acteurs du secteur.

[5]BOUVIER (G), « Enjeux géopolitiques autour de la distribution d'électricité en France », Herodote2003/3, N° 110, pp.79 et s ; V. Aussi, PALLE(A), « Les infrastructures électriques européennes entre transition et intégration : nouvelles vulnérabilités, nouvelles menaces » ; *Les Champs de mars* 2018/1 (N° 30 + Supplément) Éd. Presses de Sciences Po ; pp .427-436 ; v. Aussi, PERROUD (T), « Les raisons de l'attribution d'une fonction de règlement des différends aux autorités de régulation : une comparaison France -Royaume-Uni » ; *Droit et Société* 2016/2 (N° 93) 2016/2 pp.321 et s.

caractérisés par la supériorité des opérateurs, les abus de position dominante et la fragilité des consommateurs ont incité à l'émergence et à la généralisation du consumérisme dans le monde.

La place centrale de l'énergie électrique dans la stimulation de l'économie mondiale a conduit à l'aménagement par les États, des procédés de gestion consistant à faire de l'électricité un service public organisé et régulé[6] ; tantôt nationalisé[7] ; tantôt balkanisé[8] ; tantôt concédé[9]. L'exemple du Brésil paraît à cet effet suffisamment illustratif.[10] En effet, l'inscription des questions énergétiques dans la loi fondamentale[11] a érigé l'énergie au rang des domaines de souveraineté de sorte que ce secteur ne puisse jamais faire l'objet d'une quelconque opération de privatisation ou de concession par des compagnies étrangères,[12] *etc...*

Si une telle dynamique a reçu un écho favorable en occident[13] principalement, la rareté de la disponibilité de cette source d'énergie couplée à sa difficile exploitation a, dans les États africains, à l'instar du Cameroun, dévalorisé tout effort de régulation et de réglementation, laissant parfois le secteur de l'énergie à la merci des compagnies occidentales suffisamment

---

[6]PISIER (E), Le *service public dans la théorie de l'État de Léon Duguit*, Paris, L.G.D.J., 1972 ; *Service public et libertés publiques, Pouvoirs*, 1986, n°36, p.143.

[7]DE BELLECIZE (R), *Les services publics constitutionnels*, Paris, LGDJ, 2005, pp.25 et s.

[8]MODERNE (F) et MARCOU (G) (dir), *L'idée de service public dans le droit des États de l'Union européenne*, Paris, harmattan, 2001, pp.43 et s.

[9]LAZZARIN (G), « L'application du droit de la consommation aux services publics. Les contradictions de la jurisprudence Société des eaux du Nord », *RFDA* 2011, pp 591 et s. V. aussi, NICINSKI (S), *L'usager du service public industriel et commercial*, L'harmattan, 2001, pp. 35 et s. ; V aussi, PETIT (J), « L'établissement public industriel et commercial par détermination de la loi. À propos de la jurisprudence BLANCHEMAN », *L'intérêt général, Mélanges en l'honneur de Didier TRUCHET*, Dalloz, 2015 ; JANICOT (L), « L'identification du service public géré par une personne privée », *RFDA* 2008, pp.67 et s. ; NEGRIN (J-P), *L'intervention des personnes morales de droit privé dans l'action administrative*, Paris, LGDG, 1971 ; SABIANI (F), « L'habilitation des personnes privées à gérer un service public », *AJDA* 1977, pp 4 et s.

[10]Il convient de constater que la loi fondamentale brésilienne inscrit l'énergie dans le registre des domaines souverains de l'État.

[11]DU MARAIS (B), *Droit public de la régulation économique*, Dalloz, 2004, pp.77 et s.

[12]LE ROUX, (D), « Le service public français en débat », dans BAFOIL, F., FODOR, F., LE ROUX, D. (dir.), *Accès à l'énergie en Europe. Les précaires invisibles*, Paris, Presses de Science Po, 2014, pp.217 et s ; v. aussi BAFOIL (F). « Dynamiques de privatisation et de libéralisation des secteurs énergétiques. Une comparaison Ouest-Est », dans BAFOIL, F., FODOR, F., LE ROUX, D. (dir.), *Accès à l'énergie en Europe. Les précaires invisibles*, Paris, Presses de Science Po, 2014, pp. 33-58. ; V aussi, BOITEUX, M. « Principe de la politique commerciale de distribution de l'électricité en France », *Revue française de l'énergie*, 1959, 112, pp. 269 et s.

[13]NICINSKI (S), *L'usager du service public industriel et commercial*, L'Harmattan, 2001, *op. cit.*, pp. 77 et s. PISIER (E), *Le service public dans la théorie de l'État de Léon Duguit*, Paris, LGDJ, 1972 ; Service public et libertés publiques, Pouvoirs, 1986, n°36, DE BELLECIZE (R), *Les services publics constitutionnels*, L.G.D.J., 2005, pp.115 et s.

outillées et financièrement aguerries[14]. Coïncidant avec l'universalisation des droits de l'homme, les mouvements consuméristes consolidés par l'établissement des principes des Nations Unies sur la protection des consommateurs ont grandement œuvré pour la garantie des droits des consommateurs.

En tout état de cause, la rigidité des modes classiques de résolution des litiges étant devenue incompatible avec les exigences de l'activité économique, une préférence a été acquise en la faveur des modes alternatifs de règlement des différends en l'occurrence la médiation, la conciliation et l'arbitrage. Commandés par l'impératif d'efficacité et de stabilité, ces modes alternatifs de règlement des différends sont apparus comme une réponse adaptée à la régulation du secteur de la consommation.

Sous ce prisme, Thomas PERROUD note que la première manifestation du règlement des différends en France concerne le secteur du cinéma, où pour la première fois, une autorité administrative indépendante est dotée d'un pouvoir d'enjoindre des parties à contracter. La seconde manifestation[15] sera plus discrète. Il s'agira de l'émergence de ce pouvoir dans le secteur des télécommunications. Intégrée dans la plupart des systèmes normatifs, la protection des consommateurs s'est généralisée comme un effet de masse dans le monde nonobstant ses aménagements variés. Avec l'avènement du communautarisme[16], les modes alternatifs de règlement des litiges opposant consommateur et fournisseur se sont davantage modernisés.

---

[14]BESSALA (AG), Sécurité *d'approvisionnement et énergies renouvelables en droit camerounais, Recherches sur les mécanismes de diversification du parc énergétique, op. cit*, pp. 78 et s ; V. aussi, NSIE(E), *« Protection des consommateurs : le champ de la prohibition des clauses abusives »*, L'Essentiel. Droits africains des affaires, n° 4, 2020, pp. 5 et s.

[15]« Les raisons de l'attribution d'une fonction de règlement des différends aux autorités de régulation : une comparaison France – Royaume-Uni » ; La fonction contentieuse des autorités de régulation en France et au Royaume-Uni, Paris : Dalloz, coll. « Nouvelle Bibliothèque de Thèses », 127, 2013, pp .378 et s.

[16]DIABATE (A.), *Protection juridique du consommateur d'aliments et libéralisme économique dans les pays en développement l'exemple du Mali*, Paris, Harmattan, Études Eurafricaines, 2020, pp 46 et s. ; BLANDIN (A), « L'équilibre entre service universel et concurrence dans le régime juridique communautaire des télécommunications », *in Services publics et Communauté européenne : entre l'intérêt général et le marché*, 1998, pp.109 et s. ; VOISSET (M), « Qualité, adaptabilité, mutabilité », in R. KOVAR et D. SIMON (dir.), *Service public et Communauté européenne : entre l'intérêt général et le marché* (t.2), La Documentation française, 1998, pp.720 et S. ; KALIEU ELONGO (Y-R),« La réception du contrat d'adhésion dans les législations contemporaines », (2017) in *Revue trimestrielle de droit économique*. pp 705 et s ; BILONG NKOH (F.R.), « Le consommateur et le commerce des énergies renouvelables en Afrique subsaharienne », *RIDE*, 2020, pp. 74 et s ; KAMWE MOUAFFO (M-C), « Une directive pour la protection du consommateur dans la CEMAC », *L'essentiel, Droits africains des affaires*, n° 5, 2021, pp.7 et s ; NSIE (E) « CEMAC : Les contrats de consommation dans la directive du 8 avril 2019 », *L'Essentiel. Droits africains des affaires* n° 5, 2020, pp. 8 et s ; NJEUFACK TEMGWA, « Regard sur la protection juridique du consommateur africain : lecture comparée », *Revue Penant* 2009, pp.293 et s.

De ce qui précède, la protection du consommateur en général[17] et de l'énergie électrique en particulier s'inscrit aujourd'hui dans un contexte dominé par la diffusion dans des espaces normatifs à vocation régionale et sous-régionale[18] des principes de protection du consommateur élaborés par les Nations Unies et repris dans de nombreux instruments nationaux et internationaux[19].

Dans cet ordre d'idées, l'espace communautaire européen, prônant la libre circulation des personnes, des biens et des capitaux de même que le respect des droits fondamentaux du consommateur, a fait une part belle à la protection du consommateur. À titre d'illustration, il paraît convenable d'évoquer le règlement UE 2016/619 du Parlement européen et du Conseil du 27 avril 2016 relatif à la protection des personnes physiques à l'égard du traitement des données à caractère personnel.[20]

En Afrique, il a fallu attendre la fin des ajustements structurels et la chute du mur de Berlin pour constater l'émergence des embryons d'un droit de la

---

[17]GASCON INCHAUSTI (F), « La protection des consommateurs en procédure civile espagnole », In *Le droit des consommateurs et les procédures spécifiques en Europe* ; v. Aussi, BOURGOIGNIE (T), *L'aide juridique au consommateur*, Bruxelles, Bruylant, 1981, 551p. v. aussi, NICINSKI (S), *L'usager du service public industriel et commercial*, Harmattan, 2001, pp.46 et s.

[18]DIALLO (A), Réflexion sur l'arbitrage dans l'espace OHADA, Thèse Doctorat, Université de Perpignan 2016, pp 4 et s.

[19]KAMWE MOUAFFO (M-C),*« Une directive pour la protection du consommateur dans la CEMAC», L'essentiel Droits africains des affaires,* n° 5, 2021, pp.7 et S ; V aussi, SAMB (M), « Privatisation des services publics en Afrique sub-saharienne », Afrilex, *Revue d'étude et de recherche sur le droit et l'administration dans les pays d'Afrique,* Juin 2009 ; v. aussi, FANSI(P.M), « La protection du consommateur camerounais d'énergie électrique », *in* Yawaga (S) (dir.), *La protection du consommateur au Cameroun : principes, enjeux et perspectives,* [Yaoundé], EDLK, 2018, pp.209 et s ; BILONG NKOH (F.R), « Le consommateur et le commerce des énergies renouvelables en Afrique subsaharienne », *RIDE*, 2020, pp. 67-96 ; v aussi, KAMGAING (P-C), « Quand le consommateur tend à redevenir roi… À propos des métamorphoses récentes du droit de la consommation au Cameroun », *Les cahiers du droit*, vol. 63 n° 3, septembre 2022, pp. 673-718.

[20]À ce titre, la plupart des directives se rapportant aux intérêts économiques du consommateur le désignent, d'une part comme une personne physique et, d'autre part, comme une personne agissant pour un usage pouvant être considéré comme étranger à son activité professionnelle ou encore comme une personne agissant à des fins qui n'entrent pas dans le cadre de son activité commerciale, industrielle, artisanale ou libérale. C'est cette conception finaliste étroite qui a été adoptée par la directive du 11 mai 2005 relative aux pratiques commerciales déloyales (art. 2 2, a), écartant ainsi l'autre option proposée par la Commission dans le livre vert sur la révision de l'acquis communautaire en matière de protection des consommateurs : personne agissant à des fins qui, pour l'essentiel, n'entrent pas dans le cadre de l'activité professionnelle. La directive du 25 octobre 2011 relative aux droits des consommateurs se réfère également à des fins qui n'entrent pas dans le cas d'une activité commerciale, industrielle, artisanale ou libérale (art. 2), tout en précisant que les contrats mixtes conclus à la fois à des fins professionnelles et domestiques ne sont pas incompatibles avec la qualité de consommateur dès lors que « la finalité professionnelle est si limitée qu'elle n'est pas prédominante » (considérant 17).

consommation et partant des premiers mouvements consuméristes.[21]C'est certainement la raison pour laquelle Alassane DIABATE réfute l'existence d'un droit de la consommation en Afrique. L'auteur estime que l'on ne retrouve ni texte d'encadrement du marché ni technique de régulation des rapports entre l'offrant et le consommateur.[22]

En effet, une véritable politique de protection juridique du consommateur repose sur deux éléments : « l'encadrement juridique du marché de la consommation » et « la protection du consommateur » contre les opérateurs[23]. Relativement à l'encadrement du marché, le continent africain n'a pas véritablement de tenue sur les prix et les modalités de vente et d'échange des produits consommables.[24] Chaque État est ainsi amené à organiser la protection du consommateur à sa guise.[25]

BILONG NKOH (F- R)[26] un peu moins sceptique note qu'il est nécessaire d'insister sur des services comme le prévoient d'ailleurs les normes

---

[21]MEYER (P), « Le droit de l'arbitrage », http:/www.ohada.com/presentation-droit-ohada/catégorie/4/arbitrage.html, consulté le 22 décembre 2022, p.18.
Par ailleurs, l'histoire de la consommation de l'énergie ne date pas de nos jours. Bien avant la colonisation, il existait des consommateurs d'énergie au Cameroun. Mais ceux-ci consommaient uniquement les énergies non renouvelables. Ainsi, l'énergie biomasse était plus utilisée. Le charbon et le bois étaient réservés aux activités humaines. Avec l'arrivée des colons vers 1804, les consommateurs vont migrer vers l'usage des énergies hydrauliques. Le pétrole sera au cœur des activités. Les lampes à pétrole et des groupes électrogènes étaient les plus utilisés. C'est dans les années 1910 que l'énergie électrique fera véritablement son apparition au Cameroun.

[22]FANSI (P-M), « La protection du consommateur de l'énergie électrique », in YAWAGA (S) (dir), *La protection du consommateur au Cameroun : principes, enjeux et perspectives*, Yaoundé, Les éditions Le Kilimandjaro (EDLK), pp. 213 et s ; V. aussi. DIABATE (A), *Protection juridique du consommateur d'aliments et libéralisme économique dans les pays en développement, l'exemple du Mali*, Paris, Harmattan, 2020, p.40. Cependant, partant de l'exemple du Mali, l'auteur remarque que le libéralisme économique entraîne un encadrement relatif du consommateur dans les pays en développement et surtout en Afrique.

[23]FANSI (P-M), « La protection du consommateur de l'énergie électrique », in YAWAGA (S) (dir), *La protection du consommateur au Cameroun : principes, enjeux et perspectives*, Yaoundé, Les éditions Le Kilimandjaro (EDLK), pp. 213 et s ; V. aussi. DIABATE (A), *Protection juridique du consommateur d'aliments et libéralisme économique dans les pays en développement, l'exemple du Mali*, Paris, Harmattan, 2020, p.40. Cependant, partant de l'exemple du Mali, l'auteur remarque que le libéralisme économique entraîne un encadrement relatif du consommateur dans les pays en développement et surtout en Afrique.

[24]ONANA NOAH (N), « La consommation au Cameroun : entre identités culturelles des acteurs sociaux et fabrication des prothèses sociales », *in* YAWAGA **(S)** (dir), *La protection du consommateur au Cameroun : principes, enjeux et perspectives*, Yaoundé, Les éditions Le Kilimandjaro (EDLK), pp. 106 et s.

[25]HAMAN ADJI ALHADJI DJOUGDOUM, « Le « E-consommateur » et le droit à la sécurité à l'épreuve de la prolifération des sites marchands circonstanciels », *in* YAWAGA **(S)** (dir), *La protection du consommateur au Cameroun : principes, enjeux et perspectives*, Yaoundé, Les éditions Le Kilimandjaro (EDLK), pp. 325 et s.

[26]« Le consommateur et le commerce des énergies renouvelables en Afrique subsaharienne **»**, *Revue internationale de droit économique*, 2020/1, pp.67-96. Selon l'auteur, les principes

internationales ou sous-régionales en matière de consommation et notamment les principes directeurs des Nations-Unies pour la protection du consommateur[27] ainsi que sur la directive n° 02/19-ueac-639-cm-33 du 8 avril 2019 harmonisant la protection du consommateur au sein de la communauté économique et monétaire de l'Afrique Centrale (CEMAC). Même si la position de DIABATE mobilise une part significative d'éléments pertinents, il reste que la dynamique d'intégration régionale en Afrique s'est concrétisée par la mise en œuvre d'espaces économiques dynamiques[28] à l'instar de l'OHADA, la CEMAC et l'UEMOA.

Dans ce sens, il paraît significatif d'inscrire à l'actif de ces organisations régionales et sous-régionales d'intégration communautaire africaine, une intense activité à la faveur de la protection du consommateur. Ainsi, au niveau de la CEMAC, la directive N^{0} 02/19-UEAC-639-CM-33 du 8 avril 2019 fixant le cadre juridique et institutionnel de la protection du consommateur traduit à suffisance, cet effort d'encadrement juridique de la protection due au consommateur[29] en général et de l'énergie électrique en particulier.[30]

Dans le même sens, le droit OHADA apparaît comme une solution pour la protection du consommateur en dépit de ses lacunes institutionnelles fondées

---

dégagés par ces textes supranationaux se présentent comme étant ceux qui doivent inspirer ou guider par exemple les lois ou les normes qui concernent la fourniture de biens ou de services au consommateur. Il va de l'ordre normal des choses selon l'auteur, que le législateur puisse rechercher un équilibre entre, d'une part, le fournisseur qui a besoin d'un cadre réglementaire favorable à son activité et d'autre part le consommateur qui a également besoin d'une énergie de qualité en permanence.

[27]NGOMO (A-F), « Le consommateur de médicaments au Cameroun : réflexion à partir des principes directeurs des Nations Unies pour la protection du consommateur, in YAWAGA (S) (dir), *La protection du consommateur au Cameroun : principes, enjeux et perspectives*, Yaoundé, Les éditions Le Kilimandjaro (EDLK), pp.143 et s.

[28]NSIE, (E), « Protection des consommateurs : Le champ de la prohibition des clauses abusives », *L'Essentiel. Droits africains des affaires*, n° 4, 2020, p. 8 ; GASCON INCHAUSTI (F), « La protection des consommateurs en procédure civile espagnole », In *Le droit des consommateurs et les procédures spécifiques en Europe*, prec. p.118, n° 253 ; v. Aussi, KAMWE MOUAFFO (M-C), « Une directive pour la protection du consommateur dans la CEMAC », *L'essentiel, Droits africains des affaires*, n° 5, 2021, pp.7 et S ; v. aussi, NJEUFACK TEMGWA, « Regard sur la protection juridique du consommateur africain : lecture comparée », *Revue Penant* 2009. pp.293 et s ; V aussi, - PAISANT (G.), *L'introduction de la notion de consommateur en Droit français*, D. 1982, Chron. p. 91.

[29]NSIE, (E) « CEMAC : Les contrats de consommation dans la directive du 8 avril 2019 », *L'Essentiel. Droits africains des affaires* n° 5, 2020, pp. 8 et S. ; L'HEUREUX (N), « La protection du consommateur », (1988) 29 C. de D. 1083. pp.683 et s ; v. Aussi, FANSI (PM), « La protection du consommateur camerounais d'énergie électrique », *in* YAWAGA (S), (dir.), *La protection du consommateur au Cameroun : principes, enjeux et perspectives,* Yaoundé, EDLK, 2018, pp.209 et s.

[30]BILONG NKOH (F.R.), « Le consommateur et le commerce des énergies renouvelables en Afrique subsaharienne », *RIDE,* 2020, pp. 68 et s.

sur l'absence de définition des prérogatives du consommateur[31]. Les États africains, membres de l'OHADA, se sont dotés en 1999 d'une législation uniforme sur l'arbitrage. Il s'agit de l'Acte uniforme du 11 mars 1999 relatif au droit de l'arbitrage.[32] Avant cette date, dans les États membres de l'OHADA, les dispositions étaient, dans l'ensemble, très lacunaires et ces lacunes remontaient à l'époque coloniale.[33]

Bien que l'histoire de la consommation de l'énergie électrique ne paraisse guère récente en Afrique[34], il convient de souligner que le Cameroun a connu un retard considérable en ce qui concerne le développement de son réseau électrique.[35] Notons tout de même que la démultiplication de ces efforts de normalisation s'est traduite dans les législations nationales par une diversité

---

[31]DIALLO (A), Réflexion sur l'arbitrage dans l'espace OHADA, Thèse Doctorat, Université de Perpignan 2016, Pp 4 et S. ; V. Aussi, MEYER (P), « Le droit de l'arbitrage », http:/www.ohada.com/presentation-droit-ohada/categorie/4/arbitrage.html,18p consulté le 10 décembre 2023 ; ANSAH AMPAB (J), « La protection du « consommateur de médicaments en Afrique francophone subsaharienne », *in* YAWAGA **(S)** (dir), *La protection du consommateur au Cameroun : principes, enjeux et perspectives*, Yaoundé, Les éditions Le Kilimandjaro (EDLK), pp. 167 et s. ; FANSI (PM), « La protection du consommateur camerounais d'énergie électrique », *in* . YAWAGA (S), (dir.), *La protection du consommateur au Cameroun : principes, enjeux et perspectives,* Yaoundé, EDLK, 2018, pp.209 et s.

[32]J.O. OHADA, le 15 mai 1999.

[33]MEYER (P), « Faut-il distinguer arbitrage interne et arbitrage international ? », in *revue de l'arbitrage,* 2005, n° 2, pp.361-374. Le livre III du Code de procédure civile français de 1806-livre consacré à l'arbitrage- n'avait pas été étendu dans les colonies françaises d'Afrique de sorte que le vide législatif était quasiment complet. Toutefois, la loi française du 31 décembre 1925, validant la clause compromissoire dans les cas visés à l'article 631, alinéa 1er, du Code de commerce- c'est-à-dire substantiellement pour les litiges entre commerçants- avait été étendue dans les colonies. Au lendemain des indépendances, les anciennes colonies africaines de la France se trouvaient donc dans une situation paradoxale. En effet, il existait un texte qui admettait la validité de la clause compromissoire- même si ce texte est restrictif- et donc forcément la licité de la procédure d'arbitrage, comme mode de règlement privé de certains litiges. Or, il n'existait aucune norme de procédure qui permettait à cet arbitrage de fonctionner. L'OHADA ne s'est pas limité à doter les États membres d'une législation unifiée sur l'arbitrage ; elle a également créé un arbitrage institutionnel administré par la Cour commune de justice et d'arbitrage (C.C.J.A). L'arbitrage institutionnel de la C.C.J.A. a fait l'objet d'un règlement d'arbitrage adopté par les États de l'OHADA le 11 mars 1999. Le règlement d'arbitrage de la C.C.J.A. a pour objet d'organiser l'arbitrage institutionnel mis en place au sein de la Cour commune de justice et d'arbitrage d'Abidjan. Le règlement s'applique aux différends portés devant la C.C.J.A aux fins d'arbitrage. Ces différends doivent être d'ordre contractuel.

[34]MEYER (P), « Le droit de l'arbitrage », http:/www.ohada.com/presentation-droit-ohada/catégorie/4/arbitrage.html, consulté le 22 décembre 2022, p.18.

C'est dans les années 1910 que l'énergie électrique fera véritablement son apparition au Cameroun

[35]BESSALA (AG), Sécurité *d'approvisionnement et énergies renouvelables en droit camerounais, : Recherches sur les mécanismes de diversification du parc énergétique, op. cit.*, pp.72 et s KAMGA (J.) et AMADOU (A.), « Droit et politique de l'énergie en Afrique subsaharienne : les tendances d'harmonisation », *Revue des juristes de science po, autonome* 2013, n° 8, pp.64 et s. V. aussi, NJEUFACK TEMGWA, « Regard sur la protection juridique du consommateur africain : lecture comparée », *Penant* 2009. pp.293 et s.

d'instruments juridiques.[36] Il en est ainsi de la loi-portant protection du consommateur au Cameroun[37] ; la loi de 2011 régissant le secteur de l'énergie électrique[38] ; la loi régissant les activités commerciales[39] ; du décret portant organisation du Conseil national de la consommation[40] ; de l'arrêté portant organisation et fonctionnement des comités de recours pour l'arbitrage des différends relatifs à la protection du consommateur,[41] *etc.*

Il paraît indiqué de relever que la loi-cadre sur la protection du consommateur consacre quatre des seize grands principes des Nations Unies à savoir : le principe de protection ; de satisfaction ; d'équité et de participation.[42] Ces principes ainsi formulés et consacrés sont en harmonie avant les principes du service public[43] de l'électricité à savoir : l'égalité[44], la continuité[45], l'adaptabilité[46], l'efficacité et la prévisibilité.[47]

Sur le plan institutionnel, le paysage énergétique admet, dans le circuit fonctionnel, l'intervention de plusieurs acteurs tant publics que privés à des niveaux différents[48] à l'instar d'ENEO GENCO[49] ; d'EDC[50] ; de la Société

---

[36]NYAMBEYEU TCHOUKEU (L), « La coexistence de plusieurs hiérarchies de normes en droit camerounais de la consommation », in YAWAGA **(S)** (dir), *La protection du consommateur au Cameroun : principes, enjeux et perspectives*, Yaoundé, Les éditions Le Kilimandjaro (EDLK), pp. 68 et s.

[37]Loi-cadre n⁰ 2011/012 du 6 mai 2011.

[38]Loi n° 2011/022 du 14 décembre 2011.

[39]La loi n⁰ 2015/018 du 21 décembre 2015.

[40]Le décret n⁰ 2016/0003/PM du 13 janvier 2016.

[41]L'arrêté N⁰ 119 PM du 10 août 2012.

[42]DELVOLVE (P), « Service public et libertés publiques », *RFDA*, 1985.1, v. aussi, DUBOIS (L), « Missions de service public ou missions d'intérêt général », *Rev. Gén.* Coll. Terr. 2001. pp.66 et s.

[43]DONIER (V), « Les lois du service public : entre tradition et modernité », *RFDA* 2006.

[44]MELIN-SOUCRAMANIEN (F), *Le principe d'égalité dans la jurisprudence du Conseil constitutionnel*, Economica-PUAM, 1997.

[45] GILLI (J-P) (dir), *La continuité des services publics*, PUF, 1973, pp.78 et s.

[46]VENEZIA (J-C), « Le principe d'adaptation », Clés pour le siècle, Dalloz 2000, pp.1661 et s.

[47]CLUZEL-METAYER (L), *Le service public et l'exigence de qualité*, Dalloz, 2006, 634 p. ; BELORGEY, (G), *La qualité dans les services publics,* Berger-Levrault, 1989, 274p. ; ALIBERT (R), *L'imprévision dans les concessions de service public : l'évolution des faits et l'adaptation de la théorie depuis 1916*, Paris, 1924 ; v. aussi, KOUBI (G), « Le principe de neutralité des services publics, un principe corollaire à la modernisation de l'État ? », *Rev. Adm.*, 1992 p.492(I), 1993 p.9 (II) ; LAFFONT (D), « Intérêt général et intérêts particuliers », *EDCE* 1999, n°50, p.421.

[48]Du point de vue institutionnel, le consommateur est protégé par les services de contrôle relevant du secteur public de l'État. Il s'agit principalement des contrôleurs des prix qui protègent le consommateur des arnaques et des surfacturations. L'on a aussi les contrôleurs de la qualité des produits livrés au consommateur. C'est le cas des services vétérinaires qui contrôlent la qualité des aliments de chair dans les lieux de vente.

[49](Electricity Development Corporation), Il s'agit des centrales hydroélectriques de SONGLOULOU, ÉDÉA, LAGDO gérées par la filiale de production).

[50]Des centrales hydroélectriques de BAMENDJING, MAPE, MBAKAOU, MEMVE'ELE, LOM PANGAR gérées par l'entreprise publique EDC.

Nachtigal hydro power compagnie[51] ; de la DPDC[52] ; la KPDC[53] ; d'ENEO GENCO[54], de vingt-six (26) centrales isolées gérées[55] selon le cas par la SONATREL[56] ; ENEO distribution[57] ; l'AER[58] ; l'ARSEL[59] ; le MINFI[60] et le MINEE[61].

En dépit de cette identification des principaux acteurs intervenant dans le secteur de l'énergie, la trajectoire historique normative du secteur électrique en particulier, et principalement des relations entre consommateurs et fournisseurs de l'énergie électrique fait montre d'une construction normative en dents de scie[62]. Cette dernière considération rend pertinente et fondée la thématique suivante, centrée sur **la résolution des litiges entre le fournisseur et le consommateur de l'énergie électrique en droit camerounais** dans l'optique de la recherche des spécificités du contentieux de la fourniture de l'énergie électrique.

Dans sa globalité et dans un premier aperçu, il n'est point besoin d'être un spécialiste du droit pour se rendre compte que la thématique objet de la présente réflexion est révélatrice de l'analyse et du traitement juridique de toutes les mésententes, oppositions de vues et contestations pouvant naître à l'occasion de la distribution ou de la fourniture de l'énergie électrique au Cameroun[63].

En effet, depuis les indépendances, les atermoiements, les balbutiements et la grande souffrance du législateur à propos du choix de la meilleure approche de la gestion des activités relevant du secteur de l'électricité et

---

[51]De la centrale hydroélectrique de MEKIN gérée par la Société HYDRO MEKIN, de la centrale hydroélectrique de NATCHIGAL gérée par la Société NATCHIGAL HYDRO POWER COMPANY.

[52]DIMBAMBA Power Development Company), de la centrale à fioul lourd de YASSA gérée par le Groupe Globeleq (Groupe ACTICS).

[53]Kribi Power Development Company), de la centrale à gaz de Kribi gérée par l'État du Cameroun.

[54]De la centrale à gaz de LOGBABA gérée par ENEO.

[55]Par centrales isolées, il faut entendre des centrales situées à l'écart des autres, ceci pour éviter les chevauchements au niveau des équipements.

[56] Société nationale de transport de l'électricité.

[57]Distributeur quasi exclusif d'électricité, d'EDC, établissement public administratif en charge de la gestion du patrimoine public et de la promotion des investissements dans le domaine de l'électricité.

[58]Agence d'électrification rurale qui assure la régulation du secteur en zone rurale.

[59]Agence de régulation du secteur de l'électricité, régulateur en milieu urbain.

[60]Ministère des Finances.

[61]Ministère de l'Eau et de l'Énergie qui sont respectivement tutelles financière et technique de tous les établissements et entreprises publics qui interviennent dans le secteur.

[62]BESSALA (AG), Sécurité *d'approvisionnement et énergies renouvelables en droit camerounais : Recherches sur les mécanismes de diversification du parc énergétique,* Paris, Harmattan, 2021, pp.28 et s.

[63]*Ibid., p.76.*

partant de la branche de distribution de l'énergie électrique, l'ont conduit tour à tour à avoir recours aux privatisations[64], nationalisations[65], renationalisations[66], concessions[67], affermages, régie[68], *etc.* Ces chevauchements législatifs ont été et sont encore aujourd'hui lourds de conséquences[69]. Dans le registre sombre des effets pervers de ces chevauchements normatifs, les déséquilibres et désordres économiques, politiques et sociaux occasionnés par les coupures intempestives d'énergie électrique participent à ralentir la vision stratégique du gouvernement à l'horizon 2035[70].

Ce mal être camerounais compromet sérieusement le développement du Cameroun[71]. Les dommages résultant de ces coupures ou interruptions d'énergie électrique, jugées abusives et exagérées, sont légion sur toute l'étendue du territoire national. Dans un contexte où un décret récent du Chef de l'État (5 septembre 2023) envisage la possibilité d'une renationalisation du secteur de l'électricité, il paraît sans doute opportun de s'interroger sur la place des citoyens, consommateurs ou usagers du service public de l'électricité. En effet, par l'opération juridique de la concession, le législateur camerounais a confié la gestion du secteur de la fourniture ou de la distribution de l'énergie électrique à un concessionnaire personne privée.[72]

Dans cet enchevêtrement institutionnel, l'analyse des rapports entre le concessionnaire et le consommateur de l'énergie électrique intéresse le droit public à plus d'un titre : d'abord parce que la fourniture de l'énergie électrique constitue un service public régulé et régi par l'État ; ensuite parce que la relation de fourniture entre distributeur et consommateur crée un faisceau d'indices et de complexités normatifs qui intéresserait à plus d'un titre le droit public ; enfin parce que la régulation de l'État de droit impose au juge d'avoir un regard sur tous les accords et conventions qui engagent le citoyen, qu'ils relèvent du droit public ou du droit privé[73].

64BESSALA (AG), Sécurité *d'approvisionnement et énergies renouvelables en droit camerounais ; op.cit.*, p.77.
65*Ibid.* p.78.
66*Ibid.*, p.79.
67*Ibid.*, p.82.
68*Ibid.*, p.83.
69*Ibid.*, p.85.
70*Ibid.*, pp. 222 et s.
71*Idem.*
72V. Les dispositions de la convention-cadre de concession entre la République du Cameroun ; V. aussi, les dispositions de l'arrêté N° 00000013/MINEE du 26 Jan 2009 portant approbation du règlement du service de distribution publique d'électricité de la société AES-SONEL.
73V. Les dispositions de la convention-cadre de concession entre la République du Cameroun ; V. aussi, les dispositions de l'arrêté N° 00000013/MINEE du 26 jan 2009 portant approbation du règlement du service de distribution publique d'électricité de la société AES-SONEL.

En tout état de cause, l'une des illustrations de cette complexité est sans doute perceptible à travers la tumultueuse mise en évidence des relations conflictuelles qui opposent les consommateurs[74] de l'énergie électrique aux fournisseurs généralement concessionnaires du service public.[75]

---

[74]MODERNE (F) et MARCOU (G) (dir), *L'idée de service public dans le droit des États de l'Union européenne*, L'harmattan, 2001, pp.28 et s.

[75]BESSALA (AG), Sécurité *d'approvisionnement et énergies renouvelables en droit camerounais, Recherches sur les mécanismes de diversification du parc énergétique, op.cit.*, pp.72 et s ; v aussi, COURIVAUD(H), la concession de service public « à la française » confrontée au droit européen, *Revue internationale de Droit Économique* 2004, pp.395-434. Le mot « *concession* » ne recouvre pas les mêmes réalités juridiques d'un pays européen à l'autre. Certes, l'histoire montre que les droits nationaux de l'Europe continentale ont la même idée de départ pour parler de ce procédé contractuel qui rappelle, ou bien la vente, ou bien le louage, ou bien la donation et qui a pour trait essentiel, soit l'abandon par le concessionnaire de biens appartenant à l'État ou laissés à la disposition d'une autorité publique, soit au moins, la substitution de certains droits de l'État en faveur d'autres personnes juridiques. Cette réalité ainsi décrite se résume bien dans le verbe latin « concedere » que l'on peut traduire en français par « mettre à la place de ». Cette racine latine, d'où l'on tire par exemple en français le mot « concession » et en allemand « Konzession » n'est pas choisie au hasard puisque l'Antiquité romaine connaissait la pratique de contrats perpétuels de location d'installations et d'outillage portuaires sur le domaine public maritime, lequel était valorisé grâce à ces contrats de superficie, qui permettaient de réaliser des travaux publics d'une certaine ampleur. En Allemagne, le mot « Konzession » recouvre des réalités juridiques extrêmement diverses puisqu'il s'applique tout à la fois à des contrats de droit public définissant le cadre juridique de construction et d'exploitation des réseaux routiers, ferrés, voire postaux – au moins jusqu'aux réformes adoptées en 1994-1997 –, mais aussi à des contrats de droit privé définissant le cadre juridique de construction et d'exploitation d'autres réseaux, l'électricité et le gaz naturel en particulière. On ajoutera que, dans ce second cas de figure, le contrat comporte la mise en œuvre d'obligations réciproques relatives à l'occupation du domaine public, associée à une décision unilatérale d'autorisation d'exploiter et d'exercer une activité commerciale. En France, la concession manifeste son ambivalence juridique contrat synallagmatique – autorisation administrative après la seconde moitié du XVIe siècle lorsque les premières grandes concessions de l'État moderne ont été établies sur ordre du roi (Henri IV, surtout, et à sa suite, Louis XIII et Louis XIV) pour développer des infrastructures (canaux) et certains modes d'aménagement des villes (lotissements), et pour mettre en valeur le domaine public foncier (exploitations forestières, 1. 2. 3. Une technique analogue à la concession était utilisée également pour la mise en valeur par un particulier de terres incultes acquises par les collectivités publiques : c'est l'emphytéose des articles 1709 et suivants du code civil et de l'article L 451-1 et suivants du code rural. Concessions maritimes et emphytéose restent deux procédés très utilisés aujourd'hui. Georg Hermes, Staatliche Infrastrukturverantwortung, Mohr Siebeck, Jus Publicum, Bd. 29, Tübingen, 1998, pp. 279 et s. Joachim Wieland, Die Konzessionsabgaben (les « redevances de concession »), thèse d'« habilitation », 1989-1991, universités de Münster et de Bielefeld. © Association internationale de droit économique | Téléchargé le 18/12/2023 sur www.cairn.info via Université Paris 1 Panthéon-Sorbonne (IP: 193.55.96.20) 398 La concession de service public « à la française » confrontée au droit européen © Association internationale de droit économique | Téléchargé le 18/12/2023 sur www.cairn.info via Université Paris 1 Panthéon-Sorbonne (IP: 193.55.96.20) construction des ports, assèchement des marais). En effet, le bail, la lettre patente et parfois l'édit retraçait certes une négociation entre l'autorité royale, un particulier ou une compagnie commerciale pour réaliser ces infrastructures, ces aménagements ou ces mises en valeur, mais ces actes attribuaient aussi et surtout au concessionnaire la délégation de prérogatives de puissance

Dans le même ordre d'idées, il convient de relever que le poids économique de l'opérateur (généralement une multinationale) a souvent été de nature non seulement à impacter les droits du consommateur, mais aussi à remettre en cause la souveraineté de l'État.

II- LA CLARIFICATION CONCEPTUELLE

1- La résolution

Littéralement, le mot résolution désigne le moyen par lequel on tranche un cas douteux, un problème. La notion fait également référence à la dissolution d'un contrat pour inexécution de ses engagements[76], l'action d'anéantir ou le résultat de cette action. Cette acception littérale ne se démarque pas des conceptions civilistes et quasi pénales qui tendent à appréhender la résolution comme un anéantissement des effets obligatoires d'un engagement en raison principalement de l'inexécution fautive par l'une des parties, des obligations mises à sa charge par la loi ou le contrat. Concrètement, il s'agit d'analyser la résolution sous l'angle de la fin du contrat ou de la loi engendrée par l'inexécution d'une obligation contractuelle d'une partie.

En tant qu'anéantissement rétroactif conventionnel, judiciaire ou unilatéral, la résolution est plus perçue comme une sanction juridique d'une partie qui s'est soustraite à ses obligations contractuelles. Malgré sa pertinence et sa vérité scientifique, cette conception réductrice de la notion de résolution ne permet pas d'expliciter les contours diversifiés et les enjeux politiques, idéologiques, environnementaux et socioéconomiques de la fourniture de l'énergie électrique et ne paraît pas en tout état de cause, adaptée à la légistique de la fourniture de l'énergie électrique.

Dans la mesure ou en matière de fourniture de l'énergie électrique, dans les rapports institutionnels et normatifs qui mettent aux prises l'administration publique par le jeu de la concession et le consommateur, usager ou client du service public de l'électricité, il paraît convenable de sous-entendre l'idée d'une prévention, d'un évitement d'un éventuel litige. Ainsi et plus prosaïquement, la résolution pourrait être entrevue dans la présente analyse comme un mécanisme ayant vocation à prévenir, à faire cesser les oppositions ou les divergences de vues entre deux ou plusieurs acteurs du service public

---

publique (surtout l'expropriation). En outre, s'ajoutaient à ces prérogatives d'autres avantages récompensant le concessionnaire tels que l'anoblissement si le concessionnaire était l'auteur à succès d'une invention ou de procédés techniques exceptionnels pour construire ces équipements, et l'octroi d'avantages fiscaux en vue de l'exploitation de ces procédés et équipements4. La Révolution abolit les privilèges et la noblesse en tant qu'ordre de la société, mais n'atténue guère cette ambiguïté de départ pour définir la concession. C'est ce que révèle, par exemple, un auteur du XIXe siècle, PERRIQUET : « Le mot concession est un terme général servant à désigner divers contrats d'intérêt public (…). Il s'applique improprement à des situations où il y a simplement permission plutôt que contrat. »

[76] Dictionnaire LAROUSSE, nouvelle édition 2020, p.708.

de la fourniture de l'énergie électrique. Sous ce prisme, la résolution serait révélatrice d'une ingénierie normative à finalité régulatrice et réparatrice.

De ce qui précède, le concept de résolution se traduit juridiquement par la mise en œuvre des modalités variées de règlement des litiges. Ces solutions dans les systèmes juridiques contemporains sont susceptibles d'être formulées par un organe indépendant, neutre, transparent, tout comme elles peuvent émaner des acteurs en jeu qui rechercheraient alors la paix, l'entente à l'effet de voir disparaître les situations pouvant entamer ou compromettre leurs relations.[77]

2- La notion de litige électrique et ses implications

Le droit de la consommation, droit fondamentalement économique, fait appel à des règles et méthodes spécifiques. C'est un droit dont la jouissance implique l'intervention d'une tierce personne, qui est en fait le débiteur. Cette spécificité réside dans la mise en relief par ce droit, de l'offre et de la demande. Il convient de relever que cette rencontre entre la demande et l'offre est susceptible d'être à l'origine de distorsions, du fait de la position économiquement supérieure qu'a l'un (fournisseur, prestataire de service) des acteurs du marché sur l'autre (consommateur), entraînant dès lors des relations conflictuelles entre les différents acteurs du marché.

Le mot litige, qui lexicalement et sémantiquement est lié au mot contentieux et synonyme de conflit, peut s'entendre comme tout conflit, tout incident, toute mésentente susceptible de surgir dès lors que deux ou plusieurs protagonistes se situent sur le terrain des relations plus ou moins contractuelles. Il est susceptible de plusieurs variations en fonction du champ lexical et grammatical dans lequel il est utilisé. On peut donc de manière globale distinguer les litiges relevant du droit privé et ceux émanant du droit public.

---

[77]AMAR (J), *De l'usager au consommateur du service public*, PUAM, 2001, pp.26 et s. AUBY (J-F) et BRACONNIER (S) (dir.), *Services publics industriels et commerciaux, questions actuelles,* LGDJ, 2003 pp. 21 et s. VIGUIER (J), *Recherches sur la notion de régie en droit public français,* Thèse. Toulouse, 1989 ; Les régies des collectivités locales, Economica, 1992. ; WARIN (P) (dir.), Quelle modernisation des services publics ? Les usagers au cœur des réformes, La Découverte (Coll. Recherches), 1998 ; LINOTTE (D), MESTRE (A), ROMI (R), Services publics et droit public économique, Litec, 1995 ; BELORGEY, (G), *La qualité dans les services publics,* Berger-Levrault, 1989, pp.119 et s. ; COHEN (E) et HENRY (C), « Sur les bases et l'évolution récente des services publics et industriels et commerciaux en France et dans l'Union européenne », in COHEN (E), HENRY (C), Service public, secteur public, La documentaire française, 1997, p.12 ; DUPUIS (G), « Sur la concession de service public », D. 1978, chron. p.222 ; DURUPTY (M), « Aspects récents de la privatisation du secteur public en France », in Mélanges Auby, 1992, p.97. ; KOUBI (G), « Le principe de neutralité des services publics, un principe corollaire à la modernisation de l'État ? », *Rev. Adm.*, 1992 p.492(I), 1993 p.9 (II).

Dans ce sens, le terme d'origine *contentiosus* tiré du latin signifie « querelleur ». Le vocabulaire juridique de l'association Henri CAPITANT donne plusieurs acceptions au vocable contentieux[78] : *ensemble de litiges susceptibles* d'être soumis aux tribunaux. En même temps, il renvoie à l'ensemble de *contestations* soulevées devant une juridiction. À cet égard, un contentieux peut porter sur des questions de constitutionnalité, c'est-à-dire d'interprétation d'actes subordonnés ou reliés à la constitution. Il peut être un contentieux de contrôle technique ou un contentieux général de la sécurité sociale[79], *etc.* Ainsi, la notion de litige est donc perçue ici comme tout désaccord pouvant subvenir lors ou à l'occasion de la distribution ou de la fourniture de l'énergie électrique soit entre le fournisseur et le consommateur de l'énergie électrique, soit entre le fournisseur et les tierces victimes.

Bien que ces oppositions ou désaccords puissent principalement émaner soit de l'usager, soit du fournisseur du service public de l'électricité, elles peuvent également être occasionnées par les tiers du fait de la mise en œuvre du service public de l'électricité.[80] Ainsi, la notion de litige renverrait aux mésententes ou aux agissements préjudiciables par action ou abstention émanant ou résultant de la fourniture de l'énergie électrique. Dans le même sens, le conflit est l'opposition de vues ou d'intérêts. Il est synonyme de mésentente, de situation critique, de désaccord pouvant dégénérer en litige, en

[78]CORNU (G.), *Vocabulaire juridique de l'Association Henri Capitant*, 12e édition mise à jour, Paris, Quadrige, PUF, 2018, pp.565 *et s.*
[79]OWONA (J), *le contentieux administratif de la République du Cameroun*, Paris, Harmattan, 2011, pp. 7 et s.
[80]BOURGOIGNIE (T), « À la recherche d'un fait générateur de responsabilité unique et autonome dans les rapports de consommation : le défaut de conformité à l'attente légitime du consommateur », *in Liber Amicorum N. Reich, Nomos,* Baden-Baden, 1997, pp. 225 et s ; LOQUIN (E), « La soumission de l'arbitrage international à un régime protecteur du consommateur », *Rev. Crit. D.I.P.* 2021, 202, 209. pp.719 et s ; JANICOT (L), « L'identification du service public géré par une personne privée », *RFDA* 2008, pp.69 et s ; BOUVIER (G), « Enjeux géopolitiques autour de la distribution d'électricité en France », Herodote2003/3, N°110, Pp75 et S ; LE ROUX (D), (2014b), « Le service public français en débat », dans BAFOIL, F., FODOR, F., LE ROUX, D. (dir.), L'accès à l'énergie en Europe. Les précaires invisibles, Paris, Presses de Science Po, pp. 219 et s.

procès ou en affrontement[81]. Ce procès pouvant être administratif ou judiciaire[82].

À la lumière du vocabulaire juridique, il appert que l'on parle de litige lorsqu'il y a réunion de trois éléments : un élément matériel, un élément formel et un autre organique. Ainsi, le litige s'apparente à un différend, un désaccord, un conflit considéré dès le moment où il éclate comme pouvant faire l'objet d'une transaction, d'un compromis d'arbitrage… Par extension, le litige c'est le différend porté devant un tribunal et devenu matière à procès une fois la justice saisie. Il se trouve par la suite que le différend est une opposition entre deux personnes sur un point de droit ou fait pouvant faire naître entre elles, un conflit.

Plus englobant, bien qu'au fond cette définition soit en emphase avec celle de Gérard CORNU, le Professeur Joseph OWONA[83] noie la notion de litige dans le terme contentieux. Pour lui, le litige n'est qu'un élément du contentieux en ce sens que le contentieux désigne l'ensemble des litiges susceptibles d'être soumis aux tribunaux ou de contestations soulevées devant une juridiction. Il y aurait donc des litiges solutionnables devant une

---

[81]CORNU (G), *Vocabulaire juridique de l'Association Henri Capitant, op.cit.*, p.231. D'abord, le contentieux renvoie à un ensemble des litiges susceptibles d'être soumis aux tribunaux, soit globalement, soit dans un secteur déterminé. Ex. contentieux administratif, contentieux commercial, contentieux de la sécurité sociale, contentieux des accidents de la circulation, etc. Ensuite, il peut s'agir du service d'une entreprise ou d'une administration chargé des affaires litigieuses. Ainsi, parle-t-on de l'agence d'affaires spécialisée dans la conduite de telles affaires. Enfin, le mot contentieux est parfois synonyme de conflit. Par exemple, le contentieux est élevé lorsque les plaideurs s'affrontent devant le juge saisi ; il est virtuel ou latent lorsqu'avant tout procès une situation juridique recèle une menace de conflit.

[82]Il convient d'analyser le terme « administratif » comme dérivé ou relatif à l'Administration comprise comme l'action des services publics, des personnes morales de droit public et des établissements publics subordonnés à l'État, poursuivant un objectif de service public ou mettant en œuvre des prérogatives exorbitantes de droit commun, c'est-à-dire des procédures de droit administratif[82]. Dans ce sens, parler de contentieux administratif revient à désigner l'ensemble des litiges ou contestations nés de l'action administrative et sous l'emprise du droit administratif, c'est-à-dire exorbitant de droit commun et soumis à des règles spéciales de règlement. L'exigence d'un litige relevant du contentieux administratif est la première condition *sine qua non* du contentieux dit administratif. Il faut donc qu'il y ait une contestation dite administrative ; une contestation ou un ensemble de contestations nées de l'action administrative se déroulant, sauf très rares exceptions, sous un régime de droit public. Cela suppose en second lieu, du moins en droit français ou dans les droits dérivés, l'implication d'une personne publique dans la contestation. Le litige ayant un lien avec le fonctionnement du service public ou la mise en œuvre des procédés exorbitants du droit commun caractérisant l'action de l'administration. Le contentieux administratif correspondant donc au contentieux des litiges administratifs. L'étude du contentieux administratif comporte globalement tout ce qui touche au règlement des litiges administratifs : organisation structurelle du contentieux ; règles de procédure devant les juridictions administratives, répartition des compétences, mécanisme de résolution des recours, *etc.*

[83]OWONA (J*), Le contentieux administratif de la République du Cameroun*, Paris, Harmattan, 2011, p.7.

juridiction, d'autres qui n'y trouveraient pas solution, nécessitant dès lors l'aménagement des services techniques spécialisés dans la gestion des litiges et d'autres, en raison de leur nature politique feraient intervenir des modes de résolution diplomatiques, l'entente directe et autres. Cette précision faite recense en quelque sorte les différents terrains dans lesquels la notion de litige baigne.

Sur le plan international, sa naissance est tributaire des relations qu'entretiennent les États souverains, réunis en organisation ou en agissant de façon bilatérale. Ici, les règles qui président à la résolution du litige et l'identification de l'organe de résolution sont déterminées dans les actes fondateurs de l'organisation ou de la convention bilatérale.

Par ailleurs, les litiges tombant sur le terrain juridique portent sur un point de droit, quand bien même le litige concernerait les États souverains. Ici, il faudrait que la contestation ou le fait générateur du contentieux soit prévu dans un texte à valeur juridique. Généralement, c'est l'apanage des juridictions soit nationales ou internationales. Toutefois, certaines contestations sur les points de droit ne sont pas directement portées devant la juridiction compétente. Ces dernières tombent ainsi sous le coup de la fameuse formule *« Un mauvais arrangement vaut mieux qu'un bon procès »*. Le fait que tout litige ne soit pas susceptible d'être connu soit par un juge soit par une institution établie invite à circonscrire le contenu matériel de la notion de litige. Ce faisant, le litige suppose en amont qu'il y aurait un cadre de référence qui identifierait ce qui serait qualifié de litige ou pas.

Dans ce sens, une simple dispute entre conjoints ou entre frères ne saurait constituer un litige au sens strictement juridique, parce que non admis comme tel par un texte à valeur juridique. Cela étant, on ne considère pour litige que ce que la loi ou les textes normatifs considèrent comme tel. Ainsi, la notion de litige devient une notion fonctionnelle en se situant dans la dynamique des rapports que ces textes auraient avec la société. Ce qui est litige en droit constitutionnel ne l'est pas forcément en droit pénal ou en droit financier, encore moins en droit administratif ou plus précisément en droit de l'énergie. En aval, le litige suppose la manifestation des errements ou des dérives contenus ou prévus dans un texte à valeur juridique ou se situant dans la logique d'un manquement à une obligation contractuelle.

Le litige de consommation par contre se définit comme étant : *« toute action intentée par ou contre un consommateur ou une association de consommateurs et dans laquelle l'autre partie est un opérateur économique »*.[84] C'est dans cette logique contractuelle de manquement à des obligations que sera traité le litige dans la présente recherche parce que c'est

[84]Article 2 de la directive n° 02/19-UEAC -639-CM-33 harmonisant la protection du consommateur au sein de la CEMAC

de ce lien contractuel que naissent les litiges entre le consommateur et le fournisseur de l'énergie électrique ou entre l'État et le fournisseur.

Cependant, limiter le litige à ce volet contractuel revient à mener une étude partielle du litige. Car, l'exécution des obligations contractuelles peut générer à l'égard d'un tiers au contrat d'autres litiges. De plus, il paraît important de souligner que le fournisseur de l'énergie électrique fait face à deux catégories d'obligations : les obligations de service public d'une part, et les obligations contractuelles d'autre part. Au-delà du fait d'entrer dans une relation contractuelle de consommation de l'énergie électrique, le consommateur est fondé à exiger le respect de son droit constitutionnel à l'énergie.

En clair, en matière de contentieux de la fourniture de l'énergie électrique au Cameroun entre consommateur et fournisseur de l'énergie électrique, il y a litige toutes les fois :

- Qu'un cocontractant au contrat de fourniture de l'énergie électrique manque à ses obligations contractuelles ou exécute mal le contrat ou est de mauvaise foi ;
- Lorsque l'exécution des obligations contractuelles génère des dommages collatéraux à un tiers au contrat ;
- Lorsque le fournisseur de l'énergie électrique se soustrait à ses obligations de service public ;

Dans la présente étude, l'activité de fourniture ou de distribution de l'énergie électrique est susceptible d'engendrer ou de générer des litiges impliquant aussi bien des personnes privées que des personnes publiques[85]. Cette définition qui vient d'être donnée est celle qui sera mobilisée dans le cadre de ce travail.

[85]CHARBIT (N), *Le droit de la concurrence et le secteur public*, Harmattan, Paris, 2002, pp.23 et s ; CLUZEL-METAYER (L), *Le service public et l'exigence de qualité*, Dalloz, 2006, pp.93 et s ; CARBAJO (J), « Remarques sur l'intérêt général et l'égalité des usagers devant le service public », AJDA 1981.176 ; COHEN (E) et HENRY (C), « Sur les bases et l'évolution récente des services publics et industriels et commerciaux en France et dans l'Union européenne », *in* COHEN (E), HENRY (C), Service public, secteur public, La documentation française, 1997, pp.14 et s ; DE CORAIL (J-L), « Contribution du juge administratif à une théorie générale de l'établissement public à caractère industriel et commercial », Mélanges Charlier, 1981, pp.53 et s. DELMAS-MARSALET (J), « Le contrôle juridictionnel des interventions économiques de l'État », EDCE 1969-1970, pp.163 et s ; LOCHAK (D), « Les problèmes juridiques posés par la concurrence des services publics et des activités privées », ADJA 1971.261 ; ROUSSELY (F), « Clarifier les rapports entre le service public et les citoyens », *in* JOIN-LAMBERT (dir.), *L'État moderne et l'administration*, LGDJ, Coll. Systèmes, 1994, p.56. MAZEAUD (D), « droit commun du contrat et de la consommation », *in* mélange CALAIS-AULOY, Paris, Dalloz, 2004, pp.697s., spéc. n° 17.

3- Le fournisseur de l'énergie électrique.

Littéralement, le dictionnaire Hachette Encyclopédique illustré donne deux sens au nom féminin fourniture. Ainsi, la fourniture désigne l'action de fournir et aussi ce qui est fourni[86]. Cette définition ne permet pas à proprement parler de comprendre la signification réelle de la fourniture, d'où le recours à la loi n° 2011/022 précitée du 14 décembre 2011 régissant le secteur de l'électricité au Cameroun, pour essayer de déceler le sens véritable.

Aux termes de l'article 5 de loi régissant le secteur de l'électricité, la fourniture est la mise de l'électricité à la disposition des usagers au point de livraison. Même si cette définition laisse déjà transparaître la signification de la fourniture, elle ne sera pas retenue pour la simple raison qu'elle ne renseigne pas sur le moyen juridique par lequel l'électricité est mise à la disposition du consommateur. Raison pour laquelle nous nous tournerons vers le vocabulaire juridique pour une définition plus détaillée.

Le vocabulaire juridique donne trois sens à la fourniture. Elle désigne d'abord, l'action de fournir, de faire tenir à autrui une chose, de procurer un avantage, une garantie. Sous cet angle, elle est synonyme de prestation. Ainsi peut-on parler de la fourniture d'une caution. Ensuite, la fourniture renvoie au contrat par lequel une personne appelée fournisseur s'engage à approvisionner pendant un certain temps, de manière continue ou périodique, en marchandises ou en services, une autre personne appelée consommateur (en général, décomposé en un contrat-cadre et en contrats d'application dont la conclusion résulte de l'exécution du contrat-cadre). Enfin, et par extension, la fourniture renvoie à l'objet même du contrat.[87]

La clarification de la notion de fourniture revêt sa complétude une fois que l'auteur chargé de procéder à l'action de la fourniture tout comme celui à qui cette fourniture est destinée sont identifiés. Acteur central de réalisation du service public de l'électricité, le fournisseur d'énergie électrique est selon la loi de 2011 régissant le secteur de l'électricité, une personne physique ou morale titulaire du droit de vendre l'énergie électrique à un intermédiaire ou consommateur final. La même loi définit l'opérateur comme toute personne physique ou morale de droit camerounais ayant le droit d'opérer une activité dans le secteur de l'énergie[88].

Cette définition de l'opérateur fait sens dans la présente analyse dans la mesure où l'on est en droit de se demander si fournisseur et opérateur sont

---

[86] *Dictionnaire Hachette Encyclopédique Illustré*, Paris cédex 1996, p750.

[87]BOITEUX, (M) ; « Principe de la politique commerciale de distribution de l'électricité en France », *Revue française de l'énergie*, 1959, 112, p. 269 et S.

[88]JAVERZAC (J-L), P. MANTION (P), MOLLE (M) « Les engagements du gestionnaire de réseau de transport français RTE en matière de qualité de fourniture d'électricité », *REE* 2002, n° 11, Pp. 41 et S

assimilables. Cette inquiétude est réelle dès lors qu'à la lumière de l'article 11 de ladite loi, l'exercice des activités dans le secteur de l'électricité est soumis à l'un des régimes suivants : la concession, la licence, l'autorisation, la déclaration et la liberté[89].

Le fournisseur d'énergie est apparenté à l'opérateur économique.[90] Il s'agit d'une personne physique ou morale, publique ou privée, qui place ou met à la disposition du consommateur sur le marché un produit, un bien ou un service dans l'exercice de sa profession[91]. Dans le cas d'espèce, le fournisseur d'énergie[92] est une société qui commercialise l'énergie électrique auprès de ses clients (particuliers ou entreprises) sans nécessairement en assurer la production ou la distribution[93].

Dans le même sens, le législateur définit le distributeur comme toute personne morale ou physique qui établit ou exploite des réseaux électriques de moyenne et de basse tension et qui vend et/ou fournit de l'électricité aux usagers. De ce qui précède, l'opération de distribution emporte établissement et exploitation des réseaux électriques de moyenne et de basse tension en vue de la vente de l'énergie au public.[94]

Cette définition de la distribution est suffisamment révélatrice de la divergence terminologique et sémantique utilisée par le législateur afin de traduire prosaïquement l'intérêt attaché au secteur de l'électricité. Il ressort en effet de l'article 2 de la loi de 2011 que l'électricité constitue un service public organisé par l'État et géré en concession par l'opérateur ENEO Actis société de droit privé camerounais.[95]

---

[89]V. Les articles 11 et suivants de la loi n° 2011/022 du 14 décembre 2011 régissant le secteur de l'électricité.

[90] Article 2 de la Directive n° 02/19-UEAC-639-CM-33 harmonisant la protection des consommateurs au sein de la CEMAC

[91]DONIER (V), « Les lois du service public : entre tradition et modernité », *RFDA* 2006. p.1219 ; NOBLOT (C), « Droit de la consommation », Montchrestien, 2012, pp.19 et s ; CAPITANT (H), *La protection du consommateur*, Dalloz, 1973, pp.233 et s ; CALAIS-AULOY (J) et TEMPLE (H), *Droit de la consommation*, 9ème éd., Dalloz, Coll. « Précis », 2015 pp.77 et s ; RAYMOND (G), *Droit de la consommation*, 2e éd., Litec, Coll. « Droit et professionnels », 2015, pp. 19 et s.

[92]TAORMINA (G), Théorie et pratique du droit de la consommation, Aspects généraux et contrats spéciaux, Librairie de l'Université d'Aix-en-Provence, 2004, pp. 7 et s.

[93] PEREON (P), « la délégation des services publics administratifs », *AJDA* 2004. pp.1449 et s.

[94]SYMCHOWICZ, (N), « la notion de délégation de services publics administratifs », *AJDA* 1998. pp.195 et s.

[95]Avec cette loi, on assiste à une certaine précision terminologique avec, par exemple, la notion de fournisseur d'énergie malgré le glissement conceptuel du consommateur. La qualité de fournisseur d'énergie électrique est reconnue à toute personne physique ou morale et à toute personne physique ou morale ayant reçu un quitus administratif de vendre l'énergie électrique. Toute personne physique ou morale qui se réclame être fournisseur doit justifier d'une autorisation administrative. L'on observe une certaine assimilation conceptuelle entre fournisseur d'énergie électrique et distributeur, mais il faut préciser que législativement parlant,

Dans ce sens, la concession apparaît comme une convention conclue de manière exclusive entre l'État et un opérateur lui permettant d'exploiter le domaine public[96] dans les limites territoriales précises en vue d'assurer la production, le transport et la distribution de l'énergie électrique sur la base d'un cahier de charges[97]. La distribution publique d'électricité est un service public local et se situe ainsi dans un champ politique, avec ses acteurs, élus, institutionnels et privés, ses représentations positives ou négatives des mots-concepts que sont la péréquation tarifaire, le service public, l'entreprise publique, les régies.

---

le concept de distributeur est plus large que celui de fournisseur d'énergie électrique, car si le fournisseur ne se limite qu'à la vente de l'énergie électrique, le distributeur quant à lui établit, exploite les réseaux électriques, vend et fournit de l'électricité aux usagers. Dans ce sens, un fournisseur d'énergie électrique pourrait aussi être un distributeur. Par référence à l'article 9 de la loi portant protection du consommateur au Cameroun, le fournisseur a l'obligation d'informer le consommateur par écrit sur le prix comptant, le montant de l'intérêt, le taux annuel à partir duquel cet intérêt est calculé (…) et le montant total à payer. En d'autres termes, le consommateur a l'obligation de payer une redevance. Selon l'article 10 du même texte, le fournisseur a l'obligation de fournir ou livrer au consommateur un produit, une technologie, un bien ou un service qui satisfait les exigences minimales de durabilité, d'utilisation et de fiabilité… Selon l'article 13, le fournisseur doit fournir au consommateur une information juste, suffisante lui permettant de faire ses choix. En revanche, le fournisseur a droit à une rémunération de la part du fournisseur (Art. 9 de la loi portant protection du consommateur) Le fournisseur de l'énergie électrique a l'obligation de raccorder au réseau électrique (Art. 4.1) de distribution, il a l'obligation d'entretien et de renouvellement des branchements (Art. 4.7), il a l'obligation de fournir de l'électricité (Art. 5.1 et 14) Il a l'obligation d'accorder un abonnement à toute personne qui en fait la demande. (Art. 5.2), il a l'obligation de protéger ses installations et ouvrages (Art. 14.3), il a l'obligation d'informer les clients d'une éventuelle interruption de la fourniture de l'énergie (Art. 14.6), il a aussi l'obligation de rétablir la fourniture d'énergie après une interruption. Le fournisseur de l'énergie électrique a droit au paiement d'une redevance, il a droit au respect des biens et équipements affectés au branchement. Le droit à la rémunération du fournisseur est largement assis sur la volonté du consommateur. En d'autres termes, c'est à l'occasion d'une demande d'abonnement que le fournisseur bénéficie des frais de rémunération. Les obligations du fournisseur de l'énergie électrique sont fortement réglementées. Dans chaque obligation, il découle d'autres obligations, c'est le cas avec l'obligation de raccordement au réseau où on remarque qu'il y a d'autres exigences liées au délai de raccordement, les exigences aux zones de sécurité.

[96]PEREON (P), « la délégation des services publics administratifs », *AJDA* 2004. pp.1449 et s. v. Aussi, SYMCHOWICZ, (N) « la notion de délégation de services publics administratifs », *AJDA* 1998. pp.197 et s.

[97]En tant que telle, la concession met en jeu d'une part l'autorité concédant entendue comme une personne morale de droit public habilitée à signer les contrats de concession entre l'État et une personne morale de droit public ou de droit privé et le fournisseur distributeur dans l'exercice de ses missions de service public. Selon la loi-cadre n°2001/012 portant protection du consommateur au Cameroun, le fournisseur est identifié à partir de ses obligations et des droits du consommateur.

Du point de vue des obligations du fournisseur, le fournisseur est celui qui doit fournir ou livrer au consommateur un produit, un bien…qui satisfait les exigences minimales des habilités d'utilisation et de fiabilité et qui assure sa satisfaction légitime. cf. art 10(1), 13 de la loi de 2011 portant protection du consommateur. Le fournisseur est ainsi celui qui assure la défense des intérêts légitimes du consommateur au respect des clauses contractuelles.

Historiquement et à titre de droit comparé, l'organisation du service public de la distribution d'électricité est depuis près d'un siècle en France, une compétence communale. Elle a donné naissance dès le début du siècle à une intercommunalité de service : les syndicats d'électrification[98].

Le secteur de l'énergie au Cameroun ayant été décentralisé, contrairement aux années antérieures pendant lesquelles la société AES SONEL assurait tous ces services[99], l'on observe désormais trois acteurs principaux intervenant que

---

[98]BOUVIER (G), « Enjeux géopolitiques autour de la distribution d'électricité en France » ; https://www.cairn.info/revue-herodote-2003-3-page-71.htm. L'auteur rappelle à titre de trajectoire historique que les collectivités territoriales sont responsables de l'organisation du service public de la distribution d'électricité depuis 1906. Cette activité est un service public qui a notamment contribué à la définition classique du service public à la française et de ses trois piliers : égalité des usagers, continuité et adaptabilité du service. Chaque commune ou groupement de communes réunies en syndicats intercommunaux d'électrification distribuait lui-même l'électricité ou concédait cette activité à une entreprise privée. En 1946, la nationalisation des différentes compagnies d'électricité qui donne naissance à EDF atténue la visibilité du pouvoir des collectivités locales. Elle ne remet cependant pas en cause leur rôle d'autorités concédantes ; EDF, concessionnaire obligatoire, ayant « repris » les cahiers des charges de concession des anciennes compagnies, les communes restent propriétaires des réseaux moyens (20 000 volts) et basse tension (400 et 230 volts). La loi de 1946 permet aux communes qui exploitaient elles-mêmes ce service de maintenir leurs régies. Lors de la discussion au Parlement de la loi de nationalisation, les collectivités regroupées en syndicats, eux-mêmes fédérés depuis 1934 à l'initiative d'élus ruraux radicaux au sein de la FNCCR (Fédération nationale des collectivités concédantes et régies), ont cherché à résister à l'étatisation totale du secteur électrique [Bonaïti, 1996, p. 173-193]. Cette étatisation était à la fois un objectif de rationalisation, de rentabilisation des investissements, de normalisation des techniques et le fruit d'une volonté politique née de la convergence des intérêts et des valeurs des militants syndicaux de la CGT, soucieux de la création d'une entreprise publique dont le statut des électriciens et gaziers constitue un modèle social, du modèle de développement industriel centralisé des gaullistes et de la volonté politique de mise en place d'une péréquation nationale des tarifs. EDF se construit sur un pacte social et un mode de développement propre qui s'appuient sur une culture et une identité fortes décryptées par Michel Wieviorka dans son essai de sociologie des organisations. « Tous sont convaincus d'agir au nom de l'intérêt collectif et parlent haut et clair le langage de la nation. [...] Ainsi, compétence technico-économique, confiance dans la raison, identification à l'intérêt collectif et à la grandeur de la nation caractérisent les premiers dirigeants d'EDF » Wieviorka, 1989, p.33.

[99]Il est rappelé dans l'article premier du règlement de service que AES Sonel est une société privée de droit camerounais investie d'une mission de service public et habilitée à produire, transporter, distribuer et vendre de l'énergie au Cameroun en vertu :
- d'un contrat cadre de concession et de licence en date du 18 juillet 2001 et de son cahier de charges modifiés par amendements en date du 4 décembre 2006 ;
- d'un contrat de concession de production en date du 18 juillet 2001 et de son cahier de charges modifiés par amendements en date du 4 décembre 2006 ;
- d'un contrat de concession de transport en date du 18 juillet 2001 et de son cahier de charge par amendement en date du 4 décembre 2006 ;
- d'un contrat de concession de distribution et de vente d'électricité en date du 18 juillet 2001 et de son cahier de charges par amendement en date du 4 décembre 2006 ;
- d'une licence de vente d'électricité en date du 18 juillet 2001 et de son cahier des charges modifié par amendement en date du 4 décembre 2006.

sont : la Société nationale de transport d'électricité (SONATREL)[100], Electricity Development Corporation (EDC)[101] et enfin l'opérateur économique ENEO[102].

Tous ces acteurs jouent un rôle bien précis, celui du transport de l'électricité, de la production et de la distribution. Le fournisseur d'énergie n'est donc pas à confondre avec le producteur.[103] Il est celui qui achète l'électricité auprès d'un producteur, la fait acheminer par la société de transport, et la met à la disposition des consommateurs sur la base d'un contrat ou d'abonnement.[104]

Dans le cas du Cameroun, celui qui est considéré comme fournisseur d'énergie électrique c'est l'opérateur ENEO. La lecture de la loi de 2011 régissant le secteur de l'électricité autorise à penser que l'opérateur peut également exercer les fonctions de gestionnaire de réseau de distribution[105] (personne physique ou morale chargée de l'exploitation, de la maintenance et du développement du réseau de distribution dans une zone donnée). Au demeurant, le fournisseur dans sa posture de concessionnaire du service public de l'électricité joue un rôle central dans l'activité de fourniture de l'électricité.

4- La résolution des litiges

La résolution des litiges s'entendrait comme l'opération qui consiste, à l'aide des techniques et méthodes, à mettre fin à une contestation suivant des règles préalablement définies, et ce, en fonction de la discipline. C'est dire en d'autres termes que tout litige est résolu en fonction de sa nature. L'expression

---

[100]Décret n° 2020/233 du 23 avril 2020 portant réorganisation et fonctionnement de la Société nationale de transport de l'électricité qui est responsable de l'exploitation, de la maintenance, du développement des réseaux publics de transport de l'électricité sur l'ensemble du territoire camerounais ainsi que de la gestion des flux d'énergie qui y transitent. Elle a donc pour rôle d'assurer la maintenance, le renouvellement et la mise en conformité des ouvrages de transport de l'électricité sur toute l'étendue du territoire national, de veiller à ce que les hypothèses ayant sous-tendu l'élaboration du schéma de développement des ouvrages de transport soient cohérentes avec la programmation pluriannuelle des investissements de production de l'électricité de toute personne habilitée qui en fait la demande dans le respect des prescriptions réglementaires et techniques applicables.

[101]Qui a pour mission d'assurer en permanence l'entretien, la réparation, la maintenance, le renouvellement, la réhabilitation et l'extension de tous les équipements et ouvrages de stockage d'eau pour la production d'électricité

[102]Qui est en charge d'une partie de la production, de la distribution et de la commercialisation de l'énergie.

[103] Bien qu'Eneo détienne une plus grande partie de la production par rapport à EDC ainsi que toute la distribution. La contribution du parc de production d'Eneo au mix énergétique camerounais est de 72 % d'après le rapport annuel d'Eneo 2020.

[104]BAFOIL (F), « Dynamiques de privatisation et de libéralisation des secteurs énergétiques. Une comparaison Ouest-Est », dans BAFOIL, F., FODOR, F., LE ROUX, D. (dir.), *Accès à l'énergie en Europe. Les précaires invisibles*, Paris, Presses de Science Po, 2014, pp. 33 et s.

[105]DELZANGLES (H), *L'indépendance des autorités de régulation sectorielles, communications électroniques, énergie et postes, op. cit.*, pp. 110 et s.

"résolution de litige" porterait donc en elle-même, les mécanismes ou techniques voués à cette fin, et ce, en fonction des intérêts en présence.

Ces dernières années, la résolution des litiges en tant qu'institution juridique ou technique juridique de formulation des solutions inhérentes aux mésententes entre différents acteurs en cause, a connu une ampleur particulière dans le monde.[106] C'est fort de cela que s'est vu développer à côté des modes classiques de résolution des litiges, les modes nouveaux regroupés sous le vocable modes alternatifs de règlement des différends (MARD). L'émergence de ces MARD est la conséquence du lourd formalisme qui encadre les modes classiques de résolution des litiges. Le plus souvent, n'offrant pas une marge de liberté assez épaisse pour ceux qui y ont recours.

Ce recours généralisé aux modes alternatifs de règlement des litiges s'est accentué du fait de l'excroissance des activités économiques et surtout du fort interventionnisme de l'État dans le secteur économique et dans la sphère privée[107]. Conséquence de course, ces modes classiques s'avèrent être limités à la gestion des litiges naissant de l'exercice des droits et libertés économiques, d'où l'émergence des modes alternatifs de règlement des différends.

Ces modes portent en eux les germes de la conciliation des intérêts et de préservation des équilibres des acteurs économiques sans prétendre nuire à l'activité génératrice de litiges. On comprend à partir de là l'intérêt qu'il y aurait à laisser le soin aux parties en différend de gérer par elles-mêmes leur litige. Il apparaît à la lumière de la dogmatique que les litiges qui naissent de l'exercice des droits et libertés économiques seraient, en première intention, soumis à des modes de résolution extrajuridictionnels à l'instar de la conciliation, la médiation et l'arbitrage. Modes alternatifs de règlement des différends, la principale différence qui jaillit est fondée sur le rôle du tiers (conciliateur, médiateur et arbitre) dans la procédure[108].

---

[106] PERROUD (T), « Les raisons de l'attribution d'une fonction de règlement des différends aux autorités de régulation : une comparaison France – Royaume-Uni » ; *Droit et Société* 2016/2 (N° 93) pp.3120 et s.

[107]JANICOT (L), « L'identification du service public géré par une personne privée », *RFDA* 2008. pp.67 et s ; V. aussi, NEGRIN (J-P*), L'intervention des personnes morales de droit privé dans l'action administrative*, LGDG, 1971 ; SABIANI (F), « L'habilitation des personnes privées à gérer un service public », *AJDA* 1977. pp.6 et s.

[108]JANICOT (L), « L'identification du service public géré par une personne privée », *RFDA,* 2008. 67 ; NEGRIN (J-P*), L'intervention des personnes morales de droit privé dans l'action administrative* L.G.D.J., 1971 ; SABIANI (F), « L'habilitation des personnes privées à gérer un service public », *AJDA* 1977. 4 ; AUBY (J-F) et BRACONNIER (S) (dir.), *Services publics industriels et commerciaux, questions actuelles*, LGDJ, 2003 ; COURIVAUD (H), « La concession de service public « à la française » confrontée au droit européen », *Revue internationale de droit économique,* 2004, pp. 395-434 ; BAFOIL (F). « Dynamiques de privatisation et de libéralisation des secteurs énergétiques. Une comparaison Ouest-Est », dans BAFOIL, F., FODOR, F., LE ROUX, D. (dir.), *Accès à l'énergie en Europe. Les précaires*

Dans ce sens, le règlement du service de distribution publique de l'électricité prévoit plusieurs voies de résolution des litiges entre fournisseur et consommateur de l'énergie électrique, notamment la conciliation[109] et l'entente directe[110] d'une part, qui sont des voies non juridictionnelles et le traitement par le juge[111] d'autre part, qui peut être pénal[112], civil ou administratif.

À la différence de l'entente directe qui transparaît implicitement dans le règlement du service, la conciliation est affirmée dans le règlement susvisé dans son article 18 qui dispose « *tout litige opposant AES SONEL pourra faire l'objet d'une procédure devant l'ARSEL* ». Bien qu'ayant institué la conciliation, le règlement du service dit qu'elle est une possibilité offerte pour

---

invisibles, Paris, Presses de Science Po, 2014, pp. 33-58 ; LAZZARIN (G), « L'application du droit de la consommation aux services publics. Les contradictions de la jurisprudence Société des eaux du Nord », *RFDA*, 2011, p.18.

[109]Le juge judiciaire ou juge de l'ordre judiciaire est donc ce magistrat compétent pour connaitre du contentieux civil, commercial ou pénal. Le juge est aux termes du Dictionnaire français virtuel Larousse la personne qui a le pouvoir de juger, d'apprécier ou de décider de quelque chose, qui est appelée à servir d'arbitre dans une contestation ou à donner son avis dans tel ou tel cas[109]. D'un point de vue juridique et de manière générique, le mot juge désigne d'abord les professionnels dont la situation est régie par le statut de la magistrature et qui, à des degrés divers, participent au fonctionnement du service public de la justice. Judiciaire pour sa part est un adjectif qualificatif qui évoque l'ensemble des juridictions jugeant les procès civils, commerciaux et pénaux et relevant du contrôle de la Cour de cassation (par opposition à l'ordre des juridictions administratives).

[110]L'entente directe : ressort de l'article 17 du règlement de service qui précise en substance que « toute réclamation en réparation d'un dommage adressé à AES SONEL doit l'être par écrit en français et en anglais par le demandeur ou ses ayants droit sous réserve de… » À partir de cette disposition, on peut également relever que AES SONEL c'est-à-dire le fournisseur est un organe de règlement de litige. Il peut donner suite favorable à la réclamation. Cependant, le règlement de service est silencieux sur l'hypothèse d'une suite non favorable à la réclamation introduite par le demandeur. Le consommateur qui a un litige contre son fournisseur peut éviter le juge pénal ou civil et adresser plutôt une réclamation à son fournisseur question de vider le contentieux.

[111]La compétence de l'organe judiciaire est fondée sur l'article 95 de la loi régissant le secteur de l'électricité. Le règlement juridictionnel des litiges entre consommateur et fournisseur se fait par le juge pénal et le juge civil. C'est ce qui ressort de l'article 13.1 du règlement de service, de l'article 16.1 du règlement susvisé. Le juge civil, quant à lui, est d'abord juge des contrats de droit privé. Ainsi, c'est lui qui est chargé d'établir la responsabilité contractuelle et délictuelle. (Art. 16) Le juge civil établit la responsabilité contractuelle du fournisseur dès lors que le dommage résulte de l'inexécution par AES SONEL de ses obligations contractuelles vis-à-vis de la victime (Art.16.1). Il établit aussi la responsabilité délictuelle du fournisseur dès lors qu'il n'existe aucun lien contractuel entre le fournisseur et la victime. C'est-à-dire qu'un fournisseur peut avoir un différend contre son cocontractant et contre un non contractant. Le juge pénal est compétent pour connaitre des affaires relatives à la fraude et aux vols d'électricité. L'analyse de cette disposition (Art. 13.1) nous fait croire que la compétence de juger les fraudes et vols d'électricité est partagée entre le juge pénal et le juge civil. Cela signifie en réalité que si le juge pénal est chargé de sanctionner les fraudeurs et les vols d'électricités, le juge civil quant à lui se prononce sur la réparation des dommages causés par ces actes.

[112]CORNU (G.), *Vocabulaire juridique de l'Association Henri Capitant, op. cit.* p.1246.

régler un différend. En réalité, elle constitue une faculté. C'est dire en d'autres termes que l'ARSEL est une institution facultative de règlement des différends.[113] Toutefois, si la procédure de conciliation est déjà engagée, elle produit un effet exclusif à l'égard des juridictions compétentes.

À l'opposé, la loi de 2011 régissant le secteur de l'électricité consacre la conciliation comme ultime et unique mode de règlement des litiges nés de la fourniture de l'énergie électrique.[114] La formulation du législateur camerounais ne permet aucunement d'opérer très nettement une distinction entre ces différentes articulations de la résolution alternative de résolution des litiges. Ainsi le recours à la dogmatique[115] aboutit au constat selon lequel le procédé de la conciliation a pour vocation à rapprocher les parties par l'intermédiaire d'un conciliateur.

Dans ce sens, la conciliation pourrait s'entendre comme l'accord par lequel deux personnes en litige mettent fin à celui-ci soit par transaction, soit par abandon unilatéral, ou réciproque de toute prétention. La solution du différend résultant non d'une décision de justice (ni même de celle d'un arbitre, mais de l'accord des parties elles-mêmes.[116] Elle peut également être définie comme l'intervention dans le règlement d'un différend international, d'un organe sans autorité politique propre, jouissant de la confiance des parties en litige, chargé d'examiner tous les aspects du litige et de proposer une solution qui n'est pas obligatoire pour les parties.[117] Recourant à d'autres techniques de résolution de litige pour parler de conciliation, on dira que c'est le mode de règlement à l'amiable qui laisse une large marge de liberté aux parties en proie au différend. Il est totalement maîtrisé par les parties.

Ici, il convient de rappeler que le conciliateur n'essaie que de trouver un terrain d'entente. Les parties trouvent elles-mêmes la solution à leur litige que le conciliateur se charge plus tard de constater et de valider. Il se trouve qu'en définissant la conciliation par référence à la transaction, cela suppose qu'il y a des concessions réciproques, chacune des parties renonce à toute action.

113PERROUD (TH), « La fonction contentieuse des autorités de régulation en France et au Royaume-Uni, Paris » Dalloz, coll. « Nouvelle Bibliothèque de Thèses », 127, 2013, pp.378 et s.
114La loi régissant le secteur de l'électricité au Cameroun identifie deux organes de règlements des différends et précise aussi leurs mécanismes. En ce qui concerne les organes, nous avons un organe administratif et un organe judiciaire. Selon l'article 85 de la loi précitée, on relève que l'**Agence de** régulation du secteur de l'électricité est l'organe administratif de régulation des litiges. L'ARSEL dispose de deux mécanismes de règlement des différends, il s'agit de : la conciliation (art. 85al.1, 2 et 3) et l'arbitrage (art. 81 al. 1 ,2).
115AUDIT (M), BOLLEE(S) CALLE (P), *Droit du commerce international et des investissements étrangers*, 2e Ed., L.G.D.J., 2016, p.651., V. aussi, MEYER (P), « le Droit de l'arbitrage » http://WWW. Ohada .com./présentation-droit-ohada/catégorie/4/arbitrage.html. Consulté le 12 Février 2023. V. encore ROBERT (J), *l'arbitrage : droit interne et droit international privé*, Paris, Dalloz, 6e éd., 1993, pp. 6 et S.
116 CORNU (G), *Vocabulaire juridique, op. cit.*, p.223.
117 SALMON (J), (dir), *Dictionnaire de droit international public, op. cit.*, 2001. p.224.

Cela suppose également que toutes les parties se réservent le droit de saisir le juge. En d'autres termes, l'engagement d'une transaction empêche l'engagement ou la poursuite des procédures judiciaires[118]. Le médiateur quant à lui propose la solution et les parties ont la faculté de l'accepter ou non. Tandis qu'au niveau de l'arbitrage, le litige est tranché par l'arbitre lui-même et la décision s'impose aux parties.

Parlant de l'arbitrage, il se trouve que toute personne physique ou morale ne peut recourir à l'arbitrage ou compromettre sur les droits dont elle a la libre disposition.[119] L'arbitrage, qu'il soit national ou international, ad hoc ou institutionnel[120], présente la particularité de faire intervenir un tiers (un ou plusieurs arbitres) chargé(s) de rendre une décision dite sentence arbitrale.[121]

La manifestation du consentement à se soumettre à une procédure d'arbitrage emportant au même moment le choix des arbitres[122] s'extériorise dans les clauses conventionnelles d'arbitrage prenant ainsi la forme soit d'une clause compromissoire soit d'un compromis d'arbitrage.[123] En outre, l'arbitrage a aussi une nature juridictionnelle dans la mesure où, à la fin de la procédure, l'arbitre rend une décision qui est un acte juridictionnel revêtu de l'autorité de la chose jugée. C'est d'ailleurs la position défendue par Gérard CORNU[124]. Plus restreint dans son analyse, ROBERT(J) affirme que « *l'arbitrage est une institution d'une justice privée grâce à laquelle les litiges sont soustraits aux juridictions de droit commun, pour être résolus par des individus* ».[125]

---

[118] CORNU (G), *Vocabulaire juridique*, PUF 2018, p., 79 ; ALLAND (D), RIALS (S), (dir), Dictionnaire *de la culture juridique*, PUF, Paris, 2003, pp. 78 et s.

[119] Art. 2 de l'Acte uniforme sur le Droit de l'Arbitrage, du 23 novembre 2017.

[120] MEYER (P), « le Droit de l'arbitrage » http://WWW. Ohada .com./présentation-droit-ohada/catégorie/4/arbitrage.html. Consulté le 12 Février 2023.

[121]AUDIT (M), BOLLEE(S) CALLE (P), *Droit du commerce international et des investissements étrangers*, 2e Ed., L.G.D.J., 2016, p.651. V. aussi, DOMINIQUE (C), JUILLARD (P) et Al, *Droit international économique*, 6e éd., Paris, Dalloz 2017, p.692 qui considère l'arbitrage comme une procédure par laquelle les parties choisissent l'arbitrage comme mode de résolution du litige né ou à naître. Son initiative suppose la commune volonté des parties au différend qui les oppose.

[122]Art. 12 du règlement d'arbitrage du centre de médiation et d'arbitrage du GICAM.

[123]La clause compromissoire est celle qui prévient les parties de soumettre toute contestation à naître à la procédure d'arbitrage tandis que le compromis d'arbitrage soumet à l'arbitrage tout différend *né.* Ici, le choix de la procédure d'arbitrage intervient après la naissance du litige tandis que dans le premier cas, le choix de l'arbitrage se fait avant la naissance du différend. Cette précision qui précède montre combien est contractuelle la nature de l'arbitrage.

[124]CORNU (G), *Vocabulaire juridique*, PUF 2018, p., 79 ; ALLAND (D), RIALS (S), (dir), Dictionnaire *de la culture juridique*, PUF, Paris, 2003, p. 76. Ici, l'arbitrage est un mode dit parfois amiable ou pacifique, mais toujours juridictionnel de règlement d'un litige par une autorité qui tient son pouvoir de juger non d'une délégation permanente de l'État ou d'une institution internationale, mais de la convention des parties.

[125]ROBERT (J), *l'arbitrage : droit interne et droit international privé*, Paris, Dalloz, 6e éd., 1993, p. 3. Selon l'auteur, Selon ROBERT il n'est pas exclu que la sentence arbitrale ne soit

La médiation est appréhendée par l'Acte uniforme OHADA comme tout processus, quelle que soit son appellation, dans lequel les parties demandent à un tiers de les aider à parvenir à un règlement amiable d'un litige, d'un rapport conflictuel ou d'un désaccord découlant d'un rapport juridique, contractuel ou autre ou lié à un tel rapport, impliquant des personnes physiques ou morales, y compris des entités publiques ou des États.[126] Tout comme l'arbitrage, l'initiative de la médiation relève de la volonté des parties en litige sous réserve de celle qui pourrait être initiée ou demandée par une juridiction étatique, un tribunal arbitral ou une entité publique compétente[127].

5- La notion d'énergie électrique

La définition de l'énergie électrique est commune aussi bien à la physique, à la littérature qu'au droit. Raison pour laquelle nous n'utiliserons que le sens donné par le droit. L'article 5 de la loi citée plus haut assimile l'énergie électrique à l'électricité et la définit comme : l'« *énergie générée à partir des sources primaires (cours d'eau, lacs ou marées), des matières premières minérales (charbon, pétrole, substances nucléaires, sources géothermiques ou autres, ou des sources d'énergie renouvelables (rayonnement solaire, vent, biomasse, etc.)*

6- la notion de consommateur de l'énergie électrique

Définir le consommateur d'énergie électrique, c'est au préalable déterminer qui est considéré comme consommateur de manière générale[128].

---

frappée de nullité dans ses effets si certaines règles et principes du procès équitable ne sont respectés. V. Aussi, LEMO (L), « l'arbitrage des litiges de consommation au Cameroun, mise en œuvre du principe onusien n° 5 relatif au règlement des différends en matière de consommation », *in* YAWAGA (S), *(dir)*, la *protection du consommateur au Cameroun : principes enjeux et perspectives,* (Le Kilimandjaro, Yaoundé, 2018, pp. 433-449.

[126]Article 1er-a AU/M du 23 novembre 2017. V. Aussi, ALLAND (D), RIALS (S), (dir), Dictionnaire *de la culture juridique*, Paris, Puf, 2003, p.1009 qui la considère comme une entremise réalisée par un tiers et destinée à réconcilier les parties en litige. V. encore ; SALMON (J), (dir), *Dictionnaire de droit international public*, Bruxelles, Bruylant, 2001. pp. 688-689 pour qui, la médiation constitue un mode de règlement diplomatique des différends par lequel, de leur propre initiative, et avec l'accord des parties ou à la demande de celles-ci, un ou plusieurs tiers, ou un organisme international, ou même une personne privée s'entremet entre les parties à un différend ou un conflit afin de les amener à entamer ou reprendre et poursuivre des négociations sur la base de propositions de règlement fondées sur la conciliation des intérêts en cause et dépourvues de caractère obligatoire

[127]Art 1er acte uniforme précité. De ce qui précède, il apparaît que la médiation épouse les formes précises de l'arbitrage à savoir : institutionnelle, ad hoc, et judiciaire. Bien plus, et tout comme l'arbitrage[127], la décision issue de la procédure de médiation et homologuée peut faire objet d'un recours. Ainsi, devant la Cour commune de justice et d'arbitrage, il existe une possibilité de faire un recours contre l'acte d'homologation ou d'exéquatur.

[128]KALIEU ELONGO, (Y-R) « Réflexion sur la notion de consommateur en droit camerounais : à propos de la soumission des personnes morales à la loi portant protection des consommateurs », *In* YAWAGA(S) (dir.), L*a protection du consommateur au Cameroun : principes, enjeux et perspectives*. Yaoundé, Éditions Le Kilimandjaro, 2018, pp. 13 et s.

Le terme consommateur d'énergie ne transparaît à aucun moment ni dans les textes, relatifs au secteur de l'électricité, ni encore moins dans le règlement du service de distribution publique d'électricité. La loi-cadre N° 2011/012 du 6 mai 2011 portant protection du consommateur l'appréhende comme : « *toute personne qui utilise des produits pour satisfaire ses propres besoins et ceux des personnes à sa charge et non pour les revendre, les transformer ou les utiliser dans le cadre de sa profession, ou toute personne qui bénéficie des prestations de services* ».[129] Il bénéficie, selon cette loi ,d'un régime de protection étoffé[130]. Dans le même sens, il est plus fréquemment fait allusion au terme usager[131] qui se définit comme étant : « *toute personne physique ou morale connectée à un réseau de distribution en vue d'être approvisionnée en électricité au point de livraison* ».[132]

Au regard de ces différentes définitions, le consommateur d'énergie apparaîtrait alors comme celui qui a régulièrement souscrit à un contrat d'abonnement à savoir : les propriétaires, les usufruitiers d'immeubles, les représentants accrédités des copropriétés, les locataires et occupants de bonne foi.

L'on peut à cet effet avancer l'argument selon lequel tout client est un consommateur, car ayant un contrat avec le fournisseur d'énergie électrique, mais tout consommateur d'énergie n'est pas client, car n'ayant pas forcément

---

[129]Article 2 de la loi-cadre n° 2011/012 du 6 mai 2011 portant protection du consommateur.

[130]Un autre caractère du consommateur est le bénéfice d'un service. Ainsi, celui qui profite du service est considéré comme consommateur. Le consommateur d'énergie est donc toute personne qui utilise les produits énergétiques. Le consommateur a droit à : la protection de la vie, de la santé, de la sécurité et de l'environnement dans la consommation des technologies des biens de services ; la satisfaction des besoins élémentaires ou essentiels dans les domaines de la santé, de l'alimentation, de l'eau de l'habitat, de l'éducation, de l'énergie ; la réparation complète des torts et des dommages subis ; l'information juste lui permettant de faire ses choix ; la formation des associations ou organisations de consommateurs ; le consommateur a le droit de se rétracter ou a le droit de rétractation. (cf. Art. 7 de la loi portant protection du consommateur) ; en outre, le consommateur a l'obligation de respecter les clauses du contrat ou des accords standards ; il a l'obligation de se conserver un exemplaire des textes ou documents contenant ou prouvant la transaction. Le consommateur a également le droit d'être fourni en énergie électrique. (Art. 5.1) Le consommateur peut résilier le contrat avec le fournisseur à tout moment. On pourrait donc parler ici d'une résiliation unilatérale du contrat. Or, la résiliation est une forme de sanction du cocontractant ; et donc du point de vue du droit des consommateurs, le consommateur peut sanctionner le fournisseur d'énergie électrique. Le consommateur en général est tenu de respecter les droits du fournisseur d'énergie électrique ainsi que le respect des biens concédés et des équipements affectés au service public de l'électricité. C'est ce qui ressort des articles 8, 11et 12 du règlement de service susvisé. Le consommateur de l'énergie électrique est, selon l'article 4.1 du règlement susvisé, toute personne physique ou morale qui en fait la demande et paye les frais de premier établissement couvrant les coûts encourus directement ou indirectement dans la réalisation des travaux du branchement et a droit au raccordement ou réseau de distribution.

[131]AMAR (J), *De l'usager au consommateur du service public*, PUAM, 2001, pp. 32 et s.

[132] Article 5 de la loi régissant le secteur de l'électricité au Cameroun

un contrat direct avec le fournisseur de l'énergie électrique.[133] C'est le cas de nombreux consommateurs camerounais qui bénéficient de l'abonnement des autres consommateurs clients, ce qui selon la loi pourrait constituer une infraction[134].

Il paraît significatif de relever que la loi régissant le secteur de l'électricité au Cameroun définit plutôt le client éligible. Ce dernier est un « client qui est libre d'acheter de l'électricité au fournisseur de son choix ».[135] À la différence du consommateur qui utilise, le client quant à lui achète. Ainsi, le consommateur peut jouer le rôle de client, il peut tout aussi finir consommateur s'il utilise lui-même le produit acheté, mais il peut se limiter à un client s'il le donne en libéralité[136].

Aux termes de l'article 5 de cette loi, l'usager est une personne physique ou morale connectée à un réseau de distribution en vue d'être approvisionnée en électricité au point de livraison. Le client éligible est, quant à lui, celui qui est libre d'acheter de l'électricité au fournisseur de son choix. Si le droit camerounais ne s'est pas de manière explicite prononcé sur la différence entre le consommateur et le client, le droit français[137] par contre a pris position en ce sens que le consommateur ou usager[138] est reconnu ici comme : « *La personne physique ou morale qui a vocation à bénéficier du service public de l'électricité* » tandis que le client éligible est : « *Le consommateur final*

---

[133]SYMCHOWICZ (N), « La notion de délégation de services publics administratifs », *AJDA* 1998.195 ; NICINSKI (S), *L'usager du service public industriel et commercial*, Paris, Harmattan, 2001, pp.36 et s ; DU BOIS DE BEGAUDUSSON (J), *L'usager du service public administratif*, L.G.D.J., 1974, pp.89 et s ; BEZANÇON (X) *Essai sur les contrats de travaux et de services publics – contribution à l'histoire administrative de la délégation de missions publiques*, L.G.D.J., Paris, 1999 ; CLUZEL-METAYER (L), *Le service public et l'exigence de qualité*, Dalloz, 2006, 634 p ; BELORGEY, (G), *La qualité dans les services publics*, Berger-Levrault, 1989, 274p ; BIZEAU (J-P), « Usagers ou clients du service public ? Le discours de l'administration », *Rev. Adm.* 1997, p.209.

[134]L'article 11-c du règlement de service dispose : « l'usager est tenu de respecter les droits de AES SONEL, en tant que concessionnaire et découlant des concessions et licences visées au présent règlement, ainsi que les biens concédés et de manière générale, tous les autres biens affectés au service public de l'électricité. À ce titre, l'usager ne peut céder l'électricité ou la mettre à disposition d'un tiers en dehors de la propriété desservie. » en cas de non -respect de ces dispositions, l'usager s'expose à la suspension de son alimentation ou à la dépose du branchement et à des pénalités.

[135] Article 5 de la loi N° 2011/022 du 14 décembre 2011 régissant le secteur de l'électricité au Cameroun.

[136]PAISANT (G.), *L'introduction de la notion de consommateur en Droit français*, D. 1982, Chron., p.9

[137]Article premier de la loi n° 2014- 132 du 24 mars 2014 portant code de l'électricité.

[138] BENKAIS-BENBRAHIM (A), « La notion d'usager dans le contentieux du chemin de fer », Petites Affiches 1995, n°96.

d'énergie électrique autorisé à acheter de l'énergie auprès d'un ou plusieurs opérateurs de son choix »[139].

Dans le même sens, pour le législateur sénégalais, le consommateur est *« toute personne qui utilise des produits pour satisfaire ses propres besoins et ceux des personnes à sa charge et pour les revendre, transformer ou les utiliser dans le cadre de sa profession, ou toute personne qui bénéficie des prestations de services*[140] *».*

En considérant le terme "vocation' comme étant une inclination, un penchant impérieux qu'un individu ressent pour un genre de vie[141], on peut en déduire que le consommateur est un potentiel client[142] puisqu'ayant pour but d'acquérir de l'électricité à la longue. Le client par contre est un consommateur plein.[143] Ce qui ne contraste pas à proprement parler avec le droit camerounais, même si dans les faits ce n'est pas toujours le cas.

Si le règlement du service dans son article 5 alinéa 2, au regard des conditions d'éligibilité à l'abonnement, semble n'exclure aucune catégorie de personnes, il apparaît clairement dans les faits que celui qui est considéré comme consommateur d'énergie électrique en principe est cette personne physique ou morale qui a contracté un abonnement auprès du fournisseur et c'est elle qui est susceptible de bénéficier d'une quelconque réclamation en cas de préjudice. Toutes les autres personnes bénéficiant et utilisant l'énergie électrique sans contrat pourraient être des consommateurs d'énergie, mais de fait. Une situation qui devrait interpeller le législateur camerounais au regard du statut de ces derniers[144].

De la confrontation de ces dispositions normatives issues du règlement du service de distribution publique de l'énergie électrique et de la loi de 2011 régissant le secteur de l'électricité, l'on peut retenir que tandis que le règlement du service s'appuie sur la régularité, du moins, sur le statut juridique de la personne, qui doit nécessairement être considérée comme un abonné régulier, la loi de 2011 régissant le secteur de l'électricité quant à elle, se fonde sur la liberté de la personne d'acheter de l'énergie au fournisseur de son choix.

---

[139]NICINSKI (S), *L'usager du service public industriel et commercial*, Paris, Harmattan, 2001 ; *Droit public de la concurrence*, LGDJ, Systèmes, 2005 ; « Les évolutions du droit administratif de la concurrence », *AJDA* 2004.751.

[140]Article 2 de la loi-cadre n° 2011/022 du 14 décembre 2011 portant protection du consommateur au Cameroun.

[141] https//www.lalanguefrancaise.com, consulté le 11 décembre 2023.

[142]MAZEAUD (D), « Le droit de la consommation est-il un droit économique ? », *revue Lamy de la concurrence*, 2006, n° 9, pp.76 et s.

[143]DU BOIS DE BEGAUDUSSON (J), *L'usager du service public administratif*, LGDJ, 1974, pp.22 et s.

[144]BOURGOIGNIE (T.), *L'aide juridique au consommateur*, Bruxelles, Bruylant, 1981, pp.98 et s.

La loi de 2011 envisage l'usager comme une personne connectée à un réseau de distribution, c'est-à-dire qu'elle n'introduit pas de discrimination sur la qualité de la personne. Selon cette loi, le critère physique qui préconise la connexion à un réseau de distribution est largement suffisant pour acquérir la qualité d'usager[145].

Cette approche extensive de la notion d'usager par la loi de 2011 se rapproche à certains égards, de la notion de consommateur au sens de la loi-cadre portant protection du consommateur au Cameroun. La définition trop restrictive proposée par le règlement du service de distribution paraît sans doute controversée. Elle est susceptible de nombreuses conséquences tant elle s'appuie sur le lien contractuel pour conférer la qualité de client à un usager du service public de distribution de l'électricité. Elle vise à exclure du champ de l'analyse toutes les personnes qui utilisent ou utiliseraient de l'énergie électrique et qui ne sont pas liées par un contrat[146].

Les incidences de cette définition se font ressentir au niveau du droit de la responsabilité et surtout au moment où AES-SONEL doit répondre de ses actes. En effet, il ressort des termes des articles 16 et suivants du règlement du service que : *« La responsabilité d'AES SONEL-ENEO ne peut être engagée vis-à-vis d'une personne physique précisément identifiée ou d'une personne morale régulièrement immatriculée et disposant de la personnalité juridique... Les « établissements », « garages », « successions », « collectivités », « ayants droit » et autres termes similaires, ne confèrent pas la personnalité juridique »*. Aux termes de l'article 17 du règlement de service, « *sont déchues de tout droit à réclamation et à indemnisation : les personnes : qui ne sont pas abonnées ; qui utilisent un abonnement au nom d'une autre personne sans être elles-mêmes régulièrement abonnées à AES-SONEL* » devenu ENEO Actis.

De ce qui précède, le règlement du service contrarie la loi-cadre portant protection du consommateur[147] en ce sens qu'il établit une discrimination dans le traitement des consommateurs.[148] En effet, cet instrument normatif ne prévoit pas dans son corpus, les consommateurs n'ayant pas la personnalité juridique, à l'instar des petits commerces logés dans le secteur informel, qui sont très prolifiques et qui constituent un levier de l'économie locale[149].

---

145 CHARBIT (N), *Le droit de la concurrence et le secteur public*, Paris, Harmattan, 2002, pp. 79 et s. v Aussi, NICINSKI (S), *L'usager du service public industriel et commercial*, Paris, Harmattan, 2001 ; *Droit public de la concurrence*, LGDJ, Systèmes, 2005, pp.30 et s.

146 BIZEAU (J-P), « Usagers ou clients du service public ? Le discours de l'administration », *Rev. Adm.* 1997, p. 209.

147 LAFFONT (D), « Intérêt général et intérêts particuliers », *EDCE* 1999, n° 50, p.421.

148 BAZIN (E.), « *L'essentiel du droit de la consommation* », GOALIANO, 2011, pp.39 et s.

149 LACHAUME (J-F), « L'usager du service public industriel et commercial géré par l'entreprise publique », *CJEG*, n°500 : Actualité de l'entreprise publique, juin 1994, p.317.

L'exclusion d'une catégorie de consommateurs dans le champ de la fourniture paraît lourde de conséquences aussi bien pour ces consommateurs que pour le fournisseur. Sur le plan des effets contentieux, n'étant pas reconnus par eux ou du moins n'ayant aucune existence aux yeux de la loi, l'opérateur fournisseur ne saurait en cas de fraude ou de dommage subi par l'action de ces derniers se prévaloir d'une quelconque action en justice ou de faire recours à ses pouvoirs de police et de contrôle pour prétendre à une réparation. Dans le même sens, ceux-ci en revanche ne devraient pas se prévaloir d'une action quelconque en cas de préjudice causé par l'activité de fourniture[150].

En tout état de cause, le caractère sélectif de la notion de client et les effets contentieux qu'elle induit, traduits par les exonérations de responsabilité du fournisseur, méritent d'être revus aujourd'hui. Car, cette discrimination, en plus de porter atteinte au principe d'égalité de tous devant le service public, pourrait encourager des vols et fraudes massifs d'énergie électrique. Une telle situation pourrait également à certains égards causer des pertes financières importantes au fournisseur. Il serait souhaitable de redéfinir les notions d'usager du service public de l'électricité, et de client afin de les adapter à l'environnement économique, social et politique du Cameroun.

En tout état de cause, le règlement de service ne semble pas adapté aux réalités sociologiques de la fourniture de l'énergie électrique. Une situation qui n'est pas toujours favorable pour ces derniers, car en plus du fait qu'ils se voient imposer un taux fixé au bon gré du propriétaire, ils ne peuvent porter leur réclamation en cas de préjudice qu'à ce même propriétaire puisqu'inconnus contractuellement du fournisseur d'énergie. On peut à cet effet entrevoir une réelle volonté du fournisseur d'énergie de permettre à tous d'être des consommateurs de droit, la preuve avec l'avènement des compteurs intelligents. Au demeurant, la notion de consommateur de l'énergie électrique nous semble plus indiquée que celle d'usager ou de client, ce d'autant plus que la relation juridique qui lie le consommateur au fournisseur est fondamentalement dominée par les règles du droit privé[151].

---

[150]LECERF (M) et LEBLANC (G), « La gratuité de services publics à l'égard des usagers », *JCP* 1998 I pp.169 et s.

[151]LINOTTE (D), MESTRE (A), ROMI (R), *Services publics et droit public économique*, Litec, 1995, pp. 62 et s. V. aussi, FERRIER (D), *La protection des consommateurs*, Dalloz, Coll. « Connaissance du droit », 1996, p.1 ; TAORMINA (G), *Théorie et pratique du droit de la consommation, Aspects généraux et contrats spéciaux*, Librairie de l'Université d'Aix-en-Provence, 2004, n° 167 ; BLANDIN (A), « L'équilibre entre service universel et concurrence dans le régime juridique communautaire des télécommunications », *Services publics et Communauté européenne : entre l'intérêt général et le marché,* 1998, p.103 ; COHEN (E) et HENRY (C), « Sur les bases et l'évolution récente des services publics et industriels et commerciaux en France et dans l'Union européenne », *in* COHEN (E), HENRY (C), *Service public, secteur public*, La documentation française, 1997, p.12 ; DELMAS-MARSALET (J), « Le contrôle juridictionnel des interventions économiques de l'État », EDCE 1969-1970,

III- L'OBJET DE L'ÉTUDE

1- La problématique

La juste réalité de l'environnement relationnel et normatif aboutit au constat d'un concessionnaire assez puissant, face au consommateur fragile, frêle ne disposant pas les mêmes moyens et attributs. Sans doute, cela amène à se poser la question de savoir : quelle appréciation peut-on porter sur la résolution des litiges entre fournisseur et consommateur de l'énergie électrique ? En d'autres termes, qu'est-ce qui caractérise aujourd'hui la résolution des litiges nés de la fourniture de l'énergie électrique entre fournisseur et usager en droit camerounais ?

2- Les enjeux de la problématique

Ce questionnement centré sur la recherche des éléments de spécificité du contentieux de la fourniture d'énergie semble adapté aux orientations et finalités assignées à la présente recherche. Nul doute, le sujet aurait pu être orienté autrement. À titre d'exemple, on aurait pu se poser la question de savoir comment se déroule la résolution des litiges ou encore quels sont les modes de résolution, ou bien plus en quoi consiste la résolution des litiges entre fournisseur et consommateur de l'énergie électrique ?

Toutefois, il reste que l'approche fondée sur l'appréciation couplée à la caractérisation de la résolution a pour avantage de cerner dans ses méandres et arcanes, la mécanique, mieux l'ingénierie normative technique, politique et socioéconomique qui émaille la fourniture de l'énergie électrique au Cameroun. L'actualité et l'authenticité de cette problématique se fondent sur la capacité de cette dernière à apporter des rayons lumineux que les tumultueuses et opaques relations entre fournisseurs et consommateurs de l'énergie électrique pourtant éternellement liés dans la sempiternelle recherche de l'étincelle lumineuse ont obscurcis.

---

p.133 ; DUFEAU (J), « La nature juridique de la concession de service public », Mélanges René CHAPUIS, *Droit administratif*, Montchrestien, Paris, 1992, p.147 ; LIET-VEAUX (G), « Nature juridique des cessions de concessions de travaux ou de services publics », *A.J.D.A* 1983.348 ; LOCHAK (D), « Les problèmes juridiques posés par la concurrence des services publics et des activités privées », *A.D.J.A* 1971.261 ; RIVERO (J), « Les deux finalités du service public industriel et commercial », *CJEG*, n°500 : Actualité de l'entreprise publique, juin 1994, p.375 ; ROUSSELY (F), « Clarifier les rapports entre le service public et les citoyens », in JOIN-LAMBERT (dir.), *L'État moderne et l'administration*, LGDJ, Coll. Systèmes, 1994, p.56. ; SANDEVOIR (P), « Les vicissitudes de la notion de service public industriel et commercial », Mélanges STASSINOPOULOS, LGDJ, 1974, p.317. ; TIMSIT (G), « Les relations entre l'État et les entreprises publiques », *Rev. Adm.* 1983.9. ; VOISSET (M), « Qualité, adaptabilité, mutabilité », *in* KOVAR (R) et. SIMON (D) (dir.), Service public et Communauté européenne : entre l'intérêt général et le marché (t. 2), La Documentation française, 1998, p.717.

Le droit de l'énergie au Cameroun se caractérise parfois par un déséquilibre entre le distributeur et le consommateur. Il ne paraît pas superflu d'inviter à la table de l'analyse l'argument tiré de la monopolisation depuis plusieurs décennies du secteur de la distribution de l'énergie. La situation de monopole mettant à mal toute tentative de libéralisation du secteur de la distribution a eu pour effet majeur le cantonnement des possibilités offertes au consommateur et la remise en cause du droit de la concurrence.[152] En effet, le droit de la concurrence et le droit de la consommation vont de pair :[153] *« Le droit de la concurrence et le droit de la consommation appartiennent tous au droit économique ».*[154]

La concurrence est donc un moyen pour protéger le consommateur de l'arbitraire du fournisseur. FRISON-ROCHE note qu'en l'absence de la concurrence, il se pose des problèmes d'abus et d'autorité sur le consommateur. Or, pour une bonne régulation du droit de la consommation, il faut la mise en place de la concurrence ; *« le droit de la concurrence se situe en amont du droit de la consommation »*.[155]

C'est en droite ligne de ces considérations qu'il convient aujourd'hui de porter un regard prospectif et critique à l'épineuse, troublante et sempiternelle question de l'approvisionnement des citoyens camerounais en énergie éclectique. Ainsi, le désordre social, politique et économique occasionné par les délestages, les coupures intempestives, les interruptions programmées ou non d'énergie électrique ainsi que leurs effets sur les biens et les personnes ; tout comme les phénomènes récurrents de grands incendies tous azimuts sur l'étendue du territoire camerounais, tout cela amène à questionner pertinemment l'efficacité du cadre normatif de la fourniture.

D'un autre côté, la montée en puissance des vols ou des fraudes de l'électricité émanant d'une certaine catégorie d'usagers amène à se demander si finalement le mode de gestion de la distribution de l'énergie électrique fondé sur la concession est le meilleur des modes.[156] Ces préoccupations sont lancinantes et taraudantes face à ce qui est communément appelé le mal camerounais. Car, depuis le début des indépendances, le secteur de l'électricité est dans une très grande agonie en proie aux effets pervers des modes de gestion du service public de l'électricité oscillant entre nationalisation, renationalisation, concession et re-re-nationalisation. En conséquence, c'est le développement économique du pays qui stagne, ce sont

---

[152]PICOD (Y.) et DAVO (H.), *Droit de la consommation*, Paris, Dalloz, 2005, pp. 18 et s.

[153]CHARBIT (N), *Le droit de la concurrence et le secteur public*, L'Harmattan, 2002, pp.78 et s.

[154] PICOD (Y), *Droit de la consommation*, *op.cit.*, p.21.

[155]« Puissance, déséquilibre, abus, voilà les trois piliers sur lesquels les deux droits s'appuient pour remplir leur office ».

[156]LAZZARIN (G), « L'application du droit de la consommation aux services publics. Les contradictions de la jurisprudence Société des eaux du Nord », *R.F.D.A* 2011. pp.591 et s.

les populations qui souffrent, ce sont les manques à gagner qui sont de plus en plus inestimables, ce sont les sinistres qui sont inévaluables.

Face à cette sombre réalité, il est tentant d'interroger la spiritualité pour se demander si finalement, le problème de la fourniture de l'énergie électrique n'est pas d'ordre spirituel ? Cette situation demeure préoccupante pour la nation camerounaise. En effet, il paraît juste de reconnaitre les efforts aussi bien des pouvoirs publics camerounais que du concessionnaire, qui font de leur mieux pour assurer le service public de l'énergie. Peut-être, l'approvisionnement en énergie électrique nécessite une véritable citoyenneté centrée sur la recherche des solutions efficaces. Dans cet ordre d'idées, les assises de l'énergie seraient les bienvenues.

Au plan sociologique, une analyse de la cartographie de la fourniture et de la consommation de l'énergie, en plus de la faible couverture et approvisionnement du territoire en énergie électrique, le pouvoir d'achat des consommateurs, couplé à la variation fulgurante des prix de l'énergie électrique, tout cela participe à intensifier la timide adhésion des consommateurs à l'énergie électrique.

De ce qui précède, il faut retenir que la résolution des litiges nés de la fourniture de l'énergie électrique est tributaire d'un certain nombre d'enjeux oscillant entre la recherche de la paix sociale, la satisfaction de l'intérêt général et la préservation des objectifs de rentabilité du concessionnaire.

La relation entre le fournisseur et le consommateur de l'énergie apparaît de toute évidence comme un couplage incompatible en raison de la divergence de leurs intérêts. Toutefois, l'objectif de la fourniture rend indispensable toute collaboration. Il suit de là que par la question de la caractérisation du contentieux de la fourniture de l'énergie électrique, il paraît loisible de questionner les instruments normatifs au fondement de la régulation des rapports entre le fournisseur et le consommateur de l'énergie électrique au Cameroun. Un tel présupposé ou postulat participe à la révélation de l'intérêt multidimensionnel de cette étude.

3- La revue de la littérature

La décision de consacrer des lignes à la question de la consommation ou la fourniture de l'énergie électrique apparaît en soi comme digne d'intérêt, et cela en raison du caractère quasi désertique d'une littérature juridique spécifique à la matière de la distribution de l'énergie électrique dans ce domaine pourtant d'une actualité brulante.

Il convient de souligner en revanche que la question de la protection du consommateur que ce soit au niveau national ou à l'échelle communautaire a fait l'objet d'une significative attention par la doctrine. Dans cette dynamique, l'excellent ouvrage effectué sous la direction du Professeur SPINER

YAWAGA et consacré à la protection du consommateur[157] regorge des lumineuses contributions à l'instar de celles de : FANSI (P-M) sur « La protection du consommateur camerounais d'énergie électrique »[158] ; KALIEU ELONGO (Y-R) sur « La réception du contrat d'adhésion dans les législations contemporaines »[159] ou encore « Réflexion sur la notion de consommateur en droit camerounais à propos de la soumission des personnes morales à la loi portant protection des consommateurs »[160] ; KAMWE MOUAFFO KENGNE (M-C) sur « Qui est la ''personne'' visée comme consommateur en droit positif camerounais ? Argumentations plurielles en défaveur de l'influence du droit français »[161] ; NYAMBEYEU TCHOUKEU (L) sur « La coexistence de plusieurs hiérarchies de normes en droit camerounais de la consommation »[162] ; NGOMO (A F) sur « Le consommateur de médicaments au Cameroun »[163] ; ANSAH AMPAB(J) sur « La protection du « consommateur de médicaments » en Afrique francophone subsaharienne »[164] ; ESSAMA MEKONGO (P) sur « Le droit de l'information des consommateurs des services de communication électroniques au Cameroun »[165] ; KANWE MOUAFFO (M- C) et PETGA NKWENGOUA (S- V) sur « Les comités de recours au Cameroun : une réponse à la Résolution 70/186 des principes directeurs des Nations Unies pour la protection du consommateur ? »[166] ; LEMO (Léonard) « L'arbitrage des litiges de consommation au Cameroun. Mise en œuvre du principe onusien N°V(F) relatif au règlement des différends en matière de consommation »[167] ; OMGBA MBARGA (A-B) « La protection du consommateur des produits

---

157*La protection du consommateur au Cameroun : principes,* enjeux et perspectives, Bibliothèque de législation et de jurisprudence Africaines et Malgaches, EDLK, 2018, pp.8 et s.

158YAWAGA(S) (dir.), *La protection du consommateur au Cameroun : principes, enjeux et perspectives, op. cit., pp.209-228.*

159 *Revue trimestrielle de droit économique,* pp.704 et s.

160YAWAGA (S) (dir.), l*a protection du consommateur au Cameroun : principes, enjeux et perspectives, op.cit.* pp.13-32.

161KAMWE MOUAFFO KENGNE (M-C) « Qui est la « personne » visée comme consommateur en droit positif camerounais ? Argumentations plurielles en défaveur de l'influence du droit français », 2019 1, *Revue trimestrielle de droit économique,* pp. 705 et s ; KAMWE MOUAFFO (M-C), « Une directive pour la protection du consommateur dans la CEMAC », *L'essentiel, Droits africains des affaires*, nº 5, 2021, pp.7 et s.

162YAWAGA (S) (dir), *La protection du consommateur au Cameroun : principes, enjeux et perspectives, op. cit.,* pp. 61-76.

163 Réflexion à partir des principes directeurs des Nations Unies pour la protection du consommateur, in YAWAGA (S) (dir), *La protection du consommateur au Cameroun : principes, enjeux et perspectives, op. cit.*, pp.139-154.

164YAWAGA (S) (dir), *La protection du consommateur au Cameroun : principes, enjeux et perspectives, op. cit.*, pp. 155-186.

165 *Ibid.*, pp. 229- 252.

166 *Ibid.*, pp. 415-432.

167*Ibid.*, pp.433-449

pharmaceutiques »[168] ; Pierre Claver KAMGAING sur les « métamorphoses récentes du droit de la consommation au Cameroun »[169] ; NJEUFACK TEMGWA (R) sur « Le contrat conclu sur incitation du professionnel en droit de la consommation au Cameroun »[170] ; Francis Rich BILONG NKOH « Sur le consommateur et le commerce des énergies renouvelables en Afrique subsaharienne »[171] ; Étienne NSIE sur la « Protection des consommateurs : le champ de la prohibition des clauses abusives »[172] ; d'Étienne NSIE sur la « CEMAC : les contrats de consommation dans la directive du 8 avril 2019 »,[173] *etc.*

Cette épaisse littérature juridique est de nature à réfuter l'argument selon lequel le droit de la consommation constituerait un angle mort du droit au Cameroun. Toutefois, une telle considération pourrait au moins partiellement bénéficier d'une présomption de crédibilité au regard non seulement de la léthargie d'obstacles qui jonchent le circuit relationnel de la consommation. Un regard attentif porté sur la psychologie et la sociologie du consommateur africain fait état de ce que celui-ci, face à l'unilatéralisme du fournisseur, préfère le plus souvent abdiquer.

4- L'intérêt de l'étude

La question de la distribution des ressources énergétiques d'origine électrique génère de manière permanente des foyers de tension entre consommateurs et fournisseurs. Ces tensions sont souvent dues au regard du déficit criant d'approvisionnement en énergie électrique.

La cartographie de la consommation de l'énergie électrique confrontée au taux de couverture du réseau électrique et à la population galopante aboutit au constat d'un déficit énergétique aggravé, qui pourrait à long terme occasionner une révolte sociale tant les nombreux dommages causés aux consommateurs du fait des coupures intempestives de l'énergie électrique au Cameroun n'émanent pas de la mauvaise volonté du fournisseur de l'énergie électrique qui n'est pas propriétaire du réseau et de certaines installations électriques, mais plutôt de la défectuosité de ce réseau.[174]

Au plan contentieux de la responsabilité et des indemnisations, la présente étude, se fixe pour objectif de mettre en lumière la procédure administrative et juridictionnelle contentieuse afin de donner au consommateur propice à la résignation, enraciné dans la culture de la crainte révérencielle de

---

168*Ibid.*, pp.187-208.
169Les cahiers du droit, vol. 63 n° 3, septembre 2022, pp. 673-718.
170*Juridis périodique*, n° 111, juillet-août-septembre 2017.
171*Revue internationale de droit économique*, 2020/1, pp.67-96.
172*L'Essentiel. Droits africains des affaires, n° 4, 2020.*
173*L'Essentiel. Droits africains des affaires n° 5, 2020.*
174BESSALA (A-G), *Sécurité d'approvisionnement et énergies renouvelables en droit camerounais, op cit.*, pp. 81 et s.

l'administration, des moyens et des instruments qui lui permettraient d'exiger le respect de ses droits face à un fournisseur disposant de prérogatives importantes.

Dans un autre sens, cette analyse édifie le consommateur sur ce à quoi il s'expose dès lors que ses agissements fautifs préjudicient le fournisseur. La clarification et la délimitation du régime des compétences entre les juridictions administratives et judiciaires dans le contentieux de la fourniture de l'énergie électrique ne sont pas en reste dans cette réflexion. En effet, et contrairement aux stipulations du règlement du service de distribution publique de l'électricité qui a de manière sibylline orienté le contentieux de la fourniture de l'énergie vers le juge judiciaire, la compétence du juge administratif ne fait l'ombre d'aucun doute. Il s'agit de mettre en lumière la compétence de la juridiction administrative afin de permettre aux justiciables de bien orienter leurs requêtes.

De plus, face au règlement du service de distribution publique qui semble avoir dépouillé le consommateur de l'énergie électrique de ses prérogatives et droits fondamentaux à travers la léthargie des exonérations des responsabilités qui y prédominent sur les autres dispositions normatives, les mécanismes de contournement de ces abus légitimés tout comme la clarification de la procédure aussi bien devant les instances non juridictionnelles que juridictionnelles ont fait l'objet d'une particulière attention.

Enfin, il convient de relever qu'un accent a été mis sur l'analyse des relations juridiques entre le fournisseur et le consommateur de l'énergie électrique ; les litiges entre l'État et le fournisseur de l'énergie électrique relevant en ce qui les concerne, de l'arbitrage, communautaire ou international.

5- Les méthodes de recherche mobilisées

Une étude consacrée à la recherche des solutions juridiques à l'effet d'apaiser efficacement des tensions permanentes et quotidiennes commande la convocation des méthodes de recherches variées et diversifiées oscillant entre normativisme (dogmatique et casuistique) et sociologisme.

La méthode juridique dans ses différentes composantes quant à elle nous a permis de questionner le cadre normatif de la fourniture de l'énergie électrique ; de le confronter à la position du juge camerounais de la fourniture ainsi qu'à la doctrine la plus autorisée en la matière. L'analyse du cadre institutionnel nous a permis de passer au crible les différents acteurs impliqués dans le processus des résolutions des litiges nés de la fourniture de l'énergie électrique.

La méthode sociologique fondée sur l'appréciation des faits a été d'un apport décisif dans l'analyse et l'appréhension du fond d'inspiration sur lequel repose le contentieux de la fourniture de l'énergie électrique. En tout état de cause, les relations entre les agents relevant du service de la fourniture de l'énergie électrique et les consommateurs étant par nature conflictuelles et quotidiennement dominées par des atteintes d'une extrême gravité, le recours à la méthode sociologique nous a permis de saisir les raisons au fondement de ces agissements parfois délictuels. En effet, l'observation de la réalité sociologique et sociétale de la consommation de l'énergie électrique au Cameroun aboutit au constat selon lequel, une grande partie du contentieux de la fourniture provient de la confrontation ou des affrontements entre les agents relevant du service de la fourniture. Grâce à la méthode sociologique, il fallait procéder à la collecte des données, aller sur le terrain, procéder à des échantillonnages, à des interviews et enquêtes.

6- Hypothèse et plan de la recherche.

De ce qui précède, la confrontation du cadre normatif aboutit au constat selon lequel la **résolution des litiges nés de la fourniture électrique est complexe, obscure, ambigüe et floue**, ce qui sans doute a abouti à l'adoption du plan suivant : **1re partie l'efficacité limitée des modes non juridictionnels, et IIe partie la quasi-judiciarisation du contentieux de la fourniture**.

PREMIÈRE PARTIE :

L'EFFICACITÉ LIMITÉE DES MODES NON- JURIDICTIONNELS DE TRAITEMENT DES LITIGES

L'accès à l'énergie électrique est une préoccupation cruciale aussi bien pour la communauté internationale que pour les États modernes[175]. Elle est d'autant plus importante en raison du vaste contentieux que génère la fourniture de l'énergie électrique. Au Cameroun, le contentieux de cette fourniture est réglé aussi bien par l'Agence de régulation du secteur de l'électricité (ARSEL) que par les juridictions[176]. L'analyse du cadre théorique, normatif et jurisprudentiel de la fourniture de l'énergie électrique en droit camerounais fait émerger le constat de l'efficacité discutée, voire la fragilité des modes non juridictionnels du traitement des litiges. Un tel postulat pourrait se justifier par le fait que le législateur, bien qu'il ait prévu des mécanismes amiables ou d'évitement d'éventuels litiges n'a pas aménagé le cadre opérationnel, technique et institutionnel pour une adaptabilité des règles aux réalités sociologique, politique, environnementale et économique de la consommation de l'énergie électrique au Cameroun. Il en découle que l'efficacité discutée des modes non juridictionnels du traitement de litiges se trouve résumer à la fois dans le caractère facultatif des voies amiables (titre I) et dans l'ambiguïté des suites réservées aux résolutions éditées par les organes non juridictionnels de traitement de litiges nés de la fourniture de l'énergie électrique (titre II).

---

[175]V. ici, NGOMO (A-F), « Le consommateur de médicaments au Cameroun » : Réflexion à partir des principes directeurs des Nations Unies pour la protection du consommateur In YAWAGA(S) (dir*), La protection du consommateur au Cameroun op. cit.* pp.143 et s. L'accès à l'énergie est le septième objectif de développement durable (ODD).

[176]Notamment les juridictions de l'ordre judiciaire et administratif et éventuellement ; la juridiction constitutionnelle.

TITRE I :

L'AMBIGUÏTÉ DES RÉSOLUTIONS ÉDITÉES PAR DES ORGANES NON JURICTIONNELS

Les modes amiables des résolutions de litiges tendent à rendre compte d'une dynamique qui s'est généralisée au lendemain de la Seconde Guerre mondiale dans le but, non seulement de contourner les exigences procédurales des tribunaux en apportant une solution rapide à moindre coût ; mais également, dans celui d'éviter les blocages dans le fonctionnement des institutions publiques ou privées. En Occident de nos jours, au regard de leur pragmatisme, ces modes se sont généralisés à toutes les branches du contentieux au point de devenir obligatoires dans certains États.

Dans le cadre de la résolution des litiges afférents à la consommation de l'énergie électrique au Cameroun, il paraît sans doute regrettable de constater que ces modes revêtent un caractère facultatif fondé aussi bien sur la saisine préalable non obligatoire des organes administratifs de règlements amiables (chapitre I) et sur le traitement aléatoire des incidents de la fourniture de l'énergie électrique par des organes non administratifs (chapitre II).

CHAPITRE I :

LA SAISINE PRÉALABLE NON OBLIGATOIRE DES ORGANES ADMINISTRATIFS DE RÈGLEMENTS AMIABLES

La constitution consacre une diversité des droits fondamentaux de l'homme au rang desquels le droit à l'énergie[177]. L'énergie, et plus particulièrement l'électricité, constitue un service public dont le bon fonctionnement incombe avant tout aux pouvoirs publics[178]. L'évolution des missions de l'État s'est caractérisée par un délaissement ou un abandon de certaines de ses compétences au profit du secteur privé[179] d'où l'essor d'un droit de la consommation de l'énergie électrique dont les mécanismes reposent foncièrement sur le droit privé.[180]L'État par le mécanisme juridique de la concession a cédé le service public de l'électricité à un concessionnaire[181]. La relation entre le citoyen /client /consommateur[182] et le fournisseur d'énergie électrique est dominée et caractérisée par des tensions constantes d'où la nécessité de l'existence d'organes chargés d'apaiser ces conflits[183].

Le législateur camerounais a prévu une diversité de mécanismes de prévention de ces litiges nés de la fourniture de l'énergie électrique. Une

---

[177]BESSALA (A-G), *Sécurité d'approvisionnement et énergies renouvelables en droit camerounais, : Recherches sur les mécanismes de diversification du parc énergétique*, Harmattan, Paris, 2021, pp. 49 et s.

[178]DUBOUIS (L), « Missions de service public ou missions d'intérêt général », *Rev. Gén. Coll. Terr.* 2001.588. ; DELVOLVE (P), « Service public et libertés publiques », *RFDA*, 1985

[179]REDEEUILII (II), *Nature juridique de la concession de service public*, th. Bordeaux, Economica, 1992, pp. 23 et s ; v. aussi, VIGUIER (J), *Recherches sur la notion de régie en droit public français*, th. Toulouse, 1989 ; Les régies des collectivités locales, Economica, 1992, pp.34 et s.

[180]CHARBIT (N), *Le droit de la concurrence et le secteur public*, L'Harmattan, 2002, pp.19 et s ; V aussi, NEGRIN (J-P), *L'intervention des personnes morales de droit privé dans l'action administrative,* L.G.D.J,

[181]LINOTTE (D), MESTRE (A), ROMI (R), *Services publics et droit public économique*, Litec, 1995 ? pp.62 et s.

[182]AMAR (J), *De l'usager au consommateur du service public*, PUAM, 2001, pp. 26 et s. ; V. aussi, NICINSKI (S), *L'usager du service public industriel et commercial*, Harmattan, 2001, pp. 38 et s ; V. encore, DU BOIS DE GAUDUSSON (J), *L'usager du service public administratif*, Paris, L.G.D.J., 1974, pp 168 et s. ; WARIN (P) (dir.) ; *Quelle modernisation des services publics ? Les usagers au cœur* des réformes, La Découverte (Coll. Recherches), 1998 ;

[183]GUEDEON (M-J), *Les autorités administratives indépendantes*, LGDJ, Coll. Systèmes, 1991, pp. 82 et s. ;

distinction simple permet d'opposer les modes administratifs aux modes non administratifs de prévention.[184] Les modes administratifs diligentés par des organes de même nature sont constitués des comités de recours[185] qui ont une portée générale sur les litiges entre le fournisseur et le consommateur ; et l'Agence de régulation du secteur de l'électricité (ARSEL) qui a une compétence spécifique en matière de prévention des litiges d'énergie électrique. Parallèlement à la consécration de ces organes, il a été institué en droit camerounais, la règle du recours facultatif aux organes administratifs et non administratifs de conciliation (section préliminaire) comme socle normatif et idéologique à la saisine préalable non obligatoire aussi bien de l'ARSEL (section I) que des comités de recours (section II).

Section préliminaire : La consécration de la règle du recours facultatif aux modes non juridictionnels de prévention des contestations nées de la fourniture de l'énergie électrique

Le droit camerounais, comme la plupart des systèmes juridiques modernes, a aménagé des mécanismes de prévention des incidents nés de la fourniture de l'énergie électrique[186]. Cet aménagement s'est traduit par la consécration de la règle du recours facultatif aux modes non juridictionnels en cas de conflit

---

[184]PERROUD (T), *La fonction contentieuse des autorités de régulation en France et au Royaume-Uni, Paris* : Dalloz, coll. « Nouvelle Bibliothèque de Thèses », 127, 2013, pp.378 et s. v. aussi, DELZANGLES (H), L'indépendance *des autorités de régulation sectorielles, communications électroniques, énergies et postes*, op. cit., p.110 et S, V. aussi ; GENTOT (M), *Les autorités administratives indépendantes*, Montchrestien, Coll. Clefs, 1991, pp. 62 et s.

[185]Arrêté n° 119 PM du 10 aout 2012 portant organisation et fonctionnement des Comités de Recours pour l'arbitrage des différends relatifs à la protection du consommateur. Pour les développements, y relatifs, v. KANWE MOUAFFO (M-C) et PETGA NKWENGOUA (S-V), « Les comités de recours au Cameroun : une réponse à la Résolution 70/186 des principes directeurs des Nations Unies pour la protection du consommateur ? », *in* YAWAGA (S) (dir), *La protection du consommateur au Cameroun : principes, enjeux et perspectives*, Yaoundé, Les éditions Le Kilimandjaro (EDLK), pp. 415-432.

[186]WARIN (P) (dir.), *Quelle modernisation des services publics ? Les usagers au cœur des réformes,* La Découverte (Coll. Recherches), 1998 ; pp.72 et s ; V. aussi, BEZANÇON *(X) Essai sur les contrats de travaux et de services publics – contribution à l'histoire administrative de la délégation de missions publiques*, L.G.D.J., Paris, 1999, pp.42 et s. ; V. encore, DUFEAU (J), « La nature juridique de la concession de service public », Mélanges René CHAPUS, Droit administratif, Montchrestien, Paris, 1992, p.147 ; v aussi, DURUPTY (M), « Aspects récents de la privatisation du secteur public en France », Mélanges Auby, 1992, p.97. ; LACHAUME (J-F), « L'usager du service public industriel et commercial géré par l'entreprise publique », CJEG, n°500 : Actualité de l'entreprise publique, juin 1994, p.317 ; LIET-VEAUX (G), « Nature juridique des cessions de concessions de travaux ou de services publics », *AJDA* 1983.348 ; LOCHAK (D), « Les problèmes juridiques posés par la concurrence des services publics et des activités privées », ADJA 1971.261. ; ROUSSELY (F), « Clarifier les rapports entre le service public et les citoyens », *in* JOIN-LAMBERT (dir.), L'État moderne et l'administration, LGDJ, Coll. Systèmes, 1994, p.56.

découlant de la fourniture de l'énergie électrique. Concrètement, les parties à un litige de consommation disposent de la liberté de choisir librement l'instance vers laquelle leur litige serait porté en cas de contestation éventuelle[187]. Cela revient à dire que le consommateur de l'énergie électrique, en particulier, peut décider d'ignorer les instances administratives et non administratives, et porter directement sa cause vers des instances juridictionnelles[188]. À s'en tenir à l'esprit de la loi, il convient de relever qu'autant ces organes de règlement peuvent être saisis par le consommateur, autant, ils le peuvent également par le fournisseur. Le contenu d'une telle règle (paragraphe I) ainsi que sa portée (paragraphe II) méritent d'être explicités.

Paragraphe I : Le contenu de la règle jurisprudentielle de recours facultatif aux modes non juridictionnels de résolution des litiges nés de la fourniture de l'énergie électrique

Ontologiquement, cette règle signifie que l'office des organes non juridictionnels de règlement des litiges nés de la fourniture ou de la distribution de l'énergie électrique est subordonné à l'acceptation par les parties en cause de se lier à la juridiction de ces organes. Compte tenu du fait que ces organes sont compétents pour connaitre des litiges inhérents à la consommation de l'énergie électrique[189], le fournisseur ou le consommateur doivent préalablement manifester leur volonté à porter leur cause devant lesdits organes.

Plusieurs cas de figure sont susceptibles de se présenter : si l'usager ou le consommateur peut être contraint par tous les moyens dès lors qu'il se trouve *ab initio* en difficulté, d'accepter la juridiction d'ENEO, il n'en va pas de même pour le fournisseur ENEO qui peut également refuser de déférer aux convocations de l'ARSEL, de se présenter aux réunions de conciliation et aussi, de se soumettre au verdict de l'ARSEL[190]. Cela pourrait s'expliquer par l'inégalité du rapport de force qui existe entre fournisseur et usager du service public de l'électricité. En l'absence de toutes dispositions normatives rendant la juridiction du régulateur obligatoire, le principe de l'option consensuelle

---

[187] PICOD (Y), *Droit de la Consommation op. cit.*, pp.256 et s.

[188] Tribunal de grande instance du Mfoundi, centre administratif section civile et commerciale jugement civil n° 1520/CIV du 18 aout 2022 affaire Groupement d'Initiative Commune lumière « GIC Lumière » c/ la société ENEO SA.

[189] Loi n° 2011/022 du 14 décembre 2011 régissant le secteur de l'électricité, art 85 et s. ; Arrêté N°00000013/ MINEE du 26 Janvier 2009 portant approbation du règlement du service de distribution publique d'électricité de la société AES-SONEL, art. 16 et s. ; Arrêté n°119 PM du 10 aout 2012 portant organisation et fonctionnement des comités de recours pour l'arbitrage des différends relatifs à la protection du consommateur.

[190] Le jugement civil n° 332 /C du 26 aout 2021 sur le dossier n° 808/RG/CIV/2018 du 17 aout 2018 rendu à l'audience ordinaire du Tribunal de Première Instance de Yaoundé-centre administratif statuant en matière civile et commerciale

fait son chemin dans l'univers de la fourniture de l'énergie électrique. Dans le même sens, le consommateur a aussi la possibilité de refuser la juridiction de l'ARSEL, mais avec pour seul risque qu'il peut se retrouver privé de l'énergie électrique.

Dans une espèce[191], le juge camerounais confirme le caractère facultatif de l'ARSEL. L'affaire opposant le Groupement d'initiative commune lumière « GIC lumière » à la société ENEO relative à une assignation en paiement et dommage suffit pour s'en convaincre. En effet, courant l'an 2017, le GIC lumière et la société ENEO signent un contrat d'engagement d'entretien des emprises des lignes électriques de moyenne tension dans la région du centre. Cet entretien consistait à désherber, élaguer et abattre les arbres situés dans le corridor de ces lignes électriques de moyenne tension.[192] Après la réalisation desdits travaux, la société ENEO n'a pas daigné exécuter sa part d'obligation qui consistait à payer les prestations du demandeur, malgré moult relances amiables. Ainsi, le requérant saisit le juge pour qu'il constate et juge que la défenderesse est recevable et que la société ENEO paie pour le préjudice causé par son insolvabilité.

S'appuyant sur les articles 1142 et 1383 du Code civil, le requérant argua l'insolvabilité de la société ENEO à la fin du service rendu estimant que la mauvaise foi de la défenderesse se situait sur le fait qu'elle avait au préalable validé l'effectivité de tous les travaux, mais qu'elle se refusait à payer le prix à la demanderesse violant ainsi la convention existant entre les deux.

Pour la société ENEO, la saisine du tribunal par la demanderesse, constituait purement et simplement une violation de la convention du règlement non juridictionnel des éventuels litiges signée entre les deux parties au départ. Ainsi, en saisissant le tribunal dans le cadre du litige les opposants, la demanderesse a, selon les prétentions d'ENEO, méconnu les dispositions de cette convention. En effet, selon les termes de ladite convention, il était question de s'engager à collaborer en vue d'essayer de régler à l'amiable le litige, le cas échéant, le soumettre à un ou plusieurs conciliateurs. Pour le non-respect de ladite clause, le tribunal devrait se déclarer incompétent.

La demanderesse releva plusieurs anomalies majeures et déterminantes dans la facturation et prétendit que la société ENEO lui était redevable de la somme de 15.490.387 frs. Tandis que de l'autre côté, selon la société ENEO, lors d'une séance de travail, le montant desdits travaux avait été arrêté à une somme beaucoup plus inférieure. Sur ce fait, la défenderesse sollicita dans sa réplique que le GIC lumière (demanderesse) soit débouté de son action comme

[191]Jugement n°152° 0/civ du 18 aout 2022 de la Section civile et commerciale du TGI du Mfoundi.

[192]Tribunal de grande instance du Mfoundi, centre administratif section civile et commerciale jugement civil n° 1520/CIV du 18 aout 2022 affaire Groupement d'Initiative Commune lumière « GIC Lumière » c/ la société ENEO SA.

non fondée. Face aux prétentions des parties, le juge a été amené à statuer sur un ensemble de questions présentant une extrême complexité. Ainsi se sont posées les questions suivantes : **un acte conventionnel par les clauses ou dispositions peut-il annuler la compétence d'une juridiction à connaitre d'un litige ? En d'autres termes, le juge peut-il se dessaisir du fait d'une clause qui donne compétence unique à un conciliateur en cas de différend ? Le fait que les calculs de la redevance soient erronés selon la société ENEO annule-t-il son insolvabilité ?**

À l'analyse de la clause mentionnée par la défenderesse, le juge de céans affirma que la tentative de conciliation ne constituait pas un préalable à respecter avant la saisine du tribunal et qu'en l'espèce la sommation de payer servie à la société ENEO faisait foi d'une tentative de conciliation pour la demanderesse.

Dans son office, le juge de céans rejeta l'exception d'irrecevabilité soulevée par la défenderesse, et reçut le demandeur en son action l'y disant partiellement fondée et condamna la société ENEO à payer à la demanderesse la somme de dix millions cinq cent quatre-vingt-un mille neuf cents FCFA. Dans son argumentaire, sur le fond, le juge de céans après évaluation du montant de la redevance estima qu'il y avait tout de même lieu de payer la dette et admit que par son insolvabilité la société ENEO a causé un préjudice à la société GIC lumière et conclut sur les dommages et intérêts et frais de procédures et sur le trop-perçu.

Cette décision revalorise les droits du cocontractant déchu dans un contrat, elle rappelle avec une singulière intonation l'autonomie des parties à décider sans contrainte extérieure de l'organisme vers lequel le litige serait porté. S'il est vrai que la conciliation en tant que seul moyen de règlement de différend dans une clause, ne saurait empêcher le juge de se prononcer dans ce même différend. Il reste tout de même important de souligner que le règlement à l'amiable grâce à une conciliation demeure une étape incontournable d'où la prévention par les textes des actes comme la sommation et l'existence des agences comme l'ARSEL. Cependant, grâce à la présente décision, l'insolvable ne peut se dérober de sa responsabilité délictuelle par cette convention qui le favorise du fait d'un mode de règlement du litige uniquement à l'amiable.

De ce qui précède, il en ressort aussi que le montant erroné ou contenant des anomalies n'infléchit pas le fondement de l'action présentée devant le juge judiciaire ; qu'une clause contractuelle pourrait ou ne pourrait pas dessaisir un juge dans une affaire. Qu'il revient au juge lui-même d'apprécier le fondement de sa saisine et de juger de son incompétence le cas échéant. Que les textes spécifiques et généraux reconnaissant le mode de règlement non juridictionnel des différends n'excluent pas la saisine du juge si le conflit n'est pas résolu après la conciliation.

Le juge judiciaire camerounais adopte une posture salutaire exprimée en ces termes : « *Entendu qu'en réaction, le demandeur a relevé que, la tentative de conciliation prévue au point 9 de la convention n'est pas un préalable à la saisine du tribunal, dans la mesure où il est mentionné « ... Elles pourront le cas échéant…* »

« *Qu'il s'agit d'une faculté pour les parties qui n'a aucune incidence sur la compétence de la juridiction de céans, encore que lorsqu'il s'est rapproché d'ENEO à cette fin, il n'a pas eu des suites, et ce, en dépit de la sommation de payer et qu'il y a donc lieu pour le tribunal de retenir sa compétence* » « *Que s'agissant du premier moyen, elle a fait valoir que le point 9 de leur convention prévoit le préalable de conciliation qui n'a pas été respecté par son cocontractant et le tribunal ne saurait passer outre cette étape émanant de leur volonté, conformément à l'article 1134 du Code civil* ». « *Entendu que pour contrecarrer le demandeur, la défenderesse a précisé que la tentative de conciliation prévue au point 9 de la convention est une obligation et non une faculté et que la sommation que ce dernier lui a servie n'est pas synonyme de conciliation et qu'il y a lieu de déclarer l'action irrecevable* ».

« *Entendu que la défenderesse soulève une exception d'irrecevabilité tirée du défaut de conciliation préalable ; Entendu que l'article 9 de la convention de collaboration liant les parties stipule « en cas de différend en relation directe ou indirecte avec la conclusion, l'exclusion, l'interprétation et la réalisation de la présente convention les parties s'engagent à collaborer en vue d'essayer de régler à l'amiable le litige ; elles pourront le cas échéant soumettre leur différend à un ou plusieurs conciliateurs* ». « *Mais entendu qu'il ressort de l'analyse de cette clause que, la tentative de conciliation n'est pas un préalable à respecter avant la saisine du tribunal. Qu'il s'agit en réalité d'une faculté dont les parties peuvent se passer, encore que même s'il en était autrement, la sommation de payer servie à la société ENEO laisse croire que cette étape a eu lieu, mais a connu un échec ! Qu'il y a lieu de rejeter cette exception comme non fondée* ».

Paragraphe II : La portée de la règle du recours facultatif aux organes non juridictionnels de prévention des litiges nés de la fourniture de l'énergie électrique

De ce qui précède, toute partie lésée peut décider de porter son litige aussi bien devant les instances non juridictionnelles que juridictionnelles. Si cette consécration jurisprudentielle présente l'avantage d'un rééquilibrage des droits des différents protagonistes, l'on pourrait subodorer que nonobstant la faculté laissée aux parties, le législateur camerounais aurait pu capitaliser les enjeux de l'efficacité de la prévention et se prononcer clairement sur l'articulation et la coordination entre modes juridictionnels et modes non juridictionnels de traitement des incidents. En plus de remettre à nue les faiblesses et lacunes du système de traitement des litiges nés de la fourniture de l'énergie électrique, il expose au grand jour les zones d'ombre qui émaillent le périple du consommateur[193]. L'absence de coordination entre les organes administratifs de traitement des litiges couplée au déséquilibre institutionnel des rapports entre consommateur et fournisseur participe à assombrir davantage le paysage normatif de la consommation. Dans ce sens, le mutisme du législateur crée une incoordination et une dysharmonie dans le circuit du contentieux de la consommation. Ce désordre institutionnel rend perplexe, et est de nature à perdre le consommateur qui préfère alors à certains moments se murer dans le silence.

À titre de droit comparé, en France, de nombreuses évolutions normatives ont été à l'origine du développement des modes alternatifs de règlement des litiges.[194]Fondés sur une logique d'évitement, de filtrage du contentieux et de désengorgement des juridictions, ces nouveaux modes alternatifs de règlement des litiges ont connu un essor nouveau avec la montée en puissance des activités économiques. Leur utilité et leur rôle central ont permis de les inscrire dans les législations de ces pays.[195]

La généralisation des modes alternatifs de règlement des litiges en France suivie de **leur obligatoire** a permis de sophistiquer le système juridictionnel français.[196] Il en est de même pour les systèmes canadien, suisse[197] et bien d'autres[198]. En effet, depuis quelques années, les modes alternatifs sont devenus obligatoires aussi bien dans le domaine judiciaire que dans le domaine administratif[199]. La cohérence et l'efficacité du traitement des litiges

---

[193]Voir à cet effet, les prises de position de la doctrine camerounaise, notamment contenues dans l'excellent ouvrage consacré à la *protection du consommateur au* Cameroun sous la direction de YAWAGA (S). Plus précisément les interventions de : KOM KAMSU (M), sur « La protection de la liberté du consommateur camerounais », pp.77-102 ; de FANSI (P-M), consacrée à « La protection du consommateur de l'énergie électrique » ; pp. 209-228. ; *etc.*

[194]AUBY (J-F) et BRACONNIER (S) (dir.), *Services publics industriels et commerciaux, questions actuelles*, LGDJ, 2003. ; MODERNE (F) et MARCOU (G) (dir), *L'idée de service public dans le droit des États de l'Union européenne*, Harmattan, 2001. ; DELZANGLES (H), L'indépendance *des autorités de régulation sectorielles, communications électroniques, énergies et postes*, *op. cit.* p.110 ; PERROUD (T), *La fonction contentieuse des autorités de régulation en France et au Royaume-Uni, Paris* : Dalloz, coll. « Nouvelle Bibliothèque de Thèses », 127, 2013, pp.378 et s.

[195]AMAR (J), *De l'usager au consommateur du service public*, PUAM, 2001, pp. 32 et s ;

[196] CHARBIT (N), *Le droit de la concurrence et le secteur public*, Paris, Harmattan, 2002, pp.37 et s.

[197]V. KALIEU ELONGO (Y-R), « Réflexion sur la notion de consommateur en droit camerounais : à propos de la soumission des personnes morales à la loi portant protection des consommateurs », *in* YAWAGA (S) (dir), *La protection du consommateur au Cameroun : principes, enjeux et perspectives*, Yaoundé, Les éditions Le Kilimandjaro (EDLK), 2018, pp. 19 et s.

[198]PERROUD (T), *La fonction contentieuse des autorités de régulation en France et au Royaume-Uni, Paris* : Dalloz, coll. « Nouvelle Bibliothèque de Thèses », 127, 2013, pp.402 et s.

[199]PERROUD (T), *op. cit.*, pp.378 et s.

nés de la fourniture de l'énergie électrique commandent aujourd'hui une nécessaire coordination entre instances non juridictionnelles et juridictionnelles impliquées dans la résolution de ces litiges.

Section I : La saisine préalable non obligatoire de l'agence de régulation du Secteur de l'électricité (ARSEL)

Créée par la loi n° 98/022 du 24 décembre 1998, modifiée par la loi n° 2011/022 du 14 décembre 2011 régissant le secteur de l'électricité au Cameroun, l'ARSEL est un établissement public doté de la personnalité juridique et de l'autonomie financière[200]. En tant que régulateur, l'ARSEL s'est vue attribuer plusieurs missions[201]. À ce titre, l'article 72 alinéa 1er de la loi de 2011 précitée et l'article 3 alinéa 1er du décret n° 2013/203 du 28 juin 2013 portant organisation et fonctionnement de l'ARSEL précisent qu'elle est chargée de veiller sur les intérêts des consommateurs et défendre leurs droits, d'arbitrer les litiges entre opérateurs ou entre opérateurs et consommateurs[202].

L'ARSEL est compétente pour connaitre de tout litige impliquant un ou plusieurs opérateurs, qu'il soit producteur, transporteur, distributeur ou fournisseur. Dans la pratique, les relations entre opérateurs et usagers génèrent un contentieux dense. L'un des contentieux les plus importants touche aux questions de fourniture de l'électricité en raison de la quasi-omniprésence du fournisseur dans le circuit de la distribution au sens large.[203] En d'autres termes, la fourniture de l'électricité intervient dans la production et dans la distribution au sens strict exception faite du transport. Raison pour laquelle l'ARSEL prête une attention particulière à ce contentieux qui aboutit

---

[200]Selon la loi N° 2017/010 du 12 juillet 2017, il existe au Cameroun neuf variétés d'établissements publics : les établissements publics à caractère administratif, social, hospitalier, culturel, scientifique, technique, professionnel, économique et financier et spécial.

[201] CORNU (G), *Vocabulaire juridique de l'Association Henri Capitant,* Quadrige, Paris, PUF, 2014, p.417.

[202]Les établissements publics administratifs constituent l'une des variétés des établissements publics. Ils sont régis au Cameroun par la loi N° 2017/010 du 12 juillet 2017 qui a remplacé dans ses dispositions la loi N° 99/016 du 22 décembre 1999. Ainsi, est établissement public toute personne publique autre que les collectivités territoriales qui, rattachée à une ou plusieurs de celles-ci (établissements nationaux ou locaux) et soumise au principe de spécialité, assure la gestion d'un service public ou d'une activité incombant à l'Administration suivant les règles variables en fonction de la nature de cette activité, mais comportant un minimum de sujétions et de prérogatives de droit public L'établissement public administratif pour sa part est une catégorie classique d'établissement public gérant un service ou une autre activité de caractère administratif et soumis à un régime de droit public À la lecture de l'article 1er alinéa 2 in *limine* du décret N° 2013/203 du 28 juin 2013 précité portant organisation et fonctionnement de l'ARSEL, c'est « un établissement public administratif ».

[203]La distribution au sens large est l'ensemble des étapes qui touchent à la production, au transport et à la distribution (au sens strict) d'un bien ou d'un service. La distribution au sens strict est l'ensemble d'opérations et de circuits qui mettent un produit à la disposition du consommateur.

généralement à la mise en œuvre de la responsabilité du fournisseur de l'énergie électrique.

La saisine préalable non obligatoire de l'ARSEL respecte un nombre de conditions, notamment la rationalisation des préalables liés à la juridiction qui conduit à la limitation de l'office du régulateur (paragraphe I) bien qu'au départ, cette dernière dispose d'un régime juridique avéré (paragraphe II).

Paragraphe I : Le régime juridique de l'ARSEL

Le régime juridique de l'ARSEL se traduit ici par son organisation (A) et son fonctionnement (B).

A- L'Organisation de l'ARSEL

L'ARSEL est structurée en organes d'administration (1) et de direction (2).

1- Les organes d'Administration

L'article 6 du décret précité dispose que « l'Agence est administrée par deux organes : le Conseil d'administration et la Direction générale ». Le Conseil d'administration est constitué de dix (10) personnes, dont un (1) président et neuf (9) membres nommés par décret présidentiel pour une période trois (3) ans renouvelables une (1) fois[204]. Leur mandat prend fin à l'expiration normale de sa durée, par décès ou par démission ; il prend également fin à la suite de la perte de la qualité qui avait motivé la nomination, ou encore par révocation à la suite d'une faute grave ou des agissements incompatibles avec la fonction de membre du Conseil d'administration.[205]

Le Conseil d'administration dispose des pleins pouvoirs pour administrer l'Agence, définir et orienter sa politique générale, et évaluer sa gestion dans

[204]En outre, en cas de décès en cours de mandat ou dans toutes les hypothèses où un membre du Conseil d'administration n'est plus en mesure d'exercer son mandat, il est immédiatement pourvu à son remplacement par le chef de l'administration ou de l'organe qu'il représente, pour la période du mandat restant à courir[204]. Les membres du Conseil d'administration sont constitués de : un représentant du ministère chargé de l'électricité ; un représentant du ministère chargé des finances ; un représentant du ministère chargé de l'environnement ; un représentant du ministère chargé de la planification ; deux (02) représentants du secteur privé désignés par les organisations socioprofessionnelles concernées ; un représentant des usagers de l'électricité ; un représentant du personnel. Il faut noter qu'à la lecture du décret de 2013 suscité, le président et les membres du Conseil d'administration sont soumis à certaines incompatibilités dans leurs fonctions. Ainsi donc, les fonctions de président du Conseil sont incompatibles avec celles des autorités de tutelle ou de leurs représentants. Par ailleurs, les fonctions de président et de membre du Conseil d'administration de l'Agence sont incompatibles avec toute détention directe ou indirecte d'intérêts dans une entreprise du secteur de l'électricité ou de toute fonction salariée dans une entreprise ou tout bénéfice d'une rémunération sous quelque forme que ce soit d'une telle entreprise.

[205] Article 9 alinéa 2 du décret N° 2013/2033 du 28 juin 2013.

les limites fixées par son objet social.[206] L'article 17 alinéa 1er du décret de 2013 suscité dispose que « l'Agence est placée sous l'autorité d'un directeur général, éventuellement assisté d'un adjoint, tous deux nommés par décret du président de la République »[207]. Le directeur est chargé de la gestion et de l'application de la politique générale de l'Agence, sous le contrôle du Conseil d'administration à qui il rend compte de sa gestion[208].

---

[206]À ce titre : il adopte l'organigramme, le règlement intérieur, la grille des rémunérations et des avantages des personnels, sur proposition du directeur ; il fixe les objectifs et approuve les programmes d'action conformément aux objectifs globaux du secteur concerné ; il approuve le budget et arrête, de manière définitive, les comptes et états financiers annuels et les rapports d'activités ; il approuve, sur proposition du directeur général, les recrutements et licenciements du personnel d'encadrement, ainsi que les nominations à des postes de responsabilité à partir de directeurs adjoints et assimilés ; Il accepte tous dons, legs et subventions ; il approuve les contrats ou toutes les autres conventions, y compris les emprunts réalisés par le directeur et ayant une incidence sur le budget ; il autorise la participation de l'Agence à des associations, groupements ou autres organismes professionnels, dont l'activité est nécessairement liée aux missions de l'Agence et met fin à de telles participations ; Il nomme les représentants de l'Agence aux assemblées générales et aux conseils d'administration d'autres entreprises et les démet.(2) À l'exception de ceux énumérés à l'alinéa 1 ci-dessus, Le Conseil d'administration peut déléguer certains de ses pouvoirs au directeur général, qui rend compte d'utilisation de cette délégation.(3) Le Conseil d'Administration dresse, dans un délai de six (06) mois à compter de la clôture de l'exercice, un rapport de ses activités relatives au secteur de l'électricité. Ledit rapport est publié

[207]L'alinéa 2 renchérit en mentionnant que « le Directeur général adjoint est nommé pour un mandat de trois (03) ans renouvelable deux (02) fois ». Toutefois, en cas de vacance du poste de directeur pour cause de décès, de démission ou d'empêchement définitif, ou de suspension du directeur, l'intérim est assuré par le directeur adjoint et si ce dernier est à son tour empêché, le Conseil d'administration prend toutes les dispositions nécessaires pour assurer la bonne marche de l'Agence.

[208]Bien plus, le Directeur général soumet à l'adoption du Conseil d'administration les projets d'organigramme et de règlement intérieur, ainsi que la grille des rémunérations et des avantages des personnels ; prépare le budget dont il est le principal ordonnateur, les rapports d'activités, ainsi que les comptes et les états financiers qu'il soumet au Conseil d'administration pour approbation et arrêt ; prépare les délibérations du Conseil d'administration, assiste avec voix consultative à ses réunions et exécute ses décisions ; assure la direction technique, administrative et financière de l'Agence ; recrute, nomme, note et licencie les membres du personnel et fixe leurs rémunérations et avantages, sous réserve des prérogatives reconnues au Conseil d'administration ; procède aux achats, passe et signe les marchés, contrats et conventions liés au fonctionnement de l'Agence, en assure l'exécution et le contrôle, dans le strict respect du budget, conformément aux dispositions législatives et réglementaires en vigueur ; instruit, à l'attention du ministre chargé de l'électricité, les demandes de concession, de licence et d'autorisation pour l'exercice des activités du secteur de l'électricité ; supervise les missions de contrôle, de sanction et d'arbitrage de l'Agence ; représente l'Agence dans tous les actes de la vie civile et en justice ; prend dans les cas d'urgence, toute mesure conservatoire nécessaire à la bonne marche de l'Agence, à charge pour lui d'en rendre compte au Conseil d'administration. Le Directeur général de l'Agence assure également le secrétariat du Conseil d'administration. Il est responsable devant le Conseil d'administration qui peut le sanctionner en cas de faute grave de gestion ou de comportement susceptible de nuire à la bonne marche ou à l'image de l'Agence, suivant les modalités fixées par la législation et la réglementation en vigueur.

2- Les directions

L'ARSEL dans l'exercice de ses missions s'appuie sur une structure efficace dont les activités sont menées par six (06) directions. En réalité, ces directions constituent la chaîne ouvrière de l'Agence pour lui permettre de réaliser toutes les missions assignées par la loi, les autorités de tutelle et le Chef d'État.[209]

Toutes les six (6) directions de l'ARSEL sont organisées suivant un modèle standard : une direction, une ou plusieurs sous-directions et des services. Ainsi sera brièvement exposée l'organisation de chaque direction. Premièrement en ce qui concerne la direction de la régulation économique, financière et de la tarification, elle est placée à la tête du directeur de la régulation économique, financière et de la tarification et compte deux (2) sous-directions : la sous-direction des analyses financières et de la tarification[210] et la sous-direction des analyses économiques, du suivi du marché et de la concurrence.[211]

Deuxièmement, la direction de la régulation technique (DRT). Elle est sous la supervision du directeur de la régulation technique. La DRT a trois sous-directions : la sous-direction de la régulation des systèmes de production[212] ; la sous-direction de la régulation du Transport et de la gestion des réseaux de transport. Elle est placée sous l'autorité du sous-directeur de la régulation du transport et de la gestion des réseaux de Transport[213] ; la sous-direction de la régulation, de la distribution et de la commercialisation est placée sous l'autorité d'un sous-directeur[214].

[209]Les directions de l'ARSEL sont les suivantes La Direction de la régulation technique (DRT) ; La Direction de la régulation économique et financière (DREF) ; La Direction des études des systèmes de l'information de régulation (DESIR) ; La Direction des affaires administratives, financières et des ressources humaines (DAAFRH) ; La Direction des affaires juridiques, du contentieux et de la protection du consommateur (DAJCPC) ; La Direction de la communication, de la coopération et du bilinguisme.

[210]Cette sous-direction a à sa tête le sous-directeur des analyses financières et de la tarification et est constituée de deux services : le service des analyses et de la modélisation financières et le service de la tarification, tous deux pilotés par deux chefs de service respectifs.

[211] Cette sous-direction a sous son bâton de commandement un sous-directeur. En outre, elle regorge en son sein deux services. Le service des analyses des conditions économiques et le service du contrôle de la concurrence et du suivi du marché. Ces services ont à leur tête des chefs.

[212] Elle est placée sous l'autorité d'un sous-directeur et comprend trois (03) services tous administrés par des chefs de service : le service de la production hydroélectrique, le service de la production thermique et le service des énergies renouvelables et de l'efficacité énergétique ;

[213]Elle regorge en son sein deux (02) services : un service de la régulation du transport et un service de la régulation de la gestion des réseaux de transport ;

[214]Elle comprend deux (02) services : le service de la régulation et de la distribution d'une part, et le service de la régulation et de la commercialisation d'autre part ;

Troisièmement, la direction des études et du système d'information de régulation, elle est placée sous l'autorité d'un directeur [215];

Quatrièmement, la direction des affaires juridiques, contentieuses et de la protection du consommateur (DAJCPC), placée sous l'autorité d'un directeur, la DAJCPC renferme deux sous-directions : la sous-direction de la protection du consommateur et des affaires contentieuses, placée sous l'autorité d'un sous-directeur et regroupe deux (2) services que sont : le service de la protection du consommateur et le service des affaires contentieuses ; la sous-direction des affaires juridiques et du suivi des engagements contractuels, placée sous l'autorité d'un sous-directeur. Elle est composée de trois (3) services : le service des affaires juridiques, le service des attributions des titres et le service du suivi des engagements contractuels.

Cinquièmement, la direction des affaires administratives, financières et des ressources humaines[216] (DAAFRH). Sixièmement et enfin, la direction de la communication, de la coopération et du bilinguisme[217].

B- Le fonctionnement de l'ARSEL

L'ARSEL est un établissement public qui fonctionne suivant des règles spécifiques. Pour assurer son plein fonctionnement, le législateur a placé l'ARSEL sous la tutelle technique du ministère de l'Eau et de l'Énergie (MINEE) et la tutelle financière du ministère des Finances (MINFI). Dans la

---

215 Renferme trois (03) sous-directions : la sous-direction des études et de la veille technologique est dirigée par un sous-directeur et renferme deux (02) services : le service des études et le service de la veille technologique ; la sous-direction des systèmes d'information de régulation est placée sous l'autorité d'un sous-directeur et regroupe deux (02) services : le service de la collecte et du traitement et le service de la gestion des bases de données et de la production statistique ; la cellule de l'informatique et du développement numérique : elle est placée sous l'autorité d'un chef de cellule ayant rang de sous-directeur. Elle comprend deux (02) chargés d'études-assistant.

216 La DAAFRH est placée sous le commandement d'un directeur et comprend trois (03) sous-directions : la sous-direction des affaires administratives et du budget. Elle est placée sous l'autorité d'un sous-directeur et comprend trois (03) services : le service des affaires générales, le service des marchés et le service du budget ; la sous-direction des affaires financières et de la comptabilité. Elle est placée sous l'autorité d'un sous-directeur et renferme trois (03) services : le service de la comptabilité et des affaires financières, le service de la facturation et du recouvrement et le service de la solde, de la fiscalité et de la parafiscalité ; la sous-direction des ressources humaines. Elle est placée sous l'autorité d'un sous-directeur et comprend deux (02) services : le service de la gestion du personnel et le service de la formation et des stages.

217 Elle est dirigée par un directeur et comprend deux (02) sous-directions : la sous-direction de la communication et du bilinguisme. Elle est placée sous l'autorité d'un sous-directeur et renferme deux (02) services : le service de la communication et de l'information et le service du bilinguisme et de la traduction ; la sous-direction de la coopération et des relations publiques : elle est placée sous l'autorité d'un sous-directeur et regroupe deux (02) services en son sein : le service de la coopération et des partenariats et le service des relations publiques.

pratique, pour fonctionner, l'ARSEL a besoin d'un financement (**2**) pour accomplir ses missions (**1**).

1- Les missions de l'ARSEL

L'article 72 alinéa 1er de la loi de 2011 précitée et l'article 3 alinéa 1er du décret n° 2013/203 du 28 juin 2013 portant organisation et fonctionnement de l'ARSEL précité confient à l'ARSEL plusieurs missions. La lecture scrupuleuse de ces missions révèle qu'elles sont à la fois contentieuses (**a**) et non contentieuses (**b**).

a- Les missions contentieuses de l'ARSEL

La plupart des missions de l'ARSEL sont contentieuses dans la mesure où elle a compétence pour régler tout type de contentieux qui s'élève dans le secteur de l'électricité. Cependant, deux missions constituent le cœur de son action : l'arbitrage des différends entre opérateurs du secteur de l'électricité et la protection des intérêts et droits des consommateurs.

- **L'arbitrage des différends entre opérateurs du secteur de l'électricité**

L'arbitrage n'a pas fait l'objet d'une définition légale par le législateur communautaire.[218]Néanmoins, l'on peut l'appréhender comme un mode alternatif de règlement des conflits par lequel des parties conviennent de soumettre leur différend[219] à un arbitre ou à un tribunal arbitral généralement composé d'un (1) ou trois (3) arbitre (s). C'est un mode de règlement extrajudiciaire des conflits très prisé par les opérateurs du secteur privé en raison de sa confidentialité et de sa rapidité. L'arbitrage est aussi « *l'institution par laquelle les parties confient à des particuliers appelés arbitres et librement désignés par elles, la mission de trancher leur litige* » ;[220] elle peut également s'entendre comme « *l'institution par laquelle un tiers règle le différend qui oppose deux ou plusieurs parties, en exerçant la mission juridictionnelle qui lui a été confiée par celles-ci* »[221].

Au Cameroun, la seule voie qui s'ouvre aux opérateurs du secteur de l'électricité pour le règlement de leur litige au sein de l'ARSEL est l'arbitrage[222]. Est opérateur, toute personne physique ou morale de droit camerounais ayant le droit d'opérer une activité dans le secteur de

---

218DIALLO (A), Réflexion sur l'arbitrage dans l'espace OHADA, Thèse Doctorat, Université de Perpignan 2016, pp. 9 et s.

219MAYER (P), « Faut-il distinguer arbitrage interne et arbitrage international ? », in *revue de l'arbitrage* 2005, n° 2, pp. 361-374.

220DAVID (R) *L'arbitrage dans le commerce international, Paris*, Economica, 1982, pp.10 et s.

221OPPETIT (B), Théorie de l'arbitrage, Paris nov.1998, Presses universitaires de France, pp.16 et s.

222Article 85 et suivant loi n° 2011/022 du 14 décembre 2011 régissant le Secteur de l'électricité au Cameroun.

l'électricité. Il s'agit des producteurs, du transporteur et des distributeurs de l'énergie électrique. Dans l'objectif d'apporter une solution aux différends pouvant s'élever entre les opérateurs, le législateur camerounais a érigé l'ARSEL en centre d'arbitrage (CARSEL)[223]. Seulement, même si à l'heure actuelle ce centre d'arbitrage n'existe pas encore, sa mise sur pied a tout de même été validée par le Conseil d'administration de juin 2021.

- **La protection des intérêts et des droits des consommateurs**

L'ARSEL protège les droits et intérêts des consommateurs dans leur rapport avec le distributeur parce que lui seul est contractuellement lié à eux. En effet, elle veille sur les droits et intérêts des consommateurs en ce qui concerne les questions relatives au prix, à la fourniture et à la qualité de l'énergie électrique. À cet effet, elle est compétente pour recevoir, instruire et trancher toute contestation venant de la part des clients d'ENEO, distributeur quasi exclusif de l'électricité au Cameroun pour des problèmes relatifs au prix, à la fourniture et à la qualité de l'énergie électrique.

b- Les missions non contentieuses de l'ARSEL

Les missions non contentieuses de l'ARSEL sont celles qui touchent aux titres qu'elle délivre et aux autres missions que la loi lui donne.

Par titre, il faut entendre la cause ou le fondement juridique d'un nouveau droit qui, associé à divers qualificatifs, indique tant la source du droit, que le mode et les caractères essentiels de l'acquisition.[224] En droit de l'électricité, le titre est un acte juridique délivré par l'ARSEL à toute personne physique qui souhaite opérer dans le secteur en qualité de producteur ou de distributeur.

La délivrance de ce titre donne non seulement aptitude à son titulaire d'exercer légalement une activité dans le secteur de l'électricité au Cameroun, mais aussi, et surtout le soumet à un régime juridique précis. La loi de 2011 régissant le secteur de l'électricité précitée consacre cinq (5) régimes sous lesquels les opérateurs du secteur sont rangés : la concession, la licence, l'autorisation, la déclaration et la liberté[225]. Les missions relatives aux titres sont donc celles qui concernent l'instruction des demandes de licence et de concession, l'octroi des autorisations. Il s'agit aussi pour l'ARSEL de veiller au respect des contrats de concession, de licence, d'autorisation et de toute autre forme de contrat adopté dans ce cadre[226].

---

[223]Article 86 alinéa 1 loi n° 2011/022 du 14 décembre 2011 régissant le Secteur de l'électricité au Cameroun.

[224]CORNU (G), *Vocabulaire juridique de l'Association Henri Capitant, op cit.* p.1025.

[225] Voir article 12 à 56 loi n° 2011/022 du 14 décembre 2011 régissant le Secteur de l'électricité au Cameroun.

[226]Voir article 72 alinéa 1er loi n° 2011/ 022 du 14 décembre 2011 régissant le Secteur de l'électricité au Cameroun.

Les autres missions de l'ARSEL sont celles qui ne sont ni contentieuses ni relatives aux titres. Ainsi donc, l'Agence est chargée de veiller au respect des textes législatifs et réglementaires applicables au secteur de l'électricité, de s'assurer que l'accès aux réseaux s'effectue dans les conditions objectives, transparentes et non discriminatoires, de garantir une concurrence saine et loyale dans le secteur de l'électricité, de mettre en œuvre, suivre et contrôler le système tarifaire établi dans le respect des méthodes et procédures fixées par l'administration chargée de l'électricité et de contribuer à l'exercice de toute mission d'intérêt public que pourrait lui confier le Gouvernement pour le compte de l'État dans le secteur de l'électricité.

2- Le financement de l'ARSEL

Le financement de l'ARSEL provient de différentes ressources que l'on peut classer en ressources financières principales et en ressources financières secondaires. L'article 21 du décret de 2013 portant organisation et fonctionnement de l'ARSEL précédemment cité pose que les ressources financières de l'Agence sont des deniers publics. Elles sont gérées selon les règles de la comptabilité publique[227]. Les ressources financières secondaires de l'ARSEL sont constituées des fonds propres[228] et des fonds étrangers[229].

Paragraphe II : L'office de l'ARSEL dans le traitement des incidents entre consommateur et fournisseur de l'énergie électrique

À la lecture des dispositions de la loi de 2011 sur le secteur de l'électricité et du décret de 2013 portant organisation et fonctionnement de l'ARSEL précités, l'ARSEL est l'unique instance administrative de résolution des conflits ou litiges liés à la consommation de l'énergie électrique. Autrement

[227]Les deniers renvoient généralement à l'argent. Les deniers publics font donc de ce fait référence à l'argent de l'État, des collectivités publiques et des établissements publics soumis aux règles de la comptabilité publique[227]. On range dans les deniers publics les numéraires, de la monnaie scripturale, des avoirs bancaires, des titres de créances et des dettes. La soumission de l'ARSEL aux règles de comptabilité publique relative à la gestion des deniers publics, prévoit qu'il existe un ordonnateur du budget (le directeur général), un comptable et un contrôleur financier.

[228]Il s'agit de l'ensemble des ressources générées par les activités de l'Agence ainsi que celles qui leur sont affectées. Constituent les fonds propres de l'Agence : une partie de la redevance sur titre prévue par la loi régissant le secteur de l'électricité et dont les taux uniformes pour chaque régime et les modalités de recouvrement sont fixés dans les cahiers de charges des opérateurs ; une partie du produit des amendes prévues par les postulants de la loi n° 2011/022 du 14 décembre 2011 susvisée ; les frais d'instruction des dossiers versés par les postulants aux titres susvisés ; les frais d'audit de régulation effectués auprès des opérateurs ; les frais de contrôle de conformité aux normes des équipements de fournitures électriques importés ou manufacturés localement ; toutes autres ressources qui lui sont affectées.

[229]Les fonds étrangers sont constitués des dons et legs ; les fonds provenant des conventions et accords internationaux sont gérés suivant les modalités prévues par ces conventions et accords.

dit, lorsqu'un consommateur estime qu'ENEO a lésé ses droits, il est légalement habilité à soumettre sa prétention à l'ARSEL pour voir le tort subi être réparé. Seulement, pour que l'Agence résolve les litiges relatifs à la fourniture de l'énergie électrique, il faut satisfaire à certains préalables.

On entend par préalable, ce qui doit être réalisé avant. Les préalables de la résolution des litiges relatifs à la consommation de l'énergie électrique sont des initiatives qui doivent être prises ou des vérifications qui doivent être faites avant que l'ARSEL ne puisse trancher le litige dont elle est saisie. Ainsi donc, avant que l'ARSEL ne tranche un litige, il faut au préalable et de façon facultative qu'elle soit saisie (I), c'est alors qu'elle pourra mettre en œuvre sa compétence (II).

A- La saisine de l'ARSEL

La saisine préalable facultative de l'ARSEL soulève une double problématique relative d'une part à ses modes de saisine (1) et d'autre part aux conditions de sa saisine (2).

1- Les modes de saisine de l'ARSEL

La législation camerounaise prévoit trois modes de saisine de l'ARSEL en matière de contentieux de la fourniture de l'énergie électrique. Ceux-ci ont trait à la requête (a), aux modes issus des TIC, notamment les call-centers (b) et les modes issus de la pratique particulièrement la saisine par ampliation d'acte d'huissier et la requête adressée à ENEO avec ampliation à l'ARSEL (c).

a- La requête

Depuis sa création en 1998, l'ARSEL est saisi par requête. **La requête** constitue le moyen le plus usité par lequel les usagers saisissent l'Agence jusqu'à présent. Selon le Vocabulaire juridique de l'Association Henri Capitant, la requête est une demande adressée à une autorité ayant un pouvoir de décision.[230]

La requête doit être écrite, précise, concise et adressée au directeur général de l'ARSEL. Elle doit relater les faits justifiant la saisine de l'ARSEL. Elle doit contenir l'adresse complète du requérant (nom, prénom, numéro de téléphone, numéro de contrat ENEO, les références de son compteur et de son point de livraison, boîte postale, e-mail, lieu de résidence/domicile, etc.). Par ailleurs, la requête doit être accompagnée des pièces justificatives. Par pièces justificatives, il faut entendre tout document qui appuie les allégations contenues dans la requête. Il peut s'agir de factures, avis de coupure, mise en

[230]CORNU (G), *Vocabulaire juridique de l'Association Henri Capitant, op. cit.* p.907.

demeure, photographie, vidéo, fiche d'engagement, contrat, constat d'huissier ou de police judiciaire ou de sapeurs-pompiers, *etc*.

b- Les modes modernes issus des TIC : les call-centers

Par modes modernes, il faut entendre tous les nouveaux moyens de saisine de l'ARSEL issus des TIC (technologies de l'information et de la communication) et de la pratique. Le call center est une plate-forme d'appels et de réception de messages qui a compétence pour recevoir les contestations orales des clients ENEO.

c- Les modes issus de la pratique : La saisine par ampliation d'acte d'huissier et la requête adressée à ENEO avec ampliation à ARSEL

Dans la pratique, il arrive souvent qu'un client ENEO saisisse un huissier aux fins de constatation d'un préjudice qu'il a éprouvé du fait d'une action ou d'une omission de la part d'ENEO. Ce constat permet non seulement de faire l'état du dommage causé par ENEO afin de faciliter le processus d'indemnisation. Ce constat est normalement servi à ENEO. Mais dans la pratique, le client dans ce cas dépose une ampliation de ce constat à ARSEL à titre de contestation. La requête en contestation adressée par le client à ENEO peut aussi être utilisée pour saisir l'ARSEL. Dans ce cas, il suffit de faire une ampliation de ladite requête.

2- Les conditions de saisine de l'ARSEL

La saisine de l'ARSEL doit être faite par des personnes ayant qualité pour agir. Cette saisine doit être faite suivant des modes prédéterminés. L'analyse du règlement de service public de distribution amène à constater que les conditions subjectives d'accès à la juridiction de l'ARSEL ont été rationalisées. Cette rationalisation s'est traduite par la restriction des notions de qualité et intérêt à agir (a) et la sélectivité des litiges soumis à la juridiction de l'ARSEL (b).

a- La restriction de la notion de qualité et d'intérêt pour agir

L'article 17 du Règlement du service de distribution publique de l'énergie électrique au Cameroun donne une liste des personnes ayant qualité à saisir l'ARSEL pour voir leurs torts réparés. En réalité, il s'agit d'une liste par exclusion c'est-à-dire une liste qui donne des catégories de personnes déchues du droit à réclamation et en indemnisation. Il s'agit des personnes : « *qui ne sont pas abonnées ; qui utilisent un abonnement au nom d'une autre personne sans être elles-mêmes régulièrement abonnées à AES-SONEL ; qui sont en situation de fraude constatée par huissier, expert, agent assermenté de AES-SONEL, personnel assermenté de l'ARSEL ou expert commis par cette dernière, officier de police judiciaire ou toute autre autorité compétente ; qui déposent leurs réclamations hors des délais prévus ci-dessus ; dont les installations électriques intérieures ne sont pas conformes* ».

Ainsi donc ont qualité à agir en contestation auprès de l'ARSEL, les personnes régulièrement abonnées à ENEO, qui ne sont pas en situation de fraude constatée par les autorités compétentes, qui ont déposé une requête en contestation et/ou indemnisation contre ENEO dans les délais prévus par le règlement du service et dont les installations électriques intérieures sont conformes.

b- La sélectivité des litiges soumis au régulateur

Le règlement de service de distribution publique d'électricité énumère les litiges susceptibles de faire l'objet d'une conciliation devant le régulateur. Ces litiges se structurent pour l'essentiel autour des contestations relatives soit à la facturation, soit au rétablissement de l'énergie électrique.

Les exclusions de responsabilité consacrées par les articles 16 et suivants du règlement de service tendent à vider le contentieux de la fourniture de son contenu. Puisque le règlement de service ne reconnait la qualité d'usager qu'à toute personne bénéficiant directement d'un contrat d'abonnement auprès de l'opérateur ENEO. De toute évidence, l'ARSEL ne connait malheureusement pas à titre d'illustration, des contestations des dommages causés aux tiers par le fournisseur de l'énergie électrique, ou même encore les dommages que pourrait subir un locataire non directement abonné[231]. Le cantonnement des litiges soumis à conciliation devant l'ARSEL permet d'émettre un doute probant sur la crédibilité de l'office du régulateur dans la préservation de l'équilibre entre consommateur et fournisseur[232].

---

[231]LOCHAK (D), « Les problèmes juridiques posés par la concurrence des services publics et des activités privées », *ADJA* 1971.261. ; ROUSSELY (F), « Clarifier les rapports entre le service public et les citoyens », *in* JOIN-LAMBERT (dir.), *L'État moderne et l'administration*, LGDJ, Coll. Systèmes, 1994, p. 56.

[232]VERCIER (E), « Les clauses d'exonération et de limitation de responsabilité dans les polices d'abonnement de gaz et d'électricité », *CJEG* 1950. 106 ; MAZEAUD (L), « De la portée d'une clause de la police d'abonnement exonérant le distributeur des conséquences d'une interruption de la fourniture d'énergie électrique en cas d'accident », *CJEG* 1951. 474 ; CABRILLAC (R), « Les clauses abusives appréhendées par le droit civil français », *in* Les clauses croisées franco-espagnoles (dir.) PICOD (Y), MAZEAUD (D) et LAUROBA (E), Société de législation comparée, 2013, p. 23, spé. p. 28. ; DUBOIS (J) « L'intérêt des consommateurs fait justificatif des atteintes à la concurrence en droit communautaire », *in* Concurrence et consommation, *op. cit.* p.63 ; PAISANT (G), « La lutte contre les clauses abusives des contrats dans l'Union européenne », *in* Vers un Code européen de la consommation, Bruylant, 1998, p.165. ; SOUSSE (M), « Les clauses abusives dans les contrats administratifs », *in* Les clauses croisées franco-espagnoles (dir.) PICOD (Y), MAZEAUD (D) et LAUROBA (E), *Société de législation comparée*, 2013, p.199 s., spéc. p. 206 ;

B- L'étendue de la compétence de L'ARSEL en matière de conciliation

L'analyse du dispositif normatif permet à l'évidence de distinguer plusieurs types de compétence : la compétence universelle, judiciaire, administrative, d'attribution, territoriale, etc. Le législateur a semblé rationaliser les compétences matérielle (1) et territoriale (2) de l'ARSEL en matière de conciliation.

1- La limitation de la compétence matérielle

La compétence matérielle ou *ratione materiae* est l'étendue matérielle du pouvoir de juger, c'est-à-dire du domaine dans lequel le juge peut intervenir.[233] Pour déterminer la compétence matérielle, on prend en compte l'objet du litige.[234] Étudier la compétence matérielle de l'ARSEL revient à déterminer la nature des litiges qu'elle est habilitée à trancher. En vertu de l'article 2 du Règlement de conciliation de l'ARSEL, les usagers peuvent la saisir pour les motifs suivants : le montant d'un devis ; le montant d'une facture ; les pénalités/calculs de rappel de consommation ; l'application des arrêtés tarifaires ; la qualité de la fourniture de l'énergie électrique ; les dommages électriques ; l'installation et la fiabilité des équipements de mesure de l'énergie électrique. En gros, quatre (4) types de différends sont susceptibles d'être portés à la connaissance de la Commission de conciliation : les surfacturations, les réparations de préjudices, sinistres et surplombs de propriété.

2- L'extension de la compétence territoriale

La compétence territoriale ou *ratione loci* est l'aptitude (à connaitre d'une affaire) déterminée par des critères géographiques : domicile ou résidence d'une partie, situation de l'immeuble litigieux, lieu de délit, *etc.*[235]. *Ratione loci,* l'ARSEL est habilitée à connaitre de tous différends touchant à la consommation de l'énergie électrique sur toute l'étendue du territoire national. Actuellement, l'Agence n'est présente qu'à Yaoundé, qui d'ailleurs en est le siège social (région du Centre). Mais, malgré sa quasi-absence sur l'ensemble du territoire national, l'ARSEL est autorisée à recevoir des requêtes en provenance de toute l'étendue du territoire national et à organiser

[233]JEUNLAND (E.), *Droit processuel général,* 4e éd, LGDJ, Lextenso, 2018, en ligne, consulté le 28 février 2022 à 16h 04 minutes.

[234]Le vocabulaire juridique de l'Association Henry Capitant donne plusieurs sens au mot compétence. Mais de manière générale, la compétence renvoie à un ensemble de pouvoirs et devoirs attribués et imposés à un agent pour lui permettre de remplir sa fonction. C'est aussi l'aptitude à agir dans un certain domaine.
CORNU (G), *Vocabulaire juridique de l'Association Henri Capitant, op. cit.*, p.213.

[235]*Idem.*

des audiences foraines dans n'importe quels autres régions, arrondissements ou départements du territoire.

Aux termes de l'article 1er du règlement du service public de distribution d'électricité, il est rappelé à toutes fins utiles que le concessionnaire est investi d'une mission de service public et habilité à produire, transporter, distribuer et vendre de l'énergie électrique au Cameroun. L'article 2 dudit règlement du service dans son chapitre 2 consacré aux définitions, précise que le périmètre de distribution est la partie du territoire de la République du Cameroun sur laquelle le concessionnaire est habilité à distribuer et à vendre l'électricité avec un droit d'exclusivité défini aux contrats de concession et de licence du fournisseur et au présent règlement. Il suit de ce qui précède que l'activité de fourniture de l'énergie électrique ayant une portée nationale, la compétence contentieuse du régulateur est logiquement nationale.

Paragraphe III : Le déroulement de l'instance au niveau de l'ARSEL

Une fois que les préalables ont été satisfaits ou accomplis, l'ARSEL peut procéder à la résolution des litiges dont elle est saisie par les consommateurs de l'énergie électrique. L'instance peut alors se dérouler (A), à travers l'instruction des requêtes (B) au terme de laquelle le régulateur rend une décision (C).

A- Le déroulement de l'instance

Deux phases caractérisent le déroulement de l'instance : la circulation des requêtes (**1**) et l'instruction des requêtes (**2**).

1- La circulation des requêtes

La circulation des requêtes au sein de l'ARSEL prescrit leur réception (**a**) et leur transmission aux hauts responsables (**b**) de l'Agence.

a- La réception des requêtes

La requête écrite est constituée comme précédemment vu. Le requérant doit se rendre à l'ARSEL pour la déposer. Le dépôt de la requête vaut réception de celle-ci par l'agence. La réception des requêtes se fait par le service courrier. La réception de la requête incombe au service courrier de l'Agence. Mais, avant que le service courrier ne réceptionne les requêtes, le requérant doit suivre une procédure en trois (3) étapes :

- Décharge de la requête au service courrier ;
- Délivrance d'une attestation de dépôt de requête par le service de la protection du consommateur appartenant à la direction des affaires juridiques, contentieuses et de la protection du consommateur ;

- Retour au service courrier pour dépôt du fond du dossier et formalisation de l'attestation de dépôt de requête.

b- La transmission des requêtes aux hauts responsables de l'ARSEL

Une fois les requêtes réceptionnées par le service courrier, celles-ci sont paraphées et transmises aux hauts responsables de l'ARSEL ainsi qu'il suit :

- La direction générale (DG) : les requêtes sont acheminées par le service courrier à la direction générale. Le directeur général ou son adjoint reçoit les requêtes, en prend connaissance et les cote à la direction des affaires juridiques, contentieuses et de la protection du consommateur ;
- La direction des affaires juridiques, contentieuses et de la protection du consommateur (DAJCPC) : les requêtes marquées par monsieur le directeur général ou son adjoint sont amenées à la DAJCPC pour décharge. Les requêtes déchargées sont enregistrées, scannées et transmises contre décharge au sous-directeur de la protection du consommateur et des affaires contentieuses ;
- Le sous-directeur de la protection du consommateur et des affaires contentieuses : il étudie minutieusement les requêtes. Au terme de son étude, il cote les requêtes au chef-service de la protection du consommateur selon deux orientations alternatives ; soit programmer une descente sur le terrain, soit enrôler l'affaire à une audience de conciliation ARSEL-requérant-ENEO ;
- Le chef-service de la protection du consommateur : il applique les recommandations données par le sous-directeur de la protection du consommateur et des affaires contentieuses relativement au traitement des requêtes, coordonne l'enregistrement des requêtes sur la plateforme en ligne ELECTRA (Electricity claim treatment application), organise les descentes conjointes ARSEL-ENEO ainsi que les audiences de conciliation, reçoit les requérants, ordonne les rétablissements en électricité lorsqu'ils sont conformes au Règlement de service (article 9 alinéa 2.4), renseigne les requérants sur l'évolution du traitement de leur requête et leur donne éventuellement toutes autres informations complémentaires utiles.

2- L'instruction des requêtes

L'instruction des requêtes est orchestrée selon le Règlement de conciliation (RC) de l'ARSEL par la **commission de conciliation.** Elle est faite non seulement par la prise de connaissance des requêtes, mais encore plus lors des descentes conjointes ARSEL-ENEO (**a**) ou à l'occasion de la tenue des audiences de conciliation (**b**).

a- Les descentes conjointes ARSEL-ENEO

Les descentes conjointes ARSEL-ENEO sont des descentes faites selon le cas au domicile, au lieu

de résidence, d'activité des requérants, etc. Ces descentes sont conjointes en raison de la présence d'une équipe d'ENEO et d'une équipe d'ARSEL. Généralement, deux (2) types de litiges sont sujets à descente.

➤ **Les factures fraude :**

On appelle facture-fraude de régularisation, une facture servie par ENEO en raison soit de l'existence des impayés de consommation ou alors des fraudes commises par le client sur ses installations électriques à l'effet de dissimuler l'énergie réelle consommée. On range aussi dans cette catégorie les factures servies par ENEO à titre de rappel de consommation. Autrement dit, ce sont des factures qui sont délivrées au client ENEO à la suite d'une absence de facturation cumulée de plusieurs mois.

Au cours des descentes conjointes, en réponse à un cas de facture fraude de régularisation, ARSEL contrôle les installations électriques des requérants (câbles d'alimentation, poteaux électriques, compteurs, lampadaires, etc.) pour vérifier si les évidences produites par ENEO contre les requérants sont fondées ou pas. À l'issue de ce contrôle, si l'inspection des installations du requérant et les évidences produites par ENEO ne sont pas de nature à confirmer la fraude, la Commission de conciliation demandera séance tenante à ENEO d'annuler purement et simplement la facture fraude de régularisation. Dans le cas contraire, elle sera bonne à payer par le requérant. Il est à noter que les résolutions prises par l'ARSEL, ENEO et le requérant sont consignées dans une fiche de descente co-signée par ces derniers. Lorsque les parties sont en accord sur le principe de solution dégagé par ARSEL, on dit qu'il y a conciliation. Dans le cas contraire, il y a non-conciliation.

➤ **Les surplombs de propriété :**

Le dictionnaire virtuel Larousse définit le surplomb comme la position de quelque chose, en particulier d'une partie de construction (encorbellement, porte-à-faux), qui fait saillie, qui avance dans le vide. Le surplomb de propriété en droit de l'électricité est le passage d'une ligne électrique au-dessus de la propriété d'un individu. À l'occasion d'une descente conjointe pour cause d'un surplomb de propriété, ARSEL vérifie si le surplomb de propriété est avéré. Dans l'affirmative, l'agence ordonnera à ENEO de déplacer sa ligne électrique, son poteau, son pylône, *etc.*

b- Le caractère peu conventionnel des audiences de conciliation

Les audiences de conciliation sont des assises qu'ARSEL organise (dans sa salle de conciliation) entre ENEO et ses clients pour trouver une solution aux litiges qui les opposent. Au cours de ces assises, la Commission de Conciliation constituée d'un président, d'un rapporteur et éventuellement d'un membre, examine les requêtes, écoute les prétentions des parties et surtout examine les évidences produites par ENEO.

Cependant, il peut arriver qu'au cours d'une audience de conciliation l'une des parties soit absente, qu'ENEO n'ait pas produit les évidences ou bien même n'ait pas encore pris connaissance du dossier. En pareil cas, l'affaire sera renvoyée à une prochaine audience de conciliation à l'effet, soit de produire les évidences, soit de comparaître, soit de prendre ample connaissance du dossier.

Fort de cette analyse, il apparaît que pour que l'ARSEL mette en œuvre la responsabilité du fournisseur de l'énergie électrique au Cameroun, il faudrait au préalable qu'une requête soit introduite et instruite. L'instruction des requêtes aboutit soit à une conciliation soit à une non-conciliation. Selon le cas, l'instruction peut se poursuivre.

B- La décision de l'ARSEL

Après l'instruction de la requête, l'ARSEL doit rendre sa décision, qui en réalité n'est qu'un simple constat de la position du requérant et du fournisseur. Selon le cas, l'Agence constate la conciliation ou la non-conciliation des parties dans un procès-verbal qui pour sa validité doit satisfaire à des conditions de forme (**1**) et de fond (**2**).

1- Les conditions de forme de validité du procès-verbal.

Sur le plan de la forme, un procès-verbal doit contenir les informations relatives aux parties (**a**) et d'autres informations (**b**).

a- Les informations relatives aux parties

Il s'agit d'un ensemble d'informations qui permettent de décliner l'identité des parties. On y range les noms des parties. Le procès-verbal doit contenir les noms et prénoms des représentants de l'ARSEL, d'ENEO et les noms et prénoms du requérant ; la qualité des parties : il s'agit de dire en vertu de quel titre agit chacune des parties.

Le procès-verbal doit à cet effet préciser qui est ARSEL, ENEO et qui est requérant ; l'adresse des parties : le procès-verbal doit mentionner le(s) numéro(s) de téléphone du requérant, sa boîte postale, son domicile et son siège social s'il s'agit d'une personne morale. Pareillement, le procès-verbal doit décliner également l'adresse d'ENEO. Relativement à l'adresse de l'ARSEL, le papier sur lequel est rédigé le procès-verbal contient déjà toutes les informations y relatives.

b- Les autres informations

Ces informations se rapportent à la date, à la signature, à la présence des visas, des motivations et du dispositif. La date : le procès-verbal doit être daté et contenir la date de tenue de la dernière séance de conciliation. La signature : le procès-verbal doit être signé par le requérant, les représentants d'ENEO et le président de la commission de conciliation.

La présence du visa : selon le dictionnaire en ligne du droit privé, le visa est cette partie, figurant selon le cas, en tête d'une loi ou au début du dispositif d'une ordonnance, d'un jugement ou d'un arrêt par laquelle, dans le premier cas, le législateur, et dans le second cas, le juge énonce les références des textes de loi ou des règlements administratifs auxquels ils se réfèrent.

Le visa est reconnaissable en ce que l'énoncé de chacun des textes de référence est précédé par la locution « vu… » Dans le procès-verbal de conciliation/non-conciliation qu'ARSEL établi, le visa se reconnait par la locution « en vertu des dispositions de… ». La présence des motifs : c'est le fondement, la cause de justification, la raison de principe ou de circonstances invoquées pour justifier un comportement ou une décision.

Les motifs sont reconnaissables par la formule « considérant que… » ; la présence du dispositif : le dispositif est la partie finale d'une décision faisant suite aux motifs énoncés afin de la justifier. C'est la partie qui contient la décision de l'autorité qui tranche le litige. Dans le procès-verbal de l'ARSEL, le dispositif est identifiable par le(s) article(s) qui sont cités au bas, juste avant la signature des parties et est précédé de la formule « Il a été arrêté et convenu ce qu'il suit… ».

2- Les conditions de fond de validité du procès-verbal

Au fond, le procès-verbal de conciliation doit décliner la compétence de l'autorité qui agit et retrace la procédure suivie pour le traitement de la requête (**a**). En outre, le procès-verbal doit constater et prendre acte de la décision des parties (**b**).

a- La compétence de l'autorité agissante et la procédure suivie pour le traitement de la requête

Seront examinées tour à tour la compétence et la procédure suivie pour le traitement de la requête. Seule la compétence matérielle doit être vérifiée dans le procès-verbal.

Ratione materiae, le procès-verbal doit être établi par le président de la commission de conciliation de céans et signé également par lui. Par ailleurs, le procès-verbal doit porter sur un des cas de contestation prévus au règlement de service : facture fraude de régularisation, surfacturation, surplomb de propriété, emprise de propriété, réparation de préjudice, réparation de sinistre, droit de suite, branchement non exécuté, branchement irrégulier, *etc.*

Pour ce qui est de la procédure suivie pour le traitement de la requête, il faut que le procès-verbal retrace les différentes conciliations convoquées et effectuées par l'ARSEL relativement à requête. La procédure suivie pour le traitement de la requête se reconnait dans le procès-verbal par les « attendu… »

b- La constatation et la prise d'acte de la décision des parties

Le procès-verbal n'est en réalité que le constat de la décision des parties. Ainsi le procès-verbal n'est qu'un simple constat de l'accord ou du désaccord des parties à terminer ou pas le litige.

Section II : Le caractère inapparent de l'action des comités de recours dans la résolution des litiges inhérents à la consommation de l'énergie électrique

Aux termes de l'article 2 alinéa 1 de l'arrêté n° 119 PM du 10 aout 2011 portant organisation et fonctionnement des comités de recours pour l'arbitrage des différends relatifs à la protection du consommateur, le comité de recours est une instance de règlement relatif à la protection du consommateur, localisé au niveau de chaque arrondissement.

L'alinéa 2 de cette disposition normative précitée précise que le comité est compétent pour connaitre des litiges entre un consommateur et un vendeur, un fournisseur de biens de la technologie ou un prestataire de service et notamment pour examiner les demandes en annulation ou en révision des contrats de consommation, sans préjudice de la réparation du dommage subi.

Pourtant, aux termes de l'article 80 alinéa 1 de la loi de 2011 régissant les activités du secteur de l'électricité, l'Agence de régulation du secteur de l'électricité peut être saisie comme instance d'arbitrage par tout opérateur aux fins de règlement des différends entre opérateurs. Les modalités de règlement des différends entre opérateurs sont définies par l'Agence de régulation du secteur de l'électricité, conformément aux dispositions de l'acte uniforme relatif au droit de l'arbitrage.

La confrontation des différentes dispositions normatives susévoquées permet de relever trois éléments majeurs à savoir d'une part la controverse sémantique sur la notion d'arbitrage au fondement de l'action du comité des recours (paragraphe I), ce qui induit une consécration normative confuse et concurrencée de la compétence d'arbitrage (paragraphe II) faisant émerger finalement le doute sur le recours à l'action des comités de recours dans le cadre des litiges nés de la consommation de l'énergie électrique (paragraphe III).

Paragraphe I : la controverse sémantique sur la notion d'arbitrage au fondement de l'action des comités de recours

La confrontation des notions de médiation, d'arbitrage et de conciliation paraît sans doute indispensable dans la perception des enjeux de la présente analyse. Selon DIALLO[236], l'arbitrage n'a pas fait l'objet d'une définition légale par le législateur communautaire. Il a donc fallu se tourner vers la doctrine au départ comparée dans le but d'avoir des esquisses de définition de la notion. À cet effet, selon René DAVID, *« l'arbitrage est l'institution par laquelle les parties confient à des particuliers appelés arbitres et librement désignés par elles, la mission de trancher leur litige ».*[237] Dans le même registre, Pierre MEYER souligne avec emphase que la compréhension de la notion d'arbitrage ne fait sens qu'à partir du moment où on la confronte aux autres modes de régulations des relations juridiques que sont la médiation et la conciliation. Ainsi, « *lorsque les parties sont en relation d'affaires et que survient un litige (des prétentions qui s'opposent), elles peuvent décider de discuter directement entre elles afin de régler le litige. C'est la technique de la conciliation.* **»** **«** *Elles peuvent aussi charger un tiers de leur faire des propositions de règlement amiable de leur différend. C'est la technique de la médiation* **»**[238]. Dans le même sens, M. SAMB révèle non sans pertinence que la conciliation est aussi un mode de règlement des différends. Les parties confient leur litige à un tiers conciliateur qui cherche à rapprocher les positions des parties. Ainsi, il n'y a pas de différence fondamentale entre la médiation et la conciliation. Le médiateur est en ce qui le concerne, un tiers catalyseur dans la mesure où l'accord appartient aux parties[239]. Le médiateur consulte les parties et ensuite, il les invite à renouer le dialogue. La différence entre l'arbitrage, et la médiation et la conciliation repose selon A. FENEON sur les pouvoirs du tiers. En effet, dans l'arbitrage, la sentence prononcée s'impose aux parties alors que dans la médiation et la conciliation, le tiers n'a pas le pouvoir de trancher le litige. De même, les règles de la contradiction ne s'imposent pas au médiateur.[240] Pourtant, selon A DIALLO, la conciliation, la médiation et l'arbitrage se complètent. La médiation et la conciliation peuvent

---

[236]DIALLO (A), Réflexion sur l'arbitrage dans l'espace OHADA, Thèse Doctorat, Université de Perpignan 2016, p.10.

[237]DAVID(R), L'arbitrage dans le commerce international, Paris, Economica, 1982, p.11.

[238] MEYER (P.), « Le droit de l'arbitrage dans l'espace OHADA dix ans après l'acte uniforme », in *Revue de l'arbitrage,* 2010, n° 3, pp.467-494.

[239]M. SAMB, « À propos de la résurgence de la médiation comme mode alternatif de résolution des conflits sociaux en Afrique », Penant, *Revue trimestrielle de droit africain,* janv.-mars 2016, n° 894, p.11.

[240] FENEON (A), « Le projet de loi sur la médiation au Burkina Faso : prémices d'un droit africain de la médiation », Penant, *Revue trimestrielle de droit africain,* oct.-déc.2012, n° 881, pp.438-439 ; X. LAGARDE, « L'efficacité des clauses de conciliation et de médiation », in *Revue de l'arbitrage* 2000, vol. III, p.377.

aider à l'exécution de la sentence arbitrale, surtout en cas de réticences de l'une des parties. La médiation et la conciliation aident aussi à désengorger les tribunaux.[241]

La confrontation des dispositions normatives de la loi sur le secteur de l'électricité[242] et de l'arrêté sur les comités de recours[243] a permis de relever des contradictions saisissantes sur le sens de l'arbitrage comme fonction assignée aux deux institutions[244]. Pour le secteur de l'électricité, l'arbitrage fait référence à la résolution des différends entre différents opérateurs du secteur de l'électricité. Pour l'agence de régulation, il convient de relever qu'elle fait plutôt référence selon la loi sur la protection du consommateur et l'arrêté sur les comités de recours à la résolution des différends relatifs à la protection des consommateurs.

Pourtant, le consommateur est d'après l'article 2 de la loi de 2011 portant protection du consommateur au Cameroun, toute personne qui utilise des produits pour satisfaire ses propres besoins et ceux des personnes à sa charge, et non pour les revendre, transformer ou les utiliser dans le cadre de sa profession ou toute personne qui bénéficie des prestations de services. Il ressort de la loi que la contradiction entre les dispositions de la loi régissant le secteur de l'électricité et celle sur la protection du consommateur laisse émerger un potentiel conflit de lois dans le temps et dans l'espace. Les incidents d'un pareil conflit sont perceptibles au moyen du doute et de la confusion du justiciable ou du consommateur, et peuvent sembler perplexes, ne sachant vers quelle instance se tourner afin de porter sa cause.

Dans cet embarras, BILONG NKOH Francis Riche se pose en effet la question sur la nature de l'arbitrage dont il s'agit ici, car, c'est « *la convocation du sous-préfet* » qui réunit le comité alors qu'aucune allusion n'est faite à la convention d'arbitrage qui doit exister entre les litigants pour mettre en œuvre la compétence du sous-préfet[245].Cette inquiétude est

[241]DIALLO (A), Réflexion sur l'arbitrage dans l'espace OHADA, Thèse Doctorat *op.cit.* ; pp.10 et s.
[242]Loi n° 2011/022 du 14 décembre 2011 régissant le secteur de l'électricité.
[243]Arrêté n° 119 PM du 10 aout 2012 portant organisation et fonctionnement des comités de recours pour l'arbitrage des différends relatifs à la protection du consommateur.
[244]KANWE MOUAFFO (M- C) et PETGA NKWENGOUA (S-V), « Les comités de recours au Cameroun : une réponse à la Résolution 70/186 des principes directeurs des Nations Unies pour la protection du consommateur ? », *in* YAWAGA (S) (dir), *La protection du consommateur au Cameroun : principes, enjeux et perspectives*, Yaoundé, Les éditions Le Kilimandjaro (EDLK), pp. 421 et s ; V. aussi, LEMO (L), « L'arbitrage des litiges de consommation au Cameroun. Mise en œuvre du principe onusien N°V(F) relatif au règlement des différends en matière de consommation », in YAWAGA (S) (dir), *La protection du consommateur au Cameroun : principes, enjeux et perspectives*, Yaoundé, Les éditions Le Kilimandjaro (EDLK), pp.439 et s.
[245]BILONG NKOH (F.R.), « Le consommateur et le commerce des énergies renouvelables en Afrique subsaharienne », *RIDE*, 2020, pp. 87 et s.

opportunément partagée par KANWE MOUAFFO (M- C) et PETGA NKWENGOUA[246] qui tendent à remettre en cause la crédibilité de cette instance. Au contraire des auteurs précédents ; l'optimisme de L. LEMO perceptible à travers la grille d'analyse qu'il fournit sur l'arbitrage des litiges de consommation au Cameroun laisse transparaitre l'idée du solutionnement de la question de la nature de l'arbitrage dans les litiges de consommation au Cameroun[247]. En effet, l'auteur oppose, en théorie, « arbitrage forcé »[248] et « *arbitrage volontaire* »[249]. Tout compte fait ; la question demeure et il ne paraît pas superfétatoire de se demander s'il s'agit d'une médiation, d'une conciliation ou d'une simple mesure administrative de règlement d'un conflit opposant le fournisseur au consommateur. En outre, il n'exclut pas explicitement de son champ, au profit du consommateur d'énergie, les litiges liés à la consommation d'énergie[250].

Or, en matière d'énergies renouvelables, et surtout d'électricité, il existe déjà une structure, à savoir l'ARSEL, dont le siège est situé à Yaoundé, qui a des compétences de conciliation et d'arbitrage[251]. Le texte qui détermine l'organisation et le fonctionnement de cette agence semble en son article 38 exclure l'application des dispositions de l'arrêté précité.[252] Des risques (d'insécurité du fait de l'absence de clarté ou surtout du fait de la multiplicité des textes et des organes en matière de règlement des conflits en lien avec le

---

[246]« Les comités de recours au Cameroun : une réponse à la Résolution 70/186 des principes directeurs des Nations Unies pour la protection du consommateur ? », *in* YAWAGA (S) (dir), *La protection du consommateur au Cameroun : principes, enjeux et perspectives*, Yaoundé, Les éditions Le Kilimandjaro (EDLK), pp. 415-432.

[247]LEMO (L), « L'arbitrage des litiges de consommation au Cameroun. Mise en œuvre du principe onusien N°V(F) relatif au règlement des différends en matière de consommation », *in* YAWAGA (S) (dir),*La protection du consommateur au Cameroun : principes, enjeux et perspectives*, Yaoundé, Les éditions Le Kilimandjaro (EDLK), pp.433-449.

[248]Il faut rappeler ; l'arbitrage forcé désigne « la situation dans laquelle la loi impose aux plaideurs une juridiction d'exception et décide d'appliquer à celle-ci, au moins partiellement, le régime de l'arbitrage volontaire ». Il se peut également que le caractère forcé de l'arbitrage provienne d'une personne privée. Dans tous les cas, il y a arbitrage forcé dès que le mécanisme arbitral est imposé soit aux parties au litige, soit à l'une d'elles, l'autre disposant d'une faculté d'y renoncer pp. 440-441.

[249]L'arbitrage volontaire peut être défini comme celui qui ne se réalise qu'avec l'accord des parties au litige. Cet accord est matérialisé soit dans une clause compromissoire, soit dans un compromis d'arbitrage. Dans la première hypothèse, les parties conviennent, dans leur contrat, de porter l'éventuel litige à naître devant une instance arbitrale. Dans la seconde, la volonté de recourir à l'arbitrage intervient après la naissance du litige.

[250]« Le consommateur et le commerce des énergies renouvelables en Afrique subsaharienne », *Revue internationale de droit économique,* 2020/1, p.67-96.

[251] Articles 85 et s ; Loi N° 2011/022 du 14 décembre 2011 régissant le secteur de l'électricité.

[252]Le consommateur et le commerce des énergies renouvelables en Afrique subsaharienne », Revue internationale de droit économique, 2020/*op. cit.*, p.94.

service de l'énergie) sont donc à craindre pour le consommateur vulnérable et faible financièrement ou techniquement[253].

Surgit à ce niveau, le problème de la valeur normative des deux instruments à savoir la loi du 6 mai 2011 portant protection du consommateur et la loi du 14 décembre 2011 régissant le secteur de l'électricité. En s'en tenant à la stricte cohérence normative et en épousant la thèse du rangement des lois dans l'espace et le temps[254], il va de l'ordre normatif des choses que la loi du 15 décembre 2011 régissant le secteur de l'électricité est postérieure à celle du 6 mai 2011 portant protection du consommateur. Par conséquent, la loi de 2011 sur le secteur de l'électricité devrait avoir primauté. Toutefois, le législateur de 2011 dans ses dispositions finales, de l'article 103 abroge uniquement la loi du 24 décembre 1998 sur le secteur de l'électricité. Selon BILONG NKOH Francis Riche, sur le plan de la procédure ou du contentieux, il serait possible pour le consommateur (y compris le consommateur d'énergie comme cela est précisé dans la loi) de poursuivre le fournisseur d'énergie sur la base des articles 26 et suivants de la loi-cadre portant protection du consommateur (au Cameroun par exemple).

En effet, selon l'article 26, le consommateur pourra engager une action soit de manière individuelle, soit indirectement par le biais de l'association des consommateurs dont il relève. Une action de groupe (*class action*) est également possible[255]. Il s'agit de l'action des acteurs qui renforcent la défense- collective- des droits des consommateurs dans le cadre du contentieux. Cette action d'origine prétorienne remonte au Moyen-âge anglais. Son véritable essor a eu lieu aux États-Unis au cours du XXe siècle. Elle participe d'un appui judiciaire au consommateur[256]. En outre, d'autres structures peuvent également être saisies.

Il s'agit de celles qui ont pour mission de régler en général les conflits entre fournisseurs et consommateurs. Plus spécifiquement, une de ces structures existe au Cameroun pour le règlement des litiges dans le cadre du commerce des énergies renouvelables. Il faut citer à cet égard le comité mis en place par l'arrêté n° 119/PM du 10 aout 2012 portant organisation et fonctionnement des comités de recours pour l'arbitrage des différends relatifs à la protection du consommateur, dans le respect de l'article 30 de la loi-cadre portant

[253]NYAMBEYEU TCHOUKEU (L), « La coexistence de plusieurs hiérarchies de normes en droit camerounais de la consommation », *In* YAWAGA (S) (dir), *La protection du consommateur au Cameroun : principes, enjeux et perspectives*, Yaoundé, Les éditions Le Kilimandjaro (EDLK), pp.68 et s.
[254]ROUBIER (P), Théorie générale du droit, paris, Sirey, 1951, pp 43 et s.
[255]NEMEDEU (R), « De l'action de groupe : une esquisse venant du droit camerounais de la consommation », in YAWAGA (S) (dir), *La protection du consommateur au Cameroun : principes, enjeux et perspectives*, Yaoundé, Les éditions Le Kilimandjaro (EDLK), pp. 352 et s.
[256]PICOD (Y.) *Droit de la consommation*, Paris, Dalloz, 2015, pp.45 et s., pp.412 et s.

protection du consommateur. Cet arrêté dispose en son article 3 que le sous-préfet territorialement compétent œuvre comme président du comité.[257]

La perception différenciée de la notion d'arbitrage rend caduc l'objet du litige. Tandis que le spectre de la loi de 2011 sur la protection du consommateur est large au sujet de l'arbitrage, celui de la loi de 2011 sur l'électricité est rétréci. Il ne paraît pas superflu d'arguer peut-être que la loi sur la protection du consommateur est de portée générale tandis que celle sur le secteur de l'électricité a une portée spécifique.

Dans le même sens, la loi sur la protection du consommateur emploie l'expression « service public d'arbitrage ». Toutefois, l'analyse stricto sensu de la notion d'arbitrage démontre que les stipulations normatives des dispositions 30 alinéas 1 et 2 de la loi portant protection du consommateur et 2 alinéas 1 et 2 de l'arrêté portant organisation et fonctionnement des comités de recours ne sont pas adaptées aux constituants de la notion d'arbitrage[258].

Cela en raison non seulement des matières objet d'arbitrage conformément aux stipulations de l'article 2 alinéa 2 de l'arrêté de 2011 sur l'organisation et le fonctionnement des comités de recours, mais aussi en raison de la nature de l'organe chargé de l'arbitrage, ainsi que des méthodes de résolution élaborées. La consécration de la compétence du sous-préfet comme président du comité de recours fait émerger un doute sur l'arbitrage ou la fonction d'arbitrage du comité de recours. Ne paraît-il pas simplement indiqué de parler de conciliation, ou de médiation ?

En effet, la démarche du législateur de 2011 sur le secteur de l'électricité qui distingue clairement la conciliation de l'arbitrage nous semble appropriée. Ainsi, selon cette loi, l'arbitrage assure le règlement des différends entre opérateurs du secteur de l'électricité conformément aux dispositions de l'acte

---

[257]Loi-cadre N° 2011/012 du 6 mai 2011 portant protection du consommateur au Cameroun. V. aussi, les analyses de BILONG (FR) « Le consommateur et le commerce des énergies renouvelables en Afrique subsaharienne », *Revue internationale de droit économique*, 2020 pp. 81 et s.

[258]DIALLO (AB), Réflexion sur l'arbitrage dans l'espace OHADA, Thèse, université de Perpignan France, 2016, pp. 8 et s ; V aussi, MEYER (P), « Le droit de l'arbitrage », http:/www.ohada.com/presentation-droit-ohada/catégorie/4/arbitrage.html, 18p ; OPPETIT (B), Théorie de l'arbitrage, Paris nov.1998, Presses universitaires de France, pp.18 et s ; V. aussi, MEYER (P) ; « Le droit de l'arbitrage dans l'espace OHADA dix ans après l'acte uniforme », Revue de l'arbitrage 2010, n° 3, pp.467-494 ; V. encore TCHAKOUA (JM), « L'espace dans le système d'arbitrage de la Cour commune de justice et d'arbitrage de l'OHADA », Penant, Revue trimestrielle de droit africain, janv.-mars 2003, n° 842, pp. 65 et s ; V. encore ; LEMO (L), « L'arbitrage des litiges de consommation au Cameroun. Mise en œuvre du principe onusien N°V(F) relatif au règlement des différends en matière de consommation », in YAWAGA (S) (dir), *La protection du consommateur au Cameroun : principes, enjeux et perspectives*, Yaoundé, Les éditions Le Kilimandjaro (EDLK), pp.439 et s.

uniforme relatif au droit de l'arbitrage. Tandis que la conciliation participe du règlement des litiges entre usagers d'une part et opérateurs d'autre part.

La loi de 2011 relative à la protection du consommateur qui consacre le service public de l'arbitrage reste malheureusement muette quant à la détermination du contenu de la notion de service public de l'arbitrage. Le flou sur la notion de service public de l'arbitrage, couplé à la généralisation de la compétence des comités de recours, pourrait déteindre significativement l'efficacité de règlement des litiges. En tout état de cause, la fonctionnalisation, ou mieux l'orientation normative de la notion d'arbitrage dans la résolution des litiges inhérents à la consommation, fait naître un faisceau d'indices et de complexité qui tendent à remettre en cause le traitement non juridictionnel des litiges nés de la consommation[259]. En effet, à moins de considérer que l'arbitrage, objet de nos analyses, c'est-à-dire celui découlant des dispositions combinées de la loi portant protection du consommateur et de l'arrêté portant organisation et fonctionnement des comités de recours s'attèle uniquement à la recherche des prémisses de solutions dans le but de filtrer ou d'étouffer, d'éviter le contentieux à venir sans réelle emprise sur le fond du litige. Il serait insoutenable de penser que les comités puissent disposer de leur savoir technique, de la capacité indispensable au traitement efficace des litiges qui sont soumis.

Cette démarche simplificatrice de la notion d'arbitrage dans le contentieux de la consommation paraît à plus d'un titre préjudiciable aussi bien aux consommateurs qu'aux fournisseurs[260]. En effet, la structuration et la composition du comité de recours conformément aux dispositions de l'article 3 de l'arrêté du 10 aout 2012 sur le fonctionnement des comités de recours, autorise à mettre un doute probant sur la qualité des décisions susceptibles d'être rendues par ledit comité de recours. Finalement, la notion

[259]FANSI (P-M), « La protection du consommateur camerounais d'énergie électrique », *in* S. YAWAGA (dir.), *La protection du consommateur au Cameroun : principes, enjeux et perspectives,* Yaoundé, EDLK, 2018, pp.209 et s. V. aussi, PUISSOCHET (J-P), « L'intérêt du consommateur », dans le droit à la mesure de l'homme. Mélanges en l'honneur de Philippe Léger, Paris, Éditions A. PEDONE, 2006, p.477 et s ; v aussi, pp.683 et s ; STOFFEL-MUNCK (Ph), « L'autonomie du droit contractuel de la consommation : d'une logique civiliste à une logique de régulation », RTD com. 2012. 705 ; FENOUILLET (D), (dir.), *Droit de la consommation,* Paris, Dalloz, 2020. Ces principes modifient la physionomie du droit des contrats : Nicole L'HEUREUX, « La protection du consommateur », (1988) 29 C. de D. 1083. pp.683 et s.

[260]KALIEU ELONGO (Y-R), « Réflexion sur la notion de consommateur en droit camerounais : à propos de la soumission des personnes morales à la loi portant protection des consommateurs », in Spener YAWAGA (dir.), l*a protection du consommateur au Cameroun : principes, enjeux et perspectives*. Yaoundé, Éditions Le Kilimandjaro, 2018, pp.18 et s ; NJEUFACK TEMGWA (R), « Le contrat conclu sur incitation du professionnel en droit de la consommation au Cameroun », *Juridis périodique*, n°111, juillet-août-septembre 2017, pp.148 et s.

d'arbitrage surpasse le simple cap de sa signification pour irriguer et influencer de manière significative le contentieux de la consommation.

Appliqué dans la matière électrique, la notion ou le concept conduirait le consommateur à se tourner simultanément pour le même objet, aussi bien devant l'ARSEL que le comité de recours. Pourtant, il ressort de l'article 18 du règlement de service que « tout litige porté devant l'ARSEL en vertu de la procédure de la conciliation ne pourra pas faire l'objet d'une autre procédure devant les juridictions compétentes pour le même objet avant l'aboutissement de la conciliation ». Il suit de ce qui précède un faisceau de contradictions dont la clarification présente d'énormes enjeux pour les protagonistes au contentieux de la consommation. Au total, un recadrage, une reconceptualisation et une harmonisation de la notion d'arbitrage dans le contentieux de la consommation paraissent sans doute indispensables.

Paragraphe II : La consécration normative confuse et concurrencée de la compétence de l'arbitrage

La question centrale qui mérite d'être posée ici est la suivante : si un consommateur en général, et de l'énergie électrique en particulier, est confronté à un litige émanant de son fournisseur, quelle démarche administrative devra-t-il adopter afin que sa cause soit entendue ?

Face à cette épineuse question, il ressort de l'analyse d'une floraison d'institutions toutes compétentes[261] aussi bien administratives que juridictionnelles. Mais là encore, la question ne se pose pas avec une singulière intensité. Car, la complexité émerge dès lors qu'on se penche sur l'éventuelle hiérarchisation de ces différentes voies de recours et surtout sur leur caractère obligatoire ou non. Le mutisme du législateur emporte comme conséquence un désordre normatif dans le contentieux de la consommation avec en toile de fond les conflits de compétence, les conflits de loi dans le temps et dans l'espace.

Tandis que la loi portant protection du consommateur et son arrêté d'application relatif au comité de recours font rentrer dans le champ matériel de l'arbitrage tous les litiges inhérents à la consommation ; la loi de 2011 sur le secteur de l'électricité fait rentrer dans le champ matériel de l'arbitrage, les litiges opposant uniquement les opérateurs entre eux. Le caractère brumeux des dispositions concurrencées amène à envisager une refonte totale des textes

[261] NYAMBEYEU TCHOUKEU (L), « La coexistence de plusieurs hiérarchies de normes en droit camerounais de la consommation », *In* YAWAGA (S) (dir), *La protection du consommateur au Cameroun : principes, enjeux et perspectives*, Yaoundé, Les éditions Le Kilimandjaro (EDLK), pp. 66 et s.

relatifs au contentieux de la consommation afin d'harmoniser et de clarifier les champs respectifs des compétences[262].

Le caractère facultatif de la saisine des comités de recours rend difficile toute éventuelle coordination entre les juridictions et les instances administratives de traitement des litiges. Il serait donc souhaitable pour l'efficacité du contentieux et la satisfaction du consommateur que la loi puisse instaurer de véritables mécanismes de filtrage et d'apaisement des litiges au stade embryonnaire, car, en l'état actuel de la législation, il serait difficile d'en distinguer comme ailleurs[263] des modes préventifs, des modes curatifs du traitement des litiges nés de la consommation et par ricochet de la fourniture de l'énergie électrique. Ces consécrations complexes de la compétence ne sont malheureusement pas adaptées à l'environnement sociologique, idéologique, politique et même économique de la consommation dans les pays en développement[264].

Le constat fait dans la quasi-majorité des pays d'Afrique subsaharienne laisse entrevoir des cadres normatifs taillés aux bons avantages du fournisseur ou de l'opérateur dont le pouvoir financier ainsi que les capacités de nuisance et de déstabilisation des régimes politiques sont d'une évidence incontestable[265]. Il reste que même si dans l'idée de contentieux, il faut entrevoir, les agissements fautifs émanant aussi bien des fournisseurs que des consommateurs, la puissance du fournisseur commande un rééquilibrage des rapports normatifs en la faveur du consommateur usager du service public.

Le chevauchement des compétences pour un objet identique entre plusieurs instances pourrait être perçu comme une entreprise savoureusement huilée à l'effet pervers de dérouter et de désinformer le consommateur en difficulté. Une telle considération s'inscrit en marge de l'état de droit à partir du moment où les droits fondamentaux sont sacrifiés sous l'autel des considérations économiques. Certes, il est établi dans le contrat de concession et cela de

---

262KAMWE MOUAFFO KENGNE (M-C) « Qui est la ''personne'' visée comme consommateur en droit positif camerounais ? Argumentations plurielles en défaveur de l'influence du droit français », 2019 1, Revue trimestrielle de droit économique pp.705 et s.

263FRISON-ROCHE (M-A), « Étude dressant un bilan des autorités administratives indépendantes », *in* Rapport sur les autorités administratives indépendantes, Office parlementaire d'évaluation de la législation, par M. Patrice Gélard, du 15 juin 2006 ; LAZZARIN (G), « L'application du droit de la consommation aux services publics. Les contradictions de la jurisprudence Société des eaux du Nord », *RFDA* 2011 ; PERROUD (T), « Les raisons de l'attribution d'une fonction de règlement des différends aux autorités de régulation : une comparaison France – Royaume-Uni » ; Droit et Société 2016/2 (N° 93) pp. 317-33.

264KALIEU ELONGO (Y-R), « La réception du contrat d'adhésion dans les législations contemporaines », (2017) I *Revue trimestrielle de droit économique.* pp.709 et s.

265DIABATE (A.), *Protection juridique du consommateur d'aliments et libéralisme économique dans les pays en développement : l'exemple du Mali*, Harmattan, Paris, Études eurafricaines, 2020, pp.178 et s.

bonne guerre que le concessionnaire ou l'opérateur s'engage à assurer le service public moyennant une contrepartie. Mais, il convient tout de même d'établir l'équilibre entre la recherche effrénée du profit qui anime le fournisseur et la préservation de l'intérêt général. En tout état de cause, les principes généraux des Nations Unies sur la protection du consommateur [266]couplés aux exigences des directives communautaires ainsi qu'aux instruments internationaux sur la bonne gouvernance et la transparence ont fait émerger des concepts fédérateurs à l'instar des services publics universels[267].

Le service public universel couplé à l'État de droit joue en la plus grande faveur du consommateur[268]. Tel n'est pourtant pas le cas dans les pays africains où le consommateur se sent à la fois orphelin de la protection des services publics dus ainsi que celle de la communauté internationale. La philosophie d'ALHOUSSEINI DIABATE sur la protection juridique du consommateur d'aliments et le libéralisme économique dans les pays en développement, l'exemple du Mali, et de Francis RICH BILONG NKOH sur le consommateur et le commerce des énergies renouvelables et de Pierre Claver KAMGAING sur les métamorphoses récentes du droit de la consommation montrent que la protection échue au consommateur de l'électricité a encore du chemin à faire[269].

Paragraphe III : L'incertitude du recours à la juridiction des comités de recours dans le cadre des litiges nés de la fourniture de l'énergie électrique

La question élémentaire à se poser à ce niveau est celle de savoir si un usager du service public de la fourniture de l'énergie électrique est fondé à porter sa cause devant le comité de recours conformément aux stipulations de la loi-cadre n° 2011/012 du 06 mai 2011 portant protection du consommateur

---

[266]NGOMO (À F), « Le consommateur de médicaments au Cameroun : réflexion à partir des principes directeurs des Nations Unies pour la protection du consommateur, *in* YAWAGA (S) (dir), *La protection du consommateur au Cameroun : principes, enjeux et perspectives*, Yaoundé, Les éditions Le Kilimandjaro (EDLK), pp.142 et s.

[267]CLUZEL-METAYER (L), *Le service public et l'exigence de qualité*, Dalloz, 2006, pp.25 et s ; BELORGEY, (G), *La qualité dans les services publics,* Berger-Levrault, 1989, pp. 16 et s ; BLANDIN (A), « L'équilibre entre service universel et concurrence dans le régime juridique communautaire des télécommunications », Services publics et Communauté européenne : entre l'intérêt général et le marché, 1998, pp.108 et s ; CARBAJO (J), « Remarques sur l'intérêt général et l'égalité des usagers devant le service public », *AJDA* 1981, p.176.

[268]BOURGOIGNIE (T.), *L'aide juridique au consommateur*, Bruylant, 1981, pp. 27 et s ; CAPITANT (H), *La protection du consommateur*, Dalloz, 1973, pp.19 et s ; FERRIER (D), La protection des consommateurs, Dalloz, Coll. « Connaissance du droit », 1996, pp. 19 et s.

[269]MIRANDA PEREIRA (W), *La protection des consommateurs dans les opérations de crédit. Étude de droit comparé franco-brésilien,* Thèse de doctorat en droit privé, Université de GRENOBLE, Novembre 2010, pp.33 et s.

au Cameroun, et celle de l'arrêté n° 119/ PM du 10 aout 2012 portant organisation et fonctionnement des comités de recours pour l'arbitrage des différends relatifs à la protection du consommateur. Face à ces questionnements, sans doute lancinants, il n'apparaît pas aisé d'apporter une réponse claire.

En effet, il ressort de l'article 85 que « l'ARSEL peut être saisie dans le cadre d'une procédure de conciliation à l'effet de régler les conflits entre usagers et opérateurs ». Le traitement des litiges devra se solder par un procès-verbal de conciliation ou de non-conciliation. Le procès-verbal de conciliation est soumis à la diligence du président du tribunal compétent pour se voir revêtu de la formulation exécutoire. Et l'alinéa 3 de ce même article précise que « les modalités de règlement des différends dans le cadre de ladite procédure de conciliation sont fixées par l'ARSEL ».

La lecture de ce dernier paragraphe de l'article 85 de la loi de 2011 régissant le secteur de l'électricité ne laisse entrevoir aucune possibilité de recours à un autre organe administratif de règlement des litiges. Cette position normative est d'ailleurs étayée par le règlement du service de distribution publique d'électricité de la société AES SONEL applicable à ENEO qui prévoit en son article 18 que : « Tout litige opposant AES SONEL aux usagers relatifs aux prestations de AES SONEL pourra faire l'objet d'une procédure de conciliation devant l'ARSEL. 2- Tout litige porté devant l'ARSEL en vertu de ladite procédure de conciliation ne pourra pas faire l'objet d'une autre procédure devant la juridiction compétente pour le même objet avant l'aboutissement de la conciliation »[270].

Ces dispositions normatives règlent de manière tranchée la question, en ce sens qu'elles consacrent l'exclusivité de la compétence de l'ARSEL dans le traitement administratif et non juridictionnel des litiges nés de la fourniture de l'énergie électrique entre le consommateur et le fournisseur.

L'on pourrait sur le fondement de ce qui précède et de toute réserve gardée, affirmer que la juridiction des comités de recours ne s'applique pas aux consommateurs de l'énergie électrique. Une telle consécration apporte comme conséquence la discrimination positive ou négative ou encore l'exclusion du consommateur de l'énergie électrique dans le champ matériel de la compétence des comités de recours. L'autre conséquence est donc sans doute la paralysie, l'inopérabilité et la caducité de la compétence des comités de recours aux consommateurs de l'énergie électrique.

---

[270] Alinéa 1.

Cette inquiétude est également partagée par KAMGAING Pierre-Claver[271] qui souligne pertinemment que le rôle du comité de recours est analogue à celui que joue le médiateur (*ombudsman*) en droit québécois. Ce dernier se limite à recueillir gratuitement les plaintes, à écouter les parties et à proposer la solution qui lui paraît appropriée. En aucun cas, il ne peut imposer ses recommandations.[272] Concrètement, un consommateur, une association ou une ONG travaillant à la protection des intérêts des consommateurs peut y recourir aux fins d'annulation ou de révision d'un contrat de consommation. La demande en annulation est fondée sur les défauts ou les vices cachés qui altèrent la qualité de la technologie, du bien ou du service objet du contrat. Pour accomplir sa mission, le comité de recours est composé de cinq membres issus de différents secteurs de la vie sociale et économique du pays[273].

BILONG NKOH Francis Riche[274] en guise de formulation des solutions à l'efficacité des comités de recours estime qu'au lieu de créer un comité qui s'apparente à une justice parallèle, le législateur camerounais aurait pu se rapprocher de la solution française en organisant les modalités de médiation publique ou privée en matière de consommation ou encore en favorisant la conciliation judiciaire qui existe dans d'autres systèmes[275].

---

[271]KAMGAING (P-C), « Quand le consommateur tend à redevenir roi… À propos des métamorphoses récentes du droit de la consommation au Cameroun », *Les cahiers du droit*, vol. 63 n° 3, septembre 2022, p. 679 et s.

[272]BILONG NKOH (F-R), « Le *consommateur et le commerce des énergies renouvelables en Afrique subsaharienne* », *op. cit.*, pp.78 et s.

[273]Cependant, selon BILONG NKOH (F-R), *op.cit.*, Cependant, une telle composition n'a pas de quoi rassurer, car on peut douter de la capacité de ses membres à maîtriser et à appliquer le droit de la consommation. Assurément, ce droit passe pour être technique, ce qui est vrai. Il a également la réputation d'être difficile, ce qui n'est pas faux ! Néanmoins, la crainte se trouve quelque peu tempérée par la faculté qu'a le président du comité de recours d'inviter toute personne à prendre part aux travaux avec voix consultative, « en raison de ses compétences sur les questions inscrites à l'ordre du jour ». L'auteur s'offusque de ce que certains se demanderont peut-être, sans verser pour autant dans l'excès, à quoi sert véritablement ce comité de recours. Ne serait-ce pas une perte de temps- et, par conséquent, d'argent- que d'y recourir ? En effet, il serait judicieux que la finalité simplement conciliatoire du comité de recours ait la nécessité d'une décision véritablement contraignante.

[274]*Idem.*

[275]PERROUD (T), *La fonction contentieuse des autorités de régulation en France et au Royaume-Uni, Paris* : Dalloz, coll. « Nouvelle Bibliothèque de Thèses », 127, 2013, pp.378 et s.

NJEUFACK TEMGWA, « Regard sur la protection juridique du consommateur africain : lecture comparée », Penant 2009. Pp293 et S. ; CHEZAL (J-P.), « Vulnérabilité et droit de la consommation », colloque sur la vulnérabilité et le droit, organisé par l'Université P. Mendès-France Grenoble II, 23 mars 2000, Presses universitaires de Grenoble, pp. 9 et s. ; NSIE(E), « CEMAC : les contrats de consommation dans la directive du 8 avril 2019 », *L'Essentiel. Droits africains des affaires* n° 5, 2020, pp.10 et s.

Dans ces deux cas, la décision peut être immédiatement homologuée par le juge afin d'acquérir la force d'un jugement[276].

CONCLUSION chapitre I

Il se dégage à travers son caractère non obligatoire que la saisine préalable des organes administratifs de traitement de litiges repose fondamentalement ou foncièrement sur le caractère consensuel de l'option de saisine. La saisine préalable de l'ARSEL est non obligatoire et sans incidence sur la procédure judiciaire. Pourtant, le législateur de ce fait a semblé avoir conféré un rôle pivot à l'ARSEL dans la conciliation des différends mettant aux prises le fournisseur et le consommateur de l'énergie électrique. Dans ce registre de regrets, les comités de recours ne sont pas en reste ; eux dont le caractère inopérant de l'action permet de mettre un doute probable sur leurs compétences et leur capacité à traiter des litiges inhérents à la fourniture de l'énergie électrique. Il serait judicieux de procéder à une actualisation des missions et des compétences de ces organes administratifs à l'effet de les rendre plus aptes à la prévention des différends inhérents à la consommation de l'énergie électrique. La compétence exclusive du fournisseur de l'énergie électrique en ce qui concerne les réclamations ou les litiges nés de la fourniture de cette énergie, cause un problème épineux dans la résolution de ceux-ci et la satisfaction des intérêts du consommateur. Car, en tant que principal acteur des contentieux liés à l'énergie et au vu du flou législatif sur les litiges susceptibles d'être portés devant lui, il ne pourrait garantir une réelle partialité. Cette situation heurte l'action des associations de consommateurs.

---

276 PERROUD (T), *La fonction contentieuse des autorités de régulation en France et au Royaume-Uni, Paris* : Dalloz, coll. « Nouvelle Bibliothèque de Thèses », 127, 2013, pp.378 et s.

CHAPITRE II :

LE TRAITEMENT ALÉATOIRE DES INCIDENTS NÉS DE LA FOURNITURE PAR DES ORGANES NON ADMINISTRATIFS

La loi de 2011 régissant le secteur de l'électricité au Cameroun dans son titre VII consacré aux mécanismes de règlement des différends entre usagers et opérateurs ne fait pas mention du concessionnaire ou fournisseur de l'énergie électrique. En effet, les termes d'une telle consécration normative de la compétence du fournisseur/concessionnaire dans les litiges qui l'opposent à ses usagers trouvent leur fondement dans les articles 17, 15, 4 et 7.1 du règlement du service de distribution publique d'électricité de la société AES-SONEL de 2009 devenu ENEO.

Envisagés dans la dynamique de l'État de droit, les instances de filtrage, les organes préventifs ou encore les organes précontentieux du contentieux ont vocation à permettre aux parties en cause de trouver des solutions ponctuelles face à un éventuel conflit à naître. Dans d'autres contextes, l'émergence de tels organes dans le domaine de la régulation économique a été jugée salutaire[277]. En tout état de cause, la flexibilité de l'activité économique s'accommode des modes souples de prévention et d'apaisement des acteurs[278].

Dans une matière comme celle de la fourniture de l'énergie électrique, l'utilisation des méthodes non administratives dans la prévention des litiges recèle d'énormes enjeux à partir du moment où il est admis que de tels procédés sont censés jouer un rôle central dans l'étouffement du contentieux à naître[279]. Indépendamment de leur aménagement institutionnel, ces structures peuvent être aussi bien internes qu'externes à l'administration[280].

---

[277]DELZANGLES (H), L'indépendance *des autorités de régulation sectorielles, communications électroniques, énergies et postes, op. cit.*, pp.115 et S ; MODOMPTE DEG-TIGUEY (F.), *Le contentieux des contrats miniers et pétroliers en République centrafricaine*, Harmattan, Paris, 2020,pp.9 et S. ; PERROUD (T), *La fonction contentieuse des autorités de régulation en France et au Royaume-Uni, Paris* : Dalloz, coll. « Nouvelle Bibliothèque de Thèses », 127, 2013, pp.385 et s.

[278]GUEDEON (M-J), *Les autorités administratives indépendantes*, LGDJ, Coll. Systèmes, 1991, pp.18 et s.

[279]MASQ (B), *Les autorités administratives indépendantes, La documentation française*, Paris, 2006, pp. 6 et s.

[280] PERROUD (T), « Les raisons de l'attribution d'une fonction de règlement des différends aux autorités de régulation : une comparaison France – Royaume-Uni » ; *Droit et*

Leur existence a bien toute sa place dans le rééquilibrage des rapports entre citoyens, usagers et fournisseur[281]. Dans la dynamique de l'État de droit, les enjeux de l'existence de tels organes se traduiraient par l'instauration d'une paix sociale et équitable, un gain de temps et d'argent[282].

Cela donnerait l'impression au consommateur que sa cause est entendue ; et reconnaitrait au fournisseur de l'énergie électrique le mérite de l'efficacité de ses capacités à apaiser les conflits.[283] De telles instances sont prévues par les textes[284] à l'instar du fournisseur de l'énergie électrique d'une part et des associations de consommateurs d'autre part. Toutefois, malgré le rôle des acteurs impliqués dans la prévention et la filtration du contentieux à savoir ENEO, la société civile, les associations de consommateurs, on déplore l'absence de structuration et d'organisation institutionnelle de la prévention au stade embryonnaire.[285]

Cette absence de structuration qui ne joue pas à l'avantage du consommateur usager tend à méconnaitre les règles élémentaires indispensables à la recherche de l'apaisement. Le décloisonnement et l'inorganisation de la prévention des litiges au stade embryonnaire reposent sur l'unilatéralisme du fournisseur dans le traitement des réclamations (section 1) et le recours circonstanciel aux associations des consommateurs d'énergie électrique (section 2).

Société 2016/2 (N° 93) pp. 328 et s. ; V. aussi, FRISON-ROCHE (M-A), « Étude dressant un bilan des autorités administratives indépendantes », in *Rapport sur les autorités administratives indépendantes*, Office parlementaire d'évaluation de la législation, par M. Patrice GELARD, du 15 juin 2006, tome II, chapitre III ; MAZEAUD (D), « le droit de la consommation est-il un droit économique ? », *revue Lamy de la concurrence*, 2006, n° 9. ; KAMWE MOUAFFO KENGNE (M-C) « Qui est la ''personne'' visée comme consommateur en droit positif camerounais ? Argumentations plurielles en défaveur de l'influence du droit français », 2019 1, *Revue trimestrielle de droit économique* pp.710 et s ; JANICOT (L), « L'identification du service public géré par une personne privée », *RFDA* 2008. 67

281 BIZEAU (J-P), « Usagers ou clients du service public ? Le discours de l'administration », *Rev. Adm.* 1997, pp. 215 et s ; BLANDIN (A), « L'équilibre entre service universel et concurrence dans le régime juridique communautaire des télécommunications », Services publics et Communauté européenne : entre l'intérêt général et le marché, 1998, pp.108 et s ; DURUPTY (M), « Aspects récents de la privatisation du secteur public en France », Mélanges AUBY, 1992, pp.99 et S ; ROUSSELY (F), « Clarifier les rapports entre le service public et les citoyens », in JOIN-LAMBERT (dir.), *L'État moderne et l'administration*, LGDJ, Coll. Systèmes, 1994,pp.59 et s.

282 JOIN-LAMBERT (dir.), *L'État moderne et l'administration*, LGDJ, Coll. Systèmes, 1994, pp.59 et s.

283 LOCHAK (D), « Les problèmes juridiques posés par la concurrence des services publics et des activités privées », *ADJA* 1971.261.

284 Notamment la loi de 2011 régissant le secteur de l'électricité et le règlement du service de distribution publique de la société ENEO.

285 OMGBA MBARGA (A-B), « La protection du consommateur des produits pharmaceutiques », in YAWAGA (S) (dir), *La protection du consommateur au Cameroun : principes, enjeux et perspectives*, Yaoundé, Les éditions Le Kilimandjaro (EDLK), pp.205 et s.

Section I : L'unilatéralisme du fournisseur dans le traitement des réclamations

Au Cameroun, les incidences, voire les mésententes, entre les consommateurs et fournisseurs de l'énergie électrique, peuvent trouver une solution provisoire ou définitive au sein de l'organe de règlement et de prévention des litiges d'ENEO. Plus concrètement, un consommateur de l'énergie électrique qui rencontre une difficulté inhérente à la fourniture de l'énergie électrique, peut préalablement et en toute liberté, porter sa réclamation auprès des instances de règlement d'ENEO.

L'attribution des compétences de traitement et de prévention des litiges au fournisseur de l'énergie électrique pourrait à certains égards receler d'énormes avantages. Même si sous un autre angle, le déséquilibre des rapports de force entre le fournisseur et le consommateur de l'énergie électrique pourrait permettre d'émettre des réserves sur la crédibilité des résolutions émanant d'un tel organisme. En effet, étant déjà l'acteur majeur, bénéficiant d'une délégation de compétences semblable à celle d'une autorité administrative, le fournisseur, en combinant ces pouvoirs supplémentaires, pourrait être tenté d'en abuser. Toutefois, une analyse différente pourrait s'appuyer sur la connaissance technique des litiges relatifs à la fourniture pour justifier la compétence du fournisseur.

À travers les connaissances techniques dont il dispose, le fournisseur de l'énergie électrique serait la personne idéale disposant d'un savoir spécifique en matière de fourniture de l'énergie électrique. C'est en cela que pourrait se justifier l'unilatéralisme de son office (paragraphe II) dont les conditions d'accès sont durcies afin d'éliminer les indélicatesses des usagers du service public de distribution de l'électricité (paragraphe I).

Paragraphe I : Le durcissement des conditions d'accès à l'office du fournisseur

Le consommateur de l'énergie électrique qui souhaite porter sa réclamation auprès des instances d'ENEO doit satisfaire à un certain nombre d'exigences fixées par le règlement de service public de distribution de la société AES-SONEL devenu ENEO. L'analyse du cadre normatif défini par cet instrument aboutit au constat du durcissement des conditions d'accès à l'office du fournisseur qui se traduit par la sélectivité des litiges susceptibles d'être portés à la réclamation(A), à la sévérité des conditions relatives à la présentation et aux délais de la réclamation(B).

A- La sélectivité des litiges susceptibles d'être portés à la connaissance du fournisseur

Les litiges susceptibles d'être connus du fournisseur de l'énergie électrique découlent de l'interprétation des dispositions combinées des articles 7. 1. 8, 15.4 ; 16.2, 16. 3, 16.4 et 17. du règlement du service. Plus concrètement, il convient de citer principalement les réclamations pour dommages matériels et les réclamations pour dommages corporels et décès.

L'article **7. 1. 8** dudit règlement du service prévoit que AES-SONEL devenue ENEO est tenue de répondre par écrit à toute réclamation de clients concernant leurs factures dans un délai de 20 jours ouvrables au plus à compter de la date de réception de la réclamation écrite au point commercial d'ENEO dont dépend le client concerné. De ce qui précède, le concessionnaire peut aussi être saisi des réclamations afférentes à la facturation, il se peut qu'il s'agisse d'une erreur sur la facturation, le relevé ou même le fonctionnement défectueux d'un compteur prépayé d'ENEO (article 15.5)

Bien plus, il ressort de l'article 15.4, qu'en cas d'erreur sur la facture d'un client ayant pour conséquence une facture plus élevée que ce qu'elle aurait dû être et que l'AES-SONEL ne respecte pas les délais de réponse définis ci-dessus, cette dernière paie une pénalité égale à la plus basse des valeurs suivantes : 50 % du montant de l'erreur et le montant de la facture doit être rectifié. Aux termes de l'article 16, seuls les dommages directs sont indemnisables. Tandis que les dommages indirects ou immatériels tels que la perte du profit espéré, le manque à gagner ou la perte de chance ne sont pas indemnisés.

B- La sévérité des conditions relatives à la présentation des réclamations et aux délais

Le demandeur en plus de respecter les délais **(1)** doit impérativement accompagner sa réclamation d'un certain nombre de documents **(2)** pour prétendre à une réclamation conformément aux modalités du règlement de service public de distribution.

1- Le durcissement des exigences liées à la présentation de la réclamation conformément aux modalités du règlement de service public de distribution

L'acte juridique par lequel ou au moyen duquel le demandeur usager-client saisit le fournisseur afin d'obtenir réparation d'un préjudice subi par le fait du fournisseur s'appelle la réclamation. En effet, il s'agit d'une demande écrite en français ou en anglais exposant à la fois les faits, les arguments, les prétentions, de la demanderesse, son objet, etc.

L'article 17 oblige le demandeur à peine de déchéance à accompagner impérativement sa demande des documents suivants : toutes les pièces justificatives du dommage ; au besoin, la photocopie du contrat d'abonnement entre le fournisseur et le client s'il y a lieu la photocopie de la dernière facture d'électricité et la quittance du paiement ; la photocopie légalisée recto verso de la pièce d'identité du plaignant et le cas échéant de celle du représentant ; pour les entreprises, une copie de leur certificat d'immatriculation au registre des personnes morales du commerce et du crédit mobilier, l'acte de nomination du gérant pour les personnes morales, accompagné de la photocopie légalisée recto verso de sa carte d'identité. Pour les entreprises, d'une copie de leurs déclarations statistiques et fiscales/ et/ou de leur patente des trois dernières années.

Lorsque la détermination du dommage nécessite ou est sujette à l'expertise, l'article 17 dudit règlement précise les modalités de cette expertise.

2- L'encadrement des délais des recours devant le fournisseur

Une fois la réclamation ainsi que les pièces justificatives qui l'accompagnent fournies, il incombe au demandeur d'agir à bref délai pour prétendre à une réparation. Ainsi, pour les dommages matériels, les réclamations doivent être faites dans un délai de cinq (5) jours ouvrables en zone urbaine et sept (7) jours ouvrables maximum en zone rurale à compter de la survenance du sinistre. Les réclamations pour dommage corporel et décès sont faites dans un délai maximum de dix (10) jours ouvrables en zone urbaine et quinze (15) jours en zone rurale à compter de la survenance du sinistre.

L'on peut à ce niveau retenir de l'article 17 du règlement du service que le non-respect des délais prescrits entraîne devant ENEO, l'irrecevabilité de l'action ou de la réclamation du demandeur. Les délais ainsi fixés par le législateur pour permettre au demandeur de formuler sa réclamation auprès d'ENEO brillent par leur caractère exceptionnel en ce sens qu'ils s'inscrivent en marge des délais ordinairement et classiquement consacrés dans les contentieux de nature similaire. Cette disposition de l'article 17 du règlement de service paraît à tous égards contestable. Son analyse permet de dégager un certain nombre de considérations participant davantage à la discréditer.

D'abord, elle porte atteinte aux droits fondamentaux de la défense ou de la demande en ce sens que les délais prescrits sont irraisonnables ou déraisonnables. Ils ne sont pas de nature à permettre au demandeur de bien préparer sa réclamation. Ces délais trop stricts sont de nature à se débarrasser d'une part assez importante du contentieux, des réclamations, il s'agit d'une fuite en avant permettant au fournisseur de disqualifier de son champ d'action des demandes pourtant fondées. Cette limitation du prétoire d'ENEO par le règlement de service porte sérieusement atteinte aux droits fondamentaux du consommateur[286].

Il paraît convenable et justifié que cette disposition liberticide comme bien d'autres puisse être écartée. Les délais de saisine du fournisseur, conformément au règlement de service, ne sont pas adaptés aux réalités sociales, sociologiques, environnementales, politiques et économiques du pays[287].

Dans ce sens, la sociologie du contentieux administratif au Cameroun, et même de toutes les branches du contentieux mettant au prisme des particuliers et des opérateurs dotés de prérogatives de puissance publique, font montre, d'un usager frêle et fragile, face à l'exorbitance de l'opérateur dont les pouvoirs et les moyens d'action sont impressionnants. Dans ces conditions, le consommateur préfère souvent se résigner. Bien plus, combien de consommateurs peuvent-ils prendre le courage d'attaquer le tout puissant concessionnaire et espérer obtenir réparation ?

La cohérence de l'État de droit s'accommoderait au sein même de l'organisation institutionnelle du fournisseur, d'un véritable organe, neutre, transparent, chargé d'apaiser, de prévenir et de filtrer les litiges[288]. Un organe qui tiendrait en tout état de cause compte des intérêts des consommateurs tout en permettant au concessionnaire de mener à bien ses missions de service public dans l'entière satisfaction des usagers[289]. Tel est d'ailleurs le sens assigné au concessionnaire dans la réalisation d'un service public de qualité. En l'état actuel des choses, il paraît regrettable de constater que la spoliation

---

[286]NSIE (E), « Protection des consommateurs : le champ de la prohibition des clauses abusives », L'Essentiel. Droits africains des affaires, nº 4, 2020, p.5. ; NJEUFACK TEMGWA, « Regard sur la protection juridique du consommateur africain : lecture comparée », Penant 2009. pp. 298 et s. V : LE ROUX (D), « Le service public français en débat », dans BAFOIL, F., FODOR, F., LE ROUX, D. (dir.), *Accès à l'énergie en Europe. Les précaires invisibles*, Paris, Presses de Science Po, 2014, pp. 219 et s ; BAZEX (M), « Le droit public de la concurrence », *RFDA* 1998. 782 ; LAZZARIN (G), « L'application du droit de la consommation aux services publics. Les contradictions de la jurisprudence Société des eaux du Nord », *RFDA* 2011. 591 ; STOFFEL-MUNCK (Ph), « L'autonomie du droit contractuel de la consommation : d'une logique civiliste à une logique de régulation », *RTD com.* 2012.
[287]ROUSSELY (F), « Clarifier les rapports entre le service public et les citoyens », in JOIN-LAMBERT (dir.), L'État moderne et l'administration, LGDJ, Coll. Systèmes, 1994, pp.60 et s. FERRIER (D), La protection des consommateurs, Dalloz, Coll. « Connaissance du droit », 1996, pp.17 et S.
[288]FANSI (P-M), « La protection du consommateur de l'énergie électrique », in YAWAGA (Spener) (dir), *La protection du consommateur au Cameroun : principes, enjeux et perspectives*, Yaoundé, Les éditions Le Kilimandjaro (EDLK), pp. 219 et s.
[289]WARIN (P) (dir.) ; *Quelle modernisation des services publics ? Les usagers au cœur* des réformes, La Découverte (Coll. Recherches), 1998, pp. 9 et s.

du règlement du service public de distribution a été ainsi taillée à la desserve des intérêts purement financiers du concessionnaire[290].

Ensuite, comme seconde considération, au discrédit, cette disposition normative brille par son inconstance. En effet, alors même qu'elle inscrit la formulation et la réception des réclamations des usagers dans des délais presque intenables, elle ne précise pas à contrario, les délais de traitements des réclamations ainsi que les délais à l'issue desquels le demandeur ou l'usager est fondé à porter son action devant le juge en cas d'inaction ou en cas de silence gardé.

Quoique le règlement du service public de distribution mentionne dans son article 15.4 relatif à la qualité de facturation que le fournisseur est tenu de répondre par écrit aux réclamations des clients concernant leurs factures d'électricité dans un délai de vingt (20) jours ouvrables au plus à compter de la réception de la réclamation, il est à constater le mutisme du règlement du service quant aux délais de traitement juridique des réclamations des autres cas de dommage et fautes émanant du fournisseur à l'encontre de l'usager.

Le flou du législateur sur la suite de la procédure du traitement de réclamations tout comme les délais prescrits au fournisseur de traiter les réclamations des usagers constituent autant d'atteintes aux droits fondamentaux des consommateurs[291]. De telles incongruités participent d'un manquement grave des pouvoirs publics dont la mission fondamentale est la garantie de la sécurité des personnes.

La sécurité de l'usager du service public passe aussi par un cadre transparent de garanties institutionnelles visant à rééquilibrer les rapports contractuels entre les pouvoirs publics et les usagers[292]. Il est regrettable de constater que malheureusement, le règlement du service public de l'électricité ne confère pas de telles garanties aux consommateurs d'électricité. Avec cette formulation de l'article 17 du règlement de service, il est difficile de savoir à quel moment le consommateur ou l'usager peut considérer sa demande comme sans suite et se pourvoir devant le juge compétent ou même devant le régulateur.

290CHARBIT (N), *Le droit de la concurrence et le secteur public*, Paris, Harmattan, 2002, pp. 48 et s.

291BEULAMINE (M), *Les problèmes posés par la tarification d'un service public : cas de l'Électricité de France*, Paris II, mémoire DEA, 1998, pp.21 et s.

292KOM KAMSU (Maurice), « La protection de la liberté du consommateur camerounais », in YAWAGA (S) (dir), *La protection du consommateur au Cameroun : Principes, Enjeux et Perspectives*, Yaoundé, Les éditions Le Kilimandjaro (EDLK), pp.83 et s. ; Aussi, HAMAN ADJI ALHADJI DJOUGDOUM, « Le E-consommateur et le droit à la sécurité à l'épreuve de la prolifération des sites marchands circonstanciels », in YAWAGA (S) (dir), *La protection du consommateur au Cameroun : principes, enjeux et perspectives*, Yaoundé, Les éditions Le Kilimandjaro (EDLK), pp. 319 et s.

Le flou qui entoure cette formulation de l'article 17 du règlement de service sur les délais de traitement des prétentions ou réclamations des usagers contredit ou freine l'avènement de l'État de droit. À moins peut-être de subodorer que le recours ou la saisine préalable du fournisseur constitue une faculté sans réelle emprise sur la saisine du régulateur (ARSEL) et donc du juge compétent. Cette dernière considération, quoiqu'à certains égards tenable, s'effrite face aux arguments tirés de l'efficacité du service public.

Au demeurant, le durcissement des conditions d'accès à l'office du fournisseur est le premier élément qui atteste de l'unilatéralisme de ce dernier dans le traitement des réclamations, il se justifie également par l'unilatéralisme de son office.

Paragraphe II : L'unilatéralisme de l'office du fournisseur de l'énergie électrique

La société ENEO Cameroun dispose d'un service juridique chargé du contentieux de l'énergie électrique. À cet effet, le consommateur peut signifier ou alerter le fournisseur grâce à un courrier adressé au service juridique chargé du contentieux de l'énergie électrique (mail), ou par un acte d'huissier généralement introductif d'instance (requête du client lui-même, sommation de rétablir contenant interpellation, sommation de libérer, note explicative).

Le fournisseur de l'énergie électrique conduit unilatéralement l'instruction des réclamations (A), organise unilatéralement le régime de réparation conformément aux stipulations du règlement du service public de distribution (B), bien qu'il existe des limites à l'efficacité de l'organe chargé du traitement des réclamations (C).

A- L'unilatéralisme de la procédure de traitement des réclamations

Il convient de relever que les actes introductifs de la société ENEO en guise de plaintes sont strictement confidentiels, en vue de protéger l'identité et les rapports entre clients/consommateurs.

Le règlement de service prévoit à cet effet que le client victime ou adressant une plainte contre la société ENEO, au niveau du service contentieux d'ENEO, le client doit introduire sa requête dans un délai de cinq (5) jours ; au niveau des juridictions, le client dispose de trente (30) ans selon le Code civil. Cette dualité de prescription entre la loi et le règlement de service a plusieurs fois été soumise devant le juge. Il a fallu convoquer la hiérarchie des normes qui révèle la primauté de la loi au détriment du règlement de service qui est, soit un arrêté, soit un acte administratif.

Aux fins de résoudre les litiges soumis auprès du service contentieux, le service reçoit et consulte la plainte (la plupart des cas sont relatifs aux empiètements de terrain, sinistres, licenciements abusifs, coupures abusives...) Le cas le plus récurrent est celui de l'empiètement (en droit administratif, il s'agit de l'emprise).

Très souvent, le consommateur victime d'empiètement fait faire par un huissier une sommation de libérer. L'empiètement ici correspond aux cas où des installations de la société ENEO traversent malencontreusement la propriété d'un particulier. Dans ce cas, la victime doit montrer son acte de propriété à savoir un titre foncier. À la présentation de ce document, avant de répondre à la correspondance, le service juridique déploie une unité pour constater les faits (il peut également avoir recours aux services d'un huissier selon la gravité et l'enjeu du cas). À la suite de cette descente, le service juridique peut établir un rapport technique ou un mémo qui contient les faits constatés sur le terrain (les mémos contiennent très souvent en plus des faits, des propositions de solutions de la part d'ENEO, des suggestions).

Ces descentes sur les lieux ont pour objectif d'effectuer premièrement un sondage de leurs installations et délimiter la zone à risque qui devrait être prise en compte par les exécutants du projet à réaliser sur ce terrain. En cas d'empiètement non avéré et surplomb non établi, les frais d'une telle mobilisation sont entièrement à la charge du client et dans le cas contraire, la société ENEO qui constate sa responsabilité et sa faute peut prendre en charge le déplacement. Munie des photos du site, de mémo, des rapports, la société ENEO peut adresser une correspondance au requérant en guise de réponse à la requête accusant tout d'abord réception de l'exploit. La société ENEO peut ensuite l'informer du déploiement de leur équipe sur les lieux et de leur constat, puis de la solution qui sera prise à la suite de l'analyse du dossier constitué.

Dans cet ordre d'idées, il paraît important de relever les cas de sinistres, incendies, etc. Dans cette catégorie de sinistre, nous pouvons distinguer les électrocutions des électrisations. Il est significatif de noter qu'une électrocution est un incident où un particulier aurait été électrocuté par les installations. Elle se distingue de l'électrisation par le fait qu'il y aurait en l'espèce mort d'homme. Tandis que pour l'électrisation, la victime serait restée en vie. Dans ces deux (2) cas, le règlement de service prévoit également cinq (5) jours comme délais pour saisir le fournisseur sans toutefois tenir compte de l'ampleur des dégâts causés aux consommateurs.

Le fournisseur en collaboration avec une multitude d'assureurs, va être saisi et rendra prioritaire la résolution à l'amiable (lorsqu'il constate un défaut d'entretien de leurs installations). Lors de nos entretiens au sein des services centraux d'ENEO Cameroun, il a été constaté une prise en charge des deux cas. L'on analysera tour à tour l'électrocution (1), puis l'électrisation (2).

1- Cas d'électrocution

Au cours de l'année 2023, il est adressé une correspondance à la société ENEO faisant état d'une électrocution dans la ville de Mbandjock. En espèce, la victime, jeune homme de trente-trois ans, effectuait les travaux d'étanchéité d'un kiosque de vente de viande à la braise avant de connaitre une chute mortelle lors de la descente. Certains témoins de la scène affirmaient que la victime avait reçu une décharge électrique à la suite d'un contact avec les câbles de branchement. Du point de vue procédural, la société ENEO déploya l'un de ses agents sur le lieu de l'incident où il rencontra les autorités judiciaires responsables de cette affaire. Il fut délivré un mandat de réquisition à ladite société afin que soit menée une expertise à la suite de cet incident malencontreux. Une vérification fut immédiatement menée afin d'éclaircir les faits allégués. À ce titre, un procès-verbal fut établi satisfaisant aux exigences du fournisseur comme suit :

- Un rapport technique d'incidence (RTI), demandé par l'équipe d'exploitation d'ENEO au niveau du service juridique de l'agence centrale ;
- Il est également demandé de répondre à toute sollicitation des services de police par la société ENEO ;
- La société ENEO a également demandé à faire un constat d'huissier à ses frais en vue de vérifier des faits recueillis chez les riverains.

Quid dès à présent de l'électrisation ?

2- Le cas d'électrisation

En l'espèce, il s'agissait d'une victime d'électrisation dans le cadre de l'exercice de ses fonctions en 2014. La victime aurait été électrisée par un câble électrique sous tension, pendant à hauteur d'homme consécutivement à la chute d'un poteau. Il va réclamer un paiement de dommages et intérêts de 20 millions. Relativement à la procédure, ayant préalablement saisi le Tribunal de Grande Instance en vue de se faire payer les dommages et intérêts après l'important préjudice subi, mais réceptive au dialogue avec l'entreprise ENEO, la victime acceptera une offre transactionnelle formulée par celle-ci en vue d'une résolution amiable du litige et sollicitera l'annulation des procédures pendantes devant les instances judiciaires.

Ce dialogue prend la forme d'un protocole d'accord entre les parties qui ont décidé de régler à l'amiable ce litige après discussions et concessions. À ce niveau, il paraît significatif de souligner que dans ce type de règlement, la somme demandée par le règlement est revue considérablement à la baisse (très souvent influencé par le coût et la durée d'une procédure judiciaire). C'est donc en fonction de la gravité de l'incident que le fournisseur fait une proposition au requérant qui pourrait être réceptive ou non. En l'espèce, le demandeur accepta une somme dérisoire ne représentant que la moitié de ce qui avait été réclamé en instance pour la réparation de ce préjudice. Ces cas de figure font état d'un règlement effectif du contentieux ou du précontentieux dans la cellule juridique de la société ENEO. Toutefois, il est laissé au consommateur de choisir l'instance qui lui est favorablement accessible.

En cas de fraude constatée, la seule possibilité pour le fournisseur est de se faire justice en exigeant un paiement conséquent d'une rupture de l'énergie électrique de l'abonné pour fraude. La décision de suspension de l'énergie intervient généralement à la suite d'un avis de coupure. Saisi d'une rupture abusive, le service de contentieux effectue une descente. Il dispose à cet effet d'un pouvoir discrétionnaire de rétablissement ou non de l'énergie électrique. Il faut cependant souligner des ordonnances de référé que, si la société ENEO peut s'exécuter et rétablir l'énergie électrique à la demande du juge, il n'est non plus exclu qu'après ce rétablissement, elle procède encore à une coupure s'appuyant sur le fait que la facture adressée à l'intéressé n'a pas été payée. De tels cas n'étant pas isolés, il est souhaité que le consommateur ne se retrouve pas dans une situation de bras de fer avec le fournisseur. Ils prennent la coupure comme moyen de recouvrement, car toute facture sauf viciée est bonne à payer (selon les mots du responsable du service).

Relativement à la distinction des tâches entre opérateur et fournisseur de l'énergie électrique, les éclaircissements donnés enseignent ainsi qu'il suit. La fourniture et la distribution de l'énergie électrique incombent à la société ENEO. Tandis que celle du transport revient à la société SONATREL. En temps normal, le consommateur ne devrait pas avoir affaire avec la SONATREL, puisqu'elle se charge d'une tâche ne le concernant directement pas. Toutefois, il peut y avoir des incidents dans le transport impliquant un particulier (il est laissé la possibilité à celui-ci de choisir à qui adresser la plainte). ENEO étant reconnue comme le seul concessionnaire en la matière, répond régulièrement à des accusations y relatives.

Cependant, ces opérateurs pourraient être en conflit entre eux et de manière provisoire. Dans ce cas, c'est l'ARSEL qui se charge de ce contentieux alors que ce dernier est un conciliateur. Le règlement de service voudrait qu'entre opérateurs, le mode de règlement de différends se fasse par arbitrage. Ce qui n'est pas le cas entre fournisseur/consommateur. C'est donc à titre provisoire en attendant la mise en place d'une instance d'arbitrage que l'ARSEL est l'organe du règlement de litige entre opérateurs.

Il se trouve qu'à l'issue d'un constat d'empiètement, le déplacement du matériel objet du litige est techniquement faisable. Cependant, il existe des lignes très sensibles, c'est-à-dire à hautes tensions. Dans l'éventualité d'un déplacement techniquement faisable, le client demandeur d'une telle entreprise en supporte les frais. La question d'empiètement entre dans la catégorie des litiges de voie de fait. Il sied de dire que l'unilatéralisme dont il s'agit ici se poursuit tout aussi au niveau du régime de réparation.

B- L'évaluation unilatérale des préjudices et la détermination unilatérale des modalités de la réparation

Le règlement du service public de distribution est resté muet en ce qui concerne les modalités relatives à la réparation des préjudices subis par les consommateurs et passibles de l'autocensure du fournisseur. Certes, il présente de manière très floue les règles d'évaluation des principes. Mais, une telle consécration n'est pas conforme aux principes classiques d'évaluation établis par le Code civil et les instruments normatifs relatifs aux droits processuels.

L'auto-évaluation des préjudices par le fournisseur comme consacré par le règlement du service porte atteinte à la Constitution. Il apparaît des termes des articles 16.1 et 16.4 que la responsabilité d'AES-SONEL devenue ENEO est aussi bien contractuelle que délictuelle. L'article 16.4 consacré aux principes d'indemnisation dégage les règles, du moins les conditions, requises pour l'indemnisation.

La lecture et l'interprétation de cette disposition normative amènent à constater que le législateur, en plus d'avoir fixé les hypothèses très restrictives de la responsabilité du fournisseur, fixe également et de manière contestable les règles de l'indemnisation. L'on est amené à se demander si la responsabilité du fournisseur sur le fondement de ce qui précède se déclenche de manière mécanique dès lors que l'on se trouve en présence des hypothèses susévoquées ou si l'action des demandeurs consommateurs paraît encore nécessaire ou justifiée.

La configuration des dispositions du règlement du service public d'électricité laisse penser que le fournisseur, peut de son propre gré procéder à la réparation des préjudices causés aux usagers. Quitte à ce que ces derniers acceptent les termes de la préparation. Il ressort ainsi des termes de l'article 16.4 que seuls les dommages directs sont indemnisables, sous réserve que pour les dommages matériels, le client apporte la preuve d'achat des biens endommagés par remise des factures et des preuves de paiement. En cas d'absence desdites preuves, un expert est commis d'accord parties.

L'évaluation du préjudice matériel se fera sur la base de la valeur d'achat du bien minoré de l'abattement annuel prévu à l'article 07 d'« *amortissement* » du code général des impôts pour chaque année d'ancienneté du bien. Au cas où le bien à évaluer ne serait pas mentionné dans cet article, il sera appliqué l'abattement du bien le plus proche figurant à l'article 7d. Pour les dommages corporels et décès, la gravité du préjudice sera établie par expertise médicale et l'indemnisation se fera conformément aux articles 257 à 266 du code CIMA et des barèmes figurant après ces articles. Les dommages indirects ou immatériels tels que : perte ou profit espéré, manque à gagner ou perte de chance ne sont pas indemnisés.

La question qui se pose à ce niveau est celle de savoir si le juge compétent est lié par cette consécration normative de l'article 16.4 du règlement du service sur les principes d'indemnisation. Le juge saisi d'une affaire est-il obligé de suivre ces règles d'indemnisation quelque peu abusives et attentatoires aux principes fondamentaux du droit de la consommation ? Les principes d'indemnisation formulés par le règlement du service en faveur du fournisseur permettent de jeter un discrédit sur l'objectivité de ce règlement en tant que cadre normatif de régulation des rapports entre fournisseur et usager. Loin de faire un procès au fournisseur, il paraît justifié de relever les failles du cadre normatif de régulation des relations entre fournisseurs et usagers[293].

À ce niveau, une révision du règlement du service paraît sans doute nécessaire afin de rééquilibrer les rapports normatifs entre un concessionnaire assez influent et un consommateur désarmé. Dans ce jeu d'équilibre, le sentiment est que la balance penche plus vers la préservation des intérêts du fournisseur au détriment de l'usager consommateur. D'où le constat des limites inhérentes à l'organe en charge du traitement des réclamations.

C- Les limites à l'efficacité de l'organe chargé du traitement des réclamations

La conduite unilatérale de l'instruction des réclamations par le fournisseur résulte du mutisme du règlement du service public de distribution. Il s'ensuit une difficile prise en compte du principe du contradictoire (1) et la difficile traçabilité du circuit de la réclamation (2).

1- L'absence du contradictoire devant le fournisseur.

Le respect du contradictoire dans le traitement des sollicitations ou des réclamations des usagers du service public de l'électricité apparaît comme une exigence fondamentale de l'État de droit. Le silence du règlement du service public de distribution en ce qui concerne la procédure au sein de l'organe de règlement des litiges du fournisseur amène à se poser la question de savoir si le règlement dans sa substance, garantit-il véritablement la sécurité juridique du consommateur ?

[293]KANWE MOUAFFO (M- C) et PETGA NKWENGOUA (S- V), « Les comités de recours au Cameroun : une réponse à la Résolution 70/186 des principes directeurs des Nations Unies pour la protection du consommateur ? », in YAWAGA (S) (dir), *La protection du consommateur au Cameroun : principes, enjeux et perspectives*, *op. cit.*, pp. 421 et s.

À cette question, il serait difficile de répondre par l'affirmative. Comment en effet pourrait-on envisager l'apaisement, voire le traitement, des litiges des consommateurs sans que ceux-ci ne soient aucunement représentés d'une manière ou d'une autre au sein de l'organe chargé du traitement ? L'on pourrait interroger les bases et les fondements des résolutions émanant d'ENEO de même que le mutisme du législateur sur le cheminement de la réclamation du consommateur.

2- Le caractère obscur de la suite à donner à la réclamation du consommateur

Le règlement du service public de distribution reste assez flou sur la suite accordée à la réclamation une fois qu'elle a été déposée par l'usager auprès des services désignés. Le mutisme du législateur ne permet malheureusement pas de connaitre le cheminement emprunté par la réclamation et ne fait non plus mention de l'organe chargé de connaitre du traitement de la réclamation, encore moins de sa composition ni même du délai de traitement des réclamations.

Un autre point qui mérite d'être mis en lumière ici est sans aucun doute la portée des décisions du fournisseur à l'issue de la réclamation du demandeur. Ainsi, on est en droit de se demander si les décisions de réparations des préjudices et des indemnisations prononcées par le fournisseur dans le traitement préventif des litiges découlant de la fourniture de l'énergie électrique, bénéficient-elles d'une présomption de crédibilité et d'autorité. En d'autres termes, comme à l'image de la conciliation devant l'ARSEL, ces décisions une fois rendues sont-elles obligatoires et définitives à l'endroit des parties ? Si tel est le cas, ces décisions ou ces réparations émanant du fournisseur lient-elles et engagent-elles à la fois le juge compétent et le régulateur ? En l'absence ou au regard du mutisme du législateur camerounais sur la question, la portée des réparations des sinistres à l'initiative du fournisseur demeure incertaine et par conséquent recherchée[294]. Dans ces conditions, il ne paraît pas superfétatoire d'argumenter que le caractère facultatif de la saisine du fournisseur affecte drastiquement la portée des décisions ou mieux des solutions amiables de réparation proposées par le fournisseur.

Peut-être paraît-il indiqué de dire que la fonction non contentieuse et même contentieuse du fournisseur est une fonction orientée vers l'utilitarisme qui participe de la filtration, de l'étouffement, voire de l'apaisement et de la prévention d'éventuels litiges entre fournisseurs et usagers du service public de la fourniture de l'énergie électrique. En admettant que la solution ou la

---

[294]SOWENG (D), « La protection du consommateur face aux règles substantielles du droit camerounais de la publicité commerciale », in YAWAGA(Spener) (dir), *La protection du consommateur au Cameroun : principes, enjeux et perspectives*, *op. cit.*, pp. 119 et s.

résolution à l'amiable retenue par le fournisseur soit sans incidence sur le contentieux devant le juge, l'on serait en droit de se poser la question du bien-fondé de l'approche amiable de résolution des réclamations adoptées par le fournisseur.

À notre avis, à défaut d'instituer une médiation obligatoire au stade précontentieux entre le fournisseur et le consommateur, il serait mieux d'aménager au sein de la structure d'ENEO, une véritable instance de prévention et de filtrage des contentieux issus de la fourniture de l'énergie électrique.[295] Cet aménagement est souhaité d'autant plus que le règlement de service comporte des dispositions limitatives de responsabilités qui portent atteinte aux droits des usagers[296]. L'unilatéralisme dans le traitement des réclamations par le fournisseur de l'énergie électrique au Cameroun ayant déjà été analysé, il sied à présent d'évoquer le recours circonstanciel aux associations des consommateurs d'énergie électrique.

Section II : Le recours circonstanciel aux associations des consommateurs d'énergie électrique

Aux termes de l'article 22 de la loi de 2011 sur la protection du consommateur, les associations des consommateurs[297] sont des regroupements apolitiques à but non lucratif chargés de protéger les intérêts du consommateur[298].

---

[295]SAMB (M.), « Privatisation des services publics en Afrique subsaharienne », Afrilex, *Revue d'étude et de recherche sur le droit et l'administration dans les pays d'Afrique*, juin 2009. ; CARBAJO (J), « Remarques sur l'intérêt général et l'égalité des usagers devant le service public », *AJDA* 1981.176. ; DE CORAIL (J-L), « Contribution du juge administratif à une théorie générale de l'établissement public à caractère industriel et commercial », Mélanges Charlier, 1981, p.29. ; BIWOLE FOUDA(J), « Régulation des industries de réseau par la société civile : quel rôle peuvent jouer les associations de consommateurs ? Le cas de l'électricité au Cameroun », papier Karthala. PDF, pp. 13 et s. V. aussi ; REDEEUILH (H), *Nature juridique de la concession de service public*, Thèse, Bordeaux, Economica, 1992.

[296]KOM KAMSU (M), « La protection de la liberté du consommateur camerounais », in YAWAGA (S) (dir), *La protection du consommateur au Cameroun : principes, enjeux et perspectives, op. cit.*, pp.98 et s ; FANSI (P-M), « La protection du consommateur camerounais d'énergie électrique », *in* S. Yawaga (dir.), *La protection du consommateur au Cameroun : principes, enjeux et perspectives, op.cit.*, pp.213 et s. ; CABRILLAC (R), « Les clauses abusives appréhendées par le droit civil français », in Les clauses croisées franco-espagnoles (dir.) PICOD (Y), MAZEAUD (D) et LAUROBA (E), Société de législation comparée, 2013, p. 23, spé. p.28. ; PAISANT (G), « La lutte contre les clauses abusives des contrats dans l'Union européenne », in *Vers un Code européen de la consommation*, Bruylant, 1998, pp.169 et s ; BOURGOIGNIE (T), « À la recherche d'un fait générateur de responsabilité unique et autonome dans les rapports de consommation : le défaut de conformité à l'attente légitime du consommateur», *in Liber Amicorum N. Reich, Nomos, Baden-Baden,* 1997, pp.225 et s.

[297]Loi-cadre N° 2011/012 du 6 mai 2011 portant protection du consommateur au Cameroun.

[298]Les associations de consommateurs existent dans leur forme actuelle depuis les années 1960. Avant la Révolution française, les corporations structuraient l'activité économique par métiers,

Elles peuvent également assurer la représentation des intérêts individuels des consommateurs auprès de l'État ou des fournisseurs et prestataires des services publics et privés. Le décret du Premier ministre de 2011 intègre dans sa composition des associations des consommateurs.

De ce qui précède, les associations des consommateurs de l'énergie électrique constituent en réalité des cadres à l'intérieur desquels se filtre une grande partie du contentieux. Il s'agit en réalité des institutions de prévention du contentieux à travers les informations, les conseils et l'orientation qu'elles apportent aux consommateurs[299].

C'est également le cas des organisations non gouvernementales qui, dans la plupart des cas et dans l'intérêt du consommateur et du fournisseur, préfèrent la négociation. Les textes camerounais relatifs à la consommation ont aménagé aux associations des consommateurs sur le plan statutaire une place qui leur permet de prendre désormais part au processus d'arbitrage des différends entre les consommateurs et les fournisseurs de l'énergie électrique. Cette innovation fondamentale témoigne à suffisance de la volonté du législateur camerounais de moderniser la protection du consommateur.

L'arrêté primo ministériel consacrant la compétence arbitrale des associations des consommateurs permet de mesurer à suffisance les progrès réalisés au Cameroun dans l'efficience de la protection des droits de l'homme

---

assurant indirectement la défense de la qualité des produits. Avec l'apparition du libéralisme, les modes de distribution évoluent. Dès la fin du XVIIIe siècle, la colère commence à s'exprimer contre le coût des denrées essentielles ; mais les mouvements des consommateurs ne font l'objet d'aucune organisation proprement dite, ils sont l'expression des mouvements spontanés. Le milieu du XIXe siècle voit l'apparition en Europe du mouvement coopératif[298]. Les coopératives de consommation sont des groupements constitués entre consommateurs ; les coopératives vendent à leurs membres les produits qu'elles achètent sans chercher à réaliser un profit, à la différence des circuits commerciaux habituels[298]. L'exemple le plus topique des *coopératives des consommations* est constitué par la coopérative créée en Grande-Bretagne, l'année 1844, par des tisserands salariés, lesquels voulaient éviter de s'approvisionner auprès de l'économat contrôlé par leur patron[298]. Au début du XXe siècle des mouvements se créent. Pendant l'été 1911, notamment, le prix des produits d'alimentation les plus courants connait une très forte augmentation. Les ménagères se mobilisent alors et décident non seulement de ne plus acheter ces produits, mais d'interdire leur achat à tous les habitants de la ville. Des « ligues de consommateurs » sont constituées permettant des négociations entre représentants élus de consommateurs et commerçants pour la fixation des prix. Charles Gide évoque plusieurs associations telles que « la société de l'aliment pur » destinée à lutter contre les falsifications des denrées ou encore la « Ligue française des consommateurs » dont la vocation est plus large[298].Cependant, il faut attendre la seconde moitié du XXe siècle pour que se créent de véritables associations de consommateurs. Entre 1945 et 1960, naissent la Confédération syndicale des familles, la Confédération syndicale du cadre de vie, Union nationale des associations familiales, Union fédérale des consommateurs.

[299]KANWE MOUAFFO (M- C) et PETGA NKWENGOUA (S- V), « Les comités de recours au Cameroun : une réponse à la Résolution 70/186 des principes directeurs des Nations Unies pour la protection du consommateur ? », in YAWAGA (S) (dir), *La protection du consommateur au Cameroun : principes, enjeux et perspectives, op. cit.*, pp.422 et s.

et des libertés. L'aménagement statutaire des associations des consommateurs démontre irréfutablement que l'intérêt du consommateur est en théorie suffisamment garantie par le législateur. Face à ces innovations fondées sur le renforcement institutionnel de la protection du consommateur, l'on pourrait se demander si d'une part les associations des consommateurs peuvent-elles agir de manière transparente, neutre, autonome et efficace pour la protection du consommateur et d'autre part si l'arrêté du Premier ministre [300]est opposable au consommateur de l'énergie électrique ?

Face à la première considération reposant sur l'impartialité, la neutralité et l'efficacité des associations de consommateurs de l'énergie électrique, il faut dire que les associations des consommateurs se trouvent littéralement dans une fragilité financière qui plombe leurs actions. Dans ce sens, elles sont souvent amenées à faire allégeance aux structures contre lesquelles elles sont censées se battre pour le compte de leurs adhérents afin de trouver les solutions conciliantes. Ainsi, les fragilités financières de ces associations conduisent à une forte dépendance vis-à-vis du pouvoir politique. Or, la loi de 2011 sur la protection du consommateur interdit de telles pratiques. La forte dépendance des associations des consommateurs face au pouvoir politique compromet sérieusement l'efficacité de leurs actions[301].

Elles ne disposent donc pas des garanties d'intégrité, d'impartialité et d'indépendance en raison de leur proximité évidente vis-à-vis des pouvoirs publics. Il paraît difficile de matérialiser les actions concrètes et les perspectives de ces associations qui pourtant devraient constituer de véritables labyrinthes permettant de filtrer tout le contentieux. C'est en cela que se résumerait avec beaucoup d'égards la prévention des contentieux. Par leur posture, les associations des consommateurs jouent également un rôle curatif puisqu'elles font aussi partie intégrante du règlement des litiges. Les associations de consommateurs de l'énergie électrique pourraient constituer un moyen de pression vis-à-vis des pouvoirs publics lorsqu'elles sont bien structurées.

Relativement à la seconde considération centrée sur le fait de savoir si les textes relatifs à la consommation à savoir la loi-cadre de 2011 et son arrêté s'appliquent-ils aux consommateurs de l'énergie électrique et si en revanche les associations de consommateurs de l'énergie électrique peuvent saisir les juridictions compétentes sur le fondement de la loi-cadre de 2011 et de son arrêté. Face au mutisme du législateur, cette question apparaît très complexe et les hypothèses de réponse ne pourraient être, toute proportion gardée, que

---

[300]Arrêté n° 119 PM du 10 aout 2012 portant organisation et fonctionnement des comités de recours pour l'arbitrage des différends relatifs à la protection du consommateur.

[301]OMGBA MBARGA (A-B), « La protection du consommateur des produits pharmaceutiques », in YAWAGA (S) (dir), *La protection du consommateur au Cameroun : principes, enjeux et perspectives*, *op. cit.*, pp.204 et s.

relatives. Il suit de là que le consommateur ou tout justiciable lésé de la consommation de l'énergie électrique aura du mal à saisir ou à évoquer la loi de 2011 ou l'arrêté du Premier ministre.

Il paraît significatif de s'interroger sur le rôle des associations de consommateurs dans les litiges opposant consommateur et fournisseur d'énergie électrique au Cameroun, ainsi que sur leurs moyens d'action. Répondre à ces différentes préoccupations nécessite au préalable une présentation du fonctionnement et de l'organisation des associations des consommateurs (paragraphe I), ensuite de tabler sur leur rôle prépondérant dans la résolution des litiges entre consommateurs d'énergie et fournisseurs d'énergie électrique (paragraphe II) et in fine de s'appesantir un tant soit peu sur les difficultés rencontrées par celles-ci dans l'exercice de leur rôle (paragraphe III).

S'il est avéré que les associations des consommateurs jouent un rôle majeur dans la résolution des litiges entre les consommateurs d'énergie et le fournisseur d'énergie, c'est sans omettre qu'elles agissent dans le respect d'une réglementation bien structurée. C'est également sans compter le fait qu'elles font face à des difficultés découlant de plusieurs facteurs.

Paragraphe I : Les généralités sur les associations de consommateurs d'énergie électrique

Les associations des consommateurs fonctionnent dans le respect d'une réglementation bien précise, leur régime juridique fera l'objet de notre attention (A), et la présentation de leurs objectifs fera également l'objet d'une analyse (B).

A- La présentation du régime juridique des associations des consommateurs

Au Cameroun, les associations obéissent à deux régimes juridiques, le régime de la déclaration et le régime de l'autorisation. Relèvent du régime de l'autorisation, les associations étrangères et les associations religieuses. Toutes les autres associations relèvent du régime de la déclaration parmi lesquelles les associations des consommateurs d'énergie. Présenter le régime de celles-ci consistera à parler de leur création (1), ainsi que de leur fonctionnement et de leur dissolution (2).

1- La création des associations de consommateurs

La loi réglemente la création de celles-ci. Les associations sont donc libres d'être créées à condition qu'elles respectent un certain nombre de conditions prévues par la loi. Selon l'article 6 de la loi de 1990 sur la liberté d'association,

« sous réserve des cas de nullité prévus à l'article 4[302] *ci-dessus, les associations se créent librement. Toutefois, elles n'acquièrent de personnalité juridique que si elles ont fait l'objet d'une déclaration accompagnée de deux exemplaires de leur statut »*[303]. Par ailleurs, il faut dire que cette déclaration se fait sous la présentation de certaines informations.

La loi précise que[304] la déclaration est faite par les fondateurs de l'association à la préfecture du département ou celle-ci a son siège. Pour attester de leur existence, il leur est remis un récépissé dès que le dossier est complet et si l'association n'est pas frappée de nullité. Les informations portées dans la déclaration sont relatives à l'objet, au siège de l'association, aux noms, professions et domiciles de ceux qui, à un titre quelconque, sont chargés de son administration ou de sa direction.

L'association de consommateurs est considérée comme existante après un certain délai. La loi précise[305] que le silence du préfet pendant un délai de[306] deux mois vaut acceptation et emporte acquisition de la personnalité juridique. L'association de consommateurs est créée et peut désormais jouir des privilèges que lui garantit la loi. Une association des consommateurs pour être agréée, doit à cet effet avoir la protection du consommateur pour objet social explicite, même si ce n'est pas exclusif, et répondre à des conditions visant à assurer son indépendance, sa représentativité et sa compétence professionnelle. Une fois qu'une association de consommateurs est créée, elle est appelée à vivre ensuite à disparaître. Qu'en est-il donc du fonctionnement et de la dissolution de celle-ci ?

2- Le fonctionnement et la dissolution d'une association des consommateurs

La loi précise que toute association s'administre librement dans le respect de leurs statuts et de la législation en vigueur. Toute association de consommateurs déclarée dans les conditions prévues est libre d'ester en justice, gérer et disposer des sommes provenant des cotisations, acquérir à titre onéreux et posséder le local destiné à son administration et aux réunions de ses membres, les immeubles nécessaires à l'accomplissement du but qu'elle

[302] Qui dispose que : « *les associations fondées sur une cause ou en vue d'un objet contraire à la constitution, aux lois et aux bonnes mœurs, ainsi que celles qui auraient pour but de porter atteinte notamment à la sécurité, à l'intégrité territoriale, à l'unité nationale, à l'intégration nationale et à la forme républicaine de l'État sont nulles et de nul effet* ».

[303] Ainsi, l'on en déduit que plusieurs associations des consommateurs de fait existent, mais ne jouissent pas d'une personnalité juridique et ne peuvent donc pas jouir d'un certain nombre de privilèges qui leur est reconnu comme ester en justice.

[304] Article 7 alinéa 1 et 2.

[305] Article 7 alinéa 3 de la loi n° 90/053 du 19 décembre 1990 sur la liberté d'association.

[306] Article 130 alinéa 1 de la Directive n°2/19-UEAC-639-CM-33 harmonisant la protection du consommateur.

poursuit. Les associations de consommateurs ont des adhérents, des membres, des sympathisants selon leur statut[307].

Ce sont eux qui cotisent selon les montants fixés par l'association et ces derniers emportent le statut de membre de l'association. Il faut dire que les associations de consommateurs s'administrent avec leurs propres fonds qui sont généralement dérisoires puisque celles-ci ne sont pas censées mener des activités commerciales, car en marge de leur objectif social.

Elles ont tout de même droit à la publication des journaux, ainsi que l'organisation des évènements comme des foires, des salons, des activités commerciales dont la vente est restreinte à leurs membres, et les fonds collectés sont reversés pour la cause du consommateur. La loi proscrit dans la publication desdits journaux la publicité des biens et services des opérateurs économiques[308]. De manière générale, les associations qui ont droit à des financements sont celles reconnues d'utilité publique. Elles ont droit à des subventions de personnes publiques, des dons et legs des personnes privées.

Tout comme les associations des consommateurs sont appelées à naître et à vivre, elles peuvent également être dissoutes[309]. Cette dissolution peut être faite de plusieurs manières[310]. Les objectifs des associations des consommateurs sont déclinés par la loi n° 2011/12 du 6 mai 2011 portant protection du consommateur. Ces objectifs sont quasiment les mêmes indépendamment du secteur choisi.[311]

---

[307] Article 9 de la loi n° 90/053 sur la liberté d'association.

[308]V. article 22 de la loi n° 2011/012 du 6 mai 2011 portant protection du consommateur. Ces journaux sont généralement le cadre pour informer les consommateurs, vulgariser les activités des associations des consommateurs. Elles sont interdites par la loi de promouvoir des activités commerciales et politiques, de faire une exploitation commerciale sélective des informations et conseils destinés aux consommateurs.

[309]L'activité d'une association peut être suspendue par le ministre chargé de l'administration territoriale pour des raisons de troubles à l'ordre public[309]. Le ministre chargé de l'administration territoriale peut soit sur proposition du préfet suspendre par arrêté pour un délai de trois (3) mois soit dissoudre toute association qui s'écarte de son objet et dont les activités portent gravement atteinte à l'ordre public et à la sécurité de l'État. La loi précise que la dissolution d'une association ne fait pas d'obstacles aux poursuites judiciaires qui peuvent éventuellement être engagées contre les responsables de cette association.

[310]Elle peut l'être soit par la volonté de leur membre conformément au statut, soit par décision judiciaire à la diligence du ministère public, ou à la requête de tout intéressé en cas de nullité prévue à l'article 4 de la loi n°90/053 du 19 décembre portant sur la liberté d'association. Les membres des associations peuvent décider à cet effet de mettre fin à l'activité de l'association pour des raisons multiples.

[311]Ces objectifs sont entre autres la promotion et la protection des intérêts du consommateur, la représentation des intérêts collectifs et individuels des consommateurs auprès de l'État ou des fournisseurs et prestataires des secteurs publics et privés, la collecte et le traitement des informations objectives sur les biens et services qui existent sur le marché, la mise en œuvre des programmes de formation et d'éducation du consommateur, ces objectifs s'étendent à la réalisation d'analyses comparatives ou des tests comparatifs portant sur les produits et les

B- Les objectifs des associations des consommateurs

Nous nous appesantirons sur deux grands objectifs que sont : l'éducation du consommateur (1) et la défense des intérêts collectifs du consommateur (2).

1- L'éducation du consommateur d'énergie

D'après la loi n° 2011/012 du 6 mai 2011 portant protection du consommateur, les associations des consommateurs ont une mission d'éducation auprès des consommateurs. Elles sont chargées d'informer et de sensibiliser les consommateurs adhérents ou pas. Elles sensibilisent les consommateurs sur leurs droits et sur leurs devoirs[312] : chaque association des consommateurs met des programmes sur pied en vue de sensibiliser les consommateurs par divers moyens[313]. Que dire à présent de la défense des intérêts collectifs des consommateurs ?

2- La défense des intérêts collectifs des consommateurs

Les consommateurs dont les droits ont été lésés peuvent agir seuls devant les instances prévues à cet effet. Ils peuvent aussi choisir de se faire représenter par les associations des consommateurs, ce qui est d'ailleurs recommandé en vertu de la puissance économique des opérateurs économiques[314]. La loi reconnait ainsi aux associations de consommateurs la défense et la représentation de ces dernières auprès des instances arbitrales,

---

services mis à la disposition sur le marché, l'examen des dispositions législatives et réglementaires applicables dans le domaine de la protection du consommateur et la formulation des recommandations en vue de leur amélioration.

312 La revue du CNACOC avec « le consommateur averti ».

313 Le cas de la descente de la plateforme pôle des associations de défense des intérêts économiques et sociaux des consommateurs (PAIES) le 13 décembre 2021 sur la lutte contre la vie chère et la sensibilisation sur les compteurs prépayés. V. cellule de la communication de la PAIES. On peut à cet effet observer que certaines associations des consommateurs mettent en marche des services de permanence animés par des bénévoles qui informent les consommateurs au quotidien soit au sein des locaux, soit par appel téléphonique. D'autres organisent des descentes dans les rues, les marchés pour sensibiliser les consommateurs d'autres encore organisent des séminaires en vue d'éduquer les consommateurs, on en veut pour preuve l'association Ligue camerounaise des consommateurs (LCC) qui s'est réservé le vendredi comme journée de l'information du consommateur. Il existe également des médias par lesquels certaines associations de consommateurs passent pour éduquer le consommateur. Ce dernier est donc sensibilisé sur ses droits que sont : le droit au raccordement au réseau, le droit à l'approvisionnement, le droit à la qualité du courant, la disponibilité de service, la qualité de facturation, la remise de courant après suspension, la vérification des compteurs, les travaux de branchements, les déplacements des compteurs, l'information des clients dans le cadre d'interruption de la fourniture d'énergie. En ce qui concerne les devoirs de ce dernier, il est sensibilisé sur le respect des droits du concessionnaire, le respect des biens et des équipements affectés aux branchements, sur les fraudes et les vols d'électricité ainsi que les sanctions encourues.

314 DE LAFORCADE (A), « L'évolution du droit d'agir des associations des consommateurs : vers un détachement du droit pénal de leur action en justice », *RTD com.* 2011. 711.

les instances judiciaires, les fournisseurs et prestataires des secteurs publics et privés ainsi que les pouvoirs publics[315].

Cette représentation a lieu auprès du Conseil national de la consommation où se débattent en principe les grandes orientations de l'État dans le domaine de la consommation, au sein de l'Agence des normes et de la qualité, au sein de la Commission nationale de la concurrence et dans les agences de régulation. Pour ce qui est de l'énergie, les associations des consommateurs représentent les consommateurs auprès du fournisseur ENEO à travers des concertations et des plaidoyers, auprès de l'Agence de régulation du secteur d'électricité, auprès du ministère de l'Eau et de l'Énergie par l'entremise du Conseil national de la consommation en vue de promouvoir les intérêts du consommateur d'énergie électrique[316].

Les associations des consommateurs peuvent représenter et défendre les consommateurs devant le comité de recours[317] qui est une instance arbitrale administrative de portée générale qui prend en considération tous les secteurs susceptibles d'inquiéter les consommateurs et notamment le secteur de l'énergie[318].

Le comité de recours peut à cet effet être saisi par le consommateur ou les associations de consommateurs qui s'estiment lésées dans un contrat de consommation, par requête adressée au président qui n'est autre que le sous-préfet de l'arrondissement. On peut également évoquer l'ARSEL[319] qui est cet organe régulateur, instance arbitrale dans le secteur de l'énergie. Les associations des consommateurs y sont membres du Conseil d'administration et par ailleurs, il existe un comité consultatif des consommateurs d'électricité

---

315 Article 23 de la loi n° 2011/012 du 6 mai 2011 portant protection du consommateur.

316 Selon l'article 30 de la loi-cadre portant protection des consommateurs, il a été créé au niveau de chaque arrondissement, un comité de recours ayant pour mission d'assurer le service public d'arbitrage des différends relatifs à la protection du consommateur.

317 L'article 2 alinéa 1 et 2 de l'arrêté n° 119 PM du 10 aout 2012 portant organisation et fonctionnement des comités de recours pour l'arbitrage des différends relatifs à la protection du consommateur stipule que : « le comité de recours est une instance de règlement des différends relatifs à la protection du consommateur , localisé au niveau de chaque arrondissement », « il est compétent pour connaitre les litiges impliquant un consommateur et un vendeur , un fournisseur de biens , de la technologie ou un prestataire de service et notamment d'examiner les demandes en annulation ou en révision des contrats de consommation sans préjudice de la réparation du dommage subi ».

318 Article premier alinéa 2 et 3 de la loi-cadre portant protection du consommateur.

319 L'article 3 du décret n° 2013/203 du 28 juin 2013 portant organisation et fonctionnement de l'Agence de régulation du secteur de l'électricité stipule que l'ARSEL a entre autres missions : « *de veiller aux intérêts des consommateurs et d'assurer la protection de leurs droits pour ce qui est du prix, de la fourniture et de la qualité de l'énergie électrique …* »

au sein de cette agence de régulation[320]. Ce comité a pour objet d'assurer la participation des consommateurs au suivi du secteur d'électricité[321].

Ce comité a la responsabilité d'émettre les avis sur des questions se rapportant à la distribution et à la consommation d'énergie électrique, de sensibiliser les consommateurs sur leurs droits et obligations, de formuler des suggestions sur les mesures à prendre pour accroître la desserte et améliorer la qualité de service de l'électricité, de contribuer en tant que de besoin au renforcement des capacités des associations des consommateurs d'énergie électrique, de soumettre à l'agence des propositions en vue d'une meilleure protection des intérêts des consommateurs de l'énergie électrique.

Les associations des consommateurs agissent différemment selon leur mode opératoire. Pour l'Association de défense des droits des consommateurs de l'électricité et de l'eau (ASCEEL Cameroun), le mode d'opération est le suivant : une fois la plainte du consommateur reçue, et après le règlement de ses frais d'adhésion, une étude du dossier est réalisée par un expert pour évaluer la teneur de la requête. Il s'agira de donner un avis favorable ou défavorable à la requête présentée. Si la requête est recevable, un dossier technique est monté avec tous les éléments concordants démontrant qu'il y a eu abus ,et que réparation devrait suivre. Si par contre la requête est non recevable, l'association demandera au concerné de se conformer à la réglementation en vigueur. L'association peut plaider auprès de l'opérateur pour la révision de sa facture de régularisation concernant l'aspect fraude. Il faudrait préciser que cette procédure est adressée au fournisseur ENEO en premier et il s'agit d'une conciliation directe avec ENEO, dans ce cas les autres parties prenantes bénéficient d'une copie du dossier à savoir : ARSEL, PM, MINEE, et le MINCOMMERCE.

En cas d'échec avec l'opérateur, une correspondance est adressée au régulateur l'ARSEL avec ampliation aux autres parties prenantes citées en sus, y compris ENEO. Le tribunal de conciliation et d'arbitrage conformément à la loi s'en appropriera et convoquera les parties[322]. Quid de la représentation des consommateurs auprès des instances judiciaires ? En l'absence de toute précision sur l'exception ou non de l'office de la juridiction de ces organes, l'on peut mettre en avant la liberté reconnue aux parties.

Celles-ci mènent des actions sur le terrain, mais également au travers des concertations, plaidoyers ainsi que des dénonciations vis-à-vis du personnel et de l'administration du fournisseur ENEO en vue d'améliorer constamment

[320] Décision n° 00132/ARSEL /DG du 25 aout 2009 portant création d'un comité consultatif des consommateurs d'électricité.
[321] Article 2 de la décision° 00132/ARSEL/DG du 25 août 2009 portant comité consultatif des consommateurs d'électricité.
[322]NGONO Georges, président de l'ASCEEL Cameroun et PAIES, Administrateur ARSEL, Yaoundé décembre 2021.

les conditions des consommateurs[323]. Il faudrait préciser que plusieurs associations de consommateurs s'entourent des spécialistes dans plusieurs domaines, dont les syndicalistes spécialisés dans le dialogue et la défense des droits des consommateurs, un cabinet d'avocats, des journalistes[324]. En ce qui concerne la résolution des litiges entre consommateurs et fournisseurs, l'on peut dire que ces associations jouent un rôle important.

Paragraphe II : Le rôle prépondérant des associations des consommateurs dans la résolution des litiges entre consommateurs et fournisseurs d'énergie électrique

Les associations de consommateurs jouent un important rôle dans la résolution des litiges entre les consommateurs d'énergie et les fournisseurs d'énergie électrique. Leur action peut être soit amiable (A), soit judiciaire (B).

A- L'accompagnement des consommateurs vers une solution amiable

Le consommateur d'électricité est souvent relayé dans ses droits par les associations de consommateurs. Ces dernières sont chargées de défendre les droits de citoyens dans leur dimension de consommateurs. Elles interviennent en amont auprès de l'État pour dénoncer les abus des opérateurs économiques et travaillent à l'amélioration de la protection des consommateurs d'énergie. À cet effet, elles peuvent saisir l'ARSEL, le ministère du Commerce, le ministère de l'Eau et de l'Énergie, le Conseil national de la consommation, ainsi que les opérateurs économiques concernés. Les associations des consommateurs interviennent également en cas de litiges entre consommateurs d'énergie et fournisseur d'énergie. Elles orientent les consommateurs vers des solutions amiables. Elles ont alors pour rôle de délivrer les informations (1), mais aussi de représenter le consommateur (2) auprès des institutions en charge.

1- La délivrance de l'information

Les associations des consommateurs, lorsqu'elles ont reçu mandat des consommateurs en difficulté, peuvent intervenir auprès des acteurs concernés. Les acteurs dont il est question ici sont : le fournisseur d'énergie ENEO, l'ARSEL et les comités de recours. Ces derniers mettent des informations à la

[323]Il faut préciser que cette représentation peut se faire sans le consentement des consommateurs ; mais ces différentes actions ont des incidences sur tous les consommateurs dès lors que celles-ci aboutissent à de bons dénouements.

[324]C'est le cas de l'association citoyenne des consommateurs d'énergie, d'eau, de gaz et des télécommunications (ACCEEGT) qui est une initiative des ex-employés des deux structures. www.cameroon-info.net 3 janvier 2020 par Beatrice KAZE.

disposition des consommateurs d'énergie. C'est ainsi qu'elles procèdent par des consultations juridiques et des conseils. Il peut s'agir des informations sur les institutions à contacter, sur la procédure à suivre, sur les délais à respecter, des articles de loi pour donner du poids à une réclamation. Les associations de consommateurs informent les consommateurs selon le préjudice ou l'infraction. Les informations ne sont donc pas les mêmes. Par rapport au fournisseur d'énergie ENEO, ces informations s'appuient sur le règlement de service[325].

Ce règlement a prévu un service de réclamation et de règlement de litiges dans son chapitre 7. Les informations fournies aux consommateurs doivent par conséquent respecter le règlement de service[326]. Il reste dès lors à analyser comment les associations de consommateurs peuvent défendre les consommateurs devant les instances arbitrales.

---

[325] Arrêté n° 00000013/MINEE du 26 janvier 2009 portant approbation du règlement du service de distribution publique d'électricité de la société AES SONEL.

[326]L'article 17 du règlement de service déroule une pluralité d'informations à mettre à la disposition des consommateurs ou leurs ayants droit ; ceci en vue de prendre effectivement au sérieux toute réclamation. Il stipule que : « toute réclamation en réparation d'un dommage adressée à AES SONEL doit l'être par écrit en français ou en anglais par le demandeur, ou ses ayants droit, sous réserve d'apporter le titre par lequel l'ayant droit agit, au point commercial AES SONEL dont dépend le demandeur ou à défaut, au siège de la direction régionale de AES SONEL le plus proche du lieu de résidence du demandeur[326] ». Ces réclamations se font en respectant des délais prévus à cet effet. Le même article 17 stipule que : « les réclamations pour dommages matériels doivent être faites dans un délai minimum de 5 jours ouvrables en zone urbaine, et 7 jours ouvrables en zone rurale à compter de la survenance du sinistre. Les réclamations pour dommages corporels et décès sont faites dans un délai maximal de 10 jours ouvrables en zone urbaine et 15 jours ouvrables en zone rurale à compter de la survenance du sinistre ». Par ailleurs, il est important pour le consommateur de disposer d'un certain nombre de documents, au cas contraire cette réclamation se verra tout simplement ne pas être prise en compte. Il s'agit de toutes pièces justificatives du dommage, la photocopie du contrat d'abonnement entre AES SONEL et le client, la photocopie de la dernière facture et la quittance de paiement, la photocopie légalisée recto-verso de la pièce d'identité du plaignant et le cas échéant de celle du représentant. Pour les entreprises, d'une copie de leur certificat d'immatriculation au registre du commerce et du crédit mobilier, de l'acte de nomination du gérant pour les personnes morales, accompagnées de la photocopie légalisée de sa pièce d'identité. En cas de réclamation nécessitant l'établissement d'une expertise, le demandeur a l'obligation d'inviter par écrit ENEO à participer à l'expertise. Sont déchues de tout droit à indemnisation les personnes : qui ne sont pas abonnées ; qui utilisent un abonnement au nom d'une autre personne sans être elles-mêmes régulièrement abonnées à ENEO ; qui sont en situation de fraude constatée par huissier, agent assermenté d'ENEO, personnel assermenté de l'ARSEL, ou experts commis par cette dernière , officier de police judiciaire ou toute autorité compétente ; qui déposent leur réclamation hors des délais prévus ; dont les installations électriques intérieures ne sont pas conformes.

2- La représentation et la défense des consommateurs devant les instances arbitrales

La loi a prévu deux modes de règlements à l'amiable vers lesquels les associations des consommateurs peuvent se tourner en cas de litige sans omettre le fournisseur ENEO lui-même qui est le premier à être consulté. Dans le cas d'espèce, on peut évoquer les comités de recours[327] qui ont une portée générale sur les litiges entre le fournisseur et le consommateur, on peut également évoquer l'Agence de régulation du secteur de l'électricité (ARSEL) qui a une compétence spécifique en matière d'énergie électrique. Les associations des consommateurs sont tenues de représenter et défendre les intérêts des consommateurs devant ces instances en vue de réparer le dommage causé.

Les associations des consommateurs peuvent représenter et défendre les consommateurs devant le comité de recours[328], qui est une instance arbitrale administrative de portée générale qui prend en considération tous les secteurs susceptibles d'inquiéter les consommateurs et notamment le secteur de l'énergie[329]. Le comité de recours peut à cet effet être saisi par le consommateur ou les associations de consommateurs qui s'estiment lésées dans un contrat de consommation, par requête adressée au président qui n'est autre que le sous-préfet de l'arrondissement.

On peut également évoquer l'ARSEL[330] qui est cet organe régulateur, instance arbitrale dans le secteur de l'énergie. Les associations des consommateurs y sont membres du Conseil d'administration et par ailleurs, il existe un comité consultatif des consommateurs d'électricité au sein de cette

---

327 Arrêté n° 119 PM du 10 août 2012 portant organisation et fonctionnement des comités de recours pour l'arbitrage des différends relatifs à la protection du consommateur.

328 L'article 2 alinéas 1 et 2 de l'arrêté n° 119 PM du 10 août 2012 portant organisation et fonctionnement des comités de recours pour l'arbitrage des différends relatifs à la protection du consommateur stipule que : *« le comité de recours est une instance de règlement des différends relatifs à la protection du consommateur, localisé au niveau de chaque arrondissement* », « *il est compétent pour connaitre les litiges impliquant un consommateur et un vendeur , un fournisseur de biens , de la technologie ou un prestataire de service et notamment d'examiner les demandes en annulation ou en révision des contrats de consommation sans préjudice de la réparation du dommage subi* ».

329 Article premier alinéas 2 et 3 de la loi-cadre portant protection du consommateur.

330 L'article 3 du décret n° 2013/203 du 28 juin 2013 portant organisation et fonctionnement de l'Agence de régulation du secteur de l'électricité stipule que l'ARSEL a entre autres missions : «, de veiller aux intérêts des consommateurs et d'assurer la protection de leurs droits pour ce qui est du prix, de la fourniture et de la qualité de l'énergie électrique … »

agence de régulation[331]. Ce comité a pour objet d'assurer la participation des consommateurs au suivi du secteur d'électricité[332].

Ce comité a la responsabilité d'émettre les avis sur des questions se rapportant à la distribution et à la consommation d'énergie électrique, de sensibiliser les consommateurs sur leurs droits et obligations, de formuler des suggestions sur les mesures à prendre pour accroître la desserte et améliorer la qualité de service de l'électricité, de contribuer en tant que besoin au renforcement des capacités des associations des consommateurs d'énergie électrique, de soumettre à l'agence des propositions en vue d'une meilleure protection des intérêts des consommateurs d'énergie électrique. En cas de non-satisfaction de la tentative de résolution à l'amiable de tout différend entre le consommateur et le fournisseur de l'énergie électrique, les associations de consommateurs peuvent dès lors recourir à l'option juridictionnelle.

B- L'accompagnement des consommateurs vers des instances juridictionnelles

Les associations de consommateurs d'énergie après avoir épuisé les voies de recours que sont les modes amiables de règlement de conflit sont libres de se pourvoir en justice en cas d'insatisfaction[333]. La loi sur la liberté d'association est d'ailleurs claire, une association déclarée peut ester en justice. À cet effet, les associations des consommateurs ont le choix, soit de saisir le juge judiciaire (1), soit encore de saisir le juge administratif (2) selon le préjudice causé aux consommateurs.

1- La saisine du juge judiciaire par les associations des consommateurs d'électricité

Le consommateur dont les droits ont été lésés peut agir seul devant un tribunal, c'est l'action individuelle[334]. Mais, face à la puissance des professionnels, les consommateurs peuvent se faire représenter par leurs associations, on parle d'action collective[335].

L'action collective ou l'action de groupe peut être définie comme l'action exercée soit directement par les victimes ,elles-mêmes, soit par un groupement (association, organisation non gouvernementale) en vue d'obtenir réparation

---

331 Décision n° 00132/ARSEL /DG du 25 aout 2009 portant création d'un comité consultatif des consommateurs d'électricité.

332 Article 2 de la décision° 00132/ARSEL/DG du 25 aout 2009 portant comité consultatif des consommateurs d'électricité.

333 MAINGUY (D) et DEPINCE (M), « L'introduction de l'action de groupe en droit français », JCP E 2014. 1176 ; MOLFESSIS (N), « L'exorbitance de l'action de groupe à la française », D. 2014. 947.

334 Article 26 alinéa 2.

335 Article 26 alinéa 3 de la loi-cadre n° 2011/012 du 6 mai 2011 portant protection du consommateur.

des préjudices individuels subis par chacune des victimes et procédant d'un même fait dommageable.[336] Il s'agit donc d'un recours qui permet à un groupe de victimes d'un dommage de masse de faire reconnaitre collectivement leurs droits dans un contentieux unique ou de mettre en œuvre la responsabilité civile (qu'elle soit contractuelle ou délictuelle) de l'auteur présumé[337].

Les critères requis pour ester en justice par les associations de consommateurs sont l'intérêt et la qualité, deux notions relativement difficiles à cerner qui méritent des précisions[338]. L'action en justice étant un acte ordinaire de la vie civile, sont en principe dotés de cette capacité les majeurs et les mineurs émancipés. En principe, nul n'est admis à défendre les intérêts d'autrui et notamment ceux de la collectivité, mais ce principe a des exceptions notamment en ce qui concerne les associations.

Ce droit d'action est consacré par le code de procédure pénale[339] qui exige un dommage certain subi par l'association, pour pouvoir se constituer partie civile à l'action du ministère public. L'intérêt des associations des consommateurs pour agir est donc un intérêt collectif, qui se distingue de la somme des intérêts individuels des consommateurs[340]. L'actualité de l'intérêt s'appréhende selon que les associations agissent par voie d'intervention, ou par voie de demande initiale[341].

Il faut dire que les décisions rendues dans le cadre des instances introduites par une association produisent à l'égard de tous les consommateurs tous leurs effets bénéfiques, et peuvent être invoquées par un consommateur ou groupe

---

[336]NEMEDEU (R), « De l'action de groupe : une esquisse venant du droit camerounais de la consommation », in YAWAGA (S) (dir), *La protection du consommateur au Cameroun : principes, enjeux et perspectives*, *op. cit.*, pp. 350 et s ; BACACHE (M), « Action de groupe », *RTD civ.* 2014. 450.

[337]AKAM AKAM (A), « L'émergence de l'action collective en droit camerounais », *bulletin de droit économique,* Université Laval, 2017, pp.14 et s. ; MOLFESSIS (N), « L'exorbitance de l'action de groupe à la française », D. 2014 ; BACACHE (M), « Action de groupe », *RTD civ.* 2014. 450.

[338]Autant l'exercice d'un droit subjectif suppose que son titulaire ait la capacité requise, autant la demande en justice n'est formulée que si son auteur a la capacité d'ester en justice. Cette capacité s'entend de la capacité d'exercice, c'est-à-dire de l'aptitude d'une personne à faire valoir les droits dont elle dispose où se prétend titulaire.

[339]Article 74 du code de procédure pénale qui dispose que : « les associations ne peuvent exercer l'action civile à l'occasion d'une procédure répressive qu'à la condition d'invoquer un dommage certain et un intérêt collectif ».

[340]MAINGUY (D) et DEPINCE (M), « L'introduction de l'action de groupe en droit français », JCP E 2014, p.1176.

[341]VINEY (G), « Un pas vers l'assainissement des pratiques contractuelles : la loi du 5 janvier 1988 relative aux actions en justice des associations agréées de consommateurs », JPC E 1988. II, n° 15336 ; DE LAFORCADE (A), « L'évolution du droit d'agir des associations des consommateurs : vers un détachement du droit pénal de leur action en justice », *RTD com.* 2011. p.711.

de consommateurs pour obtenir réparation du préjudice[342] subi. Il faut tout de même préciser que toutes les associations ne sont pas susceptibles de défendre les intérêts des consommateurs à moins que celles-ci ne soient agréées et reconnues[343].

Lorsqu'une association de consommateurs se pourvoit en justice, son action peut être réparatrice ou encore préventive[344]. Mais faudrait-il encore que son action soit recevable. Deux conditions doivent être réunies à cet effet. Il faut au préalable qu'une infraction pénale ait été commise, il faut ensuite que l'infraction ait porté un préjudice direct ou indirect à l'intérêt collectif des consommateurs[345]. Ces deux conditions remplies, l'association de consommateurs peut agir soit devant une juridiction civile, soit devant une juridiction pénale. Elle peut agir comme toute partie civile, par voie de citation directe ou par voie de constitution de partie civile devant le juge d'instruction.

Elle peut aussi se contenter d'intervenir dans une procédure déjà engagée par le parquet ou un consommateur.[346] La demande de l'association des consommateurs peut avoir trois objets, dont la réclamation des dommages et intérêts destinée à réparer le dommage causé à l'intérêt collectif des consommateurs, la cessation d'agissements illicites en vue d'empêcher un éventuel préjudice à l'avenir et l'information du public du jugement rendu aux frais du condamné. La diffusion d'un tel message est utile dans la mesure où elle informe le public sur une décision qui concerne par hypothèse l'intérêt collectif d'un grand nombre de personnes, et elle est une sanction pour le plaideur condamné. La loi[347] précise que dans le cadre de l'instruction de toute procédure relative à la protection du consommateur, la charge de la preuve contraire des faits allégués incombe aux : vendeur, fournisseur ou prestataire de service.

2- La saisine du juge administratif par les associations des consommateurs d'électricité

Les associations des consommateurs d'électricité peuvent également saisir le juge administratif lorsque les intérêts des consommateurs sont mis en cause. La loi-cadre portant protection du consommateur n'a pas précisé de manière

[342] Article 29 de la loi-cadre portant protection du consommateur.

[343]MIRANDA PEREIRA (W), *La protection des consommateurs dans les opérations de crédit. Étude de droit comparé franco-brésilien*, Thèse de doctorat en droit privé, Université de GRENOBLE, Novembre 2010, pp. 464 et S.

[344] Article 27 alinéa 4 de la loi-cadre portant protection du consommateur.

[345]CALAIS-AULOY (J), « Les actions en justice des associations de consommateurs, commentaire de la loi du 5 janvier 1988 ». p.193.

[346] PICOD (Y) et DAVO(H), *Droit de la consommation,* édition Armand colin 2005, pp.334 et s.

[347] Article 28 de la loi-cadre portant protection du consommateur.

explicite le choix du juge[348] par les associations des consommateurs. Elle n'a pas non plus écarté l'éventualité de la saisine du juge administratif par celles-ci. À cet effet, les associations de consommateurs d'énergie sont libres de saisir le juge administratif tout comme le juge judiciaire[349]. La saisine du juge administratif par les associations de consommateurs d'énergie est tributaire du respect d'un certain nombre de conditions. Ces conditions de saisine du juge administratif sont le recours gracieux préalable, l'intérêt à agir, la qualité et la capacité à agir des associations de consommateurs d'énergie[350].

Les griefs qui font généralement l'objet de plaintes par les associations de consommateurs devant le juge administratif sont légion. Il s'agit de la violation du règlement de service par l'opérateur, du non-respect des clauses contractuelles, de la corruption, du refus d'indemnisation d'un membre de l'association[351].

À la réalité, si certaines associations de consommateurs d'énergie peuvent saisir le juge administratif à l'instar de la Ligue camerounaise des consommateurs (LCC) qui avait porté plainte[352] à la société d'électricité pour avoir violé le règlement de service, toutes ne le font pas. La plupart des

---

[348] L'article 27 alinéa 1 de la loi-cadre portant protection du consommateur dispose que : « L'action tendant à la défense des intérêts des consommateurs est intentée devant les juridictions compétentes ou introduites devant les instances arbitrales soit par le consommateur lésé, ou par ses ayants droit, soit par l'une des structures visées à l'alinéa 3 de l'article 26 ci-dessus ».

[349]Tribunal de grande instance du Mfoundi centre administratif section civile et commerciale jugement civil Jugement n° 1567/CIV du 22 aout 2022 affaire : Association camerounaise des consommateurs d'eau d'électricité et de téléphones (A.C.C.E.E.T) c/La société « ENERGY of Cameroon » SA ENEO-SA.

[350]Elles doivent avoir un intérêt à agir ; l'intérêt de l'association des consommateurs doit à cet effet être légitime, né et actuel. Concernant la qualité à agir, elle soulève la question de savoir si l'association a le droit d'agir. Elle a le droit d'agir pour défendre les intérêts collectifs de ses membres. La capacité d'agir d'une association de consommateurs est relative à la personnalité juridique et par conséquent l'association doit être déclarée auprès de l'administration préfectorale.

[351]Tribunal de grande instance du Mfoundi centre administratif section civile et commerciale jugement civil n° 1520/CIV du 18 aout 2022 affaire Groupement d'Initiative Commune lumière « GIC Lumière » c/ la société ENEO SA.

[352] Dans un communiqué de presse du mercredi 31 août 2011, on peut lire la déclaration du président de l'association de consommateurs LCC, selon laquelle le président de la LCC adresse au Procureur de la République auprès du tribunal de Yaoundé, centre administratif, une plainte contre la société Aes Sonel pour non-respect du règlement de service de distribution publique de l'électricité. Ce dernier reproche à l'entreprise spécialisée dans la distribution, la production et le transport de l'énergie électrique d'avoir violé les articles du règlement de service. D'abord l'article 7 alinéa 2 qui stipule in fine que « sous réserve des exceptions prévues au présent article, les factures sont établies mensuellement », en principe en date fixe et distribuées par les agents d'Aes Sonel, ensuite l'article 14 alinéa 6 et enfin l'article 20 alinéa 3. Cette décision de la LCC a été motivée par les plaintes et complaintes des consommateurs auprès d'elle contre la société de droit privé camerounais investie d'une mission de service public. Www. Journal du Cameroun .com. publié le 01/09/2011.

associations de consommateurs d'énergie privilégient la voie de la conciliation[353] entre le fournisseur d'énergie et les consommateurs.

Les raisons de ce choix sont relatives au coût élevé de la justice, une justice mal adaptée au consommateur. D'autres associations de consommateurs d'énergie ont évoqué la non-délivrance du procès-verbal de non-conciliation par le régulateur qui constitue également un goulot d'étranglement pour la saisine du juge administratif ou judiciaire[354]. Bien que jouant un rôle prépondérant pour la protection des intérêts des consommateurs, les associations des consommateurs dans l'exercice de leurs fonctions sont toutefois limitées.

Paragraphe III : Le caractère non structuré et limité des actions des associations de consommateurs d'énergie

S'il est admissible de dire que les efforts des associations de consommateurs d'énergie sont réels et remarquables, il est tout aussi vrai que celles-ci sont limitées dans leur action. C'est ainsi qu'on leur reconnait des faiblesses endogènes(A), et des faiblesses exogènes (B).

A- Les faiblesses internes à l'action des associations des consommateurs d'électricité

On entend par faiblesses endogènes les manquements internes au bon fonctionnement de l'association des consommateurs. Le mouvement consumériste connait de nombreuses difficultés, toutefois l'on voudrait s'appesantir sur des faiblesses qui reviennent avec acuité. Il s'agit d'une part de la fragilité financière (1), et d'autre part de la fragilité technique (2).

1- Une fragilité financière plombant l'action des associations de consommateurs d'électricité

Les associations de consommateurs sont ces groupements apolitiques qui ne vivent que des cotisations de leurs membres, des revenus et autres activités strictement destinées aux membres de ces associations de consommateurs. À cet effet, elles n'ont pas le droit de recevoir des subventions de l'État ou de toute autre personne morale ou privée à moins qu'elles soient reconnues

[353] On peut citer le cas particulier de cette association de consommateurs dite association de défense des droits des consommateurs d'électricité et de l'eau (ASCEEL Cameroun) dont les statistiques parlent d'elles-mêmes. Statistiques 2021 : 350 plaintes reçues ; 198 cas résolus à savoir : annulation complète des factures fraudes : 105 cas ; révision des factures à la baisse : 93 cas ; dossiers en faveur d'Enéo (fraudes maintenues) 103 cas. Le reste de dossiers placés en attente pour l'année 2022

[354]VINEY (G), « Un pas vers l'assainissement des pratiques contractuelles : la loi du 5 janvier 1988 relative aux actions en justice des associations agréées de consommateurs », JPC E 1988. II, n° 15336.

d'utilité publique[355]. La plupart des associations des consommateurs d'électricité au Cameroun fonctionnent avec très peu de membres[356] ; et ces derniers ne paient pas toujours leurs cotisations annuelles[357]. Les raisons évoquées à ces manquements sont plurielles, il s'agit de l'ignorance des consommateurs sur l'existence de telles institutions[358], la faible portée des associations des consommateurs elles-mêmes dans leur action. Les associations des consommateurs se doivent d'être indépendantes aussi bien des entreprises que des partis politiques[359]. Il nous a été donné de constater que les associations de consommateurs sont fragiles financièrement et sont par conséquent à la merci des opérateurs économiques, et leur action est très restreinte et peu crédible[360]. Les associations des consommateurs ne sont pas suivies par les consommateurs, leurs revenus sont méconnus par les médias ; ces institutions sont pauvres et démunies[361]. À titre de comparaison, nous pouvons évoquer le cas de certains pays ou les associations des consommateurs sont autonomes financièrement[362]. Qu'en est-il donc de l'autre forme de limite interne à l'action des associations de consommateurs ?

---

[355] Article 11 de la loi n° 90/053 du 19 décembre 1990 portant liberté d'association.

[356]Ce qui contraste avec la pléthore de consommateurs observés pourtant dans des groupes WhatsApp d'associations de consommateurs.

[357] Frais d'adhésion qui sont d'ailleurs des sommes dérisoires, les frais d'adhésion vont de 17 milles à 20 milles FCFA/ an et par membre. (Ces frais incluent l'inscription et l'adhésion soit mille FCFA ou 1500/ mois)

[358]Ct 2015 Cameroon-tribune.cm consulté le 18/01/2021. C'est dans cette optique que l'ancien directeur de la protection du consommateur ESTEGUET Pamphile s'exprimait en ces termes : « Faites un sondage dans la rue. Très peu de personnes interrogées vous diront qu'elles sont membres de telle ou de telle association. En dehors des membres du bureau, peu de consommateurs camerounais se reconnaissent dans ces ligues. »

[359] L'article 12 .1 de la charte de consumers international mentionne le rôle indépendant attendu des associations des consommateurs.

[360] Certaines associations ont rejoint un but mercantiliste en s'écartant de leurs objectifs.

[361] V. Journal Officiel Sénat du 19/04/2018 –page 1928. À la question posée par Christophe PRIOU (Loire-Atlantique – Les Républicains) sur les inquiétudes exprimées par les associations de défense des consommateurs, il dénonce la baisse des subventions octroyées aux associations des consommateurs qui sont investies de missions de service public. En effet, il pose la question de savoir quelles sont les intentions du gouvernement pour garantir aux associations concernées les ressources en adéquation avec leurs missions ? La réponse du ministère de L'Économie et des Finances est la suivante : «, afin de privilégier les associations de défense des consommateurs dont l'activité est soutenue et qui disposent d'un maillage dense sur l'ensemble du territoire, deux éléments indispensables à la protection et à la défense des consommateurs, le gouvernement a décidé de maintenir, voire de majorer de 5% les crédits d'intervention 2018 de certaines associations dont celles titulaires de la reconnaissance spécifique. Les autres associations verront le montant de leurs subventions baissé de 3%... »

[362]MAYER (R), 2012, The US consumer movement : a new era amid old challenges, colston wame lecture, Nous avons l'union des consommateurs des États-Unis d'Amérique crée en 1930, ses rapports et son bulletin d'information sont lus par environs 7 millions d'abonnés. Le professeur Robert MAYER a fait remarquer que la santé du mouvement des consommateurs aux États-Unis était robuste, notant qu'en 2012 il y avait huit associations ayant des recettes annuelles de plus de 2 millions de dollars[362]. L'union des consommateurs avait des revenus de

2- Une capacité technique fragile des associations de consommateurs d'électricité

Si quelques associations des consommateurs d'énergie se démarquent à l'instar du Réseau associatif des consommateurs d'électricité (RACE), ayant à son actif le plaidoyer pour la mise en place du règlement de service de distribution et de vente d'électricité depuis 2006.[363] Très peu sont capables de mener des plaidoyers dignes de ce nom par des actions concrètes. Les associations des consommateurs d'énergie assurent auprès des consommateurs un grand rôle, notamment d'éducation, de sensibilisation, de représentation, de défense et même de médiateur, elles sont par conséquent censées être suffisamment outillées pour mener à bien leurs missions. Ceci n'est pas toujours le cas considérant la qualité des ressources humaines que l'on retrouve dans ce cadre[364]. Il faut dire que peu d'associations des consommateurs d'électricité sont suffisamment outillées afin de pallier leur mission régalienne. Les ressources humaines que l'on y retrouve généralement sont d'anciens employés de ENEO.

La plupart sont des techniciens et cadres qui connaissent les lois et le fonctionnement de la structure. Ils peuvent à cet effet détecter des infractions telles les fraudes, les surfacturations et d'autres délits commis par les agents. L'ampleur et la complexité des questions liées à l'énergie électrique se font de plus en plus pressantes, aujourd'hui avec les compteurs intelligents par exemple, de nouvelles formes de fraudes naissent et les représentants des consommateurs doivent mobiliser toutes les compétences qu'il faut s'ils veulent représenter les intérêts des consommateurs comme il se doit. La loi prévoit un encadrement technique de celles-ci. Ainsi, les institutions telles que le ministère du Commerce, le ministère de l'Eau et de l'Énergie, l'Agence de régulation du secteur de l'électricité (ARSEL), le Conseil national de la consommation et le fournisseur ENEO ont pour mission d'accompagner les associations des consommateurs sur l'aspect technique dans leur démarche.

L'on note quelques actions sporadiques desdits acteurs au travers des séminaires, des conférences et autres, mais qui restent très faibles. Les associations de consommateurs devraient s'approprier le règlement de service, mener sur le terrain des investigations, faire des analyses et tests comparatifs afin de mieux sensibiliser les consommateurs à la détection des fraudes, à la

250 millions de dollars et trois autres organisations avaient un budget supérieur à 8 millions de dollars. Les promoteurs des associations des consommateurs sont endettés auprès des établissements financiers, et sont par conséquent incapables de mener des actions efficaces. Contrairement au Cameroun, sous d'autres cieux tels que la France, les associations des consommateurs sont subventionnées, qu'elles soient reconnues d'utilité publique ou non.

[363]BIWOLE FOUDA(J), « Régulation des industries de réseau par la société civile : quel rôle peuvent jouer les associations de consommateurs ? Le cas de l'électricité au Cameroun », papier Karthala. PDF, pp.11 et s.

[364] Plusieurs associations des consommateurs agissent en marge de la réglementation.

conduite à tenir et de leur permettre d'être plus autonomes et de les amener à être des consommateurs.

Le niveau de certaines associations des consommateurs est très bas[365], pour le président du Réseau associatif des consommateurs d'électricité (RACE), Paul Jérémie BIKIDIK, le mouvement consumériste doit faire l'objet d'assainissement, car le foisonnement des associations des consommateurs n'est pas toujours synonyme de vitalité. Il peut s'avérer être un facteur d'inefficacité préjudiciable à la défense de la cause consumériste. Les limites internes à l'action des associations de consommateurs d'énergie ainsi analysées, il sied à présent d'envisager celles externes.

B- Les faiblesses externes à l'action des associations des consommateurs d'énergie

Les faiblesses exogènes sont ces facteurs externes et indépendants des associations des consommateurs d'énergie, qui ne favorisent pas une action efficace de celles-ci dans la résolution des litiges. Aussi, on peut évoquer comme faiblesses exogènes la faible expression des libertés publiques reconnues aux associations de consommateurs (1), mais également la condescendance des opérateurs économiques (2).

1- La faible expression des libertés publiques reconnues aux associations de consommateurs d'énergie

Si depuis les années 90 avec l'adoption de la loi sur la liberté d'association, l'on perçoit des changements quant à l'expression des libertés publiques au regard de la prolifération des associations de manière générale et des associations de consommateurs en particulier, l'on ne saurait se satisfaire de cet état de choses. Au Cameroun, en dehors des syndicats professionnels dont la loi reconnait les grèves et autres manifestations publiques, les associations de consommateurs par contre ne sont nullement autorisées[366] à faire même des marches pacifiques pour interpeller l'opinion publique nationale et internationale.

La raison qui est évoquée par les pouvoirs publics est relative aux troubles à l'ordre public qui semble difficilement conciliable avec l'expression des libertés publiques. Les associations des consommateurs se voient opposer des

---

[365] La société civile au Cameroun donne l'impression « *qu'elle a faim et qu'elle a raté sa vie* », elle est là pour ses intérêts et non ceux des consommateurs d'où le manque de sérieux dans le mouvement.

[366]Cameroun-consommation. Arrestation à Douala du président de la Fondation camerounaise des consommateurs. Le promoteur de la Fondation camerounaise des consommateurs AYISSI ABENA Alphonse mis aux arrêts par les éléments de l'ESIR de Bonandjo Douala, car étant à la tête d'une marche de protestation contre les factures frauduleuses d'électricité émises par Eneo. Cameroun24.net, mercredi 13 octobre 2021

refus par l'administration en vue de l'obtention d'une autorisation[367] afin que cessent les abus souvent observés. Les différentes associations des consommateurs peuvent se livrer à des actions isolées comme la grève de la faim qui n'ont pas à proprement parler un grand impact ; des points de presse quand bien même l'information est prise en considération par les médias et des tentatives de boycott qui ne sont pas assez retentissants. Quid de l'inégalité existante entre le consommateur et le fournisseur de l'énergie électrique au Cameroun ?

2- La tendance à l'inégalité dans la protection des intérêts en présence

Le déséquilibre entre les intérêts du consommateur et celui du fournisseur de l'énergie est visible, ceci se justifie par l'orientation du système institutionnel mis en place par l'État. Pour un certain auteur[368], cette inégalité est renforcée par la privatisation des entreprises publiques, notamment celles chargées de la distribution de l'énergie, et ceci justifierait les contraintes liées à la protection du consommateur[369]. Pour davantage conforter cet argumentaire de l'auteur, d'après le rapport d'une association des consommateurs[370] l'État a accordé des droits importants à l'opérateur pour l'encourager ainsi à investir[371] dans le secteur de l'énergie, et cela sans offrir

[367] M. Georges NGONO, administrateur ARSEL, président de la PAIES, Yaoundé, décembre 2021.

[368]BILONG NKOII (F-R), « *le* consommateur et le commerce des énergies renouvelables en Afrique subsaharienne » *in Revue internationale de droit économique*, 2021, pp. 74 et s.

[369]Pour lui, cette orientation semble ne pas avoir l'efficacité attendue, car même si la politique de libéralisation du service public connait des avantages, des limites sont perceptibles au point que la pertinence du modèle libéral pourrait être l'objet de questions dans l'environnement économique africain. Il évoque les limites de cette libéralisation dans le contexte africain, pour lui ce système est conçu sur la base de règles dont l'acteur économique seul tire profit. Il semble en effet que l'investisseur et en particulier l'investisseur étranger dans l'environnement africain bénéficie d'importants privilèges, ce qui fait de lui un acteur puissant face au consommateur.

[370] À titre d'exemple sur les points de déséquilibre au Cameroun entre les intérêts du consommateur et celui du fournisseur d'énergie, lire le développement du rapport du réseau d'association des consommateurs d'énergie (RACE) pp 14 et S. sur le fait que le règlement de service adopté le 26 janvier 2009 est déséquilibré et accorde tous les droits à l'opérateur Eneo et n'offre pas suffisamment de garanties pour le respect des droits et la protection des intérêts du consommateur.

[371] Sur cet objectif du législateur OHADA, qui souhaite mettre en place un droit des affaires applicables aux activités commerciales (et donc au commerce de l'énergie) attractif ou favorable à l'investissement, lire F. ONANA ETOUNDI, « la sécurisation judiciaire de l'investissement en Afrique : à propos du rôle joué par la CCJA de l'OHADA » *Actualité juridique*, n°53/2007, p.3.

symétriquement au consommateur des mécanismes appropriés permettant d'assurer la garantie du respect effectif de ses droits et intérêts[372].

S'il est admissible que le règlement de service constitue la réglementation qui régit le service du fournisseur d'énergie, il est considéré comme la loi des parties entre le consommateur d'énergie et le fournisseur d'énergie. Il vaut à cet effet contrat et doit être pris en compte. Il constitue un contrat d'adhésion en ce sens que le consommateur n'a qu'un seul choix, celui d'adhérer[373] aux clauses qu'il contient. On peut alors constater, de par la constitution de ce règlement de service, que les droits des consommateurs ne sont pas suffisamment pris en compte et cet instrument démontre à suffisance la supériorité des droits du fournisseur d'énergie sur les consommateurs[374]. L'on en veut pour preuve les constantes plaintes du consommateur par rapport au non-respect dudit règlement de service par les agents, la spoliation du principe de la mise en œuvre de la responsabilité, car l'opérateur n'admet en aucun cas la négociation[375].

Ce règlement contrarie même la loi-cadre protégeant le consommateur en ce sens que le fournisseur ne prend pas en considération une certaine catégorie de consommateurs, ceux n'ayant pas la personnalité juridique, notamment les petits commerces du secteur informel [376]qui sont très prolifiques, l'exonération à outrance de ses responsabilités[377], la fixation unilatérale du

---

[372]MIRANDA PEREIRA (W), *La protection des consommateurs dans les opérations de crédit. Étude de droit comparé franco-brésilien*, Thèse de doctorat en droit privé, Université de GRENOBLE, Novembre 2010, pp. 35 et s.

[373]Compte tenu du respect du droit de distribution exclusif reconnu à Aes sonel par la loi, on ne peut pas vraiment dire que le consommateur a le choix, si ce dernier veut un abonnement, alors il adhère aux exigences du fournisseur Eneo.

[374]KOM KAMSU (M), « La protection de la liberté du consommateur camerounais », in YAWAGA (S) (dir), *La protection du consommateur au Cameroun : principes, enjeux et perspectives*, Yaoundé, Les éditions Le Kilimandjaro (EDLK), pp.98 et s. ; MIRANDA PEREIRA (W), *La protection des consommateurs dans les opérations de crédit. Étude de droit comparé franco-brésilien op. cit. ;* pp. 460 et s.

[375] La loi dispose dans son article 31 alinéa 4 de la loi-cadre portant protection du consommateur que : « la non fourniture ou l'impossibilité de le faire se résout en dommages et intérêts négociés avec le consommateur ».

[376] Article 16 alinéa 1 du règlement de service qui dispose que : « la responsabilité d'Aes sonel ne peut être engagée que vis-à-vis d'une personne physique précisément identifiée ou d'une personne morale régulièrement immatriculée et disposant de la personnalité juridique. Les « garages », » successions », « collectivités », « ayant droit » et autres termes similaires ne confèrent pas de personnalité juridique ».

[377] L'article 5 alinéa 1de la loi-cadre n° 2011/012 du 06 mai 2011 portant protection du consommateur dispose que : « *sont nulles les clauses contractuelles qui :*

- Exonèrent, excluent ou limitent la responsabilité des fournisseurs ou des prestataires de service pour les défauts, déficiences ou inéquations de toutes sortes dans la technologie, le bien fourni ou le service rendu ;

- Impliquent la perte des droits et libertés garantis au consommateur ou en limitent l'exercice ;

montant des dommages et indemnités dus aux clients ayant subi des préjudices. Le règlement de service est à cet effet la parfaite satire qui peint l'image de la supériorité du fournisseur ENEO sur le consommateur qui est déjà fragile du fait de sa position.

Au terme de l'analyse sur la thématique relative aux associations des consommateurs dans la résolution des litiges entre le fournisseur d'énergie et le consommateur d'énergie, il ressort de la problématique du rôle joué par les associations des consommateurs d'énergie dans la résolution des litiges entre consommateurs et fournisseur d'énergie que les associations des consommateurs habilitées à agir sont celles déclarées auprès de l'Administration territoriale. Elles interviennent à cet effet comme des éducatrices, des avocates et des conciliatrices auprès des consommateurs d'énergie. Aussi, elles accompagnent les consommateurs d'énergie tant devant le fournisseur d'énergie que devant les instances arbitrales, judiciaires et devant l'État. Cependant, il faut reconnaitre que les associations de consommateurs d'énergie connaissent des difficultés qui plombent leur action au quotidien.

Il s'agit des faiblesses aussi bien endogènes qu'exogènes, tantôt liées aux limitations financières, techniques, à la faible expression des libertés, au système peu favorable aux consommateurs d'énergie. Il apparaît nécessaire de renforcer les capacités desdites associations de consommateurs d'énergie sur tous les plans.

Il serait souhaitable de lever les restrictions par rapport aux subventions et dons pouvant être accordés aux associations de consommateurs, de leur apporter un réel encadrement technique, de mettre sur pied un cadre réglementaire favorable à une plus grande expression de la démocratie à travers les associations des consommateurs de manière générale et par ailleurs, de mettre un accent sur la responsabilité sociale du fournisseur à l'égard des consommateurs d'énergie.

- Créent des termes ou conditions contractuelles injustes, déraisonnables, inéquitables, répressifs ou qui retournent à la responsabilité du consommateur des défauts, les déficiences ou inadéquations non immédiatement apparents ;
- Imposent une clause d'arbitrage unilatérale ».

CONCLUSION chapitre II

Le traitement aléatoire des incidents nés de la fourniture par des organes non administratifs tend à rendre compte des fragilités du cadre régulatoire des rapports entre fournisseurs et consommateur de l'énergie électrique. À l'évidence, ces fragilités sont perceptibles non seulement à travers l'unilatéralisme du fournisseur dans le traitement des réclamations, mais aussi, et surtout par le recours circonstanciel aux associations des consommateurs de l'énergie électrique dont la représentativité au niveau de l'échiquier est suffisamment insignifiante. Une revalorisation de l'action des associations des consommateurs de l'énergie électrique et un encadrement des pouvoirs normatifs du concessionnaire dans le traitement des réclamations s'avèrent donc nécessaires.

CONCLUSION TITRE I

Le caractère facultatif des voies amiables de résolutions de litiges entre le consommateur et le fournisseur de l'énergie électrique permet de remettre en cause l'efficacité de la conciliation comme moyen législatif de résolutions des litiges. L'analyse du cadre normatif de la consommation a permis de constater ci et là des lacunes qui permettent de jeter un discrédit sur la fiabilité des organes administratifs de traitement des litiges. Car, en plus des problèmes structurels et conjoncturels auxquels sont confrontés ces organes, il faudrait y ajouter la préoccupation plus ponctuelle de leur autonomie financière, matérielle et même juridique. L'exorbitance des pouvoirs du fournisseur de l'énergie électrique au Cameroun de même que son pouvoir financier influencent largement la bonne conduite du processus de conciliation.

TITRE II :

L'AMBIGUÏTÉ DES SUITES RÉSERVÉES AUX RÉSOLUTIONS ÉDITÉES PAR LES ORGANES NON JURIDICTIONNELS DE TRAITEMENT DE LITIGES NÉS DE LA FOURNITURE DE L'ÉNERGIE ÉLECTRIQUE

La consécration de la conciliation par le législateur camerounais comme mode de règlement des différends nés de la fourniture de l'énergie électrique entre le consommateur et le fournisseur nous a amené sur un plan théorique à nous interroger sur la juridicité de l'organe ou des organes en charge de cette fonction. Au-delà de cette juridicité, il fallait passer au crible de l'analyse la portée et la valeur des décisions ou des résolutions émises par ces organes. Au bout du compte, il ressort de cela que ces résolutions amiables sont ambigües. Cette ambiguïté tient à l'opacité (chapitre I) de ces décisions. C'est la raison pour laquelle un plaidoyer en la faveur de l'efficacité accrue des positions émanant de ces organes s'est posé comme une nécessité (Chapitre II).

CHAPITRE I :

L'EFFET MITIGÉ DES RÉSOLUTIONS DES ORGANES NON-JURIDICTIONNELS

L'une des questions les plus brumeuses de la science du procès demeure sans doute celle relative à l'exécution ou à la mise en œuvre des décisions rendues par un organe, qu'il soit juridictionnel ou non. L'histoire des modes de résolution des litiges a été marquée ces cinquante dernières années par la montée en puissance des modes amiables et quasi non juridictionnels de règlement des litiges.[378] Cette montée en puissance de ce que l'on a également appelé modes alternatifs de règlement des litiges est sans doute tributaire de l'essor fulgurant des activités économiques[379]. Une telle situation a eu pour effet la pénétration des éléments économiques dans la sphère juridique[380]. Le modèle régulatoire caractérisé au contraire par son extrême souplesse a emboité le pas au modèle normatif juridique caractérisé par son extrême formalisme[381].

Ainsi, à la différence des normes juridiques dites « soft » caractérisées par leur extrême flexibilité et leur adaptabilité aux différents environnements qui ont conquis dans la plupart des systèmes juridiques, de nombreux législateurs qui n'ont guère hésité à mettre en place des logiques de mixité permettant l'intégration de ces normes dans le système institutionnel,[382] pour une finalité fondée sur la logique du règlement efficace et optimal des litiges de la consommation[383]. Une matière comme le contentieux de la fourniture de l'énergie électrique constituerait un excellent terrain de systématisation et d'expression de ces modes au regard non seulement de la fragilité du tissu

---

[378]PICARD (E), « *La juridiction administrative et les exigences du procès équitable* », in SUDRE (F) (dir.), *Le droit français et la Convention européenne des droits de l'Homme*, 1974-1992, éd. N.P. Engel, 1994, pp. 237 et s.

[379]PERROUD (T), *La fonction contentieuse des autorités de régulation en France et au Royaume-Uni, Paris* : Dalloz, coll. « Nouvelle Bibliothèque de Thèses », 127, 2013, pp.401 et s.

[380]ROYER (G.), *L'efficience en droit pénal économique*, thèse Université de Nancy II, 2007, pp.43 et s ; V aussi, DELVOVE (P), *Droit public de l'économie*, Dalloz, Coll. « Précis, 1998, pp.23 et s ; LINOTTE (D), MESTRE (A), ROMI (R), *Services publics et droit public économique*, Litec, 1995, p. 47.

[381]CHARBIT (N), *Le droit de la concurrence et le secteur public*, L'harmattan, 2002, pp. 67et s.

[382]DELMAS-MARSALET (J), « Le contrôle juridictionnel des interventions économiques de l'État », *EDCE* 1969-1970, pp.138 et s.

[383]COHEN (E) et HENRY (C), « Sur les bases et l'évolution récente des services publics et industriels et commerciaux en France et dans l'Union européenne », in COHEN (E), HENRY (C), Service public, secteur public, Le documentaire français, 1997, pp.18 et s.

économique, de l'obsolescence du cadre normatif, mais aussi ,et surtout de la faiblesse du pouvoir économique du justiciable[384].

Au Cameroun, la loi prévoit que le régulateur ARSEL[385], les comités de recours,[386] les associations de consommateurs[387] et le fournisseur puissent connaitre des litiges nés de la fourniture de l'énergie électrique. Toutefois, le flou demeure sur les suites réservées aux décisions émanant de ces organes administratifs de résolution des litiges. L'on est donc fondé à s'interroger sur la valeur juridique et la portée des décisions émanant de ces organes. Il ressort de l'analyse que les décisions des organes administratifs de traitement sont évasives (section 1) tandis que celles émanant des organes non administratifs de prévention sont indécises (section 2).

Section I : L'évasivité des résolutions des organes administratifs de traitement

Les incertitudes des décisions des organes administratifs de traitement des incidents nés de la fourniture entre le consommateur et le fournisseur de l'énergie électrique se traduisent par le mutisme du législateur camerounais sur la portée des décisions des comités de recours (paragraphe 1) ; l'ambiguïté des suites réservées aux décisions de l'ARSEL (paragraphe 2), la difficile mise en œuvre des décisions des organismes administratifs de règlement des litiges (paragraphe 3) et le silence textuel relatif aux délais de traitement des requêtes par l'ARSEL (paragraphe 4).

Paragraphe I : Le mutisme du législateur sur la portée incertaine des décisions des comités de recours

Aux termes de l'article 30 de la loi-cadre n° 2011/012 du 6 mai 2011 portant protection du consommateur au Cameroun, il est créé au niveau de chaque arrondissement un comité de recours ayant pour mission d'assurer le service public d'arbitrage des différends relatifs à la protection des consommateurs. L'organisation et le fonctionnement des comités prévus à l'alinéa ci-dessus sont fixés par voie réglementaire. Même si l'arrêté n° 119/PM du 10 aout 2012 portant organisation et fonctionnement des comités de recours pour l'arbitrage des différends relatifs à la protection du consommateur organise et précise les modalités de fonctionnement des comités de recours, il reste indécis sur les suites à accorder aux décisions de l'organe, puisqu'aux termes de l'article 12 de cet arrêté, le consommateur

---

[384]RAYMOND (G.), *Droit de la consommation*, Litec, 2008, 430 p. BASEX (M), « Vers de nouveaux modèles normatifs pour le secteur public », *AJDA* 1990, pp.660 et s.

[385]Loi N° 2011/022 du 14 décembre 2011 régissant le Secteur de l'électricité, articles 85 et s.

[386]Arrêté n° 119 PM du 10 aout 2012 portant organisation et fonctionnement des comités de recours pour l'arbitrage des différends relatifs à la protection du consommateur.

[387]Loi-cadre N° 2011/012 du 6 mai 2011 portant protection du consommateur au Cameroun.

insatisfait d'une décision du comité de recours conserve son droit de pourvoi en justice.

Pourtant, aux termes de l'article 11 du même arrêté, les décisions du comité de recours donnent lieu à la rédaction d'un procès-verbal de session signé par le président et le secrétaire du comité de recours. Les résolutions du comité de recours sont notifiées aux parties par le président dans un délai de cinq (5) jours à compter de la date de signature. Elles ne sont pas susceptibles de recours.

De ce qui précède, trois (3) considérations se dégagent :

- Premièrement, l'apparente contradiction qui existe entre les dispositions des articles 11 et 12 de l'arrêté n° 119/PM du 10 aout 2012 portant organisation et fonctionnement des comités de recours pour l'arbitrage des différends relatifs à la protection du consommateur.

L'on se demande en effet comment les décisions insusceptibles de recours peuvent finalement faire l'objet d'un recours en justice.

- Deuxièmement, la considération des comités de recours comme l'instance suprême en matière d'arbitrage des différends relatifs à la protection du consommateur.

Cette consécration de l'article 11 de l'arrêté du 10 aout 2012 ne paraît pas tenable dans le secteur de la fourniture de l'énergie électrique ; à moins de considérer que ladite loi ne régit pas les rapports qui engagent la protection de l'usager du service public de l'électricité. Ces dernières considérations ne paraissent pas elles-mêmes tenables puisque l'article 12 de l'arrêté de 2012 attribue une compétence générale dans le règlement des différends aux comités de recours. Sur le plan de la théorie du droit, si l'on considère que la compétence des comités de recours en matière de protection du consommateur est générale et que celle du régulateur ARSEL est spécifique, il va de l'ordre normal que les textes sur la protection du consommateur puissent prévoir cette compétence spécifique[388].

Or, il ne ressort ni de la loi de 2012 portant protection du consommateur, ni de son arrêté d'application sur la prévoyance d'une telle prescription. Le vide juridique ainsi constaté aboutit à la contradiction d'une part de l'article 11 de l'arrêté de 2012 portant organisation et fonctionnement des comités de recours pour l'arbitrage des différends relatifs à la protection du consommateur et les dispositions de la loi de 2011 régissant le secteur de l'électricité au Cameroun.

Bien plus, conférer un caractère définitif aux sentences des comités de recours, c'est porter une entorse au principe du double degré de juridiction.

---

[388]MARCOU (G), « La notion juridique de régulation », *AJDA* 2006. p.347.

Sauf à penser ici que l'article 11 confère un caractère définitif à ces décisions lorsque celles-ci impliquent une des parties au procès qui a obtenu satisfaction et qui a renoncé à la poursuite des démarches contentieuses. Dans ce cas précis, la partie non satisfaite serait-elle liée par la volonté de renonciation de l'autre partie ? Même si l'on allait dans ce sens, une telle considération ne brille pas par sa pertinence. Elle pourrait être soupçonnée de partialité.

- La troisième considération se fonde sur le fait de savoir si les verdicts des comités de recours à l'endroit du consommateur insatisfait peuvent faire l'objet d'un recours en justice. Sauf qu'ici, le doute demeure quant à la détermination de la juridiction concernée et quant à la valeur juridique des décisions des comités de recours devant ledit juge.

Bien plus, une autre question et non des moindres porterait sur le caractère obligatoire des décisions des comités de recours ainsi que sur la possibilité de ces décisions de faire office de recours gracieux préalable. Le mutisme des textes face à ces interrogations lancinantes permet de jeter un doute sur leur applicabilité au domaine de la fourniture de l'énergie électrique et laisse le consommateur confus.

Au demeurant, le flou qui entoure les décisions des comités de recours permet de remettre en cause l'efficacité de cet organe de traitement des litiges nés de la consommation ou de la fourniture de l'énergie électrique. En tout état de cause, ces incertitudes concernent également les décisions de l'ARSEL.

Paragraphe II : L'ambiguïté des suites réservées aux décisions de l'ARSEL

Le législateur camerounais dans son élan de modernisation a mis en place des structures à l'effet de garantir au consommateur en général, une protection efficiente. Toutefois, l'enchevêtrement de ces institutions dans le système normatif et institutionnel, tout comme les zones d'ombre et les manquements conséquents des instruments normatifs de garantie parfois caractérisés par des mutismes ; parfois par des omissions, laissent le sentiment d'inachèvement et tendent à remettre en cause la finalité recherchée à savoir l'efficacité du système de garantie. C'est le cas aujourd'hui de l'ARSEL dont le sort réservé à ses décisions ne cesse de questionner la doctrine[389]. L'analyse de la question

---

[389]KAMWE MOUAFFO KENGNE (M-C) « Qui est la « personne » visée comme consommateur en droit positif camerounais ? Argumentations plurielles en défaveur de l'influence du droit français », 2019 1, *Revue trimestrielle de droit économique* pp.705 et s ; KALIEU ELONGO (Y-R), « La réception du contrat d'adhésion dans les législations contemporaines », (2017) I *Revue trimestrielle de droit économique.* (p.709) ; BILONG NKOH (F.R.), « Le consommateur et le commerce des énergies renouvelables en Afrique subsaharienne », *RIDE,* 2020, pp. 67-96. ; KAMGA (J.) et AMADOU (A.), « Droit et politique de l'énergie en Afrique subsaharienne : les tendances d'harmonisation », *Revue des juristes de*

commande une exposition des décisions de l'ARSEL(A) afin de saisir les éléments probants d'incertitude (B).

A-La décision de l'ARSEL

Après l'instruction de la requête, l'ARSEL doit rendre sa décision, qui en réalité n'est qu'un simple constat de la position du requérant et du fournisseur. Selon le cas, l'Agence constate la conciliation ou la non-conciliation des parties dans un procès-verbal. Ce procès-verbal doit, pour sa validité, satisfaire à des conditions de forme (1) et de fond (2).

1- Les conditions de forme de validité du procès-verbal.

Sur le plan de la forme, un procès-verbal doit contenir les informations relatives aux parties en sus d'autres informations. Relativement aux informations inhérentes aux parties, il s'agit d'un ensemble de données qui permettent de décliner l'identité des parties. Le procès-verbal doit contenir les noms et prénoms des représentants de l'ARSEL, d'ENEO et les noms et prénoms du requérant ; la qualité des parties : il s'agit de dire en vertu de quel titre agit chacune des parties.

Le procès-verbal doit à cet effet préciser qui est ARSEL, ENEO et qui est requérant. L'adresse des parties : le compte rendu doit mentionner le(s) numéro(s) de téléphone du requérant, sa boîte postale, son domicile et son siège social s'il s'agit d'une personne morale. Pareillement, le procès-verbal doit décliner également l'adresse d'ENEO. Relativement à l'adresse de l'ARSEL, il faut dire que le papier sur lequel est rédigé le procès-verbal contient déjà toutes les adresses de l'ARSEL.

En ce qui concerne les autres informations, elles se rapportent à la date, à la signature, à la présence des visas, des motivations et du dispositif. La date : le procès-verbal doit être daté et contenir la date de tenue de la dernière séance de conciliation. Le procès-verbal doit être signé par le requérant, les représentants d'ENEO et le président de la commission de conciliation.

---

science po, autonome 2013, n° 8, pp. 64 et s. ; KAMGAING (P-C), « Quand le consommateur tend à redevenir roi… À propos des métamorphoses récentes du droit de la consommation au Cameroun », *Les cahiers du droit*, vol. 63 n° 3, septembre 2022, p. 673-718 ; KAMWE MOUAFFO (M-C), « Une directive pour la protection du consommateur dans la CEMAC », L'essentiel, Droits africains des affaires, n° 5, 2021, pp.7 et s ; NJEUFACK TEMGWA, « Regard sur la protection juridique du consommateur africain : lecture comparée », *Penant* 2009. pp.298 et s. ; NSIE(E), « Protection des consommateurs : le champ de la prohibition des clauses abusives », *L'Essentiel. Droits africains* des affaires, n° 4, 2020, p.5.-NSIE(E), « CEMAC : les contrats de consommation dans la directive du 8 avril 2019 », *L'Essentiel. Droits africains des affaires* n° 5, 2020, p.6.

La présence du visa :[390] le visa est reconnaissable en ce que l'énoncé de chacun des textes de référence est précédé par la locution « vu... » Dans le procès-verbal de conciliation/non-conciliation que l'ARSEL établit, le visa se reconnait par la locution « en vertu des dispositions de... » ;

La présence des motifs : c'est le fondement, la cause de justification, la raison de principe ou de circonstances invoquées pour justifier un comportement ou une décision. Les motifs sont reconnaissables par la formule « considérant que... ».

La présence du dispositif : le dispositif est la partie finale d'une décision faisant suite aux motifs énoncés afin de la justifier. C'est la partie qui contient la décision de l'autorité qui tranche le litige. Dans le procès-verbal de l'ARSEL, le dispositif est identifiable par le(s) article(s) qui sont cités au bas, juste avant la signature des parties et est précédé de la formule « Il a été arrêté et convenu ce qu'il suit... »

2- Les conditions de fond de validité du procès-verbal

Au fond, le procès-verbal de conciliation doit décliner la compétence de l'autorité qui agit et retracer la procédure suivie pour le traitement de la requête ; constater et prendre acte de la décision des parties.

En ce qui concerne la compétence de l'autorité agissante et la procédure suivie pour le traitement de la requête, il convient de relever que *ratione materiae*, le procès-verbal doit être établi par le président de la commission de conciliation de céans et signé également par lui. Par ailleurs, le procès-verbal doit porter sur un des cas de contestation prévus au règlement de service : facture fraude de régularisation, surfacturation, surplomb de propriété, emprise de propriété, réparation de préjudice, réparation de sinistre, droit de suite, branchement non exécuté, branchement irrégulier, *etc.*

Pour ce qui est de la procédure suivie pour le traitement de la requête, il faut que le procès-verbal retrace les différentes conciliations convoquées et effectuées par l'ARSEL relativement à requête. La procédure suivie pour le traitement de la requête se reconnait dans le procès-verbal par la formule « attendu... »

---

[390]Selon le Dictionnaire en ligne du droit privé, le visa est cette partie, figurant selon le cas, en tête d'une loi ou au début du dispositif d'une ordonnance, d'un jugement ou d'un arrêt par laquelle, dans le premier cas, le législateur, et dans le second cas, le juge énonce les références des textes de lois ou des règlements administratifs auxquels ils se réfèrent.

3- La constatation et la prise d'acte de la décision des parties

Le procès-verbal n'est en réalité que le constat de la décision des parties. Autrement dit, c'est un simple compte rendu de l'accord ou du désaccord des protagonistes à terminer ou non leur litige.

B- les facteurs probants de la valeur juridique controversée des décisions de l'ARSEL

L'ARSEL est le régulateur du secteur de l'électricité et à cet effet, est compétente pour connaitre de tout conflit entre usager et opérateur. La loi de 2011 du secteur de l'électricité tout comme le règlement de service précise que les décisions de l'ARSEL sont revêtues de la formule exécutoire. Si pour la loi de 2011, de telles décisions revêtent un caractère manifestement définitif, le règlement de service entrevoit quant à lui la possibilité de saisir le juge compétent. Dès lors, l'expression "juge compétent" utilisée par l'article 18 du règlement de service rentre en extrême contradiction avec l'article 16 du même règlement qui précise que la responsabilité d'ENEO est soit contractuelle soit délictuelle.

Une telle disposition excluant ipso facto la compétence du juge administratif dans le contentieux de la fourniture de l'énergie électrique amène simplement à subodorer que le juge compétent au sens de l'article 18 du règlement de service est bel et bien le juge judiciaire, ce d'autant plus que l'article 85 de la loi de 2011 parle de la soumission du procès-verbal de conciliation au président du tribunal compétent pour se voir revêtir de la formule exécutoire. Finalement, les dispositions combinées du règlement du service et de la loi de 2011 sur le secteur de l'électricité plongent les consommateurs dans le doute et la confusion, car, à qui doit-on se référer ?

Doit-on considérer que l'ARSEL constitue l'ultime juridiction en matière de litiges inhérents à la fourniture de l'énergie électrique ? Si c'est le cas, une telle consécration ne serait en tous points de vue tenable en ceci que non seulement elle remettrait en cause les règles de la garantie d'un procès équitable centré sur le double degré de juridiction d'une part et d'autre part les principes fondamentaux du droit de la consommation. Si donc, il ne paraît point justifié, de considérer l'ARSEL comme ultime organe de règlement des litiges, la question que l'on serait fondé à se poser est celle de savoir si le procès-verbal de conciliation est susceptible d'être déféré devant le juge administratif ou devant le juge judiciaire.

En admettant cette hypothèse, l'on pourrait conclure au caractère obligatoire du procès-verbal de conciliation devant le juge compétent. Dans ce cas, il constituerait une règle contraignante conditionnant ainsi le déclenchement de l'instance contentieuse. Seulement, l'analyse de l'organisation et du fonctionnement des juridictions administratives et judiciaires au Cameroun n'entrevoit pas cette possibilité. De même, pourrait-on considérer le procès-verbal de conciliation comme faisant office de recours gracieux préalable ? Si tel est le cas, le problème se poserait sur l'autorité adressataire. Il faudrait ajouter à cela, le caractère facultatif de recours à l'ARSEL.

Par ailleurs, l'on pourrait s'interroger sur la suite de la procédure en cas de non-conciliation ou de saisine du régulateur. L'usager insatisfait pourrait-il comme dans le cadre de l'arrêté de 2011 portant organisation **des comités de recours** se prévaloir devant les juridictions en l'absence de conciliation ? Au demeurant, l'opacité des décisions des organes administratifs du règlement des litiges se conjugue avec la difficile exécution des décisions de l'ARSEL.

Paragraphe III : La difficile mise en œuvre des décisions des organismes administratifs de règlement des litiges

La mise en œuvre des décisions rendues par une instance juridictionnelle, quels que soient sa nature et son statut, apparaît toujours comme une entreprise non aisée, car il ne paraît pas toujours évident pour la partie déchue de s'exécuter à l'issue du verdict prononcé à décharge contre elle. Cela va de l'ordre naturel des choses. En effet, l'exécution des décisions de justice est toujours apparue comme un angle mort du contentieux. Cette considération conserve toute sa pertinence dans le champ matériel du contentieux de la fourniture de l'énergie électrique qui met au prisme l'opérateur ou fournisseur disposant de prérogatives exorbitantes de puissance publique d'une part, et d'autre part le consommateur ou l'usager a priori fragile.

L'une des questions que l'on pourrait se poser alors à ce niveau est celle de savoir à qui incombe la charge de l'exécution. Cette question permet de mettre en lumière les antagonismes inhérents au respect de la volonté du juge. S'il semble plus facile de soumettre ou de sommer le consommateur ou l'usager de s'exécuter face à une décision rendue à son encontre, il paraît cependant difficile de soumettre l'opérateur ou fournisseur disposant alors de prérogatives exorbitantes de puissance publique[391].

De là naît une difficulté majeure, car le législateur brille par son silence et son imprécision. Même s'il faut reconnaitre qu'il a mis en place les

[391]MOREAU (J), « La naissance de la clause exorbitante du droit commun comme critère du contrat administratif », Mél BURDEAU(F), p.197, Litec 2008. ; FARDET (C), « La clause exorbitante et la réalisation de l'intérêt général » *AJDA* 2000.115 ; LOCHAK (D), « Les problèmes juridiques posés par la concurrence des services publics et des activités privées », *ADJA* 1971.261. ; CALLAIS-AULOY (J), « l'influence du droit de la consommation sur le droit des contrats », in *Droit du marché et commun des obligations*, *RTD com.* 1998. 115. ; PEREON (P), « La délégation des services publics administratifs », *AJDA* 2004. 1449 ; SYMCHOWICZ (N), « La notion de délégation de services publics administratifs », *AJDA* 1998.195 ;

mécanismes de contrôle et de sanction du fournisseur de l'énergie électrique à savoir le régulateur de l'électricité qui exerce un pouvoir de contrôle sur les activités d'ENEO.

Ces mécanismes de contrôle institués se trouvent fragilisés dans l'atermoiement du législateur sur l'étendue du pouvoir de sanction du fournisseur de l'énergie électrique. Cela apparaît sans doute comme une entorse au principe régulant l'État de droit. D'autant plus que dans ses dispositions 15 et suivantes du règlement de service consacré à la sanction du non-respect par l'opérateur de ses obligations vis-à-vis de ses clients, transparaissent des mécanismes d'autosanction et d'autoréparation des fautes commises par l'opérateur. La question est donc de savoir qui est chargé de contraindre l'opérateur à respecter les sanctions qu'il a lui-même édictées dès lors qu'il se trouve fautif. Ces sanctions sont généralement de nature pécuniaire.

La préoccupation ne paraît en aucun point de vue évidente. Cela transparait à travers les prérogatives exorbitantes de puissance publique du fournisseur de l'énergie électrique comme obstacle à la bonne exécution des décisions émanant des institutions administratives (A), les facteurs probants justifiant l'incertitude de l'exécution (B), la floraison des plaintes des usagers déboutés (C), les obstacles à l'efficacité de la mise en œuvre de la responsabilité du fournisseur de l'énergie électrique par l'ARSEL (D) et les pouvoirs d'astreinte inexistants aussi bien du comité de recours que de l'ARSEL (E).

A- Les prérogatives exorbitantes de puissance publique du fournisseur de l'énergie électrique comme obstacle à la bonne exécution des décisions émanant des institutions administratives

Aux termes de l'article 11 de l'arrêté n° 119 précité relatif aux comités de recours pour l'arbitrage des différends relatifs à la protection des consommateurs, les décisions du comité de recours sont notifiées aux parties par le président dans un délai de cinq (5) jours à compter de la date de signature. Elles ne sont pas susceptibles de recours. Aux termes de l'article 2 de la loi de 2011 régissant le secteur de l'électricité, le procès-verbal de conciliation constatant les conditions de l'arrangement est signé des deux parties et de l'agence, puis soumis au président du tribunal compétent, pour se voir revêtir de la formule exécutoire. Et aux termes de l'article 88 de la même loi, l'ARSEL rend publiques ses décisions sous réserve des secrets protégés par la loi et en fait notification aux parties.

Aux termes de l'article 18 du règlement de service public de distribution de l'énergie électrique, la décision de conciliation devant l'ARSEL pourra à la demande de la partie la plus diligente, être homologuée par le juge compétent. De l'analyse des dispositions normatives sus exposées, il paraît regrettable de relever le mutisme des différents législateurs sur la question de l'exécution des décisions émanant tant de l'ARSEL que des comités de recours.

Il est évident que pour le consommateur de l'énergie électrique, il est plus facile d'obtenir son exécution dans la mesure où, privé de l'énergie électrique, et compte tenu d'un unique et exclusif fournisseur de l'énergie électrique, ce dernier n'a vraiment pas le choix[392]. Pourtant, à l'opposé, le fournisseur a toujours le choix d'accepter d'exécuter ou non les sanctions prises à son encontre.

Il faudrait peut-être justifier cet état de choses par les dispositions législatives de l'article 3 (2) et (3) de la loi de 2011 sur le secteur de l'électricité qui explicitent ainsi le contenu de la notion du service public de l'électricité concédé au fournisseur et s'accompagnant non seulement des prérogatives exorbitantes de puissance publique, mais aussi de la mise en œuvre des principes fondamentaux structurant le service public.

Peut-être paraît-il convenable de se référer aux dispositions de l'article 1er du règlement du service de distribution publique d'électricité qui rappelle à toutes fins utiles avec une singulière intonation que AES- SONEL désormais ENEO est une société camerounaise de droit privé investie d'une mission de service public et habilitée à produire, transporter, distribuer et vendre l'énergie au Cameroun. Et l'article 2, sur le point consacré aux définitions, ne manque pas de souligner avec emphase au sujet de la définition du périmètre de distribution ce qui suit : « *partie du territoire de la République du Cameroun sur laquelle AES-SONEL est habilitée à vendre de l'électricité avec un droit d'exclusivité défini au contrat de concession et de licence de AES-SONEL au présent.* »

De ce qui précède, il s'ensuit que le droit d'exclusivité est un droit qui évidemment et naturellement place le fournisseur de l'énergie électrique dans une posture éminemment supérieure avec pouvoir de se déroger à ses engagements sous le fallacieux motif de l'intérêt général. Dès lors, quelle est l'étendue des prérogatives exorbitantes de puissance publique d'ENEO et quels sont les instruments de mesure ou d'appréciation de la notion d'intérêt général au fondement de l'action du concessionnaire[393] ?

---

[392]BESSALA (A-G), *Sécurité d'approvisionnement et énergies renouvelables en droit camerounais : recherches sur les mécanismes de diversification du parc énergétique, op. cit.*, pp. 79 et s.

[393]CHARBIT (N), *Le droit de la concurrence et le secteur public*, Paris, Harmattan, 2002, pp. 48 et s ; DU BOIS DE GAUDUSSON (J), *L'usager du service public administratif*, L.G.D.J., 1974, pp.25 et s ; BEULAMINE (M), Les problèmes posés par la tarification d'un service public : cas de l'Électricité de France, Paris II, mémoire DEA, 1998, pp. 34 et s ; BORGETTO (M), « Sur la nature juridique du service de distribution d'eau et le traitement

L'analyse de la loi de 2011 relative à la détermination des sanctions à charge contre l'opérateur en cas de refus d'exécution des décisions conséquentes à une quelconque condamnation laisse sceptique et confus. Ce mutisme préjudiciable au consommateur de l'énergie électrique fait douter de la présupposée égalité de rapports entre fournisseur et consommateur. Il est d'autant plus déplorable de constater qu'au chapitre des missions consacrées par les pouvoirs publics à l'ARSEL conformément aux dispositions de l'article 72 de la loi de 2011 régissant le secteur de l'électricité, il n'apparaît point la mission de veiller à la bonne exécution des décisions prises à l'encontre des parties.

Pourtant, cette disposition de l'article 72 al. 1 prévoit la mission d'arbitrer les différends entre opérateurs du secteur de l'électricité sur saisine des parties. L'article 95 consacré aux infractions et aux sanctions administratives à l'encontre du fournisseur ou de l'opérateur ne prévoit pas non plus les sanctions pouvant être infligées aux protagonistes en cas de non-respect des décisions soit de l'ARSEL soit des comités de recours.

Cette omission ou ce vide juridique permet sans doute de consolider la posture déjà solidement enracinée du fournisseur qui pourra apparaître comme un Jupiter constitutionnel. Car, même l'analyse des missions du Conseil national de la consommation conformément à l'article 25 de la loi-cadre du 6 mai 2011 portant protection du consommateur au Cameroun ne prévoit aucunement la possibilité pour le Conseil national de contraindre le fournisseur à s'exécuter dès lors qu'une décision a été prononcée à son encontre. Le problème demeure encore crucial dès lors que l'on intègre dans le champ de l'analyse et en se fondant sur le droit OHADA que les sentences arbitrales, même prononcées au niveau supranational, doivent être revêtues de l'exéquatur qui les rendraient ainsi exécutoires.[394]

---

jurisprudentiel du principe d'égalité », *RFD adm.* 1993.673 ; DURUPTY (M), « Aspects récents de la privatisation du secteur public en France », Mélanges AUBY1992, p.97 ; LIET-VEAUX (G), « Nature juridique des cessions de concessions de travaux ou de services publics », *AJDA* 1983.348 ; LOCHAK (D), « Les problèmes juridiques posés par la concurrence des services publics et des activités privées », *ADJA* 1971.261. ; RIVERO (J), « Les deux finalités du service public industriel et commercial », *CJEG,* n°500 : Actualité de l'entreprise publique, juin 1994, p.375 ; ROUSSELY (F), « Clarifier les rapports entre le service public et les citoyens », in JOIN-LAMBERT (dir.), *L'État moderne et l'administration*, LGDJ, Coll. Systèmes, 1994, p.56. ; SANDEVOIR (P), « Les vicissitudes de la notion de service public industriel et commercial », Mélanges STASSINOPOULOS, LGDJ, 1974, p.317 ; TIMSIT (G), « Les relations entre l'État et les entreprises publiques », *Rev. Adm.* 1983, p.9.

394 BOUBOU (P), « Présentation du projet d'Acte uniforme relatif au contrat de consommation », *in* Paul-Gérard POUGOUE (dir), Encyclopédie du droit OHADA, Paris, Lamy, 2011, p.117 ; KAMGA (J.) et AMADOU (A.), « Droit et politique de l'énergie en Afrique subsaharienne : les tendances d'harmonisation », *Revue des juristes de science po*, autonome 2013, n° 8, pp. 64 et S ; NJEUFACK TEMGWA, « Regard sur la protection juridique du consommateur africain : lecture comparée », *Penant* 2009. pp.298 et s. ; KALIEU ELONGO (Y-R), « La réception du

Toutefois, une telle disposition du droit OHADA ne saurait prospérer dans le cadre des litiges inhérents à la consommation au Cameroun dans la mesure où la notion d'arbitrage a été dénaturée ou alors fonctionnalisée ou instrumentalisée par les textes portant protection du consommateur et organisation des comités de recours. Il n'est pas exclu d'inclure dans le champ de l'analyse des instruments normatifs sur le secteur de l'électricité. Au total, par la notion de prérogatives exorbitantes de puissance publique, le fournisseur pourrait se soustraire furtivement à l'exécution des décisions prononcées à son encontre ; d'autant plus que celles-ci ne sont pas revêtues de la formule exécutoire.

B- Les facteurs probants justifiant l'incertitude de la décision

Un fournisseur d'énergie électrique peut-il véritablement protéger les droits du consommateur de ladite énergie lorsque celui-ci (le fournisseur) dans ses rapports avec les usagers du service public emploie des clauses limitatives de responsabilité ou fait prévaloir son autorité sur les lois en vigueur ? L'ARSEL peut-elle protéger les droits du consommateur lorsque cet organe apparaît comme un observateur indulgent du comportement du fournisseur de l'énergie électrique ?

L'ensemble de ce questionnement est déjà évocateur sur les raisons de l'inefficacité des structures administratives de règlement des litiges. En effet, l'emploi par le fournisseur des clauses limitatives de responsabilité traduit une idée de puissance ou d'autorité sur les lois en vigueur, car selon l'article 5 de la loi-cadre de 2011 portant protection du consommateur, il est fait mention de ce que sont nulles, les clauses contractuelles qui exonèrent, excluent, réduisent ou limitent la responsabilité du fournisseur… Or, l'efficacité d'une institution de règlement des différends s'apprécie aussi par la capacité de celle-ci à respecter la norme. C'est du respect de la norme que les effets y relatifs seront produits. Si donc l'institution qui est chargée de régler les litiges ne respecte pas la norme, il va de soi que les personnes pour qui la norme est censée produire des effets seront fortement lésées.

L'empiètement sur la loi ne se limite pas seulement à l'emploi de clauses limitatives de responsabilité, mais va jusqu'à la capacité du fournisseur de l'énergie électrique à fixer lui-même le taux de la redevance sur les activités du secteur de l'électricité en ce qui concerne notamment la vente de l'électricité, quand bien même il existerait un décret du Premier ministre relatif à cette cause.

---

contrat d'adhésion dans les législations contemporaines », (2017) I In *Revue trimestrielle de droit économique.* pp.709 et s ; NJEUFACK TEMGWA (R), « Le contrat conclu sur incitation du professionnel en droit de la consommation au Cameroun », *Juridis périodique*, n° 111, juillet-août-septembre 2017, p.146.

Cependant, il faut comprendre cette situation dans une approche juridique des normes. En effet, le comportement du fournisseur est tributaire du contenu du règlement du service de distribution publique de l'électricité de 2009. Cet arrêté confère au fournisseur des pouvoirs exorbitants sur les consommateurs. Si donc, les pouvoirs lui sont attribués par l'arrêté ministériel, le comportement de l'ARSEL vis-à-vis du fournisseur est justifié, elle qui est un service de l'État. L'inefficacité peut aussi être justifiée par l'enchevêtrement de ces institutions dans la résolution des litiges. L'enchevêtrement naît de la confrontation des articles 17 et 18 de l'arrêté portant approbation du règlement du service de distribution publique de l'électricité. En effet, le règlement du service dans ces articles nous fait comprendre que le dommage que subit le consommateur peut être détaché des prestations du fournisseur de l'énergie électrique. Admettons que tel soit le cas, l'article 17 du règlement du service devrait donc normalement concerner les personnes qui n'ont pas un lien contractuel avec le fournisseur.

Or, à la lecture de ce texte, on comprend bien qu'il faut avoir un lien contractuel avec le fournisseur pour faire une réclamation. Au total, l'article 17 (sur la réclamation) et l'article 18 (sur la conciliation) traitent du contentieux entre le fournisseur et celui qui a un lien contractuel avec lui. Qu'en est-il donc du dommage causé à une personne qui n'a pas de lien contractuel avec le fournisseur ou qui n'est pas propriétaire ? Quelle est la voie qui lui est offerte pour être rétablie dans ses droits ?

Le règlement de service s'est limité à donner les conditions d'établissement de la responsabilité sans pour autant préciser par quel moyen il faut obtenir satisfaction des droits, nul n'était besoin de reprendre les articles 17 et 18 parce que dans le fond, ils sont liés. Le dommage ne pouvant résulter que de l'activité de service public mené par le fournisseur. Quel était donc l'intérêt pour le règlement du service public de reprendre ces deux articles ? Assurément, l'objectif était de brouiller les pistes du consommateur, d'être indécis dans le choix du mode de résolution du litige, surtout que le règlement du service introduit une faculté dans la saisine de l'ARSEL à qui il confie « la contestation des prestations » du fournisseur de l'énergie électrique.

De ce qui précède, plusieurs conséquences peuvent en découler traduisant l'inefficacité des structures administratives de règlement des différends. Il s'agit entre autres de la floraison des plaintes sur la gestion des services publics de l'électricité et de l'absence des moyens de contrainte du régulateur sur le fournisseur.

C- La floraison des plaintes sur la gestion du service public de l'électricité : des usagers déboutés

La violation des droits du consommateur, le non-respect des règles régissant le service public de l'électricité, et bien d'autres éléments sont des axiomes de la floraison des plaintes sur la gestion du service public de l'électricité. En effet, le contexte de l'électricité au Cameroun est tel que les usagers du service sont abandonnés à leur propre sort, ils ne savent vers qui se tourner pour faire entendre leurs réclamations. Cette situation traduit l'idée selon laquelle, les voies offertes par le règlement de service au fournisseur de l'énergie et à l'ARSEL ne produisent pas les effets souhaités. On a d'une part le fournisseur qui est dans une position d'alpha et oméga et d'autre part un consommateur d'énergie qui est dans une position de faiblesse face à la toute-puissance de son fournisseur d'énergie. Cet état de choses reflète le déséquilibre des rapports entre consommateur et fournisseur ; la balance pesant davantage du côté du second, ne laissant pas en reste le côté contentieux du rapport.

Au total, le règlement du service de distribution publique de l'électricité a sacrifié les droits du consommateur et livré un pan du contentieux à la merci du fournisseur de l'énergie électrique. Conséquence, les cris des consommateurs montent en puissance avec des usagers déboutés. Il faudrait donc revoir la lettre et l'esprit du règlement en question afin de rétablir les consommateurs dans leurs droits.

À propos des usagers du service public de l'électricité, il faut préciser que l'engagement d'une procédure devant son fournisseur est une entreprise dont la satisfaction est incertaine. Étant en position de faiblesse, le règlement du service est muet quant à la suite des décisions rendues par le fournisseur ou par l'agence de régulation après que le consommateur ait saisi l'un d'eux. Cela peut vouloir signifier que le règlement de service a voulu limiter la résolution des litiges électriques sur les pistes administratives, chose qui paraît incongrue dans un État de droit. Car, dans un État de droit, la loi et les textes réglementaires offrent la latitude à tout citoyen de défendre ses droits non seulement par des moyens administratifs, mais aussi par des voies juridictionnelles, c'est la raison d'être des voies de recours. Perçu de la sorte, le règlement de service apparaît comme une entorse à l'État de droit.

D- Les obstacles à l'efficacité dans la mise en œuvre de la responsabilité du fournisseur de l'énergie électrique par l'ARSEL

Dans la mise en œuvre de la responsabilité du fournisseur de l'énergie électrique, L'ARSEL est confrontée à plusieurs obstacles tant internes (1) qu'externes (2).

1- Les obstacles internes à l'ARSEL

D'un point de vue interne, les obstacles à l'efficacité de la mise en œuvre de la responsabilité du fournisseur de l'énergie électrique se rapportent aux lenteurs administratives. Ainsi, les lenteurs des programmations des descentes/ séances de conciliation (a) et les lenteurs dans l'établissement des procès-verbaux (b) constituent de véritables obstacles à l'efficacité de la mise en œuvre de la responsabilité du fournisseur de l'énergie électrique au Cameroun.

a- La lenteur des programmations des descentes/séances de conciliation

Les lenteurs observées dans les programmations des descentes conjointes ARSEL/ENEO et des séances de conciliation sont de véritables obstacles à l'efficacité de la mise en œuvre de la responsabilité d'ENEO. En effet, la responsabilité est l'obligation faite à l'auteur d'un dommage de le réparer. Il s'agit d'un mécanisme juridique qui consiste à remettre la victime aussi rapidement que possible dans l'état où elle était avant la survenance du dommage.

De ce fait, pour que la mise en œuvre de la responsabilité de l'auteur d'un dommage soit efficace, il faudrait que tous les processus et procédures envisagés à cet effet soient mis en place et réalisés dans les plus brefs délais, ceci pour éviter d'empirer la situation de la victime. Dans le cas d'espèce, les séances de conciliation et les descentes ARSEL/ENEO sont les mécanismes qu'utilise l'ARSEL pour établir et mettre en œuvre la responsabilité d'ENEO. Par conséquent, elles devraient être programmées et tenues au quotidien. Cependant, dans la pratique, l'on note l'absence d'une fréquence déterminée de la tenue des séances de conciliation et des descentes conjointes ARSEL/ENEO.

b- La lenteur dans l'établissement des procès-verbaux de conciliation/non-conciliation

Le procès-verbal de conciliation/non conciliation est un document établi par l'ARSEL et qui constate la décision des requérants et d'ENEO au différend qui les oppose. Il doit être dressé une fois l'instruction du dossier (requête) terminée. Seulement, la pratique fait montre de ce que généralement, le procès-verbal est dressé des mois après la clôture de l'affaire ou uniquement à la demande de la partie la plus diligente. Or, le procès-verbal constitue l'acte que les parties vont rendre exécutoire par la puissance de l'exequatur du juge. En d'autres termes, le procès-verbal est l'acte qui fonde le droit à la réparation en justice du préjudice subi. En conséquence, il devrait être établi dans les plus brefs délais.

2- Les obstacles externes à l'ARSEL

Plusieurs éléments externes à l'action de l'ARSEL font obstacle à l'efficacité de la mise en œuvre de la responsabilité du fournisseur de l'énergie électrique. Seuls deux (2) retiendront notre attention : les problèmes liés à l'exécution des procès-verbaux établis par l'ARSEL **(a)** et l'oubli de la responsabilité pénale (b).

b- Les problèmes liés à l'exécution des procès-verbaux établis par l'ARSEL

Une fois le procès-verbal établi et signé des parties, il doit être mis en œuvre. Pour ce faire, le représentant d'ENEO à la conciliation doit assurer la transmission du procès-verbal aux unités opérationnelles concernées. Toutefois, il peut arriver que le mandataire d'ENEO ait oublié de transmettre le procès-verbal à qui de droit. Dans ce cas, les services concernés pourront obtenir copie de celui-ci soit de l'ARSEL ou du requérant directement. Bien plus, dans le cadre du suivi-évaluation, l'ARSEL veille à la mise en œuvre des résolutions de la conciliation. Seulement, le procès-verbal n'ayant pas sur le plan juridique la même force qu'une décision de justice, son exécution peut valablement être refusée ou différée par ENEO. Il faut l'exéquatur.

Le procès-verbal de conciliation établi par l'ARSEL, comme n'importe quel autre dressé par une quelconque autorité, n'a pas de force juridique en lui-même. Pour qu'il ait force de droit, il faudrait qu'il reçoive l'exéquatur du juge. L'exéquatur est la décision par laquelle un Tribunal de Grande Instance (statuant à juge unique) donne force exécutoire à une sentence arbitrale ou autorise l'exécution de tout autre acte. Autrement dit, un procès-verbal exéquaturé est une puissante arme entre les mains du créancier d'une obligation. C'est la garantie de l'exécution de sa créance. Ainsi, la formule exécutoire apposée sur le procès-verbal, ENEO est obligée de l'exécuter.

c- L'oubli de la responsabilité pénale du fournisseur de l'énergie électrique

La loi de 2011 régissant le secteur de l'électricité consacre dans ses articles 95 et suivants un ensemble d'infractions valant sanction administrative à l'encontre du fournisseur. De cette énumération, le non-respect des obligations de service public de la fourniture de l'énergie électrique, ne figure malheureusement pas. Pourtant, l'ARSEL est chargée entre autres de protéger les consommateurs, et par la même occasion, de contrôler l'action du fournisseur. Les sanctions administratives inscrites à l'encontre du fournisseur visent plus le non-respect des règles relatives à la régulation du secteur de l'électricité.

Il va donc de l'ordre normal des choses que le poids financier et économique du fournisseur n'est pas conciliable avec des législations pénales sévères qui inscriraient à l'encontre du fournisseur des sanctions pénales spécifiques. Pourtant, en évidence, les frasques commises au quotidien par le fournisseur au moyen de ses agents commandent qu'il soit aménagé un régime spécifique de sanctions pénales à l'encontre de tous les opérateurs exerçant des activités de service public au Cameroun. L'absence de moyens de sanctions pénales du régulateur vis-à-vis du fournisseur tend à fragiliser l'action du régulateur qui se borne dans ce cas à se comporter comme un simple surveillant des activités de fourniture de l'énergie électrique. Par ailleurs, la difficile mise en œuvre des décisions des organismes administratifs de règlement des litiges se traduit aussi par l'impossibilité pour ces organes d'astreindre.

E- L'inexistence des pouvoirs d'astreinte des organes administratifs

Il paraît sans doute regrettable et déplorable de constater l'indifférence et la timidité du législateur à adresser les injonctions au fournisseur, sans doute peut-être parce que celui-ci a fait entrer dans la démarche des considérations extranormatives et subjectives tenant au poids économique du fournisseur. Sous un angle métajuridique, la timidité du législateur camerounais pourra aisément se comprendre lorsque l'on se place sous l'angle politico-diplomatique où l'influence sans cesse croissante du fournisseur ou de l'opérateur, généralement de nature étrangère telle une firme multinationale ou transnationale ou même internationale, est à même de déstabiliser le pouvoir politique en place. Il paraît donc convenable de présenter le silence des textes sur les pouvoirs d'astreinte du régulateur (1) et des comités de recours (2).

1- Le silence textuel quant aux moyens d'astreinte du régulateur sur le fournisseur

C'est sans doute ce que Joseph NIS, en parlant des relations internationales émergentes, a qualifié de nébuleuse. C'est également dans ce sens que Raymond AARON et Max WEBER ont abondé pour parler de la désétatisation de la puissance et de la modification de la grammaire de00s relations internationales et de la souveraineté étatique à la montée en puissance des multinationales. Il va sans dire que le législateur camerounais n'a pas prévu des mécanismes normatifs visant à contraindre un fournisseur tel celui de l'énergie électrique à exécuter soit de bonne foi, soit de manière forcée des décisions de justice ou des autorités administratives de règlement des litiges prises à son encontre.

Jusqu'à preuve du contraire, le fournisseur de l'énergie électrique au Cameroun demeure une personne privée liée à l'État du Cameroun par un contrat de concession du service public. Dans la théorie des contrats administratifs, la personne publique partie contractante dispose des moyens, des pouvoirs sur son co-contractant, pouvoirs permettant de rappeler au co-contractant de l'administration ses obligations contenues dans le cahier de charge.

Dans le secteur de l'énergie électrique, c'est l'ARSEL qui est chargée d'assurer, conformément à l'article 2 de son décret de création, la régulation, le contrôle et le suivi des activités des exploitants et des opérateurs du secteur de l'électricité. Cette instance ne dispose pas des moyens de contrainte sur le fournisseur de l'énergie. Pourtant, la mission qui est la sienne devrait être couronnée par l'octroi du pouvoir de contraindre le fournisseur de l'énergie à respecter la réglementation, à lui rappeler ses obligations. C'est l'occasion de préciser que l'efficacité d'une institution de régulation s'apprécie aussi par sa capacité à pouvoir contraindre un opérateur indélicat. Cet état de choses amène à voir dans l'ARSEL, un soupçon de partialité. D'ailleurs, il est chargé de veiller à l'application de la politique du gouvernement dans le secteur de l'électricité.

C'est assurément, cette politique du gouvernement qui voudrait qu'il y ait des rapports harmonieux et de collaboration entre l'ARSEL et le fournisseur tel que cela transparait à la lecture du règlement de service de distribution publique de l'électricité. À propos de ces rapports harmonieux, il ressort du règlement de service que l'ARSEL est un facilitateur des actions du fournisseur dans la mesure où, nulle part dans le règlement de service, il n'est fait mention du pouvoir de désapprobation, mais plutôt d'approbation. Cette manière du règlement de service de procéder témoigne de ce que la gestion du service public de l'électricité est une entreprise bien organisée qui confère au fournisseur une place importante avec l'État comme acteur transparent du réseau mis en place.

Perçue de la sorte, la conciliation qu'offre l'ARSEL comme mode de règlement des litiges est par essence teintée de partialité en faveur du fournisseur. Toute chose qui rend impropre la gestion administrative du contentieux de la fourniture de l'énergie électrique. De là découle la nécessité d'instituer un médiateur de l'énergie.

2- Le mutisme du législateur quant aux pouvoirs d'astreinte des comités de recours

Au demeurant, l'efficacité de l'action des organes administratifs de règlement des différends est tributaire de la redynamisation du système normatif à l'effet d'instituer des mécanismes visant à contraindre les parties à un procès à exécuter et à respecter conformément aux principes d'un État de droit des décisions prises à leur encontre. L'on peut valablement se demander le bien-fondé des comités de recours quand bien même leurs pouvoirs seraient limités et que dans le même sens, les suites réservées à leurs décisions demeurent incertaines.

Contrairement à une certaine doctrine majoritaire qui soutient que l'avènement de ces instances participe de la consolidation des droits du consommateur, le sentiment à notre avis est celui d'une grande déception. En tout état de cause, la configuration de ces structures ne présage pas d'une efficacité dans la protection des droits du consommateur. Ainsi, on dit d'une chose qu'elle est inefficace lorsque celle-ci ne produit pas l'effet souhaité ou voulu. Dans un processus de règlement des litiges, qu'il soit administratif ou judiciaire, la finalité est celle de la protection des droits. Si donc la protection des droits n'est pas valorisée, l'institution chargée du règlement du différend devrait se considérer comme inefficace.

Paragraphe IV : Le mutisme textuel relatif aux délais de traitement des requêtes par L'ARSEL

Nonobstant, le caractère facultatif de la saisine de l'ARSEL, les justiciables dans bon nombre de cas préfèrent souvent s'adresser à cette instance avant de recourir au juge. Comme nous l'avons indiqué plus haut, l'une des faiblesses de l'office de l'ARSEL réside dans le flou qui entoure le délai de traitement des requêtes des consommateurs. La loi n'a pas mis au clair les délais de saisine et de traitement des requêtes au niveau de l'ARSEL. Du coup, le vide à ce niveau concerne aussi bien les délais de saisine de l'ARSEL par un requérant que les délais pendant lesquels l'ARSEL doit examiner les requêtes. Le législateur aurait pu instituer ces délais surtout en ce qui concerne le traitement des requêtes au niveau de l'ARSEL. La lecture normative que l'on pourrait se faire de cette situation est que le temps de traitement des requêtes au niveau de l'ARSEL constitue une faculté. Cette simple faculté déteint sur l'efficacité du traitement du litige. Du coup, il y a un manque d'harmonisation entre les délais légaux de saisine des juridictions compétentes et les délais de traitement et de solutionnement des requêtes au niveau de l'ARSEL.

À notre avis, les délais gagneraient à être obligatoires. L'absence d'informations législatives sur les délais de traitement des requêtes au niveau de l'ARSEL ne vise pas à rassurer les citoyens consommateurs qui se trouvent alors à contre-pieds de ce vide sans trop savoir à quel saint se vouer. La consécration du législateur camerounais de l'ARSEL comme organe exclusif de traitement des différends nés entre fournisseur et consommateur à l'occasion de la fourniture de l'énergie électrique devrait s'accompagner d'une obligation de clarification des délais de traitement des requêtes.

Dans le cadre de l'État de droit, l'institution et la précision des délais légaux de traitement des requêtes, voire de saisine, constituent une exigence de procédure substantielle concourant à la garantie efficace des droits. L'absence de précision des délais de traitement des requêtes au niveau de l'ARSEL est à tous égards inadéquate et inadaptée aux réalités sociologiques, géographiques et socioéconomiques de la consommation.

Comment en effet comprendre et expliquer l'indifférence du législateur qui aurait pu encadrer les délais face à un consommateur exténué, désespéré et qui est conscient du danger imminent qui pèse sur lui. L'absence d'encadrement des délais de traitement des requêtes au niveau de l'ARSEL constitue une faiblesse éminemment grossière qui tend à remettre substantiellement en cause, le rôle protecteur des consommateurs conféré à l'ARSEL. Cette défaillance normative impacte et fissure significativement le traitement juridictionnel des requêtes des consommateurs. Ainsi, l'absence de précision des délais de traitement pourrait participer à priver l'ARSEL de son efficacité. Il paraît sans doute impératif aujourd'hui d'amender le règlement de service et de l'adapter aux exigences de modernité.

Dans ce sens, KAMGAING P[395] note non sans pertinence que la procédure suivie devant le comité de recours est très sommairement présentée pour être intelligible par les consommateurs et pour éviter de susciter des interrogations chez le praticien. Tout d'abord, le texte prévoit que le consommateur et le vendeur, le fournisseur de biens ou de la technologie ou encore le prestataire de service « peuvent, dans un premier temps, rechercher le règlement à l'amiable du litige qui les oppose ».

En cas d'échec, le consommateur dispose d'un délai de 30 jours pour saisir le comité de recours d'une requête. Que se passerait-il si ce délai de saisine n'était pas respecté par le consommateur ? Quel serait le délai de saisine du comité de recours au cas où les parties ne souhaiteraient pas mettre en œuvre un mode amiable de résolution des différends ? La saisine du comité de recours interromprait-elle la prescription de l'action en justice[396] ? La protection efficace et accrue des protagonistes aux différends nés de la fourniture de l'énergie électrique commande aujourd'hui une nécessaire harmonisation et coordination entre les délais de traitement des requêtes au niveau de l'ARSEL et les délais de saisine de la juridiction compétente.

Section II : L'indécision des résolutions des organes non administratifs de prévention

L'expression instances précontentieuses ne figure aucunement dans l'important dispositif normatif consacré au contentieux relatif à la consommation de l'énergie électrique. Il s'agit d'une construction fonctionnelle destinée à désigner dans le cadre de cette étude, certains organes qui, bien que non administratifs, jouent un rôle primordial susceptible de mettre fin au contentieux ou aux litiges au stade embryonnaire.

---

[395] « *Quand le consommateur tend à devenir roi... à propos des métamorphoses récentes du droit de la consommation au Cameroun* », *op. cit.*, pp.673-718.
[396] *Ibid.* p.712.

À notre avis, il s'agit évidemment d'inscrire dans ce registre les fournisseurs de l'énergie électrique qui disposent en leur sein des mécanismes d'autorégulation et d'autorésolution des litiges nés de la fourniture de l'énergie électrique. Il convient aussi d'évoquer les associations des consommateurs qui, d'après les articles 15, 21, 22 et 23 de la loi de 2011 sur la protection du consommateur au Cameroun, jouent un rôle de premier plan dans la préservation du contentieux. Maillon essentiel de la société civile de consommation, les associations des consommateurs apparaissent comme les antichambres préventives.

Dès lors, l'arrêté du 10 aout 2012 portant fonctionnement des comités de recours pour l'arbitrage des différends relatifs à la protection des consommateurs leur confère la qualité ou le statut de membre du comité de recours. À ce titre, elles sont appelées à siéger afin de statuer ou de prendre part aux délibérations dans lesquelles se trouve une mise en cause des intérêts des consommateurs. La question frontale à ce niveau est celle relative au sort réservé aux décisions de ces instances de filtrage. La question émerge dans un contexte écrasant du poids de l'opérateur par rapport aux consommateurs. Une telle considération amène à s'interroger davantage sur la portée incertaine de telles décisions.

Paragraphe I : La portée incertaine des autorésolutions du fournisseur

Il ressort des termes de l'article 17 de l'arrêté n° 0000013/MINEE du 26 janvier 2009 portant approbation du règlement de service de distribution publique de l'énergie électrique de la société AES-SONEL devenue ENEO que : toute réclamation en réparation d'un dommage adressé à ENEO doit l'être par écrit en français ou en anglais par le demandeur.

Si le règlement de service admet l'autoréparation du fournisseur du fait de ses dommages à l'usager ou au consommateur, des doutes subsistent cependant quant à la possibilité de contester ces réparations (A), à la tumultueuse mise en œuvre de ces résolutions (B) et la faible portée des actions préventives des associations des consommateurs de l'énergie électrique (C).

A- La douteuse contestation des autorésolutions amiables du fournisseur

La question ici est de savoir si un usager est fondé à contester les suites accordées à sa réclamation adressée au fournisseur. L'on se pose davantage la question de savoir si l'autorésolution à l'initiative du fournisseur relève-t-elle d'une compétence liée ou d'un pouvoir discrétionnaire.

Dans les deux cas, que ce soit dans le cadre de la compétence liée ou du pouvoir discrétionnaire, il y a matière à réflexion ou à débat. Si l'on s'en tient aux considérations consécutives à la consécration de l'autocompétence du traitement non juridictionnel des litiges, tel que cela ressort des dispositions normatives du règlement de service, l'on pourrait subodorer qu'il s'agit sans doute d'une compétence liée ; celle de prévenir obligatoirement dans l'intérêt de la bonne conduite du service public de l'électricité, d'éventuels litiges.

D'un autre point de vue, à s'en tenir aux prérogatives exorbitantes dévolues au fournisseur de l'énergie électrique, l'on pourrait également soutenir qu'il s'agit d'une compétence discrétionnaire. Dans tous les cas de figure, et à un degré supérieur, le problème se cristallise sur le fait de savoir si un consommateur ou un usager du service public de la fourniture d'électricité non satisfait des suites de sa réclamation peut porter sa cause devant le juge compétent. Ainsi, le fournisseur est-il obligé d'accorder une suite favorable à la réclamation de l'usager. Au cas où les termes de l'arrangement ne joueraient pas en sa faveur, pourrait-il se prévaloir de ces prérogatives devant les juridictions compétentes ?

Le mutisme du législateur face au destin des réclamations non satisfaites des usagers n'achève point d'interroger à plus d'un titre. C'est qu'en réalité, la cohérence de l'État de droit commande une sanctuarisation et une sacralisation des droits fondamentaux du consommateur. D'ailleurs, la prééminence des garanties à un procès équitable commande sans doute à un rééquilibrage des rapports institutionnels en la faveur du consommateur. Au total, à ce niveau, il est constant que le législateur est resté opaque sur l'essor ou les suites juridictionnelles accordées aux réclamations non résolues des consommateurs. Ceci produit comme effet immédiat la tumultueuse mise en œuvre des résolutions ayant été décidées unilatéralement par le fournisseur de l'énergie électrique.

B- La tumultueuse mise en œuvre des résolutions unilatérales du fournisseur

Le silence du législateur face à la mise en œuvre ou à l'exécution des décisions ou des résolutions décidées unilatéralement par le fournisseur à l'effet de mettre un terme au litige qui l'oppose au consommateur ne cesse d'étonner. Le flou qu'entretient le législateur relativement aux modalités de traitement des réclamations ainsi qu'aux arbitrages décidés unilatéralement par le fournisseur permet d'émettre un doute aux résolutions du fournisseur ainsi qu'à leur exécution. Rien, en effet, dans le règlement de service, ne renseigne sur la valeur des suites accordées aux réparations. Une telle posture du législateur met à mal la protection du consommateur de l'énergie électrique ainsi que la crédibilité même du fournisseur en tant qu'acteur d'apaisement des litiges découlant de la fourniture de l'énergie électrique.

De ce qui précède, le flou du législateur ne favorise guère l'éclosion de l'action précontentieuse préventive du fournisseur. Ces lacunes ne constituent pas le seul fait du fournisseur, car en effet, les associations des consommateurs de l'énergie se meuvent également dans cette perspective. Et cela en raison d'un contexte dominé par la forte politisation de l'action des consommateurs de l'énergie électrique.

C- La faible portée des actions préventives des associations de consommateurs de l'énergie électrique

Selon l'article 22 de la loi de 2011 relative à la protection des consommateurs, « les associations de consommateurs sont des regroupements apolitiques et à but non lucratif qui sont chargés entre autres de la promotion et de la protection des intérêts du consommateur, de la représentation des intérêts individuels ou collectifs des consommateurs auprès de l'État ou des fournisseurs et prestataires des secteurs publics et privés ; la mise en œuvre des programmes d'éducation du consommateur ».

Dans le cadre d'exercice de leurs missions, les associations des consommateurs jouent un rôle très capital dans le filtrage du contentieux de la fourniture de l'énergie électrique en ce sens qu'elles constituent les cadres d'information, de formation et d'éducation des consommateurs. C'est d'ailleurs la raison pour laquelle l'article 3 de l'arrêté des comités de recours les intègre dans le giron des résolutions des comités de recours. Le crédit accordé à ces associations est prioritaire des ambitions et de l'espoir portés en elles.

Toutefois, en dépit de cette importance, le tableau sombre de la cartographie des associations des consommateurs fait état des caisses d'enregistrement et de résonance servant habilement et perversement les intérêts du fournisseur au grand dam du consommateur qui ne peut alors que se résoudre à s'apitoyer et à s'atermoyer sur son sort parce que trahit par son protecteur tel le seigneur JESUS-CHRIST qui avait été trahi par Judas ISCARIOT.

Cette sombre réalité de corruptibilité et la forte politisation des associations des consommateurs de l'énergie apparaissent sans doute comme ostentatoire et attentatoire aux dispositions de la loi portant protection des consommateurs. Il n'est donc point besoin de rechercher l'efficacité de ces simples caisses de résonance qui se servent au lieu de servir le consommateur. Il s'agit là sans doute d'un détournement d'intentions nobles des consommateurs conformément à la loi. Peut-être, le contexte de grande pauvreté couplée à la faiblesse financière des recouvrements justifient leur attitude de mendicité vis-à-vis du pouvoir public et du service public.

Il revient donc au juge au regard de cette complicité de s'illustrer par des postures jurisprudentielles osées et courageuses qui pourraient sans doute contribuer à la sécurité juridique du consommateur. Les associations des consommateurs ne bénéficient malheureusement pas d'un statut juridique leur conférant les avantages publics. Elles fonctionnent en effet sur le fondement des fonds propres. Cette fragilité financière compromet significativement les actions des associations des consommateurs. À titre d'illustration, il paraît convenable de mettre en ligne de mire la faible mobilisation de ces associations, leur sous-représentativité sur l'échiquier national. Leur pouvoir de coercition et de pression inexistant, etc.

Dans ces conditions, il paraît difficile d'envisager l'efficacité de ces organes dans la prévention et le filtrage du contentieux. Au demeurant, la réflexion sur la portée des décisions précontentieuses mérite d'être mise sur la table de discussion des maux qui gangrènent aujourd'hui la protection du consommateur. Une nécessaire refonte du cadre normatif des associations de consommateurs paraît sans doute urgente.

CONCLUSION Chapitre I

En raison de l'importance capitale de l'électricité dans nos sociétés modernes, la fourniture de celle-ci génère un vaste contentieux. Le contentieux de la fourniture de l'énergie électrique au Cameroun est géré et réglé à la fois par des organismes privés et publics. L'ARSEL est l'unique personne morale de droit public ayant compétence non seulement pour connaitre des différends qui s'élèvent à l'occasion de la fourniture ou de la consommation de l'énergie électrique, mais aussi pour engager la responsabilité d'ENEO après requête préalablement constituée et déposée par les consommateurs auprès d'elle.

Seulement, l'observation du fonctionnement de l'ARSEL montre plusieurs facteurs qui obstruent l'efficacité de sa mission de trancher les litiges qui découlent de la consommation de cette source d'énergie. D'où le recours infaillible, fidèle et incontournable au juge et à ENEO pour une meilleure protection des droits des consommateurs. Toutefois, en dépit de cette mutualisation d'actions et d'efforts du juge, d'ENEO et de l'ARSEL, la résolution des différends liés à la consommation de l'énergie électrique fait toujours face à une difficulté majeure : l'irresponsabilité de l'État.

L'effet mitigé des résolutions émanant des organes non juridictionnels se traduit par le caractère évasif desdites résolutions et leur indécision. Un tel effet remet en cause la portée de telles résolutions. La concrétisation de l'État de droit commande aujourd'hui une restructuration en profondeur des organes non juridictionnels, de prévention des litiges opposant le consommateur au fournisseur de l'énergie électrique.

CHAPITRE II :

PLAIDOYER POUR UNE OPTIMISATION DE L'EFFICACITÉ DES MODES NON-JURIDICTIONNELS DE RÈGLEMENT DES LITIGES EN MATIÈRE DE FOURNITURE DE L'ÉNERGIE ÉLECTRIQUE AU CAMEROUN

Le droit du contentieux de l'énergie électrique au Cameroun est organisé, de telle sorte qu'on peut voir explicitement le régime de la responsabilité des différents antagonistes dont l'établissement passe par la saisine d'une instance compétente. Le règlement du service de distribution publique d'électricité du 26 janvier 2009, la loi n° 2011/022 du 14 décembre 2011 régissant le secteur de l'électricité au Cameroun et la jurisprudence judiciaire sont précis dans l'identification des instances compétentes dans la résolution des litiges entre fournisseur et consommateur de l'énergie électrique : l'ARSEL, ENEO (fournisseur) et le juge judiciaire. En effet, l'ARSEL, les comités de recours et ENEO procèdent généralement **par** la conciliation et la réclamation **et** participent de façon plus ou moins active à la connaissance de tout différend qui naîtrait des rapports entre d'une part le fournisseur et le consommateur et entre opérateurs d'autre part.

Excluant de ce champ d'analyse les différends entre opérateurs, il en ressort que le consommateur, sur le fondement de **l**'article 17, a la possibilité de porter à la connaissance de son fournisseur l'existence d'un dommage imputable à son activité. À l'article 18 du même texte, la même possibilité est offerte à la différence que celle-ci doit porter sur les prestations du fournisseur et être portée à la connaissance de l'ARSEL.

Cependant, un regard attentif sur la matérialité des articles susévoqués couplé au comportement révoltant du fournisseur de l'énergie électrique au Cameroun amène à croire que le consommateur de l'énergie électrique au Cameroun est lésé dans ses droits. C'est sans doute ce qui fait dire à BILONG NKOH que « *L'arrimage de la régulation du commerce des énergies renouvelables aux réalités d'ordre socioculturel serait une solution à l'instauration d'un équilibre entre les intérêts du consommateur et ceux des fournisseurs* »[397].

---

[397]BILONG NKOH (F-R), « Le consommateur et le commerce des énergies renouvelables en Afrique subsaharienne », *Revue internationale de droit économique*, 2020/1, pp. 79 et s.

Des institutions juridiques adaptées aux réalités socioculturelles des consommateurs apparaissent nécessaires dans le paysage juridique camerounais, de la même manière que d'autres institutions peuvent aussi se révéler utiles pour contribuer à la garantie d'une meilleure protection du consommateur[398].

L'ARSEL, organe administratif chargé de régler les litiges liés à la consommation de l'énergie électrique, est un organe qui, de par la récurrence des affaires et la pléthore de plaintes sur le marché de la consommation de l'énergie électrique, fait montre d'une performance qui, à notre sens, ne rend pas compte de cette mission contentieuse qui est la sienne. Cette situation traduit l'inefficacité des structures administratives de règlement des litiges. D'où la nécessité d'envisager d'autres pistes de solutions.

Section I : L'harmonisation du cadre institutionnel de la résolution des litiges de l'énergie électrique

Tout litige entre le fournisseur d'électricité et le client peut faire l'objet, selon qu'il émane de l'un ou de l'autre, de tentatives de résolution amiable d'autant que les offres contractuelles comme les contrats doivent préciser « les modes de règlement amiable des litiges »[399]. Afin de faciliter ces règlements, et d'une façon générale, les relations du client avec le fournisseur, les dispositions à caractère général, de l'article I., 133-5 du Code de la consommation prévoient que « le numéro de téléphone destiné à recueillir l'appel du consommateur en vue d'obtenir la bonne exécution d'un contrat conclu avec un professionnel ou le traitement d'une réclamation ne peut être surtaxé. Il est indiqué dans le contrat et la correspondance ». Cette disposition est entrée en vigueur depuis le 1er janvier 2009 et est applicable, depuis cette date, aux contrats en cours[400].

Néanmoins, il faut relever que c'est de l'isolement fonctionnel et organique des institutions de règlement des litiges liés à la fourniture de l'énergie électrique que naît l'idée d'une nécessité de leur harmonisation[401]. En effet, le régulateur Arsel, le fournisseur ENEO et les comités de recours institués par arrêté du Premier ministre du 10 aout 2012, sont, sur le plan administratif, les organes habilités à connaitre du contentieux de la fourniture de l'énergie électrique. La compétence matérielle et /ou territoriale des deux premiers organes est canalisée, orientée vers l'énergie électrique tandis que, si la compétence territoriale du troisième est limitée au ressort d'un

---

398 *Idem.*

399 C. Consom., art. I., 121-87-15°

400 PERROUD (T), *La fonction contentieuse des autorités de régulation en France et au Royaume-Uni, Paris* : Dalloz, coll. « Nouvelle Bibliothèque de Thèses », 127, 2013, pp.386 et s.

401 PERROUD (T), *op. cit.*, pp.378 et s.

arrondissement, sa compétence matérielle est au contraire plus large, dans ce sens qu'il est chargé d'arbitrer les litiges concernant la protection du consommateur en général[402]. L'imparité qui gouverne ces organes administratifs, pour ce qui est notamment de l'inopérabilité des uns et de la matérialité approximative des autres, invite à flécher en faveur de la coordination de ces institutions à côté de la nécessité de leur modernisation.

Paragraphe I : la coordination des instances administratives de résolution des différends

Aujourd'hui, sur le territoire et au sein de chaque institution, une approche concertée du travail social devrait ainsi se concevoir selon trois niveaux : au niveau politique, c'est-à-dire dès la conception des projets institutionnels publics ou associatifs ; au niveau stratégique, c'est-à-dire à partir des différentes orientations politiques et au moment de la déclinaison des actions ; au niveau opérationnel, c'est-à-dire en pensant la mutualisation des compétences et des ressources[403].

Sans prétendre à une étude exhaustive de la coordination, il faut préciser que, seule la dimension opérationnelle de celle-ci devrait guider à notre sens la nouvelle configuration des organes administratifs de règlement des litiges, ceci pour deux raisons. Ces raisons tiennent tour à tour au caractère disparate des compétences desdits organes, couplé à un enchevêtrement institutionnel recherché qui traduit l'idée d'un fonctionnement opérationnel à part entière des organes administratifs de résolution des litiges[404].

Pourtant, poursuivant un même objectif, les organes de résolution des litiges gagneraient en efficacité s'ils venaient à voir leurs efforts converger. Seulement, la convergence des efforts de ces organes administratifs est quasiment inexistante. Pourtant, la combinaison des efforts participerait de l'enrayement, de l'étouffement des limites des uns et des autres[405]. C'est dans ce sillage que s'inscrit l'idée de coordination axée sur la mutualisation des compétences à côté de l'opérationnalisation des comités de recours.

---

[402]Article 2 de la loi-cadre de 2012 portant protection du consommateur au Cameroun.

[403]AUDOUARD (N), « la coordination institutionnelle entre les acteurs », *Vie sociale* 2016, n° 13, pp.139-146.

[404]KANWE MOUAFFO (M- C) et PETGA NKWENGOUA (S- V), « Les comités de recours au Cameroun : une réponse à la Résolution 70/186 des principes directeurs des Nations Unies pour la protection du consommateur ? », *in* YAWAGA (S) (dir), *La protection du consommateur au Cameroun : principes, enjeux et perspectives*, *op. cit.*, pp. 418 et s ; GENTOT (M), *Les autorités administratives indépendantes*, Montchrestien, Coll. Clefs, 1991.

[405]D'abord, on a les comités de recours qui agissent à leur bon vouloir, ensuite, un régulateur timidement ressenti dans son action, et enfin un opérateur qui, ayant reçu des pouvoirs exorbitants dans le cadre du règlement de service, agit de façon arbitraire dans la résolution des litiges.

A- La mutualisation des compétences entre l'organe en charge de la régulation et les comités de recours

Sur le plan du droit, la mutualisation des compétences des différentes institutions qui font usage des moyens différents pour la résolution des litiges peut paraître comme une entreprise difficile. On a d'une part, le régulateur dont la procédure de conciliation est son mode par excellence de résolution des litiges ; et d'autre part les comités de recours qui militent pour la procédure d'arbitrage. Cependant, en abordant la question sur le plan du contenu de la compétence, la situation semble décanter. En effet, lorsque nous parlons de la mutualisation des compétences entre ces différents organes, il s'agit en clair de la nécessité d'une conjugaison convergente des efforts relatifs à la protection des droits des consommateurs. Cette convergence exclut toute possibilité pour l'un d'entre eux de travailler de façon isolée.

La décision de loger dans le même lot les comités de recours et le régulateur tient au rapprochement des missions qui sont les siennes, concernant notamment la défense des droits des consommateurs d'une part et au statut qui est le leur *(toutes les deux sont des institutions étatiques)* d'autre part. Par ailleurs, la mutualisation des compétences ne signifie pas l'effacement d'un organe au profit de l'autre ou encore le transfert des compétences de l'un vers l'autre. Elle s'inscrit dans le cadre de l'enchevêtrement institutionnel de résolution des différends. En clair, la mutualisation des compétences doit prendre en compte deux paramètres : un paramètre matériel et un paramètre territorial.

En décidant de mutualiser la compétence du régulateur à celles des comités de recours, il s'agit premièrement, sur le plan de la compétence territoriale d'organiser un enchevêtrement institutionnel entre le régulateur et les comités de recours. Ici, les comités de recours, logés au sein des arrondissements s'entendraient comme des relais du régulateur Arsel ou encore des pôles de renseignement, permettant de s'enquérir de l'état de la protection des droits du consommateur. Cet enchevêtrement institutionnel ferait état d'une *représentativité de fait* des institutions de résolution des différends d'une part ; et constituerait d'autre part une technique de résurrection des comités de recours au Cameroun[406].

Sur le plan de la mutualisation matérielle des compétences, celle-ci devrait prendre en compte la nécessité d'une refonte des textes en la matière, organisant ainsi les rapports entre les comités de recours et le régulateur. Un texte du Premier ministre devrait à cet effet restructurer les compétences et les missions de ces organes administratifs[407].

---

[406]KANWE MOUAFFO (M- C) et PETGA NKWENGOUA (S- V), « Les comités de recours au Cameroun, *op. cit.*, pp. 418 et s.
[407]*Idem.*

B- L'opérationnalisation des compétences des comités de recours

Au sens de l'arrêté n° 119/PM du 10 aout 2012 portant organisation et fonctionnement des comités de recours, il est institué au niveau de chaque arrondissement, un comité de recours, représentant l'instance de règlement des différends relatifs à la protection du consommateur. Sur le plan formel, tout est au mieux pour l'effectivité des comités de recours. Un regard matériel sur la situation des comités de recours au Cameroun fait état d'une sécheresse opérationnelle de ceux-ci.

On dit d'une chose qu'elle est opérationnelle lorsque celle-ci effectue la tâche pour laquelle elle a été créée ou produit un résultat attendu. Il appert cependant que les comités de recours chargés d'arbitrer les litiges relatifs à la protection du consommateur au Cameroun seraient des lettres mortes. L'appréciation de leur opérationnalité ici se fait en rapport au degré d'imprégnation de ceux-ci dans la socialisation des consommateurs. En effet, le résultat d'une étude menée sur le terrain en rapport à la connaissance des comités de recours par les consommateurs est inquiétant. Nombreux sont ces consommateurs qui ignorent totalement l'existence des comités de recours. Ce faible taux d'imprégnation de l'institution serait lui-même la résultante du manque de hardiesse des membres les composant.

Pour faute de publicité de l'institution ou de l'organisation des compagnes sur son rôle, les consommateurs se trouvent embobinés dans un régime du contentieux qui ne leur fournit pas les garanties nécessaires à leurs droits. À partir de là, il serait de bon ton pour les pouvoirs publics et les services territoriaux de prendre acte de l'importance qui serait entachée à l'opérationnalisation des comités de recours. Leur opérationnalisation s'inscrit dans la dynamique du démantèlement du traitement du contentieux de la fourniture de l'énergie électrique. C'est dans cet élan de démantèlement du contentieux que se trouve justifiée la nécessité d'une dématérialisation des instances administratives vouées à la cause.

Paragraphe II : La modernisation des instances administratives de traitement des différends

L'idée de modernisation ici doit être appréhendée dans la logique de la restructuration des structures existantes, qui n'exclut pas l'implication de nouvelles. Elle prendrait en compte les impératifs démocratiques de garantie effective des droits et libertés d'une part, et les moyens de garantie de la garantie des droits d'autre part. Ces axiomes de la modernisation s'extériorisent, dans le cadre de cet exercice sur un double volet : le volet matériel et le volet technique.

A- La modernisation matérielle des instances administratives de traitement des différends

La matérialité de la modernisation s'apprécie par rapport à la territorialité des instances de traitement de litiges. Il se trouve que les instances administratives de règlement des litiges liés à l'électricité au Cameroun sont faiblement représentées sur l'ensemble du territoire national. Excluant dans cette analyse la mission contentieuse du fournisseur, pour la raison liée à son organisation indépendante des pouvoirs publics, notre attention sera portée sur les institutions dont l'organisation est dépendante de l'autorité publique.

1- Le cas de l'ARSEL

L'article 85 de la loi de 2011 régissant le secteur de l'électricité, l'article 18 du règlement du service de distribution publique de l'électricité et l'article 3(1) du décret de 2013 portant organisation de l'ARSEL précisent en substance que tout litige relatif à la fourniture de l'énergie électrique pourra faire l'objet d'une procédure de conciliation devant l'Arsel. Se contentant d'identifier l'ARSEL comme instance de conciliation, les textes susévoqués ne font aucun cas de ce qu'il faut savoir du conciliateur. En d'autres termes, qui peut être conciliateur d'un différend opposant le fournisseur au consommateur, quel est son statut ?

Le mutisme des textes sur cette question fait montre d'indélicatesse ou de négligence de la part des rédacteurs des textes susévoqués en ce qui concerne la défense du droit de la consommation de l'énergie électrique. À ce sujet, le consommateur serait mal situé sur celui qui devrait connaitre du litige qui l'oppose au fournisseur ; pour lui il s'agit d'un effet de surprise. Assurément, en restant muets sur le statut du conciliateur, les textes auraient laissé le soin à l'ARSEL d'organiser librement la procédure de conciliation de telle sorte qu'à chaque fois qu'un litige se présenterait à elle, celle-ci prendrait des dispositions pour organiser, selon les cas, la procédure.

L'organisation libre de la procédure de conciliation impliquerait l'affectation à cette fin et de façon hasardeuse d'un personnel pour l'animation de la conciliation. Il est vrai que les modalités de règlement des différends comme cela transparait dans l'article 5 du décret précité sont fixées par l'agence, mais une lecture et une interprétation du mode de fonctionnement de l'agence fait état d'une configuration hasardeuse de la procédure de conciliation. Cela est perceptible dans le niveau de dynamisme *(accès impossible aux procès-verbaux de conciliation, traitement différencié des cas)* observé dans le traitement des litiges relatifs à la fourniture de l'énergie électrique devant l'ARSEL et au regard de la composition de son personnel (personnel recruté directement, fonctionnaires en détachement, agents relevant du Code du travail).

Au total, la configuration personnelle et matérielle de l'ARSEL telle qu'elle se présente préfigure au traitement inefficace des litiges en la matière. C'est la raison pour laquelle nous nous proposons d'envisager certaines pistes de solutions pour desservir le contentieux en question, partant du conciliateur à son déploiement sur l'ensemble du territoire national.

a- Sur la refonte de l'instance de conciliation

Au sens de l'article 85 de la loi de 2011 régissant le secteur de l'électricité, l'agence peut être saisie dans le cadre d'une procédure de conciliation par toute personne physique ou morale, par toute organisation professionnelle ou association d'usagers, afin de régler les conflits entre les usagers, d'une part, et les opérateurs d'autre part. Cette disposition fait de l'ARSEL au sens souple du terme un conciliateur dont l'étude paraît irréversible dans le contentieux de la fourniture de l'énergie électrique.

Dire que L'ARSEL règle les différends relatifs aux prestations du fournisseur de l'énergie revient à traduire l'idée selon laquelle au sein de L'ARSEL, il y aurait un service chargé d'assurer la procédure de conciliation, faisant office de conciliateur au sens strict du terme. L'étude du conciliateur dans cet exercice sera précédée d'une présentation générale des questions financières de L'ARSEL. La nécessité de cette présentation des questions financières résiderait dans la recherche des mesures de garanties financières du conciliateur dans la mesure où la mission de règlement des litiges, quelle qu'elle soit, est foncièrement juridictionnelle et exige de celui qui l'exerce un minimum d'impartialité ou de comportement responsable dont la principale garantie réside dans ses revenus mensuels.

Ainsi, l'agence de régulation du secteur de l'électricité est au sens de l'article premier alinéa 2 du décret n° 2013 /203 du 28 juin 2013 portant organisation et fonctionnement de L'ARSEL, un établissement public administratif doté de la personnalité juridique et de l'autonomie financière. L'autonomie financière signifie ici que le régulateur, conformément aux règles de la comptabilité publique, gère librement ses ressources financières sous réserve du contrôle de tutelle qu'exerce le ministère des Finances sur ces questions. De l'article 22 du décret précité ressort la composition des ressources du régulateur qui, à notre sens, invite à une remarque.

En effet, l'on constate que les ressources en question viennent en grande partie des opérateurs selon le régime auquel ils sont soumis ou en fonction des frais d'étude de dossiers versés par les postulants aux titres des opérations du secteur de l'électricité. Dans un contexte où le secteur de l'électricité est libéralisé, c'est-à-dire ouvert à plusieurs opérateurs, cette situation est une aubaine. Par contre, il peut paraître dangereux pour un secteur monopolisé comme se présente celui de l'électricité au Cameroun.

La dangerosité de cet état de choses réside dans le caractère unilatéral de la provenance des ressources importantes devant animer le régulateur dans ses missions. Nul besoin de rappeler ici que les subventions ou dotations budgétaires de l'État se chiffrent en millions de FCFA et seraient difficilement à mesure de couvrir l'ensemble des dépenses du régulateur. Il ne faut pas oublier que le contexte politique des établissements publics administratifs au Cameroun est teinté de bureaucratie.

En effet, l'organisation est telle que les organes dirigeants des établissements publics administratifs c'est-à-dire du conseil d'administration et de la direction générale absorbent la grande partie des ressources qui sont affectées en sommes importantes à leur bien-être (salaire gigantesque, avantages de service énormes, confort à nul autre pareil, etc.). La conséquence est qu'on va assister à une canalisation importante des ressources budgétaires au bien-être des organes dirigeants (directeur général, directeur général adjoint, président du conseil d'administration et les indemnités de session du conseil) au détriment de l'animation matérielle des missions du régulateur.

Ceci pourrait avoir des conséquences sur le conciliateur en ce sens que celui-ci ne disposerait pas des garanties financières importantes capables d'assurer son indépendance ou son impartialité pendant une procédure de conciliation. Il n'est pas faux de dire ici que si l'impartialité du conciliateur n'est pas garantie, il n'est pas exclu que celui-ci fasse peser la balance en faveur de celui qui lui offrirait un pot-de-vin pour avoir gain de cause.

Par ailleurs, on va remarquer que ce manque de garantie d'impartialité amène le conciliateur à se lancer dans la recherche des marchés publics, pour assurer au mieux son bien-être ; conséquence de course, la procédure de conciliation ne serait qu'une chose qu'il prendrait avec peu d'intérêt. En d'autres termes, on va assister à la légèreté dans le traitement des différends ou à un traitement adapté à sa disponibilité[408].

Il est plutôt regrettable de constater que, pour un droit économique comme celui de la consommation dans le volet relatif à sa garantie, les textes soient muets sur le traitement financier du garant dudit droit étant donné la sensibilité de celui-ci. Tout organe qui est appelé à assurer une mission juridictionnelle devrait briller par les exigences d'indépendance et d'impartialité dont la garantie réside dans les mesures de protection financières et personnelles instituées par des textes.

Pour nous, la procédure de conciliation devrait être animée par un collège formé des magistrats hors hiérarchie en raison de leur expérience professionnelle dans la conduite des débats contradictoires, des experts sur les questions techniques de la fourniture de l'énergie électrique *(en raison de la*

---

[408]BERNHEIM-DESVAUX, (s) « Litige de consommation : règlement extrajudiciaire et règlement en ligne », *JCP E* 2013, 1402p.

complexité et de la technicité des questions électriques), d'un expert juridique (en *raison du volet juridique entaché au contentieux),* des représentants des administrations publiques, des représentants des associations des consommateurs, des représentants de la société civile, des représentants de l'opérateur.

b- Pour l'institution du caractère obligatoire de la règle du contradictoire au niveau de l'instance de conciliation

Le principe du contradictoire est un principe général de droit existant dans toute procédure qu'elle soit civile, administrative, pénale ou disciplinaire, et qui signifie que chacune des parties a été mise en mesure de discuter l'énoncé des faits et les moyens juridiques que ses adversaires lui ont opposés.[409]

C'est un principe qui garantit à chaque partie le droit de prendre connaissance des arguments de fait, de droit et de preuve à partir desquels elle sera jugée. Ce principe, selon la convention européenne des droits de l'Homme, est à même de rapprocher des notions de droits de la défense, bonne foi, loyauté, équité et égalité des armes. Il se résume en deux axiomes : l'information et l'échange de notes.

L'information incombe aux parties en contentieux d'une part et à l'instance chargée de régler le différend d'autre part. Le demandeur doit informer en temps utile le défendeur des moyens de fait et de droit qui sont invoqués tandis que l'instance chargée de régler le différend doit informer les parties de tout élément nouveau ou moyen de droit ou de fait. L'échange de notes quant à elle concerne nécessairement les parties en désaccord qui doivent en temps utile s'échanger les pièces ou les conclusions[410].

Présenté de la sorte et répertorié dans le contentieux de la fourniture de l'énergie électrique devant L'ARSEL, il se trouve que ce principe est relativement dépourvu de son dévolu qui est celui de promouvoir l'égalité et de protéger les droits et libertés des antagonistes. Il faut préciser que le dépouillement de ce dévolu est davantage du côté du consommateur qui dans ce contentieux peut être qualifié d'orphelin parce que les exigences enfouies dans le principe du contradictoire lui échappent.

En prenant par exemple l'exigence axée sur la connaissance des moyens de droit et de fait, il se trouve que l'adversaire du consommateur, qui n'est nul autre que son fournisseur d'énergie électrique, rend insuffisamment compte de cette exigence. Soit il ne communique pas l'intégralité des moyens de preuve, de fait ou de droit, soit il communique tardivement à telle enseigne

---

409MINIATO (L), *Le principe du contradictoire en droit processuel*, LGDJ, Coll. « Bibl. dr. Privé », 2008, t. 483.

410SCHRAMECK, Quelques observations sur le principe du contradictoire, *in* Mél. G. BRAIBANT, Dalloz, 1996, pp.629-640.

que le consommateur n'aura pas suffisamment pris connaissance des moyens de son adversaire pour préparer sa défense. Cette situation fléchit la règle du contradictoire et lui fait perdre ses lettres de noblesse. Or, dans un contentieux comme celui-ci, qui plus de service public, il faut que l'ARSEL veille au respect de ce principe. La flexion de ce principe traduit la faiblesse et le défaut de hardiesse de cette institution de règlement des litiges par les moyens desquels la procédure de conciliation sera déséquilibrée[411]. Il est vrai que la procédure de conciliation invite à une application souple du contradictoire de par sa nature non contentieuse afin d'aboutir à un accord, mais cela ne signifie pas pour autant que la disparition de ce principe ne serait-ce que pour l'équité.

c- Pour une dématérialisation et une territorialisation à large spectre des interventions de l'ARSEL : un impératif d'efficacité

L'efficacité d'une institution comme l'ARSEL qui est chargée de veiller aux intérêts des consommateurs et d'assurer la protection de leurs droits en ce qui concerne le prix, la fourniture et la qualité de l'énergie électrique, résiderait dans sa représentativité sur l'ensemble du territoire national. La centralisation de la gestion des litiges au regard de leur floraison est un élément sincère qui trahit l'efficacité et la performance de l'institution[412]. L'idée de représentativité part du contexte dans lequel les consommateurs de l'énergie électrique baignent.

Ce contexte est tel qu'il ne permet pas à chaque consommateur de l'énergie électrique de faire entendre sa voix (certains sont dans des zones très éloignées du siège de l'Arsel) d'une part et d'autre part, l'effectif réservé pour traiter des dossiers de conciliation n'est pas à mesure de prendre en charge toutes les demandes eu égard à leur pléthore. Cela conduit à un ralentissement dans le traitement des dossiers. Pourtant, la décentralisation de l'ARSEL ou sa restructuration permettrait de desservir le contentieux et de veiller au mieux à la protection des droits des consommateurs.

La représentativité de L'ARSEL sur l'ensemble du territoire national assurerait une décompression des énergies dans l'animation du contentieux. Cette représentativité voudrait qu'il y ait dans chaque région, département et arrondissement, une délégation de l'ARSEL (agence régionale de régulation du secteur de l'électricité, agence départementale de régulation du secteur de l'électricité, agence d'arrondissement de régulation du secteur de l'électricité).

---

[411]PICARD (E), « La juridiction administrative et les exigences du procès équitable », in SUDRE (F) (dir.), *Le droit français et la Convention européenne des droits de l'Homme*, 1974-1992, éd. N.P. Engel, 1994, p. 217.

[412]CHEVALIER (J-M) (dir.), L'idée de service public est-elle encore soutenable ?, PUF, 1999. pp. 51 et s.

À défaut de cette structuration, une coordination serait aussi envisageable entre l'Arsel et les services territoriaux (sous-préfecture, préfecture, services du gouverneur). Ici, il sera question d'aménager dans ces services des unités représentant l'Arsel et jouant le rôle d'une véritable agence de régulation. Cette situation est envisageable au regard des investissements importants devant être mobilisés si l'on venait à opter pour une représentativité en dehors des services territoriaux. Dans le même sens, les pouvoirs publics camerounais gagneraient en faisant preuve de hardiesse en ce qui concerne notamment les institutions de règlement des litiges liés à la consommation de l'énergie électrique.

À l'heure actuelle, la situation ou l'efficacité de celles existantes pourrait amener à jeter un dévolu sur l'état de droit en la matière. On ne le dira jamais assez, l'état de droit emporte non seulement la création des institutions de garantie des droits, mais aussi les moyens de contrôle de l'efficacité de ces mesures de garanties. Lorsque pour une même cause, par exemple la garantie des droits des consommateurs de l'énergie électrique, plusieurs organes interviennent sans pour autant être à la hauteur de leur mission, il faudrait à défaut de créer d'autres institutions, penser à une coordination des institutions vouées à la cause ou à un enchevêtrement institutionnel. C'est une méthode qui vise à ce que pour un même objet, deux ou plusieurs organes travaillent ensemble, chaque organe ayant une compétence matérielle précise.

Cela étant, sur le plan administratif, la résolution des litiges liés à la consommation de l'énergie électrique est assurée par ENEO et l'Arsel, les comités de recours (dont l'implication dans le domaine de l'énergie est recherchée) devant jouer un rôle déterminant, il faudrait peut-être penser à la coordination de ces trois organes. Cette action sur un plan formel invite à un toilettage des textes, notamment le règlement de service et la loi de 2011 régissant le secteur de l'électricité, qui imposent au consommateur de l'énergie électrique la voie de la conciliation et celle de la réclamation pour tout règlement de litige lié à la fourniture de l'énergie électrique. De même, un autre texte du Premier ministre pourrait organiser les compétences territoriales et matérielles de ces institutions.

2- L'intégration des collectivités locales dans le processus de règlement de litiges liés à la fourniture de l'énergie électrique

Guillaume BOUVIER souligne pertinemment que le service public de la distribution d'électricité en France, sous des abords techniques et peu engageants, se révèle être une nébuleuse riche d'acteurs politiques et économiques qui véhiculent des représentations territoriales divergentes[413].

[413]BOUVIER (G), « Enjeux géopolitiques autour de la distribution d'électricité en France », Herodote2003/3, N° 110, pp.71 à 87.

Ce secteur est soumis à une double évolution du fait de la libéralisation et de la montée en puissance des collectivités locales[414]. La région n'est pas une échelle totalement inconnue de la distribution d'électricité. La loi de 1946 prévoyait la création d'établissements publics régionaux de distribution[415]. De ce qui précède, l'intégration des collectivités locales semble être une exigence qui va de pair avec la forme de l'État. Elle revêt des enjeux majeurs pour l'État d'une part et participe de la construction de la proximité avec les populations locales d'autre part.

a- Un enjeu de nature politique, économique et social

L'un des objectifs de la décentralisation était de rapprocher le service public des citoyens en leur confiant eux-mêmes la gestion des affaires locales. Cette thèse va en droite ligne avec les nouvelles exigences de la gestion publique des affaires avec qui elle conjugue la gestion participative des affaires publiques. Cette gestion participative impliquerait la prise des décisions de façon autonome dans leurs affaires propres, mais aussi, une certaine implication des collectivités locales lorsque les droits des populations locales sont en jeu. C'est dans cette mouvance de protection des droits des populations locales que les collectivités locales devraient interférer dans le processus de règlement des litiges liés à la consommation de l'énergie électrique. Il ne faut pas oublier que le souci de la décentralisation n'est pas seulement de rapprocher les citoyens de l'administration, mais aussi de s'assurer de plus près que leurs droits sont garantis. Cela devrait servir de motif d'intégration des collectivités locales au règlement des litiges. Il apparaît comme un paradoxe, le fait que le garant de proximité des droits des populations locales ne soit pas intégré dans l'appareil administratif de règlement des litiges électriques. Cette situation pourrait se justifier par la lenteur que connait la décentralisation dans son effectivité.

Néanmoins, l'intégration des collectivités locales dans ce contentieux conférerait à la démocratie ou à l'état de droit une plus-value sachant que les collectivités locales sont les nouveaux centres d'impulsion de la démocratie. Elles pourront intervenir ou être représentées au sein des comités de recours devant être opérationnalisés. Cela invite à une restructuration pour ce qui est de la composition des comités de recours. Dans la mesure où le différend est porté auprès d'un opérateur, la représentativité des collectivités locales ne

---

[414]COURIVAUD (H), « La concession de service public à la française confrontée au droit européen »,in *Revue internationale de droit économique* , Éditions Association internationale de droit économique, 2004/4 (t. XVIII, 4) 2004/4, pp.399 et s.

[415]La distribution publique de l'électricité repose sur une organisation territoriale relativement complexe et sur un système de relations contractuelles et institutionnelles entre les collectivités locales et EDF. Ce système est aujourd'hui « contraint » par deux facteurs. Il doit s'adapter à la libéralisation du marché de la fourniture d'électricité en Europe et il est pris dans la vague de la décentralisation. Le paysage institutionnel des relations entre les collectivités locales et l'électricité est ainsi en pleine mutation.

serait pas taboue même au niveau de l'agence de régulation du secteur de l'électricité.

b- La création des comités de conciliation auprès de chaque mairie

D'entame, les comités de conciliation auprès de chaque mairie ne se substituent pas à l'instance centrale de conciliation logée à l'ARSEL, elles constituent plutôt une mesure de représentativité de l'instance centrale de conciliation, malgré la différence qui est observée au niveau de la composition des membres devant animer la conciliation. La création des comités de conciliation auprès de chaque mairie témoigne de l'efficacité d'une institution dans la mesure où son déploiement sur l'ensemble du territoire permettra de saisir au cas par cas les atteintes au droit de la consommation d'une part et permettra à chaque consommateur de l'énergie électrique d'espérer une meilleure protection de ses droits.

Dans la mesure où la mairie désigne une administration municipale, il sera question d'aménager au sein de chacune d'elles des comités de conciliation qui resteraient sous l'autorité et le contrôle de l'ARSEL. La composition de ces comités de conciliation sera la même que celle traitée plus haut à la différence qu'ici, le représentant des associations de consommateurs sera remplacé par le maire pour la simple raison que celui-ci représente déjà la population locale. Adjoindre le maire dans la procédure de conciliation sans retirer le représentant des associations des consommateurs traduirait un déséquilibre dans l'égalité des armes en ce que le consommateur à lui seul serait doublement représenté pendant la procédure tandis que l'opérateur n'en sera représenté que par un membre.

L'éparpillement des comités de conciliation est une mesure qui vise à desservir le contentieux du siège de l'ARSEL à un démembrement de l'État : les communes. Il ne faut pas oublier que les communes ont été mises en place par la décentralisation pour rapprocher les citoyens de l'administration, pour toucher du doigt la réalité et garantir au mieux les droits des citoyens, axiome de l'état de droit[416]. Par ailleurs, il ne suffit pas de créer ou de remodeler les structures existantes, mais de mettre aussi un accent sur le capital humain devant animer lesdites instances.

---

[416]COURIVAUD (H), « La concession de service public à la française confrontée au droit européen », *Revue internationale de droit économique*, *op. cit.*, pp. 400 et s.

B- La modernisation technique des instances administratives de résolution des différends

Cette modernisation s'articule à priori sur la formation du personnel chargé des affaires et sur l'institutionnalisation des garanties d'indépendance a posteriori.

1- Pour une formation initiale et continue du personnel chargé de la connaissance des affaires : une garantie de compétitivité et de compétence

La valorisation d'une institution, sa compétitivité et sa performance sont fonction du capital humain qui anime l'institution. C'est pourquoi il n'est pas étonnant de voir dans toute institution des changements, du renouvellement du personnel, soit pour assurer la continuité du service soit pour atteindre l'efficacité souhaitée ou la performance voulue. Cet état de choses ne laisse pas en reste l'Arsel qui, pour mener à bien ses activités, se dote d'une ressource humaine qu'elle recrute elle-même ou qu'on lui affecte. Tout ce personnel participe de l'animation de l'Arsel. Sauf que, le tout n'est pas de recruter ou d'avoir du personnel, mais plutôt avoir un personnel adéquat à la tâche pour laquelle il a été recruté au risque de tomber sous le coup de la contreperformance. Il faudrait peut-être dire ici que l'Arsel n'échappe pas à cette contreperformance dans l'animation de la résolution des litiges[417]. En effet, la formation du personnel chargé de régler les litiges liés à la consommation de l'énergie électrique au Cameroun ne coïncide pas avec les affaires devant être traitées. En d'autres termes, il y a une absence de symbiose entre la nature de l'affaire et le profil académique du personnel. Généralement, ce personnel est un ensemble composé des diplômés de L'ENAM, des contractuels d'administration et des professeurs des lycées. Par ailleurs, il faut dire que ce personnel, en dehors de manquer des connaissances pointues sur les questions énergétiques, est loin d'être recruté sur la base des critères objectifs.

Le contexte est tel que les recrutements ou les détachements se font par appartenance ethnique, lobbyings, des liens familiaux, *etc.* Cette situation ne peut rendre compte de l'efficacité souhaitée de l'ARSEL. Il faudrait donc revoir le profil intellectuel et académique de ces personnes chargées de régler les litiges. La logique voudrait dans ce cas spécifique l'animation de la conciliation au minimum par des experts dans les questions énergétiques, des juristes de formation privée et publique[418].

---

[417]PISIER (E), *Le service public dans la théorie de l'État de Léon Duguit*, LGDJ, 1972 ; Service public et libertés publiques, Pouvoirs, 1986, n°36, pp.52 et s.

[418]WARIN (P) (dir.), *Quelle modernisation des services publics* ? Les usagers au cœur des réformes, La Découverte (Coll. Recherches), 1998, pp.19 et s.

2- L'institutionnalisation des garanties d'indépendances et d'impartialité des organes non juridictionnels chargés du traitement des litiges électriques

Comme nous l'avons soulevé plus haut, l'animation d'une procédure juridictionnelle dans les règles de l'art est fonction des moyens de garantie offerts à ceux qui sont chargés d'assurer la procédure. Pour le cas spécifique qui nous interpelle, les garanties d'impartialité et d'indépendance devraient être financières et personnelles. Les garanties financières s'analysent par rapport aux revenus mensuels et avantages accordés à ceux qui sont chargés de l'animation, de la conciliation. Ces garanties doivent être assez importantes et suffisantes pour pouvoir mettre les membres d'une procédure de conciliation à l'abri des pots-de-vin ou de la corruption.

C'est une mesure qui vise à promouvoir et à protéger l'intégrité du conciliateur. Le souci ici est de mettre le conciliateur à l'abri du besoin pour qu'il puisse être objectif, neutre et impartial, car il est évident qu'un membre de la procédure de conciliation dans une situation de précarité ne peut garantir l'indépendance et l'impartialité du conciliateur. Les garanties personnelles quant à elles devraient se comprendre comme l'ensemble des mesures visant à protéger physiquement les membres d'une procédure de conciliation (ils ne pourront par exemple être mis entre les mains de la justice durant la conciliation).

Au total, l'instance juridictionnelle doit impérativement réunir plusieurs qualités. *(Ces critères sont d'ailleurs intégrés de façon détaillée par la directive du 21 mai 2013 dont il sera question ultérieurement*[419]*.)* Elle doit être indépendante des parties en litige et présenter des garanties d'impartialité, elle ne saurait recevoir des instructions, dépendre d'une partie ou agir sous influence de celle-ci. Sa composition, les conditions de sa saisine ou de son fonctionnement et la procédure à suivre doivent obéir à des règles de transparence.[420]

Les parties au litige doivent pouvoir faire état de leurs prétentions, de façon à respecter le principe du contradictoire. Elles doivent également être en mesure d'expliquer leurs arguments elles-mêmes, ou si elles préfèrent, se faire représenter. La procédure doit être efficace : à ce titre, elle doit être simple, rapide et gratuite. L'organe de règlement des litiges doit, enfin, rendre des décisions répondant aux principes d'équité et de loyauté, dans le respect de la légalité. Il ne s'agit pas de priver le consommateur des dispositions d'ordre public le protégeant.[421] Se trouvent là cités en filigrane les marqueurs

---

[419]PICOD(Y), *Droit de la consommation op. cit.*, p.447

[420]DELZANGLES (H), *L'indépendance des autorités administratives indépendantes chargées de réguler des marchés de services publics : éléments de droit comparé et européen* ; Éd. Lextenso Droit et Société *93*/2016, pp. 309 et s.

[421] *Ibid.*, pp.314 et s.

d'une structure autonome nouvelle dont l'institution apparaît comme une nécessité.

Section II : La nécessité de l'institution d'un médiateur de l'énergie

L'institution d'un médiateur de l'énergie apparaît comme solution idoine à l'enrayement de l'inefficacité des structures étudiées plus haut. Thomas PERROUD souligne que la première autorité administrative dotée d'un pouvoir de règlement des différends en France pour une question d'accès est le Médiateur du cinéma[422]. Ce pouvoir a d'ailleurs été confirmé par l'ordonnance du 5 novembre 2009 modifiant le Code du cinéma et de l'image animée.

Le Médiateur du cinéma, créé par la loi du 29 juillet 1982 sur la communication audiovisuelle, est à l'époque, et encore dans une large mesure

[422]PERROUD (T), « Les raisons de l'attribution d'une fonction de règlement des différends aux autorités de régulation : une comparaison France – Royaume-Uni » ; *Droit et Société* 2016/2 (N° 93) 2016/2 (N° 93), pp.324 et s. Historiquement, pour bien comprendre les raisons de ce choix, les travaux parlementaires permettent aussi de comprendre les facteurs qui furent pris en compte dans le choix d'une autorité administrative ad hoc. Les parlementaires relèvent ainsi, qu'en pratique, le recours au droit de la concurrence est « inefficace » 32, l'utilisation de l'infraction de refus de vente s'avérant inadaptée au contexte des petits exploitants qui avaient besoin d'une solution simple et rapide leur permettant de répondre à leur problème pratique immédiat : obtenir une copie du film. Mais comment en arrive-t-on à la mise en place d'un pouvoir contraignant, d'un pouvoir d'injonction ? Ce pouvoir, qui donne son caractère contraignant à la procédure devant le Médiateur, fut d'abord suggéré par la Mission de réflexion et de proposition sur le cinéma présidé par Jean-Denis Bredin 33. La mission s'est d'abord concentrée sur les règles de fond qui devront régir le secteur. Ces règles reposent sur un principe : le distributeur conserve la responsabilité juridique de la commercialisation du film, il garde donc le pouvoir de refuser un film à un exploitant de salle. Ce principe est toutefois atténué dans sa portée par une règle servant à contrôler les motifs du refus de fournir un film, motifs qui ne sauraient être abusifs. Le rapport ajoute ce qui semble être le fondement de l'institution d'un médiateur doté d'un pouvoir contraignant. De même, À la suite de cette expérience, c'est le secteur des télécommunications qui sera concerné par l'attribution d'un pouvoir administratif de règlement des différends. Ce pouvoir est à cette époque très discret puisqu'il est contenu dans le cahier des charges de l'opérateur historique France Télécom. L'article 11 de ce document 37 confère ainsi au ministre chargé des Postes et Télécommunications un pouvoir de règlement des différends 38. Il y a peu d'éléments sur la genèse de cette fonction. L'avis du 5 décembre 1990 de la Commission supérieure du service public des postes et télécommunications ne fait que prendre acte de cette nouvelle fonction en affirmant qu'elle est cohérente avec le « rôle de régulateur du secteur » qui échoit au ministre 39. De même, le rapport du 31 juillet 1989 sur l'avenir du service public de la poste et des télécommunications se borne à constater : Lextenso | Téléchargé le 18/12/2023 sur www.cairn.info (IP: 102.244.44.12) En cas de litige, les différentes parties peuvent toujours saisir l'autorité de réglementation qui a la charge de faire respecter les règles, puis faire appel auprès des tribunaux ou du Conseil de la concurrence. Il serait souhaitable, avant d'entreprendre ces procédures lourdes, de pouvoir saisir une organisation chargée d'examiner les doléances et de donner un avis pour rapprocher les parties ou de proposer une solution à l'amiable 40.

aujourd'hui, une « *institution originale qui n'existe dans aucun autre pays ni dans aucun autre secteur de l'activité économique ou culturelle en France* ». Cette institution dispose, depuis l'origine, d'un pouvoir de conciliation des « *litiges relatifs à la diffusion en salle des œuvres cinématographiques et qui ont pour origine une situation de monopole de fait, une position dominante ou tout autre situation ayant pour objet ou pouvant avoir pour effet de restreindre ou de fausser le jeu de la concurrence et révélant l'existence d'obstacles à la plus large diffusion des œuvres cinématographiques conforme à l'intérêt général* ».

Le médiateur disposait, dès la loi de 1982, d'un pouvoir contraignant qui rend son office très semblable à celui des autres autorités entrant dans le champ de cette recherche et qui justifie dès lors son étude. C'est aussi l'avis de Michèle Guillaume-HOFNUNG pour qui la faculté de prononcer une injonction est « *radicalement incompatible avec l'absence de pouvoir qui caractérise le médiateur* ». YVES PICOD souligne que dans le domaine bancaire, les pouvoirs publics ont parfois « *institutionnalisé* » des initiatives privées, comme en matière bancaire. Certains grands établissements bancaires ont initié des pratiques de médiation qui ont été institutionnalisées par la loi MURCEF du 11 décembre 2001[423].

La recherche d'une solution au litige entre l'établissement et ses clients devrait, en effet, être facilitée grâce au recours à la médiation, alternative ou préalable à l'action judiciaire[424]. La loi, modifiée postérieurement à plusieurs reprises, prévoit une médiation à deux niveaux : décentralisée et centralisée. L'activité de médiation est exercée sous contrôle d'un comité central. En outre, chaque médiateur rend compte, annuellement, de son activité au gouverneur de la Banque de France et au comité consultatif institué par l'article L. 614-6 du Code monétaire et financier.

En ce qui concerne la procédure, la loi prévoit que le médiateur doit statuer rapidement, dans les deux mois à compter de la saisine, délai pendant lequel la prescription est suspendue, conformément aux conditions de l'article 2238 du Code civil (art. L. 316-1). Tout consommateur domestique peut saisir de son litige avec un fournisseur le médiateur national de l'énergie qui émet une recommandation. Cette saisine a pour effet de suspendre les délais de recours contentieux dont elle ne constitue pas un préalable obligatoire (v. s[s] n° 274.63). Le rôle du médiateur est clair : il doit recommander une solution sans que son avis lie les parties qui peuvent préférer poursuivre le règlement de leur litige en justice.

Relativement à son domaine d'intervention. Le médiateur traite de l'ensemble des litiges liés à l'exécution d'un contrat bancaire qui opposent un

---

[423] PICOD (Y.) et DAVO (H.), *Droit de la consommation*, Paris, Dalloz, 2005, n° 30, pp. 444 et s.
[424] *Ibid.*, p.441.

client à un établissement de crédit, à condition toutefois que ce client soit une personne physique n'agissant pas pour des besoins professionnels, ainsi que le précise expressément l'article L. 315-1 du Code monétaire et financier.

Toujours à titre de droit comparé, la Commission de la médiation de la consommation instituée par la loi du 1er juillet 2010 modifiant les dispositions relatives au crédit à la consommation contient quelques mesures diverses ; elle crée ainsi, dans un nouvel article L. 534-7 du Code de la consommation, une Commission de la médiation de la consommation, commission chargée d'émettre des avis et de proposer des mesures de toute nature pour évaluer, améliorer et diffuser les pratiques de médiation non judiciaires en matière de consommation. Elle n'a pas pour mission de procéder elle-même à des médiations ou des conciliations. Cette mission est confiée à d'autres commissions, à l'instar de la Commission des clauses abusives et la Commission de la sécurité des consommateurs. La Commission de la médiation de la consommation est placée auprès de l'Institut national de la Consommation. Elle a publié en 2011 une charte des bonnes pratiques de médiation[425] pour plus de proximité avec les usagers et consommateurs d'énergie.

Il ressort de ce qui précède que l'expérience d'un médiateur fait état d'une structure nécessaire pour les secteurs d'activités enclins au jeu de la concurrence. Ce qui à notre sens constitue une nécessité pour le secteur énergétique camerounais, compte tenu des garanties de l'État de droit qu'il offre. Ainsi, de son organisation pyramidale à son fonctionnement autonome, passant par sa composition teintée d'indépendance et d'impartialité, le Médiateur devra jouer un rôle déterminant dans le règlement des différends qui lui seront soumis. Par ailleurs, il ne sera pas interdit de faire le point sur d'autres solutions envisageables qui, pour celles-ci, s'inscrivent dans la dynamique de la recherche de la quiétude énergétique, sortant dès lors de la logique contentieuse.

Paragraphe I : Sur l'organisation de l'institution du médiateur de l'énergie

- L'organisation de l'institution doit tenir compte de la libéralisation des structures administratives avec le phénomène de décentralisation. En d'autres termes, c'est une institution de coordination à forte dose de décentralisation. D'une organisation pyramidale, le médiateur de l'énergie sera structuré ainsi qu'il suit :
- Au sommet de la pyramide, on aura l'institution nationale de coordination dont le siège national est à Yaoundé.

---

[425] YVES PICOD. *op. cit.*, p.443.

- Au bas de la pyramide, on aura deux niveaux de coordination des activités énergétiques : une coordination régionale et une coordination locale.

Dans son organisation interne, chaque niveau de coordination sera composé de deux sections : une section du contentieux et une section de coordination au sens strict du terme.

❖ La **section du contentieux sera composée de deux sous-sections :**

- La sous-section du contentieux entre l'État et les opérateurs du secteur énergétique dans son ensemble. Cela amène à dire que la gestion de ce contentieux relèvera de la compétence de l'institution nationale de coordination logée dans la capitale (Yaoundé). Dans la mesure où les collectivités territoriales décentralisées passeraient des contrats avec des fournisseurs des énergies telles solaires, la gestion du contentieux qui naîtrait de cette relation relèverait d'une institution décentralisée de coordination.
- La sous-section du contentieux entre consommateur et fournisseur, peu importe le type d'énergie en présence.

❖ **La section de la coordination,** les sous-sections de la coordination devront tenir compte des types d'énergie disponible au Cameroun. Ainsi on aura :

- Une sous-section de coordination des énergies fossiles ;
- Une sous-section de coordination des énergies renouvelables.

Paragraphe II : Sur la composition du médiateur de l'énergie

Le médiateur de l'énergie devra bénéficier d'une présomption d'impartialité dans sa composition. En effet, lorsqu'il devra siéger en matière contentieuse, sa composition sera la suivante.

A- Un président

Celui-ci doit être d'une réputation professionnelle établie dans les questions énergétiques et jouir d'une indépendance organique vis-à-vis de l'appareil étatique. Cela signifie qu'il ne doit pas être issu du personnel de l'État au sens large du terme.

B- Les membres

- Un membre, représentant la chambre administrative de la Cour suprême, et désigné par ladite chambre ;
- Un membre, représentant le Conseil constitutionnel et désigné par celui-ci ;

- Un magistrat hors hiérarchie ;
- Un magistrat, représentant de l'administration, chargé des questions énergétiques ;
- Un membre, désigné au sein de l'Agence des normes et de la qualité ;
- Un expert des questions énergétiques ;
- Un membre désigné au sein des associations des consommateurs ;
- Un membre, représentant l'opérateur en contentieux.

Paragraphe II : Sur le fonctionnement du médiateur de l'énergie

La saisine du médiateur est ouverte à tout consommateur de l'énergie dans son ensemble, à tout opérateur présent sur la scène juridique, à l'État, aux collectivités locales et à toute association de consommateurs. Prenant des décisions sur la base de la loi, il aura pour mission d'arbitrer les litiges entre opérateur et consommateur d'une part, et entre État et opérateur d'autre part. Il faut noter que le médiateur ou la nécessité d'une institution comme telle participe à la protection des droits du consommateur. Cela dit, la procédure devant l'institution est soumise au respect du principe du contradictoire, de l'équité et de l'égalité des armes. Le médiateur, en dehors de sa fonction arbitrale, aura aussi une fonction de coordination.

La coordination va consister pour le médiateur à impliquer divers acteurs dans la gestion du secteur énergétique dans son ensemble. En d'autres termes, le service énergétique ne sera plus l'apanage des opérateurs et leur co-contractant, mais va impliquer dans cette mission les consommateurs, les organisations ayant un lien avec les questions environnementales et énergétiques, les associations des consommateurs. Cette implication des nouveaux acteurs permettra de décontracter la gestion du service de l'énergie offrant une meilleure garantie des droits, tel celui de la consommation. Ce droit voudrait aussi que le marché de la consommation des biens et services soit largement ouvert à la concurrence des opérateurs, de telle sorte que le consommateur dispose d'une artillerie de possibilités d'abonnement auprès de l'opérateur de son choix.

Paragraphe III : Des préconisations diffuses, mais indispensables

Dans ce registre, on loge la nécessité d'une libéralisation effective du secteur de l'électricité et l'incitation à l'usage par les CTD des énergies renouvelables.

A- La libéralisation effective du secteur de l'électricité

La libéralisation, processus à finalité économique est une véritable aubaine pour la résurrection du secteur de l'électricité au Cameroun. Son dévolu est tel qu'il ouvre à la concurrence un secteur monopolisé ou soumis aux cendres de la privatisation. Libéraliser un secteur revient donc à l'ouvrir à la concurrence, à le rendre libéral de façon à permettre la gestion optimale dudit secteur.

Au Cameroun, cette solution est un impératif, ce d'autant plus que depuis plusieurs décennies, la privatisation du secteur de l'électricité a été et continue à être source de distorsion, de défaut d'offre énergétique. La caporalisation de ce secteur par une société privée n'est pas à mesure et ne pourra pas garantir de manière suffisante et continue la fourniture de l'énergie électrique aux consommateurs personnes physiques et aux industriels. Si donc les industries de transformation structurelle ne sont pas à la hauteur de l'énergie souhaitée pour atteindre cet objectif, il va de soi que le moment est peut-être venu de changer la politique monopoliste de fourniture de l'énergie électrique, en emboitant le pas à la libéralisation. Cette libéralisation n'est pas générale, mais plutôt sectorielle. Elle voudrait que chaque pan du réseau électrique soit ouvert à la concurrence.

Par pan du réseau électrique, nous entendons l'ensemble des activités qui ont pour but de remplir les exigences du marché de l'électricité. Ainsi, il s'agit d'ouvrir à la concurrence la production de l'énergie électrique, non plus de laisser libre cours à un opérateur de produire de l'énergie électrique. Cela éviterait de tomber sous le coup d'un défaut d'approvisionnement en énergie électrique. Il en est de même du transport de l'énergie électrique, qui doit aussi être soumis à la concurrence. L'implication de plusieurs opérateurs au transport de l'énergie électrique viserait à assurer sa bonne qualité, sachant que la qualité de l'énergie distribuée est fonction de l'état et des capacités des infrastructures de celle-ci.

Il faut préciser que la distribution de l'énergie électrique n'est pas en reste. Soumettre cette activité à la concurrence permettrait à chaque consommateur de se ravitailler en énergie électrique auprès du fournisseur de son choix. C'est une solution qui permet l'avancée de l'état de droit dans la mesure où l'on va assister à la promotion des libertés plutôt que de comprimer le consommateur dans un système qui le rend esclave.

B- Incitations à l'utilisation par les collectivités territoriales décentralisées des énergies complémentaires

L'épuisement des sources d'énergie fossile, dans un contexte où, les collectivités territoriales décentralisées au Cameroun ont une mission économique qui est celle d'impulser le développement, est un motif suffisant qui devrait amener à promouvoir, à leur profit, le recours aux énergies renouvelables. Le caractère renouvelable des énergies complémentaires devrait permettre aux collectivités territoriales décentralisées d'assurer leurs missions économiques. Ce recours aux énergies complémentaires est capital.

Il permettra non seulement de valoriser le potentiel énergétique naturel dont dispose le Cameroun, mais aussi permettra de sortir de façon progressive de la dépendance aux énergies fossiles. Le caractère épuisable de ces énergies est en lui-même une mesure incitative à l'utilisation des énergies renouvelables à côté d'autres mesures techniques pouvant exister. L'incitation ici doit tenir compte des spécificités des énergies renouvelables. Ainsi, celle-ci va dans le sens de l'installation des champs solaires, des centrales solaires photovoltaïques, l'installation des éoliennes, ou de façon générale la construction du réseau approprié à chaque type de source d'énergie renouvelable.

CONCLUSION Chapitre II

Il ressort de cette analyse que les organes administratifs de prévention des litiges nés de la fourniture de l'énergie électrique ne sont pas solides, dans la mesure où leurs décisions ont un caractère non contraignant. En effet, la plupart du temps, ces décisions ne sont pas respectées du fait de leurs incertitudes, ce qui interroge sur la nécessité d'une refonte normative. Car, il serait judicieux pour le consommateur de l'énergie électrique en cas de litige de trouver satisfaction vers les organes non administratifs. La modernisation du cadre juridique de la conciliation dans la résolution des litiges nés de la fourniture de l'énergie électrique et opposant le consommateur au fournisseur commande l'institution ou la mise en place d'un organisme neutre, autonome, à représentativité nationale, doté de véritables pouvoirs d'injonction et de sanction, de véritables moyens financiers, matériels et humains, et éloigné de la sphère gouvernementale qui aura pour ambition de traiter efficacement ces litiges. Il pourra par exemple s'appeler le médiateur de l'énergie.

CONCLUSION TITRE II

L'analyse des résolutions émanant aussi bien des organes administratifs que des organes non administratifs aboutissent aux constats de la fragilité et de la relativité de la force juridique de ces décisions. En effet, en plus du caractère équivoque des décisions de l'ARSEL et des comités de recours, il faudrait y ajouter la douteuse objectivité des autorésolutions du fournisseur de l'énergie électrique et l'insignifiance des vœux formulés par les associations des consommateurs de l'énergie électrique. Il va sans dire que l'efficacité des décisions rendues par un organisme exerçant des missions d'apaisement des litiges constitue sans doute un baromètre de la performance or, il ressort de ce qui précède que le flou qui entoure les décisions émanant des organes non juridictionnels pousse à s'interroger sur les garanties processuelles des droits du consommateur de l'énergie électrique.

CONCLUSION DE LA PREMIÈRE PARTIE

À ce niveau d'analyse, la trajectoire historique des modes alternatifs de règlement des litiges (MARD) nous enseigne que la montée en puissance de ceux-ci a pour vocation non seulement de contourner des procédures juridictionnelles jugées trop formalistes, mais également de désengorger les juridictions en permettant aux parties soit d'éviter un conflit soit de prévenir, soit d'aboutir à une solution rapide et efficace. En Europe et aux États-Unis, ces modes se sont généralisés et ont été inscrits dans le système juridique de ces États. À titre d'exemple, les MARD ont inondé toutes les branches du contentieux et ont été revêtues d'un caractère obligatoire. Une telle cohabitation dans les systèmes juridiques entre mode juridictionnel et mode non juridictionnel a nécessité une cohabitation institutionnelle et une coordination.

Au Cameroun, dans un domaine aussi crucial que celui de la fourniture de l'énergie électrique, le législateur camerounais bien qu'ayant consacré ses marques en matière de fourniture de l'énergie électrique n'a pas défini les contours de leur opérationnalité. Mettant souvent le consommateur de l'énergie électrique dans une position fragile, il le pousse parfois à la résignation. Il s'ensuit que l'efficacité des MARD est en tous points de vue remise en cause au regard de leur caractère facultatif et de l'incertitude qui entoure leurs décisions ou résolutions. Le législateur camerounais gagnerait ainsi à réaménager le cadre institutionnel et normatif des MARD pour plus d'efficacité du système administratif de traitement des requêtes.

La forte domination du secteur de l'électricité a eu pour effet majeur la paralysie des droits fondamentaux du consommateur et la banalisation d'un éventuel droit à la consommation. L'étouffement de l'éclosion d'un cadre juridique axé sur la protection des consommateurs d'énergie a également résulté d'un réseau de complexité et d'un faisceau d'indices et des zones de tension entre les pouvoirs publics et les concessionnaires.[426] La domination et l'hégémonie du concessionnaire de l'électricité ont mis l'État dans une position de fragilité.[427] Car, pendant plusieurs décennies, l'on a observé une

---

[426]PETIT (J), « L'établissement public industriel et commercial par détermination de la loi. À propos de la jurisprudence BLANCHEMAN », *L'intérêt général, Mélanges en l'honneur de Didier TRUCHET*, Dalloz, 2015.

[427]BESSALA (A-G) Sécurité *d'approvisionnement et énergies renouvelables en droit camerounais : recherches sur les mécanismes de diversification du parc énergétique, op. cit.*, pp. 75 et s.

superpuissance et un pouvoir de décision unilatérale de ces opérateurs d'origine étrangère. Les amorces d'un droit de la consommation se sont dessinées autour de la décennie 2000 sous l'impulsion des organisations non gouvernementales opérant dans les droits de l'homme.

DEUXIÈME PARTIE :

LA QUASI-JUDICIARISATION DU TRAITEMENT DES LITIGES CONSÉQUENTS À LA FOURNITURE DE L'ÉNERGIE ÉLECTRIQUE

La concrétisation de l'état de droit commande au premier abord l'activation de tous les leviers de la garantie des droits fondamentaux[428]. Le contentieux juridictionnel a fondamentalement vocation à apaiser les relations conflictuelles entre les parties en établissant un juste équilibre de justice et d'équité[429]. Dans son principe, le contentieux de l'énergie électrique devant le juge est assez varié et multiforme. Il porte sur les litiges d'ordre administratif, civil, commercial, pénal et constitutionnel qui peuvent s'élever à l'occasion de cette activité. Ainsi, ce contentieux est animé par les juges de l'ordre administratif[430] judiciaire et constitutionnel. Relativement au juge administratif, il est compétent pour connaitre des litiges qui opposeraient les consommateurs et les actes administratifs unilatéraux ou contrats administratifs pris ou signés par les autorités administratives et qui portent grief aux premiers.

Par contre, le contentieux de la fourniture de l'énergie électrique porté devant le juge judiciaire ne touche qu'aux rapports d'ordre privé entre ENEO et ses clients. Dans un autre sens, le contentieux de la fourniture porté devant le juge constitutionnel tendrait par exemple à s'interroger sur la constitutionnalité du règlement public de distribution de l'énergie électrique. L'étude du contentieux de la fourniture de l'énergie électrique porté devant le juge judiciaire a le mérite de dégager les principaux litiges qui sont soumis à sa connaissance afin de mettre en lumière la procédure suivie aussi bien devant le juge pénal que le juge civil, ainsi que les différentes conditions à respecter par les consommateurs afin de voir leurs droits réparés, d'où son intérêt juridique[431]. La lecture attentive du règlement du service de distribution publique de l'électricité de 2009[432], combinée aux lois de 2011 régissant le secteur de l'électricité[433] et 2012 portant protection du consommateur[434]

---

[428]BESSALA (A-G), Le détournement de pouvoir en droit administratif camerounais, Mémoire D.E.A, Université de Yaoundé II, juillet 2009, pp 4 et s.

[429]PICARD (E), La juridiction administrative et les exigences du procès équitable, *in* SUDRE (F) (dir.), *Le droit français et la Convention européenne des droits de l'Homme*, 1974-1992, éd. N.P. Engel, 1994, pp. 222 et s.

[430]BOURGOIGNIE (T), « À la recherche d'un fait générateur de responsabilité unique et autonome dans les rapports de consommation : le défaut de conformité à l'attente légitime du consommateur », *in* Liber Amicorum N. Reich, Nomos, Baden-Baden, 1997, pp. 225 et s.

[431] PIZZIO (J-P), « La protection des consommateurs par le droit commun des obligations », in *Droit du marché et droit commun des obligations,* pp. 55 et s.

[432]Articles 17 et suivants.

[433]Articles 85 et suivants.

[434]Article 5 et suivants.

incline à l'orientation du contentieux de la fourniture de l'énergie électrique vers des solutions judiciaires[435].

Pourtant, bien que la fourniture de l'énergie électrique relève du service public de l'énergie, le législateur camerounais a semblé exclure implicitement les autres juges notamment administratif et constitutionnel du champ compétentiel de la fourniture de l'énergie électrique. Cette démarche controversée ne garantit pas totalement la protection du consommateur. L'option très marquée vers la voie judiciaire au détriment des autres amène à s'interroger sur la pertinence des garanties juridictionnelles procédurales de protection aussi bien du consommateur que du fournisseur. De ce qui précède, il va sans dire que d'une certaine manière, la domination du juge judiciaire est affirmée au détriment de l'évanescence et de la minoration de la place du juge administratif et constitutionnel dans le contentieux de la fourniture de l'énergie électrique[436].

---

[435]PICHETTE (M), « La responsabilité du fabricant », *Lavery, De Billy, Avocats, 2007, [*en ligne], [www.lavery.ca/DATA/PUBLICATION/937_fr-v-la-responsabilite-du-fabricant.pdf] (12 mars 2022). Pp.333et s. v. aussi, BILONG NKOH (F.R.), « Le consommateur et le commerce des énergies renouvelables en Afrique subsaharienne », *RIDE,* 2020, pp.79 et s.

[436]SANDEVOIR (P), « Les vicissitudes de la notion de service public industriel et commercial », Mél. STASSINOPOULOS, LGDJ, 1974, pp.319 et s ; V. aussi, LAZZARIN (G), « L'application du droit de la consommation aux services publics. Les contradictions de la jurisprudence Société des eaux du Nord », *RFDA* 2011 ; v. aussi, JANICOT (L), « L'identification du service public géré par une personne privée », *RFDA* 2008. 67 ; PETIT (J), « *L'établissement public industriel et commercial par détermination de la loi. À propos de la jurisprudence blancheman* », *L'intérêt général,* mélanges en l'honneur de Didier TRUCHET, Dalloz, 2015 ; V. aussi, BAILLEUL (D), « Vers la fin de l'établissement public industriel et commercial ? À propos des transformations des EPIC en sociétés », *CJEG*, 2006. 105 ; DE CORAIL (J-L), « Contribution du juge administratif à une théorie juridique de l'établissement public à caractère industriel et commercial », in Mélanges Charlier, 1981. 29 ; BAFOIL (F). « Dynamiques de privatisation et de libéralisation des secteurs énergétiques. Une comparaison Ouest-Est », dans BAFOIL, F., FODOR, F., LE ROUX, D. (dir.), *Accès à l'énergie en Europe. Les précaires invisibles*, Paris, Presses de Science Po, 2014, pp. 33-58 ; RIVERO (J), « Les deux finalités du service public industriel et commercial », *CJEG,* n°500 : Actualité de l'entreprise publique, juin 1994, p.375 ; LACHAUME (J-F), « L'usager du service public industriel et commercial géré par l'entreprise publique », *CJEG,* n°500 : *Actualité de l'entreprise publique*, juin 1994, p.317.

TITRE I :

LA PRÉÉMINENCE DE L'OFFICE DU JUGE JUDICIAIRE DANS LE TRAITEMENT DES LITIGES INHÉRENTS À LA FOURNITURE DE L'ÉNERGIE ÉLECTRIQUE

La question de la responsabilité en matière de fourniture de l'énergie électrique en raison du mode juridique de la gestion adoptée par les pouvoirs publics camerounais revêt une extrême complexité.[437] La spécificité du contentieux de la fourniture de l'énergie électrique entre le consommateur et le fournisseur de l'énergie électrique est essentiellement régie sous l'emprise du droit privé et par conséquent du juge judiciaire.[438]

Cette quasi-judiciarisation du contentieux de la fourniture de l'énergie électrique [439]en droit camerounais commande que soient tour à tour mis en évidence : les fondements de la plénitude des compétences de la juridiction judiciaire (chapitre préliminaire), le déroulement du contentieux devant les juges civil et pénal (chapitre II) et l'engagement de la responsabilité devant lesdits juges (chapitre II).

---

[437]JANICOT (L), « L'identification du service public géré par une personne privée », *RFDA* 2008. , pp. 69 et s.

[438]NEGRIN (J-P*), L'intervention des personnes morales de droit privé dans l'action administrative*, LGDG, 1971, pp. 63 et s.

[439]SABIANI (F), « L'habilitation des personnes privées à gérer un service public », *AJDA* 1977, pp.4 et s.

CHAPITRE PRÉLIMINAIRE :

LES FONDEMENTS DE LA PLÉNITUDE DES COMPÉTENCES DU JUGE JUDICIAIRE EN MATIÈRE DES CONTESTATIONS RELATIVES À LA FOURNITURE DE L'ÉNERGIE ÉLECTRIQUE

La compétence apparaît littéralement comme l'aptitude pour un organisme juridictionnel à connaître d'un ou des litiges. La loi de 2011 régissant le secteur de l'électricité[440], tout comme la loi-cadre portant protection du consommateur au Cameroun [441]ne définissent et ne consacrent pas un régime spécifique juridictionnel au traitement des incidents nés de la fourniture de l'énergie électrique. La loi portant protection du consommateur consacre un régime général de réparation des dommages causés aux consommateurs[442]. L'on est ainsi fondé à se poser la question de savoir si la loi-cadre de 2011

---

[440]Loi N° 2011/022 du 14 décembre 2011 régissant le secteur de l'électricité.

[441]Loi-cadre N° 2011/012 du 6 mai 2011 portant protection du consommateur au Cameroun.

[442]Puisqu'il ressort de cet article 26 alinéa 1 que « La défense en justice ou devant toutes instances d'arbitrage des intérêts des consommateurs ou d'un groupe de consommateurs peut être individuelle ou collective ». Aux termes de l'article 27 alinéa 1, « *l'action tendant à la défense des intérêts des consommateurs est intentée devant les juridictions compétentes ou introduite devant les instances arbitrales soit par le consommateur lésé ou par ses ayants droit, soit par l'une des structures visées à l'alinéa 3 de l'article 26 ci-dessus* ». L'action intentée par les consommateurs peut être préventive ou réparatrice. En règle générale, que ce soit du côté du fournisseur que de celui du consommateur, tout manquement à des obligations contractuelles peut donner lieu à un contentieux. D'après la loi cadre de 2011 portant protection du consommateur au Cameroun. Il en ressort que la fourniture d'informations erronées sur la qualité des technologies, biens ou services du consommateur donne lieu à un emprisonnement. Dans ce sens, le défaut d'information est un cas d'ouverture du contentieux (art. 32 de la loi susvisée). Il ressort de l'article 5 de la loi susvisée, un cas d'ouverture du contentieux qui est d'ordre public. La qualité des clauses contractuelles, l'article 8 quant à lui parle des pratiques commerciales restrictives et inéquitables. La lecture de la loi portant protection du consommateur nous renseigne qu'il y'a en réalité deux contentieux qui peuvent naître. Un contentieux objectif : c'est celui qui naît de la formation du contrat. (Cf. article 5 de la loi) c'est un contentieux qui oppose le fournisseur à l'ordre établi. Un contentieux subjectif : c'est celui qui naît après la formation du contrat, il oppose le fournisseur au consommateur (Art.8, 32 de la loi susvisée). Deux sanctions découlent de ces contentieux, les sanctions civiles (la nullité) pour le contentieux objectif et les sanctions pénales pour le contentieux subjectif. La loi de 2011 portant protection du consommateur établit deux juges compétents pour connaitre le contentieux, le juge civil et le juge pénal (art.5.2, art.32). Tout compromis ou clause d'arbitrage est nul ; car il est créé au niveau de chaque arrondissement un comité de recours ayant pour mission d'assurer le service public de l'arbitrage des différends relatifs à la protection des consommateurs (art.30).

portant protection du consommateur s'applique au contentieux de la fourniture de l'énergie électrique. La réponse à une telle question paraît sans doute complexe et commande une confrontation du juge camerounais.

Tout compte fait, une explication de l'office prééminent du juge judiciaire dans le traitement des litiges liés à la fourniture de l'énergie électrique est impulsée par l'arrêté MINEE du 26 janvier 2009 portant approbation du règlement du service public de distribution de l'électricité de la société AES/SONEL devenue ENEO. Ce texte consacre le juge judiciaire comme juge naturel des incidents nés de la fourniture de l'énergie électrique entre le consommateur et le fournisseur[443].

Pourtant, dans son esprit, la mise en œuvre du contentieux de la fourniture devrait admettre l'intervention de plusieurs juges notamment, pénal[444] ; administratif[445] ; civil,[446] etc., et hypothétiquement le juge constitutionnel qui pourrait être amené à statuer sur la constitutionnalité des actes relatifs à la fourniture de l'énergie électrique. Il convient de relever que la consécration de la plénitude de la compétence du juge judiciaire (section I), implique l'explicitation de la compétence de la juridiction civile (section II) et la détermination de l'étendue de la compétence de la juridiction pénale (section III) toutes deux fragilisées par les exclusions de responsabilités consacrées arbitrairement par le règlement du service public de distribution (section IV).

Section I : L'affirmation de la plénitude de la compétence de la juridiction judiciaire

Il ressort de la confrontation de la jurisprudence et des lois relatives à la consommation et à la fourniture de l'énergie que « le juge judiciaire est compétent pour connaitre des litiges nés de la fourniture de l'énergie électrique »[447]. La plénitude de la compétence participe de la traduction de l'idée selon laquelle le juge judiciaire connaît de l'intégralité du contentieux

[443]Articles 16 et suivants.

[444]Qui serait entre autres compétent lorsque le litige oppose un fournisseur à l'Agence de régulation de l'électricité (exercice sans titre des activités dans le secteur de l'électricité) ;

[445]Qui serait entre autres compétent lorsque le litige oppose le fournisseur à l'opérateur (la violation des obligations édictées par l'un des régimes prévus à l'article 11 de la loi susvisée).

[446]Qui est compétent lorsque le litige oppose un fournisseur au consommateur sur une gestion de paiement des redevances dues d'une part et lorsque le litige oppose le fournisseur à l'opérateur sur une question de non-respect des standards et normes définis par les textes d'application d'autre part.

[447]DELMAS-MARSALET (J), « Le contrôle juridictionnel des interventions économiques de l'État », *EDCE* 1969-1970, p.133.

de la fourniture existant entre le consommateur et le fournisseur de l'énergie électrique[448].

Cette apparente conception restrictive, quoique bénéficiant d'une fonction législative, demeure sans aucun doute substantiellement controversée. En tout état de cause, il y a lieu d'émettre une inquiétude sur la tendance à la quasi-exclusivité de l'office du juge judiciaire[449]. En mettant à rude épreuve les règles du service public, la détermination du droit applicable aux rapports entre consommateurs et fournisseurs ne paraît pas en soi une entreprise aisée[450]. Celle-ci commande en effet une grande prudence et une certaine cohérence.

La justification de l'apparente consécration de la plénitude de compétence du juge judiciaire en matière du traitement juridictionnel des incidents nés de la fourniture de l'énergie électrique se traduit par la détermination des fondements normatifs (paragraphe 1) et jurisprudentiels (paragraphe 2) d'une telle consécration.

Paragraphe I : Les fondements normatifs de la consécration de la plénitude de compétence du juge judiciaire

Il paraît significatif de relever qu'en matière de fourniture de l'énergie électrique, l'essentiel des contestations tourne autour des situations de voie de fait et d'emprise[451]. Dans cet ordre d'idée, le législateur camerounais a orienté le contentieux de la fourniture de l'énergie électrique entre consommateur et fournisseur vers des solutions judiciaires. Un tel postulat d'abord foncièrement idéologique, pourrait en partie trouver justification dans la démarche du législateur camerounais de 1972 qui a construit le socle des modalités de la répartition des compétences entre la juridiction administrative et la juridiction judiciaire. Aux termes de l'article 9 alinéa 4 de l'ordonnance n° 72/06 du 26 aout 1972 portant organisation de la Cour suprême, *« Les tribunaux de droit commun connaissent [...] en outre [...] des voies de fait administratives »*. Ces dispositions ont été reprises par le législateur de 2006

Prenant le contre-pied de la constitution primitive, le législateur explique dans sa démarche conservatrice que l'emprise et la voie de fait administrative, bien que relevant naturellement de la compétence du juge administratif, sont dévolues au juge judiciaire en raison de la proximité de ce dernier avec les

---

448LABETOULLE (D), « Le juge administratif et l'interventionnisme économique », in *Les relations entre l'État et les entreprises privées dans la CEE*, Paris, 1979, p.76 et s.
449DUFEAU (J), « La nature juridique de la concession de service public », Mélanges René CHAPUS, *Droit administratif*, Montchrestien, Paris, 1992, p.147.
450BAZEX (M), « Le droit public de la concurrence », *RFDA* 1998. 782.
451LACHAUME (J-F), « L'usager du service public industriel et commercial géré par l'entreprise publique », CJEG, n°500 : Actualité de l'entreprise publique, juin 1994, pp.318 et S.

citoyens[452]. Par cette consécration, le législateur qui a extirpé la compétence naturelle de la juridiction administrative au profit de la juridiction judiciaire a érigé le juge judiciaire au rang de protecteur des droits et libertés fondamentaux.

En libellant ces dispositions comme telles, le législateur camerounais reconnaît clairement la compétence des constatations de la voie de fait administrative au juge judiciaire, puisque dans la logique, on ne peut pas connaître de la voie de fait sans l'avoir au préalable constaté. Ainsi, la législation camerounaise offre l'opportunité au juge judiciaire d'intervenir dans les différends mettant en cause l'administration.[453] Cette situation est conforme aux exigences de l'administrative Law, longtemps applicable dans le Cameroun anglophone. Selon la logique de cette branche du droit, les règles de droit privé dans leur forme, leur contenu et suivant leurs procédures, doivent être appliquées par les juridictions de droit commun aux opérations dites administratives[454].

De manière claire ,et selon l'idée qui peut aisément se dégager de l'article 9(4) de l'ordonnance de 1972 repris mutatis mutandis par l'article 3(2) de la loi de 2006, lorsqu'aucune partie au procès n'a contesté la compétence de constatation de la voie de fait administrative à travers l'invocation de l'exception préjudicielle, le juge judiciaire constate. On comprend dès lors à l'examen de l'article 3(2) de la loi N° 2006/022 du 29 décembre 2006 que le législateur ne semble pas retirer cette compétence de constatation au juge judiciaire. Ce législateur a même tendance, en la matière, à faire de ce juge l'acteur principal. On pouvait tout de même opposer à cette situation juridique la violation du principe de la séparation des autorités administratives et judiciaires[455].

À notre sens, un tel argument serait impertinent en ce que dès lors qu'il y a voie de fait, il n'y a plus activité administrative et l'on peut logiquement en déduire une soumission complète de l'administration aux règles de droit privé. Autrement dit, les voies de fait administratives sont des actes tellement grossiers et dénaturés qu'ils perdent leur caractère administratif. Il paraît donc significatif de souligner que deux règles ici sont à retenir : la compétence expresse des juridictions administratives et le pouvoir reconnu à celles-ci de réparer le préjudice causé par les voies de fait. La seconde règle qu'il faut retenir c'est que les tribunaux judiciaires ont ici la plénitude des pouvoirs : *« Ils ordonnent toute mesure pour qu'il y soit mis fin. Ils peuvent non*

452ABANE ENGOLO (P-E), *Traité de contentieux administratif du Cameroun*, Paris, Harmattan, 2019, pp.169 et s.
453OWONA (J.), *Le contentieux administratif de la République du Cameroun*, *op. cit.*, pp.59 et s.
454*Idem.*
455NGWESE (N.P.) et BINYOUM (J.), *Éléments de contentieux administratif camerounais*, Harmattan, Paris, 2015, pp. 56 et s.

seulement octroyer une réparation pécuniaire au titre de dommages et intérêts, mais adresser des injonctions et surtout remettre les choses en l'état par des moyens appropriés ».[456]

À la lecture de l'article 9(4) de l'ordonnance de 1972/06 repris par l'article 3(2) de la loi n° 2006/022 fixant l'organisation et le fonctionnement des tribunaux administratifs, la compétence principale en matière de constatation de la voie de fait administrative revient au juge judiciaire[457]. À cet effet, les actes pris ou posés par l'autorité ne peuvent plus être considérés comme rattachés à la compétence administrative. Ils sont dès lors dépouillés des avantages reconnus à l'administration. C'est parce que l'acte a perdu son caractère administratif que le juge judiciaire détient la plénitude de compétence[458].

La lecture du règlement du service public de distribution amène à affirmer la plénitude de la compétence du juge judiciaire dans le traitement des litiges liés à la fourniture de l'énergie électrique. Deux catégories d'arguments permettent de soutenir cette posture. Les uns sont inhérents aux sources contractuelles des rapports entre fournisseurs et consommateurs, tandis que les autres sont relatifs à la nature de l'organe chargé de la fourniture de l'énergie électrique.

En effet, aux termes de l'article 2 du règlement du service public de distribution de la société ENEO, *« Le client est toute personne physique ou morale contractuellement alimentée en énergie par le fournisseur à sa demande et conformément aux stipulations des contrats de concession et de licence d'ENEO ».* Et aux termes de l'article 5.2 relative à la souscription d'un contrat d'abonnement et particulièrement au point 5.2.1, il apparaît que *« La souscription d'un contrat d'abonnement est nécessaire pour bénéficier du service public de l'électricité. ENEO est tenue d'accorder un abonnement à toute personne qui en fait la demande dans les conditions prévues ou présentes. Il sera conclu un contrat d'abonnement entre l'usager et ENEO conformément au modèle joint en annexe au présent règlement ».*

De ce qui précède, il est clair que le contrat est la loi des parties. Or, l'article 1er du règlement de service précise qu'AES-SONEL devenue ENEO est une société de droit privé camerounais. La relation entre usager et fournisseur met en mouvement deux personnes privées qui s'obligent mutuellement et dont le manquement aux obligations mettrait en mouvement la compétence du juge

---

[456]ABANE ENGOLO (P-E), *Traité de contentieux administratif du Cameroun*, Paris, Harmattan, 2019, pp.400 et s.

[457]NGWESE (N.P.) et BINYOUM (J.), *Éléments de contentieux administratif camerounais*, *op. cit.* ;2015, pp.57 et s.

[458]BILONG NKOH (F.R.), « Le consommateur et le commerce des énergies renouvelables en Afrique subsaharienne », *RIDE*, 2020, pp. 67 et s.

judiciaire, juge naturel des intérêts privés[459]. Il est certes vrai que la relation entre consommateur et fournisseur repose en droit camerounais sur un faisceau normatif en dehors du contrat d'abonnement qui est par sa nature un contrat d'adhésion[460].

Toutefois, l'annexion du règlement de service au package normatif des relations contractuelles entre fournisseurs et consommateurs invalide à plus d'un titre la plénitude de la compétence du juge judiciaire. Même si le législateur camerounais a souverainement et pleinement orienté les litiges de la fourniture de l'énergie électrique vers le contentieux judiciaire, il convient de relever que le législateur reste muet sur la compétence des autres juges, notamment le juge constitutionnel et administratif.

Paragraphe II : Les fondements jurisprudentiels de la consécration de la plénitude de compétence du juge judiciaire

La compétence du juge judiciaire dans le cadre des litiges opposant deux personnes privées ne fait l'ombre d'aucun doute[461]. Si la consécration de cette compétence a connu au cours du siècle une évolution notoire[462], elle paraît récente dans le paysage juridique camerounais. Car, le contentieux a été largement influencé par la prééminence des modes amiables plus ou moins efficaces qui étouffaient alors l'éclosion du juge judiciaire censé protéger les libertés individuelles. Il paraît aujourd'hui judicieux de saluer l'effort individuel du juge judiciaire et du justiciable. En effet, l'ouverture du prétoire et la démocratisation des libertés publiques a eu pour conséquence une grande incitation des justiciables à porter leur cause devant les juridictions compétentes. Le contentieux de la fourniture de l'énergie électrique devant le juge judiciaire camerounais au regard de sa qualité et de sa quantité permet

---

[459]NJEUFACK TEMGWA (R), « Le contrat conclu sur incitation du professionnel en droit de la consommation au Cameroun », *in* YAWAGA (S) (dir), *La protection du consommateur au Cameroun : principes, enjeux et perspectives*, *op. cit.*, pp.366 et s ; LAZZARIN (G), « L'application du droit de la consommation aux services publics ». *Op. cit.*

[460]KALIEU ELONGO (Y-R), « Réflexion sur la notion de consommateur en droit camerounais : À propos de la soumission des personnes morales à la loi portant protection des consommateurs », *in* YAWAGA (S) (dir), *La protection du consommateur au Cameroun : principes, enjeux et perspectives*, *op. cit.*, 2018, pp. 16 et s.

[461]AUBY (J-F) et BRACONNIER (S) (dir.), *Services publics industriels et commerciaux, questions actuelles*, LGDJ, 2003, pp.97 et s.

[462]AUBY (J-F) et BRACONNIER (S) (dir.), *Services publics industriels et commerciaux, questions actuelles*, LGDJ, 2003 ; NICINSKI (S), *L'usager du service public industriel et commercial*, Paris Harmattan, 2001 ; Droit public de la concurrence, LGDJ, Systèmes, 2005 ; « Les évolutions du droit administratif de la concurrence », AJDA 2004, pp.751 et s ; RAYMOND (G), *Droit de la consommation*, 2e éd., Litec, Coll. « Droit et professionnels », 2015, n°17 ; TAORMINA (G), *Théorie et pratique du droit de la consommation, Aspects généraux et contrats spéciaux*, Librairie de l'Université d'Aix-en-Provence, 2004, n°167.

sans aucun doute d'affirmer le rôle central du juge dans la consolidation de l'État de droit[463].

La compétence du juge judiciaire couvre des domaines qui, par nature, sont liés à des personnes, à leurs droits et libertés fondamentaux (liberté individuelle, droit de propriété) ainsi qu'à leur état (état civil, domicile, nom), c'est pour dire que les matières administratives dans lesquelles le juge judiciaire est compétent par nature se nouent ensemble par un lien touchant aux droits de la personne[464].

Le juge judiciaire affirme ipso facto sa plénitude de compétence dès lors que sont en cause les libertés individuelles ou les droits fondamentaux à l'instar des droits inhérents aux consommateurs. Il affirme dans une espèce : *« Attendu que la descente effectuée sur les lieux a permis de constater que l'approvisionnement en énergie électrique avait été effectivement supprimé pour cause d'impayé alors que s'y trouve installé un compteur prépayé »*[465] ;

---

[463]BESSALA (A-G), Le détournement de pouvoir en droit administratif camerounais, Mémoire de D.E.A, *op. cit.*, pp.9 et s.

[464]CHAPUS (R), *Droit administratif général,* tome I, Montchrestien, 14e édition, 2000, p. 836. Il en est autrement dans le cas de la compétence par accessoire du juge judiciaire en matières administratives. Ces dernières ne sont guère susceptibles de regroupement cohérent et n'ont rien de commun sauf qu'elles sont mises dans une même assiette de compétence judiciaire accessoire. C'est ainsi que dans cette assiette, les services publics se mêlent avec l'appréciation de la légalité des actes administratifs et la gestion de la propriété privée de l'administration ou encore avec les textes législatifs spéciaux octroyant à la compétence judiciaire des matières administratives.

Elle concerne en premier lieu les services publics, le champ de la compétence judiciaire en la matière est délimité à ce propos par la nature de ce service. C'est ainsi que dans les services publics administratifs, la compétence judiciaire est tellement limitée qu'elle n'existe que dans quelques activités et où la compétence du juge administratif recouvre toutes les activités du service. En revanche, dans les services publics industriels et commerciaux, le domaine de la compétence est beaucoup plus élargi, et touche presque toutes les activités à l'exception de quelques-unes qui relèvent de la compétence du juge administratif. C'est le cas encore du service public judiciaire qui, comme son nom l'indique, exige par sa nature, une intervention du juge judiciaire dans les litiges naissant de son fonctionnement, et la compétence du juge administratif même non absente reste timide. Cette répartition tantôt large, tantôt réduite, s'applique également aux services publics sociaux et aux ordres professionnels. Il en résulte que la compétence judiciaire dépend essentiellement de la qualification des services publics et encore de la nature des activités qu'ils exercent. Ces activités couvrent, en premier lieu, le rapport contractuel ou non du service public avec les personnels et les usagers. En second lieu, les contrats que le service public conclut avec les tiers pour l'exécution de sa mission, et en troisième lieu sa responsabilité extracontractuelle qui peut être engagée par l'exercice de ses activités. En tout état de cause, la fourniture de l'électricité est qualifiée de service public et rentre par conséquent dans le domaine de compétence du juge judiciaire. La détermination de la compétence du juge judiciaire en matière de contentieux administratif et plus particulièrement celui lié à la fourniture de l'électricité s'avère très important, car une fois qu'elle est déterminée, les parties au litige ou mieux les justificatifs pourront alors saisir le juge compétent.

[465]Tribunal de première instance de Douala-Bonanjo ordonnance n° 1073 du 23 novembre 2020, affaire dame NGO BINDJEMB germaine c/ ENEO SA Cameroon.

« Que cette mesure de suspension de fourniture de l'électricité prise par les défenseurs, au motif pris du non-paiement des factures par la demanderesse ne saurait se justifier, et par conséquent constitue une voie de fait fondant la compétence du juge de céans à y mettre un terme »[466].

Dans une autre espèce, le juge judiciaire camerounais affirme : *« La rupture de l'énergie constitue un trouble manifestement illicite qui est une voie de fait donnant compétence au juge de référé »*[467]. Ainsi, le juge judiciaire qu'il soit civil, pénal ou des référés se déclare automatiquement compétent en cas d'incidence sur la fourniture de l'énergie électrique surtout dès lors qu'il pèse sur le consommateur un danger imminent.

Section II : La compétence de la juridiction civile en matière de fourniture de l'énergie électrique

Dans un sens général, la compétence désigne l'ensemble des pouvoirs et devoirs attribués et imposés à un agent pour lui permettre de remplir sa fonction. C'est également l'aptitude à agir dans un certain domaine. Dans un sens plus restreint, il s'agit de l'aptitude à instruire et juger une affaire, à en connaître. En règle générale, tout manquement aux obligations contractuelles est susceptible de générer un contentieux. Ces manquements peuvent être aussi bien le fait du consommateur que celui du fournisseur. Avant le déroulement proprement dit de l'instance, le demandeur doit d'abord déterminer la compétence du juge et son mode de saisine. En droit civil, on distingue classiquement des règles générales de répartition des compétences (paragraphe 1). Le contentieux de la fourniture a la particularité de ce qu'il est essentiellement orienté vers la voie de fait et l'emprise ; ce qui fait directement intervenir aussi bien le juge des référés (paragraphe 2) que le juge ordinaire (paragraphe 3). De même, l'on observe que le juge judiciaire est compétent pour connaitre les contestations nées de la tarification de l'énergie électrique (paragraphe 4) ; l'on note enfin l'empiètement du juge judiciaire dans la compétence du juge administratif (paragraphe 5).

Paragraphe préliminaire : La répartition classique de la compétence de la juridiction civile

Conformément aux lois de 2006, relatives à l'organisation judiciaire[468], la compétence classique du juge civil est territoriale(A) et matérielle(B).

---

[466]Tribunal de première instance de Douala-Bonanjo ; ordonnance n° 163/H/H du 15 mars 2020, affaire sieur MONKAM Jean-Marie, c/ La société ENEO Cameroon SA.

[467]Tribunal de première instance de Douala-Bonanjo ordonnance n° 1073 du 23 novembre 2020, affaire dame NGO BINDJEMB germaine c/ ENEO SA Cameroon.

[468]Loi n° 2006/015 du 29 décembre 2006, portant organisation des tribunaux de l'ordre judiciaire.

A- La compétence territoriale de la juridiction civile en matière de fourniture

Traiter de la détermination de la compétence territoriale de la juridiction civile en matière de fourniture de l'énergie électrique c'est mettre en évidence d'une part le principe de la régionalisation de la compétence du juge judiciaire (1) et la relativisation du principe de la compétence territoriale en matière de fourniture (2).

1- Le principe de la régionalisation de la compétence du juge judiciaire

La compétence territoriale ou *ratione loci* est l'aptitude à connaître d'une affaire déterminée par critères géographiques : domicile ou résidence d'une partie, situation de l'immeuble litigieux, lieu du délit, *etc.*[469] En France, le consommateur peut, et à son choix, saisir soit l'une des juridictions territorialement compétentes en vertu du Code de procédure civile, soit la juridiction du lieu où il demeurait au moment de la conclusion du contrat ou de la survenance du fait dommageable.[470] Conformément aux dispositions de l'article 42 du nouveau Code de procédure civile, « *la juridiction territorialement compétente est, sauf disposition contraire, celle du lieu où demeure le défenseur* » c'est-à-dire celui contre lequel est dirigée l'action contentieuse[471]. Selon l'importance des sommes réclamées, le juge compétent sera le juge de proximité si la demande n'excède pas 4 000 euros, tout en étant inférieure à 10 000 euros et, au-delà, le tribunal de grande instance[472].

Au Cameroun, la compétence territoriale des juridictions et du juge par ricochet est fonction des circonscriptions administratives. Ainsi, au niveau de l'arrondissement, c'est le tribunal de première instance qui est compétent. Au niveau du département, est compétent le tribunal de grande instance. Au niveau régional, ce sont les Cours d'appel et sur le plan national, seule la Cour Suprême a compétence pour juger des affaires soumises à sa connaissance.[473] De ce qui précède, l'effectivité de la règle de la territorialité se trouve souvent heurtée par des évènements et des situations juridiques prévues ou non tendant ainsi à la relativiser dans sa portée.

469HERZOG-EVANS (M), *Droit pénal général*, Librairie Vuibert, 2009, pp. 89 et s. V. aussi, CORNU (G), *Vocabulaire juridique de l'Association Henri Capitant, op. cit.*, pp.213et s.

470C. consom., art. L. 141-5.

471SABLIÈRE(P), *Droit de l'énergie Dalloz,* 2013 pp.1754 et s.

472COJ, art. L. 231-3, L. 221-4 et L. 211-3.

473Loi n° 2011/027 du 14 décembre 2011 modifiant et complétant certaines dispositions de la loi n° 2006/015 du 29 décembre 2006 portant organisation judiciaire, articles 15, 16, 17, 18, 19, nouveau.

2- La relativisation du principe de la compétence territoriale en matière de fourniture

En matière de fourniture de l'énergie électrique, cette règle connait une exception notoire puisque le juge affirme dans une espèce que « *considérant que l'exception d'incompétence territoriale soulevée par ENEO n'a aucune chance de prospérer ; qu'en effet, il est établi que le demandeur en instance a saisi le juge de Yaoundé dans le ressort du tribunal duquel est située l'Agence régionale ENEO Cameroun Centre-Sud-Est ; qu'en assignant son représentant de Yaoundé devant le Tribunal de Grande Instance du Mfoundi, ce dernier est territorialement compétent pour statuer en la cause* »[474]. Dans cette affaire, le cabinet de radiologie Farafy situé à Douala a subi un préjudice matériel dû à la mauvaise qualité de l'énergie électrique fournie par la société ENEO CAMEROON SA[475]. Le juge de céans a rejeté comme non fondée, l'exception d'incompétence territoriale soulevée par ENEO. Car selon lui, le demandeur en instance a saisi le juge de Yaoundé dans le ressort du tribunal duquel est située l'agence régionale ENEO Cameroun Centre-Sud-Est. La compétence territoriale ayant fait l'objet de précédents développements, il paraît convenable d'explorer la compétence matérielle.

B- La structuration de la compétence matérielle du juge civil à l'intérieur de la juridiction civile

La compétence *ratione materiae* ou compétence d'attribution est l'étendue matérielle du pouvoir de juger, c'est-à-dire le domaine dans lequel le juge peut intervenir[476]. Pour déterminer la compétence matérielle, on prend en compte l'objet du litige. Étudier la compétence matérielle du juge civil en matière d'électricité revient à déterminer la nature des litiges qu'il est habilité à

---

[474]Cour d'appel du Centre, section civile et commerciale, arrêt n° 196/civ du 06 avril 2022, affaire SOKOUDDJOU Pascal c/ la société ENEO SA.

[475]Cet état de choses a amené le sieur SOKOUDJOU Pascal, alors promoteur dudit cabinet de Radiologie à saisir le tribunal de Grande Instance du Mfoundi qui a rendu sa décision le 25 juin 2020 en condamnant ENEO à payer au requérant une sommer de cinquante millions (50.000.000) de FCFA. N'étant pas satisfait de cette décision, le sieur SOKOUDJOU a interjeté appel auprès de la Cour d'appel du centre par une requête principale du 15 juillet 2020. ENEO de son côté a introduit un appel incident en date du 1er avril 2021. En son appel principal, le sieur Sokoudjou pascal demande l'infirmation partielle de la décision attaquée pour violation de la loi. Il estime en effet que le premier juge a ignoré son action en dommages et intérêts, ce qui constitue une violation des dispositions du code civil relatives à la responsabilité délictuelle et à l'inexécution d'une obligation. ENEO pour sa part prétend que la décision rendue par le juge du tribunal de grande Instance mérite d'être infirmée dans son entièreté. Selon ENEO, il y a d'abord violation par le juge du principe de l'effet relatif des conventions en ce sens qu'il n'existe aucun lien contractuel entre elle et le cabinet de Radiologie FARAFY ; il y a ensuite violation des principes de la compétence territoriale. Car, en cas d'éventuels sinistres, le cabinet était plutôt situé à Douala ; enfin, il y a absence de justification du préjudice allégué.

[476]JEUNLAND(E.), *Droit processuel général,* 4e éd, LGDJ, Lextenso, 2018, en ligne, consulté le 05 janvier 2023 à 13h 04 minutes.

trancher. La loi n° 2006/015 du 29 décembre 2006 portant organisation judiciaire modifiée et complétée par la loi n° 2011/027 du 14 décembre 2011 ; la loi n° 2006/016 fixant l'organisation et le fonctionnement devant la Cour Suprême modifiée et complétée par la loi n° 2017/014 du 12 juillet 2017 déterminent la compétence d'attribution du juge civil selon qu'on est en première instance, en grande instance, devant la Cour d'appel ou la Cour Suprême.

En première instance, le juge civil est compétent aux termes de l'article 15 alinéa b de la loi portant organisation judiciaire suscitée pour connaître des « *demandes de paiement des sommes d'argent dont le montant est inférieur ou égal à dix millions (10 000 000) de francs...* ». Dans le cas d'espèce, le juge civil du tribunal de première instance est compétent pour connaître de toutes demandes d'indemnisation d'un montant inférieur ou égal à dix millions (10 000 000) de francs formulées devant lui par la victime d'un dommage électrique. En Grande Instance, le montant de la demande doit excéder la somme susmentionnée[477].

En appel, les juges de la chambre civile de la Cour d'appel sont compétents pour connaître « *des appels interjetés à l'encontre des décisions rendues par les juridictions autres que la Cour Suprême, et la Cour d'appel elle-même* »[478]. En d'autres termes, si en instance, la victime d'un dommage causé par le fournisseur de l'énergie électrique n'est pas satisfaite de la décision rendue par le juge, elle devra interjeter appel contre celle-ci. À la Cour Suprême, ce sont les juges de la chambre judiciaire qui sont compétents pour « *connaître des décisions rendues en dernier ressort par les cours et tribunaux en matière civile (...)* »[479].

Dans le contentieux judiciaire de la fourniture de l'énergie électrique, le juge civil peut intervenir à deux titres. D'abord, dans un cadre préventif, il sera alors juge des référés. La mission sera de mettre fin à un trouble manifestement illicite affectant ou entamant grossièrement les droits fondamentaux de la personne. Dans cette hypothèse de l'action préventive, conformément aux dispositions de l'article 27 alinéa 3 de la loi-cadre du 6 mai 2011 relative à la protection du consommateur au Cameroun, le consommateur collectivement ou individuellement sollicitera du juge de référé qu'il fasse cesser l'atteinte à ses droits. L'analyse de la jurisprudence judiciaire amène à constater que l'action préventive est toujours dirigée par les consommateurs pris individuellement ou collectivement. Le règlement du

---

[477]V. Article 18 alinéa1b de la loi N° 2006/015 du 29 décembre 2006 portant organisation judiciaire modifiée et complétée par la loi n° 2011/027 du 14 décembre 2011.

[478]V. Article 22 alinéa 1b de la loi N° 2006/015 du 29 décembre 2006 portant organisation judiciaire modifiée et complétée par la loi n° 2011/027 du 14 décembre 2011.

[479] Article 37 de la loi n° 2006/016 fixant l'organisation et le fonctionnement devant la Cour Suprême modifiée et complétée par la loi n° 2017/014 du 12 juillet 2017.

service public de distribution de l'électricité, tout comme la loi portant protection du consommateur, semble orienter les contestations entre fournisseurs et consommateurs sur les fondements contractuels[480].

Ensuite, la compétence du juge civil de la fourniture de l'énergie peut également être une compétence de fond. Dans ce cas, le juge civil s'attèlera non seulement sur le fondement du contrat d'abonnement et du règlement de service à rechercher les éléments probants constitutifs de la faute aussi bien du fournisseur que du consommateur ainsi que l'engagement de la responsabilité contractuelle de la partie ayant contrevenu à ses obligations contractuelles. C'est dire qu'en réalité, de la même manière que le fournisseur peut saisir le juge civil de la fourniture de l'énergie électrique, le consommateur peut également à son tour porter sa cause devant le juge civil de la fourniture. L'analyse consacrée à la détermination de la compétence de la juridiction civile en matière de fourniture de l'énergie électrique aboutit au constat de l'intervention prépondérante du juge des référés.

Paragraphe II : Le juge des référés : juge de l'urgence de la voie de fait et de l'emprise

La matière électrique constitue sans doute l'une des plus tumultueuses de la dynamique juridique dès lors qu'elle confronte le consommateur au fournisseur de l'énergie électrique. Sous ce prisme, la fondamentalité de l'État de droit commande l'intervention poussée du juge afin de procéder au rééquilibrage de ces rapports assez tendus.[481]

La spécificité de la matière électrique réside dans le fait que l'on a d'une part un concessionnaire qui décide unilatéralement de suspendre l'énergie électrique au consommateur qui d'autre part se sent fragilisé et dont la suspension risque de compromettre sérieusement les droits fondamentaux. L'intervention du juge des référés recèle des fondements (A) justifiant son intervention dans le contentieux de la voie de fait et l'emprise (B). Toutefois, outre le caractère pertinent de la menace pesant sur le consommateur, il décline sa compétence dès lors que rentre en jeu une contestation sérieuse sur le fond (C).

480NOBLOT (C), *Droit de la consommation* Montchrestien, 2012, pp.38 et s. ; AULAGNON (L), « De la situation juridique des usagers titulaires de polices d'abonnement à l'égard des compagnies concessionnaires d'un service public », *RTD civ.* 1924 ; STOFFEL-MUNCK (Ph), « L'autonomie du droit contractuel de la consommation : d'une logique civiliste à une logique de régulation », *RTD com.* 2012.

481BESSALA (A-G), Le détournement de pouvoir en droit administratif camerounais, Mémoire DEA, *op. cit.*, p.5

A- Les fondements de la prééminence de l'intervention du juge des référés dans le contentieux de la fourniture de l'énergie électrique

Aux termes de l'article 182 du code de procédure civile et commerciale, le juge des référés est compétent « *dans tous les cas d'urgence ou lorsqu'il s'agira de statuer provisoirement sur les difficultés relatives à l'exécution d'un titre exécutoire ou d'un jugement* ». Et Aux termes de l'article 185 du CPCC, « *les ordonnances sur référés ne feront préjudice au principa*l ».

La législation camerounaise, comme la jurisprudence, non seulement n'opère pas de distinction entre emprise et voie de fait administrative, et emprise et voie de fait judiciaire, mais également ne retient pas, en ce qui concerne la compétence des tribunaux judiciaires, la distinction entre l'emprise régulière et l'emprise irrégulière[482]. Cette absence de distinction entre emprise[483] et voie[484] de fait administrative et emprise et voie de fait judiciaire rend complexe la systématisation de la compétence de la juridiction judiciaire dans le traitement des contestations nées de la fourniture de l'énergie électrique. C'est certainement la raison pour laquelle le législateur a revêtu le juge judiciaire de la plénitude des compétences[485].

---

[482]OWONA (J.), *Le contentieux administratif de la République du Cameroun*, Harmattan, Paris, 2018, pp.56 et s.V. encore NGWESE (N.P.) et BINYOUM (J.), *Eléments de contentieux administratif camerounais*, Harmattan, Paris, 2015, pp 53 et s ; V. aussi, BILONG (S.), *Memento de la Jurisprudence Administrative du Cameroun*, PUD, 1ère édition, 2014, pp.435 et s.

[483]L'emprise constitue une atteinte à la propriété immobilière portée sous forme de dépossession provisoire ou permanente. La propriété doit être privée. Elle doit ne pas relever d'un titre légal (expropriation ou réquisition), alors que la voie de fait reste surtout une violation d'un droit fondamental. Ainsi, deux conséquences sont ici à souligner. D'abord les tribunaux de l'ordre judiciaire ont, en matière d'emprise, une compétence expresse dévolue par la loi n°2006/022 ; ensuite, ils ont la plénitude de juridiction leur permettant non seulement de constater l'emprise, mais aussi de la faire cesser et de réparer tout le préjudice causé par celle-ci, au besoin par tous les moyens de droit existants, injonctions et astreintes comprises. Le législateur camerounais de 1972 précise que les tribunaux de droit commun connaissent en outre des emprises…et ordonnent toute mesure pour qu'il y soit mis fin.

[484]KAMDEM (J-C), Contentieux administratif, Cours polycopie, 3e année licence, Université de Yaoundé, FDSE, 1985/1986, inédit. p. 99. La voie de fait est « *une action matérielle de l'administration entachée d'une grave irrégularité ». C'est une illégalité flagrante, une atteinte assez grave pour dénaturer l'opération « en lui faisant perdre son caractère administratif* ».

[485]Le professeur Joseph OWONA explique ainsi que le juge de Bamenda (Tribunal de grande instance) a pu ainsi prononcer la libération immédiate des intéressés pour mettre fin à la voie de fait contestée. Mais plus loin, la jurisprudence administrative est également devenue plus claire en ce qui concerne les types de voies de fait administratives qui peuvent être : une atteinte grave aux droits fondamentaux ou au respect du droit de propriété : atteinte grave à la propriété privée mobilière (KAMDEM WAFO Michel contre État du Cameroun CS/CA 81-82 du 15 février 1982 ; affaire NJOH MALALABE contre État du Cameroun Sonel, jugement civil n° 484 T61 du 25 aout 2004 ; dame BALANOS née KARMINOS Chloé contre commune rurale Obala, arrêt n° 62/A du 22 février 2007).

Cette position normative a été concrétisée dans les espèces (Nyo Wakai et others) ou le juge n'a pas manqué de rappeler avec une particulière intonation que : « *Il convient de souligner que les tribunaux judiciaires ont ici la plénitude des pouvoirs : ils peuvent non seulement octroyer une réparation pécuniaire au titre des dommages et intérêts, mais adresser des injonctions et remettre les choses en l'état par des moyens appropriés : astreinte par exemple* »[486].

Ainsi, selon le juge judiciaire de la fourniture de l'énergie électrique, la voie de fait a beaucoup de déclinaisons ; les contestations peuvent porter sur la facturation, les atteintes à l'intégrité physique, les atteintes à la propriété privée, les soupçons de fraudes, *etc.* Que dire dès lors de l'intervention du juge des référés en matière de voie de fait et d'emprise ?

B- L'intervention du juge des référés dans le contentieux de la voie de fait et de l'emprise

Le juge judiciaire en matière d'énergie électrique est dynamique surtout lorsqu'il intervient en matière de référés. En effet, celui-ci détecte prioritairement les atteintes aux droits fondamentaux du consommateur en fonction de l'affaire qui lui est soumise et sanctionne systématiquement le fournisseur lorsque celui-ci, par une action indélicate, a porté atteinte à ces droits. Ces hypothèses sont légion dans le domaine de la facturation où les contestations y relatives constituent une zone permanente de tensions et de graves crises entre fournisseurs et consommateurs de l'énergie électrique.

Le fait marquant ici est que malgré la venue des compteurs prépayés, le nombre de contestations relatives à la facturation de l'énergie électrique, n'a eu de cesse d'augmenter. De manière classique, les contestations tournent autour des surfacturations, le trucage des appareils de comptage, le fonctionnement défectueux et erroné de la relève des consommations, l'établissement des factures fraude de manière arbitraire, l'établissement des factures erronées, *etc*. Devant ce type de cas, le juge des référés a une conception extensive et exclusive de la notion de voie de fait et d'emprise. Cette conception qui se caractérise par son dynamisme est large et variée en ceci qu'elle dépend essentiellement de la perception du juge de l'infraction à lui soumise en l'espèce.

C'est pourquoi selon le juge judiciaire camerounais, sont constitutifs de la voie de fait judiciaire dans le cadre de la fourniture de l'énergie électrique : la suspension abusive de l'énergie électrique (1), la suspension de l'énergie électrique sur le fondement d'un avis de coupure irrégulier (2), la suspension abusive de l'énergie électrique en l'absence de l'existence d'une dette exigible (3), la suspension de fourniture abusive à un abonné à jour de ses obligations

---

[486] Jugement n° 17/CB/19CRM/921 du 23 décembre 1992.

contractuelles (4), l'inexécution d'un exploit d'huissier régulièrement établi et adressé au fournisseur pour le rétablissement de l'énergie électrique (5) et le passage d'une ligne électrique monophasée dans une concession privée sans autorisation préalable du propriétaire (6).

1- La suspension abusive de l'énergie électrique

Cette dernière implique : la suspension de l'énergie électrique à un abonné sans motifs légitimes (a), la suspension de l'énergie électrique sans préavis (b), les contrôles inopinés et les manipulations des compteurs des consommateurs par des agents non assermentés (c).

a- La suspension de l'énergie électrique à un abonné sans motifs légitimes

C'est le cas lorsque sans motif valable, la société ENEO suspend l'énergie électrique à un abonné au motif que ce dernier aurait fraudé le compteur alors même qu'il n'existe aucun constat de fraude effectué par des personnes habilitées conformément à l'arrêté n° 0000013/MINEE du 26 janvier 2009[487]. En tout état de cause, toute rupture d'énergie électrique à un utilisateur répond à une procédure bien précise, selon l'infraction déterminée par le fournisseur (vol d'énergie ou fraude). Ce faisant, tout acte du fournisseur dérogeant à la procédure suivie habituellement dans chaque cas précité est manifestement illégitime et constitutif de la voie de fait[488].

« *Il résulte que la rupture d'énergie s'agissant de la fraude ou du vol d'énergie ne doit intervenir qu'en cas de poursuite judiciaire engagée par la société ENEO et que cette faute ne soit constatée par une catégorie de personnes, dès lors toute rupture d'énergie qui intervient sans respect de cette disposition est une atteinte aux droits de l'abonné comme en l'espèce* » ; il poursuit en disant : « *la rupture d'énergie dans ces conditions est un acte qui ne s'inscrit manifestement pas dans le cadre des droits légitimes de la société ENEO.* »[489]

Dans une espèce, un promoteur d'une entreprise dont l'activité a trait au commerce général et prestation des services s'est vu déconnecter ses installations électriques par des agents d'ENEO[490]. En effet, la manipulation de son compteur par certains agents a entraîné la rupture d'énergie

---

[487] Tribunal de première instance de Douala-Bonanjo ; ordonnance n° 163/H/H du 15 mars 2020, affaire sieur MONKAM Jean-Marie, c/ La société ENEO Cameroon SA.
[488] Cour d'appel du Centre section civile et commerciale, arrêt n° 381/REF du 17 juin 2022, affaire sieur FOPA David c/ la société ENEO SA.
[489] Tribunal de première instance de Douala-Bonanjo ; ordonnance n° 163/H/H du 15 mars 2020, affaire sieur MONKAM Jean-Marie, c/ La société ENEO Cameroon SA.
[490] *Idem.*

électrique[491]. Saisi de la question du rétablissement de l'énergie électrique, le tribunal de céans tout en reconnaissant l'urgence avait reçu la demanderesse en son action et ordonna par voie de conséquence le rétablissement du courant électrique au bénéfice du demandeur sous astreinte.

Le juge camerounais dans cette affaire affirme que l'interprétation préalable du contrat liant les parties évoquées par la défenderesse ne saurait soulever l'incompétence du juge des référés. Car, l'action du demandeur qui est celle relative à une suspension d'approvisionnement en énergie électrique jugée abusive est caractéristique d'une voie de fait dont l'appréciation relève éminemment du juge des référés. De ce fait, le juge confirme encore que l'interruption d'énergie électrique de manière abusive est constitutive de voie de fait.

De même, pour le juge des référés, *« la suspension avérée et subséquente de la fourniture de l'électricité au détriment du demandeur en violation desdites dispositions réglementaires est abusive et constitutive d'une voie de fait qui crée l'urgence et fonde le juge des référés à y mettre un terme »*[492], *« Il est de jurisprudence constante que le juge des référés est ce juge qui doit faire cesser ce trouble. En tout état de cause, « la rupture d'énergie électrique est dans ces conditions un acte qui ne s'inscrit manifestement pas dans le cadre des droits légitimes d'ENEO. Il s'agit d'un trouble manifestement illicite qui implique qu'il soit statué sur le comportement de la société ENEO qui est contraire à la morale, à la loi, à l'arrêté n° 0000013/MINEE du 26 janvier 2009. Qu'il est constant que le comportement de la société ENEO constitue un trouble manifestement illicite qui est une voie de fait donnant compétence au juge des référés »*[493].

Dans une autre espèce[494], les agents de la société ENEO auraient fait irruption au domicile du demandeur arguant d'une prétendue fraude avec un avis de coupure qui n'apportait aucun élément de la fraude en question, mais

---

[491] Tandis que le sieur MONKAM affirme que cette coupure est injustifiée, car il paie ses factures d'électricité et n'accuse aucun arriéré. Qu'il ne comprend pas l'irruption des agents de contrôle et de leurs collaborateurs dans sa structure lui proposant par la suite des arrangements à l'amiable sur une facture de pénalité que celui-ci affirme ne pas en connaitre l'origine. Voulant lui faire reconnaitre des dysfonctionnements sur un compteur scellé qui n'a jamais subi de manipulation avant l'arrivée desdits agents. Conscient des dégâts que cela pourrait représenter pour son entreprise, il voudrait que la lumière lui soit rétablie afin d'éviter un préjudice plus grave. La défenderesse quant à elle prétend qu'une procédure est déjà pendante sur cette affaire, et que ce serait pour le juge des référés un risque de préjudicier l'affaire au principal.

[492] Cour d'appel du Centre section civile et commerciale, arrêt n° 381/REF du 17 juin 2022, affaire sieur FOPA David c/ la société ENEO SA.

[493]Tribunal de première instance de Yaoundé-Ekounou, ordonnance n° 085/HH/CIV du 12 mars 2021, affaire école privée Laïque Bilingue Hubert et Régine c/ La société ENEO.

[494]Tribunal de première instance de Douala- Bonanjo ,0ordonnance n° 1219 du 07 septembre 2021/ Affaire : dame NDEDI WASSI Hélène Manuela c/ La société ENEO Cameroon.

plutôt des impayés que le demandeur ne reconnaissait pas. Dès lors, le contrôle inopiné et l'accusation de fraude par le fournisseur sans toutefois fournir de preuves sont manifestement selon le juge camerounais une atteinte aux droits du consommateur[495].

Dans l'affaire dame NGO BINDJEMB Germaine C/ENEO[496], le juge judiciaire caractérise aussi de voie de fait, le non-respect du règlement de service public de distribution par le fournisseur ENEO en matière de fraude. Le règlement de service, prévoyant un ensemble de règles à suivre en cas de constat de fraude, garantit le régime dans lequel s'applique la sanction du fournisseur dans le cas précis. Le juge conçoit que le fournisseur doit obéir aux textes protégeant et garantissant le règlement applicable dans ces cas et toute action du fournisseur dérogeant aux règles édictées est un abus envers le consommateur.

Que dire de la suspension de l'énergie électrique à un abonné sans préavis ?

b- La suspension de l'énergie électrique à un abonné sans préavis

Également constitutif de voie de fait en matière de fourniture, le fait de suspendre unilatéralement et en l'absence de tout préavis, l'énergie électrique à un locataire, paralysant ainsi toutes ses activités commerciales.[497] Dans une espèce, la société finance-GIE avait assigné à bref délai la société civile immobilière JOHN LAE, bailleresse de l'immeuble dans laquelle elle a établi ses locaux.

La Société Finance-GIE demandait au tribunal d'ordonner à la société civile immobilière JOHN LAE de rétablir l'énergie électrique sous astreinte d'un million de francs par jour de retard à compter du prononcé de la décision[498]. Dans son plaidoyer, la défenderesse quant à elle concluait à l'irrecevabilité de l'action de la demanderesse tirée de la non-production d'un

---

[495]Tribunal de grande instance du Mfoundi centre administratif section civile et commerciale jugement civil n° 2343/CIV du 16 décembre 2021 affaire : sieur MAMA FOUDA OMGBA André c/ Société Energy of Cameroon « ENEO ».

[496]Tribunal de première instance de Douala-Bonanjo ordonnance n° 1073 du 23 novembre 2020, affaire dame NGO BINDJEMB germaine c/ ENEO SA Cameroon.

[497]Tribunal de première instance de Douala- Bonanjo ; ordonnance n° 458 du 20 juillet 2016/ Affaire : solution finance –GIE c/ La société civile Immobilière John LAE Sylvestre.

[498]Au soutien de son action, la demanderesse argua qu'il ne faisait pas l'ombre d'un doute qu'elle est locataire de SCI JOHN LAE et que le paiement de ses différentes factures (eau, l'électricité et loyer) ne souffrait d'aucune contestation. Après une coupure sans préavis de l'électricité auprès de la bailleresse, le gestionnaire dudit immeuble n'a pas cru devoir donner un quelconque justificatif valable à cette coupure abusive.

bail dument enregistré[499]. Le tribunal rejeta l'action comme non fondée et purement dilatoire.

Le juge de céans avait reçu la SOFIN GIE en son action en reconnaissant qu'une telle rupture d'énergie était abusive et constitutive d'une voie de fait, et avait de ce fait ordonné à la défenderesse de rétablir l'énergie sous astreinte. Dans cette affaire, le juge a mis en avant son caractère protecteur des droits fondamentaux, car, face à l'argument du défendeur fondé sur la non-recevabilité du fait de l'absence d'un contrat de bail, au juge de rétorquer qu'il a été saisi pour la fourniture de l'énergie et non pour la production d'un contrat de bail. Cette posture est salutaire en ce que la rupture abusive d'énergie électrique est constitutive de voie de fait.

c- Les contrôles inopinés et manipulations illégitimes du compteur d'un abonné par des agents non identifiables et la suspension de l'énergie électrique par des agents qui ne sont pas assermentés

Dans cette affaire, le juge des référés a renvoyé les parties au fond. En effet, dès lors qu'il y a contestation sérieuse au fond, le juge des référés décline systématiquement sa compétence et envoie les parties à mieux saisir le juge ordinaire[500]. Il convient d'analyser à ce niveau la suspension de l'énergie électrique, sur la base d'un avis de coupure irrégulier.

2- La suspension de l'énergie électrique sur le fondement d'un avis de coupure irrégulier

Le juge camerounais reconnaît qu'il y a voie de fait lorsque l'acte (avis de coupure) qui initie la coupure par le fournisseur est injustifié et rend par conséquent l'action de celui-ci abusive. Le juge camerounais établit la voie de fait lorsque la coupure d'électricité n'a pas de justificatif qui désigne expressément la personne.[501] Le juge de référé entrevoit comme éléments constitutifs de voie de fait l'action d'établir une facture contenant de fausses informations sur le montant réel de la facturation.[502]

---

[499]Et qu'au surplus, ayant constaté la défectuosité des compteurs appartenant à plusieurs locataires, dont celui de la SOFIN-GIE. Cette dernière n'a pas daigné se rapprocher de son bailleur comme les autres pour s'enquérir de la situation d'où la suspension provisoire de son énergie électrique. Que l'irrecevabilité qu'elle demande émane du fait que le versement et les reçus de paiement des factures ne sont pas la preuve qu'elle est locataire et ne lui donne pas indubitablement droit à l'électricité comme la SOFIN-GIE le prétend.

[500]Tribunal de première instance de Douala-Bonanjo ordonnance n° 1073 du 23 novembre 2020, affaire dame NGO BINDJEMB germaine c/ ENEO SA Cameroon ;

[501]Tribunal de première instance de Douala- Bonanjo ,ordonnance n° 1219 du 07 septembre 2021/ Affaire : dame NDEDI WASSI Hélène Manuela c/ La société ENEO Cameroon.

[502]Tribunal de première instance de Douala- Bonanjo ,ordonnance n° 1219 du 07 septembre 2021/ Affaire : dame NDEDI WASSI Hélène Manuela c/ La société ENEO Cameroon.

En effet, en ce qui concerne l'affaire dame NDEDI WASSI Hélène[503] titulaire d'un abonnement objet d'un compteur prépayé fourni par la société ENEO Cameroun, cette dernière a été surprise de se retrouver face à deux agents formellement identifiés ayant fait irruption à son domicile à l'effet de lui suspendre l'énergie électrique, au motif pris de ce qu'un avis lui aurait été remis quelque temps auparavant sur lequel aucune mention de fraude n'est portée, mais plutôt des impayés[504] d'un montant de 278 853 FCFA. Statuant publiquement et contradictoirement, le tribunal avait renvoyé les parties à mieux se pourvoir au principal et avait reçu l'action de la demanderesse, ordonnant ainsi à la société ENEO de rétablir l'électricité dans son domicile sous astreinte.

De ce qui précède, la singularité du compteur prépayé rend l'accusation (d'impayées) injustifiable. Dès lors que l'acte qui fonde la coupure d'électricité est nul, l'action d'ENEO est abusive ou illégitime d'où la voie de fait. Dans l'espèce, le juge des référés a minoré la tentative d'escroquerie, c'est la raison pour laquelle, il a renvoyé les parties à se pourvoir au principal. Dans cette affaire, quoique le juge des référés ait relevé une contestation sérieuse, il a néanmoins au regard de la menace qui pesait sur les droits fondamentaux de la demanderesse qui s'est retrouvée dans l'obscurité totale avec ses enfants en bas âge avec des denrées alimentaires vouées à la décomposition ; jugé qu'il y avait extrême urgence de rétablir la fourniture d'électricité abusivement interrompue par des agents de la société ENEO SA. Le juge des référés décidera de recevoir dame NDEDI Manuela en son action, car, il constatera dans cette affaire que dame NDEDI Hélène Manuela est titulaire d'un abonnement objet d'un compteur prépayé et ne saurait de ce fait, avoir des impayés. Ainsi, la suspension d'énergie électrique par la société ENEO CAMEROUN SA pour cause d'impayés constitue une voie de fait.

Couper l'énergie électrique à un consommateur sur la base d'un avis de coupure manuscrit non cacheté (vice de forme dans l'avis de coupure) et contenant le nom d'un tiers n'étant pas le consommateur victime de la coupure est constitutive de voie de fait. Une fois le caractère illicite de la coupure constaté, le juge des référés ordonne le rétablissement immédiat sous astreinte de l'énergie électrique[505].

[503] *Idem.*

[504] La requérante argue que la nature et la singularité des compteurs prépayés est le principe du paiement par avance de la consommation d'énergie électrique, il est donc mal venant que la société ENEO sans avoir détecté de fraude, lui adresse une facture d'impayés et que sur cette base, elle décide unilatéralement de lui suspendre l'énergie électrique laissant sa concession dans l'obscurité et sans tenir compte des enfants en bas âge à sa charge.

[505] Tribunal de première instance de Douala-Bonanjo, ordonnance ADD n° 17 rendue le 23 décembre 2021 oppose la société SODIRECAM à la société ENEO Cameroon.

Cette position a davantage été étayée dans le litige opposant la société SODIRECAM à ENEO.[506] En effet, propriétaire d'un compteur prépayé de la société ENEO à qui elle paie régulièrement les factures d'électricité, la demanderesse s'est vue suspendre l'énergie électrique de manière soudaine parce qu'elle partage le même poteau d'installation que son voisin[507].Le tribunal déclara la requête fondée et ordonna le rétablissement de l'énergie électrique à la requérante sous astreinte. La motivation du juge est l'absence d'avis de coupure au nom de la requérante. Dès lors, l'illégitimité de l'acte occasionne la voie de fait. Dans l'espèce, il y a erreur sur la personne par le fournisseur. Constitue tout aussi la voie de fait judiciaire, la suspension abusive de l'énergie électrique en l'absence d'une dette exigible.

3- La suspension abusive de l'énergie électrique en l'absence de l'existence d'une dette exigible

Même en cas d'existence d'une contestation sérieuse, le juge des référés peut intervenir. Il affirme sa compétence dès lors qu'une illégitimité grossière de l'opérateur est susceptible de porter atteinte aux droits fondamentaux des consommateurs. C'est le cas lorsqu'un abonné se trouve privé d'énergie électrique alors même que ce dernier a saisi l'ARSEL d'une contestation de factures et que les investigations ne sont pas encore closes au niveau de ladite agence.

Le juge camerounais reconnait que l'illégitimité d'une coupure sans la preuve d'une dette est la cause d'une voie de fait justifiant la compétence du juge des référés. Dans ce sens, le juge camerounais des référés souligne éloquemment que « *s'il est vrai que le juge des référés en vertu des dispositions de l'article 185, ne saurait préjudicier au principal, il est également admis qu'il peut même en présence d'une contestation sérieuse de prescrire une mesure conservatoire qui s'impose soit pour prévenir un dommage imminent, soit pour faire cesser un trouble manifestement illicite* ».

Dans une espèce opposant l'école privée laïque et bilingue Hubert et Régine à la société ENEO agence de Kondengui[508], le juge des référés relevait

---

[506] *Idem.*

[507] La requérante affirme que la société ENEO lui aurait injustement coupé l'électricité alors qu'elle n'est pas débitrice de cette dernière, mais plutôt son voisin dont les installations électriques diffèrent des siennes. En effet, sieur TAKOUGAN Donatien à qui ladite société aurait dressé une facture et un avis de coupure est le véritable débiteur de la Société ENEO, de ce fait les factures et avis de coupure lui ont été formellement adressés avant la descente. Qu'il est donc injustifié que la société SODIRECAM paie les frais de l'insolvabilité de son voisin.

[508] Ordonnance n° 085/HH/CIV/ rendue le 23 février 2021 par le tribunal de première instance de Yaoundé-Ekounou. L'école va tout d'abord saisir l'ARSEL pour une expertise sur l'irrégularité de la facture. Qu'après moult autres procédures se soldant par des échecs, le requérant va saisir le juge des référés pour se faire d'urgence rétablir l'électricité. L'école Hubert et Régine argue que cette coupure persistante malgré ses multiples tentatives de rétablir la situation est un acte illégitime commis par la société ENEO qui lui aurait suspendu l'énergie

que « *toute dette suppose une preuve d'exigibilité (...) qu'en l'absence d'une dette exigible, vis-à-vis de la société ENEO, celle-ci ne saurait la priver d'énergie électrique. Qu'il résulte des pièces produites et des débats que l'école privée laïque Hubert et Régine a ,en date du 12 février 2021, saisi l'ARSEL en contestation de la facture dite de régularisation qu'elle a reçue au mois de janvier 2021 ; que l'avis de coupure lui a été servi par la société ENEO en date du 18 février 2021 puis exécuté le même jour. Que dès lors, cette suspension d'énergie électrique intervenue dans ces conditions alors même que la somme réclamée n'était pas encore exigible est manifestement illégitime et constitue une voie de fait qui rend impérieuse l'intervention du juge des référés pour au moins rétablir les parties au statu quo ante en attendant que la question de fond soit définitivement tranchée par cette instance* »[509]. Au juge de céans de relever par cette décision que tout paiement suppose une dette, qu'en l'absence de preuves d'une dette exigible au consommateur, le concessionnaire (société ENEO) ne saurait priver le consommateur d'énergie. À ce niveau, la voie de fait est constituée dès l'instant de la suspension de fourniture abusive à un abonné à jour de ses obligations contractuelles.

4- La suspension de fourniture abusive à un abonné à jour de ses obligations contractuelles

Dans une ordonnance des référés rendue par le TPI de Douala Bonandjo dans la cause opposant la demanderesse à la société ENEO, le juge a condamné ENEO à rétablir l'énergie électrique à la demanderesse [510] motif

---

électrique après lui avoir attribué une facture irrégulière. Dès lors, cette suspension prolongée paralyse les activités scolaires, une situation pouvant avoir de lourdes conséquences pour son établissement et entrainer de ce fait un préjudice irréparable. La défenderesse prétend qu'elle a déposé une plainte devant les juridictions pénales contre l'établissement pour vol d'électricité. Par conséquent, ce serait préjudicier sur le principal si le juge des référés se déclarait compétent en l'espèce. Le tribunal déclare la demande partiellement fondée et ordonne le rétablissement de l'énergie électrique à la demanderesse sous astreinte. Le droit camerounais requiert la compétence partagée du juge administratif et du juge judiciaire en matière de voie de fait. En l'espèce, la partie défenderesse soulève l'incompétence du juge des référés, car selon elle, dire la décision reviendrait à interpréter de manière équivoque des dispositions ou de leur donner une autre portée et aussi ce serait s'ingérer dans une affaire déjà en cours devant la juridiction pénale qui aurait pour conséquence de préjudicier le recours au principal.

[509]Tribunal de première instance de Yaoundé-Ekounou, ordonnance n° 085/HH/CIV du 12 mars 2021, affaire école privée Laïque Bilingue Hubert et Régine c/ La société ENEO.

[510]En effet, la société SODIRE CAM jouissant d'un compteur prépayé quatre fils ENEO depuis le 08 décembre 2021 est installée dans la même enceinte que sieur TAKOUGAN, lequel est alors en contentieux avec ENEO-S.A pour des impayés, ainsi que les câbles de la société SODIRE CAM partant du même poteau que ceux du sieur TAKOUGAN Donatien. Contre toute attente aux environs de 15 heures, les agents d'ENEO détenteurs d'un avis de coupure manuscrit non cacheté et portant le nom de sieur TAKOUGAN Donatien Azobe, sont venus enlever les fils partant de son compteur au poteau lui supprimant ainsi l'énergie électrique. Malgré les preuves fournies par la société SODIRE CAM, la société ENEO SA a maintenu sa position.

pris de ce que « le comportement de la société ENEO SA et de ses agents sus-démontré était constitutif de voie de fait manifeste et ne saurait toutefois perdurer… et c'est à raison que le juge des référés qualifiera ce comportement constitutif de voie de fait fondant sa compétence pour y mettre un terme ». Il en est de même en ce qui concerne l'inexécution d'un exploit d'huissier régulièrement établi et adressé au fournisseur pour le rétablissement de l'énergie électrique.

5- L'inexécution d'un exploit d'huissier régulièrement établi et adressé au fournisseur pour le rétablissement de l'énergie électrique

Il y a également voie de fait, lorsque le demandeur après une coupure d'énergie électrique jugée abusive, somme par exploit d'huissier le fournisseur de rétablir ladite énergie, mais qui contre toute attente décide d'ignorer ladite sommation et exprime son refus de s'exécuter[511]. À côté du refus opposé à l'exécution de l'exploit d'un huissier, le juge camerounais considère également le passage d'une ligne électrique monophasée dans une concession privée sans autorisation préalable du propriétaire comme constitutif de voie de fait.

6- Le passage d'une ligne électrique monophasée dans une concession privée sans autorisation préalable du propriétaire

En 2013, le sieur PONDY Marius Ferry, a assigné la société AES-SONEL devenue ENEO devant le Tribunal de Première Instance d'Eseka[512] pour avoir fait traverser sans son consentement une ligne électrique monophasée sur sa parcelle de terrain objet du titre foncier n° 957 NYONY–KELLE sur laquelle se trouve sa palmeraie. Motif pris de ce que du fait de cette ligne, sa palmeraie ne cessait de subir des dégradations dû au contact permanent avec ladite ligne brulant au passage ses paniers à huile. Ceci mettant en danger de mort quiconque se trouverait en contact avec ladite ligne, notamment ses employés qui y travaillaient tous les jours.

Les différentes mises en demeure du requérant à la demanderesse sont restées infructueuses. Ainsi, a condamné la société ENEO sous astreinte de 75 000 FCFA par jour jusqu'au déplacement effectif de sa ligne électrique monophasée installée dans la palmeraie de sieur PONDY Marius. Dans son raisonnement, le juge de céans évitant de se prononcer sur le fond, renvoyait les parties à se pourvoir qu'elles aviseront. Mais vu l'extrême urgence, se déclara compétent à statuer.

---

[510]Tribunal de première instance de Douala-Bonanjo ; ordonnance n°458 du 20 juillet 2016/ Affaire : solution finance –GIE c/ La société civile Immobilière John LAE Sylvestre.
[511]*Idem.*
[512] Le juge des référés du TPI d'Eseka par l'ordonnance n° 21/CIV/REF/TPI/C.

Il constatait ainsi que le demandeur était victime d'une voie de fait qui détruisait gravement ses palmiers et mettait en danger aussi bien sa propre vie que celle de ses employés..., c'est la raison pour laquelle, il avait ordonné à la société AES-Sonel de déplacer la ligne électrique monophasée installée sur la palmeraie du demandeur située à MBandjock village sous astreinte de 75 000 FCFA par jour de retard à compter de la signification de la présente ordonnance. Nonobstant toutes voies de recours... »

C- La négation de la compétence du juge des référés en cas de contestation sérieuse en matière d'emprise

L'arrêt contradictoire de la Cour d'appel du centre n° 387/REF du 17 juin 2022 opposant sieur FOPA David à la société ENEO paraît à cet effet, suffisamment expressif. En effet, le 26 mars 2020, l'établissement hôtelier de sieur FOPA a été déconnecté du circuit électrique du fait des agents de la société ENEO CAMEROUN, à la suite d'un contrôle dit inopiné effectué dans sa structure, motif pris de l'existence d'une fraude sur le compteur du sieur FOPA. Après ces prétendues fraudes, une facture de redressement d'un montant de 9 991 887 de franc CFA a été émise.

En contestation de cette coupure d'énergie, sieur FOPA a saisi le juge des référés qui a autorisé une expertise sur les installations électriques de la société ENEO dans les locaux de DAKOTEL Palace. Muni du rapport d'expertise qui a déclaré l'absence de fraude, le requérant a saisi à nouveau le juge des référés qui cette fois s'est déclaré incompétent à connaitre de l'affaire au fond. C'est cette décision d'incompétence du juge des référés du 29 décembre 2020 que le sieur David FOPA conteste devant le juge d'appel. Dans cette affaire, le juge d'appel a estimé que l'appelant n'a pas satisfait aux conditions de recevabilité de l'appel, c'est la raison pour laquelle il a déclaré l'appel irrecevable.

Cette décision suscite une attention particulière, car, à y regarder de près, le juge aurait pu outrepasser la question de forme et faire un point de droit sur la question litigieuse en cause : celle de savoir si le juge des référés pouvait y connaître de la fraude de l'énergie électrique. Cette irrecevabilité est d'autant plus regrettable que la question de savoir si le juge judiciaire peut se prononcer sur une question de fraude alors même que le recours est pendant devant l'ARSEL et que cette dernière n'a pas encore vidé sa saisine aurait également pu être réglée.

L'analyse des différentes interventions du juge des référés en matière de fourniture de l'énergie électrique amène à relever que ce dernier est un fervent défenseur des droits fondamentaux du consommateur. Il manipule à sa guise les informations qui lui sont communiquées en instance afin de faire une interprétation singularisée de la notion de voie de fait. Sous sa casquette de garant des droits du citoyen en général et du consommateur en particulier en matière d'énergie électrique, il neutralise à son niveau l'atteinte qui cause le préjudice afin d'éviter qu'il ne soit causé à celui-ci un dommage plus grave avant que le juge de fond ne se soit prononcé. Ainsi, il s'attèle à identifier chaque pratique inadéquate et s'interroge sur son rôle dans la constitution de la voie de fait afin d'interrompre de manière immédiate ses effets sur le consommateur.

Paragraphe III : Le juge ordinaire : juge de fond de l'intégralité de la voie de fait et de l'emprise en matière de fourniture d'énergie électrique

Le juge judiciaire au fond est identifié comme le juge civil ou juge pénal. Chacun dans son domaine précis est chargé de la protection des droits fondamentaux du citoyen. Tout comme le juge des référés, il agit systématiquement contre toute atteinte aux droits du consommateur en matière d'énergie électrique à travers son attachement à résoudre les atteintes aux droits fondamentaux en priorité et par l'assimilation de l'emprise à une voie de fait. Il exerce systématiquement sa compétence dans les cas suivants : l'implantation des poteaux électriques dans une propriété privée sans autorisation préalable du propriétaire (A), les dommages causés à une propriété privée par l'effondrement des poteaux électriques d'ENEO (B), le passage des fils de courant électrique sur une propriété privée sans le consentement du propriétaire ou surplomb de propriété (C), la suspension de l'énergie électrique reposant sur une indexation fictive ou sur un compteur fictif (voir affaire MAMA FOUDA c/ société ENEO (D), la suspension illégitime de l'énergie électrique à un abonné à jour de ses obligations contractuelles (E).

A- L'implantation des poteaux électriques dans une propriété privée sans autorisation préalable du propriétaire

Un autre regard est porté sur l'assimilation de l'emprise à la voie de fait par le juge judiciaire[513]. L'affaire opposant dame SANDJONG Anne C/ la société ENEO en fait foi. En effet, le juge civil qualifie de voie de fait, l'implantation de poteaux électriques par le fournisseur sur la propriété d'un tiers sans son accord préalable. De toute évidence, il est vérifiable qu'installer sans accord préalable un matériel ou un bien sur la propriété privée d'un tiers constitue de manière flagrante une atteinte à son droit de propriété[514].

513Tribunal de première instance de Yaoundé centre-administratif, chambre civile, jugement n° 176/c du 03 juin 2021, affaire dame SANDJONG Anne c/ La société ENEO Cameroon.

514Dans l'affaire n° 693/RG/CIV/2020, jugement n° 176/C du 03 juin 2021 affaire DAME SANDJONG Anne c/la société ENEO, le juge de céans s'était fondé sur les articles 1382 pour requérir la suppression d'ouvrages c'est-à-dire des deux poteaux électriques qui avaient été implantés sans autorisation préalable dans la propriété de la demanderesse, propriétaire de l'immeuble litigieux objet du titre foncier n°7269/MEFOU et AFAMBA. Il est regrettable de

Toutefois, il convient de relever que le fait pour le juge judiciaire d'ignorer qu'il s'agit aussi d'une occupation illégitime du concessionnaire de l'État (ENEO) de la propriété d'autrui est une manipulation du droit du juge qui pourtant relève de sa compétence en ceci qu'ayant le pouvoir d'interprétation des faits, il peut revoir ou pas sa compétence dans une affaire. L'on peut donc se rendre à la conclusion selon laquelle le juge judiciaire en matière de référé comme au fond, accorde une large marge d'attention à la question de voie de fait et offre une ouverture assez large à la qualification des éléments qui sont constitutifs de celle-ci. Il en est également à titre d'illustration des dommages causés à une propriété privée par l'effondrement des poteaux électriques d'ENEO.

B- Les dommages causés à une propriété privée par l'effondrement des poteaux électriques d'ENEO

L'affaire Colonel Magistrat Jonas HIEHIES contre ENEO paraît à cet effet édifiante. En effet, par un jugement du 27 aout 2020, jugement civil n° 334/C du TPI de Yaoundé centre administratif, l'auguste juridiction a condamné la société ENEO à payer au Colonel Magistrat la somme de 3 459 500 francs CFA (trois millions quatre cent cinquante-neuf mille cinq cents francs CFA) répartie comme suit : préjudice matériel : 3 109 500 FCFA ; préjudice moral : 350 000 FCFA.

Les faits de cette espèce méritent d'être explicités. En effet, le demandeur propriétaire d'un immeuble R+2 à Yaoundé au quartier Ahala a subi dans la nuit du 22 au 23 mars 2016 une destruction d'une partie de sa toiture à la suite de l'effondrement de deux poteaux électriques appartenant à la société ENEO. Toutes les tentatives d'arrangement à l'amiable entreprises auprès d'ENEO étant demeurées infructueuses, le demandeur n'a eu d'autre choix que de saisir le juge compétent en réparation du préjudice subi. Dans son plaidoyer en défense, ENEO prétend que non seulement le demandeur n'a pas rapporté la preuve du lien de cause à effet entre la prétendue faute et le dommage éventuel subi, mais également il n'a produit ni le rapport d'expertise en urbanisme mécanique ni en électricité. Le juge de céans balayant d'un revers cette argumentation de la société ENEO conclue que :

« Il est constant que l'effondrement de deux supports électriques a endommagé une partie de la toiture du demandeur ainsi qu'un lampadaire » ; « *Que la matérialité des destructions de ces installations par lui déviée par l'huissier de justice susnommé* » ; « *Que la société ENEO n'ayant apporté aucun justificatif à ces dégâts, il s'ensuit que ceux-ci sont abusifs comme empreintes d'arbitraire* » ; *« Attendu qu'aux termes de l'article 1384 du Code*

relever dans cette affaire le désistement de la défenderesse qui avait à coup sûr permis au juge de faire jurisprudence.

civil » on est responsable non seulement du dommage que l'on cause par son propre fait, mais encore de celui qui est causé par le fait des personnes dont on doit répondre ou des choses que l'on a sous sa garde (…) ». Qu'en l'espèce, il est incontestable que la gestion des installations électriques ainsi que leurs accessoires incombent exclusivement à la société ENEO ».

De ce qui précède, il est facile en l'espèce de se rendre compte que le juge civil qualifie d'éléments constitutifs de voie de fait, l'effondrement de supports électriques de la société ENEO occasionnant des dégâts dans la propriété du demandeur. De toute évidence, il faudrait remarquer qu'un incident de ce type pourrait ne pas être causé par le fournisseur qui n'aurait pas effectué lui-même une action ayant causé directement le préjudice comme ce serait le cas lors d'une coupure abusive d'électricité. Dès lors, il s'agit d'un préjudice causé par un fait extérieur au fournisseur, ou même d'une inaction du fournisseur qui dans son rôle de prévention des incidents de cette nature fait montre d'une négligence.

La sanction du fournisseur par le juge judiciaire indique à suffisance l'attachement du juge à se soucier davantage des atteintes aux droits du consommateur plutôt qu'à la causalité du préjudice. Ainsi, le degré de responsabilité du fournisseur n'est pas prioritaire face au préjudice causé par l'atteinte sur les biens du sieur HIEHIES dans la mesure où le juge a qualifié cet incident d'élément constitutif de voie de fait. Le juge civil démontre par cette qualification son attachement à protéger prioritairement le droit du demandeur en qualifiant d'abord les faits de voie de fait avant de vérifier le degré de responsabilité du fournisseur. Procédé rassurant davantage le consommateur camerounais qui très souvent se rétracte d'intenter un procès quand il se retrouve victime de l'inaction des sociétés sensées garantir aux consommateurs un certain degré de sécurité dans la fourniture d'un service particulier tout s'assurant du respect des règles relatives à la propriété privée.

C- Le passage des fils de courant électrique sur une propriété privée sans le consentement du propriétaire ou surplomb de propriété

Dans l'affaire sieur PONDY Marius Ferry C/ La société AES-Sonel[515], l'appelant, sieur PONDY Marius a attrait la société AES-Sonel devenue ENEO en justice pour avoir fait traverser sans son consentement une ligne électrique monophasée sur sa parcelle de terrain objet du titre foncier n° 957/NYONG ET KELLE, sur laquelle se trouve sa palmeraie. Il introduit un référé d'heure à heure à la suite duquel il obtient de faire partir la société sous astreinte de 75 000 FCFA par jour à compter de la signification à ENEO.

---

[515]Cour d'appel du Centre section civile et commerciale, arrêt n° 337/civ du 28 avril 2021, affaire PONDY Marius Ferry c/ la société ENEO SA.

Cette dernière à son tour va saisir le TPI d'Eseka pour faire suspendre cette astreinte. Une demande favorablement reçue par le tribunal qui, en plus de reconnaître sa compétence, va suspendre cette astreinte. Toute chose faisant que le sieur PONDY va saisir la cour d'appel pour relever l'incompétence de ce tribunal qui selon lui n'a pas respecté le principe de droit sur l'autorité de la chose jugée. De ce fait, il convient de distinguer l'astreinte d'avec le jugement définitif. Et que, la société ENEO n'est pas propriétaire des fils de courant présents dans les champs de celui-ci, mais plutôt d'un autre concessionnaire de l'État en matière de l'énergie du nom de SONATREL.

Le juge reçoit l'appel du sieur PONDY et confirme le jugement entrepris. Le juge réitère que l'action en suppression d'astreinte engagée dans le cas d'espèce participe bel et bien du caractère révocable de l'astreinte et que son caractère provisoire justifie la compétence du juge des référés. Toutefois, qu'à partir du moment où il a été établi que la suppression de la ligne monophasée ne peut être exécutée par la société ENEO qui n'est pas propriétaire, l'astreinte prononcée, devenue sans objet, doit voir sa suppression définitive prononcée par le juge du fond.

Le juge d'appel rappelle ici la compétence distinctive du juge de référé et du juge de fond en matière de voie de fait. Il convient de dire ici que le juge de référé est juge de l'urgence et prend des mesures provisoires pour éviter qu'une situation dangereuse ne puisse perdurer dans l'immédiat. Que le juge de fond quant à lui prononce des décisions définitives ayant autorité de la chose jugée. Il confirme ici qu'il relève de la compétence du juge de fond de se prononcer sur la suppression d'une astreinte, qu'il peut procéder à sa liquidation et même diminuer le montant qui lui est proposé.

La société ENEO n'étant pas le seul concessionnaire de l'État en matière de service de distribution de l'énergie électrique au Cameroun, il est convenable pour le consommateur victime d'un branchement lui causant un dommage, de se renseigner préalablement sur le distributeur d'énergie présent dans la zone qu'il occupe.

Dans l'Affaire ministère public et honorable BIBA François Faustin C/ ENEO Cameroun[516] courant 2020, l'honorable BIDA découvrait que la société ENEO Cameroun avait implanté un réseau électrique HTA, constitué de deux poteaux en aluminium et deux poteaux en bois jumelés, sur son terrain sis à Ahala Échangeur, objet du titre foncier N° 03280/Mfoundi. Ayant saisi le juge pénal sur le fondement de l'escroquerie et atteinte à la propriété foncière, le requérant prétendait que la société ENEO a porté atteinte à sa fortune en s'installant sur son terrain de manière frauduleuse. Le juge de céans avait déclaré la prévenue non coupable de tentative d'escroquerie, la relaxant

[516]Tribunal de Première Instance de Yaoundé centre administratif, Jugement N° 8630/ COR du 27 décembre 2022.

pour faits non établis ; l'avait en revanche déclaré coupable pour atteinte à la propriété foncière. La compétence du juge judiciaire se fonde tout aussi lorsque la suspension de l'énergie électrique repose sur une indexation fictive.

D- La suspension de l'énergie électrique reposant sur une indexation fictive ou sur un compteur fictif

Le requérant propriétaire d'une résidence secondaire à Yaoundé III a, en vue d'alimenter en énergie électrique ladite résidence, souscrit un abonnement par contrat N° 201964055, matérialisé par la pose du compteur n° 021150628016. Courant 2019, la société ENEO pour des raisons inconnues est venue remplacer ledit compteur en installant à la place de celui-ci, un autre portant le N° 17453936.

En sus de ce changement de compteur, le demandeur a continué à s'acquitter de manière régulière de ses factures d'électricité. Toutefois, contre toute attente, le demandeur a été grandement surpris de se voir notifier le 17 décembre 2019, un avis de coupure avec un redressement de 4 587 664 FCFA. Vérification faite, il s'est avérée que la société ENEO s'était trompé et aurait attribué au demandeur, la facture d'un autre compteur que le sien. Après moult saisines du juge des référés, la société ENEO est revenue à de meilleurs sentiments et a rétabli l'énergie électrique. Toutefois, en raison des graves préjudices subis par le requérant, du fait de cette suspension irrégulière, le requérant a décidé de saisir le juge de fond à l'effet d'obtenir réparation des préjudices subis[517].

Dans l'affaire colonel magistrat HIEHIES contre Eneo[518], le requérant entendait se faire indemniser par la société ENEO suite à l'effondrement dans sa concession de deux supports électriques en bois appartenant à la défenderesse ayant occasionné la destruction d'une partie de la toiture, de son lampadaire et de l'installation paratonnerre.

Après plusieurs tentatives vaines auprès de ladite société afin d'être indemnisé, il finit par saisir le tribunal de céans exposant que les destructions occasionnées par l'effondrement des supports électriques lui ont causé un préjudice moral et matériel estimé à plus de 3millions. Tandis que la défenderesse prétendait quant à elle que le demandeur n'a non seulement pas produit la preuve du lien de cause à effet entre la prétendue faute et le dommage éventuellement subi, mais aussi que le Colonel HIEHIES n'a pas

---

[517]Tribunal de Grande Instance du Mfoundi centre administratif section civile et commerciale jugement civil n° 2343/CIV du 16 décembre 2021 affaire : sieur MAMA FOUDA OMGBA André c/ Société Energy of Cameroon « ENEO ».

[518]Le jugement civil n° 334 /C du 27 aout 2020 rendu au Tribunal de Première Instance de Yaoundé statuant en matière civile oppose le colonel magistrat Jonas HIEHIES à la société ENEO.

apporté la preuve qu'il est effectivement propriétaire des biens qui font objet des préjudices qu'il dit avoir subis.

Le juge déclara l'action partiellement fondée en précisant tout de même que la demande n'est pas proportionnelle aux préjudices. Se fondant sur les articles 1382 et1384 du Code civil, le juge de céans précisa que le procès-verbal de constat du 23 mars 2016 et les planches photographiques apportées par la victime au début de l'instance suffisaient à établir le lien entre le dommage causé et le préjudice subi. Il refusa de statuer sur la preuve de l'appartenance des biens objet du préjudice au demandeur et mis en évidence l'article 1384 pour engager la responsabilité d'ENEO en tant que responsable des installations électriques. En prenant la décision ci-dessus, la jurisprudence camerounaise valorise davantage la nécessité de la notion de proportionnalité entre l'ampleur des dégâts occasionnés par le préjudice et la réparation demandée par le recourant. En fin de compte, l'intervention du juge de fond s'étend également à la suspension illégitime de l'énergie électrique à un abonné à jour de ses obligations contractuelles.

E- La suspension illégitime de l'énergie électrique à un abonné à jour de ses obligations contractuelles

L'affaire de la section civile de chambre judiciaire de la Cour Suprême pourvoi n° 07 du 27 juillet 2015 opposant dame BELINGA à la société ENEO constitue une illustration parfaite ou la juridiction suprême rappelle avec une éloquente précision, les conditions de la voie de fait. Les faits de la présente espèce méritent d'être rappelés. En effet, dame BELINGA, demanderesse de cette instance s'était vu privée d'énergie électrique par l'Agence AES-SONEL d'Ebolowa à la suite de l'émission d'un avis de coupure pour impayés. En contestation de cette coupure jugée illégitime, Dame BELINGA a saisi le TPI d'Ebolowa à l'effet de condamner la société défenderesse à lui rétablir l'énergie et à régulariser ses factures discordantes.

En effet, le litige portait sur une contestation de facture. Dame BELINGA prétendait que la facture qui lui avait été adressée ne correspondait à ses consommations d'énergie, et que le N° de compteur mentionné dans la facture litigieuse n'était pas le sien. Dans ces conditions, l'intéressée avait émis des doutes sur l'existence de la somme d'argent qui lui était réclamée par ENEO. Contre toute attente, le juge de céans avait refusé de faire droit à la demande de la demanderesse qui avait alors interjeté appel devant la Cour d'appel d'Ebolowa. Grande sera encore la surprise de l'appelante dame BELINGA Angeline lorsque pour confirmer la décision prise à son encontre par le premier juge, le juge d'appel affirma ce qui suit : « Considérant qu'en n'ayant pas payé elle-même la quantité d'énergie qu'elle reconnait pourtant avoir consommé en affirmant être inférieure à celle contestée, l'appelante a violé le contrat l'alliant à l'intimée ». « Que ce contrat étant synallagmatique, la non-exécution par l'appelante de son obligation de paiement de ses factures de consommation avait habilité l'intimé à effectuer ces coupures d'énergie en vertu de l'exception d'inexécution »[519].

Face à cette décision jugée contraire au droit, dame BELINGA s'était alors pourvue en cassation où le juge suprême, bien qu'ayant rejeté le pourvoi pour vice de forme, a balayé d'un revers de main le raisonnement aussi bien du premier juge que du juge d'appel. Il affirmera sans ambages ce qui suit : *« Que dans ces conditions, en affirmant que la demanderesse reconnaît avoir consommé une quantité d'énergie inférieure à celle contestée, le juge d'appel a dénaturé les faits et n'a pas motivé sa décision. « Attendu par ailleurs que la Cour d'appel du Sud a affirmé que la dernière facture réglée par la demanderesse serait celle du mois de janvier 2011 parce que l'intéressé n'a pas fourni preuve d'avoir acquitté la facture d'aucun des mois suivants ». « Attendu de tout ce qui précède, il découle que pour statuer, le juge d'appel s'est fondé sur des faits inexacts et par conséquent n'a pas motivé sa décision, violant ainsi les dispositions de l'article 7 de la loi N° 2006/015 du 29 décembre 2006 portant organisation judiciaire. »*

« Attendu que l'article 1314 du Code civil dispose que : « celui qui réclame l'exécution d'une obligation doit la prouver. Réciproquement, celui qui se prétend libéré doit justifier le paiement ou le fait qui a produit l'exécution de son obligation » ; « Qu'il s'ensuit que le créancier doit rapporter la preuve de son obligation avant d'en exiger l'exécution ; « Attendu qu'au regard de ce qui précède, c'est à tort que le juge d'appel a confirmé le jugement entrepris motif pris que dame BELINGA n'a pas prouvé avoir acquitté la facture d'aucun des mois suivant janvier 2011 et ayant précédé la coupure du 21 juin 2011 ; « Qu'en effet, il revenait plutôt à AES-SONEL de rapporter la preuve que dame BELINGA avait effectivement consommé la quantité d'énergie électrique correspondant à la somme d'argent mentionnée sur la facture N° 13885002032994 en date du 13 aout 2011 ; « Que la consommation de l'énergie par la demanderesse n'est pas établie d'autant plus qu'il existe des discordes entre les mentions concernant l'index qui figure sur la facture litigieuse, l'avis de coupure et celui indiqué par le compteur ; « Que dans ces conditions, la créance de AES-SONEL sur la demanderesse n'étant pas certaine, il est indiscutable que la société demanderesse devait au préalable prouver son obligation conformément à l'article 1315 du Code civil visé au moyen ;

« Attendu que d'un autre côté l'article 1134 du Code civil dispose que : ''les conventions légalement formées tiennent lieu de loi à ceux qui les ont faites ; ''elles ne peuvent être révoquées que de leur consentement mutuel, ou pour les causes que la loi autorise ; ''elles doivent être exécutées de bonne

---

[519]Cour Suprême, arrêt n° 360/CIV du 07 septembre 2017, affaire Dame BELINGA Angeline Berthe C/ la société AES-SONEL (agence Ebolowa).

foi'' ; « Que malheureusement dans le cas d'espèce, les nombreux incidents occasionnés par la fourniture fantaisiste de la consommation supposée de la demanderesse établissent à suffire que dans l'exécution du contrat litigieux, la société demanderesse a fait montre de mauvaise foi ; « Que pour s'en convaincre davantage, il suffit de relever qu'en rétablissant le courant après suspension de juin 2001, AES-SONEL a reconnu implicitement, mais nécessairement que ladite suspension était abusive ;

« Qu'en outre, il est indéniable que le fait qu'il existe des différences entre l'index mentionné sur la facture et celui de l'avis de coupure prouve que AES-SONEL a agi avec légèreté blâmable » ; « Que dans ces conditions, en prétendant que AES-SONEL a exécuté son obligation, le juge d'appel n'a pas tenu compte des dispositions de l'article 1134 du Code civil selon lesquelles une convention doit être exécutée de bonne foi faisant ainsi une mauvaise application de la loi d'où il suit que sa décision n'est pas motivée en droit et manque de bases légales ». Dans son office, le juge de fond de la fourniture de l'énergie électrique connait également des contestations nées de la tarification de l'énergie électrique.

Paragraphe IV : La connaissance du juge judiciaire des contestations nées de la tarification de l'énergie électrique

La présente analyse implique l'explicitation de la notion de facturation en matière d'énergie électrique (A) et l'identification des incidents de la facturation (B).

A- Le contenu de la notion de facturation en matière d'énergie électrique

Pris littéralement, la facturation est l'action de facturer, indiquer, marquer sur une facture la marchandise livrée en son prix[520]. Cette opération qui se veut claire, précise et concise peut être émaillée d'incidents.[521] L'incident ici apparaît comme un évènement, un fait inattendu ou volontaire qui bouleverse l'ordre ou le cours normal des choses[522]. Appliqué au droit de la consommation de l'énergie électrique, il se trouve que les incidents de l'opération de facturation seraient volontaires. Le volontariat découle de ce que, ils sont le fait de la mauvaise foi des acteurs en présence, c'est-à-dire le fournisseur de l'énergie et le consommateur, bien que certains incidents

[520]MESTRE (A), *L'abaissement des prix de vente de l'énergie électrique*, Paris, 1939, 171p.
[521]BEULAMINE (M), *Les problèmes posés par la tarification d'un service public : cas de l'Électricité de France,* Paris II, mémoire DEA, 1998, 154 p.
[522]ALIBERT (R), *L'imprévision dans les concessions de service public : l'évolution des faits et l'adaptation de la théorie depuis 1916,* Paris, 1924.

résulteraient des faits extérieurs aux acteurs précités[523]. Le contentieux de l'énergie électrique est fourni à majorité par le système de comptage. Les systèmes de comptages modernes (compteur intelligent, prépayé) semblent poser moins de problèmes que le système classique[524].

Le système classique est celui des compteurs mécaniques[525]. Lorsqu'ils sont défectueux, ils peuvent fausser la facturation parce que l'indice porté au compteur sera erroné. Par ailleurs, les agents d'ENEO peuvent faire des erreurs de facturation. Que l'erreur de facturation soit le fait de la défectuosité du compteur ou d'ENEO, celle-ci donne lieu à une contestation de facture qualifiée en fonction des circonstances de « surfacturation » ou « facture fraude ».

Le contentieux de la fourniture de l'énergie électrique peut également avoir un caractère pénal. Ce contentieux en droit camerounais est principalement orienté vers la voie de fait et l'emprise. En dehors de ces cas, il porte aussi sur les dommages résultant des installations défectueuses, des sinistres, des cas d'électrocution, des homicides volontaires et involontaires, *etc.*

La voie de fait en matière de fourniture de l'énergie électrique se traduit par la suspension de l'énergie électrique au consommateur par le fournisseur[526]. Cette coupure fait peser sur le consommateur, un danger imminent qu'il importe de réparer si l'on veut éviter la dégradation de la situation.[527] Le fournisseur de l'énergie électrique considère la suspension de l'énergie électrique comme une mesure de sanction visant à obliger le consommateur. Qu'elle soit régulière ou irrégulière, cette suspension peut émaner de plusieurs causes dont l'identification s'avère sans doute nécessaire.

B- L'identification des incidents de la facturation

Les incidents de facturation constituent en matière d'énergie électrique une articulation essentielle du contentieux[528]. Leur identification participe d'une logique qui commande de rappeler avant toute chose les modalités de la facturation (1). Un tel rappel permet d'inviter à la table de la discussion la problématique de l'introduction des compteurs prépayés dans le système de

[523]BLOCK (G), « La force majeure dans les contrats d'énergie », Europ'Energies, mai 2007 ; pp.45 et s.

[524]MONNIER (L), *La tarification de l'électricité en France : origine, bilan, perspectives, Economica*, 198p. ; 3, 260p.

[525]HYON (R), La *détermination administrative du prix de vente de l'énergie électrique*, Paris, Thèse, 1937, 246 p.

[526]Tribunal de Première Instance de Douala-Bonanjo, ordonnance n° 1073 du 23 novembre 2020, affaire dame NGO BINDJEMB germaine c/ ENEO SA Cameroon ;

[527]Tribunal de Première Instance de Douala- Bonanjo ,ordonnance n° 1219 du 07 septembre 2021/ Affaire : dame NDEDI WASSI Hélène Manuela c/ La société ENEO Cameroun.

[528]DECENCIERE-FERRANDIERE (A), *De l'effet à l'égard des tiers des augmentations de tarifs dans les concessions de gaz et d'électricité,* Paris, Thèse, 1926, 117p.

facturation de l'énergie électrique. (2) Toute chose qui amène en théorie à distinguer les incidents émanant du fournisseur. (3) de ceux occasionnés par le consommateur (4).

1- Les modalités de la facturation

Comme en droit français, le principe est celui du règlement des consommations effectives selon lequel le client ne doit payer en dehors du prix de l'abonnement, que le prix de l'électricité qu'il a effectivement consommé (majoré les taxes) et tel que cela résulte du relevé des compteurs[529]. Ce principe a été rappelé par l'article 10 de la directive sus visée du 25 octobre 2012 relative à l'efficacité énergétique, principe selon lequel ; « *les informations relatives à la facturation sont précises et fondées sur la consommation réelle* » ; « *la facturation est fondée sur la consommation estimée ou un tarif forfaitaire uniquement lorsque le client final n'a pas une période de facturation donnée.* »[530].

En effet, la loi régule les modalités financières entre les acteurs, les « règles tarifaires ». Ainsi, pour les fournisseurs et distributeurs, les « *principes de tarification dans le secteur d'électricité sont définis par l'administration chargée de l'électricité sur avis conforme de l'Agence de régulation du secteur de l'électricité*[531] *ou par ce dernier...* »[532].

Pour cela, la tarification ne se fait pas de manière forfaitaire ou aléatoire selon la volonté de chaque distributeur ou fournisseur. Elle est diligentée par deux autorités ou institutions compétentes : d'un côté, nous avons « *l'administration chargée de l'électricité au Cameroun* », et de l'autre la Primature. Il ne saurait donc y avoir abus en matière de tarification.

L'article 84 de la loi de 2011 relative au secteur de l'électricité dispose que « les prix pratiqués entre producteurs et vendeurs d'une part, et un grand compte d'autre part sont librement fixés dans le cadre des relations contractuelles tant en restant soumis à l'obligation de transmission des structures de coûts correspondants à l'Agence de régulation du secteur de l'électricité... » La transmission ici a pour rôle de vérifier si les coûts sont conformes aux instructions des autorités compétentes[533]. Cela se fait généralement après émission de la facture de consommation. Pour ce qui est du paiement après consommation, la facture indique le dernier indice de consommation, la différence entre les deux permet de trouver le nombre de

---

[529]BEZZIN (J), *Équité, tarification, réglementation : analyse des politiques de cost allocation d'une industrie électrique de service public,* Montpellier I, Thèse, 1998.

[530]SABLIÈRE(P), *Droit de l'énergie*, *op. cit*., p.1751.

[531] Art. 82 al1 de loi n° 2011/022.

[532] *Idem.*

[533]LEBAN (R), « La tarification de l'électricité en France, de la réalité aux perspectives dans la concurrence », *Rev. De l'énergie* 1999, n° 510, pp.7 et s.

kilowatts consommés. La multiplication de ces derniers au prix du kilowatt donne le montant final à payer[534]. La facture indique toutes les mentions et les délais de paiement. Le consommateur est donc appelé à s'exécuter dans les délais (qui doivent être raisonnables) prévus par la facture, à défaut, il encourt des sanctions. À côté de l'analyse des modalités de la facturation, l'étude relative à la problématique de l'introduction des compteurs prépayés dans les systèmes de facturation de l'énergie électrique s'impose.

2- La question préliminaire : La problématique de l'introduction des compteurs prépayés dans les systèmes de facturation de l'énergie électrique

Le système de comptage de la consommation de l'énergie électrique mis en place par le fournisseur de l'énergie au Cameroun ne présente pas, à notre sens, les garanties des droits des consommateurs[535]. Tant il concourt à l'émission des factures frauduleuses qu'il instaure une relation arbitraire entre le consommateur et le fournisseur, faisant du deuxième l'arbitraire.

Au départ, le système de comptage de la consommation de l'énergie électrique était calé sur le modèle des compteurs électriques, avant l'intégration récente dans ce système de comptage des compteurs intelligents. Ces compteurs électriques donnent la possibilité au consommateur d'avoir un regard sur l'évolution des données liées à sa consommation, ce qui n'est pas le cas avec les compteurs prépayés appelés encore compteurs intelligents. Ces derniers sont calqués sur le modèle unilatéral de contrôle de la consommation de l'énergie électrique à la faveur du fournisseur. En clair, le consommateur qui est soumis au système de comptage qui repose sur les compteurs prépayés n'a pas la possibilité de contrôler sa consommation. Parfois, le paiement qui est fait ne concorde pas avec la quantité de l'énergie consommée par rapport aux appareils dont disposent les consommateurs[536]. Il paraît convenable de mettre un accent sur la légalité des compteurs prépayés (a) le contrôle envisagé de cette légalité (b).

---

[534]SCHLESINGER (M), « Contentieux de l'énergie. La fixation des tarifs réglementés et le juge des marchés régulés » *RIEP* déc. 2012. 3. pp.55 et s.

[535]CLIQUENNOIS (M), « Égalité, tarification et service public », Petites affiches 12 juillet 1993, p.20.

[536]Tribunal de première instance de Douala-Bonanjo ordonnance n° 1073 du 23 novembre 2020, affaire dame NGO BINDJEMB Germaine c/ ENEO SA Cameroon ; Tribunal de Première Instance de Douala- Bonanjo ,ordonnance n°1219 du 07 septembre 2021/ Affaire : dame NDEDI WASSI Hélène Manuela c/ La société ENEO Cameroun ; Tribunal de Grande Instance du Mfoundi centre administratif section civile et commerciale jugement civil n°2343/CIV du 16 décembre 2021 affaire : sieur MAMA FOUDA OMGBA André c/ Société Energy of Cameroon « ENEO ».

a- La légalité des compteurs prépayés

Le compteur prépayé comme son nom l'indique fonctionne sur la base d'un prépaiement des consommateurs au moyen d'une carte rechargeable. La consommation de l'électricité ici se fait à concurrence du paiement du montant rechargé. Sur un plan juridique, c'est un système qui se situe dans la logique ou dans la dynamique de la modernisation de la gestion du service public de l'électricité. Sauf que, ce système de comptage en même temps qu'il promeut la modernisation du service public, participe aussi de l'éclosion des pouvoirs arbitraires du fournisseur de l'énergie électrique. Dans ce cas, la question de la légalité des compteurs prépayés pourrait se poser. En effet, l'offre du service de l'électricité qui depuis quelques années se fait au moyen des compteurs intelligents suscite des réflexions[537].

Ainsi, le problème que pose la légalité des compteurs prépayés est celui de la surveillance unilatérale de la consommation de l'énergie électrique. Cette surveillance qui devrait être le fait du consommateur et du fournisseur se retrouve à être l'apanage du seul fournisseur[538]. En effet, la gestion du service public dans la théorie voudrait que celle-ci se fasse dans les règles de transparence administrative. Ce principe du service public voudrait que le gestionnaire du service informe l'usager dudit service sur les éléments de droit et de fait qui conditionneraient leur rapport.

Dans le service public de l'électricité, l'information de l'usager sur ces éléments peut prendre une autre dimension, qui est celle de communiquer au client les données ou les index servant de calcul à sa consommation[539]. Si cette exigence est manifeste dans le modèle de comptage fondé sur les compteurs électriques, elle n'est pas pour autant respectée dans le système de comptage reposant sur les compteurs intelligents.

En effet, si le contrôle de sa consommation est fait à concurrence du montant rechargé, le consommateur usager des compteurs prépayés n'a pas la

[537]LOCHAK (D), « Les problèmes juridiques posés par la concurrence des services publics et des activités privées », *A.D.J.A* 1971.261.

[538]SABLIÈRE (P), « La réglementation du prix de l'électricité », *CJEG* 1988. 349 ;

[539]BIZEAU (J-P), « Usagers ou clients du service public ? Le discours de l'administration », *Rev. Adm.* 1997, p. 209. ; CARBAJO (J), « Remarques sur l'intérêt général et l'égalité des usagers devant le service public », *AJDA* 1981.176 ; CLIQUENNOIS (M), « Égalité, tarification et service public », Petites affiches 12 juillet 1993, p.20 ; LACHAUME (J-F), « L'usager du service public industriel et commercial géré par l'entreprise publique », *CJEG,* n°500 : Actualité de l'entreprise publique, juin 1994, p.317 ; LOCHAK (D), « Les problèmes juridiques posés par la concurrence des services publics et des activités privées », *ADJA* 1971.261 ; PIZZIO (J-P), « La protection, des consommateurs par le droit commun des obligations », in Droit du marché et droit commun des obligations, p.53 s ; PUISSOCHET (J-P), « L'intérêt du consommateur », dans le *droit à la mesure de l'homme.* Mélanges en l'honneur de Philippe Léger, Paris, Éditions A. Pedone, 2006, p.473. (p.679) ; PUISSOCHET (J-P), « L'intérêt du consommateur », dans Le *droit à la mesure de l'homme.* Mélanges en l'honneur de PHILIPPE LEGER, Paris, Éditions A. Pedone, 2006, p.473. (p.679)

possibilité de contrôler sa consommation, du moins sur le plan technique qui prend en compte essentiellement les index de consommation[540]. Et même s'il contrôle sa consommation à hauteur du montant payé, il est un constat selon lequel, parfois la quantité et la durée de la fourniture de l'énergie électrique sont en inadéquation avec le montant payé à l'avance. Cet état de choses trahit à notre sens les exigences de transparence de l'action publique en même temps qu'il confère au fournisseur de l'énergie une suprématie sur les consommateurs. Pourtant, l'article 8 de la loi de 2011 portant protection du consommateur au Cameroun, précise que, *« les pratiques commerciales restrictives et inéquitables qui peuvent avoir des effets négatifs sur les droits du consommateur... sont strictement interdites »*.

Par ailleurs, les compteurs prépayés peuvent être à notre sens une manifestation pratique des clauses abusives. En clair, ne voulant pas la matérialiser dans les contrats de fourniture de l'énergie électrique, le fournisseur a trouvé un moyen pratique de convertir une clause abusive en un système de comptage[541]. Nous pouvons affirmer cela lorsqu'à la signification d'une clause abusive, on se rend compte de ce que celle-ci renverrait à toute clause qui est ou qui semble être imposée au consommateur par un fournisseur qui a une supériorité économique sur le consommateur, donnant au premier un avantage injuste, déraisonnable ou excessif sur le second. La lecture du fonctionnement des compteurs prépayés à notre sens semble être la version technique de la clause abusive, parce que, non seulement au travers des compteurs intelligents, le fournisseur de l'énergie se fait des gains excessifs, mais aussi, établit un rapport de supériorité économique entre le fournisseur et le consommateur[542].

Par ailleurs, l'article 3(1) du décret portant organisation de l'Arsel précise que, le régulateur veille aux intérêts des consommateurs et s'assure de la protection de leurs droits pour ce qui est du prix, de la fourniture et de la qualité de l'énergie électrique, met en œuvre, suit et contrôle le système tarifaire établi dans le respect des méthodes et procédures fixées par

---

[540]HUGUES (M), Essai *sur la nature juridique des tarifs d'énergie électrique exposé théorique et pratique des rapports de l'administration et des entreprises de distribution d'électricité*, Montpellier, Thèse, 1936, 205p.

[541]BERNARD (P), « La tarification de l'électricité : acquis et modalités nouvelles », CJEG 1984. 25 5-R. Conte, « Historique de l'index économique électrique national », CJEG 1955. 29, pp. 48.

[542]Tribunal de grande instance du Mfoundi centre administratif section civile et commerciale jugement civil n° 1520/CIV du 18 aout 2022 affaire Groupement d'Initiative Commune lumière « GIC Lumière » c/ la société ENEO SA ; Tribunal de grande instance du Mfoundi centre administratif section civile et commerciale jugement civil Jugement n°1567/CIV du 22 aout 2022 affaire : Association camerounaise des consommateurs d'eau d'électricité et de téléphones (A.C.C.E.E.T) c/La société « ENERGY of Cameroon »SA ENEO-SA ; Cour suprême, arrêt n°360/CIV du 07 septembre 2017, affaire dame BELINGA Angeline Berthe C/ la société AES-SONEL (agence Ebolowa).

l'administration chargée de l'électricité. Cependant, cette mission du régulateur serait une lettre morte au regard de l'arbitraire du fournisseur dans l'établissement des systèmes tarifaires, donnant lieu à des abus financiers, à l'émission de factures frauduleuses ou arbitraires. Il faudrait donc repenser le système de comptage fondé sur les compteurs prépayés dans sa légalité.

b- Le contrôle envisagé de la légalité des compteurs prépayés

Promouvoir la légalité des compteurs prépayés invite non seulement à interpeller l'ARSEL de la mission qui est la sienne de promouvoir la protection des droits du consommateur, mais aussi à instituer des mécanismes indépendants de contrôle de la légalité des compteurs intelligents. En ce qui concerne le régulateur ARSEL, celui-ci devrait sortir de sa zone de confort adossée à la bureaucratie pour véritablement se rendre à l'évidence que le sort des consommateurs reposerait sur son degré d'implication dans les questions concernant la gestion du service public de l'électricité[543].

Quant aux mécanismes indépendants, l'institution des comités de contrôle de la légalité des compteurs intelligents serait la bienvenue. Ceux-ci ne se substitueraient pas à l'Agence de régulation, mais constitueraient des organes parallèles au régulateur. On devrait avoir autant de comités de contrôle qu'il y a des points commerciaux du fournisseur[544]. Ceci pour plus d'efficacité dans le contrôle. Exerçant un contrôle d'application conforme des systèmes tarifaires définis par l'administration chargée de l'électricité, ceux-ci devraient avoir accès à la base de données servant de calcul de la consommation en parallèle à l'accès matériel de ces comités aux appareils et équipements électriques du consommateur. Ceci devrait permettre une recherche de la proportionnalité des données à disposition du fournisseur, comparé à un devis estimatif de la puissance des appareils du consommateur.

---

[543]BEULAMINE (M), *Les problèmes posés par la tarification d'un service public : cas de l'Électricité de France,* Paris II, mémoire DEA, 1998, 154p. ; CAPITANT (H), *La protection du consommateur*, Dalloz, 1973, 578p. ; BELORGEY, (G), *La qualité dans les services publics,* Berger-Levrault, 1989, 274p. ; BORGETTO (M), « Sur la nature juridique du service des distributions d'eau et le traitement jurisprudentiel du principe d'égalité », *RFD* adm. 1993.673 ; CHARLIER (R-E), « La notion juridique de service public industriel et commercial », JCP 1955.I.1210 ; COHEN (E) et HENRY (C), « Sur les bases et l'évolution récente des services publics et industriels et commerciaux en France et dans l'Union européenne », in COHEN (E), HENRY (C), Service public, secteur public, La documentation française, 1997, p.12 ; DUFEAU (J), « La nature juridique de la concession de service public », Mélanges René CHAPUS, *Droit administratif,* Montchrestien, Paris, 1992, p.147 ; LACHAUME (J-F), « L'usager du service public industriel et commercial géré par l'entreprise publique », CJEG, n°500 : Actualité de l'entreprise publique, juin 1994, p.317 ; LIET-VEAUX (G), « Nature juridique des cessions de concessions de travaux ou de services publics », *AJDA* 1983.348 ; LOCHAK (D), « Les problèmes juridiques posés par la concurrence des services publics et des activités privées », *A.D.J.A.* 1971.261.

[544]DELMAS-MARSALET (J), « Le contrôle juridictionnel des interventions économiques de l'État », *EDCE* 1969-1970, pp.133 et s.

À côté de l'institution des comités de contrôle, le fournisseur devrait reprogrammer cet appareil de comptage de telle sorte que le consommateur ait la possibilité de contrôler sa consommation à concurrence du paiement préalable. Cela signifie que la configuration à afficher des compteurs prépayés doit prendre en compte les données relatives à la puissance des appareils d'une part et le montant prépayé d'autre part, qui tous doivent être affichés sur le compteur de telle sorte que le consommateur puisse, quand il le veut, vérifier l'écoulement de son paiement à concurrence de la puissance de ses appareils dans la finalité de mieux receler les agissements occasionnés par le fournisseur de l'énergie électrique.

3- Les incidents émanant du fournisseur

Selon l'article 7 du règlement de service de distribution publique de l'électricité, la facturation est effectuée soit sur la base des relevés des compteurs des clients soit au moyen de tout autre mode de facturation qui pourra être mis en place par le fournisseur après accord du régulateur. Les factures sont établies mensuellement, en principe à date fixe, et distribuées par les agents du fournisseur ou agents dument mandatés par le fournisseur aux divers points de consommation. La lecture de cette disposition, confrontée à la pratique de la facturation, fait montre d'un décalage qui constitue en fait la série d'incidents pouvant subvenir pendant cette opération. Ces incidents peuvent porter sur l'erreur de calcul de la consommation réelle (a), l'émission des factures frauduleuses/arbitraires/abusives (b) et le trop-perçu du fournisseur (c).

a- L'erreur sur le calcul de la consommation réelle

Pour la facturation basse tension, le règlement de service renseigne que la quantité d'énergie à facturer est calculée par différence entre le dernier index ayant servi à la facturation précédente et l'index relevé par l'opérateur ou exceptionnellement par l'index communiqué par le client. Tandis que pour la facturation moyenne tension, la quantité d'énergie à facturer est établie sur la base des différents index (ancien et nouveau) du compteur actif majoré. (…) Le calcul de la consommation d'électricité se fait par kilowattheure et 1Kwh = 1000Wh -1Wh =3600J, 1Kwh = 3600 000J. Le calcul prend en compte la puissance en watt (w) de l'appareil et sa moyenne de fonctionnement en heure par jour. Une fois la puissance de l'appareil connue, il faudrait la diviser par 1000 pour obtenir sa consommation en kilowattheure qui est l'unité de mesure du fournisseur de l'énergie électrique. Il faut préciser que pendant ce calcul des erreurs peuvent survenir et générer un contentieux entre l'opérateur et le consommateur. L'erreur sur le calcul peut survenir lorsque l'opérateur ne prend pas véritablement en compte la puissance des appareils du consommateur ou décide de truquer les compteurs de sorte que la consommation totale du consommateur ne soit pas celle véritablement consommée.

À l'analyse près, l'erreur sur le calcul de la consommation est un fait récurent dans notre société. La question qui se pose à ce moment est celle de savoir si ce fait n'est pas une émanation de la volonté du fournisseur de l'énergie électrique, sachant que celui-ci donnerait l'impression de faire usage dans ses calculs des moyens non conventionnels. L'erreur sur le calcul peut aussi être le fruit d'une négligence ou d'une imprudence dans l'opération. Dans ce cas, le fournisseur trahit les exigences du service public. L'une des exigences qui transparaissent dans notre cas précis est celle du fonctionnement correct du service qui prohibe tout dysfonctionnement.

Lorsque dans un service comme celui de l'électricité, des erreurs de calcul sur la consommation deviennent réguliers, il faudrait à défaut de faire des interprétations politiques, se pencher sur le fonctionnement interne de l'opérateur. Ceci pourrait être une explication des erreurs de calcul, il est possible que les relevés effectués par les agents de l'opérateur soient en parallèle avec ceux présentés.

En d'autres termes, les agents du fournisseur peuvent présenter des données qui n'ont pas de rapport avec les données réelles. Sinon, comment expliquer l'émission des factures abusives par l'opérateur. En clair, les erreurs de calcul sont le fait de l'animation matérielle de l'opérateur à défaut d'être une entreprise longuement réfléchie pour trahir le service public. À côté de l'erreur portant sur le calcul de la consommation réelle, l'on note tout aussi, l'émission des factures frauduleuses, arbitraires ou abusives.

b- L'émission des factures frauduleuses, arbitraires ou abusives

Comme nous l'avons relevé plus haut, l'erreur sur le calcul est le socle de l'émission des factures arbitraires, abusives, tandis que l'émission des factures frauduleuses est le résultat du placement des compteurs truqués dans les domiciles des consommateurs.

L'émission de ce type de factures est une atteinte au principe de la légalité de l'action administrative (service public) qui voudrait que tout service public ou que la rencontre entre un service public et son usager se fasse dans le respect de la loi[545]. Or, lorsqu'un opérateur émet des factures frauduleuses, cela démontre en fait la mauvaise foi qui anime l'opérateur en question. L'union entre le service public et son usager est une union qui promeut la bonne foi et l'intérêt général au détriment de la recherche des intérêts égoïstes,

545CLIQUENNOIS (M), « Égalité, tarification et service public », *Petites affiches* 12 juillet 1993, p.20.

déjà que le service public n'est tel que parce qu'il y a des usagers[546]. Sans usagers le service public n'existerait pas.

De même, l'émission des factures arbitraires ou abusives est le fruit de la violation de la légalité en la matière pour défaut d'organe de contrôle des activités de facturation. Il est clair que l'opérateur, à ne regarder que ces factures, est dans une situation de super délégué, dans la mesure où, il fixe lui-même les taux et modalités de calcul de la consommation, bien qu'un décret du Premier ministre régirait cette opération. Il faut dire que la situation telle qu'elle se présente ne permet pas l'avancée de l'État de droit, mais concourt plutôt à son recul. Il faudrait pour cela instaurer des mécanismes normatifs de vérification des factures avant émission. La vérification portant sur la correspondance des données permettrait ainsi d'éviter le trop-perçu du fournisseur.

c- Le trop-perçu du fournisseur

Pierre SABLIÈRE souligne que concernant le trop-perçu par le fournisseur, il peut aussi arriver que l'erreur de relevé ou de facturation soit au détriment du client qui est alors en droit de demander le remboursement de ce trop-perçu par le fournisseur sous réserve des règles gouvernant la prescription[547].

Le trop-perçu peut-il, là encore, donner lieu, au-delà du remboursement, à l'allocation de dommages et intérêts au profit du client ? Certains tribunaux l'ont admis : ainsi dans une affaire où EDF avait, après remboursement, adressé au client, un chèque de 150 francs « à titre de courtoisie », le juge a porté cette somme à 1 000 francs[548]. Mais d'autres tribunaux ont rejeté de telles demandes en l'absence de mauvaise foi d'EDF [549]ou de la démonstration, par le client, du préjudice que lui aurait causé cette surfacturation[550].

Le trop-perçu ici est le résultat des manœuvres maladroitement orchestrées par l'opérateur afin de dépouiller au mieux les consommateurs. Ceci démontre à suffisance l'intention enfouie dans les incidents de la facturation. En effet, on est en droit, au-delà du contentieux de la facturation, de dire au regard du contexte que le bien-être des usagers du service public de l'électricité est

---

[546]CARBAJO (J), « Remarques sur l'intérêt général et l'égalité des usagers devant le service public », *A.J.D.A* 1981.176.
[547] SABLIÈRE(P) ; *Droit de l'énergie*, *op. cit.*, pp.1771 et s.
[548] TI Saint Malo, 16 mars 1999, M.et Mme O'Dair, *CJEG* 2000. 349
[549] TGI Rennes, 18 janvier 2000, syn. de copropriété, 1 allée Malmöe c/EDF, *CJEG* 2002 .492.
[550] Aix- en – Provence, 8 avril 2003, EDF c/M. Bor, *RJEP* aout-sept. 2004.396.

moins important que la recherche du profit de l'opérateur[551]. Cela signifie en clair que l'intérêt personnel prime sur l'intérêt général.

C'est une situation qui bouleverse la théorie du service public rétrécissant l'état de droit malgré l'artillerie institutionnelle et normative où il est clamé entre les lignes, l'état de droit. Il n'est pas exclu que l'opérateur se fasse des bénéfices ou se rémunère des usagers du service, cela est d'ailleurs légitime sauf que, lorsque la rémunération s'apparente à une arnaque dans un contexte où le service public de l'électricité est en panne, cela devrait interpeller les pouvoirs publics. L'interpellation des pouvoirs publics devra aller dans la dynamique d'un contrôle poussé des activités de l'opérateur. Cela contribuerait à la réduction ou à l'éradication des manœuvres dolosives de l'opérateur et au rétablissement des consommateurs dans leurs droits.

4- Les incidents émanant du consommateur et les moyens de pression du fournisseur de l'énergie électrique

Il serait incongru dans cet exercice de limiter les incidents au fournisseur de l'énergie électrique, ce d'autant plus que certains consommateurs font souvent montre de comportements irresponsables. Dans les faits, ceux-ci se traduisent par : le tripotage des installations (a), le refus ou retard du paiement (b) et le refus de la relève des compteurs (c).

a- Le tripotage des installations

Le tripotage est l'action de tripoter, c'est-à-dire le fait de changer l'état normal d'une chose à des fins personnelles. Cette action irresponsable est aussi observable dans le champ de la consommation de l'énergie électrique. En effet, certains consommateurs, il faut le préciser, magouillent sur les installations c'est-à-dire les compteurs ou les installations intérieures afin de déroger aux exigences de la facturation. Pour ce qui est du tripotage des installations intérieures, on relève que certains consommateurs penchent vers des installations non conventionnelles manifestes dans les branchements directs ou vers des vols d'électricité par des connexions précaires.

Ces différents tripotages entrainent à l'égard du fournisseur des pertes importantes par le fait que celui-ci n'a pas la possibilité de procéder au comptage de la consommation de l'énergie. Ces consommateurs sont du point de vue de la loi dans une situation d'illégalité. Pour ce qui est du tripotage des compteurs, on remarque que certains consommateurs réussissent à faire tourner en leur faveur le système de comptage de la consommation de l'énergie. La conséquence qui en résulte ici réside dans le reflet erroné, inexact des relevés de la consommation. Néanmoins, certains consommateurs justifient leurs actes irresponsables avec des raisons liées à l'état actuel du

[551]Vidal (L), L'équilibre *financier du contrat dans la jurisprudence administrative*, Paris I, Thèse, 2003, pp.74 et s.

service public de l'électricité au-delà de la mauvaise foi qui animerait d'autres. Que peut-on dire du refus ou retard du paiement ?

b- Le refus ou retard du paiement

D'après l'article 7.2 du règlement de service, le client basse tension dispose d'un délai de 10 jours ouvrables à compter de la date de réception de sa facture pour la payer tandis que le client moyenne tension dispose d'un délai de 15 jours ouvrables à compter de la date de réception de sa facture pour la payer. En droit français[552], en cas de retard de paiement, le fournisseur est en droit d'exiger, après facturation, le paiement intégral des sommes dues dans le délai précisé au contrat[553].

Le retard de paiement expose le client non seulement à effectuer ce règlement, mais également à acquitter des intérêts de retard qui peuvent valablement être les intérêts prévus au contrat et non les intérêts légaux[554]. Des retards systématiques peuvent en outre justifier une suspension de la fourniture[555]. Le client professionnel ne peut prétendre imposer unilatéralement au fournisseur un paiement par effet de commerce à soixante jours[556].

Tout paiement tardif ou refusé est suivi d'une suspension de la fourniture de l'énergie électrique ou de la réduction de la puissance disponible (art 7.3 du règlement de service). Le rétablissement de la fourniture est conditionné par le règlement en totalité des frais de coupure et de remise de l'électricité en même temps que les factures.

À en croire le règlement de service, il y a retard dans le paiement lorsque le consommateur paie sa consommation au-delà des délais prescrits. Cependant, à quel moment y a-t-il refus de payer la facture ? Sur cette question, le règlement de service est muet. Néanmoins, une analyse profonde de cette disposition fait montre d'un flou dans « l'après-délai ». Cela dit, l'opérateur seul est en mesure de dire à quel moment il y a paiement tardif et à quel moment il y a refus sachant qu'un refus de paiement peut se solder par un paiement a posteriori. Dans ce cas, parlera-t-on d'un refus de paiement ou de paiement tardif ?

Logiquement, le règlement de service devrait définir le contenu du refus de paiement en même temps que celui du paiement tardif. Il aurait été préférable de dire qu'il y a paiement tardif lorsqu'après écoulement du délai

---

[552]SABLIÈRE (P), *op. cit.*, pp.1753 et s ;
[553]BOSVIEUX(A), « Des moyens d'action du distributeur vis-à-vis des abonnés débiteurs du prix de fournitures d'électricité et de gaz », *CJEG* 1950. 446.
[554]Agen, 7 juillet. 1983, EDF c/Munier, *CJEG* 1984. 233.
[555]Nîmes, 6 sept. 1988, SALAUN c/EDF *CJEG* 1989.62.
[556]TGI Avesnes-sur-Helpe, 28 juin 1988 EDF c/SA Ets JOUVELET, CJEG 1989.29, note C. Alquier.

prescrit, le consommateur totalise un délai supplémentaire bien défini avant de payer la facture. À côté, le refus de paiement quant à lui interviendrait lorsque l'opérateur aura établi l'intention du refus de paiement. Assigné en justice, l'abonné pour défaut de paiement suppose de connaitre son adresse, ce qui peut présenter quelques difficultés en cas de changement de domicile dont le fournisseur n'a pas été informé[557].

PIERRE SABLIÈRE note que pendant longtemps, le principe a été que le distributeur d'électricité pouvait, après une nécessaire mise en demeure[558], interrompre la fourniture, en cas de non- paiement de la consommation[559], à tout le moins si les retards de paiement n'étaient pas anciens ou trop peu importants pour justifier cette mesure[560]. Cette interruption ne devait en outre pas être suivie d'un rétablissement tardif de l'alimentation après règlement de l'arriéré[561]. Cette interruption a également été admise en cas de refus du client de laisser accès à son compteur pour en permettre la relève et la facturation[562]. Plus récemment, ces coupures ont été de plus en plus souvent contestées, dans un premier temps au nom du « droit à l'électricité ».

Des maires ou des conseils municipaux ont interdit, sur le territoire de leurs communes, les coupures d'électricité (mais également d'eau) concernant en général les familles en difficultés pour des questions économiques et sociales. Pour ce qui est de l'électricité, sont ainsi intervenus durant l'année 2006, 119 arrêtés des maires, 27 délibérations de conseils municipaux, la plupart dans la région parisienne et dans la région-Nord-Pas-de-Calais[563].

À titre de droit comparé, saisis de nombreux recours contre ces arrêtés, les tribunaux administratifs les ont parfois rejetés, mais les cours administratives d'appel et le Conseil d'État en ont dénié la légalité au motif qu'ils ne pouvaient se fonder sur les menaces à l'ordre public, à la sécurité et à la salubrité publique que ces coupures pourraient faire courir aux familles concernées et à leur voisinage, faute de présenter un degré de gravité et d'imminence suffisant, et en ont prononcé la suspension où l'annulation[564].

En définitive, la question a donné lieu à une intervention législative qui s'est alors limitée à l'interdiction des coupures d'électricité, mais aussi de gaz

557 SABLIÈRE (P), *op. cit.* ; pp.1754 et s.
558 Toulouse, 15 oct. 1992, Di MOSOLE c/EDF, CJEG1993, p.431. .
559CHAMBÉRY, 29 sept. 1999, DECOMBES c/ : EDF, CJEG 2000.
560Civ, 1ère, 25 mars 1963, Électricité de Strasbourg c/Dame GYPS, Bull, civ I, n°181 ; CJEG 1964.44.
561TGI Toulouse, 27 mai 1994, SOUROUBILLE c/EDF, CJEG 1995.339.
562Caen, 25 sept. 2003, EDF c/ M. CAPELLE, CJEG, 2004.396.
563SABLIÈRE (P), *op. cit.* ; pp.1752 et s.
564*Idem.*

[565] lors de la « trêve hivernale » existant déjà en matière de logement, c'est-à-dire entre le 1er novembre et le 15 mars de l'année suivante.[566] Ne concernant que le domicile principal, elle était en outre subordonnée au fait que les personnes ou les familles concernées devaient bénéficier ou l'avaient fait, dans les douze derniers mois, d'une décision favorable d'attribution d'une aide du fonds de solidarité pour le logement (v, ss n° 677.87) (p.1765).

Au total, les dispositions de l'article 7.3 du règlement de service confirment une fois de plus la toute-puissance du fournisseur de l'énergie électrique. Un tel état de choses laissant perplexe dans la mesure où cet acte réglementaire confirme à plus d'un titre l'inégalité dans le traitement contentieux des différends entre fournisseur et consommateur. Le premier dont la toute-puissance se traduit par les prérogatives de suspension, d'exigibilité des indemnités de coupure et de rétablissement de l'énergie sous réserve d'éventuels engagements des poursuites judiciaires éclipse le second qui fait vœu d'impuissance. Comme autres manœuvres frauduleuses provenant du consommateur de l'énergie électrique, l'on ne saurait ignorer voire minorer son opposition à la relève des compteurs.

c- Le refus de la relève des compteurs

Selon l'article 7.1.1 du règlement de service, tout refus de relève donnera lieu à l'établissement d'un procès-verbal établi par toute autorité compétente et pourra être suivi d'une suspension immédiate de la fourniture de l'énergie électrique à la discrétion du fournisseur. Cette disposition, comme de nombreuses autres, témoigne de la puissance de l'opérateur. En effet, la relève ici signifie que le consommateur est encore en situation régulière vu qu'il bénéficie encore de la fourniture de l'énergie à la faveur de son précédent paiement. Cela voudrait dire que la suspension de l'énergie électrique à ce consommateur est une atteinte au droit du consommateur.

Le règlement de service gagnerait à procéder à la gestion amiable de la situation plutôt que de passer par l'établissement du procès-verbal ou à la suspension de l'énergie surtout que ce même texte donne la possibilité au consommateur de communiquer à l'opérateur l'index du compteur. Il faut dire que cet article, en même temps qu'il protège le consommateur bien que cette protection soit minime, l'expose également à la merci de l'opérateur parce que dans certains cas, l'opérateur trouve un moyen de faire pression au consommateur.

---

[565]Pour ce qui est des fournitures d'eau, l'interdiction est permanente depuis la loi n° 2007-290 du 5mars 2007 dont l'article 36 modifie à cet effet les dispositions de l'article L.115-3 du Code de l'action sociale et des familles (JO 6 mars, p.4190).

[566]L.n° 2006-872, 13 juillet 2006, engagement national pour le logement, JO 16 juillet p.10662, art75-MOD. : CASF, artL.115-3.

Paragraphe V : L'empiètement du juge judiciaire dans la compétence du juge administratif

Le règlement du service public de distribution de l'électricité au Cameroun présente comme incohérence notoire l'exhibition des droits du concessionnaire au détriment du consommateur de l'énergie électrique. Cette logique lacunaire explique à suffisance les fondements de l'empiètement (A), l'envahissement du domaine de compétence exclusive au juge administratif : les litiges mettant en cause les biens concédés au service public de l'électricité (B), la connaissance par le juge judiciaire des contestations relatives à la qualité de l'énergie électrique (C) et la connaissance par le juge judiciaire des contestations afférentes à la tarification de l'énergie électrique (D).

A- Les fondements de l'empiètement

Il existe dans le contentieux de la fourniture de l'énergie électrique des hypothèses ou des cas où la compétence du juge administratif devrait être partagée avec le juge judiciaire : c'est le cas en matière des emprises et voies de fait. Le juge administratif constatant la voie de fait ou l'emprise, le juge judiciaire la réparant.

Cependant, l'analyse et l'interprétation de la jurisprudence témoignent de ce que le partage des compétences n'est pas respecté. En effet, dans certaines espèces où le juge judiciaire a statué en urgence, il est un constat selon lequel celui-ci a constaté et réparé la voie de fait. Ayant pris le soin de définir la voie de fait dans l'affaire en urgence opposant la société SODIRECAM SARL C/ La société ENEO SA Cameroun, il est loisible de relever que le juge de référé s'est déclaré compétent pour constater et y mettre un terme ce qui paraît somme toute normal. En matière d'emprise, le constat est le même : c'est ce qui ressort de l'affaire Société ENEO SA Cameroun C/ KOFFI KOUMINA Joseph où le juge judiciaire a ordonné une enquête pour constater l'emprise (installations des ouvrages sur la propriété de KOFFI sans permission) et s'est déclaré compétent pour statuer au fond du litige.

La jurisprudence en la matière fait montre de ce que le juge judiciaire dispose légalement d'une plénitude de la compétence. La compétence bien qu'étant partagée, il faut souligner que la plénitude de la compétence en matière de voie de fait et d'emprise électrique pourrait sans doute trouver une explication dans les effets ravageurs de la suspension de l'énergie électrique aux consommateurs ainsi que les dangers pesants sur les consommateurs de l'énergie électrique face à l'exorbitance des prérogatives de puissance publique du concessionnaire de l'énergie électrique.[567] Cependant, il est

[567] FARDET (C), « La clause exorbitante et la réalisation de l'intérêt général » *A.J.D.A* .2000.115 ; LAFFONT (D), « Intérêt général et intérêts particuliers », *EDCE* 1999, n° 50, p.421. ; LOCHAK

loisible de constater au Cameroun que le juge judiciaire s'arroge la compétence du juge administratif en matière de contentieux de la fourniture de l'énergie électrique. Cela s'extériorise par l'envahissement du domaine de compétence exclusif au juge administratif et par l'empiètement dans le domaine de compétence partagé avec le juge administratif.

B- L'envahissement du domaine de compétence exclusive au juge administratif : Les litiges mettant en cause les biens concédés au service public de l'électricité

En matière de contentieux de la fourniture de l'énergie électrique, tout comme dans le contentieux administratif ordinaire, le juge administratif a un champ de compétence qui lui est propre, qu'il ne partage avec aucun autre juge[568]. Dans son domaine de compétence exclusive, en ce qui concerne notamment le contentieux de la facturation, des branchements, de l'indemnisation, du refus illégal d'abonner un usager et bien d'autres cas que l'on regroupe soit en contentieux d'excès de pouvoir soit en contentieux de pleine juridiction, nous pouvons constater que le juge judiciaire a brillé en connaissant de ces litiges.

Toutefois, le juge judiciaire s'est arrogé la compétence dans une espèce relative aux biens concédés. Cette inconstance est suffisamment expressive dans l'affaire opposant l'archidiocèse de Yaoundé à la société ENEO[569]. Les faits de cette espèce méritent d'être explicités. En effet, l'archidiocèse de Yaoundé, propriétaire d'un immeuble loti au lieu-dit Essos et titulaire du titre foncier n° 24788, avait été surpris de constater que la société ENEO a érigé sur ledit terrain, en l'absence de son consentement et de toute autorisation, deux départs de transformateurs alimentant plus de 20 000 ménages et entreprises.

De nombreuses tentatives de saisine d'ENEO à l'effet de supprimer ces ouvrages sont demeurées infructueuses. Et c'est à bon droit que la requérante a saisi le juge de céans au motif que lesdites installations l'empêchaient de jouir pleinement de sa propriété conformément aux articles 555 et 544 du Code civil. Afin de réfuter les prétentions de la demanderesse, la défenderesse ENEO rétorquait que sur le fondement du contrat de concession et du règlement du service public de distribution, les installations litigieuses constituaient la propriété de l'État et non celle du concessionnaire. D'ailleurs, la défenderesse va plus loin dans ses prétentions en expliquant que depuis

(D), « Les problèmes juridiques posés par la concurrence des services publics et des activités privées », *ADJA* 1971.261. ; LIORENS, « Le pouvoir de modification unilatérale et le principe de l'équilibre financier dans les contrats administratifs », *RFDA* 1984. 45.

[568]JANICOT (L), « L'identification du service public géré par une personne privée », *R.F.D.A.* 2008. 67.

[569]Le jugement n° 872/civ du 19 mai 2022 du TGI du Mfoundi.

2013, la SONATREL est chargée de l'entretien et de la protection des installations des ouvrages publics destinés au transport de l'énergie électrique.

Balayant cette ligne argumentaire de la défenderesse d'un revers de la main, le juge de céans a semblé attribuer la paternité desdits ouvrages à ENEO alors même qu'il ressort de l'article 2 de l'ordonnance n° 74/2 du 6 juillet 1974 que «*font partir du domaine public, tous les biens meubles et immeubles qui par nature ou par destination sont affectés soit à l'usage du public, soit au service public* ». L'article 8 du règlement de service public de distribution de l'électricité précise que « *les branchements sont des biens concédés affectés au service public de l'électricité, et ce quel que soit leur mode de financement* ». L'article 12 du même règlement prévoit « *que les installations de production, les installations de transport et les installations de distribution de l'électricité exploitées par AES-SONEL et constituant des ouvrages publics sont des biens concédés par l'État à AES-SONEL. Ces biens sont inaliénables, imprescriptibles et insaisissables et protégés en application de la réglementation en vigueur contre les dégradations de toute nature, les tentatives d'appropriation, d'emprise ou d'occupation* ».

Ainsi, le juge de céans aurait pu, nonobstant le défaut de paiement de consignation de l'Archidiocèse de Yaoundé, clarifier la question de la paternité des ouvrages. Heureusement que de manière lumineuse, le juge suprême, dans l'affaire sieur **Abdel Aziz** KEMEGNE C/ENEO[570] sus évoquée, rappelle avec une particulière intonation que de tels ouvrages sont des ouvrages publics, et par conséquent ressortissent de la compétence de la juridiction administrative.

Cette vocation du juge judiciaire à connaître des affaires qui ressortissent normalement de la compétence du juge administratif, s'illustre également à travers l'affaire sieur KOFFI KOUAMINA JOSEPH C/ ENEO[571] dans laquelle sieur KOUAMINA JOSEPH, titulaire du titre foncier n° 22283/Mfoundi s'était vue implanter dans sa propriété et sans son consentement deux poteaux électriques. C'est ainsi que sieur KOUAMINA avait saisi le TGI du Mfoundi qui avait alors condamné la société ENEO non seulement à supprimer ses poteaux et fils électriques implantés sur l'immeuble litigieux, mais également à payer au sieur KOUMINA Joseph, la somme de 25 000 000 de francs CFA à titre de dommages et intérêts. Dans sa défense ENEO avait contesté d'entrée de jeu la paternité desdits ouvrages en relevant le défaut de qualité, protestant qu'il revenait alors à l'État propriétaire desdites installations d'en assumer ou de répondre de tous les dommages du fait desdites installations.

---

[570]Cour Suprême, pourvoi n° 204/REP du 26 octobre 2017, affaire société ENEO SA c/ Sieur Abdel Aziz KEUMEGNI.
[571]N° 682/ CIV du 05 octobre 2022 de la Cour d'appel du Centre.

Comme dans la précédente affaire, le juge de céans avait considéré les prétentions d'ENEO comme non fondées. Toute chose qui amènera ENEO à interjeter appel contre cette décision. Après avoir entériné le raisonnement du juge d'instance, le juge d'appel allait à son tour balayer d'un revers de la main les prétentions de la société ENEO. Pour étayer son argumentation, elle se fondera sur la convention de concession pour affirmer ce qui suit « *contrairement aux allégations et prétentions de l'appelante, c'est bien elle qui est l'auteure de l'empiètement, que le point 10.6 de la convention de concession passée entre l'État du Cameroun et la société AES-SONEL devenue ENEO indique que la responsabilité de la SONEL peut être engagée dans le cadre de l'exploitation des installations de distribution, et de la manière générale dans la conduite de son activité de distribution et de vente ; que le premier juge ayant bien motivé sa décision, il plaide que la cour d'appel la confirme* ».

« *Considérant qu'il est constant que les installations litigieuses soient le fait de la société ENEO Cameroun S.A ; que celles-ci ont été faites sans le consentement de sieur KOUAMINA qui justifie d'un titre foncier sur l'immeuble concerné ; que la société ENEO qui a procédé auxdites installations ne justifie pas d'un décret d'expropriation pris par l'autorité compétente contre l'intimée* ».

Cette décision, à tout le moins surprenante, appelle à un certain nombre d'observations qui participent toutes à souligner avec emphase la fluctuation du juge judiciaire lorsqu'il se trouve confronté à des domaines qui relèvent normalement de la compétence du juge administratif. Cette attitude dénote sans aucun doute de la confiscation de la compétence de trancher les litiges. Sur le fondement de l'arrêt de la Cour suprême dans l'affaire Abdel AZIZ, il paraît indiqué aujourd'hui qu'à défaut d'un texte législatif express, le juge judiciaire décline systématiquement sa compétence dès lors que se trouve en cause une question relative soit à la qualité du service public, à la tarification, ou encore à la propriété des biens concédés au service public de l'électricité.

Il faut peut-être préciser que les interventions du juge judiciaire dans le domaine exclusif du juge administratif sont le fait des textes à valeur juridique. C'est le cas avec le règlement du service de distribution publique de l'électricité et la loi de 2011 régissant le secteur de l'électricité au Cameroun qui ont bien voulu orienter le contentieux de la fourniture de l'énergie électrique vers des pistes judiciaires.

Les intentions des auteurs des textes précités ont trouvé un écho favorable dans plusieurs affaires soumises à la compétence exclusive du juge judiciaire. C'est par exemple l'intervention du juge judiciaire dans le contentieux relatif à la qualité de l'énergie électrique ayant opposé sieur ATANGANA NOA C / Société ENEO SA. C'est peut-être l'occasion de préciser que le contentieux relatif à la qualité de l'énergie électrique relève de la compétence exclusive du juge administratif sur le fondement du principe lié à l'obligation d'un fonctionnement correct du service public[572]. Dans cette affaire, le juge judiciaire a non seulement apprécié la qualité du service public de l'électricité, mais aussi a fait une application des règles de droit privé à un service qui est soumis aux règles du service public. Dans cette même affaire, le juge judiciaire a connu d'une requête en indemnisation alors même que le fait dommageable résultait d'une activité de service public. Pourtant, il ressort de l'article 2 (3-c) de la loi de 2006 fixant l'organisation et le fonctionnement des tribunaux administratifs que le contentieux administratif comprend « ... les litiges concernant les contrats (...) ou les concessions de service public... »

Dans une autre espèce, École privée laïque Bilingue Hubert et Régine C/ La société ENEO[573] relativement au contentieux de rétablissement de l'énergie, qui relève de la compétence exclusive du juge administratif sur le fondement du principe de continuité du service public, le juge judiciaire s'est encore arrogé le domaine de compétence du juge administratif. Nous pouvons multiplier les jurisprudences allant dans le même sens que celles précitées ou tenant à démontrer de l'envahissement. À tout prendre, cette situation rend invisible le juge administratif au point de croire à son exclusion dans le contentieux de la fourniture de l'énergie électrique alors même qu'il est le juge du service public. Il faudrait peut-être que celui-ci fasse preuve d'audace bien que les textes ne l'identifient pas explicitement comme juge du contentieux de l'électricité.

Par ailleurs, la compétence du juge administratif se trouve encore discutée même dans son domaine qu'il partage avec le juge judiciaire. Dans l'affaire Société ENEO S.A Cameroun c/sieur KOFFI KOUAMIHA Joseph[574], non satisfaite de la décision rendue par le tribunal de Grande Instance du Mfoundi statuant en matière civile en date du 26 novembre 2020 sur une gestion de dommages et intérêts, la société ENEO fit un recours en infirmation du jugement du TGI auprès de la Cour d'appel du centre.

En effet, la société ENEO a implanté sur un immeuble non bâti, objet de titre foncier des poteaux électriques et fait passer des fils électriques sur l'immeuble en gestion appartenant à sieur KOFFI KOUAMIHA Joseph. Atteint dans son droit de propriété ; sieur KOFFI saisit le tribunal de Grande Instance afin d'être rétabli dans ses droits en demandant au tribunal d'ordonner à la société ENEO de lui verser au titre de dommages et intérêts, une somme de 25.000.000f en plus de la suppression des ouvrages implantés

---

572Cour d'appel du Centre section civile et commerciale, arrêt n° 40/civ/ du 07 janvier 2021, affaire sieur ATANGANA NOA Dominique c/ la société ENEO SA.

573Cour d'appel du centre section civile et commerciale, arrêt n° 682/civ du 05 octobre 2022, affaire société ENEO SA c/ Sieur KOFFI KOUAMINA Joseph.

574ARRÊT N° 682/CIV DU 5 OCTOBRE 2022 de la Cour d'appel du Centre, ARRÊT N° 682/CIV DU 05 OCTOBRE 2022 de la Cour d'appel du centre.

sur l'immeuble objet du titre foncier. Déboutée auprès du tribunal de grande instance, la société ENEO va interjeter appel fondant sa contestation sur la prétendue propriété de sieur KOFFI d'une part et sur le propriétaire des installations électriques. La société ENEO estime, pour ce qui est du premier cas, que les installations litigieuses sont faites non sur la propriété de sieur KOFFI, mais sur le domaine public artificiel de l'État après vérification des services du cadastre.

Pour le deuxième cas, la société ENEO estime qu'elle n'est pas propriétaire des installations électriques ; elle n'en assure que la protection. Elle convoque pour s'en débarrasser du droit de propriété de ces installations, une multitude de textes juridiques qui indexent l'État comme propriétaire de ces installations et par voie de conséquence l'acquitteraient de l'obligation de suppression des installations.

Il faut relever que la confrontation des arguments et prétentions des parties fait émerger plusieurs problèmes qui sont étroitement liés ou constituent des accessoires au problème fondamental qui se pose : « *celui de la propriété des installations électriques et accessoirement le problème de l'emprise immobilière, celui de l'imputabilité de la responsabilité de la suppression des ouvrages électriques en cas d'empiètement* ».

La résolution des problèmes accessoires étant consécutive à la résolution du problème de la propriété des installations électriques, le juge d'appel a sur le fondement des articles 1382 et 1384 du Code civil disqualifié l'État comme étant propriétaire des installations électriques tout en établissant la paternité entre les installations litigieuses de la société ENEO. Dans cette espèce, il ressort deux idées notoires à savoir d'une part, la disqualification de l'État comme propriétaire des installations litigieuses : une disqualification erronée ; et d'autre part l'établissement de la paternité entre les installations litigieuses et ENEO.

Relativement au premier point, la disqualification de l'État comme propriétaire des installations litigieuses part du défaut de qualification des biens qu'utilise la société ENEO dans l'exercice de sa mission de service public : les « *biens concédés* » au détriment des « *biens affectés* ». L'usage de la terminologie « *biens affectés* » au « *service public* » aurait permis au juge de se déclarer incompétent sur le litige et renvoyer le dossier au juge administratif.

En d'autres termes, les installations litigieuses sont des biens publics affectés au service public de l'électricité[575]. Le service public de l'électricité

---

[575]BEULAMINE (M), *Les problèmes posés par la tarification d'un service public : cas de l'Électricité de France, op. cit.*, pp.26 et s ; TABOUIS (A), La *nature juridique des concessions d'énergie électrique*, Paris II, mémoire DEA, 2002, pp.12 et s ; LIET-VEAUX (G), « Nature juridique des cessions de concessions de travaux ou de services publics », *AJDA* 1983.348 ;

est organisé par l'État et soumis aux règles générales du service public (adaptabilité continuité, etc.) L'organisation du service public de l'électricité emporte l'obligation pour celui-ci de mettre en place un ensemble de biens qui contribueraient à l'implémentation du service. Il ressort de l'article 12 du règlement de service de distribution publique de l'électricité que les installations de production, les installations de transport et les installations de distribution de l'électricité exploitées par AES-SONEL et constituant des ouvrages publics sont des biens concédés par l'État à AES-SONEL... Ces biens sont inaliénables, imprescriptibles et insaisissables.

Présentées de la sorte, les installations qui ont été implantées sur la propriété de sieur KOFFI sont bel et bien des ouvrages publics parce qu'ils sont affectés au service public de l'électricité et servant à la promotion de l'intérêt général. La disqualification qu'a opéré le juge d'appel et son homologue d'instance n'a lieu d'être parce que le caractère public que revêt ces installations est un élément qui lie la personne publique à répondre des dommages que causeraient ces installations sous réserve de la part de responsabilité qui peut être imputable à ENEO du fait de l'obligation de protection, de garde ou d'entretien de ces installations.

Il aurait été préférable pour le juge d'opérer un partage de responsabilités entre l'État, propriétaire des installations et ENEO, exploitant lesdites installations. Ce partage de responsabilités aurait permis l'introduction du juge administratif dans le contentieux, qui aurait constaté l'emprise immobilière réalisée sur la propriété de sieur KOFFI et le juge judiciaire qui interviendrait pour réparer[576] les installations litigieuses, les biens affectés pour l'utilité publique. L'utilité publique, critère de reconnaissance de la compétence du juge administratif et par ricochet de l'implication d'une personne publique ou d'une personne privée dans un litige l'opposant à un tiers, est un critère qui devrait empêcher le juge judiciaire de disqualifier l'État du champ de la propriété des installations litigieuses[577].

Dans l'affaire PONDY Marius Ferry et la société AES-SONEL[578], la lecture combinée des arguments et prétentions des parties soulève quelques

---

LAVIGNE (P), « Les biens qui doivent devenir la propriété de la collectivité », Mélanges PEQUIGNOT, 1984, pp.407 et s.

[576]Cour d'appel du Centre section civile et commerciale, arrêt n° 682/civ du 5 octobre 2022, affaire société ENEO SA c/ sieur KOFFI KOUAMINA Joseph.

[577]*Idem.*

[578]L'arrêt de la cour n° 337/civ du 28 avril 2021 (affaire Pondy Marius c/ la Société Aes-sonel ; en date du 24 octobre 2018, le jugement n° 18/civ/TPI/018 du tribunal de première instance d'Eseka dont le dispositif énonce les faits suivants : sieur PONDY traduit AES-SONEL devenue ENEO S.A en justice pour avoir installé un poteau sur sa palmeraie que traverse une ligne électrique monophasée, constituant un danger pour lui et son champ. C'est ainsi qu'il saisit le juge de référé qui, à travers l'ordonnance n°21/CIV/REF/TPI/C du 17 septembre 2013, ordonne une astreinte à ENEO S.A de déplacer sa ligne sous réserve de pénalités de 75.000 francs CFA par jour de retard à compter de la signification de ladite ordonnance. En guise de

problèmes de droit. D'abord, au plan institutionnel, se pose le problème d'identification de l'autorité responsable des dommages causés par le matériel du réseau de distribution de l'énergie électrique.

Ensuite au plan juridictionnel subsiste aussi une question fondée sur le fait du savoir qui du juge de référé ou du juge de fond est compétent pour supprimer une astreinte prononcée en urgence ? Et enfin quelles sont les modalités de suppression d'une décision de justice revêtue de la formule d'autorité relative de choses jugées ? En confrontant les arguments et prétentions des parties, le juge d'appel dans sa décision reçoit favorablement la requête de l'appelant et confirme le jugement entrepris par le TPI lequel supprimait l'astreinte prononcée par le juge des référés.

Le juge d'appel motivait sa décision par le partage des compétences entre différents concessionnaires de l'État dans le secteur de distribution et de commercialisation de l'énergie électrique. Qu'en l'espèce, ENEO n'étant pas responsable des installations de distribution de l'énergie électrique, il en résulte une impossibilité d'exécuter l'ordonnance du juge de référé qui ordonne les suppressions de l'astreinte.

La Cour d'appel, en confirmant le jugement entrepris par le premier juge, rendit un arrêt qui à certains égards est appréciable, mais critiquable à bien d'autres. En effet, deux points d'observations attribuent le mérite d'appréciation de cette décision. Tout d'abord, le rappel des prérogatives entre le juge de référé qui statue sur les situations d'urgence et le juge de fond qui statue sur le fond de litige. Il résulte de ce fait que le premier rend des décisions provisoires revêtues de la formule d'autorité relative de la chose jugée, alors que le second rend les décisions définitives revêtues de l'autorité de la chose jugée. Ensuite, le juge apporte des éclaircies sur la compétence des concessionnaires de l'État en matière de distribution et de commercialisation de l'électricité entre ENEO S.A et la SONATREL. En conséquence, en cas de contentieux entre ces différents secteurs d'activités de l'énergie électrique, la responsabilité respective de chaque concessionnaire sera engagée dans son domaine de compétence.

Le juge judiciaire a procédé à une exclusion des éléments caractéristiques des installations litigieuses pour emboiter la gestion judiciaire de la propriété.

---

protestation de cette ordonnance, ENEO saisit le TPI d'Eseka afin d'annuler la décision du juge de référé. Ce que cette dernière obtient par la décision n°18/CIV précitée, interjetée en appel devant la cour d'appel du Centre sieur PONDY Marius réclame à la Cour d'appel d'infirmer le jugement du TPI au motif de violation du principe de parallélisme des formes et du double degré de juridictions tous méconnus par le juge de fond de cette juridiction. En sus de cette réclamation, il demande qu'ENEO soit condamnée au payement de dépens au profil de Me NTOKE Yom René. ENEO pour sa part demande pour l'essentiel la confirmation du jugement entrepris par le juge de fond du TPI et le payement par sieur PONDY Marius des dépens au profit de Me KENFACK.

L'exclusion de ces éléments caractéristiques s'est opérée par le fondement de sa décision sur les articles 1382 et 1384 du Code civil. Cette exclusion à notre sens peut être volontaire ; motif pris de ce que le citoyen n'est pas suffisamment renseigné sur la voie juridictionnelle administrative de résolution des litiges liés à la consommation de l'énergie électrique.

En ce qui concerne le second point relatif à l'établissement de la paternité entre les installations litigieuses et Eneo, le juge judiciaire après avoir disqualifié l'État va établir la paternité entre les installations litigieuses et ENEO. Nous explorons ici le fondement de la paternité avant de rechercher les éléments de paternité. Selon le point 10.6 de la convention de concession passée entre l'État du Cameroun et la société AES-SONEL devenue ENEO, la responsabilité de la SONEL peut être engagée dans le cadre de l'exploitation des installations de distribution et de manière générale dans la conduite de son activité de distribution et de vente. Cette disposition renseigne déjà que ENEO peut répondre des dommages causés par les installations. Sauf que cette responsabilité est facultative.

L'emploi dans cette disposition du verbe « pouvoir » constitue la preuve que le contentieux des installations électriques peut être dirigé soit contre l'État, soit contre ENEO. Les deux peuvent répondre, mais à des niveaux de responsabilité divergents, c'est-à-dire chacun répondant en fonction de son degré d'implication. Les installations litigieuses sont le fait d'ENEO. Sur ce point, tout fait quelconque de l'homme qui cause à autrui un dommage oblige celui par la faute duquel il est arrivé à le réparer[579].

À partir de là, le fait pour ENEO d'avoir implanté des ouvrages sur la propriété de sieur KOFFI sans le consentement de ce dernier et en l'absence d'un décret d'expropriation pour cause d'utilité publique le rend propriétaire du fait des installations électriques et doit répondre de ses actes. ENEO assure la protection et la garde des installations litigieuses. Sur ce point, l'on est responsable non seulement du dommage que l'on cause par son propre fait, mais encore de celui qui est causé par le fait des personnes dont on doit répondre ou des choses que l'on a sous sa garde.

Amené à se prononcer sur la question de la réparation d'un dommage occasionné par les installations de transport de l'énergie électrique, le juge de céans avait affirmé sa compétence[580]. Ainsi, pour écarter sa responsabilité, le défendeur ENEO, avait invoqué une convention-cadre, le juge de céans balayant d'un revers cette ligne avait retenu la ligne argumentaire suivante : « La société ENEO Cameroun qui rejette la paternité des ouvrages dont la

---

[579]Article 1382 du code civil.

[580]La connaissance par le juge judiciaire des litiges relatifs aux installations de transport et de distribution de l'énergie électrique. Jugement N° 8572/CIV du 19 mai 2022, Affaire : Archidiocèse de Yaoundé contre ENEO Cameroun. Nature : assignation en suppression d'ouvrages.

suppression est sollicitée en invoquant une convention-cadre ne produit pas la preuve de ses allégations. Il échet de dire l'irrecevabilité de l'action excipé par elle non fondée et de recevoir la présente action comme faite dans les formes et délais légaux. Le tribunal pour se fixer a ordonné une expertise cadastrale par un expert agréé auprès de la Cour d'appel du Centre aux fins de confirmer l'intrusion alléguée. ».

Dans une autre espèce relative à la question de la paternité des installations de transport et de distribution de l'énergie électrique, le juge adopta la même posture arrêt N° 682/CIV du 5 octobre 2022, Affaire Société ENEO SA Cameroun contre sieur KOUAM. Il adoptera le raisonnement suivant : en effet, « *Qu'en l'espèce, il est indéniable qu'en investissant l'immeuble de sieur KOFFI KOUAMINA sans son autorisation préalable, la société ENEO lui a causé un énorme préjudice tant matériel que moral ; qu'en effet, à la suite de cette occupation irrégulière de son immeuble, le susnommé s'est retrouvé privé de la libre jouissance de son droit de propriété. Que du fait de l'existence des installations faites par l'appelante, sieur KOFFI KOUAMINA n'a pu user de son immeuble suivant ses aspirations personnelles ; que l'occupation est d'autant injuste dans la mesure où la société ENEO n'a pas cru devoir libérer le site, même après l'intervention de l'ordonnance n°132.IIII/CIV rendue le 16 mai 2017 par le juge des référés du Tribunal de Première Instance de Yaoundé-Ekounou* ».

Constant dans sa position avant-gardiste de protection des droits de la propriété, le juge judiciaire dans l'affaire Société ENEO SA Cameroun contre sieur KOUAMINA arrêt N° 682/CIV du 5 octobre 2022, adopte une démarche impressionnante révélatrice à travers ses différents considérants dont les exigences de la recherche ont justifié ici brève exposition. Mais avant, il paraît convenable de relever que le premier juge avait ordonné la suppression d'ouvrages et le paiement de dommages et intérêts, au motif que la société ENEO aurait implanté des poteaux et fait passer des fils électriques sur le terrain appartenant à monsieur KOUAMINA. En contestation de cette décision, la société ENEO avait saisi le juge d'appel, il sollicitait ainsi du juge de céans qu'il constate que *« pour retenir la responsabilité de la société ENEO, le premier juge a prétendu qu'elle serait responsable des installations de transport de courant électrique en ce qu'elle aurait un devoir de protection vis-à-vis de ces installations, ceci conformément aux dispositions de l'article 3.4 du contrat de concession de distribution et de vente d'électricité basse tension entre la République du Cameroun et la SONEL »,* mais le juge de céans s'inscrivant en droite ligne du premier juge avait adopté le raisonnement suivant :

« *Considérant qu'au triomphe de son appel principal, la société ENEO Cameroun expose que par jugement entrepris, le juge d'instance l'a condamné à payer la somme de 25.000.000FCFA à sieur KOFFI KOUAMINA*

Joseph Ferdinand à titre de dommages et intérêts d'une part, et supprimer les poteaux et fils électriques implantés sur l'immeuble objet du titre foncier n° 22283/Mfoundi d'autre part ; Que cette décision mérite infirmation en ce qu'elle n'est pas propriétaire des installations litigieuses et que celles-ci ne sont nullement sur le terrain de l'intime ; Que le premier point, elle fait valoir que conformément à l'article 1er de la convention-cadre de concession et de licence passée le 18 juillet 2001 entre l'État du Cameroun et la société AES SONEL Cameroun devenue ENEO Cameroun : « Les installations de transport constituent des biens concédés regroupant l'ensemble des actifs dont l'État demeure propriétaire » ; Que c'est donc l'État du Cameroun qui est propriétaire des installations litigieuses et devrait par conséquent être attrait en ses lieu et place ; Que pour le transport de l'énergie et la gestion du réseau de transport, l'État du Cameroun a créé la Société nationale de transport de l'électricité en abrégé SONATREL qui répond désormais de tout ce qui est lié aux installations de transport de l'électricité sur le territoire national ; Que sur le second point, elle indique que quand bien même elle serait l'auteur des installations litigieuses, il reste que celles-ci ne sont pas sur le terrain de sieur KOFFI KOUAMINA ; que c'est donc à tort que le premier juge a rendu sa décision sans avoir au préalable procédé à toutes les vérifications ; Qu'elle sollicite en somme que statuant à nouveau en la présente cause après infirmation du jugement querellé, la Cour déclare irrecevable l'action de sieur KOFFI KOUAMINA et qu'à défaut elle l'en déboute comme non fondée. Qu'il en va de même du second moyen dès lors qu'il ressort de l'ordonnance n° 132/IIII/CIV rendue le 27 juillet 2016 par le juge des référés du Tribunal de Première Instance de Yaoundé-Ekounou que des installations électriques ont été faites par la société ENEO sur une partie de l'immeuble objet du titre foncier n° 22283/Mfoundi appartenant à sieur KOFFI KOUAMINA ; Que c'est également ce qu'il ressort des procès-verbaux de constat des 02 mars 2016, 15 mars 2019 et 25 juin 2021 de Maître EBODE Raphaël, Huissier de justice à Yaoundé, exploits qui contiennent des prises de vue de l'immeuble de l'intimité sur lequel l'on peut voir des poteaux en béton y implantés et des fils électriques qu'ils transportent ; … »

Dans le même sens, l'affaire PONDY Marius Ferry contre la Société AES SONEL[581], toujours relative à la paternité des ouvrages, contre toute attente la société ENEO SA a en date du 2 février 2017 saisi le Tribunal de Première Instance d'Eseka d'une assignation en suppression d'astreinte sous le fallacieux prétexte que la ligne qui traverse la plantation de l'appelant serait la propriété de la SONATREL créée en 2015 alors que la décision dont il s'agit date de 2013.

[581] N° 2120/RG/2019 du 14 octobre 2019, arrêt N° 337/CIV du 28 avril 2021.

C- La connaissance par le juge judiciaire des contestations relatives à la qualité de l'énergie électrique

Le point centré sur la qualité de l'énergie mérite une attention. En effet, littéralement la qualité de la fourniture de l'énergie constitue une obligation du service public dont la connaissance relèverait en principe de la compétence du juge administratif qui se chargerait alors de se prononcer sur l'appréciation de la bonne ou de la mauvaise qualité de l'énergie électrique. Tandis qu'à l'opposé et en théorie, l'appréciation des dommages résultants ou conséquents à la mauvaise qualité de l'énergie électrique devrait relever de la compétence du juge judiciaire. Or, dans la pratique, le juge judiciaire se déclare systématiquement compétent lorsque se trouvent en cause les cas susévoqués. Cet état de choses trouve une belle illustration dans l'affaire sieur ATANGANA NOA Dominique contre la société ENEO ex AES-Sonel[582].

Dans cette affaire, l'appelant explique que la mauvaise qualité de l'énergie électrique fournie par ENEO se manifeste par des coupures brusques, interrompues et sans préavis, la baisse de tension constante d'énergie électrique étant due à une surcharge du transformateur qu'alimente la zone au-delà d'un rayon de 1,5 km. La connaissance d'un dommage né d'un mauvais fonctionnement de la distribution d'électricité.

Dans l'affaire N° 10/TGI/CC/19 du 17 avril 2019 rendue par le tribunal de grande instance du MBAM et INOUBOU statuant en matière civile opposant le sieur ATANGANA NOA Dominique à la société ENEO SA ; saisi d'un litige en réparation d'un préjudice découlant de la mauvaise qualité de l'énergie électrique ; le juge de céans avait malheureusement débouté le sieur ATANGANA de sa demande des dommages et intérêts au motif que non seulement, la désignation d'un expert aurait dû être faite d'un commun accord entre les parties, à défaut seul l'Arsel est compétent pour en désigner ; mais aussi que pour avoir choisi seul un expert pour rétablir les préjudices subis du fait de la mauvaise qualité de l'énergie fournie par ENEO SA, le sieur ATANGANA n'a aucunement apporté la preuve des dommages par lui allégué encore moins le lien de causalité entre lesdits dommages et ENEO SA[583].

Cette décision paraît en tous points contestable. En tout état de cause, à défaut de se fonder sur le rapport d'expertise initié par le sieur ATANGANA, le juge de céans aurait dû à son initiative commettre une expertise, ce d'autant plus que ses pouvoirs d'instruction le lui permettaient. L'analyse des faits de la présente affaire démontre irréfutablement l'existence d'un dommage et donc d'un lien de cause à effet. En effet, les nombreux procès-verbaux de

---

[582] Arrêt n° 40/CIV du 70 janvier 2021, Cour d'appel du centre.

[583] Cour d'appel du Centre section civile et commerciale, arrêt n° 40/civ/ du 7 janvier 2021, affaire sieur ATANGANA NOA Dominique c/ la société ENEO SA.

constats d'huissier ayant été produits aux débats, ainsi que des prises de vue des équipements endommagés, tout comme les factures y afférentes et la présence d'un groupe électrogène dans la station, la mauvaise protection des installations d'ENEO au point d'arrivée de l'énergie électrique dans la station, constituaient pourtant de nombreux éléments qui auraient pu retenir l'attention du juge de céans afin de faire droit à la demande de sieur ATANGANA.

Mais à l'évidence et contre toute attente, le juge de céans est resté indifférent d'autant plus que sieur ATANGANA a, par plusieurs requêtes demeurées infructueuses, saisi la Direction générale d'ENEO à l'effet de trouver des solutions amiables. Pourtant dans l'affaire sieur SOKOUDJOU Pascal c/ ENEO de la Cour d'appel du centre du 6 avril 2022[584], le juge de céans avait validé l'expertise commise unilatéralement par ENEO pour évaluer et condamner ENEO au paiement des dommages et intérêts.

De ce qui précède, la quasi-judiciarisation du contentieux de la fourniture de l'énergie électrique se pose comme une évidence. Le contentieux de la fourniture oscillant autour de la voie de fait et de l'emprise, le juge judiciaire affirme la plénitude de sa compétence même lorsque se trouve en cause, la qualité de la fourniture de l'énergie ou même des questions relatives à la facturation ou encore à la tarification de l'énergie électrique.

D- La connaissance par le juge judiciaire des contestations afférentes à la tarification de l'énergie électrique[585]

Pour étonnant que cela puisse paraître, le juge civil a affirmé sa compétence dans une espèce.[586] La demanderesse avait assigné la société ENEO par devant le tribunal en date du 2 septembre 2019 aux motifs suivants lesquels : « *étant donné le fait qu'ENEO est concessionnaire et exploite l'activité de distribution publique d'électricité au Cameroun, qu'en vertu des dispositions du cahier de charges de la concession de distribution, elle est amenée à vendre l'électricité basse tension aux consommateurs. Que cette vente d'électricité basse tension est conjointement régie par l'arrêté n°13/2009/MINEE du 26 janvier 2009, portant règlement de service et des décisions tarifaires sporadiquement défini et édicté par l'Agence de régulation du secteur de l'électricité (ARSEL). Que l'article 06 (1 p2) de ce règlement de service détermine clairement la nomenclature des tarifs de vente d'électricité et met en évidence la norme que l'énergie consommée*

584Cour d'appel du centre section civile et commerciale, arrêt n° 196/civ du 06 avril 2022, affaire SOKOUDDJOU Pascal c/ la société ENEO SA.
585Jugement N° 1567/CIV du 22 aout 2022, NDR : 1567 Affaire : Association camerounaise des consommateurs d'eau d'électricité et de téléphones (A.C.C.E.E.T) contre La société « ENERGY of Cameroon » SA ENEO-SA Nature : assignation aux fins de rectification et d'implémentation orthodoxe de la tarification de l'électricité basse tension.
586*Idem.*

mensuellement sera facturée à l'usager selon les tarifs applicables à chaque tranche de consommation. Que malheureusement et très curieusement, la facturation implantée par AES-SONEL devenue ENEO S.A a entrepris depuis fort longtemps d'enjamber cette norme tarifaire et de facturer les consommations d'électricité basse tension par seuil et non plus par tranches. Qu'il s'agit là d'une fraude manifeste contre les intérêts des consommateurs de l'électricité basse tension, fraude qu'il convient d'éradiquer immédiatement !

Après une saisine de l'ARSEL demeurée infructueuse, l'association a saisi le juge de céans. Pour faire échec à l'action de l'ACCEET, la défenderesse a relevé d'office l'incompétence *rationae loci* motif pris de ce que selon l'article 8(7) du CPCC, *le « tribunal compétent en matière de société est celui du lieu d'établissement de celle-ci »* que la société ENEO S.A est une personne morale dont le siège est situé à Douala-Bonandjo, avenue DEGAULLE et donc devrait être assignée devant les juridictions de cette localité.

Au fondement de sa ligne argumentaire, la partie requérante soutient qu'en vertu des dispositions du cahier des charges de la concession de distribution, elle est amenée à vendre l'électricité basse tension aux consommateurs[587]. Le juge de céans avait ainsi affirmé sa compétence en recevant l'Association des consommateurs d'eau, d'électricité et des téléphones (A.C.C.E.E.T) en sa demande ; et en rejetant l'exception d'incompétence *rationae loci* soulevée par ENEO S.A comme non fondée.

Même si le juge de céans a semblé corroborer cette ligne argumentaire de la défenderesse, le fait marquant dans cette affaire est l'affirmation du juge judiciaire à connaître du contentieux relatif à la tarification de l'énergie électrique. L'on est fondé à se poser la question de savoir si le juge de céans avait qualité à connaitre de la tarification de l'énergie électrique qui relève en principe de la compétence concurrente du Premier ministre et du régulateur de l'électricité. Il est vraiment surprenant dans cette affaire de constater que

---

[587]Que l'article 6(1§2) de ce règlement de service détermine clairement la nomenclature des tarifs de vente de l'électricité et met en évidence la norme que l'énergie consommée mensuellement sera facturée à l'usager selon les tarifs applicables à chaque tranche de consommation. Qu'en vertu de ce même texte, cette vente d'électricité basse tension est conjointement régie par l'arrêté n° 013/2009/MINEE du 26 janvier 2009, portant règlement de service et des décisions tarifaires sporadiquement définies et édictées par l'Agence de régulation du secteur de l'électricité. Il sollicitait également du juge qu'il constate qu'au regard et en violation des décisions tarifaires édictées par ARSEL, lesquelles prescrivent une tarification par seuil de consommation maximale atteint par l'abonné ; et qu'il ordonne en conséquence, la cessation de la facturation actuelle de ENEO S.A faite aux consommateurs de basse tension, et subséquemment par un retour à l'orthodoxie de la facturation par tranches de consommation mensuelle ; et qu'il plaise au juge d'autoriser qu'il appartiendra à quiconque des usagers victime d'un préjudice financier y consécutif d'engager individuellement, les actions idoines aux fins de réparation.

le juge de céans n'ait pas pu relever d'office son incompétence. Pourtant dans une espèce du 7 juillet 2022 la section civile de la chambre judiciaire de la Cour suprême dans l'affaire société ENEO c/ sieur ABDEL AZIZ KEUMEGNI rappelle avec une singulière éloquence ce qui suit : « *Attendu que l'incompétence matérielle de la juridiction qui a rendu la décision critiquée est un motif de cassation de l'arrêt critiqué au terme des dispositions de l'article 35 alinéa 1(f) de la loi n° 2006/016 du 29 décembre 2006 portant organisation et fonctionnement de la Cour suprême, qui dispose que : les cas d'ouverture à pourvoi sont :*

« - l'incompétence ; la dénaturation des faits de la cause ou de la procédure, le défaut, la contradiction ou l'insuffisance des motifs, le vice de forme (...) ces moyens peuvent être soulevés d'office par la cour »... « Attendu que l'article 2 de la loi n° 2006/022 portant organisation et fonctionnement des tribunaux administratifs disposent que (...) »

« Attendu que l'arrêt critiqué viole les articles 2 et 3 de la loi n° 2006/022 ci-dessus cités, manque de pertinence et ne peut suffire à justifier la compétence du juge judiciaire à ordonner l'enlèvement des ouvrages de transport d'énergie électrique haute tension ». «Qu'il ressort des faits et des pièces de la procédure que les travaux déclarés d'utilité publique visent la construction d'une ligne de transport de l'énergie électrique de 255 KWT entre BEKOKO et NKONGSAMBA, que le contentieux de la procédure de leur implantation relève de la compétence du juge administratif : que les juges d'appel ne pouvaient retenir leur compétence, qu'il s'ensuit que l'arrêt critiqué a non seulement violé les articles 2 et 3 de la loi n° 2006/022 portant organisation judiciaire et fonctionnement des tribunaux administratifs ci-dessus visés et n'est pas motivé ».

« Que l'arrêt critiqué doit simplement être cassé et annulé ».

Cette position éminemment éloquente du juge suprême est augustement salutaire. Car elle permet de remettre de l'ordre dans l'inconstance de la position du juge dans la partie du contentieux de la fourniture relevant formellement du juge administratif ».

Section III : L'étendue de la compétence de la juridiction pénale en matière de fourniture

La notion de compétence est plus étendue en droit pénal qu'en droit civil. En plus des compétences matérielle et territoriale, la compétence en droit pénal peut aussi être personnelle et même universelle. Dans le cadre de cette étude, seront exclues les compétences personnelle et universelle parce que la première, trop étroite, ne fonde l'aptitude du juge à connaître d'une affaire que sur la base de la qualité personnelle du délinquant et la deuxième parce que celle-ci est relative à la capacité d'un État à connaitre, poursuivre et juger des infractions ayant un élément d'extranéité[588].

La mise en œuvre de la compétence de la juridiction pénale en matière de fourniture de l'énergie électrique n'est pas aisée[589]. Cet état de choses se justifie d'une part par le fait que l'objet de la relation qui unit le consommateur au fournisseur est un contrat[590]. D'un point de vue purement théorique, la responsabilité civile délictuelle ne saurait engendrer une sanction pénale. D'autre part, parce que la mise en mouvement de l'action publique reste caricaturale en la matière. En dépit de cet argumentaire, il convient d'appréhender l'article 13 alinéa 1er intitulé fraude et vol de l'électricité de l'arrêté du 26 janvier 2009 portant approbation du règlement de service de distribution public d'électricité de la société AES SONEL comme une norme spécial. Au-delà de ces conjectures, la compétence de la juridiction pénale en matière de fourniture électrique est territorialement délimitée (paragraphe 1) et matériellement précisée (paragraphe 2).

Paragraphe I : La délimitation de la compétence territoriale du juge pénal en matière de fourniture

En droit pénal, la compétence territoriale est beaucoup plus complexe qu'en droit civil du fait des nombreuses dérogations qu'elle admet. La compétence territoriale exprime le sacro-saint principe de la territorialité de la loi pénale. Elle traduit le principe selon lequel en cas de pluralité de juridictions, la primauté est accordée au territoire de l'infraction. La compétence territoriale se subdivise en deux : la compétence du ressort et la compétence du rattachement. Relativement à la compétence du ressort, l'article 7 du Code pénal pose le principe de territorialité en ces termes « *la loi pénale de la république s'applique à tout fait commis sur son territoire* ». La délimitation de cette compétence est essentiellement fonction du lieu de commission de l'infraction, elle se décline d'une part à, travers la compétence du ressort (A) et d'autre part à travers la compétence de rattachement (B).

A- La compétence du ressort

Elle peut s'appréhender comme l'espace géographique à l'intérieur duquel s'exerce la compétence d'une juridiction.[591] D'après la loi du 29 décembre

[588]YAWAGA (S), « La protection pénale du consommateur au Cameroun : appréciation de la politique criminelle camerounaise au regard des principes directeurs des Nations Unies pour la protection des consommateurs », *in* YAWAGA (S) (dir), *La protection du consommateur au Cameroun : principes, enjeux et perspectives*, *op. cit.*, pp. 385-414.

[589]MATHIAS (É), SORDINO (M-C), *Droit pénal général et procédure pénale*, Gualiano, Paris, 2005, pp.28 et s.

[590]AUBERT DE VINCELLES (C), *Droit des obligations*, Dalloz, 2016, pp19 et s.

[591]V. Art 7 loi du n° 2006/015 du 29 décembre 2006 modifiée et complétée par la loi n° 2011/027 du 14 décembre 2011 portant organisation judiciaire.

2006 portant organisation judiciaire, le ressort de chaque juridiction en fonction de sa compétence matérielle est situé soit aux chefs-lieux de chaque arrondissement, soit au chef-lieu de chaque département ou alors au chef-lieu de chaque région.

La compétence du ressort englobe la compétence de rattachement. Cette dernière est dégagée par l'article 294 du Code de procédure pénale qui dispose en effet qu'« est compétent : le tribunal soit du lieu de commission de l'infraction ; soit du lieu du domicile du prévenu ; soit du lieu d'arrestation ». Le principe de la territorialité en droit pénal admet quelques exceptions. Il s'agit précisément de la connexité[592], de l'indivisibilité[593] et du renvoi et de la solution à un conflit de compétence[594]. Cette volonté du législateur de rendre plus accessible le service public de la justice se heurte en matière de la fourniture de l'énergie électrique à un accaparement des pouvoirs du juge pénal par le concessionnaire qui jouit d'un pouvoir de sanction unilatéral et disproportionné.

B- La compétence de rattachement

Elle tire son fondement de l'article 294 du Code de procédure pénal qui dispose en effet qu'« est compétent : le tribunal soit du lieu de commission de l'infraction, soit du lieu du domicile du prévenu, soit du lieu d'arrestation ». Malgré la clarté perceptible de cette disposition législative, la compétence du juge pénal de la fourniture de l'énergie électrique ne peut être mise en œuvre que soit au lieu de la commission de l'infraction, soit au lieu du domicile du prévenu en cas de fraude ou du vol de l'énergie électrique. La particularité de ces deux lieux est qu'ils forment une attache avec l'auteur de l'infraction[595]. Autrement dit, le lieu de commission de l'infraction de fraude ou de vol de l'énergie électrique peut cumulativement être le lieu de domicile de l'auteur de l'infraction. Dans ce cas, l'on pourrait parler de la connexité qui diffère sur bien des points de l'indivisibilité qui, elle, nécessite un rapport mutuel de dépendance entre les faits ayant conduit à la réalisation de l'infraction.

---

[592]La connexité se caractérise par l'unité de temps ou de lieu, l'unité de dessein, le lien de causalité et le but. Voir article 6 alinéa 3 du Code de procédure pénale.

[593] L'indivisibilité peut être analysée comme un rapport mutuel de dépendance entre les faits, un lien tellement intime que l'existence de certains faits ne se comprendrait sans celle des autres. Voir article 6 alinéa 2 du Code de procédure pénale.

[594] On parle de conflit de compétence lorsque deux juridictions répressives appartenant au ressort d'une même Cour d'appel, toutes deux territorialement compétentes sont saisies ou se rejettent le dossier de procédure. Ce conflit est tranché par la Cour d'appel. Voir articles 600-603 du Code de procédure pénale.

[595]CLÉMENT (S), *Les droits de la défense dans le procès pénal : du principe du contradictoire à l'égalité des armes*, Thèse de doctorat en droit privé, Université de Nantes, décembre 2007, pp. 68 et s.

Paragraphe II : La compétence matérielle inhérente à la structuration interne de la juridiction pénale en matière de fourniture

De façon simpliste, la compétence matérielle peut s'entendre de l'aptitude d'une juridiction pénale à connaitre d'un litige à raison de la nature de l'infraction commise. En plus de la compétence matérielle et territoriale, la compétence en droit pénal peut aussi être personnelle et même universelle. *Ratione materiae,* le juge pénal est compétent pour connaître des infractions qualifiées de crimes, délits ou contraventions[596]. La compétence matérielle du juge pénal au Cameroun dépend de la nature de l'infraction et du degré de la juridiction saisie[597].

Dans le cadre de cette étude, seront exclues, les compétences personnelle et universelle en raison de ce que la première trop étroite ne fonde l'aptitude du juge à connaitre d'une affaire que sur la base de la qualité-personne du délinquant et la deuxième parce que celle-ci est relative à la capacité d'un État à connaitre, à poursuivre et à juger les infractions ayant un élément d'extranéité. Ainsi, pour ce qui est de la compétence rationae materiae, l'article 21 du Code pénal fait une classification tripartite des infractions : crime, délit et contravention. Ainsi « sont qualifiées de crimes, les infractions punies de la peine de mort ou d'une peine privative de liberté dont le maximum est supérieur à dix (10) ans et d'une amende lorsque la loi en dispose ainsi ».

Les délits sont des infractions punies d'une peine privative de liberté supérieure à dix (10) jours et inférieure à dix (10) ans et/ou d'une amende supérieure à vingt-cinq mille (25 000) francs. Les contraventions pour leur part sont punies d'un « emprisonnement qui ne peut excéder dix (10) jours ou d'une amende qui ne peut excéder vingt-cinq (25000) francs ».

Bien plus, c'est la gravité de l'infraction qui détermine la compétence de la juridiction à saisir. Il paraît notoire de relever dans le même sens que certains actes répréhensibles susceptibles d'être commis par le fournisseur sont contenus dans la loi du 6 mai 2011 portant protection du consommateur. Il est de ce fait loisible d'examiner respectivement la compétence du TPI(A), du TGI(B) ; de la CA(C) et enfin de la Cour suprême(D).

A- La compétence du TPI

L'article 15 alinéa 1a de la loi N° 2006/015 du 29 décembre 2006 portant organisation judiciaire modifiée et complétée par la loi n° 2011/027 du 14 décembre 2011 détermine la compétence du juge du tribunal de première

---

[596]Voir article 21 de la loi n° 2016/07 du 12 juillet 2016 portant Code pénal.

[597]HERZO EVANS (M), *Droit pénal général*, 2e édition, Librairie Vuibert, 2009, pp. 107 et s.

instance. Et d'autre part, le TPI est compétent pour connaitre des contraventions, dans ce cas, l'affaire est portée devant la section de simple police de la même juridiction. Relativement à la fourniture de l'énergie électrique, les principales infractions prévues à l'article 13 al. 1er du règlement du service sont la fraude et le vol d'électricité.

Ainsi, le TPI pour connaitre des délits dans ce cas, l'affaire est portée devant la chambre correctionnelle de ladite juridiction. Le juge est, aux termes de l'article précité, compétent pour connaître « des infractions qualifiées de délits ou de contraventions ; des demandes de mise en liberté formées par toute personne détenue et poursuivie devant lui, pour une infraction de sa compétence ; des crimes commis par les mineurs sans coauteur ou complice majeur ». Ainsi donc, si la Société ENEO par son agent ENEO majeur ou mineur se rend coupable de telles infractions, l'affaire sera portée à la connaissance du juge pénal du Tribunal de Première Instance.

Deux critiques d'ordre théorique peuvent être portées contre cette disposition. Premièrement, il ressort de la lettre de celles-ci, une ambiguïté sur la définition réelle des incriminations de fraude et de vol. Ce déficit de clarté ne permet pas d'appréhender aisément l'élément matériel du vol ou de la fraude de l'énergie électrique. Deuxièmement, le défaut de définition de la sanction liée aux dites incriminations. Ce flou normatif ne favorise pas toujours la mise en mouvement de l'action publique dans le cas d'espèce.

B- La compétence du TGI

Le juge pénal du Tribunal de Grande Instance est habilité suivant les dispositions de l'article 18 alinéa 1a de la loi susmentionnée à connaitre : des crimes et délits connexes, des demandes de mise en liberté formées par toute personne détenue et poursuivie devant lui pour une infraction de sa compétence. Selon l'article 16 de la loi du 29 décembre 2006 portant organisation judiciaire, le TGI est créé dans chaque département. Matériellement, il connait des crimes référables devant la chambre criminelle. Concernant la fourniture de l'énergie électrique, l'article 13 al. 1er du règlement de service met l'accent sur les deux incriminations principales que sont la fraude et le vol d'énergie électrique.

Ces deux infractions constituent au sens de la disposition précitée, des délits ou des contraventions. Partant du principe de la légalité des peines et des délits consacré à l'article 17 du Code pénal, il apparaît difficile de mettre en œuvre la compétence du TGI en matière de fourniture de l'énergie électrique. Toutefois, le mode de perpétration et les éléments constitutifs de ces infractions peuvent en cas de préméditation, de circonstances aggravantes ou dans le cas où la commission de la fraude ou du vol de l'énergie électrique provoquer la commission d'une autre infraction plus grave. Ainsi, cela peut donc être porté à l'attention du TGI si l'infraction retenue est qualifiée de crime par le tribunal[598].

C- La compétence de la Cour d'appel

En appel, le juge répressif peut connaitre des appels formés contre les ordonnances des juges d'instruction, des appels interjetés à l'encontre des décisions rendues par les juridictions autres que la Cour Suprême et la Cour d'appel elle-même. De plus, le juge de la Cour d'appel est également compétent pour connaitre des décisions rendues par la chambre correctionnelle et par la chambre des mineurs[599]. Aux termes des articles 19 et suivants de la loi du 29 décembre 2006 portant organisation judiciaire, une Cour d'appel est créée dans chaque région. Elle comprend une ou plusieurs chambres criminelles d'une part et une ou plusieurs chambres correctionnelles et de simple police d'autre part. En vertu du principe du double degré de juridiction qui voudrait qu'une décision de justice soit portée devant une autre qui lui est supérieure, en vue d'affirmer ou d'infirmer une décision rendue par une juridiction de premier degré.

D- La compétence de la Cour suprême

Le juge pénal de la Cour Suprême, pour sa part, doit connaître des décisions rendues en dernier ressort par les cours et tribunaux en matière pénale. D'après la loi n° 2006/016 du 29 décembre 2006 portant organisation et fonctionnement de la Cour Suprême, celle-ci a une compétence nationale et est habilitée à recevoir des pourvois en cassation. Bien plus, ses décisions sont définitives et acquièrent autorité de la chose jugée.

Dans la pratique, il n'est pas courant de voir le contentieux pénal de la fourniture de l'énergie électrique arrivé à ce niveau de procédure. Toutefois, les pourvois portés contre les arrêts des cours d'appel dans le cadre de ce contentieux sont déférés devant la chambre criminelle.

Paragraphe III : La compétence matérielle de la juridiction pénale inhérente aux protagonistes

Il conviendra de distinguer ici, les infractions commises par le consommateur de l'énergie électrique (A) de celles commises par le fournisseur de l'énergie électrique (B).

---

[598]TCHAKOUA (J-M), *Les tendances de la nouvelle procédure pénale camerounaise*, Vol 1, Presses universitaires d'Afrique (PUA), Yaoundé, 2007, pp. 17 et s.

[599]Voir article 22 alinéa 1er nouveau de la loi n° 2006/015 du 29 décembre 2006 portant organisation judiciaire modifiée et complétée par la loi n° 2011/027 du 14 décembre 2011.

A- Les infractions commises par le consommateur de l'énergie électrique

Il y a lieu d'évoquer le vol spécial d'électricité (1) et la corruption (2).

1- Le vol spécial d'électricité

Dans l'Affaire ministère public et ENEO, ESSOME Jean Christian C/ TCHIENGANG[600] Narcisse relative au vol spécial d'énergie dont les faits méritent bref rappel. En effet, sieur TCHIENGANG Narcisse habite depuis deux années un appartement à bail appartenant aux victimes. Ces derniers paient les factures d'électricité de l'ensemble de la concession régulièrement. Cependant, les victimes sont convoquées par l'agence ENEO pour « ligne parallèle frauduleuse ». Ils vont engager une action contre l'auteur de cette action frauduleuse qui est sieur TCHIENGANG surtout que celui-ci avait fait des aveux et se trouve être récidiviste dans ce type de fraude. Le juge de céans a déclaré TCHIENGANG Narcisse coupable de vol spécial des articles 74(2) et 319 du Code pénal ; en répression, le condamne à 3 ans d'emprisonnement avec sursis pendant 1 an et à 100 000 d'amende.

Dans l'affaire ministère public et ENEO C/ EYEMENE NNONI Guy Lionel[601] relatif au vol spécial d'électricité et au défaut de CNI, en effet : courant novembre 2022 à Etoudi lieu-dit Total Yannick, le prévenu EYEMENE a été surpris sur un poteau électrique en train d'effectuer des manœuvres frauduleuses sur des installations électriques appartenant à la société ENEO : s'appuyant sur l'article 319 alinéa 1 du code pénal le juge de céans avait déclaré le sieur EYEMENE coupable de vol spécial.

2- La corruption

Le Code pénal camerounais distingue la corruption des agents du secteur public de celle relevant du secteur privé. Dans le cadre de la fourniture de l'énergie électrique, on s'intéressera à la seconde. À ce titre, l'article 312 prévoit que « *Est puni d'un emprisonnement d'un (1) à cinq (05) ans et d'une amende de deux cent mille (200 000) à deux millions (2 000 000) de francs, celui qui fait directement ou indirectement, des offres, des promesses, des dons, des présents ou des avantages quelconques pour obtenir d'une personne qui, sans être dépositaire de l'autorité publique ou charger d'une mission de service public, exerce, dans le cadre d'une activité professionnelle ou sociale, une fonction de direction ou un travail pour une personne physique ou morale, pour un organisme quelconque, pour qu'elle accomplisse ou s'abstienne d'accomplir un acte de son activité ou de sa fonction, ou facilite la commission*

[600] Jugement N° 3234/COR du 19/06/2023 du Tribunal de Première Instance de Yaoundé centre administratif / Section correctionnelle.

[601] Tribunal de Première Instance / centre administratif, N° du jugement : 8576/COR du 23/12/2022.

dudit acte, par son activité ou sa fonction, en violation de ses obligations légales, contractuelles ou professionnelles ». Tel est également le cas lorsque des consommateurs véreux dans le but de se soustraire à leurs obligations de paiement de consommation normale d'électricité procèdent souvent à des pratiques ou à des tentatives de monnayage des agents ENEO. De tels comportements devraient être sanctionnés avec la dernière énergie.

B- Les infractions commises par le fournisseur de l'énergie électrique

Il conviendra d'évoquer les homicides et les blessures involontaires (1) ; les pratiques commerciales inéquitables (2) et la violation de domicile (3). À la lecture du Code pénal, trois infractions sont susceptibles d'être commises par le fournisseur au cours de son activité : la violation de domicile[602], l'homicide et les blessures involontaires [603] et les blessures graves et blessures légères[604].

1- Les homicides et blessures involontaires

Le fournisseur peut aussi être auteur d'homicide involontaire prévu à l'article 289 alinéa du Code pénal qui dispose que *« Est puni d'un emprisonnement de trois (3) mois à cinq (5) ans et d'une amende de dix mille (10 000) à cinq cent mille (500 000) francs ou de l'une de ces deux peines seulement, celui qui, par maladresse, négligence, imprudence ou inobservation de règlements, cause la mort ou des blessures, maladies ou incapacité de travail, telles prévues aux articles 277 et 280 ci-dessus* ». L'alinéa du même article poursuit que *« la peine est un emprisonnement de six (6) à vingt (20) ans, au cas où l'une des infractions prévues aux articles 227, 228 (2) (a) et (b) du présent code provoque des blessures, maladies ou incapacité de travail, telles que prévues aux articles 277 et 280 ci-dessus.* »

ENEO peut être coupable d'une telle infraction lorsqu'un consommateur est électrocuté. L'homicide involontaire est le fait de donner la mort à un être humain, involontairement, par « *maladresse, négligence, imprudence ou inobservation des règlements* ». En plus de l'homicide involontaire, l'alinéa 2 de l'article précité porte également sur les blessures involontaires et punit toute personne qui « *provoque des blessures, maladies ou incapacité de travail tel que prévu aux articles 277 et 280* ».

Dans le cadre de son activité, le fournisseur peut causer des blessures involontaires, par exemple lorsqu'un client se fait électrocuter en raison d'une

---

602 Article 299 du Code pénal.
603 Article 289 du Code pénal.
604 Article 277 du Code pénal.

imprudence ou d'une négligence qui lui est imputable. Allant toujours dans le même sens, l'article 277 condamne la personne, le fournisseur par conséquent qui « cause à autrui la privation permanente de l'usage de tout ou partie d'un membre, d'un organe ou d'un sens ».

Il convient de mentionner également ici dans la catégorie des sinistres : les électrocutions et les électrisations. Tout d'abord, notons qu'une électrocution est un incident où un particulier aurait été électrocuté par les installations ; elle se distingue de l'électrisation par le fait qu'il y aurait en l'espèce mort d'homme. Tandis que pour l'électrisation, la victime serait restée en vie. Dans l'affaire : ministère public et AMAMA Jean Paul Roger C/ ENEO[605].

Le juge de céans avait déclaré la société ENEO coupable d'homicide involontaire des articles 74-1 et 289 du Code pénal. Recevant la victime en sa constitution de partie civile et l'y dit fondée en partie, avait condamné la société ENEO aux paiements de dommages et intérêts en réparation du préjudice. En effet, le 16 avril 2018, la nommée ABOMO AMAMA Rosine Flore est décédée à l'Hôpital général de Douala, des suites de brulures contractées lors d'une électrocution survenue la veille au lieu-dit Metet par Sangmélima alors qu'elle se trouvait à bord d'un car de Transport en commun qui avait roulé sur les câbles de haute tension qui trainaient sur la chaussée. Que toutes les démarches entreprises à l'effet de la prise en charge de la victime, la société ENEO est restée inerte jusqu'au décès de la victime.

2- Les pratiques commerciales inéquitables

La loi-cadre n° 2011/012 du 6 mai 2011 portant protection du consommateur au Cameroun regorge d'une pléthore d'infractions. Mais à l'analyse, une seule est susceptible de frapper ENEO dans sa mission de fourniture de l'électricité. Il s'agit de pratique commerciale inéquitable prévue à l'article de la loi de 2011 suscitée.

Par pratique commerciale inéquitable, il faut entendre « toute pratique commerciale qui, dans le cadre de la promotion de la vente, de l'utilisation ou de la fourniture d'un bien, d'un service ou d'une technologie, adopte une méthodologie, y compris la déclaration orale, écrite ou la représentation visuelle, qui porte atteinte à l'équité dans une transaction ». Tel est le cas lorsqu'ENEO emploie des ruses à l'effet de faire adhérer ses clients à une nouvelle option de service qu'elle a mise sur le marché.

La campagne des compteurs prépayés en est une illustration parfaite. Incriminer ne suffit pas, encore faut-il sanctionner. Aux termes de l'article 32 de la loi-cadre du 6 mai 2011 portant protection du consommateur, « est puni d'un emprisonnement de six (6) mois à deux (2) ans et d'une amende de deux

[605]Tribunal de Première Instance de Yaoundé centre administratif / Section correctionnelle Jugement N° 3468 bis/ cor du 27 juin 2023.

cent mille (200 000) à un million (1 000 000) de francs ou l'une de ces deux peines seulement, celui qui fournit les informations erronées sur la qualité des technologies, biens ou services fournis aux consommateurs ». Et l'article 2 punit aux mêmes peines celui qui donne de fausses informations aux autorités compétentes ou à tous structures, organismes ou associations des consommateurs au cours d'une enquête conformément aux dispositions de la présente loi.

L'article 33, en plus de consacrer la responsabilité pénale des agents ou dirigeants des sociétés commerciales, renforce le régime de sanction puisqu'il inscrit les peines d'amende à la charge de ces dirigeants. C'est également dans ce sens que l'article 36 précise que : « les personnes morales dont les dirigeants se sont rendus coupables à la présente loi peuvent faire l'objet de peines complémentaires prévues par le Code pénal ».

Dans l'affaire MAMA FOUDA contre ENEO, il est loisible de relever des éléments constitutifs de la fraude du fournisseur partant du fait que la société ENEO, pour des raisons qui lui sont propres, est venue remplacer le compteur n° 021150628016, attribuant au requérant un nouveau compteur cette fois portant le n° 17453936. Le requérant s'est vu notifier le 17 décembre 2017 un avis de coupure d'électricité avec dépôt de compteur et de disjoncteur au motif qu'il serait redevable de la somme de 4 587 664 FCFA représentant les impayés de consommation en énergie électrique ; que vérification faite, il s'est avéré que le compteur dont impayés est un compteur fictif et inconnu du requérant ; qu'alors que le compteur dont impayés porte le N° 1402446183, celui du requérant a pour N° 17453936 ; qu'il est dès lors évident et indiscutable qu'en lieu et place du compteur N° 1402446183 dont seule ENEO connait la source et l'existence, l'on a plutôt déposé le compteur N° 17453936, véritable compteur du requérant.

3- La violation de domicile

La violation de domicile est une atteinte à la tranquillité des personnes consistant à s'introduire ou se maintenir dans le domicile d'autrui contre son gré. Cette infraction possède, outre l'élément légal, un élément matériel qui est le maintien ou l'introduction dans la maison d'autrui. Par ailleurs, il y a aussi un élément moral qui est la conscience de nuire à autrui et d'enfreindre la loi en s'introduisant ou se maintenant dans le domicile d'autrui contre son gré. Dans la pratique, les agents ENEO, surtout ceux de la relève de compteurs, sont auteurs de violation de domicile. Il est vrai que les textes régissant le secteur de l'électricité donnent feu vert auxdits agents d'entrer dans les domiciles des clients, mais ceux-ci ne doivent pas le faire sans l'aval des propriétaires des lieux[606].

De ce qui précède, le régime de responsabilité pénale aménagé par le législateur, constitue une garantie sans doute effective. Si la loi portant protection du consommateur a consacré la compétence du juge pénal de l'énergie, il faut cependant regretter l'attitude du législateur du règlement de service qui est resté muet sur la responsabilité pénale du fournisseur de l'énergie électrique. Tout au contraire, le règlement de service s'est limité dans ses articles 15 et suivants à émettre à l'encontre du fournisseur des amendes et pénalités. Face à ce mutisme du règlement du service sur l'engagement de la responsabilité pénale du fournisseur de l'énergie électrique, l'on est en droit de se poser la question si les articles 31 et suivants de la loi-cadre portant protection du consommateur sont applicables au fournisseur de l'énergie.

Section IV : Les exclusions de responsabilité comme une entorse à la plénitude de la compétence du juge judiciaire de la fourniture

Les exclusions de responsabilité dans un contexte de modernisation des structures étatiques apparaissent sans aucun doute comme un frein à l'émergence et à la pérennité de l'État de droit[607]. En effet, la réalisation de l'État de droit implique au premier abord que soient préservés les droits fondamentaux de l'homme[608]. Dans ce sens, la Constitution, norme suprême fondamentale, aménage des mécanismes visant à assurer la plénitude de l'État de droit à travers le contrôle des agissements de la puissance publique et ses corollaires[609]. Ainsi, selon la perspective kelsennienne, l'existence d'une

---

606BATTEUR (A), « La protection illusoire du consommateur par le droit spécial de la consommation : réflexion sur la réglementation nouvelle régissant le contrat de vente de voyage », d. 1996. Chron. 82 ; p. py, rep. com., Dalloz.

607SABLIÈRE (P), « Clauses limitatives de responsabilité et clauses limitatives des obligations dans les contrats d'abonnement à l'électricité », *CJEG* 1986, 385.

608VERCIER (E), « Les clauses d'exonération et de limitation de responsabilité dans les polices d'abonnement de gaz et d'électricité », *CJEG* 1950. 106.

609CABRILLAC (R), « Les clauses abusives appréhendées par le droit civil français », in Les clauses croisées franco-espagnoles (dir.) PICOD (Y), MAZEAUD (D) et LAUROBA (E), Société de législation comparée, 2013, p.23, spé. p.28 ; v. Aussi, PAISANT (G), « La lutte contre les clauses abusives des contrats dans l'Union européenne », in Vers un Code européen de la consommation, Bruylant, 1998, p.165 ; v. Encore, SOUSSE (M), « Les clauses abusives dans les contrats administratifs », in Les clauses croisées franco-espagnoles (dir.) PICOD (Y), MAZEAUD (D) et LAUROBA (E), *Société de législation comparée*, 2013, p.199 s., spéc. p.206 ;
BATTEUR (A), « la protection illusoire du consommateur par le droit spécial de la consommation : réflexion sur la réglementation nouvelle régissant le contrat de vente de voyage », d. 1996. Chron. 82 ; p. py, rep. com., Dalloz, v° Agence de voyage.

norme juridique est subordonnée à sa conformité, à la norme supérieure. Ce qui signifie toute proportion gardée qu'une norme inférieure contraire à la constitution mérite d'être écartée[610]. Tel sera le cas d'une norme relative à la régulation des rapports entre fournisseur de l'énergie électrique et usagers, une norme prise au mépris des droits fondamentaux du consommateur et des principes élémentaires du droit de la consommation[611].

Ainsi, au terme de l'article 5 de la loi-cadre n° 2011/012 du 6 mai 2011 portant protection du consommateur au Cameroun, sont nulles les causes contractuelles qui : exonèrent, excluent ou limitent la responsabilité des fournisseurs ou des prestataires de service pour les défauts, déficiences ou inéquations de toute sorte dans la technologie, le bien fourni ou le service rend ; impliquent la perte des droits et libertés garantis au consommateur ou en limitent l'exercice ; créent des conditions ou termes contractuels injustes, déraisonnables, inéquitables, répressifs, ou qui retournent à la responsabilité du consommateur des défauts, les déficiences ou inadéquations non immédiatement apparents ; imposent une clause arbitrale unilatérale.

Les clauses contractuelles mentionnées à l'alinéa 1 ci-dessus peuvent être d'office déclarées nulles par la juridiction compétente. Et au terme de l'article 35 de ladite loi-cadre relative à la protection du consommateur au Cameroun, « *est nulle toute clause d'exonération ou de limitation de responsabilité réduisant la portée des garanties contenues dans le contrat de vente de fourniture des biens ou technologies, de prestation de service à un consommateur* ».

Pourtant, dans l'arrêté n° 0000013/MINEE du 26 janvier 2009 portant approbation du règlement de service de distribution publique d'énergie électrique de la société AES Sonel consacre une part importante de ces dispositions ou exonérations visant à restreindre le champ matériel de la responsabilité du fournisseur. Il en est ainsi :

- De l'article 10.1, qui écarte la responsabilité du fournisseur en cas de dommage matériel, corporel ou de toute autre nature résultant d'un mauvais entretien, une mauvaise utilisation, ou d'un dysfonctionnement d'une installation intérieure ;
- L'article 10.2 qui écarte la responsabilité du fournisseur pour les dommages directs ou indirects résultants de la non-fourniture ou de la suspension de fourniture d'énergie pour défaut de conformité des installations ;

[610]PIZZIO (J-P), « La protection, des consommateurs par le droit commun des obligations », in Droit du marché et droit commun des obligations, p.53 s.

[611]MAZEAUD (L), « De la portée d'une clause de la police d'abonnement exonérant le distributeur des conséquences d'une interruption de la fourniture d'énergie électrique en cas d'accident », CJEG 1951. 474.

- L'article 5.2 qui écarte la responsabilité du fournisseur en cas de sinistre émanant du défaut de déclaration du nouvel occupant ; l'article 5.4 qui écarte la responsabilité du fournisseur au bénéfice des ayants droit en cas de non-mutation des abonnements ; l'article 16.1 qui limite les hypothèses de l'engagement de la responsabilité du fournisseur et qui enferme l'engagement de ladite responsabilité dans des délais très encadrés et manifestement irréalistes ; l'article 16.2 qui limite la responsabilité à deux hypothèses à savoir d'une part, la fourniture de l'énergie électrique ; et d'autre part le défaut de qualité de cette fourniture. Par contre, ladite responsabilité est écartée dans les cas suivants : défaut de non-conformité des installations électriques intérieures ou du mauvais fonctionnement des clients ; pour les dommages causés dans le cadre d'interruption d'énergie programmée et rendue publique par AES Sonel et/ou prévus au présent règlement et/ou au contrat d'abonnement liant le concessionnaire au client ; les dommages survenus dans les cas de force majeure[612] ; dans les cas de dommages causés par les équipements d'AES Sonel du fait des tiers exemples : chute des poteaux provoqués par un tiers, rupture de ligne causée par un tiers ou chute d'arbre, dommage à des transformateurs du fait des malveillances ; du fait des personnes raccordées frauduleusement au réseau de distribution ou des personnes non titulaires d'un contrat d'abonnement dument signé avec AES Sonel et établi conformément au modèle joint au présent règlement ; l'article 16.3 qui encadre davantage les hypothèses d'engagement des responsabilités d'AES Sonel. Cet article exclut la responsabilité délictuelle du fournisseur, lorsque le dommage invoqué résulte du fait d'un tiers (exemple : chute de poteau provoquée volontairement ou accidentellement par un tiers) ; l'article 16.4 qui fixe limitativement, les principes d'indemnisation ; l'article 17 fournit une liste de personnes déchues du droit à la réclamation et à l'indemnisation.

À la lumière des dispositions normatives sus-élucidées, les exclusions ou les clauses limitatives de responsabilité contenues dans le règlement du service de distribution tendent à vider la responsabilité du fournisseur de son contenu[613]. Ces dispositions normatives constituent une entorse aux droits fondamentaux et principes constitutionnels. Elles participent à vider de son contenu les obligations de service public du concessionnaire[614]. En plus d'être

---

[612]ALIBERT (R), *L'imprévision dans les concessions de service public*, Juris-Classeur, 1924, 30p. ; v. Aussi,

[613]STOFFEL-MUNCK (Ph), « L'autonomie du droit contractuel de la consommation : d'une logique civiliste à une logique de régulation », *RTD com.* 2012. 705.

[614]KOM KAMSU (M), « La protection de la liberté du consommateur camerounais », in YAWAGA (S) (dir), *La protection du consommateur au Cameroun : principes, enjeux et perspectives, op. cit.*, pp.101 et s ; FANSI (P-M), « La protection du consommateur de l'énergie

contradictoires en plusieurs points, les exclusions de responsabilités consacrées par le règlement du service tendent à rompre l'équilibre contractuel entre fournisseur et usagers.[615]

À cet effet et contrairement à l'article 16.1 qui résume la responsabilité du fournisseur à une responsabilité contractuelle et délictuelle, il paraît loisible d'affirmer ici que la responsabilité du concessionnaire est aussi administrative et pénale, et ce en raison au moins de l'usage de prérogatives de puissances publiques, d'un régime exorbitant de droit commun et d'une activité de service public et donc d'intérêt général.[616]

Ainsi, la disposition de l'article 16.1 mérite d'être attaquée pour excès de pourvoir pour avoir violé la loi. Elle encourt également une action en nullité conformément aux dispositions des articles 4 et 35 de la loi de 2011 portant protection du consommateur. La surabondance ou le recours abondant ou les exclusions de responsabilité par le règlement de service donnent l'impression d'une protection organisée du concessionnaire en la défaveur du consommateur[617]. L'introduction de nombreuses dispositions normatives dans le règlement de service est de nature à invalider la pertinence et l'efficacité de ce dernier. Les exclusions de responsabilités ayant été formulées en marge de la constitution méritent tout simplement d'être écartées.[618]

Il ne paraît pas surabondant de relever l'impact négatif des exonérations de responsabilité au niveau du régulateur.[619] La question peut également se poser de savoir si les exonérations de responsabilités contenues dans le règlement de service de distribution publique d'électricité obligent le juge et le régulateur ? Si tel n'est pas le cas, l'on peut se réjouir de l'autonomie aussi bien du régulateur que du juge. Il va sans dire que les exonérations de responsabilité du fournisseur dans le cadre du contentieux de la fourniture d'énergie électrique revêtent un caractère inconstitutionnel. Leur

---

électrique », *Ibid.*, pp.221 et s. ; SOWENG (D), « La protection du consommateur face aux règles substantielles du droit camerounais de la publicité commerciale », *Ibid.*, pp.117 et s.

615VIZINHO (A), *Les clauses abusives dans les contrats de distribution d'eau, de gaz et d'électricité*, Paris, mémoire DEA, 1997, pp.9 et s.

616CLUZEL-METAYER (L), *Le service public et l'exigence de qualité*, Dalloz, 2006, pp.63 et s.

617PUISSOCHET (J-P), « L'intérêt du consommateur », dans le droit à la mesure de l'homme. Mélanges en l'honneur de Philippe Léger, Paris, Éditions A. Pedone, 2006, p.473. (p.679).

618 GRIMALDI, (C), « Les clauses abusives dans les contrats administratifs », in Les clauses croisées franco-espagnoles (dir.) PICOD (Y), MAZEAUD (D) et LAUROBA (E), Société de législation comparée, 2013, pp.78 et s.

619GHESTIN (J.), (dir.), *Sécurité des consommateurs et responsabilité du fait des produits défectueux,* LGDJ, 1987, pp.278 et s. ; TAORMINA (G), *Théorie et pratique du droit de la consommation, Aspects généraux et contrats spéciaux,* Librairie de l'Université d'Aix-en-Provence, 2004, n° 167 ; SABLIÈRE (P), « Clauses limitatives de responsabilité et clauses limitatives des obligations dans les contrats d'abonnement à l'électricité », *CJEG* 1986, pp 98 et s.

prépondérance dans le règlement de service donne l'impression que ce dernier a été élaboré sous le dictat du concessionnaire.

Au regard du caractère manifestement illégal du règlement du service public de distribution et par conséquent du contrat d'abonnement pris sur le fondement de celui-ci. L'on est en droit de se poser la question de savoir si le juge ne pourra pas faire usage de pouvoir normatif et écarter purement et simplement ce texte liberticide. Il n'est donc pas étonnant de constater que malgré le fait que les citoyens consommateurs sont à jour de leurs obligations contractuelles, le fournisseur se cache derrière les arguments fallacieux de la force majeure des évènements extérieurs des interruptions programmées[620] qui sont devenues le mode ordinaire de fonctionnement du concessionnaire de l'énergie électrique. Les exonérations de responsabilité formulées en la faveur du fournisseur participent fondamentalement à la mise en cause des droits, des biens et des propriétés des usagers. En tout état de cause et sur le fondement classique de la responsabilité, qu'elle soit administrative, pénale, juridictionnelle ou extra juridique, le fournisseur est tenu de répondre des dommages de son activité.

À ce niveau les exonérations des responsabilités dégagées par le règlement de service induisent une autre conséquence, laquelle insiste à engager directement la responsabilité de la puissance publique[621]. Il paraît donc loisible d'affirmer du moins suivant l'esprit du règlement de service qu'implicitement la responsabilité est celle de la puissance publique dans les cas d'exonération énumérés. Toute énumération étant limitative, l'on peut donc subodorer que la répartition de tous les dommages de la fourniture électrique qui ne sont pas couverts par le concessionnaire relève directement de la puissance publique.

Une telle interprétation paraît tenable et permettrait à certains égards d'opérer un regain d'intérêt en la faveur de la protection des droits du consommateur[622]. Toutefois, dans les faits, il reste encore de poser la question

---

[620]LOCHAK (D), « Les problèmes juridiques posés par la concurrence des services publics et des activités privées », *A.J. D. A.*1971.261 ; VOISSET (M), « Qualité, adaptabilité, mutabilité », *in.* KOVAR(R) et D. SIMON(D) (dir.), *Service public et Communauté européenne : entre l'intérêt général et le marché* (t. 2), La Documentation française, 1998, p.717.

[621]ROUSSELY (F), « Clarifier les rapports entre le service public et les citoyens », *in* JOIN-LAMBERT (dir.), *L'État moderne et l'administration*, LGDJ, Coll. Systèmes, 1994, pp.60 et s. ; VERCIER (E), « Les clauses d'exonération et de limitation de responsabilité dans les polices d'abonnement de gaz et d'électricité », *CJEG* 1950. 106.

[622]BATTEUR (A), « La protection illusoire du consommateur par le droit spécial de la consommation : réflexion sur la réglementation nouvelle régissant le contrat de vente de voyage », d. 1996. Chron. 82 ; p. py, rep. com., Dalloz ; PIZZIO (J-P), « La protection, des consommateurs par le droit commun des obligations », in Droit du marché et droit commun des obligations, pp. 53 et s. ; BOURGOIGNIE (T), « À la recherche d'un fait générateur de responsabilités unique et autonome dans les rapports de consommation : le défaut de conformité

de l'articulation de ladite responsabilité dans ses mécanismes. Aux termes de l'article 16 du règlement de service, « *la responsabilité d'ENEO est soit contractuelle, soit délictuelle* ».

La responsabilité d'AES-SONEL est contractuelle dès lors que le dommage résulte de l'inexécution par elle de ses obligations contractuelles vis-à-vis de la victime sous réserve des clauses exonératoires et limitatives de responsabilité prévue au contrat d'abonnement. La responsabilité d'AES-SONEL est délictuelle dès lors qu'il n'existe aucun lien contractuel entre AES-SONEL et la victime, sous réserve que cette dernière ne soit pas en situation d'irrégularité vis-à-vis d'AES-SONEL. La responsabilité contractuelle et la responsabilité délictuelle sont exclusives l'une de l'autre et ne peuvent se cumuler.

CONCLUSION Chapitre préliminaire

La plénitude de compétences en matière de la fourniture de l'énergie électrique apparaît éminemment comme une règle consacrée aussi bien par le législateur que par la jurisprudence. Toutefois, les exclusions introduites par le règlement de service public de distribution tendent à remettre en cause cette règle. De même qu'elles tendent à vider de son contenu tout le contentieux de la fourniture de l'énergie électrique ; pourtant selon le même législateur, de telles clauses sont nulles. L'on est donc fondé à s'interroger : sur quel fondement le règlement de service public de distribution continue à régir l'activité de fourniture de l'énergie électrique alors même qu'il recèle des clauses contraires à la Constitution, aux lois et aux traités et accords internationaux ? Le législateur camerounais devrait sérieusement se pencher sur le bien-fondé de ces clauses.

à l'attente légitime du consommateur », *in* Liber Amicorum N. Reich, Nomos, Baden-Baden, 1997, pp. 230 et s.

CHAPITRE I :

L'ACTION DEVANT LE JUGE JUDICIAIRE DE LA FOURNITURE DE L'ÉNERGIE ÉLECTRIQUE

Le juge camerounais est très protecteur des droits des consommateurs[623]. Il est très sensible et agit systématiquement dès lors que ces derniers sont en jeu ou qu'un trouble imminent est susceptible d'entamer leur bonne jouissance[624]. Tout comme devant le juge administratif, parler du contentieux de la fourniture de l'énergie électrique devant le juge civil signifie que la personne dont les droits ont été lésés, et qui souhaite les défendre, doit préalablement vérifier la compétence du juge[625]. Ensuite, elle doit s'assurer qu'elle remplit les conditions d'accès au juge afin d'engager la responsabilité de l'auteur de l'acte répréhensible. Le juge civil devra donc vérifier ces dernières afin de déterminer la qualité du requérant, ou alors de statuer sur la recevabilité de la requête[626]. Une fois le juge civil saisi, l'instance peut avoir lieu jusqu'au jugement. La logique commande d'envisager l'action devant le juge civil (section I) et devant le juge pénal (section II).

Section I : L'action devant le juge civil de la fourniture de l'énergie électrique

Devant le juge civil en matière de fourniture, le juge une fois saisi doit procéder à la vérification des conditions rendant possible son accès (paragraphe 1), afin de procéder à l'ouverture de l'instance civile en matière de fourniture de l'énergie électrique(paragraphe 2) dans le but de statuer et prononcer un jugement (paragraphe 3).

Paragraphe I : La vérification des conditions d'accès au juge civil

De manière classique, une fois saisie, la juridiction compétente procède à la vérification des conditions de recevabilité qui sont tantôt relatives à l'objet c'est-à-dire au litige, tantôt au sujet du droit c'est-à-dire à la personne qui initie l'action. En matière de distribution de l'énergie électrique, le règlement du

---

[623]Loi-cadre n° 2011/012 du 06 mai 2011 portant protection du consommateur au Cameroun.
[624] *Idem.*
[625]Loi n° 2006/015 du 29 décembre 2006, modifiée et complétée par la loi n° 2011/027 du 14 décembre 2011 portant organisation judiciaire.
[626]Article 21 du Code de procédure civile et commerciale.

service public de distribution de l'électricité a semblé étonnamment restreindre la portée de ces conditions dites subjectives à telle enseigne que l'on se demande aujourd'hui, si une action portée devant le juge civil bénéficie d'une présomption de crédibilité dans un contexte de protection de l'État de droit.

En tout état de cause, il paraît notoire de souligner que la conception classique de la notion de qualité dans le procès civil ordinaire, une fois appliquée à la matière contentieuse de la fourniture de l'énergie électrique, s'amoindrit comme une peau de chagrin. Cette déformation de la notion de qualité par le règlement du service public de distribution met en évidence une série de complexité dont la responsabilité revient au juge d'apporter des réponses fermes et audacieuses en tant que garant des droits fondamentaux, et par conséquent de l'état de droit. Les conditions qui font l'objet de vérification par le juge civil de la fourniture sont aussi bien objectives (A) que subjectives (B). De même, on analysera l'instabilité des notions de capacité et de pouvoir d'agir. (C).

A- Les incidences de la qualité de consommateur sur la détermination des conditions objectives d'accès au juge de la fourniture

L'accès au juge de l'énergie est subordonné au respect d'un certain nombre d'exigences qui peuvent porter aussi bien sur l'objet du litige que sur les conditions personnelles à remplir pour saisir le juge. Le respect de ces conditions qui sont à la fois subjectives et objectives s'impose à toutes les parties. Dans le contentieux de la fourniture de l'énergie électrique, la configuration de ces conditions présente des particularités qui tendent à remettre en cause l'équilibre du procès. Il s'agit d'un éventail de restrictions consacrées par le règlement de service à l'effet d'exonérer le fournisseur de l'énergie électrique de sa responsabilité. En tout état de cause, le règlement de service ne s'est penché que sur les conditions à remplir par le consommateur pour engager la responsabilité du fournisseur. Il a sans doute exclu les conditions devant être remplies par le fournisseur pour intenter une action contre le consommateur.

Selon la loi-cadre n° 2011/012 du 6 mai 2011 portant protection du consommateur au Cameroun (art 2), il convient de retenir deux approches de la notion du consommateur. L'approche exclusive selon laquelle la qualité de consommateur n'est pas reconnue à toute personne qui reçoit les produits pour les revendre, les transformer ou les utiliser dans le cadre de sa profession, et l'approche inclusive qui considère comme consommateur celui qui utilise des produits pour satisfaire ses besoins et celle des personnes à sa charge ; celui qui bénéficie des prestations de service. Il suit de ce qui précède que le législateur de 2011 a limité, restreint le consommateur à toute personne physique indépendamment de sa capacité. Or, pour effectuer certaines transactions visées à l'article premier de la loi précitée, il faut en être capable.

Dans le même sens, selon la loi régissant le secteur de l'électricité au Cameroun, le consommateur ici devient le client éligible. La loi emploie l'expression de client éligible pour désigner celui qui est libre d'acheter de l'électricité au fournisseur de son choix. Toute personne qui se procure de l'électricité par l'intermédiaire d'un client éligible n'est pas considérée comme client. Toute personne qui se procure de l'électricité chez un fournisseur non titulaire du droit de vente d'électricité n'est pas considérée comme client éligible. Si le client éligible est libre d'acheter de l'électricité au fournisseur de son choix, cela signifie que la loi autorise la présence de plusieurs fournisseurs d'énergie électrique dans un territoire donné. Le client ne peut bénéficier de l'énergie électrique que s'il remplit l'exigence d'achat de l'énergie auprès de son fournisseur.

En se référant au règlement de service public de distribution de l'énergie électrique, la même terminologie que celle utilisée par la loi régissant le secteur de l'électricité au Cameroun pour identifier le consommateur est reprise. Le client est toute personne physique ou morale contractuellement alimentée en énergie électrique par AES-SONEL à sa demande et conformément aux stipulations du contrat de concession et de licence d'AES-SONEL et du présent règlement.

Le client est un usager. La lecture des textes aboutit au constat selon lequel, est consommateur d'énergie électrique : celui qui a un lien contractuel avec le service public de l'énergie ; celui qui s'acquitte d'une redevance auprès du fournisseur de son choix et dans ce cas, l'on devient usager de ce service. Tout à côté des conditions objectives ci-dessus analysées, le juge judiciaire doit tout aussi vérifier celles inhérentes aux sujets en cause.

B- La dénaturation du contenu des notions de qualité et d'intérêt à agir par le règlement du service public de distribution

L'exercice d'une action devant le juge judiciaire suppose la satisfaction de plusieurs préalables et conditions d'exercice. Pour agir en justice, le demandeur à l'instance ou le plaignant doit avoir un intérêt et la qualité pour agir. Il convient de mettre en évidence cette dénaturation de la notion de qualité (1) et de la notion d'intérêt à agir (2).

1- La dénaturation de la notion de qualité.

La qualité pour agir est la seconde condition pour ester en justice. Lorsque la loi n'a pas attribué le monopole de l'action en justice à certaines personnes, la qualité pour agir se confond à l'intérêt à agir[627]. Lorsqu'au contraire, la loi a attribué un tel monopole à une catégorie précise de personnes, seules les personnes qu'elle désigne ont qualité pour agir en justice. En matière de fourniture d'électricité, ont qualité pour intenter une action en responsabilité du fournisseur devant le juge judiciaire : la victime, les associations des consommateurs et le ministère public[628].

Que l'on soit dans un cas de responsabilité civile délictuelle ou contractuelle, la victime a qualité pour agir parce que c'est elle qui subit directement et personnellement. Seulement en matière contractuelle, l'alinéa 4 de l'article 16.1 du Règlement de service de distribution publique de l'énergie électrique dispose que ne peut agir en justice contre le fournisseur que « *toute personne physique précisément identifiée ou toute personne morale régulièrement immatriculée et disposant de la personnalité juridique* ». À cela, il faut ajouter que l'alinéa 1er du même texte mentionne que la responsabilité du fournisseur « *est délictuelle dès lors qu'il n'existe aucun lien contractuel* » entre ce dernier et la victime. En d'autres termes, seules les personnes ayant souscrit à un contrat d'abonnement ont qualité pour agir. Peuvent donc souscrire à un contrat d'abonnement : les propriétaires ou usufruitiers d'immeubles, les représentants accrédités des copropriétés, les locataires et occupants de bonne foi[629].

Les groupements sociaux qui œuvrent pour la défense des citoyens en tant que consommateurs et les associations des consommateurs dans le secteur de l'électricité au Cameroun sont nombreux. L'on en dénombre plus d'une vingtaine. Chaque année, les associations qui aimeraient défendre les intérêts des consommateurs de l'électricité doivent au préalable en faire la déclaration auprès de l'ARSEL dans les formes et délais fixés par celle-ci. Seules sont autorisées à défendre les droits des consommateurs les associations inscrites sur la liste publiée par l'ARSEL. Même si le Règlement de service de distribution publique d'énergie électrique n'en fait pas explicitement référence, les associations de consommateurs dans la pratique jouent un rôle important auprès des consommateurs. Raison pour laquelle, en tant que représentantes des consommateurs, elles sont habilitées à ester en justice pour le compte des consommateurs dont les droits ont été atteints par le fournisseur.

Dans l'affaire l'opposant au sieur SOKOUDJOU pascal, pour réfuter la prétention de ce dernier à des dommages et intérêts, la société ENEO avait émis comme ligne argumentaire ce qui suit : « Le cabinet de radiologie FARAFY n'a jamais été le cocontractant de la société ENEO Cameroun à la différence du sieur SOKOUDJOU Pascal. Que les dispositions non

---

[627]GUILLIEN (R.) et VINCENT (J.), *Lexique des termes juridiques*, *op. cit.* p. 279.

[628]Le ministère public est présent dans le procès civil, et intervient à travers ses réquisitions, V., Article 29 et suivants loi n° 2006/015 du 29 décembre 2006 fixant organisation judiciaire.

[629]Voir article 5.2 du Règlement de service de distribution publique de l'énergie électrique.

équivoques de l'article 1165 du Code civil renseignent que, les conventions n'ont d'effets qu'entre les parties cocontractantes. Que dans le contrat de fourniture d'énergie électrique en cause, le cabinet de radiologie FARAFY n'était pas contractant, circonstance ne le mettant pas en capacité de bénéficier d'une réparation découlant de la non-exécution d'une obligation contractuelle, ce d'autant plus que ledit cabinet n'a jamais assigné la société ENEO Cameroun ». Le juge de céans avait balayé cette posture d'Eneo d'un revers et avait condamné Eneo à payer au cabinet Farafy des dommages et intérêts.

Pourtant, dans l'affaire sieur ATANGANA Noah Dominique contre ENEO rendue par la Cour d'appel du centre en date du 7 janvier 2021, l'appelant rappelle fort éloquemment que s'il n'a souscrit aucun contrat avec l'intimée, il n'en demeure pas moins qu'en sa qualité de responsable de la station-service Total Bafia II, celui-ci s'est toujours acquitté des factures de consommation délivrées par ENEO SA ; que la responsabilité d'AES-SONEL est délictuelle dès lors qu'il n'existe aucun lien contractuel entre AES-SONEL et la victime sous réserve que cette dernière ne soit pas en situation d'illégalité vis-à-vis de AES-SONEL.

En matière pénale, le ministère public, tout comme la victime ou l'association des consommateurs, a qualité pour agir en justice. En tant que défenseurs des intérêts de la société, ils peuvent de façon conjointe mettre en œuvre la responsabilité d'ENEO. Aux termes de l'article 5 et suivants du règlement de service, le contrat d'abonnement est établi au nom du demandeur sur présentation d'un certain nombre de justificatifs. Pourtant, il ressort du dernier paragraphe de cet article qu'en cas de décès d'un client, ses ayants droit sont déchus de tous droits en réparation de tout sinistre. De même, il ressort des termes de l'article 16 que : « La responsabilité d'AES- SONEL ne peut être engagée que vis-à-vis d'une personne physique précise ou d'une personne morale régulièrement immatriculée et disposant de la personnalité juridique ».

Sont donc ainsi déchues de la qualité de client les personnes non titulaires d'un contrat d'abonnement dument signé avec ENEO. Cette consécration vise à exclure une partie considérable des consommateurs au rang desquels les locataires. Il serait donc judicieux que le juge civil de l'énergie fasse jurisprudence afin de paralyser l'application de cette disposition normative contraire à la Constitution. Fort heureusement, le juge judiciaire dans bon nombre de cas a outrepassé les dénaturations liberticides et a accordé la qualité à agir à des personnes n'ayant aucune relation contractuelle avec le concessionnaire ENEO. Comme autre condition subjective, nous analyserons à présent l'intérêt pour agir.

2- Les incidences de la dénaturation de la notion d'intérêt pour agir

Le courant électrique est un bien de consommation indispensable à la vie dans la société contemporaine. La doctrine l'a même théorisé en consacrant le droit d'accès à l'énergie électrique. Aussi, son indispensabilité est due à la grande importance qu'il a à la fois dans l'épanouissement de l'homme et dans le développement de l'activité économique. Par ailleurs, deux principaux acteurs se trouvent impliqués dans la mise en œuvre du contrat de consommation de l'énergie électrique.

D'une part, le consommateur ou l'usager qui a le statut de profane c'est-à-dire qu'il n'a aucune maîtrise de la convention qui le lie avec le fournisseur. C'est cela qui le rend vulnérable et justifie sa protection contre les abus et les dérives de son cocontractant. Deux principales obligations lui incombent. La première est qu'il doit être sous le lien contractuel avec le fournisseur c'est-à-dire qu'il doit se prévaloir d'un contrat d'abonnement. La seconde est l'obligation qu'il a de s'acquitter de ses factures.

D'autre part, le fournisseur ou le professionnel qui se distingue de l'usager ou du consommateur par la maîtrise aussi bien matérielle qu'économique du contrat de prestation du service qui le lie au client. À ce titre, puisqu'il exerce une mission de service public, il devient soumis comme le soulignait Louis ROLLAND au respect des principes qui structurent la notion de service public. Sans faire écho à tous les principes développés par l'éminent auteur, seul deux d'entre eux vont être mobilisés dans cette analyse. Il s'agit du principe de continuité du service public qui impose que le service public de distribution de l'électricité fonctionne de manière ponctuelle et régulière. Et du principe d'accessibilité qui se traduit par le droit que devrait avoir l'usager d'exiger du distributeur une prestation liée au service. De façon factuelle, cela voudrait dire que tout citoyen peut se prévaloir de son droit d'accès au service public de l'électricité.

La mise en œuvre de ce principe remettrait en cause la pratique camerounaise selon laquelle pour être titulaire d'un contrat d'abonnement sur le réseau du fournisseur qui a un monopole absolu, il faut justifier d'un titre de propriété sur l'immeuble sur lequel sera implanté le compteur. Cette règle qui entraîne une exclusion en instaurant une discrimination négative ne permet pas de garantir le principe d'égalité d'accès à tous au service public.

Logiquement, en vertu des principes d'accessibilité et d'égalité devant le service public, tout locataire devrait solliciter du fournisseur l'individualisation de sa consommation. Dans ce cadre, il bénéficierait d'un compteur individuel. En outre, le lien de consommation entre le consommateur et le distributeur fait naître à la charge de ce dernier deux types d'obligations qui sont corollaires de deux grands principes consacrés par la loi –cadre du 6 mai 2011 portant protection du consommateur au Cameroun à savoir : le principe de protection selon lequel *« les consommateurs ont le droit à la protection de la vie, de la santé, de la sécurité et de l'environnement dans la consommation des technologies, biens ou services »* ; et le principe de satisfaction selon lequel « *les consommateurs ont droit à la satisfaction des besoins élémentaires ou essentiels…* ». Une lecture combinée de ces deux principes permet d'exposer l'obligation qu'a le fournisseur de garantir la conformité des installations.

Bien plus, l'exécution du contrat de consommation du service public de l'électricité ne se fait pas toujours sans dommage pour le consommateur. Dès lors, deux types de dommages peuvent résulter de la mise en œuvre du contrat d'abonnement entre le fournisseur et le consommateur. Il existe d'une part les dommages liés à l'exécution du contrat et les dommages résultant de la faute du fournisseur.

L'intérêt pour agir est la condition de recevabilité de l'action qui consiste pour le juge à reconnaitre la légitimité de la prétention du demandeur[630]. Il fonde le droit d'agir en justice en vertu de l'adage « pas d'intérêt, pas d'action ». En droit processuel, l'intérêt doit revêtir certains caractères : il doit d'abord être juridique et légitime, ensuite être né et actuel et enfin direct et personnel.

L'intérêt doit être juridique et légitime parce que le droit d'agir en justice ne peut être ouvert qu'à celui dont le droit a été lésé. Il doit être suffisant pour justifier une action devant le juge, qu'il s'agisse de protéger un intérêt moral ou matériel, notamment un intérêt financier. L'intérêt doit être né et actuel c'est-à-dire qu'il doit exister au jour où la personne agit en justice et ne pas simplement être éventuel. L'exigence du caractère direct et personnel de l'intérêt suppose que le plaignant ou le demandeur doit être personnellement concerné par l'atteinte subie et avoir un intérêt à ce que son droit soit reconnu ou son préjudice indemnisé.

La dilution de la notion de qualité à agir dans le contentieux de la fourniture de l'énergie électrique paraît à plus d'un titre préjudiciable aux consommateurs en ce sens qu'elle influe sur la notion de qualité. Autant dire qu'il existe une relation de cause à effet entre la qualité et l'intérêt à agir. Il convient de relever que le règlement de service a également dénaturé la notion d'intérêt à agir. En fin de compte, l'on ne saurait minorer, voire ignorer l'instabilité des notions de capacité et de pouvoir d'agir.

---

[630] *Ibid.*, p.197.

C- L'instabilité des notions de capacité et de pouvoir d'agir

Dans le contentieux de la fourniture de l'énergie électrique, le règlement du service public de distribution dans sa configuration laisse entrevoir une instrumentalisation de la capacité d'agir (1) et du pouvoir d'agir (2).

1- La capacité d'agir

En droit, la capacité a deux variantes : la capacité d'exercice et la capacité de jouissance.[631] La capacité d'ester en justice ou capacité à agir découle de la capacité d'exercice. Loin d'être une condition d'existence de l'action, la capacité d'agir est la possibilité reconnue à une personne physique ou morale ayant un intérêt pour agir de former un recours devant une juridiction. Pour les personnes physiques, la capacité pour agir s'analyse selon les règles du Code civil. Il faut être majeur et capable. Pour les personnes morales de droit public ou de droit privé, ont la capacité pour agir, les personnes qui ont la personnalité juridique. Pour les personnes physiques, le Code civil fixe la capacité à la majorité. En principe, il s'agit des personnes âgées de vingt-et-un (21) ans. Les personnes mineures et même les majeures incapables ne peuvent agir en justice que s'ils se font représenter[632].

La capacité des personnes morales à agir en justice est fonction de la personnalité juridique. La personnalité juridique est l'aptitude à être titulaire de droits et débiteur d'obligations. C'est donc la loi qui fixe les conditions d'acquisition de la personnalité juridique des personnes morales. Toutefois, pour ce qui est des commerçants, l'acquisition de leur personnalité juridique est conditionnée par une formalité supplémentaire : l'immatriculation au registre du commerce et du crédit mobilier.

S'agissant des personnes morales, la base de leur capacité est l'existence. Pour les personnes morales de droit privé, la condition fondamentale de leur capacité d'ester en justice est leur reconnaissance juridique. Cette reconnaissance est en principe formelle. Deux régimes existent pour ce fait : le régime de l'autorisation (associations religieuses, associations étrangères et partis politiques), et le régime de la déclaration (associations nationales non religieuses et apolitiques). Les autorisations émanant généralement du ministère de l'Administration territoriale et les déclarations sont effectuées à la préfecture du département du siège de l'association.

---

[631]La capacité de jouissance est l'aptitude à avoir des droits et des obligations. La capacité d'exercice est le pouvoir de mettre en œuvre soi-même ses droits et ses obligations. Voir GUILLIEN (R.) et VINCENT (J.), *Lexique des termes juridiques, op. cit.* p. 56.

[632]La représentation en justice est une fonction d'origine variable (légale, judiciaire, conventionnelle, statutaire), consistant pour une personne à agir en justice au nom d'une autre, comme demandeur ou défendeur, les effets juridiques de l'instance se produisant au profit ou à la charge de cette dernière. Ex. le tuteur représente le mineur devant les tribunaux. Conf. CORNU (G.), *Vocabulaire juridique de l'Association Henri Capitant, op. cit.*, p.1911.

2- Le pouvoir d'agir

Le pouvoir d'agir se définit comme l'aptitude pour celui qui en est investi à représenter une personne. Il s'agit, autrement dit, de la faculté d'agir au nom et pour le compte d'autrui, soit d'être son représentant[633]. Ainsi, tandis que la capacité correspond à l'aptitude à être titulaire de droits ou à les exercer, le pouvoir est attaché à la notion de représentation.

Le représentant est celui qui a le pouvoir d'exercer les droits dont est titulaire le représenté. Celui qui est investi d'un pouvoir de représentation ne devient pas titulaire des droits du représenté. A donc le pouvoir d'agir pour la défense des intérêts d'un consommateur victime d'un préjudice causé par le fournisseur, l'avocat, l'association de consommateurs et le tuteur si le contrat d'abonnement a été transmis à l'enfant mineur du *de cujus*, au curateur si le contrat est au nom d'un majeur incapable. Il reste qu'à partir du moment où sont satisfaites les conditions d'accès au juge civil, il s'ensuit en toute logique l'ouverture de l'instance civile.

Paragraphe II : L'instance civile en matière de fourniture de l'énergie électrique

L'instance s'entend dans un sens strict, comme une suite d'actes de procédure allant de la demande en justice jusqu'au jugement[634]. *Lato sensu,* le terme instance désigne le procès. Nous n'envisagerons que le procès qui se déroule devant le juge civil d'instance vu que c'est lui qui est saisi en premier ressort. Le procès peut prendre la forme d'un jugement au fond ou d'un jugement provisoire. Cependant, que l'on soit dans l'un ou l'autre cas, les préalables nécessaires à l'ouverture de l'instance civile (A) conditionnent le déroulement de celle-ci (B).

A- Les préalables à l'ouverture de l'instance

Elles comprennent la demande introductive d'instance (1) d'une part, l'enrôlement et le paiement de la consignation (2) d'autre part.

1- La demande introductive d'instance

La demande en justice est l'acte juridique par lequel une personne soumet au juge une prétention. Elle peut introduire une procédure ou intervenir dans le cours d'un procès. En ce qui concerne particulièrement la demande introductive d'instance, elle est encore appelée demande initiale. En effet, c'est celle par laquelle un plaideur prend l'initiative d'un procès en soumettant au juge ses prétentions. Elle introduit l'instance.

---

[633] Article 19 du code de procédure civile et commerciale.

[634] GUILLIEN (R.) et VINCENT (J.), *Lexique des termes juridiques, op. cit.* p. 195.

Elle peut être contentieuse ou gracieuse. La demande est contentieuse lorsqu'elle appelle au procès un ou plusieurs défendeurs pour qu'il soit statué sur une prétention. Le ou les défendeurs y viennent pour se défendre et peuvent à leur tour soumettre des demandes ou inviter le tribunal à dire la demande non fondée. Elle est sanctionnée par une décision contradictoire ou par défaut si le défendeur, bien que cité, ne comparaît pas. La demande gracieuse quant à elle caractérise une procédure qui est soumise au juge en l'absence d'un débat contradictoire ou d'un conflit d'intérêts, et dont la réponse reste néanmoins soumise au contrôle du juge par la prérogative de la rétractation. C'est ce qui justifie la mention, « *disons qu'il nous en sera référé en cas de difficulté* ».

Tout comme la procédure devant le juge administratif, la demande est déposée au greffe et doit être écrite et contenir les noms, prénoms, profession et domicile du demandeur ; la désignation du défendeur, le requérant doit exposer les faits, sa réclamation, les moyens et l'énumération des pièces produites[635]. La demande doit être timbrée et signée du requérant ou de son mandataire.

Pour ce qui est de la saisine du juge civil, il faut tout d'abord préciser qu'elle est assimilée à la saisine du tribunal statuant en matière civile. Elle se fait par voie d'assignation qui est un acte de procédure adressé par le demandeur au défendeur par l'intermédiaire d'un huissier de justice, pour l'inviter à comparaître devant une juridiction de l'ordre judiciaire.[636]

Les articles 6 à 21 de la loi du 16 décembre 1964 portant Code de procédure civile et commerciale organisent l'assignation. L'article 6 donne des détails sur le contenu de l'assignation. Pour être valide, l'assignation doit contenir les éléments suivants. La date : jours, mois et an, les noms, profession et domicile du demandeur, les noms, demeure et matricule de l'huissier ou de l'agent d'exécution, les noms et demeure du défendeur, et mention de la personne à laquelle copie de l'exploit sera laissée, l'objet de la demande, l'exposé sommaire des moyens, l'indication du tribunal qui doit connaître de la demande, la date et l'heure de l'audience.

En principe, l'assignation doit être faite à une personne ou dans son domicile, mais si l'huissier ou l'agent d'exécution ne trouve pas son domicile, ni la partie, ni aucun de ses parents ou serviteurs, ou si ceux-ci refusent de recevoir la copie, il remettra sans délai la copie au maire ou à son adjoint de la commune ou au fonctionnaire en faisant fonction, au chef de l'unité administrative locale (chef de subdivision, de poste, etc.) ou encore à défaut de ceux-ci, aux chefs de groupement ou de village.[637] Celui qui aura reçu la

---

[635]Article 6 Code de procédure civile et commerciale.

[636] GUILLIEN (R.) et VINCENT (J.), *Lexique des termes juridiques, op. cit.*, pp. 37 et s.

[637]Article 7, Code de procédure civile et commerciale.

copie visera l'original sans frais. L'assignation doit en outre être faite dans les délais prévus par la loi[638]. Une fois introduite la demande devant le juge civil, l'étape suivante est l'enrôlement et le paiement de consignation.

2- L'enrôlement et le paiement de consignation

La juridiction ne peut en aucun cas être saisie par la simple rédaction (aussi parfaite soit-elle) des actes de procédure, encore faut-il que le tribunal soit saisi de l'affaire par le paiement de la consignation[639], suivi de l'enrôlement, qui ne peut se faire sans le concours du greffe. S'agissant du paiement de la consignation, il est prévu à l'article 24 CPCC[640] et consiste dans le paiement d'une certaine somme d'argent dont le montant peut varier suivant la nature ou l'importance de l'affaire. En effet, certaines affaires sont enrôlées moyennant juste les frais de constitution du dossier, d'autres le sont moyennant le paiement d'un taux fixe variant suivant les juridictions (procédures dont l'intérêt du litige n'est pas évalué en argent comme l'expulsion ou la suppression d'ouvrages), les procédures de référé sont payées au même prix ; les recouvrements se paient par 5 % de l'intérêt du litige (CGI).

Le non-paiement de la somme requise expose le demandeur à ne pas voir examiner sa demande, même en cas de demande reconventionnelle. Dans le jugement n° 872/civ du 19 mai 2022 du TGI du Mfoundi opposant l'Archidiocèse de Yaoundé à la société ENEO, le juge de céans après avoir reçu l'Archidiocèse de Yaoundé en sa demande, l'avait cependant débouté pour défaut de consignation. « *Attendu que le tribunal pour se fixer a ordonné une expertise cadastrale par un expert agréé auprès de la Cour d'appel du centre aux fins de confirmer l'intrusion alléguée ; Que contre toute attente, la demanderesse à la présente procédure n'a pas cru devoir consigner aux fins de réalisation de ladite mesure, ne permettant dès lors à la juridiction d'apprécier le bien-fondé de sa demande de suppression formulée… qu'il déchoie par conséquent de débouter la demanderesse de son action comme non justifiée…* »

L'enrôlement quant à lui consiste en l'enregistrement de l'affaire au rôle du tribunal par les services du greffe, formalité essentielle pour voir soumis le litige à la connaissance d'un juge. Il est attribué un numéro au dossier qui correspond à son immatriculation dans un registre tenu au greffe appelé rôle général, différent du rôle de l'audience du jour. Il est ensuite constitué un

[638]Voir article 14-16 21 Code de procédure civile et commerciale.

[639]Article 24 : Hormis les cas d'assistance judiciaire, le demandeur est tenu avant toute instance de consigner au greffe de la juridiction qu'il entend saisir une somme suffisante pour garantir le paiement des frais, enregistrement compris. Il devra compléter cette provision si en cours d'instance elle se révèle insuffisante.

[640] CPCC : Code de procédure civile et commerciale.

dossier avec l'acte introductif d'instance portant les mentions de cet enregistrement, les références de l'affaire notamment les noms des parties, la nature de l'affaire, la date de l'audience, le nom des conseils éventuellement, et un espace réservé à la rédaction des mesures qu'ordonnera le juge y compris sa décision. Une fois ces formalités accomplies, plus rien ne peut faire obstacle à ce que la juridiction, désormais saisie, ne connaisse pas de l'affaire, sauf déni de justice.

B- Le déroulement de l'instance civile

Le déroulement de l'instance civile soulève la problématique de la distinction des parties au procès (1) et les cas d'ouverture du débat (2).

1- Les parties aux débats

Le terme « *partie* » ici s'entend dans son sens large comme tous les acteurs qui participent au procès, ou mieux qui sont présents lors de l'instance. Ainsi, l'on peut distinguer le corps judiciaire (auxiliaire de justice et magistrat) d'un côté et les parties en litige (demandeur et défendeur) de l'autre côté. En effet, on appelle partie(s) la ou les personnes engagées dans une procédure. Il existe deux catégories de parties : le demandeur et le défendeur. Le demandeur est la personne physique ou morale qui a pris l'initiative de la procédure : c'est le cas du consommateur de l'énergie électrique.

On l'appelle également requérant. Le défendeur quant à lui est la personne physique ou morale contre qui le demandeur a engagé la procédure : il peut s'agir du fournisseur de l'énergie électrique tout comme il peut s'agir du consommateur de l'énergie électrique. La complexité de certains dossiers peut amener à avoir plusieurs demandeurs, par exemple une entreprise et ses assureurs et plusieurs défendeurs. Les défendeurs peuvent également devenir à leur tour demandeurs pour contrer une première mise en cause du demandeur initial. Par exemple, afin de justifier le non-paiement d'une facture, le consommateur peut contester la qualité de service du fournisseur qui lui réclame le paiement de ses travaux. Afin de défendre leurs intérêts, d'autres personnes physiques ou morales peuvent, au cours de la procédure, s'adjoindre aux différentes parties, soit volontairement, soit parce qu'elles sont mises en cause.

Pour ce qui est des magistrats, il existe des magistrats professionnels à l'instar des magistrats du siège et des magistrats du parquet, leur formation et leur recrutement sont similaires, mais leurs fonctions sont différentes. Ils peuvent, en vertu du principe de l'unité du corps judiciaire, passer du siège au parquet et inversement durant leur carrière. Ces derniers sont assistés par des greffiers qui sont des aides précieuses pour les magistrats. Ce sont eux qui sont responsables du bon déroulement de la procédure, en garantissant le respect de sa forme et de son authenticité. Enfin, on a les avocats de chaque partie. En effet, l'avocat a une double mission : celle de conseiller ses clients en matière de droit et celle de les représenter devant les différentes juridictions.

La phase d'instruction est celle au cours de laquelle les deux parties adverses doivent se communiquer toutes les pièces, leurs arguments, leurs preuves et leurs conclusions. À la fin de cette phase, le juge rend une ordonnance de clôture d'instruction. L'instruction consiste à étudier le recours contentieux, ainsi que les différents éléments disponibles.

À l'issue de l'instruction, il est statué que l'affaire est en état d'être jugée ou non. Dès le dépôt de la requête, le président désigne un rapporteur chargé d'instruire l'affaire. L'instruction est écrite, secrète, inquisitoriale, contradictoire et non suspensive. L'instruction consiste à regrouper toutes les pièces nécessaires à la tenue du jugement. Chaque partie est saisie et doit produire des documents que sont les mémoires en défense, les mémoires en réplique, les pièces justificatives. Les échanges de mémoires sont également effectués : on parlera donc de l'organisation de l'instance contentieuse.

2- L'ouverture des débats

Pour ce qui est des débats, il faut dire qu'ils se font par la voie de conclusion d'avocats[641]. Ces conclusions peuvent être présentées soit uniquement à l'écrit, soit à l'écrit développé à l'oral. Le juge, afin de compléter les débats, peut faire appel à des experts ou demander des constats. L'ouverture des débats est un moment décisif dans la mesure où à compter de celui-ci, la composition du tribunal est figée : elle ne peut plus être modifiée. La question qui se pose alors est de savoir à quel moment peut-on considérer que les débats sont ouverts. Est-ce à l'heure de la convocation des parties, lors de la prise de parole du Président du tribunal ou encore lorsque le demandeur prend la parole ? Il ressort de la jurisprudence que c'est la dernière hypothèse qui doit être retenue, soit le moment où la parole est donnée au demandeur[642].

Cependant, cette ouverture des débats produit plusieurs effets. Le premier effet notable est le dessaisissement du juge de la mise en état lorsqu'il a été désigné pour instruire l'affaire. De même, l'on peut affirmer sans aucun doute qu'à ce niveau, la composition du tribunal est figée, de sorte que plus aucun changement ne peut intervenir.

À compter de l'ouverture des débats, en application de l'article 371 du CPC, l'instance ne peut plus faire l'objet d'une interruption. Par ailleurs, le CPC prévoit que « *les débats ont lieu au jour et, dans la mesure où le déroulement de l'audience le permet, à l'heure préalablement fixée selon les modalités propres à chaque juridiction. Ils peuvent se poursuivre au cours*

[641]Article 31 Code de procédure civile et commerciale.
[642]Voir TI Nancy, 11 aout 1983.

d'une audience ultérieure »[643]. Il ressort de cette disposition que la détermination de la date de l'audience est renvoyée aux règles propres à chaque juridiction[644]. C'est donc lors de cette instance contentieuse que le juge judiciaire va engager la responsabilité de l'administration ou encore du fournisseur de l'énergie électrique.

Après l'audition des parties, le jugement peut être délivré immédiatement ou mis en délibéré. Le juge civil a eu à maintes reprises à instruire des affaires engageant la responsabilité du fournisseur de l'énergie électrique. Ainsi, en a-t-il été de l'ordonnance de référé rendue par le Président du Tribunal de Première Instance de Douala-Bonanjo à l'occasion de l'affaire NDEDI Hélène contre ENEO.

Dans le cas d'espèce, dame NDEDI, cliente ENEO, avait souscrit à un abonnement en électricité par un compteur prépayé. Qu'en date du 3 décembre 2021, la Société ENEO par le biais de ses agents suspendait la fourniture en électricité au domicile de la demanderesse au motif d'une fraude pour laquelle lesdits agents lui ont servi une facture à cet effet. La demanderesse saisie alors le juge aux fins de rétablissement de l'alimentation en énergie qui viole sans aucun doute ses droits. Appelé à se prononcer, le juge a estimé que la suspension de la fourniture était abusive, constitutive de voie de fait qui a causé à dame NDEDI un préjudice énorme et sans cesse croissant. Que les prétentions de la défenderesse sont non fondées en raison de la soumission de la demanderesse au régime d'un compteur prépayé sur lequel un consommateur ne peut frauder du fait de son rechargement avant consommation.

Sous ce prisme, le juge ordonna en conséquence le rétablissement par la société ENEO CAMEROUN SA de la fourniture d'énergie électrique au domicile de dame NDEDI Hélène, ce sous astreinte de vingt-cinq mille (25 000) FCFA par jour de retard à compter du lendemain de la notification de ladite ordonnance.

Le procès devant le juge civil a plusieurs issues. Tout dépend ici de qui du fournisseur ou du consommateur usager initie l'action. Soit le juge déclare le fournisseur ou le consommateur civilement responsable du dommage éprouvé par la victime, soit il déclare la demande de la partie demanderesse non fondée ou partiellement fondée. Peu importe la décision rendue par le juge, la victime

---

643 Art. 432, al. 1er.

644 BAMDE(A) « Procédure écrite devant le Tribunal judiciaire : l'ouverture des débats oraux » in Mise en état, Procédure, procédure civile, juin 18, 2019.

ou ENEO peuvent exercer les différentes voies de recours qui s'offrent à elles[645].

Paragraphe III : Le jugement et ses suites

Après confrontation des différents arguments, preuves et mémoires présentés par chaque partie au litige, le juge civil de la fourniture prononce son jugement (A) à travers une décision exécutoire (B). Il convient néanmoins de noter que cette décision est susceptible de recours (C).

A- Le prononcé du jugement

Le prononcé du jugement est un moment important de l'instance dans la mesure ou d'une part, il marque le dessaisissement de la juridiction et d'autre part, il est constitutif, dans certains cas, du point de départ du délai d'exercice des voies de recours. Il convient donc de s'intéresser au moment du prononcé du jugement (1), à ses modalités (2), à l'autorité de la chose jugée dont est revêtue la décision du juge (3).

1- Le moment du prononcé

Le CPC prévoit que *« si le jugement ne peut être prononcé sur-le-champ, le prononcé en est renvoyé, pour plus ample délibéré, à une date que le président indique à moins qu'il ait été fait application du troisième alinéa de l'article »*.[646] Il ressort de cette disposition que le prononcé du jugement peut intervenir à deux moments : soit la décision est rendue sur-le-champ, soit la décision est rendue à une date postérieure à l'audience.

Lorsque la décision est rendue à l'issue de l'audience, on dit que le jugement est rendu sur-le-champ. Dans cette hypothèse, soit les juges délibéreront au sein même de la salle d'audience, soit ils se retireront pour délibérer en chambre du conseil. En tout état de cause, la Cour de cassation considère que dès lors que la décision intervient le même jour que la tenue de l'audience, le jugement est réputé avoir été rendu sur-le-champ.[647] L'affaire peut également être *« mise en délibéré »*, ce qui signifie que le prononcé du jugement est renvoyé à une date ultérieure qui doit être déterminée par le juge.

Lorsque le prononcé du jugement est renvoyé en audience à une date ultérieure *« pour plus ample délibéré »*, l'article 450 du CPC exige que le président de la juridiction indique la date à laquelle la décision sera rendue. Cette obligation qui pèse sur le juge n'est toutefois sanctionnée par aucun

[645]En Instance, les parties au procès peuvent interjeter appel contre les décisions rendues par les juges des tribunaux d'instance. Une fois en appel, elles peuvent se pourvoir en cassation si la décision rendue par la Cour d'appel ne les convient pas.

[646] V. Art.50.

[647]Cass. Soc., 11 oct. 1994.

texte, de sorte que le jugement n'encourt pas la nullité en cas d'absence de fixation de date de son prononcé. Reste que dans l'hypothèse où une voie de recours court à compter du prononcé du jugement, le délai d'exercice de cette voie de recours sera reporté au jour de la notification de la décision et, le cas échéant, au jour où la partie contre laquelle elle est exercée en a eu connaissance. Du point de vue du droit positif, il ressort que le prononcé se présente sous plusieurs modalités.

2- Les modalités du prononcé

Il ressort de l'article 451 du CPC que le prononcé de la décision peut intervenir, soit en audience publique, soit hors la présence du public. Le prononcé intervient en audience publique : c'est la procédure contentieuse. L'article 451 du CPC prévoit expressément que « les décisions contentieuses sont prononcées en audience publique ». Un parallèle peut être fait avec la tenue des débats qui, elle aussi, est, par principe, publique lorsque l'affaire relève d'une procédure contentieuse. Par exception, le prononcé de la décision interviendra en chambre du conseil lorsque les débats ont eu lieu en dehors de la présence du public. Il en ira ainsi en matière de filiation ou d'autorité parentale.

Le prononcé intervient également hors la présence du public : c'est la procédure gracieuse. L'article 451 du CPC prévoit « *les décisions gracieuses hors la présence du public* ». La solution répond ici à la même logique que celle instaurée en matière contentieuse. Dans la mesure où les débats qui interviennent dans le cadre d'une procédure gracieuse se tiennent, par principe, en chambre du conseil, il est donc parfaitement logique que la décision soit rendue hors la présence du public. Il ressort de tout ceci que peu importe les modalités du prononcé de la décision, cette dernière est revêtue de l'autorité de la chose jugée.

3- L'autorité de la chose jugée de la décision du juge

L'autorité de la chose jugée désigne l'autorité octroyée à un jugement qui interdit de le remettre en cause en dehors des voies de recours prévues par la loi. Concrètement, l'autorité de la chose jugée interdit de soumettre de nouveau à un juge une demande qui a déjà été tranchée au cours d'une précédente instance. L'autorité de la chose jugée doit être distinguée de la force de chose jugée. En effet, le jugement qui a force de chose jugée est celui qui n'est pas ou plus susceptible de faire l'objet d'une voie de recours ordinaire (les voies de recours ordinaires sont l'opposition et l'appel). Mais, un jugement qui a autorité de la chose jugée peut parfaitement faire l'objet d'une voie de recours ordinaire, s'il n'est pas encore passé en force de chose jugée.

L'autorité de la chose jugée est soumise à un certain nombre de conditions. Ainsi, l'article 1355 du Code civil dispose que « *l'autorité de la chose jugée n'a lieu qu'à l'égard de ce qui a fait l'objet du jugement. Il faut que la chose demandée soit la même ; que la demande soit fondée sur la même cause ; que la demande soit entre les mêmes parties, et formée par elles et contre elles en la même qualité* ». Pour qu'il y ait autorité de chose jugée, il doit donc y avoir une triple identité entre la demande soumise au juge et celle qui a déjà fait l'objet d'un jugement. On dit qu'il doit y avoir triple identité des parties, d'objet et de cause. Ainsi, la chose demandée doit être la même. C'est l'identité d'objet. L'article 122 du Code de procédure civile dispose que « *constitue une fin de non-recevoir tout moyen qui tend à faire déclarer l'adversaire irrecevable en sa demande, sans examen au fond, pour défaut de droit d'agir, tel le défaut de qualité, le défaut d'intérêt, la prescription, le délai préfixé, la chose jugée. Ainsi, l'exception de chose jugée constitue une fin de non-recevoir qui doit être relevée d'office par le juge* ».

B- Les voies d'exécution de la décision du juge

Lorsque l'on obtient une décision de justice, il est parfois difficile de recouvrer le montant des condamnations auxquelles a été condamné le débiteur. En effet, les différents modes d'exécution se traduisent généralement en termes de saisies (1), même s'il existe préalablement des conditions à ces saisies (2).

1- Les conditions communes aux différentes saisies

Lorsque le débiteur n'a pas payé, le créancier est en droit de recourir à l'exécution forcée. Pour ce faire, le créancier devra engager les poursuites à l'encontre du débiteur défaillant aux conditions suivantes : être en possession d'un titre exécutoire comme une décision de justice, peu importe que la décision ait force de chose jugée ou qu'elle bénéficie de l'exécution provisoire.

Sont également considérés comme des titres exécutoires les actes et sentences arbitrales déclarés exécutoires, les extraits de procès-verbaux de conciliation signés par le juge et les parties, les actes notariés revêtus de la formule exécutoire. Que la décision de justice ait été notifiée au débiteur (article 503 du Code des procédures civiles d'exécution), c'est-à-dire en principe qu'elle devra être signifiée par un huissier de justice, que la créance soit liquide (déterminée dans son montant et évaluable en argent), exigible (paiement qui peut être réclamé immédiatement) et certaine (constatée dans le titre exécutoire).

Pour faire exécuter le titre exécutoire (jugement), il faut faire appel à un huissier de justice qui se chargera de contraindre le débiteur à exécuter l'obligation. Pour cela, il faudra remettre à l'huissier : l'original du titre exécutoire, le décompte exact de la créance, un courrier daté et signé demandant de procéder à l'exécution du titre exécutoire. Les conditions identiques aux modes de saisies ayant déjà fait l'objet d'une étude, il reste à analyser maintenant les différents types de saisies dans le contentieux de la fourniture d'énergie électrique.

2- Les différents types de saisies dans le contentieux de la fourniture de l'énergie électrique

Parmi les types[648] de saisies qui existent dans le contentieux de l'énergie, l'on peut noter la saisie attribution sur compte bancaire. Ici, l'huissier peut procéder à une saisie-attribution. Elle permet à l'huissier de saisir immédiatement les sommes disponibles du débiteur par une saisie de ses comptes bancaires, et plus largement, par une saisie pratiquée entre les mains de tout tiers détenteur de fonds au profit du débiteur.

Cette saisie bloque l'ensemble des comptes du débiteur qui a alors un mois pour contester la saisie devant le juge de l'exécution. À défaut de contestation, l'huissier rédige un « certificat de non contestation » dont la présentation à la banque débloquera le paiement des sommes dues. Il n'y a pas besoin de commandement préalable pour saisir les comptes. Cependant, lors de la saisie-attribution, le banquier laissera obligatoirement à disposition du débiteur l'équivalent du RSA.

En l'absence de titre exécutoire ou lorsque la décision de justice ne bénéficie pas de l'exécution provisoire, il est possible de procéder à une saisie conservatoire sur compte bancaire. La saisie conservatoire du compte bancaire permet seulement de rendre les sommes indisponibles pour le débiteur, afin de s'assurer qu'il pourra payer le moment venu lorsque le créancier aura obtenu une décision de justice, mais il ne permet pas au créancier de se voir attribuer les sommes impayées. La conversion de la saisie conservatoire en saisie-attribution est possible à partir du moment où le saisissant dispose d'un titre exécutoire.

Par ailleurs, l'on peut également noter la saisie-vente des meubles qui permet à l'huissier de faire immobiliser les biens meubles corporels du débiteur afin de les faire vendre et de se faire payer sur le prix de vente. L'huissier de justice doit adresser un commandement de payer au débiteur mentionnant le titre exécutoire et l'obligation faite au débiteur de payer dans les 8 jours qui suivent. Lorsque le débiteur ne paie pas la dette dans le délai prévu, l'huissier peut procéder à la saisie. Le débiteur dispose cependant d'un délai d'un mois à partir de la signification de l'acte de saisie, en s'adressant directement au juge de l'exécution du Tribunal de Grande Instance de son

[648]Voir Acte uniforme OHADA 2023 du 15 novembre 2023 portant organisation des procédures de recouvrement des créances et des voies d'exécution.

domicile. Pendant le mois à partir du jour de la saisie, le débiteur peut procéder à la vente amiable de ses biens, afin d'éviter la vente aux enchères. À défaut, la vente aux enchères aura lieu après l'expiration du délai d'un mois suivant le jour de la saisie.

Enfin, l'on a la saisie immobilière qui permet à l'huissier de rendre indisponibles un ou plusieurs immeubles qui appartiennent au débiteur en vue d'obtenir la vente de l'immeuble et de se faire payer sur le prix de vente. L'huissier doit alors délivrer un commandement de payer au débiteur mentionnant l'obligation de payer la somme due dans les 8 jours. Ce commandement de payer vaut saisie du bien. Dès lors, le débiteur ne peut plus le vendre, ni le donner, ni en percevoir les fruits (les loyers). Le débiteur peut cependant toujours vivre dans le bien saisi dans l'attente de la vente, sauf si le commandement de payer ordonne l'expulsion.

La force exécutoire et l'autorité de la chose jugée dont bénéficient les jugements du juge du contentieux de la fourniture de l'énergie électrique n'empêchent pas la possibilité d'intenter des recours ultérieurs.

C- Les voies de recours

Les voies de recours sont identiques selon qu'on est face au juge administratif du contentieux de la fourniture de l'énergie électrique ou face au juge judiciaire. Ainsi, comme il a déjà été dit, le droit au procès équitable concerne une instance et l'ensemble du sort qui lui est réservé. La garantie de la justice est mieux établie quand, face à la décision du juge, le justiciable insatisfait peut faire que l'affaire soit à nouveau examinée[649]. Il a donc le droit de contester la décision juridictionnelle qui n'est pas encore devenue définitive. Il existe en effet des voies de réformation (1) d'une part et les voies de rétractation (2) d'autre part.

1- Les voies de réformation

Il s'agit de l'appel[650] et du pourvoi en cassation[651]. En effet, ces deux recours sont des voies de réformation parce que la décision juridictionnelle est contestée au niveau juridictionnel supérieur. L'appel est le recours intenté contre une décision de justice initiale devant l'instance juridictionnelle supérieure. Il n'est possible que quand il y a double degré de juridiction. Le juge d'appel fait office de re-jugement, car, il réétudie toute l'affaire dans le fond. L'appel est dévolutif parce que le juge ne doit se limiter qu'aux seuls aspects soulevés par l'appelant. L'appel est suspensif, car la décision initialement contestée ne sera pas exécutée en attendant son issue, sauf

[649] Voir loi n° 2006/015 du 29 décembre 2006 modifiée et complétée par la loi n° 2011/027 du 14 décembre 2011, *op. cit.*
[650] Article 188 et suivants CPCC.
[651] Article 258 CPCC.

décision contraire du juge ou sauf s'il s'agit du contentieux électoral. Le jugement en appel se déroule comme celui en instance initiale. L'appel est fait par déclaration au greffe du tribunal dans un délai de quinze jours à compter du lendemain de la notification de la décision attaquée.

Le pourvoi en cassation est la seconde voie de réformation. Il s'appréhende comme le recours dirigé contre les décisions juridictionnelles rendues en dernier ressort dont l'objectif est d'en contrôler la régularité. Le juge de cassation[652] est un juge de droit et non des faits. Il contrôle la violation des règles de procédure, les règles de preuve, la composition irrégulière de la juridiction, l'incompétence, l'excès de pouvoir.

Le pourvoi est formé par déclaration au greffe de la juridiction dont émane la décision attaquée dans un délai de quinze jours. L'issue de la cassation peut être la confirmation du jugement attaqué ou son annulation. Auquel cas, le juge de cassation peut rejuger l'affaire ou la renvoyer devant une autre ou la même juridiction avec une composition différente de celle de l'instance attaquée. Le juge de l'instance initiale est le tribunal administratif tandis que le juge d'appel et de cassation est la chambre administrative de la Cour suprême. Les voies de reformation n'épuisent pas la catégorie des voies de recours, car il existe aussi les voies de rétractation.

2- Les voies de rétractation

Les voies de rétractation sont l'opposition[653], la révision et la rectification d'erreur. Leur point de convergence est qu'elles reposent toutes sur un réexamen de l'affaire initiale par la même instance qui a eu à la connaître. En effet, l'opposition est ouverte au justiciable défaillant (absent) à l'instance initiale. Son fondement est le contradictoire du procès. Il faut encore que le défaut ne résulte pas de la négligence de l'opposant. En principe, l'opposition n'est pas suspensive sauf décision contraire du juge. Elle doit être effectuée dans un délai de quinze jours afin d'éviter le dilatoire.

La tierce opposition[654] est une voie de droit ouverte aux justiciables qui, ni mis en cause régulièrement ni représentés, ont un intérêt à faire valoir dans le jugement prononcé. Le juge statuera uniquement sur les nouveaux moyens que ce tiers excipe.

La révision quant à elle est un recours ouvert contre l'irrégularité de l'instance initiale. Ce recours n'est possible que pour les jugements contradictoires. Il s'effectue si l'existence d'un dol personnel est détectée, lorsque le jugement est fondé sur des pièces réputées fausses, ou lorsque le

---

[652]Sur l'ensemble de la question voir, loi n° 2006/016 portant organisation et fonctionnement de la Cour Suprême.
[653] Article 62-72 CPCC.
[654] Article 217 CPCC.

requérant a succombé faute de présenter une pièce décisive retenue par son adversaire. Le recours en révision intervient aussi lorsque le juge a débordé ou diminué le cadre de la demande.

Ce recours permet au juge de revenir sur sa décision. Quand ce recours est fondé, le jugement initial est annulé et la juridiction doit statuer à nouveau sur le fond du litige. Le recours en rectification d'erreur matérielle *in fine* intervient comme celui en révision sur une irrégularité, et ici précisément quand elle est entachée d'une erreur matérielle. Il peut s'agir d'une erreur de calcul sur l'indemnité, d'une mention erronée, d'une omission. L'erreur peut avoir affecté la volonté du juge tout comme le juge peut lui-même être à l'origine de l'erreur. Il faut que l'erreur soit factuelle et non juridique. Comme pour le recours en révision, le recours en rectification doit être introduit dans un délai de trente jours. La solution à ce recours relève du président du tribunal administratif. L'action devant le juge civil de la fourniture de l'énergie électrique ayant déjà été examiné de fond en comble, il reste à présent à analyser celle souveraine devant le juge pénal.

Section II : L'action devant le juge pénal

L'action devant le juge pénal en matière de fourniture de l'énergie électrique se déroule en plusieurs étapes à savoir : la saisine du juge pénal (paragraphe1) et l'instance pénale (paragraphe2).

Paragraphe I : La saisine du juge pénal

Les articles 59 et suivants du Code de procédure pénale[655] donnent des détails sur le mode de saisine du juge pénal. La saisine du juge pénal se fait de plusieurs manières. Elle met en mouvement l'action publique[656]. Ainsi, l'action publique est mise en mouvement soit par le ministère public, soit par la victime ou par une administration. Peu importe la personne qui la met en mouvement, l'action publique est mise en œuvre, soit par la plainte de la victime ou celle de l'administration préjudiciée avec constitution de partie civile[657], soit par voie de citation directe[658]. La victime ou l'administration préjudiciée comme précédemment évoqué et même le ministère public, peuvent saisir la juridiction pénale de diverses manières. Lorsque la saisine de la juridiction pénale se fait par voie de citation directe, c'est le juge de

---

[655]Loi n° 2005/007 du 27 juillet 2005 portant code de procédure pénale.

[656]L'action publique est celle qui tend à faire prononcer contre l'auteur d'une infraction, une peine ou une mesure de sûreté édictée par la loi. Voir article 59 alinéa 2.

[657]Il s'agit d'un acte par lequel la partie lésée par un crime ou par un délit met l'action publique en mouvement devant le juge d'instruction et le cas échéant exerce l'action civile.

[658]La citation directe est la procédure par laquelle le ministère public ou la victime peuvent saisir directement la juridiction de jugement en informant le prévenu des coordonnées de l'audience.

jugement qui est directement saisi. Du coup, il n'y'aura pas les phases d'enquêtes préliminaires et d'information judiciaire. Lorsque ces différents types de saisine sont réalisés, la compétence du juge pénal est automatiquement mise en évidence, ce qui permet l'ouverture de l'instance.

Paragraphe II : L'instance pénale

Comme précisé précédemment, l'instance renvoie *stricto sensu* à une suite d'actes de procédure allant de la demande en justice jusqu'au jugement[659]. En matière criminelle, elle comprend le déroulement du procès (A) et le jugement et ses suites (B).

A- Le déroulement du procès pénal

Le déroulement du procès pénal présente quelques particularités qui sont fonction du mode par lequel la juridiction pénale a été saisie et de la personne qui l'a saisie. L'audience s'ouvre avec le remplissage de certaines formalités par le juge. À ce titre, il doit demander au fournisseur, qui, selon le cas, peut être accusé ou au prévenu s'il entend plaider coupable ou non coupable, il doit lui faire part de la peine envisageable, etc. Une fois cette formalité remplie, place à l'audience proprement dite.

La procédure d'audience[660] est réglée par les articles 338 et suivants du Code de procédure pénale. Son déroulement est différent selon que l'accusé ou le prévenu plaide coupable ou non coupable[661]. Lorsqu'il plaide coupable[662], l'audience aura trois étapes, dont les deux premières sont en réalité des phases de débats. La première étape porte sur la culpabilité de l'accusé ou du prévenu, la deuxième, sur la peine et la troisième sur le prononcé du jugement.

Si par contre, l'accusé ou le prévenu plaide non coupable[663], l'audience se déroule en quatre étapes dont les trois premières sont des phases de débats. La première phase est relative à l'interrogatoire des témoins. Et selon le cas, il est procédé à *l'examination in chief*, *la cross examination* et la *re-examination*. La deuxième est la phase de l'examen du caractère répréhensible des faits ou sur l'existence d'éléments de preuves suffisants. La troisième étape consiste en débats sur la culpabilité et la peine. Enfin, la quatrième concerne le prononcé de la décision finale du juge pénal.

---

[659] GUILLIEN (R.) et VINCENT (J.), *Lexique des termes juridiques*, *op. cit.*, p.195.
[660] Article 347 et s. CPP (Code de Procédure Pénale).
[661] Article 359 alinéa 1 CPP.
[662] Article 360 CPP.
[663] Article 365 CPP.

B- Le jugement et ses suites

L'issue du procès pénal dépend de la décision rendue par le juge de jugement[664]. Selon les circonstances de la cause et éléments de preuves fournies par la phase d'instruction ou par les enquêtes dirigées par le ministère public. Le juge n'a que deux choix : soit condamner l'auteur de l'infraction, soit le relaxer. Cette décision, même si elle est revêtue de l'autorité, n'empêche pas l'exercice des différentes voies de recours[665] prévus par la loi. À ce titre, l'une des parties peut, si elle le souhaite et selon le cas faire opposition[666], interjeter appel ou se pourvoir en cassation.

CONCLUSION Chapitre I

Le contentieux de la fourniture de l'énergie électrique devant le juge judiciaire a permis de mettre en évidence des aspects relatifs à l'étendue de la compétence de la juridiction judiciaire, à l'instance civile, au développement de cette instance, aux décisions du juge et à l'engagement de la responsabilité devant le juge civil de la fourniture électrique. Il ressort de ce qui précède que le contentieux de la fourniture de l'énergie électrique oscille entre la voie de fait et l'emprise. À ce niveau, il faut souligner un dédoublement du juge, car en effet, le juge de référé et le juge de fond interviennent systématiquement dès lors qu'un danger imminent pèse sur le consommateur de l'énergie électrique. Bien heureusement, le juge civil de la fourniture électrique est un juge prompt à statuer une fois saisi, dès lors que l'atteinte à un droit fondamental est imminente. L'abondante jurisprudence constatée dans ce domaine tend à consolider les garanties juridictionnelles de la protection de la consommation de l'énergie électrique.

---

664 Article 387 et s. CPP.

665 Article 484 et s. CPP.

666 Voie de recours ordinaire, de droit commun et de rétractation ouverte au plaideur contre lequel a été rendue une décision par défaut, lui permettant de saisir le tribunal qui a déjà statué, en lui demandant de juger à nouveau l'affaire.

CHAPITRE II :

L'ENGAGEMENT DE LA RESPONSABILITÉ ÉLECTRIQUE DEVANT LE JUGE JUDICIAIRE

Dans le cadre de la présente étude, l'engagement de la responsabilité électrique devant le juge judiciaire est dual. Ceci se traduit tant par la mise en œuvre de la responsabilité devant le juge civil (section 1) que devant le juge pénal (section 2).

Section I : L'engagement de la responsabilité devant le juge civil

Tout litige porté devant le juge civil a pour finalité la mise en œuvre de la responsabilité de l'auteur de l'acte répréhensible[667]. Seulement, avant d'y arriver, plusieurs préalables au contentieux et conditions doivent être satisfaits à l'existence d'une faute (paragraphe 1), d'un lien de causalité avec le préjudice dommageable (paragraphe 2). C'est alors que le juge civil condamne à la réparation du préjudice (paragraphe 3).

Paragraphe I : Le fait générateur de la responsabilité : la faute

Tout comme devant le juge administratif, l'engagement de la responsabilité dépend selon que le client a été victime des dommages du fait de la fourniture, ou que le client soit à l'origine des dommages à l'occasion de la fourniture.

Le dommage électrique est celui qui est la résultante d'une décharge électrique sur une personne ou sur des biens matériels ou immatériels. Selon

---

[667]CHAPUS (R.), *Responsabilité publique et responsabilité privée*, LGDJ, 1954 et 1957. pp. 79 et s. CORNU (G.), *Étude comparée de la responsabilité délictuelle en droit privé et en droit public*, Matot-Braine 1951, pp.37 et s : CALAIS-AULOY (J) et Temple (H), *Droit de la consommation*, 9e éd., Dalloz, Coll. « Précis », 2015 ; FERRIER (D), *La protection des consommateurs*, Dalloz, Coll. « Connaissance du droit », 1996, p.1. ; RAYMOND (G), Droit de la consommation, 2e éd., Litec, Coll. « Droit et professionnels », 2015, n°17 ; FLOUR (J), AUBERT (J-L) et SAVAUX (E), Les obligations, vol. 1 : L'acte juridique, Sirey, Coll. « Université », 15e éd., 2012, n° 184 ;LE TOURNEAU (PH), *Droit de la responsabilité et des contrats*, Coll. « Dalloz Action », 10e éd, 2014/2015, n°3645 ;TAORMINA (G), *Théorie et pratique du droit de la consommation*, *Aspects généraux et contrats spéciaux*, Librairie de l'Université d'Aix-en-Provence, 2004, n°167 ; MAZEAUD (D), Droit commun du contrat et droit de la consommation, n°21 ;MAZEAUD (D), La notion de clause pénale, LGDJ, 1992 ; FERRIER (N), Droit de la distribution, LexisNexis, 2014, n° 330 ; C. Grimaldi, « Les clauses abusives dans les contrats administratifs », in Les clauses croisées franco-espagnoles (dir.) PICOD (Y), MAZEAUD (D) et LAUROBA (E), Société de législation comparée, 2013, p.75.

le cas, il peut s'agir d'électrocution, d'électrisation ou d'incendie d'immeuble et de destructions matérielles. Les canonistes, repris par les rédacteurs du Code civil, ont fondé la responsabilité civile sur la faute de l'auteur de l'acte préjudiciable. La faute est donc le fondement le plus ancien de la responsabilité civile. Mais cette ancienneté n'a pas empêché le législateur camerounais de faire reposer la responsabilité de cette dernière sur la faute.

L'article 16.1 du Règlement de service public de distribution de l'énergie électrique dispose que « *(...) La responsabilité aussi bien contractuelle que délictuelle (...) ne peut être engagée que sur établissement de la faute (...) d'ENEO* ». Seulement, la faute a un contenu variable selon que l'on est dans la responsabilité délictuelle ou contractuelle[668]. La définition de la faute délictuelle est l'œuvre du juriste Planiol. Pour lui, « la faute est la violation d'une obligation préexistante »[669].

Il ne faut pas entendre obligation dans son sens contractuel[670]. En effet, une faute peut être commise en dehors de tout lien contractuel[671]. La faute délictuelle peut aussi bien consister en la transgression d'un devoir déterminé qu'en la transgression d'un devoir général de conduite. La faute délictuelle d'ENEO envers ses clients est une transgression d'un devoir général de conduite. Vu qu'il n'existe pas de normes spéciales qui définissent le comportement qu'ENEO doit adopter, sa responsabilité ne peut être établie qu'en cas de défaillance du devoir général qui impose à toute personne de se conduire en prenant des précautions et en apportant tous les soins exigés par l'activité entreprise et les circonstances de l'action[672].

La faute contractuelle pour sa part réside dans la violation d'une obligation contractuelle. Le contrat étant une source créatrice d'obligations[673], le manquement d'une partie à son obligation constitue une faute qui préjudicie les droits de l'autre[674]. Il est vrai que dans la pratique, la jurisprudence et la loi ont élaboré des remèdes à l'inexécution du débiteur de ses engagements contractuels[675], mais rien n'interdit au créancier d'une obligation de saisir le

---

[668] PLANIOL (M*)*, *Droit civil*, 3e ed. TII, n° 913, LGDJ, 1949, pp. 35 et s.
[669]*Ibid.* pp. 179 et s.
[670]CHAPUS (R.), *Responsabilité publique et responsabilité privée*, LGDJ, 1954 et 1957. pp. 80 et s.
[671]BENOIT (F-P), « Essai sur les conditions de la responsabilité en droit public et en droit privé (Causalité et imputabilité) », JCP 1957 I n° 1351.
[672] JOURDAIN (P.), *Les Principes de la responsabilité civile, op. cit.* p.46.
[673]Article 1134 du Code civil « les conventions légalement formées tiennent lieu de lois à ceux qui les ont faites ». v. CALLAIS-AULOY (J), « l'influence du droit de la consommation sur le droit des contrats », in droit du marché et commun des obligations, RTD com. 1998. 115.
[674]VINEY (G), « Un pas vers l'assainissement des pratiques contractuelles : la loi du 5 janvier 1988 relative aux actions en justice des associations agréées de consommateurs », *JPC E* 1988. II, n° 15336.
[675]STOFFEL-MUNCK (Ph), « L'autonomie du droit contractuel de la consommation : d'une logique civiliste à une logique de régulation », RTD com. 2012. 705. Il s'agit de l'exception d'inexécution, la résiliation unilatérale et la résolution judiciaire.

juge pour que le tort qu'il a éprouvé soit réparé[676]. Cette faute peut être causée soit par le consommateur (A), soit par le fournisseur (B).

A- La faute civile à l'origine de la responsabilité du consommateur

Le règlement de service a prévu des motifs qui peuvent conduire le fournisseur à attaquer le consommateur devant le juge judiciaire et à demander réparation civile sans préjudicier les sanctions pénales.

À ce titre, l'article 13.1 du règlement de service précise que les fraudes et les vols d'électricité de la part du consommateur donnent droit au fournisseur d'intenter des poursuites judiciaires ; l'article 11 du règlement de service précise qu'en cas de non-respect de ces dispositions, l'usager s'expose à la suspension de son alimentation (...) Cet article énumère trois cas d'exposition aux sanctions, mais en réalité ces cas sont rangés dans ce que l'article 13.1 qualifie de fraude et de vol d'électricité ; et l'article 12 du règlement de service selon lequel les travaux en construction à l'intérieur des couloirs de lignes de transport ou de distribution de l'énergie électrique sont formellement interdits.

Par interprétation, on doit comprendre que le fournisseur d'énergie électrique puisse solliciter du juge le déguerpissement du consommateur sans préjudice des droits à réparation à acquitter au fournisseur. De même, le remplacement des équipements installés par le fournisseur donnant lieu à des dommages accidentels, des vols et autres dégradations donne lieu à un contentieux qui attribue gain de cause au fournisseur.

Dans le même sens, le défaut de déclaration ; le non-paiement des factures ; le refus de relever le compteur par les agents assermentés ; les fraudes et les vols d'électricité, etc., sont constitutifs d'autant de fautes susceptibles d'engager la responsabilité du consommateur de l'énergie électrique. Ces motifs cristallisés en partie autour de l'article 13 du règlement de service permettent également au juge civil de connaitre des litiges dirigés contre le consommateur.

B- La faute civile à l'origine de la responsabilité du fournisseur

Les obligations d'ENEO envers ses clients sont édictées par l'article 14 du Règlement de service. Cet article dispose en effet qu'ENEO « *est tenue de fournir de manière continue et selon des normes de qualité prévues au présent règlement du service, une énergie de qualité* ». À l'analyse de cet article, ENEO est tenue envers ses clients de trois obligations : l'obligation de fourniture de l'électricité, la continuité de la fourniture et la qualité de la fourniture. Tout manquement à une de ces obligations constitue une faute

[676]VERCIER (E), « Les clauses d'exonération et de limitation de responsabilité dans les polices d'abonnement de gaz et d'électricité », *CJEG* 1950. 106 ;

susceptible d'engager la responsabilité d'ENEO. Reste donc à résoudre la question des conditions de la responsabilité[677].

La responsabilité civile est l'œuvre des canonistes et des rédacteurs du Code civil français de 1804[678]. Mais cette œuvre a été complétée aussi bien par la doctrine que par la jurisprudence[679]. Le fait générateur de responsabilité a été dégagé par les articles 1382 à 1384 du Code civil pour le cas de la responsabilité délictuelle et par la doctrine[680] pour la responsabilité contractuelle. Il n'existe pas une définition générale du fait générateur de responsabilité. Il est individualisé grâce aux différents régimes de responsabilité établis par le Code civil[681].

À la lecture de ces articles, le fait générateur de responsabilité peut revêtir trois formes différentes : le fait personnel, le fait d'autrui et le fait d'une chose[682]. La responsabilité du fournisseur, bien qu'elle soit un cas particulier de responsabilité, obéit tout de même au droit commun de la responsabilité civile. Seront donc envisagés successivement le fait personnel d'autrui et d'une chose de la responsabilité du fournisseur[683].

Le fait personnel est le fait ou l'acte posé personnellement par son auteur et qui est créateur de dommages. Seulement, ce n'est pas tout fait qui engage la responsabilité de son auteur. L'article 1382 exige l'existence d'une « *faute* »[684]. Autrement dit, le fait générateur de la responsabilité du fait personnel est la faute de l'auteur[685]. Établir le fait personnel de responsabilité du fournisseur de l'énergie électrique revient à déterminer les faits constitutifs de faute qu'ENEO commet ou est susceptible de commettre à l'encontre des

---

677FABRE MAGNAN, (M.), *De l'obligation d'information dans les* contrats, essai d'une théorie, LGDJ, 1992, pp. 27 et s.

678JOURDAIN (P.), *Les Principes de la responsabilité civile, op. cit.* p.46.

679MAZEAUD (D), « Droit commun du contrat et de la consommation », *in* mélange CALAIS-AULOY, Dalloz, 2004, p.697s. spéc. n° 17.

680FENOUILLET (D), (dir.), *Droit de la consommation,* Paris, Dalloz, 2020. Ces principes modifient la physionomie du droit des contrats : Nicole L'HEUREUX, « La protection du consommateur », (1988) 29 C. de D. 1083. pp.680 et s. La doctrine et la jurisprudence ont adopté les trois faits générateurs de responsabilités dégagés par le Code Civil.

681JOURDAIN (P), *Les Principes de la responsabilité civile, op. cit.* pp. 53 et s.

682PICHETTE (M), « La responsabilité du fabricant », *Lavery, De Billy, Avocats, 2007, [*En ligne], [www.lavery.ca/DATA/PUBLICATION/937_fr-v-la-responsabilite-du-fabricant.pdf] (12 mars 2022). (p.683)

683STOFFEL-MUNCK (Ph), « L'autonomie du droit contractuel de la consommation : d'une logique civiliste à une logique de régulation », RTD com. 2012.

684BOURGOIGNIE (T), « À la recherche d'un fait générateur de responsabilités unique et autonome dans les rapports de consommation : le défaut de conformité à l'attente légitime du consommateur », *in Liber Amicorum N. Reich, Nomos, Baden-Baden, 1997, p. 221.*

685GHESTIN (J.), (dir.), *Sécurité des consommateurs et responsabilité du fait des produits défectueux,* LGDJ, 1987, pp. 48 et s.

consommateurs d'électricité, ou à l'opposé, que le consommateur est susceptible de commettre à l'encontre du fournisseur[686].

Il faut tout de même relever que ce fait générateur peut paraître inapproprié en matière de fourniture d'électricité du fait qu'ENEO est une personne morale de droit privé[687]. Seulement, en vertu de la fiction opérée par les droits, et calquée sur les personnes physiques, les personnes morales peuvent également être auteures de dommages de leur fait personnel, notamment, lorsque le dommage causé est le fait des décisions ou des actions prises ou commises selon le cas par leurs dirigeants sociaux[688]. Sur cette base, la responsabilité civile du fait personnel d'ENEO peut être engagée[689].

Bien plus, et pareillement à la responsabilité délictuelle, le fait personnel en matière de responsabilité contractuelle est la faute. Dans l'affaire MAMA FOUDA contre ENEO, le juge de céans pour prouver la faute d'ENEO indiquait : « *Qu'il ressort en l'espèce que le demandeur a subi une coupure abusive de courant électrique par la société ENEO ; que la défenderesse n'a jamais contesté l'existence d'une faute de sa part ; qu'il s'ensuit dès lors de constater que cette coupure lui a causé un énorme préjudice ; qu'il échet de recevoir le demandeur en son action comme fondée... »*[690]

---

[686]DE CORAIL (J-L), « Contribution du juge administratif à une théorie juridique de l'établissement public à caractère industriel et commercial », in *Mélanges Charlier*, 1981. 29 ; JANICOT (L), « L'identification du service public géré par une personne privée », *RFDA* 2008. 67 ; NEGRIN (J-P*), L'intervention des personnes morales de droit privé dans l'action administrative*, L.G.D.G., 1971 ; SABIANI (F), « L'habilitation des personnes privées à gérer un service public », *AJDA* 1977. 4 ; AUBY (J-F) et BRACONNIER (S) (dir.), *Services publics industriels et commerciaux, questions actuelles*, LGDJ, 2003 ;

[687]NEGRIN (J-P*), L'intervention des personnes morales de droit privé dans l'action administrative*, L.G.D.G., 1971 ; SABIANI (F), « L'habilitation des personnes privées à gérer un service public », *AJDA* 1977. 4 ; AUBY (J-F) et BRACONNIER (S) (dir.), *Services publics industriels et commerciaux, questions actuelles*, LGDJ, 2003 ; COURIVAUD (H), « La concession de service public « à la française » confrontée au droit européen », Revue internationale de droit économique, 2004, pp. 395-434 ; LAZZARIN (G), « L'application du droit de la consommation aux services publics. Les contradictions de la jurisprudence Société des eaux du Nord », *RFDA* 2011. 591.

[688]MEYER (F), « Réflexions sur la responsabilité pénale des personnes morales de droit public à la lumière des premières applications jurisprudentielles », *RFDA* 1999.920 ; « la responsabilité pénale des décideurs publics *», Rapport, Massot*, La Documentation française, 1999.

[689]PICHETTE (M), « La responsabilité du fabricant », *Lavery, De Billy, Avocats, 2007, [*En ligne], [www.lavery.ca/DATA/PUBLICATION/937_fr-v-la-responsabilite-du-fabricant.pdf] (12 mars 2022). (p.683)

[689]STOFFEL-MUNCK (P), « L'autonomie du droit contractuel de la consommation : d'une logique civiliste à une logique de régulation », *RTD com*. 2012.

[690]Tribunal de Grande Instance du Mfoundi centre administratif section civile et commerciale jugement civil n° 2343/CIV du 16 décembre 2021 affaire : sieur MAMA FOUDA OMGBA André c/ Société energy of Cameroon « ENEO ».

La responsabilité du fournisseur peut aussi être le fait d'autrui. En effet, l'article 1384 du Code civil pose qu'« *on est responsable non seulement du dommage que l'on cause par son propre fait, mais encore de celui qui est causé par le fait des personnes dont on doit répondre (...)* ». Ce texte pose le principe général de responsabilité du fait d'autrui. Raison pour laquelle des régimes spéciaux de responsabilité avaient été édictés[691].

Ainsi, sur la base de la responsabilité du fait d'autrui, les maîtres et les commettants sont responsables des dommages causés par leurs domestiques et préposés dans les fonctions auxquelles ils les ont employés, les pères et mères pour les dommages occasionnés par leurs enfants mineurs et les artisans et instituteurs pour les dommages causés par leurs apprentis ou élèves pendant le temps qu'ils sont sous leur surveillance[692]. À ces régimes de responsabilité, la pratique en a ajouté plusieurs autres comme la responsabilité d'ENEO du fait d'autrui[693].

Sur la base du fait d'autrui, ENEO peut être déclarée responsable des dommages causés par les agents qu'elle emploie[694]. En fait, ENEO est une personne morale, par conséquent elle ne peut agir qu'au travers de ses dirigeants sociaux et agents[695].

La responsabilité du fournisseur de l'énergie électrique, du fait des choses sous sa garde, peut être recherchée aussi bien au plan délictuel que contractuel lorsque le compteur, les fils électriques et les biens non concédés servant directement à l'activité de fourniture, présentent un vice ou un défaut ayant occasionné le dommage[696].

La responsabilité contractuelle d'ENEO peut aussi résulter du fait d'autrui[697]. Au fait et en raison de la complexité de certaines opérations commerciales, le débiteur peut confier tout ou partie de l'exécution de ses obligations à un tiers[698]. Dans une telle hypothèse, la responsabilité encourue par le débiteur résultant d'une exécution défectueuse sera nécessairement une responsabilité du fait d'autrui. C'est sous cet angle qu'ENEO peut voir sa responsabilité civile contractuelle engagée du fait des sous-traitants qu'elle

---

691CHAPUS (R.), *Responsabilité publique et responsabilité privée*, LGDJ, 1954 et 1957. pp. 80 et s.
692*Idem.*
693BOURGOIGNIE (T), « À la recherche d'un fait générateur de responsabilités unique et autonome dans les rapports de consommation : le défaut de conformité à l'attente légitime du consommateur », *in Liber Amicorum N. Reich, Nomos, Baden-Baden, 1997, p. 221.*
694JOURDAIN (P.), *Les Principes de la responsabilité civile, op. cit.*, pp. 53 et s.
695CHAPUS (R.), *Responsabilité publique et responsabilité privée*, LGDJ, 1954 et 1957. pp.80 et s.
696CALLAIS-AULOY (J), « l'influence du droit de la consommation sur le droit des contrats », in Droit du marché et commun des obligations, *RTD com.* 1998. 115.
697CHAPUS (R.), *Responsabilité publique et responsabilité privée*, LGDJ, 1954 et 1957. pp. 85 et s.
698 JOURDAIN (P.), *Les Principes de la responsabilité civile,* 7e édition, Paris, Dalloz, p.173.

contracte à l'effet d'assurer son obligation de fourniture d'énergie électrique à ses clients[699].

La responsabilité civile du fait des choses est consacrée par la deuxième moitié de l'article 1384 précité. Le Code civil ne prévoit que deux hypothèses particulières de responsabilité pour les dommages causés par deux espèces de choses : les animaux et les bâtiments. Cette responsabilité était alors trop étriquée pour prendre en compte l'éventail des choses qui peuvent échapper à la maîtrise de l'homme[700], et qui sont susceptibles de porter préjudice à autrui. Pour pallier cette insuffisance, le principe général de responsabilité du fait des choses fut énoncé par la jurisprudence française en 1896 dans le célèbre arrêt *Teffaine*[701]. La consécration de ce principe fut complétée par l'arrêt *Jand'heur* rendu par les chambres réunies de la Cour de cassation le 13 février 1930[702].

À partir de ces arrêts, plusieurs autres cas spéciaux de responsabilité du fait des choses furent admis comme celle du fournisseur pour les dommages causés par les objets qu'il utilise pour les besoins de son activité et dont il a la garde. Peu importe que l'on soit en présence d'une responsabilité délictuelle ou contractuelle du fait personnel, du fait d'autrui, ou du fait des choses, la responsabilité d'ENEO telle qu'élaborée par la loi n'a pour fondement unique que la faute[703].

S'agissant d'abord des dommages causés au client du fait de la fourniture, l'on peut engager la responsabilité du distributeur du fait des installations de branchement et de fourniture d'une part. Ici, le distributeur est tenu de mettre à la disposition de la clientèle des installations en bon état de fonctionnement. Le distributeur est donc responsable vis-à-vis de l'abonné des défauts de fonctionnement et des dommages, que ceux-ci soient matériels ou

---

699Cour d'appel du Centre section civile et commerciale, arrêt n° 281/civ du 7 avril 2021, affaire A.D NGANSSOP Christophe c/ la société ENEO SA.

700 *Ibid.*, p.80.

701 Dans cette affaire, la Cour de cassation avait retenu la responsabilité de l'employeur d'un ouvrier tué par l'explosion de la soudière d'un remorqueur, alors que le dommage résidait dans le vice de la chose. Cass. Civ 1ère, 16 juin 1896.

702 Dans l'affaire Jand'heur, une petite fille avait été victime d'un accident de la circulation. L'origine du dommage était liée à un camion appartenant à l'entreprise les galeries Belfortaises qui l'a heurté au moment où elle traversait la route. La question de droit dans cet arrêt était de savoir sur quel fondement le conducteur du camion devait-il être déclaré responsable ? La responsabilité du fait d'autrui ou du fait des choses ? Et comment le gardien d'une chose peut-il s'exonérer de sa responsabilité ? À ces questions, l'Assemblée plénière de la Cour de cassation répondit qu'il s'agissait effectivement d'un cas de responsabilité du fait des choses et que le gardien d'une chose ne peut s'exonérer en invoquant une imprudence ou une négligence encore moins l'absence de faute.

703BOURGOIGNIE (T), « À la recherche d'un fait générateur de responsabilités unique et autonome dans les rapports de consommation : le défaut de conformité à l'attente légitime du consommateur », *in Liber Amicorum N. Reich, Nomos, Baden-Baden,* 1997, p. 221.

corporels[704]. Toujours dans le cadre des dommages causés au client, l'on peut également engager la responsabilité du distributeur du fait des dommages causés chez l'abonné du fait du réseau[705].

Dans ce cas, le distributeur est responsable des dommages dus à des anomalies véhiculées par ses installations de transport ou de distribution telles que des surtensions dues à la foudre ou au mauvais fonctionnement d'installations situées en amont du branchement individuel[706]. La faute ici sera perçue comme tout défaut de fonctionnement des services publics de nature à engager la responsabilité pécuniaire de l'administration à l'égard des administrés. Elle est prise ici dans le sens de « faute du service public ». Plusieurs types de fautes peuvent résulter de la fourniture de l'énergie électrique. Il peut s'agir d'une part de la suspension fautive ou non de l'énergie électrique par le fournisseur[707]. Il peut ensuite s'agir du défaut de conformité des installations du fournisseur[708]. Cette dernière hypothèse a fait l'objet d'un arrêt de la Cour Suprême du Cameroun dans l'affaire ayant opposé dame veuve NDJILO née KWISSE C/ SONEL. Dans cette affaire, la SONEL avait fourni à son client des installations non conformes qui avaient entrainé la mort par accident de sieur NDJILO[709].

La suspension brusque ou non de l'électricité peut être entrainée par des variations de tensions qui peuvent avoir pour conséquence de causer des dommages aux consommateurs[710]. Les dommages peuvent être la destruction des biens matériels des consommateurs ou des usagers[711]. Dans ce cas, le client devra faire un inventaire des appareils électriques en mesure d'être dysfonctionné au besoin par un huissier de justice qui dressera un procès-verbal de constat. Ensuite, il adressera une demande d'expertise à l'ARSEL

---

[704]BENOIT (F-P), « Essai sur les conditions de la responsabilité en droit public et en droit privé (Causalité et imputabilité) », JCP 1957 I n° 1351.

[705]MOREAU (J.), « Indemnisation et évaluation des dommages causés aux biens », Mél. CHAPUS, Montchrestien, 1992, p.443. ; PAILLARD (C), « Le préjudice indemnisable en droit administratif français », DA 2011, Étude 1, pp.36 et s.

[706]Cour d'appel du Centre section civile et commerciale, arrêt n° 337/civ du 28 avril 2021, affaire PONDY Marius Ferry c/ la société ENEO SA.

PICHETTE(M), « La responsabilité du fabricant », *Lavery, De Billy, Avocats, 2007, [*En ligne], [www.lavery.ca/DATA/PUBLICATION/937_fr-v-la-responsabilite-du-fabricant.pdf] (12 mars 2022). (p.683)

[707]L'article 16 alinéa 2 de l'arrêté de 2009.

[708]GHESTIN (J.), (dir.), *Sécurité des consommateurs et responsabilité du fait des produits défectueux,* LGDJ, 1987, 235p.

[709]Cour d'appel du Centre section civile et commerciale, arrêt n° 196/civ du 6 avril 2022, affaire SOKOUDDJOU Pascal c/ la société ENEO SA.

[710]Cour d'appel du Centre section civile et commerciale, arrêt n° 40/civ/ du 7 janvier 2021, affaire sieur ATANGANA NOA Dominique c/ la société ENEO SA.

[711]Cour d'appel du Centre section civile et commerciale, arrêt n° 337/civ du 28 avril 2021, affaire PONDY Marius Ferry c/ la société ENEO SA.

afin de confirmer la surtension électrique[712]. Après cela, il adressera une lettre recommandée avec accusé de réception au service client du fournisseur en joignant une demande d'indemnisation ainsi que la preuve de la coupure du courant[713]. Cette démarche tire son fondement du fait que le fournisseur d'électricité est responsable des dommages causés par un défaut de son produit.[714]

Par conséquent, le consommateur ou l'usager du service public de l'électricité peut mettre en jeu sa responsabilité du fait des produits défectueux[715]. La responsabilité du fait des produits défectueux dans ce cadre sera liée soit à la mauvaise qualité du courant électrique[716] soit à une interruption brusque ayant pour effet d'entrainer une surtension[717]. L'article 16 alinéa 2 de l'arrêté de 2009 le précise fortement lorsqu'il dispose que : « la responsabilité contractuelle de AES-SONEL pourra être engagée pour absence de fourniture de l'énergie électrique à un client ou pour défaut de qualité de cette fourniture ». Toutefois, cette disposition contraste avec le but de cet arrêté lorsqu'il crée des clauses exonératoires de responsabilité.

Le fournisseur d'énergie électrique peut voir sa responsabilité engagée en cas d'inexécution de ses obligations contractuelles.[718] Ainsi, on peut comprendre que le défaut de fourniture d'énergie au consommateur ou client éligible peut entrainer un contentieux[719] ; de même que le défaut d'informations des clients sur les interruptions de fourniture de l'énergie électrique[720] ; le défaut d'établissement et de rétablissement de la fourniture de l'énergie électrique après acquittement du consommateur ; le refus

---

712Tribunal de Grande Instance du Mfoundi centre administratif section civile et commerciale jugement civil jugement N° 1542/ CIV du 18 aout 2022, affaire : ENEO-SA anciennement dénommée AES SONEL c/ NJIKI Jean.

713Cour Suprême, arrêt n° 360/CIV du 7 septembre 2017, affaire Dame BELINGA Angeline Berthe C/ la société AES-SONEL (agence Ebolowa).

714Cour d'appel du Centre section civile et commerciale, arrêt n° 196/civ du 06 avril 2022, affaire SOKOUDDJOU Pascal c/ la société ENEO SA.

715LE TOURNEAU (PH), *Droit de la responsabilité et des contrats*, Coll. « Dalloz Action », 10e éd, 2014/2015, n° 3645.

716Cour d'appel du Centre section civile et commerciale, arrêt n° 40/civ/ du 7 janvier 2021, affaire sieur ATANGANA NOA Dominique c/ la société ENEO SA ; PICHETTE(M), « La responsabilité du fabricant », *Lavery, De Billy, Avocats, 2007,* [En ligne], [www.lavery.ca/DATA/PUBLICATION/937_fr-v-la-responsabilite-du-fabricant.pdf] (12 mars 2022). (p.683).

717Cour d'appel du Centre section civile et commerciale, arrêt n° 40/civ/ du 7 janvier 2021, affaire sieur ATANGANA NOA Dominique c/ la société ENEO SA.

718Article 16.1.

719Article 14.1, 2, 3 du règlement de service, confronté à l'article 16.1 du même règlement.

720Conforté à l'article 15.1 et 16.1du règlement de service.

d'abonnement ou de fourniture d'énergie électrique[721] ; la mauvaise facturation des consommations[722] ; le défaut de vérification des compteurs[723].

Par ailleurs, les articles 15 et suivants du règlement du service public de distribution consacrés au non-respect par AES-SONEL de ses obligations vis-à-vis des clients inscrivent à l'encontre du fournisseur un certain nombre très négligeable de sanctions sous forme d'amendes pécuniaires dont la réparation est laissée à la merci du fournisseur[724]. Le législateur camerounais évoque dans ce registre, le défaut d'information des clients dans le cadre des interruptions de la fourniture d'énergie, le non-respect des normes de qualité du courant, la disponibilité du service, la qualité de la facturation, les remises de courant après suspension d'un client, les vérifications des compteurs, etc.

Toutefois, le problème se pose tout en entier relativement à la détermination de l'organe habilité à contraindre le fournisseur de l'énergie électrique à mettre en exécution les sanctions ou pénalités libératoires prises à son encontre en cas de manquement à ses obligations[725]. La première difficulté à ce niveau découle de l'organe chargé d'effectuer le constat par ENEO des manquements à ses obligations.

En prenant hypothétiquement l'ARSEL, peut-on affirmer que cet organe dispose de l'opportunité de constat et de qualification d'un manquement ? L'on pourrait littéralement se poser la question de savoir à quel moment parle et acte-t-on du manquement d'ENEO à ses obligations contractuelles ? À l'issue d'une décision juridictionnelle ayant autorité de la chose jugée ou à l'occasion d'une simple constatation d'un usager ou même d'un simple constat du régulateur ? La question est complexe et permet de mettre en évidence le caractère extrêmement déséquilibré des rapports entre le client usager et le fournisseur de l'énergie électrique.

Le flou qui entoure la mise en œuvre des pénalités encourues par le fournisseur de l'énergie électrique en cas de non-respect de ses obligations contractuelles pourrait à certains égards jeter un discrédit sur la constitutionnalité du règlement de service. En effet, la réalité amène dans les faits à entrevoir un consommateur fragile et dépourvu des moyens d'action,

---

[721]Art5.3 du règlement de service).

[722]Tribunal de Première Instance de Douala- Bonanjo, ordonnance n° 1219 du 7 septembre 2021/ Affaire : dame NDEDI WASSI Hélène Manuela c/ La société ENEO Cameroun. V. art7.1 et 15.4 du règlement du service susvisé.

[723]Article 9.2 / ; 1 ; 2 ; et 15.5 du règlement du service susvisé.

[724]SANDEVOIR (P), « Les vicissitudes de la notion de service public industriel et commercial », Mélanges STASSINOPOULOS, LGDJ, 1974, p.317.

[725]JAVERZAC (J-L), MANTION (P), MOLLE (M) « Les engagements du gestionnaire de réseau de transport français RTE en matière de qualité de fourniture d'électricité », *REE* 2002, n° 11, pp.41 et s.

parfois ignorant de ses droits. Comment peut-il au regard de sa condition de vie attaquer le fournisseur tout puissant ?

Bien que les pouvoirs du régulateur ARSEL soient importants dans le contrôle du fournisseur de l'énergie électrique, ceux-ci sont très limités aussi bien par le règlement du service lui-même que par le poids économique et financier de l'opérateur chargé de la fourniture de l'énergie électrique.

Un autre point qui paraît abusif et mérite d'être relevé ici est la question des interruptions brusques de fourniture d'énergie liées à des incidents ou évènements extérieurs. Le plus souvent, de telles interruptions causent des dégâts matériels importants aux usagers. Mais le fournisseur de l'énergie électrique en plus de décliner sa responsabilité pour de tels dommages qui en résultent, se réfugie très souvent dans l'argument tiré des cas de force majeure[726].

Malgré l'encadrement des coupures d'énergie électrique par le Règlement du service, les interruptions de fourniture d'énergie non programmées sont légion et s'inscrivent dans le quotidien de nombreux consommateurs dépourvus à l'évidence des moyens d'action et des moyens de preuve. Le phénomène des coupures intempestives d'énergie électrique apparaît au Cameroun comme habituel. Apparus sous la forme de délestages, ces phénomènes ont endommagé beaucoup de biens des consommateurs et ont parfois été à l'origine de graves accidents électriques[727].

La fréquence des coupures électriques surtout pendant les périodes de sécheresse compromet sérieusement les droits du consommateur qui se sent de plus en plus lésé. L'une des difficultés ici, et non des moindres, est centrée sur le contenu et l'étendue des concepts d'interruption programmée, justifiée, d'interruption d'énergie liée à des incidents ou évènements extérieurs, la force majeure et bien d'autres. Qu'en est-il des dommages causés par les équipements de AES-SONEL du fait des tiers ?

Bien plus, que faut-il entendre par bonne ou mauvaise qualité des prestations du fournisseur ? Quel est l'organe chargé du contrôle de la qualité des prestations de fourniture de l'énergie électrique ? Ainsi, quel est l'instrument permettant de mesurer de manière objective, ou d'apprécier sous fond de neutralité et d'impartialité cette qualité[728] ?

---

[726]ALIBERT (R), L'imprévision dans les concessions de service public : l'évolution des faits et l'adaptation de la théorie depuis 1916, Paris, 1924 ; PAISANT (G), « Les nouveaux aspects de la lutte contre les clauses abusives », D. 1988. 253, n° 20.

[727]Cour d'appel du Centre Section civile et commerciale, arrêt n° 40/civ/ du 7 janvier 2021, affaire sieur ATANGANA NOA Dominique c/ la société ENEO SA.

[728]VOISSET (M), « Qualité, adaptabilité, mutabilité », in R. KOVAR et D. SIMON (dir.), Service public et Communauté européenne : entre l'intérêt général et le marché (t. 2), La Documentation française, 1998, p.717.

Le caractère évasif des notions ou des constructions susévoquées nécessite une redynamisation du contrôle du fournisseur par l'organe étatique compétent. Car, derrière ces notions précitées se profile un ensemble de coupures abusives de nature à remettre substantiellement en cause, les principes de continuité et de mutabilité du service public de l'électricité[729]. En effet, les coupures intempestives d'énergie sans justification pertinente portent de manière flagrante atteinte aux droits fondamentaux du consommateur usager client[730].

Paragraphe II : Le lien de causalité : le préjudice dommageable

En énonçant que « tout fait quelconque de l'homme, qui cause à autrui un dommage, oblige celui par la faute duquel il est arrivé, à le réparer », l'article 1382 du Code civil établissait trois conditions d'existence de la responsabilité civile : la faute, le dommage et le lien de causalité.

La faute est à la fois fait générateur, fondement et condition de la responsabilité civile. Le lien de causalité est une notion extrêmement importante du droit de la responsabilité civile, car il s'agit d'une condition exigée dans la quasi-totalité des régimes de responsabilité civile.[731] Le lien de causalité correspond au rapport entre le fait générateur et le dommage.[732]Il s'agit plus concrètement du lien de cause à effet entre la faute d'une personne ou le rôle d'une chose et le dommage subi par un tiers.[733]

---

[729]CHEVALIER (J-M) (dir.), *L'idée de service public est-elle encore soutenable ?*, PUF, 1999 ; LAZZARIN (G), « L'application du droit de la consommation aux services publics. Les contradictions de la jurisprudence Société des eaux du Nord », *RFDA* 2011. 591 ; DONIER (V), « Les lois du service public : entre tradition et modernité », *RFDA* 2006. 1219 ; VENEZIA (J-C), « Le principe d'adaptation », Clés pour le siècle, Dalloz 2000, p.1661 et s ; LECERF (M) et LEBLANC (G), « La gratuité de services publics à l'égard des usagers », JCP 1998 I 168 ; PELISSIER (G), *Le principe d'égalité en droit public*, Paris, L.G.D.J., Systèmes, 1996.

[730]ROUSSELY (F), « Clarifier les rapports entre le service public et les citoyens », in JOIN-LAMBERT (dir.), L'État moderne et l'administration, LGDJ, Coll. Systèmes, 1994, p.56 ; SANDEVOIR (P), « Les vicissitudes de la notion de service public industriel et commercial », Mélanges Stassinopoulos, LGDJ, 1974, p.317 ; SABLIÈRE (P), « Clauses limitatives de responsabilité et clauses limitatives des obligations dans les contrats d'abonnement à l'électricité », *CJEG* 1986, 385 ; MAZEAUD (L), « De la portée d'une clause de la police d'abonnement exonérant le distributeur des conséquences d'une interruption de la fourniture d'énergie électrique en cas d'accident », *CJEG* 1951. 474 ; VERCIER (E), « Les clauses d'exonération et de limitation de responsabilité dans les polices d'abonnement de gaz et d'électricité », *CJEG* 1950. 106 ; PAISANT (G), « Clauses pénales et clauses abusives après la loi du 1er février 1995. Chron.223. ; SOUSSE (M), « Les clauses abusives dans les contrats administratifs », in Les clauses croisées franco-espagnoles (dir.) PICOD (Y), MAZEAUD (D) et LAUROBA (E), Société de législation comparée, 2013, p.199 s., spéc. p. 206.

[731] https://www. Fiches-de-droit.com « le lien de causalité : définition et preuve », consulté, le 12 janvier 2023 à 21h47.

[732] *Idem.*

[733] GUILLIEN (R.) et VINCENT (J.), Lexique des termes juridiques, 18e éditions, Paris, Dalloz, 2011 p.59.

Du latin *damnum*, le dommage est une atteinte subie par une personne dans son corps (dommage corporel), dans son patrimoine (dommage matériel ou économique) ou dans ses droits extrapatrimoniaux (perte d'un être cher, atteinte à l'honneur), qui ouvre à la victime un droit à réparation (on parle alors de dommage réparable) lorsqu'il résulte soit de l'inexécution d'un contrat, soit d'un délit ou quasi-délit, soit d'un fait dont la loi ou les tribunaux imposent à une personne la charge[734]. Par ailleurs, le dommage peut aussi être par ricochet. En effet, il est assez fréquent qu'une personne se prétende victime d'un préjudice subi par répercussion du dommage affectant une autre personne.

On se trouve en présence d'un préjudice « réfléchi », un préjudice « par ricochet ». De surcroît, le préjudice doit être certain. La certitude du dommage a pour but d'exclure la réparation des préjudices éventuels. Cette condition explique pourquoi les juges ont tendance à rejeter les demandes de prétendues victimes par ricochet lorsque les pertes des subsides paraissent trop hypothétiques[735].

Pour engager la responsabilité civile contractuelle soit d'ENEO, soit du consommateur, il faut à la base que l'une des parties ait subi un dommage électrique soit que sa contestation porte sur une facture d'électricité, soit qu'il y ait eu atteinte à son intégrité physique. Même en l'absence d'un lien contractuel, le juge condamne à réparation[736]. Il ressort d'une jurisprudence constante de la Cour Suprême que « *tout préjudice allégué doit être justifié* » (CS n° 148 du 15 mars 1979, Bull n° 40, P.60.18). En l'espèce, aucun élément n'établissant la hauteur du préjudice n'a été versé au dossier par le demandeur. C'est par une pure spéculation que le premier juge est parvenu à l'exorbitante somme de 50 000 000 FCFA en violation d'une jurisprudence constante de la Cour Suprême. Dans sa démonstration, le juge camerounais affirmera éloquemment que « *la Société ENEO ne peut vouloir soutenir aujourd'hui que faute de preuve, la victime n'a pas été affectée par le sinistre dû par son fait, alors qu'elle l'avait reconnu en instance et tiré un chèque de 2.080.800F pour réparer les préjudices constatés par ses propres techniciens commis à cette mission après le sinistre* »[737].

Ainsi, dans l'affaire colonel Magistrat HIEHIES[738], le requérant entendait se faire indemniser par la société ENEO suite à l'effondrement dans sa

---

[734] CORNU (G.), *Vocabulaire juridique de l'Association Henri Capitant, op. cit.* p.804.

[735] JOURDAIN (P.), *Les Principes de la responsabilité civile, op. cit.* p.129.

[736] Tribunal de Première Instance de Yaoundé centre-administratif ; chambre civile, jugement n° 334/C du 24 octobre 2017 affaire Colonel magistrat Jonas HIEHIES c/ Société ENEO.

[737] Cour d'appel du Centre section civile et commerciale, arrêt n° 196/civ du 6 avril 2022, affaire SOKOUDDJOU Pascal c/ la société ENEO SA.

[738] Le jugement civil n° 334 /C du 27 aout 2020 rendu au Tribunal de Première Instance de Yaoundé statuant en matière civile opposant le colonel magistrat Jonas HIEHIES à la société ENEO.

concession de deux supports électriques en bois appartenant à icelle occasionnant la destruction d'une partie de la toiture, de son lampadaire et de l'installation paratonnerre. Après plusieurs tentatives vaines auprès de ladite société afin d'être indemnisé, il saisit le tribunal de céans.

Le sieur HIEHIES exposait que les destructions occasionnées par l'effondrement des supports électriques lui ont causé un préjudice moral et matériel qu'il évalua à plus de trois millions au total. Tandis que la défenderesse prétendait à son tour que le demandeur n'a non seulement pas produit la preuve du lien de cause à effet entre la prétendue faute et le dommage éventuellement subi, mais aussi que le Colonel HIEHIES n'a pas apporté la preuve qu'il est effectivement propriétaire des biens qui sont objet des préjudices qu'il dit avoir subis.

Le juge dit l'action partiellement fondée en précisant que la demande n'est pas proportionnelle aux préjudices. C'est en vertu de l'article 1382 et1384 du Code civil que le juge a pris la décision de justice. Dans sa motivation, il relèvera évidemment que « *le procès-verbal de constat du 23 mars 2016 et les planches photographiques apportées par la victime au début de l'instance suffisent à établir le lien entre dommage causé et préjudice subi* ». Ainsi dans sa démarche, refusant de statuer sur la preuve de l'appartenance des biens objet du préjudice au demandeur, il mit en évidence l'article 1384 pour engager la responsabilité d'ENEO en tant que propriétaire des installations électriques litigieuses. Par cette décision, la jurisprudence camerounaise valorise davantage la nécessité de la notion de proportionnalité entre l'ampleur des dégâts occasionnés par le préjudice et la réparation demandée par le requérant. De ce fait, le jugement confirme encore que l'interruption d'énergie électrique de manière abusive est constitutive de voie de fait.

Dans l'affaire ATANGANA NOAH[739] sus évoquée, la Cour faisait valoir que l'enquête civile ordonnée par le premier juge a établi la mauvaise qualité du courant électrique fourni et la mauvaise protection des installations ENEO au point d'arrivée de l'énergie à la station ; qu'il est dès lors inconcevable que le premier juge n'ait point tenu compte de tous ces éléments et ait mis l'intimée hors de cause et qu'il fasse valoir que c'est à tort que le premier juge a rejeté sa demande au motif que l'expertise n'a pas été faite de commun accord avec la défenderesse, alors même que divers éléments de preuve, à l'instar des prises de vue, des factures, ainsi que la présence d'un groupe électrogène qu'il acquit suffisent à établir la véracité des faits déplorés ; qu'il a d'ailleurs saisi ladite société de diverses requêtes pour l'amener à respecter ses obligations, non seulement de lui fournir l'électricité, mais aussi de prendre toutes les mesures nécessaires pour protéger les installations, sans succès ; qu'en tout cas, il incombe à la société ENEO d'apporter la preuve

---

[739]Cour d'appel du Centre section civile et commerciale, arrêt n° 40/civ/ du 7 janvier 2021, affaire sieur ATANGANA NOA Dominique c/ la société ENEO SA.

qu'elle s'est déchargée de son obligation de lui fournir convenablement l'énergie électrique ; qu'il découle clairement des dispositions pertinentes de l'arrêté n° 00000013/MINEE du 29 janvier 2009 portant publication du règlement du service de distribution publique d'électricité que la responsabilité de la défenderesse peut être engagée dès que la victime établit sa faute dans la réalisation du dommage dénoncé[740].

L'on analysera tour à tour la causalité des dommages causés par une coupure de courant (A), celle liée à l'exécution du contrat (B) et la responsabilité variée dans l'hypothèse des dommages résultant des installations défectueuses (C).

A- La causalité des dommages causés par une coupure de courant : endommagement des appareils électroménagers

Relativement à la question de la qualité du courant électrique, l'article 15 alinéa 2 de l'arrêté n° 00000013/MINEE du 26 janvier 2009 portant approbation du règlement du service de distribution publique d'électricité de la société AES-SONEL prévoit que lorsqu'un client reçoit de l'électricité ne respectant pas les normes de qualité définies par ledit règlement, celui-ci doit adresser une réclamation au distributeur. Cette formule énoncée dans cette disposition n'aurait fait l'objet d'aucun débat si sa mise en œuvre pouvait couler de source.

Au préalable, une exigence de fond serait alors soulevée. Il s'agirait de déterminer la nature de la responsabilité du fournisseur ou du distributeur de l'énergie électrique. Cette responsabilité peut être soit contractuelle soit délictuelle. L'arrêté du 26 janvier 2009 pose à ce propos une règle générale dont les implications juridiques sont lourdes de sens. Il prévoit que la responsabilité du fournisseur ou du distributeur qu'elle soit contractuelle ou délictuelle ne peut être engagée que sur l'établissement par la victime de la faute commise par AES-SONEL, du dommage qui en a résulté et du lien de causalité entre la faute et le dommage. Or, prenant son contre-pied, l'article 28 de la loi cadre n° 2011/012 du 06 mai 2011 portant protection du consommateur au Cameroun dispose très clairement que « dans le cadre de l'instruction de toute procédure relative à la protection du consommateur, la charge de la preuve contraire des faits allégués incombe aux vendeur, fournisseur ou prestataire de service ». Il ressort de la lecture de cette disposition que le législateur camerounais fait peser la charge de l'établissement de la preuve exclusivement sur le fournisseur.

Ce principe fondamental usé par le législateur de 2011 vise à protéger les intérêts matériels du consommateur qui se résument d'après Pierre CLAVER

[740]Articles 16 et s.

KAMGAING[741] à la satisfaction économique des biens et services ainsi qu'à leur consommation sans risque.

La question se poserait alors de savoir sur qui pèse ou doit peser la responsabilité d'un dommage causé du fait d'une coupure de courant ayant endommagé les appareils électroménagers d'un usager du service public de l'électricité. Au plan formel, la réponse à cette question semble évidente, car l'article 16 alinéa 2 de l'arrêté de 2009 dispose que « la responsabilité contractuelle de AES-SONEL pourra être engagée pour absence de fourniture de l'énergie électrique à un client, ou pour défaut de qualité de cette fourniture ». Cette évidence tombe d'abord dès lors que le législateur a créé au profit du fournisseur du service de l'électricité des causes exonératoires de responsabilité. Elle tombe ensuite lorsque l'arrêté distingue entre les utilisateurs ayant un contrat d'abonnement et les autres. Pourtant, tous sont des consommateurs.

L'illustration la plus flagrante de cette création est l'exonération de responsabilité du fournisseur pour les dommages causés par ses équipements du fait des tiers[742]. Cette règle malheureuse du législateur camerounais semble fortement contrarier la théorie de la responsabilité construite par le législateur de 1804 à travers les articles 1382 et suivants. C'est pourquoi l'article 1245 du Code civil en vigueur en France dispose que « le producteur est responsable du dommage causé par un défaut de son produit qu'il soit ou non lié par un contrat par la victime ». Le fournisseur exerce une mission de service public.

Dans l'affaire MAMA FOUDA C/ ENEO, le juge de céans avait retenu comme ligne argumentaire : « *que si la responsabilité contractuelle fonde la réparation des dommages nés de l'inexécution du contrat, la responsabilité délictuelle quant à elle vise à indemniser les dommages survenus hors la sphère contractuelle ; que la responsabilité d'une demande fondée sur les deux régimes devrait être exclue. Mais attendu qu'il est de jurisprudence constante que le juge ne peut fonder l'irrecevabilité de la demande sur le principe de non-cumul lorsque la victime assigne son cocontractant sur un double fondement contractuel et délictuel, il doit déterminer le régime applicable à l'espèce ; qu'en l'espèce, sieur MAMA FOUDA OMGBA André a assigné en dommages-intérêts, la société ENEO sur la base de l'article 1382 du Code civil au lieu de l'article 1142 du même Code ; que la violation du principe de non-cumul de responsabilités délictuelle et contractuelle n'entraine pas le rejet ou l'irrecevabilité de l'action du demandeur qui, à la place du régime de responsabilité de l'article 1147 du Code civil, aurait fondé son action sur le régime de l'article 1382 du même Code* ».

---

[741]Quand le consommateur tend à devenir roi… à propos des métamorphoses récentes du droit de la consommation au Cameroun PP-673-718(p. 680).
[742]Article16 al. 2.

Attendu que la présente action a été faite dans les formes et délais légaux, il y a lieu de la recevoir et d'en examiner le mérite ; attendu qu'aux termes des dispositions de l'article 1382 du Code civil : « Tout fait quelconque de l'homme qui cause à autrui un dommage oblige celui par la faute duquel il est arrivé, à le réparer » ; que par ailleurs l'article 1142 du même Code dispose que : « Toute obligation de faire ou de ne pas faire se résout en dommages et intérêts, en cas d'inexécution du débiteur ».

Mieux encore, le législateur de 2011 à travers les lois du service public, la loi-cadre portant protection du consommateur au Cameroun frappe à l'article 35 de : *« nulle, toute clause d'exonération ou de limitation de responsabilité ou réduisant la portée des garanties contenues dans le contrat de vente, de fourniture des biens ou technologies, de prestation de service à un consommateur »*. Le fournisseur a donc l'obligation d'assurer la conformité des installations électriques.

Au regard des arguments mobilisés au soutien de cette démonstration, l'on peut sans ambages justifier l'affirmation selon laquelle le fournisseur du service de l'électricité est responsable des dommages causés par une coupure de courant ayant entrainé l'endommagement des appareils électroménagers. Hypothèses des dommages à savoir : dommages accidentels, mauvais courant, obligation du service, la qualité du courant, incendie dans les marchés, interruptions programmées et non programmées.

B- La causalité des dommages liés à l'exécution du contrat

De façon simpliste, le dommage peut-être défini comme le préjudice causé à quelqu'un, à ses biens par le fait d'un tiers. Ainsi, la coupure du courant électrique doit être considérée comme un fait générateur du préjudice. Son fondement serait alors basé sur l'inexécution d'une obligation contractuelle comme le prévoit l'article 1147 du Code civil qui dispose que « le débiteur est condamné s'il y a lieu, au paiement des dommages et intérêts soit à raison de l'inexécution de l'obligation, soit à raison du retard dans l'exécution, toutes les fois qu'il ne justifie pas que l'inexécution provient d'une cause étrangère qui ne peut lui être imputée, encore qu'il n'y ait aucune mauvaise foi ». Cette disposition du Code civil sanctionne l'inexécution d'une obligation contractuelle par le paiement des dommages et intérêts.

Ainsi, en cas de coupure d'électricité, le consommateur ou l'usager du service public de l'électricité peut se prévaloir devant le juge compétent de l'inexécution de l'obligation contractuelle surtout quand cette coupure entraine pour le consommateur la destruction des provisions, un manque à gagner ou simplement un trouble de jouissance[743]. Cette règle a été établie par le juge camerounais à travers l'arrêt n° 10/CIV du 1er octobre 2005 dans l'affaire ayant opposé M. MOTING ISIDORE C/ AES-SONEL.

Le juge camerounais avait établi la responsabilité contractuelle de AES-SONEL et rejeté l'exception d'inexécution qui avait été soulevée par ce dernier. Cette position de la Cour d'appel du Centre contraste avec la vision de l'arrêté du 26 janvier 2009, s'agissant de l'établissement de la faute de AES- SONEL.

C- La responsabilité variée dans les cas des dommages résultant des installations défectueuses

La responsabilité est variée à cause de la différence des régimes des installations électriques. On distingue les installations intérieures et les installations qui sont les biens concédés par l'État au fournisseur. Traiter de la responsabilité résultant des installations défectueuses invite à constituer ou à préciser l'étendue de chaque installation.

La lecture de l'article 10.1 du règlement de service renseigne que les installations intérieures ne font pas partie du réseau de distribution. Elles sont réalisées, exploitées et entretenues aux frais du propriétaire ou de l'usager (...) et sont sous son entière responsabilité. Le fournisseur ne pourra en aucun cas être tenu pour responsable de tout dommage matériel, corporel ou de toute nature résultant d'un mauvais entretien, d'une mauvaise utilisation ou d'un dysfonctionnement d'une installation intérieure. Il est clair dans cet article que le propriétaire ou l'usager est responsable des dommages résultant des installations défectueuses au regard de ce qu'il est garant de leur entretien.

Le contexte de la fourniture de l'énergie électrique caractérisé par des coupures intempestives de courant, des coupures brusques ou du rétablissement de l'énergie à forte puissance est tel qu'il peut entrainer la défectuosité des installations intérieures qui causeraient des dommages corporels ou matériels. C'est pour dire que l'activité instable du fournisseur peut entrainer la défectuosité des installations intérieures. Dans ce cas, le fournisseur pourrait-il encore être responsable de ces dommages s'il réussit à prouver non seulement que le dommage est le résultat d'un fait extérieur à ses installations, mais aussi que celles-ci (les installations) sont entretenues. Il est vrai, le Code civil tranche la question sur la responsabilité du fait des choses dont on a la garde. Cela signifie-t-il pour autant qu'on devrait être responsable du fait de l'activité d'un tiers responsable ?

---

[743] Tribunal de Grande Instance du Mfoundi centre administratif section civile et commerciale jugement civil jugement n° 872/CIV du 19 Mai 2022 / Affaire : ARCHIDIOCÈSE DE YAOUNDÉ c/ ENEO Cameroun.

Par ailleurs, si avant ou après la mise sous tension des installations électriques intérieures, le fournisseur peut, à tout moment, demander à tout usager de les faire contrôler conformément à l'article 10.3 du règlement de service, il faudrait peut-être revoir le régime de responsabilité de ces installations. En effet, l'article sus-évoqué renseigne sur l'obligation de conformité des installations intérieures aux normes de fonctionnement et aux contraintes de sécurité.

Cet article à notre sens constitue une décharge de responsabilité du consommateur à l'égard des dommages résultant de la défectuosité des installations. Cependant, il faut relever que l'on ne peut imputer la totalité de la responsabilité au fournisseur. Sa responsabilité n'est engagée que pour dommages résultant de la défectuosité des installations intérieures, si et seulement s'il a manqué à son obligation de contrôle de conformité des installations intérieures. C'est une responsabilité pour faute du service, un manquement à une obligation de service public. Pourtant, si avant ou après la mise sous tension des installations intérieures, le fournisseur réagit à son obligation de contrôle, il va de soi que tout dommage qui résulterait de ces installations est imputé au consommateur, car celui-ci doit en prendre soin et se comporter en bon père de famille. Au total, la responsabilité pour dommages résultant des installations intérieures est donc partagée entre le fournisseur et le consommateur en fonction du comportement irresponsable de l'un comme de l'autre. Pierre SABLIÈRE note que les dommages causés au client du fait de la fourniture sont du ressort de la réparation et de la responsabilité du fournisseur[744]. Il convient de citer dans cet ordre d'idées la responsabilité du distributeur du fait des installations de branchement et de fourniture[745].

Le distributeur est tenu de mettre à disposition de la clientèle des installations (réseau, branchement, compteur…) en bon état de fonctionnement et dont il conserve la garde même lorsque ces installations sont, comme les compteurs, installées chez les abonnés[746]. Le distributeur est donc responsable vis à vis de l'abonné des défauts de fonctionnement ou d'entretien de ses installations s'il en résulte, pour ledit abonné, des dommages que ceux-ci soient matériels ou corporels.[747]

744Tribunal de Première Instance de Yaoundé centre-administratif ; chambre civile, jugement n° 334/C du 24 octobre 2017 affaire colonel magistrat Jonas HIEHIES c/ Société ENEO.

745Cour d'appel du Centre section civile et commerciale, arrêt n° 682/civ du 5 octobre 2022, affaire société ENEO SA c/ sieur KOFFI KOUAMINA Joseph.
Quand le consommateur tend à devenir roi… à propos des métamorphoses récentes du droit de la consommation au Cameroun pp.680.

746 Bastia, 30 no. 1987, BENETTI c/EDF, CJEG 1988, 246-confirmé par : Civ. 2e, 29 mai 1996, M. François Benetti, n° 94-15.068, NP.

747Cour d'appel du Centre section civile et commerciale, arrêt n° 337/civ du 28 avril 2021, affaire PONDY Marius Ferry c/ la société ENEO SA.

La responsabilité du distributeur du fait des dommages causés chez l'abonné est relative au réseau. Le distributeur est également responsable des dommages dus à des anomalies véhiculées par ses installations de transport ou de distribution telles que des surtensions dues à la foudre ou au mauvais fonctionnement d'installations, situées en amont du branchement individuel[748]. Le distributeur a, en vertu de la jurisprudence des tribunaux, une obligation de sécurité vis-à-vis de ses abonnés qui s'analyse comme une obligation de résultat. Cette obligation perdure même lorsque les ouvrages sont momentanément désaffectés s'il résulte, néanmoins, de leur présence un dommage pour l'abonné.

Le compteur partie intégrante des installations de distribution publique, peut être installé dans les locaux privatifs du client. Dans cette hypothèse, la garde en est partagée[749].

Le distributeur, seul habilité à intervenir sur ces appareils, en a la garde de la structure et est seul responsable des dommages qui pourraient résulter de leur défaut de conception ou de fonctionnement[750]. Le client a, en revanche, la garde du comportement et est responsable des dommages causés, de son fait et de celui des personnes vivant avec lui (ou de ses préposés), aux appareils du fait d'une négligence, d'une imprudence voire d'une intervention intempestive sur ces appareils. Il sera également responsable des dégradations dues à un accident survenu dans ses locaux tel qu'un incendie[751].

Par ailleurs, de la responsabilité pour dommages résultant des installations constituant des biens concédés par l'État au fournisseur et ceux qui sont la propriété de l'opérateur tel que cela ressort de l'article 12 du règlement de service, il en ressort qu'elle est du fournisseur en tant que garant gestionnaire des ouvrages affectés au service public de l'électricité. Tout litige portant sur ces installations doit être dirigé contre le fournisseur sur le fondement de l'article 4.7 du règlement de service[752]. Cependant, il est possible qu'une installation non défectueuse soit aussi à l'origine d'un dommage en cas d'évènements naturels[753]. Dans ce cas, l'action en justice doit être dirigée

---

[748]Tribunal de Première Instance de Yaoundé centre-administratif ; chambre civile, jugement n° 334/C du 24 octobre 2017 affaire Colonel magistrat Jonas HIEHIES c/ Société ENEO.

[749]Cour d'appel du Centre section civile et commerciale, arrêt n° 337/civ du 28 avril 2021, affaire PONDY Marius Ferry c/ la société ENEO SA.

[750]Cour d'appel du Centre section civile et commerciale, arrêt n° 196/civ du 6 avril 2022, affaire SOKOUDDJOU Pascal c/ la société ENEO SA.

[751]Cour d'appel du Centre section civile et commerciale, arrêt n° 337/civ du 28 avril 2021, affaire PONDY Marius Ferry c/ la société ENEO SA.

[752]Tribunal de grande instance du Mfoundi centre administratif section civile et commerciale jugement civil jugement n° 872/CIV du 19 Mai 2022 / Affaire : ARCHIDIOCÈSE DE YAOUNDÉ c/ ENEO Cameroun.

[753]Tribunal de Première Instance de Yaoundé centre-administratif ; chambre civile, jugement n° 334/C du 24 octobre 2017 affaire colonel magistrat Jonas HIEHIES c/ Société ENEO.

contre l'État en tant que propriétaire des biens et son concessionnaire n'assurant que l'exploitation[754].

Paragraphe III : La réparation du préjudice

En matière de réparation du préjudice, le principe est celui de la réparation intégrale. Le principe de la réparation intégrale est celui en vertu duquel le responsable du préjudice doit indemniser tout le dommage et uniquement le dommage sans qu'il n'en résulte ni appauvrissement ni enrichissement de la victime. Ce préjudice, objet de la condamnation, peut être matériel (A) ou moral (B).

A- La condamnation à la réparation du préjudice matériel

Le préjudice matériel est celui qui concerne les biens et actifs de la victime tels que les fils électriques achetés par le consommateur et installés dans son domicile et plusieurs autres installations lui appartenant[755].

Il constitue une atteinte à son patrimoine. Ce préjudice est la conséquence du dommage subi par la victime d'un acte ou d'un fait juridique dû à une atteinte aux biens immédiatement susceptibles d'évaluation pécuniaire et des préjudices corporels[756] qui englobent quant à eux toutes les conséquences d'une lésion du corps humain, qu'elles soient d'ordre patrimonial ou non patrimonial.

Le préjudice matériel peut émaner d'une atteinte aux biens meubles ou immeubles de la victime, une perte ou une privation de sa rémunération[757]. Plus généralement, on admet que le préjudice matériel englobe le gain manqué et la perte éprouvée par la victime, économiquement, du fait de la faute. Comme tout type de préjudice, pour être réparable, le préjudice matériel doit être direct[758], actuel et certain. En plus, le préjudice à réparer doit être licite[759]. Il convient tout de même de relever que le principe de la réparation du préjudice matériel obéit en droit camerounais à des règles strictes. Selon un adage juridique bien connu, « ne sera réparé que le préjudice, tout le préjudice et rien que le préjudice ».

---

[754]Cour Suprême, pourvoi n° 204/REP du 26 octobre 2017, affaire société ENEO SA c/ sieur Abdel Aziz KEUMEGNI.

[755]Tribunal de Grande Instance du Mfoundi centre administratif section civile et commerciale jugement civil n° 2343/CIV du 16 décembre 2021 affaire : sieur MAMA FOUDA OMGBA André c/ Société Energy of Cameroon « ENEO ».

[756]Cour d'appel du Centre section civile et commerciale, arrêt n° 196/civ du 6 avril 2022, affaire SOKOUDDJOU Pascal c/ la société ENEO SA.

[757]Cour d'appel du Centre section civile et commerciale, arrêt n° 381/REF du 17 juin 2022, affaire sieur FOPA David c/ la société ENEO SA.

[758]Cass. Ch. mixt, 27. Févr. 1970.

[759]Cass. 27 janv. 2002, Grands arrêts, n° 188.

Le principe est celui de stricte équivalence entre la réparation et le dommage. Selon la Cour de cassation, « *le propre de la responsabilité civile est de rétablir aussi exactement que possible l'équilibre détruit par le dommage, et de replacer la victime dans la situation où elle se serait trouvée si l'acte dommageable ne s'était pas produit* ». En d'autres termes, il s'agit pour le juge, autant que faire se peut, de rétablir la victime dans une situation identique à celle qui aurait été la sienne si l'acte dommageable ne s'était pas produit tout en évitant qu'elle puisse tirer de la réparation un enrichissement injuste. Le juge ne tiendra compte au moment d'ordonner la réparation que des éléments objectifs fournis. L'estimation du préjudice matériel devra donc être solide, bien présentée, chiffrée et étayée au moyen des pièces justificatives authentiques. Dans tous les cas, défendre ses intérêts est un droit de l'homme reconnu en droit camerounais.

Dans l'affaire : sieur MAMA FOUDA OMGBA André C/ la société Energy of Cameroon[760], le sieur MAMA FOUDA OMGBA André le requérant avait requis de la juridiction de céans, la condamnation de la société défenderesse au paiement des dommages et intérêts pour préjudices subis.[761]

---

[760]Propriétaire d'une résidence secondaire à Yaoundé III. Pour alimenter ce domicile en énergie électrique, le propriétaire souscrit à un abonnement par contrat N° 201964055, qu'à cet effet, on lui a posé le compteur N° 021150628016 par les soins de la société requise. Courant 2019, la société ENEO pour des raisons qui lui sont propres est venue remplacer le compteur et va en installer un autre qui porte le N°17453936. Ce changement de compteur n'a pas changé le fait que sieur MAMA payait régulièrement ses factures d'électricité, grande est sa surprise lorsque le requérant s'est vu notifier le 17 décembre 2019, un avis de coupure avec un redressement de 4.587.664 FCFA. Vérification faite, il 's'est avéré que la société ENEO s'était trompée et aurait attribué à sieur MAMA FOUDA la facture d'un compteur autre que le sein. Qu'auprès de moult saisines du jugement des référés, la société ENEO est revenue à de meilleurs sentiments et a rétabli le courant après l'énorme préjudice d'où la saisine du présent juge pour le paiement de dommages et intérêts.

[761]Le sieur MAMA FOUDA : la victime sur la base de l'article 1382 du code civil exige un paiement de dommage et intérêt évalué à hauteur de 15 millions de FCFA ventilés comme suit Préjudice matériel : 5 millions de FCFA : Préjudice moral : 10 000 000 FCFA. En effet, cette situation a causé un énorme préjudice au requérant, car non seulement elle ne lui a pas permis de passer les fêtes de fin d'années en famille comme projeté et programmé, mais aussi, elle a favorisé l'avarie des victuailles et des réserves de nourriture stockées pour ces fêtes ; Que la coupure a empêché toute la contrée d'être ravitaillée en eau potable, car c'est cette « énergie qui permet la propulsion de l'eau dans les différents ménages ; Qu'il est devenu la risée de ses voisins qui l'ont traité d'insolvable. Toute chose portant atteinte à sa crédibilité et à son honorabilité ; l'enlèvement du disjoncteur ne lui permettant pas de brancher le groupe électrogène. La société ENEO estime que par cette action, le requérant prétend que la violation du principe de non cumul de responsabilités délictuelle et contractuelle n'entraîne pas le rejet ou l'irrecevabilité de l'action. Donner acte au demandeur qui a fondé son action sur l'article 1382 du CC relatif au principe de responsabilité délictuelle, alors qu'il est lié à la défenderesse par un contrat, serait violer le principe de non cumul de responsabilité. Le demandeur produit au tribunal : le procès-verbal du 18 décembre 2019, constatant le dépôt du compteur électrique du requérant ; une sommation valant une mise en demeure de rétablir l'énergie électrique abusivement supprimée ; une copie d'assignation en référé ; une sommation valant mise en demeure de réparer le préjudice subi ; un PV de rétablissement du courant électrique.

Statuant contradictoirement, la juridiction avait reçu l'action du demandeur et condamna la société ENEO à lui payer une somme de dix millions à titre de dommages-intérêts. De cette affaire, l'on note que le consommateur lié par un contrat avec la société ENEO engage une action en justice contre celle-ci sur la base de l'article 1382 et 1147 du Code civil qui soulève la responsabilité délictuelle du cocontractant. La recevabilité d'une demande en indemnisation fondée sur les deux régimes devrait-elle être exclue ? En d'autres termes, la violation du principe de non-cumul des responsabilités délictuelle et contractuelle entraîne-t-elle l'irrecevabilité de l'action du demandeur ? Le règlement du service de distribution publique d'électricité en son article 16.1 stipule qu'il y a lieu d'engager la responsabilité délictuelle lorsqu'il n'existe aucun lien contractuel entre AES-SONEL et la victime. En l'espèce, le propriétaire a subi un dommage résultant de l'inexécution par AES SONEL de ses obligations. Quel est le moyen pour le consommateur d'éviter de violer le principe de non-cumul du principe de responsabilité lorsque le juge judiciaire lui permet d'engager une action en paiement de dommage et intérêts grâce à l'article 1382 et que le règlement du service de distribution publique invoque la responsabilité contractuelle lorsqu'il existe un lien contractuel ?

Un autre point est soulevé par le règlement du service de distribution publique d'Électricité qui s'applique en matière de responsabilité entre les abonnés et ENEO. La société devra spontanément accorder un avoir de 2 % de la moyenne mensuelle par jour de retard en cas de non-rétablissement de la coupure abusive. Quelle est la posture à adopter par le juge judiciaire lorsqu'il y a un texte spécifique prévoyant le maintien du contentieux issu du contrat et que le code civil prévoit dans le même cas la responsabilité délictuelle ?

Selon le juge, ledit principe voudrait que les juges du fond lorsqu'ils sont saisis d'une action en réparation apprécient si le principe même de la réparation s'impose et si oui, de déterminer le régime de responsabilité applicable. Les juges du fond ne peuvent déclarer non fondée ou irrecevable une demande en réparation au seul motif que le demandeur se serait fondé sur le principe de la réparation acquis. Le juge reconnait que la société ENEO Cameroun S.A n'a jamais contesté l'existence d'une faute et que l'invocation 15-5 du règlement du service invoqué par ENEO est une manière de se dérober de sa responsabilité. Le juge de céans a surtout retenu l'application de la responsabilité délictuelle en faisant remarquer que la violation du principe de non-cumul de responsabilités n'entraîne pas le rejet ou l'irrecevabilité de l'action du demandeur. La décision actuelle tient en compte toutes les questions soulevées au cours du contentieux.

En réalité, il se pose une ambiguïté sur le sens réel du principe de non-cumul de responsabilités et du cas du non-respect de ce principe. La présente jurisprudence indique que les juges du fond ne peuvent déclarer non fondée ou irrecevable une demande en réparation au seul motif que le demandeur se serait fondé sur le régime de responsabilité applicable une fois le principe de la réparation acquis. Le juge a la latitude d'apprécier si le principe même de la réparation s'impose et si oui, de déterminer le régime de responsabilité applicable.

Il n'a que retenu le préjudice moral causé au demandeur, car celui-ci a produit des pièces montrant la traçabilité de la durée de la coupure d'électricité prouvant ainsi le préjudice moral que le consommateur aurait subi[762]. En l'espèce, l'intervention du juge des référés a permis le rétablissement de l'électricité chez le consommateur victime de coupure abusive, il est question pour le juge de fond de réparer le dommage causé du fait du fournisseur. Ici, le juge de fond s'attribue la compétence d'apprécier les faits et de choisir lui-même le régime de responsabilité applicable.

Il convient de relever que le règlement du service de distribution publique qui révèle la responsabilité contractuelle d'ENEO en cas de faute, nous interpelle sur le fait que la faute commise se fait dans l'exercice du service public de la société ENEO concessionnaire de l'État (distribution publique d'électricité). Reconnaître et appliquer un tel texte pour le juge judiciaire serait empiété dans le domaine du juge administratif qui lui aussi a la compétence de connaître de la faute commise lors de l'exécution d'un service public.

Le texte évoqué par la société ENEO est un règlement de service qui reconnait que la distribution d'électricité est un service public effectué par le concessionnaire de l'État et l'article 1382 du Code civil interpelle automatiquement le juge judiciaire sur la question des dommages et intérêts. Ainsi, pour reconnaître sa compétence et la recevabilité du litige, il doit infléchir la responsabilité contractuelle qui peut faire intervenir le juge administratif comme juge de fond dans cette affaire. Au sortir de la décision, la réalité est celle qu'il existe un règlement de service qui rattache les abonnés et la société ENEO par une responsabilité uniquement contractuelle en cas de faute du concessionnaire, la responsabilité délictuelle n'étant reconnu par ce texte uniquement qu'en cas d'absence de contrat.

La précision sur les juges de fond n'étant pas donnée ici, il est possible pour le consommateur de saisir le juge administratif pour la réparation d'un préjudice causé par ENEO en tant qu'agence ou société de distribution publique d'électricité, tel qu'il ressort de l'affaire, sieur MVONDO Hubert C / ENEO.[763] Client de la société AES-SONEL devenue ENEO, le requérant

[762]Cependant, il n'a pas apporté des preuves justifiantes que c'est le préjudice causé par ENEO qui aurait été à l'origine de l'avarie de ses victuailles. Est-ce pour dire que la preuve du préjudice matériel est difficilement traçable en l'espèce ? Puisqu'il parle de l'avarie des victuailles prévues pour les fêtes de fin d'année.

[763]Le jugement civil n° 332 /C du 26 aout 2021sur le dossier n° 808/RG/CIV/2018 du 17 aout 2018 rendu à l'audience ordinaire du Tribunal de Première Instance de Yaoundé-centre administratif statuant en matière civile et commerciale.

s'est vu déconnecté du réseau électrique motif pris de ce qu'il était prétendument redevable à la société ENEO. Cependant, après maintes vérifications par une expertise, il s'est avéré qu'il n'en était rien.

Dès lors après 17 mois, la Société ENEO va reconnecter le sieur MVONDO, tout en l'assurant que le montant faramineux ne lui sera plus exigé. Le sieur MVONDO va saisir le tribunal pour les dommages subis du fait de la privation pendant 17 mois d'électricité[764]. Le tribunal de céans après avoir reçu en la forme la requête du sieur MVONDO, l'avait déclaré partiellement fondée et condamna la société ENEO Cameroun à lui payer la somme de 5 millions en réparation des préjudices matériel et moral par lui subis. Le tribunal reconnut dès lors la responsabilité délictuelle de la société ENEO et mit en application, l'article 1382 du Code civil ; cependant, il estima que le préjudice subi n'était pas proportionnel à sa demande ; d'où le rejet du surplus comme non justifié.

L'affaire colonel magistrat Jonas HIEHIES C/ENEO[765] soulève le problème du paiement des dommages et intérêts. Cependant, l'on constate que

---

[764]Tandis que le sieur MVONDO refusait de faire payer des indemnités d'une valeur de plus de 9 millions à la société ENEO en arguant que sa situation de père de famille ne lui permettant pas de vivre aussi longtemps sans électricité l'a poussé à louer un groupe électrogène dès le lendemain de la coupure qui pendant ces 17 mois lui ont coûté de faramineuses sommes d'argent à dépenser. C'est donc factures à l'appui qu'il soutient les sommes représentant le préjudice matériel et moral qu'il aurait subi. La défenderesse quant à elle accuse le requérant de tentative d'escroquerie dans la mesure où les sommes qu'ils détaillent sont de nature douteuse du point de vue qu'il aurait été plus simple pour le demandeur de régler la facture de redressement que de louer pendant des mois un groupe électrogène à un tel prix. Toutefois, une enquête devrait être demandée sur les reçus et documents présentés par le requérant. Que vu le lien contractuel qui lie le consommateur au fournisseur ENEO depuis 1995, le tribunal ne saurait s'appuyer sur l'article 1382 du code civil engageant sa responsabilité délictuelle au lieu de sa responsabilité contractuelle.

[765] TPI N° 334/CIV du 27 aout 2020. En effet, dans la nuit du 22 au 23 mars 2021, le colonel magistrat Jonas HIEHIES, propriétaire d'un immeuble R+2 à Yaoundé, sis au quartier Ahala, va subir un dommage suite à l'effondrement dans sa concession de deux supports électriques en bais appartenant à la société ENEO. À la suite de cet effondrement, ce dernier va subir la destruction d'une partie de ses toitures, ainsi que du lampadaire et l'installation paratonnerre. À la suite de ce sinistre, ce dernier va rédiger une correspondance le 29 mars 2016 et reçue le 30 mars 2016 où il informe la société ENEO du sinistre que leurs installations ont causé, en y joignant tant une copie du procès-verbal de contrat que les photos des dégâts subis. Le 18 mai 2016, par réponse à la correspondance, la société ENEO sollicite la production de certains documents pour pouvoir instruire une demande en réparation. Cette dernière exigence a été remplie par le demandeur dans une correspondance du 24 juin 2016. Malgré la satisfaction de cette exigence, ENEO a gardé silence, ce qui conduit à une autre correspondance le 10 novembre 2016 qui est demeurée infructueuse. Ainsi, devant la mauvaise loi affichée par la société ENEO, ce dernier va se prévaloir en justice devant le tribunal de première instance de Yaoundé pour réparation des dommages causés par l'effondrement de poteaux appartenant à la société ENEO. En date du 12 janvier 2018, Maître MAH Ebénezer Paul, huissier de justice près de la Cour d'appel du centre et les tribunaux de Yaoundé, remet une demande d'assignation à la société ENEO pour comparaitre devant le tribunal de première instance de Yaoundé centre

la partie défenderesse a soulevé le problème de voie de fait et /ou d'emprise qui a été écarté par le juge de céans. Pour le juge, en vertu des articles 1384, 1146 et 1147 du Code civil, le demandeur a subi un préjudice matériel et moral important qui mérite réparation sur le fondement des articles sus évoqués, le juge déclare partiellement fondée l'action de sieur HIEHIES. De ce fait, il condamne la société ENEO Cameroun prise en la personne de son directeur général à payer au demandeur la somme de 3 459 500 FCFA répartis comme suit : Préjudice matériel : 3 109 500 FCFA ; Préjudice moral : 350 000 FCFA. En outre, il condamne la société ENEO aux dépens de l'avocat du demandeur. Dans sa décision rendue le 27 aout 2020, le juge de céans en se fondant sur l'article 1384 du Code civil selon lequel « *on est responsable non seulement du dommage que l'on cause par son propre fait, mais encore de celui qui est causé par le fait des personnes dont on doit répondre ou des choses que l'on a sous sa garde (...)* » En l'espèce, la société ENEO est l'unique personne chargée de l'installation électrique. Ainsi, elle doit répondre des actes que ses installations ont causés. Le juge en s'appuyant sur les articles 1384, 1146 et 1147 avait requis la réparation en paiement des dommages et intérêts au profit de sieur HIEHIES.

B- La condamnation à la réparation du préjudice moral

Le préjudice moral est une souffrance subie par une personne par le fait d'un tiers. Il correspond à l'atteinte aux sentiments de la victime, à l'instar de celle qu'elle peut éprouver dans son honneur, dans sa réputation ou dans son affection.[766] Au sens large, le préjudice moral regroupe l'ensemble des atteintes qui n'affectent pas directement un patrimoine. La notion est abstraite et insaisissable au premier abord. Suivant la théorie traditionnelle, le

---

administratif statuant en matière civile. L'affaire a été appelée pour la première fois le 26 octobre 2017. Elle a subi de nombreux renvois. Le demandeur sur la base de l'article 1382 du Code civil sollicite un paiement des dommages et intérêts à hauteur de 5 000 000 FCFA en guise de réparation du préjudice qu'il a subi. En effet, le sinistre a occasionné divers dégâts matériels aux biens de sieur HIEHIES. Le requérant sollicite la réparation des dégâts, ainsi que les dépens distraits au profit de maître Jean Claude MIDELEL A DON. Sieur HIEHIES a subi un important préjudice matériel évalué par des devis et factures à hauteur de 3 109 500 FCFA pour la réparation des dégâts qu'il a subis. À travers son représentant, la société ENEO argue que, le sieur HIEHIES Jonas n'a pas produit, ni communiqué les photos dudit dégât pourtant énoncer à l'acte introductif d'instance. Bien plus, le requérant n'a pas rapporté la preuve du lien de cause à effet entre la faute et le dommage éventuel. Que le rapport d'expertise n'a pas été fait par un homme de l'art assermenté en urbanisme, en mécanique automobile, et électronique et en électricité. Bien plus que le sieur HIEHIES Jonas s'est approprié le domaine public artificiel de l'État en mettant le réseau ENEO à l'intérieur de sa barrière, ce qui a empêché l'entretien. Il déclare la demande de sieur HIEHIES non ou mal fondé.

[766]Tribunal de Grande Instance du Mfoundi centre administratif section civile et commerciale jugement civil n° 2343/CIV du 16 décembre 2021 affaire : sieur MAMA FOUDA OMGBA André c/ Société Energy of Cameroon « ENEO ».

fondement de la responsabilité est la faute commise par une personne douée de raison et de discernement[767].

Le dommage moral dont il est question ici est la résultante d'un préjudice principal pour lequel on sollicite sa réparation. Certes, une controverse est observée au regard de la réparation du préjudice moral en argent, car le but de la réparation est de rétablir la victime dans la situation où elle était placée antérieurement[768]. Or, l'argent ne répond sûrement pas à ce but et ne peut pas effacer les douleurs antérieures. Les troubles psychologiques ne peuvent pas se monnayer. Pour Henri de PAGE, « *la législation qui établit le principe de la compensation en argent du préjudice moral inspire dans l'esprit des citoyens des motifs immoraux* ».[769] « *Il faut être pénétré d'un profond mépris de la personne d'un homme pour lui suggérer que l'argent soit capable de donner une compensation aux souffrances morales de toute sorte. La transformation d'un préjudice moral en argent est le résultat de l'esprit bourgeois qui apprécie tout en argent, qui considère que tout est à vendre*[770]. » Pour les défenseurs de cette thèse, le préjudice moral ne peut être réparé[771].

Le juge se trouve dans l'impossibilité d'évaluer le juste prix du préjudice moral. Cependant, à côté de ces négateurs, il y a des défenseurs de la réparation du préjudice moral. Certes, la réparation ici n'est possible que dans la mesure où le préjudice moral a une incidence matérielle. En matière de voie de fait, par exemple, elle ne vise pas forcément la parfaite reconstruction du passé, mais la réparation du tort psychologique causé par un acte administratif dénaturé[772].

Ainsi, la thèse de la réparation du préjudice moral, à laquelle nous adhérons, peut être défendue. Réparer, ce n'est sûrement pas remettre en état égal à celui qui existait avant l'acte dommageable ; ce n'est pas toujours refaire ce qu'on a détruit. Réparer, c'est le plus souvent donner à la victime la possibilité de se procurer des satisfactions équivalentes à ce qu'elle a perdu. Le véritable rôle de la réparation est satisfactoire puisqu'à la faveur de son caractère compensatoire, la réparation procure un effet psychologique certain sur la victime du préjudice.

---

[767]Tribunal de Première Instance de Yaoundé centre-administratif ; chambre civile, jugement n° 334/C du 24 octobre 2017 affaire colonel magistrat Jonas HIEHIES c/ Société ENEO (Paiement Dommage et intérêts).

[768]Cour d'appel du Centre section civile et commerciale, arrêt n° 196/civ du 6 avril 2022, affaire SOKOUDDJOU Pascal c/ la société ENEO SA.

[769]Cour d'appel du Centre section civile et commerciale, arrêt n° 281/civ du 7 avril 2021, affaire A.D NGANSOP Christophe c/ la société ENEO SA.

[770] Henri de Page, *Traité élémentaire de droit civil belge*, Bruxelles, Bruylant, 1964, p.954.

[771]Eugene (E), TREBUTIEN, *Cours élémentaire de droit criminel*, Paris, A. Durant, 1854, p. 17 et s.

[772]Cour d'appel du Centre section civile et commerciale, arrêt n° 381/REF du 17 juin 2022, affaire sieur FOPA David c/ la société ENEO SA.

Toutefois, les défenseurs de la thèse ne doivent pas ignorer le danger qui continue à exister quand on marchande l'honneur ou les troubles psychologiques. Cette critique les a conduits à rechercher un autre fondement : l'indemnité allouée n'a plus un caractère compensatoire, mais elle est considérée comme une peine privée. Elle sert plus à l'affirmation d'un droit qu'à compenser un dommage. Le dernier argument qui a, sur le plan juridique, un coefficient élevé de pertinence, à notre avis, est tiré de l'article 1382 du Code civil. Devant le juge judiciaire, ces dispositions trouvent valablement leur raison d'être. En effet, cet article parle de la réparation du dommage tout court. Il ne fait pas de distinction entre le dommage matériel et le dommage moral.

Ce serait violé le texte que de distinguer là où le législateur n'a pas distingué. Limiter le sens du terme « dommage » au seul dommage matériel est arbitraire à notre avis. Cette position a pour mérite d'affirmer qu'à côté des droits patrimoniaux, il existe également des droits extrapatrimoniaux, non économiques dont la violation mériterait bien une sanction, c'est-à-dire une réparation[773]. Les dispositions du code Napoléon applicable au Cameroun n'excluent pas le dommage moral. En outre, l'équité exige que celui qui a causé un dommage ou a posé un acte fautif puisse répondre des conséquences de son acte[774].

Le droit camerounais admet ainsi le principe de la réparation du préjudice moral. Le juge administratif camerounais l'a d'ailleurs admis dans plusieurs espèces[775]. Certes, il n'y a pas de commune mesure entre l'argent et la souffrance ; mais la réparation, bien qu'imparfaite, reste possible.[776] Les dommages-intérêts alloués en pareil cas revêtent un caractère compensatoire[777]. Tout en admettant la réparation du dommage moral, le droit

---

[773]Tribunal de Première Instance de Yaoundé centre-administratif, chambre civile, jugement n° 143 du 23 mars 2020 affaire Sieur MBOUENDEU DJIKE Franck Cédric c/ La société ENEO SA précédemment AES SONEL SA.

[774]Tribunal de Première Instance de Douala- Bonanjo ; ordonnance n° 458 du 20 juillet 2016/ Affaire : solution finance –GIE c/ La société civile Immobilière John LAE Sylvestre ; Tribunal de première instance de Douala-Bonanjo ; ordonnance n° 163/H/H du 15 mars 2020, affaire sieur MONKAM Jean-Marie, c/ La société ENEO Cameroon SA ; Tribunal de Première Instance de Douala-Bonanjo ordonnance n°1073 du 23 novembre 2020, affaire dame NGO BINDJEMB germaine c/ ENEO SA Cameroon.

[775]Tribunal de Première Instance de Douala-Bonanjo ordonnance n° 1073 du 23 novembre 2020, affaire dame NGO BINDJEMB germaine c/ ENEO SA Cameroon ; Tribunal de première instance de Yaoundé-Ekounou , ordonnance n°085/HH/CIV du 12 Mars 2021, affaire école privée Laïque Bilingue Hubert et Régine c/ La société ENEO ; Tribunal de première instance de Douala- Bonanjo ,ordonnance n°1219 du 7 septembre 2021/ Affaire : dame NDEDI WASSI Hélène Manuela c/ La société ENEO Cameroun.

[776]Cour d'appel du Centre section civile et commerciale, arrêt n° 196/civ du 6 avril 2022, affaire SOKOUDDJOU Pascal c/ la société ENEO SA.

[777]Cour d'appel du Centre section civile et commerciale, arrêt n° 381/REF du 17 juin 2022, affaire Sieur FOPA David c/ la société ENEO SA.

camerounais ne nie pas la difficulté qu'il a à établir une équivalence entre la souffrance et l'argent. En la matière, l'appréciation du juge est souveraine. C'est lui qui, en fonction des circonstances et des preuves administrées à l'audience, fixe le quantum des dommages-intérêts.

Comme on peut le constater, les juridictions ne sont tenues par aucun barème, et c'est là la difficulté d'évaluation du préjudice. En plus, les juridictions ne sont pas tenues de s'expliquer sur le choix des critères d'évaluation retenus ou de suivre les parties dans le détail de leur argumentation. Elles peuvent souverainement apprécier l'existence et l'étendue des préjudices ainsi que le montant des indemnités propres à en assurer l'entière réparation. Ainsi, en matière de réparation du préjudice moral né de la voie de fait, le juge a une liberté d'appréciation dictée par sa conviction et sa conscience.

La réparation peut être par nature ou par équivalence. Elle peut aussi être symbolique. Pour être réparé, le dommage moral doit être direct, actuel, certain et consister dans la violation d'un intérêt légitime. Le propre de la responsabilité civile ou administrative est de rétablir aussi exactement que possible l'équilibre détruit par le dommage et de replacer la victime dans la situation où elle se serait trouvée si l'acte dommageable ne s'était pas produit.

Qu'on soit en présence du préjudice matériel ou moral, l'administration peut être condamnée par le juge judiciaire en cas de voie de fait à le réparer. Nul n'ignore que la fonction des indemnités allouées dans ce cas est, en l'occurrence, non une réparation du dommage, c'est-à-dire un rétablissement de l'état antérieur à celui-ci, mais une compensation pécuniaire à l'atteinte qui a été irrémédiablement portée à cet état. Pour le juge, la seule difficulté peut résulter au niveau de la fixation du quantum de cette compensation pour qu'elle soit reconnue satisfactoire[778].

Que ce soit le préjudice matériel ou moral, la réparation se fait devant le juge du fond. Si la demande excède dix millions de francs CFA, c'est le tribunal de grande instance qui est compétent en l'affaire. Si, par contre, la demande est inférieure ou égale à dix millions de francs CFA, c'est le tribunal de première instance qui est compétent[779].

Au Cameroun, l'examen de la jurisprudence révèle que la majorité des justiciables, en raison de l'urgence, font généralement appel au juge des référés. Or, ce juge se limite seulement à constater, qualifier et ordonner la cessation de la voie de fait. Les justiciables, dans l'immense majorité, ignorent

---

[778]Tribunal de Grande Instance du Mfoundi centre administratif section civile et commerciale jugement civil n° 2343/CIV du 16 décembre 2021 affaire : sieur MAMA FOUDA OMGBA André c/ Société Energy of Cameroon « ENEO ».
[779]Loi n° 2011/027 DU 14 décembre 2011 modifiant et complétant certaines dispositions de la loi n° 2006/015 du 29 décembre 2006 portant organisation judiciaire.

qu'après le juge des référés, on peut aller devant le juge du fond solliciter réparation. Ainsi, ils doivent désormais savoir qu'après que le juge des référés s'est prononcé, la partie ayant intérêt peut saisir le juge du fond, en fonction du quantum de la demande, pour obtenir réparation. Lorsque l'administration devient rebelle au droit, en agissant hors la loi, l'unique solution crédible dans un État de droit est le recours au juge. Ce recours au juge s'illustre bien en cas de voie de fait administrative.

En examinant de nombreux cas tranchés par le juge judiciaire, on constate que l'occasion a été offerte à ce dernier d'attirer l'attention de l'administration sur les limites de ses pouvoirs. Ce juge, dans le contentieux de la voie de fait administrative, a eu le mérite de réaffirmer son audace à travers l'étendue de ses compétences. Il a aussi saisi l'opportunité donnée par les justiciables pour rappeler l'étendue de ses compétences dans un contentieux de la voie de fait administrative.

Ainsi, au Cameroun, le juge judiciaire se trouve habilité, en matière de contentieux de la voie de fait administrative, à constater les actes de l'administration, les qualifier de voie de fait ou non, ordonner toute mesure pour qu'il y soit mis fin et réparer le préjudice causé par lesdits actes. Sous cet angle, l'administration se trouve déchue du privilège de juridiction.

Section II : L'engagement de la responsabilité pénale en matière de fourniture de l'énergie électrique

De prime abord, la relation qui lie le consommateur au fournisseur peut être soit de nature contractuelle, soit de nature subrogatoire. Dans ce sens, à la différence de l'usager ou du client qui a un rapport de consommation réel avec le fournisseur à travers le contrat d'abonnement, le consommateur est toute personne qui utilise soit de façon directe, soit par l'intermédiaire d'une autre personne de l'énergie électrique. En outre, tous les consommateurs ne font pas toujours un usage licite de l'énergie électrique. C'est pourquoi leur responsabilité délictuelle peut être établie soit en cas de fraude, soit en cas de vol d'électricité.

D'après l'article 13.1 de l'arrêté du 26 janvier 2009 portant approbation du règlement du service de distribution publique d'électricité, la fraude est tout acte « ayant pour objet ou pour effet de prendre de l'énergie électrique en dehors des quantités mesurées par le compteur, de fausser les indications du compteur de même que toute rupture de scellement ou de plombage ». Cette définition ne permet pas clairement de distinguer la fraude à l'électricité du vol d'électricité.

Concrètement, la fraude se caractérise soit par la manipulation des indicateurs de compteur, soit par la rupture de scellement ou de plombage apposée par les équipes techniques du fournisseur. Alors que le vol d'électricité se caractérise pour sa part soit par le branchement illicite sur le réseau, soit par la vente illicite de l'énergie électrique. La disposition précitée constitue dans ce cadre une loi pénale spéciale propre au secteur de l'électricité. Elle confère par conséquent au fournisseur le pouvoir de constater et de sanctionner les infractions nées soit de la fraude à l'électricité, soit du vol d'électricité.

Aussi, en cas d'action judiciaire engagée par le fournisseur dans le but d'établir la fraude ou le vol d'électricité du consommateur, le fournisseur sera en droit principalement de suspendre la fourniture d'énergie et de prendre toute mesure conservatoire nécessaire à la préservation des éléments de preuve établissant l'infraction.

De la sorte, deux types de preuves sont mobilisés pour matérialiser l'infraction. Il s'agit premièrement, du procès-verbal de constat établi soit par des agents assermentés du fournisseur, soit par un officier de police judiciaire ou un auxiliaire de justice assermenté. Deuxièmement, de la fiche technique de constat d'anomalies signée contradictoirement entre le client ou son représentant et le fournisseur.

Après l'établissement à travers les éléments de preuve de la responsabilité délictuelle du consommateur, deux moyens sont envisagés. Primo, la résolution amiable du litige par réparation du préjudice causé par le consommateur ou le fournisseur. Cette réparation emporte le paiement de la facture correspondant à la quantité d'énergie soustraite sur une période ne pouvant excéder trente-six (36) mois, le paiement des frais de normalisation et de rétablissement de l'installation et des pénalités correspondant à 20 % du montant facturé au titre de l'énergie soustraite.

Secundo, la résolution judiciaire qui se déroulera devant le tribunal de première instance statuant en matière correctionnelle et le fournisseur étant partie civile. L'engagement de la responsabilité pénale est nuancé selon que l'infraction est commise par le consommateur ou le fournisseur. Elle conduit sans doute à la réparation du préjudice subi. Toutefois, la position de monopole que détient le fournisseur dans le secteur rend peu probables les cas d'assignation en justice des consommateurs indélicats. L'intérêt de l'opérateur se trouve dans la réparation pécuniaire du préjudice que lui a infligé la fraude ou le vol d'électricité. C'est pourquoi il use de tous les moyens de contraintes que lui confère le règlement de service pour contraindre le consommateur fautif. La mise en œuvre de la responsabilité pénale du consommateur suppose l'identification du fait générateur de cette responsabilité (paragraphe 1) que le juge répare au moyen de la sanction sévère des faits (paragraphe 2).

Paragraphe I : Le fait générateur de la responsabilité pénale en matière de fourniture : la faute

Le contentieux d'une infraction devant le juge pénal ne peut être envisageable s'il n'y a pas au préalable commission d'une faute qui soit légalement réprimée. En vertu de la règle « *nullum crimen nulla poena sine lege* » en français « pas d'infraction sans texte », reprise par le Code pénal à son article 17 : pour parler d'infraction, il faut un comportement ou un fait qui soit non seulement incriminer, mais aussi sanctionner. Il convient d'examiner la faute du consommateur ou de l'usager du service public de l'électricité (A) et la faute pénale à l'origine de la responsabilité du fournisseur (B).

A- La faute du consommateur ou de l'usager du service public de l'électricité

Le contentieux de la fourniture de l'énergie électrique ne vise pas à protéger uniquement le consommateur. Il tend aussi à préserver les droits du fournisseur de l'énergie électrique. En effet, ces dernières décennies ont vu la montée en puissance d'une grande criminalité caractérisée par des consommateurs aux comportements répréhensibles. Cette grande criminalité occasionnée autour de l'énergie électrique est suffisamment révélatrice d'enjeux de diverses natures. En effet, la montée en puissance de la pauvreté a créé au sein de la société camerounaise des comportements susceptibles de décourager le fournisseur de l'énergie. En effet, en plus de causer un manque à gagner au fournisseur, le vol de l'énergie, pour ne citer que cela, compromet sérieusement le service public.

Le règlement de service a essayé d'élaborer en plus des poursuites et sanctions judiciaires, un régime de sanctions très étouffé permettant d'inciter le consommateur usager à s'abstenir de toute fraude ou tout vol de l'énergie électrique. Ainsi, le régime de sanctions élaboré à l'encontre du consommateur est épais. Cela pourrait sans doute être perçu comme une discrimination à l'encontre de ce consommateur, car il arrive dans la plupart des cas que l'administration ou alors le fournisseur commettent à l'endroit des consommateurs des infractions ou des fautes de nature pénale. De quels moyens dispose le consommateur dans ce cas : du défaut de déclaration dans les lieux de tout nouveau propriétaire ; l'usage illicite ou frauduleux de l'énergie électrique ; du non-paiement des factures d'électricité ; de l'opposition à la relève du compteur par tout agent releveur assermenté ; de la non-conformité des installations appareillages du client aux normes ; de la détérioration des installations et ouvrages concédés ou affectés au service public de l'électricité ; la réalisation des travaux ou des constructions à l'intérieur des couloirs, des lignes de transport ou de distribution d'énergie électrique ; des fraudes et vols d'électricité caractérisés par la rupture de scellement, de plombage.

B- La faute pénale à l'origine de la responsabilité du fournisseur

Le contentieux de la fourniture de l'énergie électrique ne vise pas à protéger uniquement le consommateur. Il tend aussi à préserver les droits du fournisseur de l'énergie électrique. En effet, ces dernières décennies ont vu la montée en puissance d'une grande criminalité caractérisée par des consommateurs aux comportements répréhensibles susceptibles de décourager le fournisseur de l'énergie. En effet, en plus de causer un manque à gagner au fournisseur, le vol de l'énergie, pour ne citer que cela, compromet sérieusement le service public. Cette grande criminalité occasionnée autour de l'énergie électrique est suffisamment révélatrice d'enjeux de diverses natures.

Si la loi de 2011 régissant le secteur de l'électricité au Cameroun détermine les infractions commises par les opérateurs dans le secteur, elle a oublié de prévoir les infractions et sanctions à l'endroit du fournisseur de l'électricité. Cet oubli pourrait se justifier par la non-consécration de la responsabilité pénale des personnes morales de droit privé au moment de l'édiction de cette loi. Mais depuis la réforme du Code pénal du 12 juillet 2016, le législateur pénal a consacré la responsabilité pénale des personnes morales de droit privé. Seulement, la mise en œuvre de cette responsabilité doit obéir à trois (3) conditions.

Les conditions liées aux infractions : l'article 74 (a) du Code pénal dispose que « les personnes morales sont responsables pénalement des infractions commises pour leur compte, par leurs organes ou représentants ».

D'abord, l'infraction doit avoir été commise par un organe ou un représentant de la personne morale. Par exemple, dans une SARL, l'organe sera le ou les gérant(s). Dans une SA, il s'agira du Président du conseil d'administration. Par extension, les administrateurs provisoires, mais aussi et surtout les salariés ou les tiers ayant reçu une délégation de pouvoirs. Le législateur n'a toutefois pas prévu que les représentants ou l'organe soient identifiés précisément, comme c'est le cas dans la législation française ;

Ensuite, l'infraction doit avoir été commise pour le compte de la personne morale. Ce qui signifie que le représentant de l'entreprise doit avoir agi dans l'intérêt de celle-ci. Les conditions relatives aux faits reprochés : la responsabilité de la personne morale est engagée, lorsque celle-ci a commis un crime, un délit, une contravention ou encore lorsque l'objet social a été violé. Les conditions de mise en œuvre de la responsabilité pénale : le tribunal compétent est soit le tribunal de première instance, soit le tribunal de grande instance.

Le titulaire de l'action est bien évidemment la victime directe de l'infraction c'est-à-dire celle qui a subi personnellement et directement le dommage connait une dérogation en droit de l'électricité. En matière procédurale, l'article 96 (1) de la loi de 2011 précitée donne compétence aux agents assermentés de l'ARSEL pour ce qui est de la « …recherche, de la constatation et des poursuites en répression des infractions commises en matière d'électricité » ;

La personne morale qui est reconnue coupable s'expose aux sanctions suivantes : peines principales (articles 18(b), 25(1) (2)), peines accessoires (article 19 (b), mesures de sûreté (article 20(b). Considérant les dispositions du Code pénal et de la loi de 2011 régissant le secteur de l'électricité, l'ARSEL peut valablement engager la responsabilité du fournisseur de l'énergie électrique (ENEO) sur le plan pénal, en cas d'infractions commises à l'encontre des droits des consommateurs de l'électricité.

L'usage de cette puissante voie de droit pourrait facilement contraindre ENEO à s'exécuter et partant, réparer plus efficacement le préjudice subi par le consommateur. Il est également à noter que l'engagement de la responsabilité pénale d'ENEO peut aussi être fait individuellement par le consommateur, l'action pénale étant en principe personnelle. On dira à cet effet que la pénalisation ou l'incrimination des comportements des acteurs du secteur de la fourniture de l'énergie électrique ne paraît pas en soi un fait nouveau, car, il est de l'ordre de la cohérence que les comportements contraires à l'ordre public et aux bonnes mœurs soient sanctionnés.

L'intervention d'un juge pénal dans le cadre du contentieux conséquent à la fourniture de l'énergie se justifie au moins sur deux plans : d'abord parce que la fourniture de l'énergie électrique concerne le service public et donc intéresse l'ordre public. Par conséquent, le juge pénal, gendarme par excellence de la préservation de l'ordre public, est fondé à sanctionner tout comportement contraire à l'ordre public. Ensuite et enfin, parce que quoique le contrat soit l'affaire des parties, son équilibre est garanti par les pouvoirs publics. Ce faisant, tout agissement contraire à cette dynamique est sanctionné par le juge pénal. De ce qui précède, ce double fondement de la compétence du juge pénal dans le champ matériel de la fourniture de l'énergie électrique conduit donc à envisager d'une part la teneur des actions susceptibles d'être dirigées à l'encontre du fournisseur et les actions pouvant être dirigées à l'encontre du consommateur.

Paragraphe II : La réparation du préjudice subi

En règle générale, l'action publique est diligentée par le ministère public. Les actions menées par ce dernier tendent purement et simplement à réprimer les comportements antisociaux, puisqu'il est considéré comme le protecteur de l'ordre social en matière pénale. Ses actions ont pour but de rendre justice à la société tout entière et non pas aux victimes individuellement, c'est pourquoi ces dernières doivent se constituer en partie civile pour prétendre à l'obtention des dommages et intérêts.

A- La sévérité des sanctions des infractions commises par le consommateur

Il pèse sur les consommateurs de nombreuses obligations et contraintes dont le manquement est sanctionnable aussi bien par le fournisseur que par le juge. Dans ce registre, il paraît convenable d'évoquer entre autres : le pouvoir de suspendre sans formalité l'énergie électrique ; le pouvoir de prendre les mesures conservatoires nécessaires à la préservation des éléments de preuve établissant l'infraction ; le pouvoir d'adresser à l'usager des factures fraude ; le pouvoir de facturer à l'usager en fraude les frais de normalisation et de l'établissement de l'installation.

De ce qui précède, de nombreux constats s'imposent. Il parait en général constant de la lecture et de l'interprétation du règlement de service public de distribution que les relations entre l'usager de la fourniture de l'énergie électrique et le fournisseur sont déséquilibrées. Il a un regain de force au profit du fournisseur qui en plus de ses nombreux pouvoirs naturels jouit et bénéficie de prérogatives de puissance publique. En effet, dans le règlement du service public de distribution, tandis que les actes et les actions du consommateur sont unilatéralement contrôlables et sanctionnables par le fournisseur, les actes du fournisseur doivent être en revanche sanctionnables par la puissance publique délégante.

Bien plus, ENEO fait usage de ce qu'il est convenu d'appeler en droit administratif le privilège du préalable qui voudrait ou qui se traduirait par l'obligation imputable aux consommateurs usagers,en cas de suspension d'énergie, de s'acquitter d'abord des factures litigieuses ou forfaitaires avant toute contestation au fond. Dans le même sens, le règlement de service inscrit à l'endroit de l'usager, l'obligation de conformité des installations intérieures de l'usager, installations considérées pourtant comme ne faisant pas partie du réseau de distribution.

L'obligation de conformité des installations électriques intérieures (articles 10 et suivant du Règlement de service) nous semble en tous points de vue inadaptée aux réalités sociologiques de la consommation. En tout état de cause, dans un contexte de contrebande à grande échelle des matériaux et des consommables, quels moyens disposent en effet le consommateur pour juger de la bonne ou de la mauvaise qualité du matériel ?

La liberté laissée au propriétaire de choisir ou de procéder à l'achat de son matériel participe d'un déni de responsabilité du fournisseur. Car, que faut-il entendre par conformité des installations électriques intérieures aux normes de fonctionnement et aux contraintes de sécurité ? La conformité étant une construction volatile, il serait tout indiqué, à défaut d'instaurer des sous-traitants disposant du matériel conforme dans les points de distribution et de fourniture que les structures agréées en matière de qualité des normes puissent durcir la réglementation en la matière. À notre avis, il ne revient pas à l'usager de répondre de la bonne ou la mauvaise qualité des installations intérieures, mais plutôt, le fabricant et les structures chargées de la vérification de la qualité de ces matériaux.

Par ailleurs, imputer les frais d'expertise du contrôle de la conformité des installations intérieures au client[780] paraît excessif. Aussi, le droit d'interruption sans préavis ni formalité au client usager ou pour défaut de conformité paraît abusif[781]. Il n'est pas superflu de relever également à ce niveau de l'usage par ENEO de ses prérogatives exorbitantes de puissance publique[782]. En tout état de cause, les exigences de sécurité adossées à la mission de service public du fournisseur prônent en amont que les structures responsables de la fabrication du matériel destiné aux installations intérieures soient de bonne qualité et conformes aux normes et règlements en vigueur. Au regard de l'exacerbation de la contrebande et de l'entrée sur notre territoire par des moyens frauduleux des matériaux de mauvaise qualité, il serait équitable que les moyens de contrôle de la qualité des matériaux au niveau des points de vente soient renforcés.

Cela appelle sans aucun doute à une bataille plus renforcée contre les pratiques de corruption existant dans ces milieux. Il ne paraît pas tenable de prendre à l'encontre des usagers des sanctions sur la non-conformité des installations intérieures aux normes et règlements en vigueur. Aussi, il serait convenable de prendre en compte le pouvoir financier de l'usager dont les conditions de vie parfois très modestes ne sont pas conciliables avec l'exorbitance des pouvoirs du fournisseur de l'énergie électrique. Il convient de relever que le fournisseur n'est pas exempt de ce régime de responsabilité.

B- La sanction des infractions commises par le fournisseur

Le Code pénal consacre une multitude de sanctions, qui de manière générale se subdivisent en peines principales, peines accessoires et mesures de sûreté. Eu égard à la qualité de personne morale de droit privé, ENEO ne peut être frappé par certaines peines qui sont plutôt le propre des personnes physiques. En conséquence et à titre de peine principale, ENEO peut être frappée par une amende, une dissolution et la fermeture d'un de ses établissements. L'article 33 donne des détails sur les peines accessoires que le juge peut prononcer à l'encontre d'une personne morale de droit privé. Sont considérés comme peines accessoires : la publication de la décision, la fermeture de l'établissement, le placement sous surveillance judiciaire et la confiscation du corps du délit. En raison de leur fonction de réadaptation

---

780 Article 105.

781 FARDET (C), « La clause exorbitante et la réalisation de l'intérêt général » *AJDA* 2000.115.

782 MOREAU (J), « La naissance de la clause exorbitante du droit commun comme critère du contrat administratif », Mél BURDEAU (F), Litec 2008. O*p. cit.,* pp.203 et s.

sociale, les mesures de sûreté ne peuvent être prononcées contre ENEO. Une fois que les préalables et conditions de la responsabilité aussi bien civile que pénale du fournisseur de l'énergie électrique sont remplis, la prochaine étape est la mise en œuvre de cette responsabilité.

CONCLUSION Chapitre II

Le contentieux de la fourniture de l'énergie électrique devant le juge judiciaire a permis de mettre en évidence des aspects relatifs à l'étendue de la compétence de la juridiction judiciaire ; à l'instance civile, au développement de cette instance, aux décisions du juge et à l'engagement de la responsabilité devant le juge civil de la fourniture électrique. Il ressort de ce qui précède que le contentieux de la fourniture de l'énergie électrique oscille entre la voie de fait et l'emprise.

À ce niveau, il faut souligner un dédoublement du juge, car, le juge de référé et le juge de fond interviennent systématiquement dès lors qu'un danger imminent pèse sur le consommateur de l'énergie électrique. Bien heureusement, le juge civil de la fourniture électrique est un juge prompt à statuer une fois saisi, dès lors que l'atteinte à un droit fondamental est imminente. L'abondante jurisprudence constatée dans ce domaine tend à consolider les garanties juridictionnelles de la protection de la consommation de l'énergie électrique.

En matière de fourniture de l'énergie électrique, le juge pénal est chargé de sanctionner les comportements fautifs aussi bien du fournisseur de l'énergie électrique que du consommateur. Il a vocation à empêcher la commission de délits, par exemple le vol spécial de l'énergie électrique ou même la fraude, l'homicide involontaire, la violation de domicile par le fait du fournisseur. La présente analyse nous a permis de mettre en évidence la procédure devant le juge pénal d'une part et d'autre part le traitement de la responsabilité des protagonistes.

CONCLUSION TITRE I

Le juge judiciaire qui s'est arrogé la quasi-totalité du contentieux de la fourniture électrique joue un rôle de premier plan dans la consolidation de l'état de droit en établissant un équilibre entre les prérogatives jugées trop exorbitantes du fournisseur de l'énergie électrique et les droits presque squelettiques du consommateur de l'énergie électrique.

TITRE II :

LE CLAIR OBSCUR DE L'INTERVENTION DU JUGE ADMINISTRATIF DANS LE TRAITEMENT JURIDICTIONNEL DES INCIDENTS NÉS DE LA FOURNITURE DE L'ÉNERGIE ÉLECTRIQUE

Le législateur camerounais considère l'électricité comme un service public, par conséquent géré selon les règles du service public.[783] Toutefois, la coexistence des instruments normatifs de réglementation des rapports entre l'usager du service public de l'électricité[784] et le fournisseur amène à constater un faisceau de complexité caractérisé étonnamment par la tendance à l'orientation du contentieux de la fourniture de l'énergie électrique vers des solutions judiciaires[785]. Cela se matérialise dans certaines espèces où le juge n'ayant pas une formation des questions de droit public a disqualifié l'État comme propriétaire des installations électriques établissant plutôt la paternité de ces installations avec l'opérateur ENEO[786] et statué sur un litige lié à la qualité de l'énergie électrique[787], pourtant il n'en avait pas compétence. En se lançant dans un exercice de caractérisation des solutions judiciaires, on peut dire, sans risque de nous tromper, que certaines solutions du juge judiciaire pourraient être discutables sur le fondement de la violation de la compétence rationae materiae du juge administratif.

Par ailleurs, d'autres solutions pourraient être qualifiées d'audacieuses, c'est par exemple le cas de l'affaire Société SODIRECAM Sarl C/ la société ENEO, où le juge s'est déclaré compétent pour constater une voie de fait et y mettre un terme, chose qui a été faite[788]. Elles sont audacieuses ici parce que le juge judiciaire procède en amont à la définition de sa propre compétence, de ce fait il devient juge de sa compétence, et fait entrer dans son domaine de compétence les questions qui ressortissent en principe de la compétence du juge administratif[789]. Cependant, on va remarquer que le juge judiciaire n'est pas constant dans ses solutions, notamment en matière d'urgence. Le juge administratif camerounais se trouve dans une impasse où d'une part il subit

---

783 CHEVALIER (J-M) (dir.), *L'idée de service public est-elle encore soutenable ?*, PUF, 1999.

784 AMAR (J), *De l'usager au consommateur du service public*, PUAM, 2001, pp.16 et s.

785 BILONG NKOH (F.R.), « Le consommateur et le commerce des énergies renouvelables en Afrique subsaharienne », *RIDE*, 2020, pp. 79 et s.

786 Cour d'appel du Centre section civile et commerciale, arrêt n° 682/civ du 5 octobre 2022, affaire société ENEO SA c/ Sieur KOFFI KOUAMINA Joseph.

787 Cour d'appel du Centre section civile et commerciale, arrêt n° 40/civ/ du 7 janvier 2021, affaire Sieur ATANGANA NOA Dominique c/ la société ENEO SA.

788 KAMGAING (P-C), « Quand le consommateur tend à redevenir roi… À propos des métamorphoses récentes du droit de la consommation au Cameroun », Les cahiers du droit, vol. 63 n° 3, septembre 2022, pp. 673-718.

789 Tribunal de Grande Instance du Mfoundi centre administratif section civile et commerciale jugement civil Jugement n° 1567/CIV du 22 août 2022 affaire : Association camerounaise des consommateurs d'eau d'électricité et de téléphones (A.C.C.E.E.T) c/La société « ENERGY of Cameroon »SA ENEO-SA.

les assauts du juge judiciaire et d'autre part apparaît comme un juge textuellement latent dans le contentieux de l'électricité.

Tel que cela se présente, le juge administratif camerounais est dépossédé du contentieux de la fourniture de l'énergie électrique tant du point de vue législatif que jurisprudentiel entrainant son exclusion dudit contentieux. L'exclusion du juge administratif de ce contentieux peut aussi être le fait des administrés qui ne sont pas assez édifiés sur le fondement de la compétence du juge administratif en la matière.

Confier totalement le contentieux de la fourniture de l'énergie électrique au juge administratif peut paraître incongru, ce d'autant plus que le lien traditionnel de gestion publique du service public a été rompu en introduisant la gestion privée du service public avec l'arrêt du CE du 31 juillet 1912, société des granits porphyroïdes des Vosges[790]. Cet état de choses fait que même si le service est géré conformément aux règles de droit public[791], il y a néanmoins une application des règles de droit privé audit service, ne serait-ce qu'en ce qui concerne l'administration interne du gestionnaire ou dans ses rapports avec les usagers sauf prescription textuelle contraire comme c'est le cas avec le service public de l'électricité. Traiter donc du juge judiciaire dans un contentieux de service public devient une étude délicate sauf que le règlement de service de distribution publique de l'électricité a balayé du revers de la main cette délicatesse : pour le règlement, le juge judiciaire est le juge apparent dudit contentieux malgré l'inconstance de ce dernier en la matière.

Une interprétation du règlement de service de distribution publique de l'électricité fait montre de ce que le juge judiciaire est celui choisi pour connaitre du contentieux susévoqué, la pléthore de ses décisions de justice à l'opposé de l'absence de décisions du juge administratif en dit mot. La multiplication des solutions judiciaires fait en sorte que sur le fondement du règlement du service de distribution publique de l'électricité, le juge judiciaire au Cameroun est de plus en plus dynamique à connaitre des litiges qui ont trait à la fourniture de l'énergie électrique[792].

Ce dynamisme fait que ce dernier devient le juge tout puissant qui connait de l'ensemble du contentieux en question et vers qui tout consommateur ou

---

[790]DE CORAIL (J-L), « Contribution du juge administratif à une théorie juridique de l'établissement public à caractère industriel et commercial », in *Mélanges Charlier*, 1981. 29.
[791]LOMBARD (M), « L'établissement public industriel et commercial est-il condamné ? », *AJDA* 2006. 79.
[792]LAZZARIN (G), « L'application du droit de la consommation aux services publics. Les contradictions de la jurisprudence Société des eaux du Nord », *RFDA* 2011. p. 591.

association de consommateurs[793] qui se sent lésé[794] dans ses droits en matière de fourniture de l'énergie électrique se tourne : la jurisprudence en la matière en témoigne. Si en matière de contentieux administratif ordinaire, le juge judiciaire manifeste le respect du domaine de compétence du juge administratif, il n'en est pas de même dans le contentieux de la fourniture de l'énergie électrique. Il faut peut-être rappeler ici que la fourniture de l'énergie électrique est une activité de service public[795] (qui est gérée dans le respect des règles du service public[796]. Or en théorie, le service public est un critère parfait de détermination de la compétence du juge administratif et d'application des règles de droit public même si le service est géré par une personne privée[797] (voir arrêt CS/CA n° 48 du 25 mai 1989, Aigle royal de Dschang « el pacha » C/ État du Cameroun) qui de plus jouirait des prérogatives de puissance publique dans l'exercice de l'activité de service public[798].

Cette quasi-judiciarisation du contentieux de la fourniture de l'énergie électrique ne peut guère laisser des observateurs avertis indifférents tant elle vise à écarter le juge administratif de son domaine naturel de prédilection.[799] Une telle démarche apparaît méthodologiquement complexe à partir du moment où l'on intègre dans le camp matériel de l'analyse, des éléments se rapportant à la domanialité publique à l'instar des installations et biens

---

793FERRIER (D), La protection des consommateurs, Dalloz, Coll. « Connaissance du droit », 1996, p.1. ; DE LAFORCADE (A), « L'évolution du droit d'agir des associations des consommateurs : vers un détachement du droit pénal de leur action en justice », *RTD com.* 2011. p. 711.

794VERCIER (E), « Les clauses d'exonération et de limitation de responsabilité dans les polices d'abonnement de gaz et d'électricité », *CJEG* 1950, 106.

795Voir article 3 de la loi de 2011 régissant le secteur de l'électricité

796BAILLEUL (D), « Vers la fin de l'établissement public industriel et commercial ? À propos des transformations des EPIC en sociétés », *CJEG*, 2006. 105

797LACHAUME (J-F), « L'usager du service public industriel et commercial géré par l'entreprise publique », CJEG, n°500 : Actualité de l'entreprise publique, juin 1994, p.317 ; DURUPTY (M), « Aspects récents de la privatisation du secteur public en France », Mélanges Auby, 1992, p.97 ;

798MOREAU(J), « La naissance de la clause exorbitante du droit commun comme critère du contrat administratif », *Mél* BURDEAU (F), p.197, Litec 2008 ; FARDET (C), « La clause exorbitante et la réalisation de l'intérêt général » AJDA 2000.115 ; v. aussi, PEREON (P), « la délégation des services publics administratifs », AJDA 2004. 1449. ; SYMCHOWICZ (N), « la notion de délégation de services publics administratifs », AJDA 1998.195,

799CHARBIT (N), Le droit de la concurrence et le secteur public, Paris, Harmattan, 2002.

concédés[800] ; à la nature du service public[801] ; ou même encore à l'utilisation par le concessionnaire des prérogatives de puissance publique[802].

La combinaison de ces éléments mis en lumière rend évidente l'application de la compétence du juge administratif en matière de fourniture de l'énergie électrique malgré le mutisme du législateur. En effet, non seulement, le juge administratif est compétent, mais également, il statue en la matière (chapitre I), mais aussi la responsabilité du concessionnaire peut être engagée par-devant lui par le consommateur (chapitre II).

---

800 LAVIGNE (P), « Les biens qui doivent devenir la propriété de la collectivité », Mélanges PEQUIGNOT, 1984, p.407.

801DUFEAU (J), « La nature juridique de la concession de service public », Mélanges René CHAPUS, *Droit administratif*, *op. cit.*, p.147 ; LIET-VEAUX (G), « Nature juridique des cessions de concessions de travaux ou de services publics », AJDA 1983.348 ; LOCHAK (D), « Les problèmes juridiques posés par la concurrence des services publics et des activités privées », ADJA 1971.261 ; RIVERO (J), « Les deux finalités du service public industriel et commercial » ; ROUSSELY (F), « Clarifier les rapports entre le service public et les citoyens », in JOIN-LAMBERT (dir.), L'État moderne et l'administration, LGDJ, Coll. Systèmes, 1994, p.56.

802FARDET (C), « La clause exorbitante et la réalisation de l'intérêt général » AJDA 2000.115 ; MOREAU (J), « La naissance de la clause exorbitante du droit commun comme critère du contrat administratif », Mél BURDEAU (F) p.197, Litec 2008.

CHAPITRE I :

L'INTERVENTION DES JUGES ADMINISTRATIF ET CONSTITUTIONNEL EN MATIÈRE DE FOURNITURE DE L'ÉNERGIE ÉLECTRIQUE

Nonobstant, l'apparente confiscation du domaine d'intervention du juge administratif par le juge judiciaire en matière de traitement des incidents nés de la fourniture de l'énergie électrique entre le consommateur et le fournisseur, il paraît important de souligner que l'office du juge administratif ne souffre d'aucune contestation.

L'analyse des textes sur le contentieux administratif consacre et justifie l'intervention du juge administratif dans le contentieux de la fourniture de l'énergie électrique. Même s'il faut admettre qu'en amont de cette consécration, la loi de 2006 portant organisation et fonctionnement des tribunaux administratifs recèle des zones d'ombres qui pourraient remettre en cause l'office du juge administratif en matière de fourniture de l'énergie électrique. Il en est, par exemple, de l'épineuse et hardie question du recours gracieux préalable dans le cadre des contrats ou du moins, des concessions de service public. Le mutisme du législateur spécifiquement en ce qui concerne cette préoccupation rend confus tout observateur averti. Il conviendrait d'y ajouter dans ce registre des manquements, le mutisme du législateur quant à la détermination des conditions de saisine et de procédure du juge administratif à son office, etc.

C'est certainement la raison pour laquelle, une certaine doctrine nationale autorisée, alors inspirée des solutions jurisprudentielles retenues par le juge français s'est empressée de conclure que tout ce qui concerne la gestion et l'organisation des délégations publiques au Cameroun est sous l'emprise du droit privé et par conséquent, relève de la compétence du juge judiciaire. Sans opérer de distinction entre services publics industriels et commerciaux et autres services publics, cette doctrine essentiellement majoritaire a fatalement conclu à l'affirmation de la compétence du juge judiciaire[803].

Même si une telle position scientifique bénéficie d'une présomption de crédibilité, l'analyse de l'esprit et de la loi de 2006 portant organisation et fonctionnement des tribunaux administratifs au Cameroun comporte une

[803]NICINSKI (S), *L'usager du service public industriel et commercial*, Paris, Harmattan, 2001 ; *Droit public de la concurrence*, LGDJ, Systèmes, 2005 ; « Les évolutions du droit administratif de la concurrence », *AJDA* 2004. pp.751 et S.

masse quantitative d'indices en la faveur de l'affirmation de la compétence du juge administratif dans le contentieux de la fourniture de l'énergie électrique. Le contentieux administratif de la fourniture de l'énergie électrique au Cameroun demeure ainsi très flou[804].

La confrontation des dispositions combinées de la Constitution et des instruments internationaux relatifs aux droits de l'homme[805] et dument ratifiés par l'État du Cameroun tout comme les principes fondamentaux relatifs à la protection du consommateur[806] rentrent en contradiction totale avec les dispositions des articles 16 et suivants du règlement du service public de distribution d'électricité consacrant les clauses limitatives de responsabilité[807]. L'introduction de telles clauses abusives et limitatives de responsabilité est constitutive d'une rupture ou d'une violation des règles fondamentales régissant les services publics[808]. L'analyse de l'action du juge administratif en matière de fourniture de l'énergie électrique se traduit dans la spécificité de sa compétence (section I), la clarification de ses conditions de saisine (section II) et enfin l'intervention du juge constitutionnel (section 3). Mais, il importera d'évoquer les problèmes qui écument l'office du juge administratif dans le cadre de la fourniture de l'énergie électrique.

Section I : La spécificité de la compétence de la juridiction administrative en matière de fourniture

Le règlement du service de distribution publique de l'électricité de même que la loi régissant le secteur de l'électricité au Cameroun semblent dans leurs dispositions normatives avoir oublié l'intervention du juge administratif dans le contentieux de la fourniture de l'énergie électrique. Pourtant, il paraît évident que la compétence du juge administratif, juge naturel de la puissance publique ou des activités de service public, ne fait l'ombre d'aucun doute. Ce défaut méthodologique fait émerger sur le plan théorique du droit une controverse sur la question de l'existence de cette compétence (paragraphe préliminaire). Pour cette raison, il paraît significatif de faire un point de droit sur les règles classiques de répartition des compétences en droit (paragraphe 1) dont la finalité est d'expliciter les contours de la compétence du juge administratif de la fourniture de l'énergie électrique (paragraphe 2).

---

[804] SANDEVOIR (P), « Les vicissitudes de la notion de service public industriel et commercial », *Mél. STASSINOPOULOS*, LGDJ, 1974, p.317.

[805] SABLIÈRE (P), « Clauses limitatives de responsabilité et clauses limitatives des obligations dans les contrats d'abonnement à l'électricité », *CJEG* 1986, 385.

[806] FERRIER (D), La protection des consommateurs, Dalloz, Coll. « Connaissance du droit », 1996, p.1.

[807] SABLIÈRE (P), « Clauses limitatives de responsabilité et clauses limitatives des obligations dans les contrats d'abonnement à l'électricité », *CJEG* 1986, 385.

[808] VIZINHO (A), *Les clauses abusives dans les contrats de distribution d'eau, de gaz et d'électricité*, Paris, mémoire DEA, 1997.

Paragraphe préliminaire : La controverse sur l'existence de la compétence du juge administratif dans le contentieux de la fourniture de l'énergie électrique

Il ressort de l'article 3 al (2) de la loi du 15 novembre 2011 sur le secteur de l'électricité que « le service public de l'électricité a pour objet de garantir l'approvisionnement en électricité sur l'ensemble du territoire national dans le respect de l'intérêt général[809] », l'alinéa 3 précise que « le service public de l'électricité est organisé par l'État et géré dans le strict respect des principes d'égalité[810] de continuité[811] et d'adaptabilité[812] et dans les meilleures conditions de sécurité »[813]. Il ne paraît pas superfétatoire d'arguer qu'un consommateur[814] peut se prévaloir de la violation des règles du service public devant le juge de l'excès de pouvoir[815].

Pourtant, il ne ressort nullement ni du règlement du service public de distribution de l'électricité, ni du contrat de concession-cadre entre l'état du Cameroun et le concessionnaire ENEO ou même encore, de la loi-cadre portant protection du consommateur au Cameroun[816], la possibilité pour un consommateur de déférer devant le juge administratif le manquement aux obligations du service public de l'électricité[817].

Une hypothèse explicative de cette absence de consécration par les textes spécifiques pourrait se trouver dans l'évidence de la cordialité entre le service public et le juge administratif, dans ce cas l'on pourrait soutenir la thèse d'une consécration latente ou implicite. Mais, une telle considération perdrait en épaisseur une fois que l'on convoquerait à la table de l'analyse, le règlement de service public de distribution de l'électricité. Dans ce sens, il ne paraîtrait pas superflu de se demander si le juge administratif est fondé à intervenir en

---

809 LECERF (M) et LEBLANC (G), « La gratuité de services publics à l'égard des usagers », *JCP* 1998 I 168

810 PELISSIER (G), *Le principe d'égalité en droit public*, LGDJ, Systèmes, 1996.

811 GILLI (J-P) (dir), *La continuité des services publics*, PUF, 1973.

812 VENEZIA (J-C), « Le principe d'adaptation », Clés pour le siècle, Dalloz 2000, p.1661 et s.

813 PISIER (E), Le *service public dans la théorie de l'État de Léon Duguit, LGDJ*, 1972 ; *Service public et libertés publiques, Pouvoirs*, 1986, n°36, p.143.

814 DU BOIS DE BEGAUDUSSON (J), *L'usager du service public administratif, LGDJ*, 1974.

815 OWONA (J.), *Le contentieux administratif de la République du Cameroun, op. cit.*, pp. 9 et s.

816 Loi n° 2011/012 du 6 mai 2011.

817 CHEVALIER (J-M) « L'identification du service public dans la jurisprudence administrative », in *Mélanges Burdeau*, 1977.789p.

matière de fourniture de l'énergie électrique dans le cadre des litiges opposant fournisseur et consommateur de l'énergie électrique[818].

Une analyse du dispositif normatif de la fourniture de l'énergie électrique permet d'aboutir à la conclusion selon laquelle le règlement du service public de distribution et la loi de 2011 régissant le secteur de l'électricité demeurent évasifs sur la détermination de la compétence du juge administratif (A), il convient d'affirmer sans doute l'existence d'une telle compétence en déclinant ses fondements (B) et ses bases(C).

A- Le mutisme du règlement du service public de distribution et la loi de 2011 régissant le secteur de l'électricité sur la détermination de la compétence du juge administratif

Les articles 85 et suivants de la loi de 2011 régissant le secteur de l'électricité n'invoquent aucunement la possibilité d'une éventuelle saisine du juge administratif en cas de mésentente née de la régulation des rapports entre le consommateur et le fournisseur de l'énergie électrique. Ces dispositions prévoient que le règlement de tels litiges se fait par une conciliation diligentée par L'ARSEL dont les décisions doivent revêtir l'homologation du juge compétent par l'apposition de la formule exécutoire.

La formule «*juge compétent*» utilisée par la loi de 2011 régissant le secteur de l'électricité est sujette à de nombreuses interprétations et préoccupations. Dans ce sens, ce dilemme pourrait trouver une part d'explication dans la nature du contrat de fourniture de l'énergie qui fondamentalement est un contrat de droit privé et donc naturellement revêtu de la protection du juge judiciaire. Toutefois, une telle ligne argumentaire perdrait en épaisseur une fois qu'on y intégrerait l'exercice des prérogatives exorbitantes de puissance publique par le concessionnaire de l'énergie électrique. La lecture de ces dispositions normatives de la loi de 2011 régissant le secteur de l'électricité autorise à penser que l'ARSEL serait le juge exclusif et ultime de la régulation des rapports conflictuels entre fournisseur et consommateur de l'énergie électrique.

La consécration de la plénitude de la compétence de l'ARSEL dans le traitement des litiges nés de la fourniture de l'énergie électrique paraît à certains égards une entreprise bien complexe visant à exclure toute possibilité de traitement juridictionnel de tels litiges. Toutefois, l'on pourrait à l'évidence se rendre compte de la fragilité de ces dispositifs normatifs qui confèrent l'exclusivité de la résolution des différends à l'ARSEL dès lors que l'on introduit le caractère facultatif de la conciliation et donc la possibilité pour le

---

[818]BENOIT (F-P.), « Le régime et les fondements de la responsabilité de la puissance publique », JCP 1954 n° 1178.

consommateur, de se prévaloir de ses droits devant les juridictions compétentes.

En tout état de cause, la loi de 2011 sur le secteur de l'électricité, tout comme le règlement du service de distribution publique de l'électricité, présente une extrême évasivité. À titre d'illustration, ce n'est qu'à la suite d'une exploration pointue de l'article 18 du règlement public de distribution consacré au règlement de litiges que l'on s'aperçoit que le juge judiciaire et le juge pénal font partie intégrante du dispositif juridictionnel de règlement. Ce faisant, le règlement du service de distribution publique aménage deux régimes de responsabilité : la responsabilité contractuelle et la responsabilité délictuelle. À l'opposé, la loi de 2011 portant protection du consommateur ne définit pas clairement les juridictions compétentes en cas d'échec d'arbitrage devant les comités de recours. Néanmoins, de la lecture des articles 5, 26 et 31 de ladite loi, l'on pourrait déduire que les consommateurs et les associations de consommateurs peuvent faire entendre leur cause devant le juge judiciaire. Même si ladite loi fait usage à maintes reprises de l'expression « JURIDICTIONS COMPÉTENTES », elle fait parallèlement recours à l'expression « instances arbitrales » qui seraient ainsi chapeautés par le Conseil national de la consommation. L'analyse des textes relatifs au contentieux de la fourniture de l'énergie électrique permet d'aboutir au constat selon lequel le contentieux de la fourniture est un contentieux judiciairement orienté[819].

B- La réfutation du mutisme textuel et l'affirmation de l'existence de la compétence du juge administratif en matière de fourniture de l'énergie électrique : L'expression des fondements de la compétence du juge administratif

Aux termes de l'article 3 de la loi de 2011 sur le secteur de l'électricité, la fourniture de l'énergie électrique relève du service public de l'électricité, lequel est géré dans le respect des principes d'égalité de continuité et d'adaptabilité[820]. Sur ce fondement, toute logique tendant à exclure l'office du juge administratif dans le contentieux de la fourniture en énergie électrique ne brille point par sa cohérence. En tout état de cause, il est admis rationae materiae que les litiges opposant un consommateur à un professionnel ou même à un service public industriel et commercial ou encore à une société d'économie mixte comme ENEO relèvent des tribunaux judiciaires.[821]

819BENOIT (F-P), « Essai sur les conditions de la responsabilité en droit public et en droit privé (Causalité et imputabilité) », JCP 1957 I n° 1351.
820DUBOUIS (L), « Missions de service public ou missions d'intérêt général », *Rev. Gén. Coll. Terr.* 2001.588.
821 ROUGEVIN-BAVILLE (M.), *La responsabilité administrative*, Hachette (Les fondements) 1992, p ?

Toutefois, les litiges découlant d'un mauvais fonctionnement d'un service public à caractère administratif ou à vocation d'intérêt général relèvent des juridictions administratives[822].Dans le même temps, le concessionnaire ENEO dans l'exercice de ses activités de service public justifie la compétence du juge administratif.[823] Mais, l'on est fondé à s'interroger sur la teneur et l'étendue de la compétence du juge administratif en matière de fourniture de l'énergie électrique[824].

Pourrait-ton en effet hypothéser que ladite compétence serait générale, c'est-à-dire commune à toutes les branches du contentieux administratif, notamment celle consacrée par l'article 2 alinéa 3 de la loi N° 2006 /022 du 29 décembre 2006 fixant l'organisation et le fonctionnement des tribunaux administratifs en vertu de laquelle « le contentieux administratif comprend : « le recours pour excès de pouvoir, les actions à indemnisation du préjudice causé par un acte administratif, les litiges concernant les contrats ou les concessions du service public, les litiges intéressant le domaine public ou alors les litiges intéressant les opérations de maintien de l'ordre… » ; ou alors s'agirait -il à contrario d'une compétence spécifique ou encore d'une compétence implicite. La compétence de la juridiction administrative en matière de fourniture de l'énergie électrique reste assise sur des fondements divers et variés. Les uns sont dits théoriques (1) tandis que les autres sont jurisprudentiels (2) et doctrinaux (3)

1- Les fondements théoriques de la compétence du juge administratif de la fourniture de l'énergie électrique.

La mise en œuvre des fondements théoriques se traduit par la mobilisation des arguments en la faveur de la théorie du service public de la fourniture(a), la nature juridique des biens d'équipements affectés aux branchements en vue de l'exercice d'une activité de service public(b), ainsi que l'exercice des prérogatives de puissance publique par le concessionnaire(c).

a- Les arguments tirés de l'exercice de l'activité d'intérêt général de la fourniture de l'énergie électrique

L'un des critères d'identification de la compétence du juge administratif et de l'application du droit administratif, c'est le service public.[825] La loi de 2011

---

[822]NGWESE (N.P.) et BINYOUM (J.), *Éléments de contentieux administratif camerounais*, *op.,cit.*,255 p.

[823]KARAM-BOUSTANY (L.), *L'action en responsabilité extracontractuelle devant le juge administratif*, LGDJ, 2007

[824]NEGRIN (J-P*), L'intervention des personnes morales de droit privé dans l'action administrative*, LGDG, 1971 ; V. aussi, SABIANI (F), « L'habilitation des personnes privées à gérer un service public », *AJDA* 1977. 4

[825] Le service public est selon Louis ROLLAND « *une entreprise ou une institution d'intérêt général qui, sous la haute direction des gouvernants, est destinée à donner satisfaction à des besoins collectifs du public* », ou encore « toute activité d'une collectivité publique visant à

régissant le secteur de l'électricité précise que l'électricité constitue un service public dont l'organisation incombe à l'état[826].

b- Les arguments tirés la nature juridique des biens équipements affectés aux branchements en vue de l'exercice d'une activité de service public

Aux termes de l'article 2 de l'ordonnance n° 74/2 du 6 juillet 1974, font partie du domaine public « *tous les biens meubles et immeubles qui par nature ou par destination sont affectés à l'usage du public ou au service public* ». Il ressort des termes de l'article 12 du règlement du service public de distribution que les installations de production, de transport, et de distribution d'électricité affectées au service public de l'électricité et exploitées par AES SONEL sont des ouvrages publics appartenant à l'État et concédés à ENEO.

L'inaliénabilité dont jouissent ces biens s'étend également aux biens même non concédés, mais qui participent à l'exploitation à l'entretien et au renouvellement des biens concédés[827]. Dans la même lignée, l'article 2 alinéas (3) (d), de la loi de 2006 portant organisation des tribunaux administratifs précise que le contentieux administratif comprend : « *(...) d) - les litiges intéressant le domaine public* ».

Il ressort de ce qui précède que les biens concédés au concessionnaire pour l'accomplissement de la mission publique de fourniture de l'énergie électrique sont par nature des biens publics. Par conséquent, tout dommage résultant soit de la réalisation des travaux en vue de leur fonctionnement, soit même des incidents ou des accidents causés par ces biens, ou encore des dommages matériels pouvant y résulter en appellent à la responsabilité de la puissance et par ricochet, à la compétence du juge administratif[828]. Dans le même sens, les branchements et tous les autres actifs affectés par AES SONEL à la réalisation d'activités de distribution, et spécifiquement adaptés à ce type d'activités, sont des installations de distribution et constituent donc des biens concédés par

---

satisfaire un besoin d'intérêt général ». Il se dégage de cette définition que le service public s'identifie par trois éléments : le service public est une entreprise ou une activité, il est exercé par une collectivité publique, il vise à satisfaire un besoin d'intérêt général. La gestion de l'électricité est donc une activité qui appartient à l'État, mais qui peut être menée par des entreprises sur la base d'un contrat pour satisfaire un besoin d'intérêt général. La compétence du juge administratif dans le contentieux de la fourniture de l'énergie électrique est ouverte parce que celui qui fournit de l'énergie agit pour le compte d'une personne publique et est soumis aux exigences de service public (article 3 (2) in fine, article 6 (1), article 11 (1), article 20 (1) de la loi de 2011/022 du 14 décembre 2011 régissant le secteur de l'électricité au Cameroun).

[826]BRENET(F), « la qualification des concessions hydroélectriques », *ACCP* 2009, n° 85, p. 36.

[827]LE BAULT-FERRARESE et L. MICHALET(L), « Nouvelles règles pour l'attribution des concessions d'énergie hydraulique », JCP Adm. 2009, n° 207.

[828]SABLIÈRE(P), « Les ouvrages de production, de transport et de distribution d'électricité sont-ils encore des ouvrages publics et faut-il qu'ils le soient ? », AJDA 2005, 2324.

l'État à AES SONEL, à l'exception des compteurs qui sont la propriété de AES SONEL, conformément au contrat-cadre de concession et de licence.

Ainsi, les biens concédés tout comme les biens propres à ENEO, en raison de leur participation à l'exécution d'une mission de service public de distribution de l'électricité, sont frappés du sceau de l'inaliénabilité, de l'imprescriptibilité et de l'insaisissabilité. C'est également dans cette logique qu'il convient de situer les travaux relatifs à l'extension, l'aménagement et l'amélioration du réseau public de distribution qui à n'en point douter, constituent des travaux publics dont la réalisation nécessite le concours ou l'usage des prérogatives de puissance publique justifiant ainsi la compétence du juge administratif. Au demeurant, la nature d'ouvrage public de ces biens[829] ; leur participation à une mission de service public[830] et l'usage par le concessionnaire des prérogatives de puissance publique[831] constituent irréfutablement autant d'indices au fondement de l'intervention du juge administratif dans le champ matériel de la fourniture de l'énergie électrique.

c- Les arguments tirés de l'exercice des prérogatives de puissance publique par le concessionnaire

L'exécution du service public de la fourniture de l'énergie électrique en conformité avec les exigences de l'état de droit, commande de doter l'autorité gestionnaire, des pouvoirs spéciaux dans l'optique de permettre à ce dernier d'accomplir plus efficacement ses missions d'intérêt général[832]. La notion de prérogatives de puissance publique permet de faire l'économie de ces pouvoirs spéciaux conférés au concessionnaire dont l'évidence commande un contrôle poussé du juge administratif[833] dans le maintien du jeu d'équilibre entre le concessionnaire et le consommateur de l'énergie électrique[834]. Ces prérogatives tiennent à l'essentiel en matière de fourniture, au pouvoir de

---

[829]Teste, « L'équipement hydraulique et le droit privatif du riverain. Étude de législation et de jurisprudence », *CJEG* 1960. 31.

[830]CHEVALIER (J), « L'intérêt général dans l'administration française », *RISA* 1975.235 ; *Variations autour de l'idéologie de l'intérêt général*, PUF, 1978/1979 ; *Le service public*, « Que sais-je ? » 2012, V aussi, CHEVALIER (J-M) (dir.), *L'idée de service public est-elle encore soutenable ?*, PUF, 1999., V. encore DUBOUIS (L), « Missions de service public ou missions d'intérêt général », *Rev. Gén. Coll. Terr.* 2001.588.

[831]MOREAU(J), « La naissance de la clause exorbitante du droit commun comme critère du contrat administratif », *Mél* BURDEAU (F), Pp.202 et S, Litec 2008 ; FARDET (C), « La clause exorbitante et la réalisation de l'intérêt général » AJDA 2000.115 ; v. aussi, PEREON (P), « la délégation des services publics administratifs », AJDA 2004. 1449. ; SYMCHOWICZ (N), « la notion de délégation de services publics administratifs », AJDA 1998.195.

[832]CHEVALIER (J), « Les transformations du statut d'établissement public », *JCP* 1972 n° 2496.

[833]FARDET (C), « La clause exorbitante et la réalisation de l'intérêt général », *AJDA* 2000.115.

[834] JAVERZAC (J.L)., MANTION (P) et MOLLE (M), « Les engagements du gestionnaire de réseau de transport français RTE en matière de qualité de fourniture d'électricité », *REE* 2002, n° 11, p.

contrôle[835] qui implique : les frais de vérification des installations intérieures, l'état des compteurs ; au pouvoir de sanction [836]qui implique le pouvoir de suspension immédiat de l'énergie en cas d'opposition à la relève du compteur ,le pouvoir de fixer les pénalités discrétionnaires et unilatérales[837] ; le pouvoir unilatéral de réduction de la puissance publique disponible, les pénalités de retard ; les frais de coupure ; le droit exclusif de distribution ; le droit d'établir les facturations forfaitaires ; le pouvoir d'établir unilatéralement des PV de fraude ; le droit de poursuites, le pouvoir de facturation forfaitaire en cas de fraude ; la facturation de pénalités correspondant à 20 % du montant facturé ; l'engagement des poursuites judiciaires ; le pouvoir d'établir les PV de fraude, etc.

Il paraît donc étonnant de constater que la loi de 2011 régissant le secteur de l'électricité dans son titre VII consacré aux mécanismes de règlement des différends ne prévoit aucunement la possibilité pour le consommateur de saisir le juge administratif[838]. La lecture du règlement de service de distribution publique permet de relever une diversité des prérogatives des puissances publiques qui légitiment l'exercice des missions de service public de l'électricité.

2- Les fondements jurisprudentiels de la compétence du juge administratif de la fourniture

En matière de fourniture de l'énergie électrique, les fondements jurisprudentiels au départ originaires (a) ont été amenés à connaitre une évolution résumée dans l'idée de la nature de l'organisme chargé de la gestion du service public de la fourniture de l'énergie électrique (b).

a- Les fondements jurisprudentiels originaires

L'arrêt Blanco rendu le 8 février 1873 par le tribunal des conflits reste l'arrêt fédérateur de la compétence du juge administratif[839].

b- Les fondements jurisprudentiels tirés de la nature du service gestionnaire du service public de la fourniture de l'énergie électrique[840]

La jurisprudence Bac de Loka rendue le 22 janvier 1921 encore connue sous le nom « *l'arrêt société commerciale de l'Ouest africain* » a consacré la

---

[835]Publique de l'électricité, voir art 76(1).

[836] Art. 10.3, 13.1, art. 13. 3 du règlement de service de distribution publique de l'électricité.

[837]MOREAU(J), « la naissance de la clause exorbitante du droit commun comme critère du contrat administratif », *Mél F. Burdeau*, p.197, Litec 2008.

[838]LIORENS, « Le pouvoir de modification unilatérale et le principe de l'équilibre financier dans les contrats administratifs », *RFDA* 1984. 45.

[839]TC 8 fevr1873, BLANCO, -rec.1er supplt 61, concl. David.

[840]ABRESPY(M), La nature juridique des concessions d'énergies hydrauliques de la loi du 16 octobre 1919, Toulouse, Thèse, 1929, 165 p.

notion de service public administratif à caractère industriel et commercial « SPIC ». L'on peut en substance retenir de cette légendaire consécration jurisprudentielle que le contentieux du service public commercial et industriel constituerait une exclusivité du juge judiciaire[841]. Toutefois, en prenant le contre-pied d'une telle affirmation, l'évolution des missions de la puissance couplée à l'évolution des modes de gestion publique depuis la fin du XIXe siècle a rendu possible l'émergence de différents scénarios de gestion de l'activité publique[842]. Ainsi, un service public industriel et commercial peut aujourd'hui être connu du juge administratif. Il en sera ainsi lorsque seront en cause les activités de réglementation[843], de police ou de contrôle[844] menées dans un SPIC.[845]

Confrontant ce qui précède à la présente analyse, il en ressort qu'ENEO est une personne privée qui gère un service public sur la base des règles du service public d'autant plus que le service public de l'électricité est organisé par l'État[846]. Cela signifie que les règles de droit public prévalent dans les rapports entre l'opérateur et l'usager et entre l'opérateur et la collectivité publique[847]. En conséquence, tout litige né de ces rapports relève de la compétence du juge administratif[848]. Il paraît donc loisible d'affirmer ici que

---

[841]D. BAILLEUL, « Vers la fin de l'établissement public industriel et commercial ? À propos des transformations des EPIC en sociétés », *CJEG*, 2006. 105.

[842]DE CORAIL (J-L), « Contribution du juge administratif à une théorie juridique de l'établissement public à caractère industriel et commercial », in *Mélanges* Charlier, 1981. 29.

[843]CE, 26 janvier 1923, Robert Lafrégeure, n° 62529) ; v. aussi, (CE, assemblée, 29 janvier 1925 l'herbier ; V. encore TC, 15 janvier 1968, compagnie Air France C/Epoux Barbier, n° 01908.

[844] Voir à cet effet les arrêts, CE 13 mai 1938, Caisse primaire, Aide et protection ; CS/CA, n° 48 du 25 mai 1989, Aigle royale de Dschang « El pacha » C/État du Cameroun(une volonté de considérer les personnes privées investies d'une mission de service public comme relevant d'un régime de droit public), CS/CA, jugement n°27/91/92 du 27 février 1992, Dutchou Jean C/État du Cameroun (FECAFOOT) (la confortation de la valeur juridique du critère du service public dans le droit du contentieux administratif camerounais en ce qui concerne notamment les personnes privées.)

[845](TC, 16 octobre 2006, Caisse centrale de réassurance C. Mutuelle des architectes français, n° 3506) Certains contrats des SPIC ont la qualification de contrats administratifs, c'est le cas des contrats ayant pour objet l'occupation du domaine public, des contrats portant sur l'exécution des travaux publics, de ceux comportant des clauses exorbitantes du droit commun et même ceux conclus selon un régime exorbitant de droit commun. Les actes posés par le directeur et le comptable (qui a d'ailleurs la qualité de comptable public) sont de la compétence du juge administratif. Lorsque le personnel a conservé la qualité d'agent public en vertu d'un texte, la juridiction d'administration est aussi compétence. Les actes de portée générale des SPIC sont également attaqués devant le juge administratif.

[846] LOMBARD (M), « L'établissement public industriel et commercial est-il condamné ? », *AJDA* 2006. 79.

[847]PETIT (J), « L'établissement public industriel et commercial par détermination de la loi. À propos de la jurisprudence Blancheman », *L'intérêt général,* Mélanges en l'honneur de Didier TRUCHET, Dalloz, 2015.

[848] JANICOT (L), « L'identification du service public géré par une personne privée », *RFDA* 2008. 67.

les agissements du concessionnaire ENEO sont justiciables d'un recours devant le juge de l'excès de pouvoir[849].

C- Les bases juridiques de la compétence du juge administratif

Ces bases sont constitutionnelles (1), législatives (2) et réglementaires (3).

1- Les bases constitutionnelles

La révision constitutionnelle du 18 janvier 1996 en son article 40 dispose : *« La chambre administrative connaît de l'ensemble du contentieux administratif de l'État et des autres collectivités publiques. Elle connaît en appel du contentieux des élections régionales et municipales. Elle statue souverainement sur les décisions rendues en dernier ressort par les juridictions inférieures en matière de contentieux administratif. Elle connaît de tout autre litige qui lui est expressément attribué par la loi ».*

2- Les bases législatives

La matière de la fourniture de l'énergie électrique est sous-tendue au plan législatif par plusieurs instruments normatifs au rang desquels il convient d'évoquer la loi n° 2006/022 du 29/12/2006 fixant l'organisation et le fonctionnement des tribunaux administratifs.[850] La loi n° 2011/022 du 14 décembre 2011 régissant le secteur de l'électricité au Cameroun[851], etc.

---

[849]DONIER (V), « Les lois du service public : entre tradition et modernité », *RFDA,* 2006. 1219.

[850]Il ressort de l'article 3 alinéa de cette loi : « *que le contentieux administratif comprend : C) les litiges concernant les contrats (à l'exception de ceux conclus sous l'empire du droit privé) ou les concessions des services publics (...)* ».

[851]Dont l'article 3 alinéa 2 énonce que « *le service public de l'électricité a pour objet de garantir l'approvisionnement en électricité sur l'ensemble du territoire national dans le respect de l'intérêt général* ». L'article 3 alinéa 3 quant à lui prévoit que le service public de l'électricité est organisé par l'État. L'article 2 alinéa 3 . Le service public de l'électricité est géré dans le respect des principes d'égalité, de continuité, d'adaptabilité et dans les meilleures conditions de sécurité, de qualité, de coûts, de prix et d'efficacité économique, sociale et énergétique. L'article 13 alinéa 1 précise que : les activités suivantes sont soumises au régime de la concession, sauf disposition contraire à la présente loi : la distribution de l'électricité.
L'article 28 prévoit que les gestionnaires des réseaux de distribution sont soumis à des obligations particulières. L'article 6 alinéa 1 de la loi de 2011 précitée précise que les contrats de concession, des licences, et les autorisations prévues par la présente loi déterminent l'étendue des obligations des services publics. L'article 11 alinéa de ladite loi précise que l'exercice des activités dans le secteur de l'électricité est soumis à l'un des régimes juridiques suivants : la concession, la licence, l'autorisation, la déclaration et la liberté. L'article 13 de l'alinéa 1 la distribution et le transport d'électricité sont les activités soumises au régime de la concession. Cette dernière s'analyse comme une convention conclut de manière exclusive entre l'État et un opérateur lui permettant d'exploiter le domaine public dans les limites territoriales précises en vue d'assurer la production, le transport et la distribution de l'énergie électrique sur la base d'un cahier de charge.

3- Les bases réglementaires

L'arrêté n° 00000013/MINEE du 26 janvier 2009 portant approbation du règlement de service de distribution d'électricité de la société AES Sonel devenue ENEO ; l'arrêté primo ministériel, portant organisation et fonctionnement des comités de recours, etc.

Paragraphe I : le rappel des règles classiques de dévolution de la compétence territoriale de la juridiction administrative

La loi n^0 2006/ 016 du 29 décembre 2006 fixant l'organisation et le fonctionnement de la Cour Suprême, fixe l'organisation actuelle de la juridiction administrative.[852] De son côté, la loi n./022 du 29 décembre 2006 fixant l'organisation et le fonctionnement des tribunaux administratifs fixe la composition du tribunal administratif[853].

L'article 14 alinéa 1 de la même loi dispose que : « *Les tribunaux administratifs sont, sauf disposition contraire de la loi, juges de droit commun du contentieux administratif en premier ressort* ». L'article 2 alinéa 2 précise que « *les tribunaux administratifs connaissent, en premier ressort, du contentieux des élections régionales et municipales et en dernier ressort, de l'ensemble du contentieux administratif concernant l'État, les collectivités publiques territoriales décentralisées et les établissements publics administratifs…* » En outre, le même alinéa 2 ajoute que « *toutefois, suivant*

---

[852]Celle-ci comprend : une chambre judiciaire ; une chambre administrative ; une chambre de comptes ; une formation des chambres réunies ; une assemblée générale ; un bureau ; un secrétariat général ; un greffe. Chaque chambre comprend : des sections ; une formation des sections réunies. La chambre judiciaire comprend : une section civile ; une section commerciale ; une section pénale ; une section sociale : une section de droit traditionnel. La chambre administrative comprend : une section du contentieux de la fonction publique ; une section du contentieux des affaires foncières et domaniales ; une section du contentieux fiscal et financier ; une section du contentieux des contrats administratifs ; une section du contentieux de l'annulation et des questions diverses.

[853]Selon l'article 6, le tribunal administratif est composé ainsi qu'il suit. Au siège : d'un président ; des juges ; d'un greffier en chef ; de greffiers. Au parquet : du procureur général près de la Cour d'appel du ressort du tribunal administratif ; d'un ou de plusieurs substituts du procureur général. Elle dispose en outre en son article 8 que : les membres du tribunal administratif et ceux du parquet sont des magistrats relevant du statut de la magistrature. Toutefois, pour les besoins de service, peuvent être nommés juges ou substituts en service extraordinaire au tribunal administratif pour une période de cinq (5) ans : les professeurs de droit des universités ayant exercé comme enseignant pendant au moins dix (10) années consécutives ; les chargés de cours en droit des universités ayant exercé comme enseignant pendant au moins quinze (15) années consécutives ; les fonctionnaires de la catégorie A et les cadres contractuels d'administration titulaires d'une maîtrise en droit ayant exercé leurs fonctions pendant au moins quinze (15) années consécutives.

les nécessités de service, le ressort d'un tribunal administratif peut être, par décret du Président de la République étendu à plusieurs régions ».

Aux termes de l'article 38 de la loi n°2006/016 du 29 décembre 2006 fixant l'organisation et le fonctionnement de la Cour Suprême, la chambre administrative est compétente pour connaitre : des appels formés contre les décisions rendues en matière de contentieux des élections régionales et municipales ; des pourvois formés contre les décisions rendues en dernier ressort par les juridictions inférieures en matière code contentieux administratif ; des exceptions préjudicielles soulevées en matière de voie de fait et d'emprise devant les juridictions inférieures en matière de contentieux administratif ; de toute autre matière qui lui est expressément attribuée par la loi. Les articles 72 à 88 et 89 à 103 du même texte prennent soin de définir les règles procédurales à suivre selon que la chambre administrative statue comme juridiction d'appel ou de cassation.

Paragraphe II : L'explicitation des contours de la compétence matérielle du juge administratif en matière de fourniture de l'énergie électrique

Il paraît justifié de s'interroger sur les cas d'ouverture de la compétence du juge administratif en matière de fourniture de l'énergie électrique. Ainsi, le contentieux de la fourniture de l'énergie est susceptible de s'opérer à deux niveaux entre le consommateur et l'État ou le fournisseur sur la base d'un contrat d'adhésion soumis aux exigences du service public d'une part, et le fournisseur et le concédant sur la base d'un contrat de concession de service public d'autre part. Le juge administratif de l'énergie électrique est compétent pour connaître du contentieux de l'excès de pouvoir, du contentieux de pleine juridiction et des recours particuliers tels que la répression et l'interprétation.

A- La légalité des actes réglementaires relatifs à la régulation de la fourniture de l'énergie électrique

L'une des difficultés, et non des moindres, face à laquelle peut se trouver un chercheur, réside évidemment dans l'absence de consécration normative du point de droit à solutionner. En cas de silence assourdissant des textes en matière de détermination de l'étendue de la compétence du juge administratif en matière de fourniture énergie électrique, l'effort de systématisation devient hardi.

Quoique l'affirmation de la compétence du juge administratif dans le contentieux de la fourniture de l'énergie électrique ne souffre d'aucun doute, il faut de même admettre que cette compétence est recherchée et difficile à identifier. Néanmoins, l'on pourrait dire que dès lors que le concessionnaire ne respecte pas ses obligations de service public conformément aux termes de l'article 2 alinéas 2 et 3 de la loi 2011 régissant le secteur de l'électricité au Cameroun, il tombe sous le coup de la juridiction administrative.

Les chefs de compétence ainsi systématisés, en l'absence de toute consécration explicite se résument pour l'essentiel à la contestation de la légalité de l'arrêté portant règlement du service public de distribution de l'énergie électrique (1), la légalité des actes unilatéraux du fournisseur relatif à la tarification de l'énergie électrique (2) et la légalité des prérogatives exorbitantes de puissance publique du fournisseur de l'énergie électrique (3).

1- La légalité de l'arrêté portant règlement du service public de distribution de l'énergie électrique

La violation du règlement du service de distribution publique de l'électricité par le fournisseur peut faire l'objet d'un recours pour excès de pouvoir devant le juge de l'annulation.

2- La légalité des actes unilatéraux du fournisseur relatif à la tarification de l'énergie électrique

Le refus d'abonner un usager sur le fondement de la rupture du lien d'égalité de tous devant le service public est illégal. La contestation de ce refus se fait par recours pour excès de pouvoir, le consommateur devra attaquer l'acte de refus.

3- La légalité de la facturation et de la tarification

La légalité est l'état d'une chose légale, c'est-à-dire qui respecte un formalisme arrêté par un acte à valeur contraignante[854]. Traiter de la légalité de la facturation dans cet exercice revient, non pas à étudier son formalisme, mais plutôt de questionner celle-ci, dans la construction de l'État de droit.

L'orientation vers ce sens est consécutive à l'arbitraire du fournisseur dans l'opération de facturation manifeste en la montée ou à la floraison des factures de consommation de l'énergie électrique violatrice de l'état de droit, telle l'émission des factures frauduleuses arbitraires ou abusives, sans compter l'émergence des erreurs de calcul de la consommation réelle de l'énergie électrique.[855]

Cet état de choses est plutôt inquiétant et suscite des interrogations sur la cohérence de l'ordre juridique camerounais, emportant même l'efficacité des mécanismes de garanties de cette cohérence. En effet, la facturation telle qu'elle s'opère contribuerait à l'avancée de l'État de droit si et seulement si elle est accompagnée des moyens ou mécanismes garantissant sa légalité.

---

[854]LEBAN (R), « La tarification de l'électricité en France, de la réalité aux perspectives dans la concurrence », Rev. De l'énergie 1999, n° 510 ;

[855]SABLIÈRE(P), « La réglementation du prix de l'électricité », *CJEG* 1988. 349 ;

Cela revient à dire que, tant que la facturation reste un mystère pour les consommateurs, n'ayant pas la possibilité de contrôler leur consommation, cette opération serait considérablement teintée d'écueils battant en brèche l'état de droit. Il faudrait donc dans un premier temps associer le consommateur à cette opération avant de penser à l'institution des moyens ou des mécanismes normatifs de vérification[856].

L'association du consommateur au processus de facturation constitue un marqueur de l'état de droit. Depuis l'apparition de la performance de l'action publique, la tendance voudrait que la gestion des affaires publiques ne soit plus seulement l'apanage des personnes morales publiques ou privées (exerçant une mission de service public), mais que désormais les citoyens-personnes physiques interviennent aussi pour plus de crédibilité et de transparence dans la gestion du service public.

C'est un état de choses qui renforce les principes démocratiques et rassure chaque citoyen d'être à l'abri des écueils du service public, d'être à l'abri des pratiques remettant en cause les principes du service public. L'association du consommateur au processus de facturation, élément relevant du fonctionnement du service public, va consister à :

- Laisser la possibilité au consommateur de contrôler sa consommation ;
- Faire intervenir dans les opérations de facturation des représentants des associations de consommateurs ;
- Libéraliser l'accès à l'information des données de calcul de la consommation.

L'institution des moyens ou mécanismes normatifs de vérification des factures se situe quant à elle dans la logique de la mise en place d'un médiateur de l'énergie. Organe indépendant par rapport au régulateur et au fournisseur, sa mission consistera, en dehors des missions qui lui seront expressément attribuées par son texte créateur, à procéder avant émission des factures à leur contrôle. Il s'agira, en même temps, d'un contrôle de proportionnalité et d'un contrôle de régularité.

Le contrôle de proportionnalité qui va consister à vérifier l'exactitude des données de calcul portera sur l'ensemble des données de la consommation tant celles détenues par l'opérateur et enregistrées dans la base de données que celles affichées dans les compteurs des clients. Un défaut de proportionnalité des données donnera lieu à un arbitrage pour essayer de trouver un équilibre. Le contrôle de régularité, quant à lui, va consister à veiller à l'application effective de la base légale de calcul de la consommation de l'énergie électrique.

---

[856]BERNARD (P), « La tarification de l'électricité : acquis et modalités nouvelles », CJEG 1984. 25

Pour le cas des compteurs prépayés où le consommateur n'a pas la possibilité de contrôler sa consommation, le contrôle du médiateur devra s'étendre sur l'ensemble des appareils électriques du client. C'est une mesure qui devra permettre que le médiateur soit suffisamment informé de la consommation de l'énergie avant de comparer ces données à celles du fournisseur. La nécessité d'une institution comme telle participe de la garantie de l'obligation de la gestion transparente du service de telle sorte qu'aussi bien le fournisseur que le consommateur soient dans une situation d'égalité ne serait-ce que pour ce qui est du système de facturation.

4- La légalité des prérogatives exorbitantes de puissance publique du fournisseur de l'énergie électrique

Lorsque le fournisseur fait usage des prérogatives de puissance publique dans ses rapports avec le consommateur, ce dernier est fondé au moyen d'un recours pour excès à déférer de tels actes illégaux au juge administratif, qui en plus de procéder à l'annulation de tels actes peut par la même occasion indemniser la victime de ces agissements.

B- Les actions en indemnisation du préjudice causé par les actes illégaux du fournisseur

Le juge administratif affirme sa compétence, lorsque les activités de service public menées par le fournisseur de l'énergie électrique ont causé un préjudice soit au consommateur soit au tiers victime. Ainsi, un administré, et plus précisément un consommateur d'énergie électrique, est fondé à introduire un recours devant le juge administratif lorsque sa situation subjective a subi des atteintes de la part d'un acte de l'administration et particulièrement celui de son fournisseur. Le contentieux de pleine juridiction concerne tous les actes de l'administration, même si le recours peut être tourné contre le préjudice causé par un acte administratif.[857] Concrètement, l'on pourrait, dans une perspective systématisante, évoquer : Les dommages causés par les installations électriques et ouvrages concédés au service public de l'électricité(1) ; les dommages causés du fait du fonctionnement défectueux du service public de l'électricité(2) et les dommages résultant de la qualité de l'énergie électrique(3).

---

[857]Il s'agit davantage des actes contractuels de l'administration, et plus précisément du contrat administratif. En matière de contrat administratif, aux termes de l'ordonnance du 26 août 1972 reprise par la loi du 29 décembre 2006, au nombre des matières relevant de la compétence du juge administratif, figurent les contrats administratifs. L'article 9 de l'Ordonnance de 1972 dispose en effet que la chambre administrative connaît « des contrats administratifs à l'exception de ceux conclus même implicitement sous l'empire du droit privé ». Cela signifie qu'à la différence des contrats de droit privé, les contrats administratifs font partie des matières principalement dévolues à la compétence du juge administratif, voir art. 2(3-b) de la loi n° 2006/022 sus-cité.

1- Les dommages causés par les installations électriques et ouvrages concédés au service public de l'électricité

La violation de la propriété privée immobilière (emprise) ou mobilière (voie de fait administrative) par les installations faites par le concessionnaire (à l'exception des installations intérieures) sur le fondement de ce que les installations sont la propriété de l'État, affectées au service public de l'électricité. Dans ce cas d'ouverture, le juge administratif sera juge de la constatation et le juge judiciaire, juge de la réparation. Que dire des dommages causés du fait du fonctionnement défectueux du service public de l'électricité ?

2-Les dommages causés du fait du fonctionnement défectueux du service public de l'électricité

Il convient d'évoquer ici le fonctionnement défectueux du service public de la fourniture (l'exemple du retard accusé pour l'installation des compteurs après abonnement, le défaut d'entretien des installations). La dénonciation de ce dysfonctionnement se fait au moyen du recours de plein contentieux. Il est question ici pour le consommateur d'établir le préjudice que lui aurait causé le dysfonctionnement du service avant de prétendre à une indemnisation.

La responsabilité de l'État est en principe engagée sous couvert ENEO (fournisseur) sur le fondement de l'article 12 du règlement de service : elle résulte du défaut d'entretien des branchements et de leur renouvellement sur le fondement de la violation du principe d'adaptabilité ou de mutabilité du service public qui voudrait que le service public soit adapté aux mutations que connait la société ; du défaut de maintenance de l'ouvrage public (article 3 alinéa 2 de la loi de 2011). Ce défaut s'apparente à un défaut d'entretien des branchements, de leur renouvellement sur le fondement de la violation du principe d'adaptabilité ou de mutation du service public ; du dysfonctionnement du service public de l'électricité (déficit d'électrification de certaines parties du territoire, l'état des biens affectés au service ou concédés), sur le fondement de la violation du principe corollaire du fonctionnement correct du service public et de la violation de l'article 3 (3) de la loi de 2011 régissant le secteur de l'électricité au Cameroun qui dispose que « *le service public de l'électricité est organisé par l'État* ». Par interprétation de cette disposition, une bonne organisation du service public de l'électricité entraine le fonctionnement correct du service public et une mauvaise organisation du même service entraine le dysfonctionnement du service. Il faut préciser que la responsabilité de l'État dans les cas énumérés est une responsabilité pour faute.

3- Les dommages résultant de la qualité de l'énergie électrique

Ces dommages résultent du défaut de qualité de fourniture de l'énergie sur le fondement de la violation du principe du fonctionnement correct du service ; de l'absence de fourniture de l'énergie électrique après paiement de la redevance due ou interruption injustifiée de la fourniture de l'énergie sur le fondement de la violation du principe de continuité du service public ; de la mauvaise qualité du courant ; de l'indisponibilité de la fourniture ; de la perturbation de la fourniture ; des interruptions anormales de fourniture d'énergie et de l'absence de fourniture de l'énergie électrique. Dans le même sens, le non-respect des obligations de service public par le concessionnaire pourrait être assimilé à une rupture de l'équilibre du service public justifiant ainsi que le consommateur porte directement son recours gracieux préalable vers le juge afin d'obtenir réparation.

Section II : L'ambiguïté des conditions d'accès au juge administratif

Le flou du législateur camerounais sur la détermination de la compétence du juge administratif en matière de fourniture de l'énergie électrique se trouve résumé dans l'idée de l'ambiguïté qui se matérialise ainsi par la problématique du recours gracieux préalable dans le cadre des concessions de fourniture d'énergie électrique (paragraphe 1) et l'opacité des conditions subjectives (paragraphe 2).

Paragraphe I : La problématique du recours gracieux préalable dans le cadre des concessions de fourniture d'énergie électrique

Le recours gracieux préalable s'inscrit dans le cadre de la procédure administrative contentieuse. Il est l'acte par lequel on informe l'administration (personnes publiques) de l'existence d'un dommage résultant d'un acte ou d'une activité. En tout état de cause, la fourniture de l'énergie relève d'un service public selon les termes de l'article 3 de la loi 2011 sur l'électricité. Ce service public de l'électricité est géré par le concessionnaire ENEO, Société d'économie mixte avec un capital d'environ 54 % de parts contre 46 pour l'État du Cameroun. Dans l'exercice de ses missions, le concessionnaire ENEO jouit des prérogatives exorbitantes de puissance publique. Il est donc paradoxal d'alléguer que l'exercice de prérogatives des puissances publiques, fut-il par une personne de droit privé, tombe sous le coup de la juridiction judiciaire.

A- Les données du problème : les consécrations normatives ambigües

La recrudescence des litiges entre fournisseur et consommateur de l'énergie électrique, et l'orientation du contentieux y relatif vers des solutions judiciaires justifient l'interrogation -centrée vers l'opportunité d'un recours gracieux en matière de distribution de l'énergie électrique au Cameroun.

Une telle préoccupation s'appuie sur des considérations tenant aussi bien à l'opération de la concession qu'au statut de la personne gestionnaire du service public de l'électricité. En tout état de cause et en se fondant sur l'esprit et la lettre de la loi de 2006 relative à l'organisation et au fonctionnement des tribunaux administratifs, il apparaît que le recours gracieux préalable ne peut être adressé qu'à une autorité publique ou au représentant de la collectivité publique ou de l'établissement public en cause. Il va sans dire que le critère matériel centré sur l'activité en cause n'a pas retenu l'attention du législateur camerounais au moment de la désignation des personnes habilitées à recevoir le recours gracieux préalable.

Cette conception sévère d'encadrement du régime du recours gracieux préalable ne semble pas adaptée aux évolutions récentes des activités de l'état caractérisées aussi bien par la montée en puissance de personnes privées que par le redressement de l'État de certains secteurs d'activités pourtant d'intérêt général.

1- Les contradictions des dispositions de la loi n° 2006/022 du 29 décembre 2006 portant organisation et fonctionnement des tribunaux administratifs

Aux termes de l'article 17 al. 1 de la loi n° 2006/022 du 29 décembre 2006 fixant l'organisation et le fonctionnement des tribunaux administratifs, il en ressort que « *le recours devant le tribunal administratif n'est recevable qu'après rejet d'un recours gracieux adressé à l'autorité, auteur de l'acte attaqué ou à celle statutairement habilitée à représenter la collectivité publique ou l'établissement public en cause ». Et aux termes* de l'article 2 al3© de la loi n° 2006/022 du 29 décembre 2006 fixant l'organisation et le fonctionnement des tribunaux administratifs, le contentieux administratif comprend : « c) : *Les litiges concernant les contrats à l'exception de ceux conclus même implicitement sur l'emprise du droit privé ou les concessions de service public.* De ce qui précède, la disposition de l'article 17 (1) rentre en désaccord avec celle de l'article 3 (c). En effet, à partir du moment ou matériellement, le contentieux de la concession fait partie intégrante du contentieux administratif, un élargissement et une adaptation des autorités adressataires du recours gracieux préalable au cas de la concession deviennent sans doute une exigence de bonne administration de la justice dans l'intérêt de toutes les parties au procès. Le mutisme du législateur de 2006 sur les autorités adressataires du recours gracieux préalable lorsqu'une concession de service public est en cause apparaît comme une faiblesse significative du contentieux des concessions de service public au Cameroun.

2- Les contradictions du règlement du service public de distribution de 2009 : les dispositions ambigües des articles 17 et 18 et les consécrations évasives des dispositions normatives de la loi de 2011 régissant le secteur de l'électricité

Aux termes de l'article 17 du RS, « *toute réclamation en réparation d'un dommage adressée à AES SONEL doit l'être par écrit en français ou en anglais par le demandeur ou ses ayants droit, sous réserve d'apporter le titre par lequel l'ayant droit agit au point commercial AES SONEL, dont dépend le demandeur ou, à défaut, au siège de la direction générale de AES SONEL le propre du lieu de résidence* ».

Les réclamations pour dommages matériels doivent être faites dans un délai maximum de 5 jours ouvrables en zone urbaine et 7 jours ouvrables en zone rurale à compter de la survenance de sinistre. Les réclamations pour dommages corporels et décès sont faites dans un délai maximum de 10 jours ouvrables en zone urbaine et 15 jours ouvrables en zone rurale à compter de la survenance du sinistre.

Le règlement de service sus évoqué prévoit en son article 17 que les réclamations et les règlements de litige se font auprès de AES SONEL devenu ENEO aussi bien dans ses points commerciaux, qu'au siège de la direction régionale la plus proche du lieu de résidence du demandeur. En ce qui concerne le règlement des litiges, il est prévu à l'article 18 la conciliation qui est diligentée par l'ARSEL. La loi de 2011 sur la protection du consommateur prévoit quant à elle à ses articles 30 et suivants les comités de recours.

Il paraît significatif d'évoquer ici la contradiction qu'introduit le RS dans les termes de l'article 18 formulé en ces termes : tout litige opposant AES SONEL aux usagers relatifs aux prestations de AES SONEL pourra faire l'objet d'une procédure de conciliation devant l'Arsel. Tout litige porté devant l'Arsel en vertu de ladite procédure de conciliation ne pourra faire l'objet d'une autre procédure devant la juridiction compétente pour le même objet avant l'aboutissement de la conciliation. Ces dispositions ne renseignent pas suffisamment l'usager ou le consommateur sur la démarche à suivre lorsqu'il se trouve confronté au concessionnaire ENEO qui n'hésite pas à mettre en œuvre ses prérogatives de puissance publique.

Comme un serpent de mer juridique ou même un Janus bifront, la question de l'existence d'un recours gracieux préalable dans le contentieux de la fourniture ou de la distribution de l'énergie électrique au Cameroun demeure opaque et brumeuse, il serait donc de bonne convenance que le législateur puisse résolument et définitivement clarifier la question.

De ce qui précède, de nombreux constats s'imposent. D'abord le mutisme du législateur en cas de saisine directe par le demandeur du juge compétent. On est en droit de se demander si la réclamation du demandeur devant le fournisseur est obligatoire aussi bien devant l'ARSEL que du juge et si en revanche, cette saisine préalable du fournisseur consisterait à considérer la réclamation formulée devant le fournisseur comme équivalente à un recours gracieux préalable initié dans les formes et délais de droit commun du recours gracieux préalable.

De cette disposition normative, il faut déduire que selon le RS, la procédure de conciliation demeure facultative tant que les partis n'ont pas encore manifesté une volonté d'être liées par celle-ci. Une fois que les parties au litige l'on fait, elle devient obligatoire ce qui signifie pour le cas de la saisine du juge administratif qui nous intéresse particulièrement ici deux choses à savoir que d'une part le procès-verbal de conciliation ou de non conciliation pourrait faire office du RGP et que d'autre part le juge compétent pourrait exiger la preuve ou la production de celui-ci. Il ne paraît pas superflu d'hypothèser ici qu'en cas de refus de production de celui-ci par le régulateur, le juge pourra considérer le silence gardé par le régulateur comme RGP implicite en fondant soit à la date de la première requête du demandeur soit à la date de la demande introduite par le requérant à l'effet d'entrer en possession du PV conciliation.

En tout état de cause et contrairement aux stipulations législatives, le PV de conciliation malgré son homologation ne saurait revêtir un caractère définitif. Sous peine de porter atteinte au sacro-saint principe du double degré de juridiction. Relativement à la question de la détermination de l'acte valant RGP, il justifie sans doute l'hypothèse que deux possibilités sont offertes au demandeur. Celles-ci sont fonction de l'organe choisi. En effet, la réclamation non résolue du client devant le fournisseur pourrait s'assimiler à un RGP recevable devant le juge de l'excès de pouvoir ou comme un titre de compétence recevable devant le juge judiciaire.

Il s'agit également du PV de conciliation ou de non-conciliation devant l'ARSEL qui pourrait, dans une optique globale de protection des droits du consommateur, être considéré comme un RGP.

B- Les solutions envisageables pour l'opportunité d'un recours gracieux préalable en matière de fourniture de l'énergie électrique

L'évidence de la compétence contentieuse du juge administratif camerounais dans le traitement juridictionnel des différends nés de la fourniture de l'énergie électrique entre le fournisseur et le consommateur, l'usager client, en l'absence de tout mutisme textuel, commande d'envisager les scénarios de définitions des voies d'accès au juge administratif. Deux problématiques se posent à ce niveau d'abord : la détermination valant ou pouvant servir de recours gracieux préalable d'une part, et d'autre part la détermination des autorités adressataires dudit recours gracieux préalable[858].

1- Sur la détermination de l'acte valant RGP

La démarche hypothétique adoptée ici a permis de mettre en évidence la réclamation de l'article 17 du règlement du service public de distribution(a) ; le PV de conciliation ou de non-conciliation et les décisions des comités de recours(b).

a- La réclamation de l'article 17 du règlement du service public de distribution

Il va sans dire à ce niveau que le recours gracieux préalable est justifié en matière du contentieux de fourniture de l'énergie puisqu'au terme de l'article 19 alinéa 1er du règlement de service la primauté du règlement de service prévaut sur les conditions générales du contrat d'abonnement ainsi le règlement de service étant un acte administratif unilatéral, il est donc possible du recours pour excès de pouvoir et la compétence contentieuse du juge administratif.

De même, vu le caractère facultatif de la saisine d'ENEO, il serait loisible d'arguer qu'au cas où l'usager saisirait directement le régulateur, la requête introduite par ce dernier devrait ou pourrait faire office de RGP au cas où celui ne venait à trouver satisfaction auprès du régulateur. Peut-être en s'abreuvant à l'esprit du règlement du service, il ne paraîtrait pas superfétatoire de considérer la réclamation prévue à l'article 17 du règlement de service comme un recours gracieux préalable en ce que celle-ci est soumise aux conditions de fond et de forme fixées par le législateur. L'analyse combinée des articles 17 et 18 du règlement de service laisse penser qu'une réclamation demeurée infructueuse devant AES SONEL pourrait faire office de recours gracieux préalable. À contrario, l'on pourrait également hypothéser que le procès-verbal de conciliation puisse être analysé ou perçu comme une forme implicite du recours gracieux préalable nonobstant la formule exécutoire homologuée par le juge compétent. Même si le règlement de service reste vague, on note entre les lignes que le juge compétent est soit administratif soit judiciaire en cas de non-conciliation.

---

[858]NGWESE (N.P.), BINYOUM (J.), *Éléments de contentieux administratif camerounais*, *op. cit.*, pp.167 et s.

b- Le PV de conciliation ou de non-conciliation et les décisions des comités de recours

Dans le traitement juridique des mécanismes des règlements des différends nés de la fourniture de l'énergie, le législateur prévoit uniquement la conciliation devant l'ARSEL comme unique mode de règlement en ce qui concerne l'opérateur et l'usager. Il prévoit ainsi que le procès-verbal de conciliation qui consacre les conditions d'arrangement entre les deux parties revêt un caractère exécutoire dès lors qu'il a été homologué par le président du tribunal compétent. De cette disposition normative, il parfait significatif de souligner le mutisme du législateur sur le sort du procès-verbal de conciliation et en cas de non-conciliation.

Si sur le premier point la formule exécutoire revêtue par le procès-verbal pouvait apporter un début de réponse, il faut constater qu'une telle solution ne paraît qu'éphémère et dépend des rapports de force des acteurs engagés dans le jeu de la conciliation. Dans certains cas en effet, il arrive que le concessionnaire méprise ou refuse de respecter l'exécution de l'arrangement contenu dans le procès-verbal de conciliation. Dans ce cas, quelle attitude devra adopter le consommateur ou l'usager dépourvu de tout moyen exorbitant ?

Le jugement civil n°322-C du 26 août 2021 du Tribunal de Première Instance de Yaoundé Centre administratif, affaire MVONDO Hubert C/ la Société AES SONEL devenue ENEO le démontre à loisir. En effet, après avoir contesté une facture erronée de 839 000 qui lui avait été adressée par AES SONEL, le requérant a saisi l'ARSEL qui, après une procédure de conciliation acceptée par les deux parties, avait décidé conformément à la loi de mettre un terme au litige en demandant à AES SONEL de rétablir l'électricité dans le domicile de monsieur MVONDO Hubert. La société AES SONEL a, contre toute attente et malgré le procès-verbal de conciliation et son homologation, décidé de maintenir débrancher pendant plus de 18 mois le requérant. L'on peut donc s'interroger sur la portée des décisions de l'ARSEL. Bien plus grave encore, l'on se demande ce qui se passe en cas de non-conciliation.

2- Sur la détermination des autorités adressataires du recours gracieux préalable : les scénarios possibles

Le mutisme du texte de 2011 sur l'électricité, celui de 2009 sur le règlement de distribution publique de l'électricité et de 2011 sur la protection du consommateur au Cameroun amène à se pencher véritablement sur l'autorité adressataire du recours gracieux préalable. Contrairement aux stipulations des textes susévoqués qui orientent la résolution des litiges nés de la fourniture vers la voie judiciaire, il paraît tenable d'assumer la compétence et l'office du juge administratif dans le contentieux de la fourniture de l'énergie électrique. En tout état de cause, l'exercice des missions de service public commande le caractère ou le régime de droit public dans les rapports entre le consommateur et le fournisseur dès lors que sont mises en œuvre les prérogatives de puissance publique. L'analyse ou la détermination des personnes habilitées à recevoir le recours gracieux préalable en matière de fourniture de l'énergie électrique commande la mise en lumière de plusieurs scénarios pertinents susceptibles de fournir les solutions cohérentes et adaptées face à cette brumeuse question.

Il paraît justifié de se demander si le recours gracieux préalable, dans le cadre de la fourniture de l'énergie électrique, peut être adressé aux : directeur général d'ENEO, directeur de l'ARSEL ou alors au ministre de l'Eau et de l'Énergie ? Ce questionnement met à nu les incohérences du cadre normatif et régulateur du secteur de l'électricité fortement dominé par le monopole d'un seul opérateur. Le mutisme du texte en vigueur sur la question du recours gracieux préalable en matière de fourniture de l'énergie laisse sceptique sur le sort de l'usager ou du consommateur.

En outre, en mobilisant le critère fondé sur l'opération juridique de la concession ainsi que sur l'objet et la finalité de l'activité en cause, l'on pourrait soutenir que le recours gracieux préalable dans le contentieux de la fourniture de l'énergie électrique est adressé au directeur général faisant ainsi office de représentant de garde de la collectivité dotée des prérogatives de puissance publique.

En outre, en mobilisant le critère fondé sur l'opération juridique de la concession ainsi que sur l'objet et la finalité de l'activité en cause, l'on pourrait soutenir que le recours gracieux préalable dans le contentieux de la fourniture de l'énergie électrique est adressé au Directeur général faisant ainsi office de représentant de garde de la collectivité doté des prérogatives de puissance publique. La détermination des autorités adressataires des recours gracieux varie selon que le litige oppose le consommateur au fournisseur de l'énergie (a), le consommateur à l'État (b) et le régulateur contre le concessionnaire (c).

a- En cas de litige opposant le consommateur au fournisseur de l'énergie

L'ouverture de la compétence du juge administratif serait aussi conditionnée par la production d'une preuve du recours gracieux, sur le fondement de ce que le concessionnaire dans ses missions de service public, est investi de prérogatives de puissance publique lui permettant de prendre des actes décisoires susceptibles de recours pour excès de pouvoir devant le juge administratif. En d'autres termes, le concessionnaire pourrait être considéré comme autorité administrative.

Et si le concessionnaire est considéré comme autorité administrative, il est fort probable que le consommateur soit astreint à la production d'une preuve du recours gracieux devant le juge, avant que le juge ne statue au fond du litige. C'est peut-être pour cette raison que le règlement de service donne la possibilité au consommateur de faire une demande de réclamation en réparation d'un dommage (art. 17 du règlement de service de distribution de l'électricité de 2009) auprès de son fournisseur.

Cependant, il est regrettable que le règlement de service n'ait pas précisé la suite de la procédure dans l'hypothèse d'une suite non favorable à la réclamation du consommateur. Toutefois, sur le fondement des attributs de service public régissant le secteur public de l'électricité, on peut dire que c'est le juge administratif qui est compétent pour connaitre de la suite non favorable d'une réclamation introduite par le consommateur auprès de son fournisseur.

La complexité réside dans le flou et le vide juridique observés dans les textes régissant le règlement des litiges entre opérateur et usagers. Au regard des articles 17, 18 du règlement de service de distribution publique de l'électricité de 2009, 85(2) de la loi de 2011 régissant le secteur de l'électricité, et 4(5) du décret portant organisation et fonctionnement de l'ARSEL, il est observé une restriction de l'aboutissement du contentieux à la seule hypothèse d'un accord des parties en contentieux.

La question pourrait se poser à la suite de savoir : quel est le sort du contentieux qui n'a pas fait objet d'un arrangement à l'amiable au niveau de ARSEL ou ENEO ? En l'absence d'une réponse textuelle et jurisprudentielle, il revient à la doctrine de déterminer le sort d'un tel contentieux, de proposer des pistes envisageables sur le fondement de la nature des activités génératrices de contentieux, des règles qui gouvernent leurs exercices et du degré d'implication des personnes publiques dans les activités en question. À notre avis, il paraît cohérent de soutenir que l'exercice par le concessionnaire des missions et prérogatives de puissance publique ouvre la voie à la compétence du juge administratif et par conséquent à la formulation d'un recours gracieux préalable. Ce recours gracieux préalable pourrait hypothétiquement être adressé soit au MINEE, soit au DG d'ENEO.

En convoquant sur la table de l'analyse les critères fondés sur le statut de la personne et cumulativement au critère de l'activité en cause et surtout de sa finalité, l'on pourrait soutenir que le recours gracieux préalable dans le contentieux de la fourniture de l'énergie pourrait être adressé par le consommateur au ministre chargé des questions énergétiques. En tout état de cause, il paraît superfétatoire d'arguer que deux possibilités s'offrent à l'usager demandeur. En effet, lorsqu'il saisit directement la direction générale d'ENEO, sa réclamation non aboutie peut être considérée comme un recours gracieux préalable. Même si à ce niveau le flou de règlement sur les délais du traitement aussi bien devant ENEO que devant l'ARSEL pourraient compromettre le justiciable si l'on s'en tient aux stricts délais du droit commun du recours gracieux préalable. Sauf à considérer que dans la présente hypothèse la date, lesdits délais courent à partir du jour de la notification à l'usager de la décision soit du régulateur, soit du fournisseur. Le recours gracieux pourrait ainsi être adressé au directeur général d'ENEO, puisqu'il est l'autorité statutairement habilitée à représenter la concession de service public.

b- En cas de litige opposant le consommateur à l'État

Le consommateur peut formuler un recours gracieux à ARSEL sur le fondement de l'art. 3(1) du décret portant organisation et fonctionnement de ARSEL « *L'agence a pour mission de veiller aux intérêts des consommateurs et d'assurer la protection de leurs droits pour ce qui est du prix, de la fourniture et de la qualité de l'énergie électrique...de veiller à l'accès des tiers* ».

c- En cas de litige dirigé par le régulateur contre le concessionnaire

De même, l'ARSEL est fondée à recevoir le recours gracieux préalable dirigé contre ENEO, pour le compte du ministère de l'Eau et de L'Énergie puisque l'État donne compétence à ce dernier à l'effet de le représenter. Dans ce cas, le recours gracieux préalable sera adressé au directeur général de l'ARSEL. Par ailleurs, sur le fondement direct et sous la base de la responsabilité sans faute, un usager peut engager la responsabilité de la puissance publique pour rupture de l'égalité de tous devant les charges publiques. Dans ce cas, il pourrait saisir le MINEE et lui adresser le recours gracieux préalable.

Paragraphe II : L'opacité des conditions subjectives

Elles sont cumulatives et s'articulent autour de la qualité, la capacité et de l'intérêt à agir. La jurisprudence camerounaise balbutiante sur la distinction des notions de qualité et intérêt fourni néanmoins des éléments propices à une analyse théorique de ces constructions juridiques.

- **Les notions de qualité et d'intérêt.**

La qualité est l'aptitude à solliciter du juge administratif qu'il se prononce sur le bien-fondé d'une prétention d'un requérant. Il n'est donc pas superflu d'indiquer ici que les mineurs non émancipés et les incapables sont exclus du bénéfice du recours contentieux devant le juge administratif de la fourniture. En effet, la loi sur le contentieux administratif précise : pour qu'un individu este en justice, il doit être majeur et jouir de ses capacités mentales.

Dans le même sens, les personnes morales et les associations de consommateurs légalement constituées peuvent ester en justice. Selon le professeur ONDOA Magloire, il s'agit de deux notions obligatoirement exigées à tout requérant eu égard à leur étroite proximité, elles s'en distinguent fondamentalement. En règle générale, l'intérêt pour agir apparaît comme le bénéfice matériel ou moral que le requérant espère obtenir en engageant son action devant le juge. Dans un autre sens, l'intérêt peut aussi s'analyser comme une perte de gain ou davantage. Même s'il peut arriver qu'il y ait coïncidence entre l'intérêt et la qualité pour agir, il convient de noter que la qualité est le titre juridique dont se prévaut le requérant en adressant sa requête contentieuse au juge. Dans le contentieux de la fourniture, la notion de qualité revêt une considération assez controversée et biaisée qui n'est pas de nature à garantir la protection du consommateur ou de l'usager. Le règlement du service fourni des définitions des notions d'usager de l'énergie électrique et de consommateur. C'est d'ailleurs dans le même sens que la loi de 2011 sur le secteur de l'électricité abonde.

En effet, celle-ci se définit comme une personne physique ou morale connectée à un réseau de distribution en vue d'être approvisionnée au point de livraison. Pour le règlement de service, le client est toute personne physique ou morale contractuellement alimentée en énergie par AES SONEL à sa demande et conformément aux stipulations des contrats de concession et de licence de AES SONEL.

Ainsi, le client est un usager au sens du règlement de service relatif aux obligations de fourniture ; son deuxième point relatif à la souscription d'un contrat d'abonnement, pose que les contrats d'abonnement sont souscrits par les propriétaires, les usufruitiers d'immeubles, les représentants accrédités des copropriétés par les locataires et occupants de bonne foi à condition de disposer les documents légaux exigés par le fournisseur. Pourtant, au terme de l'article 17 du règlement de service consacré aux réclamations il est écrit qu'à peine de déchéance les réclamations à réparation des dommages doivent impérativement être accompagnées d'un certain nombre de documents. Ainsi, la responsabilité de AES SONEL ne peut être engagée que vis-à-vis d'une personne physique précisément identifiée ou d'une personne morale régulièrement immatriculée et disposant de la personnalité juridique.

L'article 17 exclut du droit à réclamation et indemnisation les personnes qui ne sont pas abonnées ou qui utilisent un abonnement au nom d'une autre personne sans être elles-mêmes abonnées à AES SONEL. Cela signifie que la qualité pour ester en justice et prétendre à des droits dans le cadre d'un dommage issu de la fourniture d'énergie électrique est centrée sur la régularité de l'abonnement. Pourtant à l'évidence, dans les formulaires d'abonnement annexés au contrat d'abonnement et fixant les éléments nécessaires à la demande d'un devis en ligne, il est écrit ceci : vous devez disposer d'une photo du lieu à brancher, de votre pièce d'identité, du plan de localisation et de l'accord à l'abonnement s'il y a lieu.

Toutefois, le dernier tiret précise que si vous êtes un locataire, ces éléments doivent appartenir à votre bailleur. Il suit de là que la notion de qualité à agir dans le contentieux de la fourniture d'énergie est diversement appréciée. Il existe une grossière contradiction qui porte manifestement atteinte aux droits de l'usager. Cette contradiction entre le règlement de service et les éléments de condition spécifique annexés au contrat d'abonnement participe à la fragilisation du droit de l'usager et du locataire.

Cette discrimination entre le locataire et le bailleur propriétaire n'est pas sans conséquence majeure sur la prétention à la réparation du dommage subi du fait du fournisseur. Un tel procédé qui rentre dans l'exclusion pour les clauses limitatives de responsabilité est attentatoire aux droits fondamentaux du consommateur usager ou client. Il s'agit d'une entorse au principe de la liberté, au droit processuel du consommateur. La discrimination fondée sur la distinction bailleur-locataire permet tout simplement au fournisseur de l'énergie électrique de violer les droits consacrés par le règlement de service et les textes en vigueur, car la loi de 2011 sur la protection du consommateur interdit l'introduction de telles clauses dans le contrat d'abonnement ou dans la régulation des rapports entre le consommateur ou les clients. Les articles 4 et 5 qui interdisent de telles pratiques sanctionnent ces clauses abusives par la nullité. Les clauses limitatives introduites par les articles 11 et 16 du règlement de service ont pour unique finalité la dénaturation de la notion de qualité à agir aussi bien devant le juge judiciaire que devant le juge administratif.

En tout état de cause, la restriction apportée à la condition du demandeur en droit de la fourniture de l'énergie électrique tend à exclure du champ matériel de l'énergie électrique la quasi-majorité des utilisateurs de l'énergie électrique quand bien même il est admis que sur un ratio de 100 utilisateurs seulement 20 seraient propriétaires, que dire donc de tous ces utilisateurs commerciaux ou non qui animent le désir économique et social du pays.

La posture idéologique de rentabilité adoptée par le législateur fragilise le droit à l'énergie et porte de manière flagrante atteinte à la Constitution. Il serait donc de bon ton que le législateur puisse revoir le cadre général des rapports entre le consommateur et le fournisseur, car la notion de qualité telle que perçue par le concessionnaire sur le fondement du règlement de service n'est pas adaptée à la réalité et l'environnement du contentieux administratif de l'énergie. Il ne serait donc pas superflu d'attaquer ce règlement de service au moyen d'un recours pour excès de pouvoir.

Section III : La procédure devant le juge administratif de l'énergie électrique

La procédure administrative contentieuse débute par la requête introductive d'instance (paragraphe I) ce qui fait ressortir ses spécificités (paragraphe II) avec pour finalité la réparation du préjudice de la fourniture de l'énergie électrique par le juge administratif (paragraphe III).

Paragraphe I : la requête introductive d'instance

Le recours devant le juge administratif n'est recevable qu'après rejet du recours gracieux préalable[859]. Quand le délai imparti à l'administration pour réagir au recours gracieux est passé, ou dès lors qu'elle s'est prononcée en défaveur de la demande du requérant, ce dernier a soixante jours pour saisir le juge administratif, à compter de la décision de rejet du recours gracieux.

Le juge administratif est saisi par voie de requête qui tient lieu d'introduction d'instance. La requête est déposée au greffe. Elle donne en principe lieu à la consignation d'une provision de vingt mille. Elle doit être écrite et contenir les noms, prénoms, profession et domicile du demandeur ; la désignation du défendeur. Le requérant doit y exposer les faits, sa réclamation doit être identique à celle contenue dans le recours gracieux préalable, les moyens et l'énumération de pièces produites. La requête est timbrée et signée du requérant ou de son mandataire.

Paragraphe II : Les spécificités de la procédure administrative contentieuse

Ces spécificités sont relatives aux caractères (A) et au déclenchement de la procédure (B), aux règles du procès (C) et aux parties au débat.

A- Les caractères de la procédure

La procédure devant le juge administratif de l'énergie électrique a un caractère inquisitoire, elle est essentiellement écrite et surtout non suspensive. En effet, concernant l'inquisitorialité de la procédure, le juge administratif est maître de la procédure. Il est de coutume de présenter la procédure administrative juridictionnelle comme inquisitoire. C'est sans doute vrai dès lors que le juge administratif conserve la maîtrise de l'instruction, initiée d'ailleurs par requête introductive d'instance[860] et non par assignation comme cela peut être le cas en procédure civile. C'est lui qui communique les mémoires à l'adversaire, qui fixe les délais de réponse, et qui décide du moment de clore l'instruction. Par ailleurs, il détient des pouvoirs d'injonction à l'instruction. Il appartient ainsi au juge administratif d'exiger de l'administration compétente, la production de tous les documents susceptibles d'établir sa conviction et de nature à permettre la vérification des allégations du requérant. Il est pourtant assez rare que le juge mette en œuvre ces pouvoirs.

---

[859]Article 17, loi N° 2006/022 du 29 décembre 2006 fixant l'organisation et le fonctionnement des tribunaux administratifs.

[860] Article 32 alinéa 1, Loi n° 2006/022 du 29 décembre 2006 fixant l'organisation et le fonctionnement des tribunaux administratifs.

Pour le caractère essentiellement écrit de la procédure, c'est probablement une source de questionnement pour le justiciable de constater que son mandataire décide de ne pas se rendre à l'audience publique. Ce peut être une incompréhension teintée d'inquiétude pour lui d'entendre son mandataire s'en remettre, lors de l'audience, purement et simplement à l'instruction écrite.

Cela peut lui paraître choquant d'entendre le président de la formation de jugement reprocher, le cas échéant, à ce mandataire d'excéder le cadre des « brèves observations » qu'il était invité à formuler. Ce justiciable doit cependant comprendre que la procédure est essentiellement écrite, le primat de l'écrit en contentieux administratif étant une tradition de l'histoire de la juridiction administrative qui a conservé au fil du temps cette culture, laquelle caractérise l'administration active dont elle est issue. Cette culture de l'écrit s'érode cependant[861], le principe restant toutefois celui suivant lequel le droit des parties de présenter des observations orales à l'audience n'existe que si un texte le prévoit.

S'intéressant enfin au caractère non suspensif, l'administration n'a pas besoin de montrer la légalité de ses actes pour que ceux-ci soient appliqués. En effet, pendant la procédure, on applique tout de même la loi, l'acte demeurant applicable et appliqué jusqu'à ce qu'il soit jugé illégal. Il en est de même du déclenchement de la procédure.

B- Le déclenchement de la procédure

Le juge administratif n'a pas comme le juge judiciaire de pouvoir d'autosaisine. De même, le ministère public n'est pas compétent pour introduire une action contentieuse devant le juge administratif. Seules les parties ont la prérogative de former un recours introductif d'instance. Seulement, l'introduction d'instance en matière de contentieux administratif a ceci de particulier qu'elle se démembre en la formulation d'un recours gracieux préalable et en l'introduction d'une requête contentieuse devant le juge. (cf. Conditions objectives d'accès au juge administratif de l'énergie électrique : recours gracieux préalables[862] et requête introductive d'instance). Il reste à présent à analyser les règles du procès.

---

[861]CHABANOL (D), « Du dialogue du juge et des parties. Réflexion sur la procédure administrative contentieuse » *in* Mélanges en l'honneur de Daniel LABETOULLE, Paris, Dalloz, 2007, pp. 149 et s.

[862] Article 17, Loi n° 2006/022 du 29 décembre 2006 fixant l'organisation et le fonctionnement des tribunaux administratifs.

C- Les règles du procès

Il faut distinguer la procédure administrative normale de celle d'urgence[863]. Ces deux procédures qui relèvent de la compétence du juge administratif présentent des divergences procédurales. Pour autant, toutes ont pour étape l'instruction et le jugement. C'est à l'intérieur de ces différentes phases que des divergences apparaissent. Les développements présents concernent spécifiquement la procédure administrative normale. En effet, la juridiction n'est amenée à juger que quand l'instruction a été effectuée. L'instruction consiste à étudier le recours contentieux, ainsi que les différents éléments disponibles.

À l'issue de l'instruction, il est statué que l'affaire est en état d'être jugée ou non. Dès le dépôt de la requête, le président désigne un rapporteur chargé d'instruire l'affaire. L'instruction est écrite, secrète, inquisitoriale, contradictoire et non suspensive. Elle[864] consiste à regrouper toutes les pièces nécessaires à la tenue du jugement. Chaque partie est saisie et doit produire des documents que sont les mémoires en défense, les mémoires en réplique, les pièces justificatives. Les échanges de mémoires sont également effectués. C'est pendant l'instruction que les demandes incidentes sont effectuées, de même que les interventions, désistement, acquiescement, péremption, reprise d'instance et récusation.

Au terme de l'instruction, le jugement proprement dit est entamé. En effet, à la clôture de l'instruction, le rapporteur transmet son rapport d'instruction au président du tribunal. Ce dernier fixe alors la date du début du jugement. Les parties sont régulièrement convoquées. Le jugement se déroule en audiences publiques, sauf si le tribunal en décide autrement. Le jugement est contradictoire et non suspensif de l'action administrative parce que l'administration jouit du bénéfice du préalable. Si les conditions de saisine et les caractéristiques du préjudice sont remplies, la victime pourra alors demander à être réparée.

Paragraphe III : Les suites de la procédure

Les suites de la procédure administrative contentieuse concernent particulièrement la décision prise par le juge administratif (A), les pouvoirs du juge (B) et les voies de recours (C).

---

[863] Article 27, Loi n° 2006/022 du 29 décembre 2006 fixant l'organisation et le fonctionnement des tribunaux administratifs.

[864] Article 65 et suivants, Loi n° 2006/022 du 29 décembre 2006 fixant l'organisation et le fonctionnement des tribunaux administratifs.

A- La décision du juge

La décision finale de la juridiction est prise après délibéré[865]. Cette décision est collégiale, elle est prononcée à la majorité des voix des juges et le délibéré est secret. La décision de la juridiction administrative est prononcée en audience publique. Elle est lue par le président du tribunal. Les dépens qui sont les frais générés par le procès sont prononcés et le jugement est notifié aux parties par le greffier. Par ailleurs, il est important de savoir que la décision du juge administratif de l'énergie électrique bénéficie de l'autorité de la chose jugée et a un caractère exécutoire. En effet, si l'on s'intéresse à la définition de l'exécution, elle renvoie à « *la réalisation d'une obligation ou un devoir juridique, le processus qui permet de faire passer le droit dans les faits, de faire coïncider ce qui est et ce qui doit être* »[866]. Le champ de l'exécution est, quant à lui, plural quant aux domaines et quant aux actes concernés[867]. Le droit administratif est quant à lui convoqué notamment en raison de la théorie jurisprudentielle de l'exécution forcée. Il l'est aussi à raison de la décision exécutoire théorisée par Hauriou[868].

Quant aux modalités de l'exécution, elles sont également très diversifiées. Elles peuvent être classées selon leur caractère passif ou actif[869]. Il reste à préciser que le juge administratif dès lors qu'il est saisi dispose de nombreux pouvoirs.

B- Les pouvoirs du juge

Le juge administratif peut annuler une décision administrative[870] contestée. Lorsqu'il constate qu'une décision administrative est illégale, il en prononce l'annulation. Tout se passe alors comme si cette décision n'avait jamais existé et ses effets produits antérieurement au jugement sont également annulés. Le juge administratif peut également modifier la décision contestée. Il ne s'agit

---

[865]Article 53 alinéa 1, Loi n° 2006/022 du 29 décembre 2006 fixant l'organisation et le fonctionnement des tribunaux administratifs.

[866]THERY (P), « exécution », *Dictionnaire de la Culture juridique*, Quadrige, 2003, p.678.

[867]GARDER (C), « La notion d'exécution des décisions de justice administrative », *Cultiva Europa*, 2017/2 (n*39), pp. 13- 27.

[868] *Idem.*

[869]GYOMAR. (M) et SEILLER. (B), *Contentieux administratif*, Dalloz, hypercours, 3e ed. p. 983. La disparition d'un acte annulé dès lors qu'il « est réputé n'avoir jamais existé » est la modalité d'exécution passive la plus topique puisqu'elle interdit à l'administration d'appliquer ou de modifier l'acte annulé. Concernant les modalités d'exécution active, les hypothèses n'ont de limites que les illustrations jurisprudentielles, allant de l'édiction d'une nouvelle décision lorsque, notamment, l'acte annulé était une réponse à une demande d'un administré, en passant par la reconstitution de la situation juridique de l'intéressé jusqu'à une panoplie kaléidoscopique d'injonctions adressées à une personne publique, même lorsqu'e c'est un acte détachable d'un contrat de droit privé.

[870] Article 2 alinéa, loi n° 2006/022 du 29 décembre 2006 fixant l'organisation et le fonctionnement des tribunaux administratifs.

plus seulement d'annuler purement et simplement une décision, mais de la modifier de manière à la rendre légale.

Le juge administratif peut condamner une administration à payer une somme d'argent à titre de dommages et intérêts s'il constate qu'elle a causé un préjudice. En outre, le juge administratif peut prononcer des mesures d'urgence. Il s'agit, dans ce cas, du juge des référés, qui peut notamment demander la suspension de l'exécution d'un acte administratif, ordonner une expertise ou enjoindre la communication d'un document.

Enfin, à la demande des parties au litige, les tribunaux administratifs ou les cours administratives d'appel peuvent transmettre une question prioritaire de constitutionnalité au Conseil d'État, et ce dernier peut renvoyer la question au Conseil constitutionnel afin qu'il se prononce sur la conformité d'une disposition législative aux droits et libertés protégés par la Constitution. Les justiciables non satisfaits par la décision du juge bénéficient des voies de recours.

C- Les voies de recours[871]

Le droit au procès équitable concerne une instance et l'ensemble du sort qui lui est réservé. La garantie de la justice est mieux établie quand, face à la décision du juge, le justiciable insatisfait peut faire que l'affaire soit à nouveau examinée. Il a donc le droit de contester la décision juridictionnelle qui n'est pas encore devenue définitive. Les voies de recours sont l'appel[872], le pourvoi en cassation[873], l'opposition[874] et la révision[875]. Concernant l'appel et la cassation, ces deux recours sont des voies de reformation parce que la décision juridictionnelle est contestée devant un degré juridictionnel supérieur.

L'appel est le recours intenté contre une décision de justice initiale devant l'instance juridictionnelle supérieure. Il n'est possible que quand il y a un double degré de juridiction. Le juge d'appel fait office de rejugement, car il réétudie toute l'affaire dans le fond. L'appel est dévolutif parce que le juge ne doit se limiter qu'aux seuls aspects soulevés par l'appelant. Il est aussi suspensif, car la décision initiale contestée ne sera pas exécutée en attendant son issue, sauf décision contraire du juge ou sauf s'il s'agit du contentieux électoral. Le jugement en appel se déroule comme celui en instance initiale. L'appel est fait

[871]Article 107 et suivants, loi n° 2006/022 du 29 décembre 2006 fixant l'organisation et le fonctionnement des tribunaux administratifs.
[872]Articles 112 -114, loi n°2006/022 du 29 décembre 2006 fixant l'organisation et le fonctionnement des tribunaux administratifs.
[873]Article 116, Loi n°2006/022 du 29 décembre 2006 fixant l'organisation et le fonctionnement des tribunaux administratifs.
[874]Articles 107 – 111, Loi n°2006/022 du 29 décembre 2006 fixant l'organisation et le fonctionnement des tribunaux administratifs.
[875]Article 118, Loi n°2006/022 du 29 décembre 2006 fixant l'organisation et le fonctionnement des tribunaux administratifs.

par déclaration au greffe du tribunal administratif, dans un délai de quinze jours à compter du lendemain de la notification de la décision attaquée.

Leur point de convergence est qu'elles reposent toutes sur un réexamen de l'affaire initiale par la même instance qui a eu à la connaître. En effet, l'opposition est ouverte au justiciable défaillant (absent) à l'instance initiale[876]. La tierce opposition est une voie de droit ouverte aux justiciables qui, ni mis en cause, ni régulièrement représentés ont un intérêt à faire valoir dans le jugement prononcé. Le juge statuera uniquement sur les nouveaux moyens dont ce tiers excipe. La révision quant à elle est un recours ouvert contre l'irrégularité de l'instance initiale. Ce recours n'est possible que pour les jugements contradictoires[877].

Section III : L'intervention du juge constitutionnel dans le contentieux de la fourniture de l'énergie électrique

L'intervention du juge constitutionnel dans le contentieux de la fourniture de l'énergie électrique ne peut s'inscrire que dans la dynamique de sa fonction contentieuse qui est celle du contrôle de constitutionnalité des lois. En effet, le modèle de justice constitutionnelle appliquée au Cameroun, étant hermétique aux citoyens camerounais, la seule voie de garantie de leurs droits reste celle reconnue à leurs représentants nationaux de saisir le Conseil constitutionnel avant promulgation de la loi.

Juge de la loi et régulateur du fonctionnement des institutions publiques, le Conseil constitutionnel veille au respect direct et indirect des droits et libertés de la personne. Statuant sur la constitutionnalité d'une loi antérieurement à sa promulgation, le Conseil constitutionnel veille indirectement à la protection des droits fondamentaux des citoyens, car, faisant intervenir un ou plusieurs représentants du peuple[878].

Par ailleurs, connaissant d'une question préjudicielle de constitutionnalité, le Conseil constitutionnel participe de la protection directe des droits et

---

[876]Son fondement est le contradictoire du procès. Il faut encore que le défaut ne résulte pas de la négligence de l'opposant. En principe, l'opposition n'est pas suspensive sauf décision contraire du juge. Elle doit être effectuée dans un délai de quinze jours, tout ceci pour éviter le dilatoire.

[877]Ce recours permet au juge de revenir sur sa décision. Quand ce recours est fondé, le jugement initial est annulé et la juridiction doit statuer à nouveau sur le fond du litige. Le recours en rectification d'erreur matérielle *in fine* intervient comme celui en révision sur une irrégularité, et ici précisément quand elle est entachée d'une erreur matérielle. Il peut s'agir d'une erreur de calcul sur l'indemnité, d'une mention erronée, d'une omission. L'erreur peut avoir affecté la volonté du juge tout comme le juge peut lui-même être à l'origine de l'erreur. Il faut que l'erreur soit factuelle et non juridique. Comme pour le recours en révision, le recours en rectification doit être introduit dans un délai de trente jours. La solution à ce recours relève du président du tribunal administratif.

[878]FROMONT (M), *Justice constitutionnelle comparée*, Paris, Dalloz, 2013, pp.5 et s.

libertés des citoyens dans la mesure où l'action en garantie des droits ou la question préjudicielle relèverait du citoyen. En clair, la question préjudicielle de constitutionnalité résulte du refus par le citoyen de se faire appliquer une loi qui, selon lui, serait inconstitutionnelle.

Une telle protection suppose au préalable que la compétence du juge constitutionnel soit explicitement fondée par la constitution. En matière de la fourniture de l'énergie électrique, divers éléments juridiques tels que la fondamentalité du droit de l'énergie, sa souveraineté et la gestion du service public de l'électricité guident le fondement d'une telle compétence au plan contentieux. Toutefois, la pratique législative en vigueur issue du modèle constitutionnel camerounais restreint considérablement l'intervention du juge constitutionnel dans le contentieux de la fourniture de l'énergie électrique. Toute chose qui invite à repenser le modèle de justice constitutionnelle[879].

Paragraphe I : Le fondement juridique de la compétence du juge constitutionnel dans le contentieux de la fourniture de l'énergie électrique

L'intervention du juge constitutionnel dans le contentieux de la fourniture de l'énergie électrique peut paraître surprenante pour les profanes en la matière, dans la mesure où ils se questionneraient sur le lien existentiel entre le juge constitutionnel et l'énergie électrique. Pourtant, la lecture de la constitution couplée à d'autres textes en la matière pourrait lever l'équivoque. En effet, le droit à l'énergie est un droit complexe, composite qui rencontre dans la définition de son contenu d'autres droits fondamentaux protégés par le juge constitutionnel. Dans le positivisme juridique, un droit est dit fondamental lorsque sa consécration et sa garantie sont l'œuvre d'un texte à valeur constitutionnel.

Autrement dit, cette consécration est l'émanation d'une disposition constitutionnelle ou celle d'un traité et accord international. Il en est ainsi, des droits subjectifs, c'est-à-dire ceux inhérents à la personne humaine, tels que le droit à la vie ; des droits objectifs généralement attachés à sa personnalité tels le droit de propriété, la liberté d'aller et de venir. Pour ces différents droits que la doctrine classifie en première catégorie pour les uns et deuxième catégorie pour les autres, le juge constitutionnel leur attribue la qualité fondamentale[880].

Il est en ce sens l'autorité suprême de dernier ressort garantissant leur effectivité contre les violations des agissements aussi bien de l'exécutif que du législatif. En effet, à travers le contrôle de constitutionnalité entendu comme les vérifications juridictionnelles de la conformité des normes infraconstitutionnelles par rapport à la norme fondamentale, le juge constitutionnel n'hésite pas à sanctionner les lois déclarées

[879] *Ibid.*, pp.108 et s.
[880] Conseil constitutionnel, 16 février 1982, Nationalisations.

inconstitutionnelles[881]. Ce mécanisme juridictionnel initialement mis en place pour assurer la protection des droits fondamentaux de la première catégorie s'est étendu à ceux de la deuxième et de la troisième catégorie. C'est donc à travers cette opération que ce juge assure l'inviolabilité des droits relevant de ces catégories, notamment le droit de la consommation, le droit à un environnement sain, la liberté de commerce qui sont des composants du droit de l'énergie. Il est donc indéniable qu'en tant que droit fondamental, le juge constitutionnel garantisse l'effectivité de celui-ci dont la jouissance ne peut se faire que dans le cadre d'une mission de service public. Or, le service public est un élément clé du pacte social républicain[882]. Elle provient directement de la distinction entre l'État et la société[883].

L'intervention par voie de service public est l'un des moyens principaux de la présence des gouvernants dans la vie quotidienne. Ce qui fait du service public une composante de la souveraineté de l'État. C'est peut-être dans ce sens que s'inscrit l'article 3 alinéa 3 de la loi de 2011 régissant le secteur public de l'électricité pour qui le « service public de l'électricité est organisé par l'État ». L'organisation de ce service par l'État fait montre d'une attitude de souveraineté.

Les questions de la fourniture de l'énergie électrique relèvent ainsi des prérogatives essentielles de l'État au Cameroun. Sur celles-ci, l'État exerce une souveraineté absolue caractérisée d'une part par l'élaboration des textes devant encadrer ce secteur d'activité et d'autre part par l'organisation et le fonctionnement du service public responsable de ce secteur. Par ailleurs, selon la législation en vigueur, il définit le régime de la production, de la distribution et de la commercialisation de cette précieuse source d'énergie. Ainsi envisagée, la souveraineté énergétique se résumerait selon l'heureuse formule de Boris BARRAUD comme une « *méta-prérogative juridique* »[884].

L'auteur l'entend par là, comme le droit propre à l'État, de produire le droit et, plus encore, de produire, directement ou indirectement, tout le droit. C'est ainsi qu'il est fondé suivant les dispositions de l'article 2 de la loi de 2011 régissant le secteur de l'électricité au Cameroun et son texte d'application de 2009 portant règlement de service de distribution publique de l'électricité à définir le régime juridique applicable à ce secteur.

L'intervention du juge constitutionnel dans ce secteur résulterait au plan technique du fait que le service de distribution de l'énergie électrique est un service public par excellence, dont l'organisation et la détermination des modalités de fonctionnement ressortissent de la compétence de l'exécutif en

---

[881] FROMONT (M), *Justice constitutionnelle comparée*, *op. cit.*, pp.124 et s.
[882] GUGLIELMI (G-J), KOUBI (G), *Droit du service public,* Paris, Montchrestien, octobre 2000, p.7.
[883] *Idem.*
[884] BARRAUD (B), *l'État entre fait et droit,* Paris, Harmattan, 2015, p.275.

vertu des dispositions de l'article 8 alinéa 8 de la constitution. En sus de la base constitutionnelle de ce service, les principes généraux du droit à valeur constitutionnelle proclament l'impartialité des différentes règles devant composer celui-ci. Cette impartialité se traduit en pratique par l'égalité de tous les citoyens devant les lois[885]. Un acte législatif ou réglementaire de quelque nature que ce soit ne saurait contrevenir à cette exigence sans subir de sanction de la part des juges dont le juge constitutionnel fait partie.

Paragraphe II : Le sort de l'intervention du juge constitutionnel dans le contentieux de la fourniture de l'énergie électrique au Cameroun

L'intervention du juge constitutionnel en matière du contentieux de l'énergie électrique se heurte aux mêmes problèmes que connaissent les autres disciplines juridiques nécessitant son intervention, liés au modèle même de justice constitutionnelle. En effet, deux principales approches de justice constitutionnelle rythment le monde contemporain : l'approche américaine et l'approche kelsénienne.

Suivant l'approche américaine préconisant une pluralité de juridictions à même de connaître les questions de constitutionnalité des lois, la justice constitutionnelle est rendue non pas par une juridiction centralisée et spécialisée, mais par chacune d'elles. Elle est de ce fait qualifiée de diffuse et reconnaît à chaque citoyen estimant ses droits bafoués la possibilité de soulever une exception d'inconstitutionnalité devant le juge de céans lors du procès auquel il est partie. En cas de déclaration d'une loi contestable inconstitutionnelle, celle-ci demeure en vigueur, mais est mise à l'écart dans cette affaire. Elle a de ce fait, les effets « *Inter partes* », autrement dit, effets entre les parties.

Cette approche fort appréciable, au regard de la décentralisation juridictionnelle compétente en la matière, contraste en tous points avec son homologue européen. Selon le modèle européen, la justice constitutionnelle est rendue au nom du peuple pour toute la nation entière par une seule juridiction spécialisée appelée « conseil ». Celle-ci dont le nombre d'acteurs compétents à sa saisine se trouve fort limité en matière de constitutionnalité de lois rend les décisions à valeur constitutionnelle à effet « Erga Omnes ». C'est-à-dire au-delà des parties.

En tant qu'ancienne colonie française, le Cameroun a opté au lendemain de son indépendance, pour le modèle de justice constitutionnelle européenne. Faute d'un contentieux direct par action, le contentieux constitutionnel sur la fourniture de l'énergie électrique au Cameroun serait axé sur la constitutionnalité des lois, textes régissant le contentieux de la consommation

---

[885] Consacré en France pour la première fois par l'article 1er alinéa 6 de la Déclaration des Droits de l'Homme et du Citoyen du 17 août 1789.

de l'énergie électrique. Une étude analytique de ces textes notamment, la loi de 2011 régissant le secteur de l'électricité qui trouve son application dans le règlement de service de distribution publique de l'électricité, fait état d'une incohérence dans l'ordre juridique.

En effet, le modèle de justice constitutionnelle au Cameroun est axé sur la vérification de la conformité des lois antérieurement à leur entrée en vigueur à la constitution. Cependant, il se trouve que l'organisation législative du régime du contentieux de la fourniture de l'énergie électrique et ses textes subséquents sont une maille se situant aux antipodes des exigences constitutionnelles pour ce qui est de la garantie des droits. Le consommateur de l'énergie électrique au Cameroun dans le litige qui l'opposerait à son fournisseur est dans une situation de faiblesse qui s'extériorise dans la prise des décisions unilatérales et parfois arbitraires de la part de son fournisseur.

Le constituant lui ayant fermé l'accès au juge constitutionnel, il ne peut non plus évoquer l'inconstitutionnalité des textes qu'on lui appliquerait à l'aide d'une question préjudicielle de constitutionnalité. À partir de là, l'on pourrait dire que l'intervention du juge constitutionnel en amont comme en aval serait quasi inexistante. Il faudrait donc peut-être envisager les moyens de contournement de cette limite pour satisfaire les exigences de l'état de droit.

Paragraphe III : Pour l'institution de la question prioritaire de constitutionnalité ?

Conformément à l'article 47 alinéa 3 de la Constitution, le Conseil constitutionnel peut-être saisi en sus des chefs des organes exécutif et parlementaire, par le tiers des députés ou sénateurs. À travers cette voie et par une requête commune, ces derniers pourraient saisir cette prestigieuse juridiction d'une action d'inconstitutionnalité des lois en matière de la fourniture de l'énergie électrique.

Par ailleurs, ledit texte attribue aussi cette compétence aux présidents des conseils régionaux sous la condition que les intérêts de leur région soient en jeu. Il convient de souligner que ladite constitution étant muette sur la définition ou le contenu de la notion d'intérêt, l'on pourrait concilier cette dernière à la qualité à agir devant une instance juridictionnelle. Autrement dit, la satisfaction recherchée en estant en justice.

Cependant, en l'état actuel du droit positif camerounais, la saisine du juge constitutionnel est réservée à certaines autorités définies par le pouvoir constituant de 1996. Ceci est d'autant plus vrai au regard du contexte politique actuel où, les différents pouvoirs constitués fédèrent autour de l'exécutif. De la sorte, même la possibilité pour le tiers des députés ou des sénateurs de déférer au juge constitutionnel les lois inconstitutionnelles serait un idéal difficile.

Pourtant, pour le cas qui nous interpelle ici, celui de la préservation des droits du consommateur, un penchant pour la question prioritaire de constitutionnalité participerait du renforcement de l'état de droit. Au service des droits et libertés[886], la question prioritaire de constitutionnalité permet de contrôler une loi après sa promulgation. Elle est au service des droits et libertés en ce sens que son invocation amène d'une part, le juge de l'instance à suspendre l'application d'une loi qui porterait atteinte aux droits et libertés, et d'autre part, invite le juge constitutionnel à rechercher de fond en comble tout élément qui trahirait la cohérence de l'ordre juridique.

Cette situation emporte également la communication des juges, gage de la cohérence de l'ordonnancement juridique. Dans un contexte paradoxal où les jouisseurs des droits constitutionnellement reconnus n'ont pas la possibilité de saisir l'auguste juridiction qui apparaît comme premier garant des droits et libertés, il va de soi que les citoyens devraient avoir une autre possibilité interpellatrice du premier garant des droits. À ce propos, la QPC apparaît comme cette solution devant établir une communication entre les citoyens et le juge constitutionnel (premier garant des droits fondamentaux).

CONCLUSION Chapitre I

Au demeurant, la concrétisation de l'État de droit dans l'une de ses articulations essentielles commandait de vérifier l'existence de la compétence des juges administratif et constitutionnel en matière de fourniture de l'énergie électrique dans le but d'une garantie optimale et efficace des droits fondamentaux du citoyen ; jouant alors le rôle de consommateur de l'énergie électrique. En dépit de la maladresse aussi bien, du règlement du service de distribution publique de l'électricité que de la loi de 2011 régissant le secteur de l'électricité, il ne fait l'ombre d'aucun doute que le juge administratif et le juge constitutionnel interviennent de manière cruciale et à des strates différentes dans le vaste chantier de la consolidation des droits fondamentaux du consommateur. Il va sans dire qu'une réécriture du règlement du service de distribution publique de l'électricité s'impose avec une singulière urgence. Une telle entreprise rendrait plus clair le régime de responsabilité publique en matière de fourniture de l'énergie électrique.

[886]GICQUEL (J), GICQUEL (J-E), *Droit constitutionnel et institutions politiques*, LGDJ, 30e édition 2016-2017, pp. 833 et s.

CHAPITRE II :

L'ENGAGEMENT DE LA RESPONSABILITÉ PUBLIQUE DANS LE CONTENTIEUX ADMINISTRATIF DE LA FOURNITURE DE L'ÉNERGIE ÉLECTRIQUE

La fourniture de l'énergie électrique apparaît sans doute comme une préoccupation constante de la société camerounaise. Elle évolue dans un contexte politique, social et économique tendu en raison des effets néfastes des coupures intempestives d'électricité aussi bien sur les biens et services que sur l'activité économique. L'obligation de fourniture d'une énergie de qualité en plus d'être inscrite dans l'agenda des pouvoirs publics, apparaît comme la condition sine qua non du contrat de délégation du service public de la distribution. D'où la nécessité impérieuse de laisser au consommateur la latitude de saisir la juridiction administrative à l'effet de mettre en œuvre la responsabilité des personnes tombant sous le coup de la responsabilité publique[887].

Dans ce sens, il va de l'ordre normal que le non-respect de l'obligation de fourniture d'une énergie de qualité en quantité disponible et permanente, soit sanctionné par l'engagement de la responsabilité du fournisseur ou de l'autorité concédante[888]. Cette exigence naturelle découlant des dispositions du Code civil français constitue un incontournable et infalsifiable garde-fou qui doit rappeler avec une constante intonation aux autorités chargées du pouvoir de décision en général que leurs pouvoirs sont loin d'être absolus. Cette traduction de la modernité constitue un contrepoids à l'exorbitance des pouvoirs du concessionnaire.

La traduction classique et simpliste du principe de la responsabilité est inscrite au cœur des États modernes. Dans le champ matériel de la fourniture de l'énergie électrique au Cameroun, une telle exigence est inscrite aussi bien à la charge du fournisseur que du consommateur. Si le règlement du service public de distribution a décliné les amorces du régime de responsabilité du

---

[887]KARAM-BOUSTANY (L.), *L'action en responsabilité extracontractuelle devant le juge administratif*, LGDJ, 2007, pp. 95 et s. V. aussi, TENEYR (P), *La responsabilité contractuelle des personnes publiques en droit administratif*, Economica, 1989, pp.53 et s. V. aussi, MOREAU (J.), « Indemnisation et évaluation des dommages causés aux biens », Mél. CHAPUS, Montchrestien, 1992, p.443. PAILLARD (C), « Le préjudice indemnisable en droit administratif français », DA 2011, Étude 1, pp.7 et s.

[888]BRECHON MOULENES (C), *Les régimes législatifs de responsabilité de la puissance publique*, LGDJ, 1974, pp 28 et s.

fournisseur, il est resté cependant assez silencieux au sujet de la responsabilité publique vis-à-vis du consommateur ou de l'usager du service public de l'électricité.

Néanmoins, il convient d'observer que l'exorbitance des pouvoirs du fournisseur et surtout l'utilisation des prérogatives de puissance publique dans l'exercice de ses missions de service public justifient l'opportunité d'une analyse centrée sur la responsabilité administrative ou publique du fournisseur de l'énergie électrique. Plus clairement, la finalité réside dans l'idée de savoir qui de l'autorité concédante ou du concessionnaire de la fourniture est appelé à répondre vis-à-vis de l'usager ou du tiers. Dans le même sens, l'on pourrait littéralement se demander si l'évocation de la responsabilité publique ou administrative paraît-elle possible dans le cadre d'une concession de service public administratif à caractère industriel et commercial ?

Sur ces entrefaites, et loin de revenir sur le débat consacré à la forme juridique actuelle de la personne chargée de la gestion du service public de la distribution de l'énergie électrique au Cameroun, il paraît convenable de noter que le concessionnaire ENEO, composante de la filiale Actis-EDF, est une personne morale du droit privé chargée du service public de la fourniture. Il paraît significatif de rappeler que la loi de 2011 sur le secteur de l'électricité au Cameroun ne consacre pas un service public spécifique à la fourniture de l'énergie électrique au Cameroun, mais plutôt un service public de l'électricité dont la fourniture en fait partie.

Cet état de choses est susceptible de plusieurs interprétations : l'on pourrait à minima considérer la fourniture comme un service public industriel et commercial au regard de l'activité de commercialisation de l'énergie électrique aux usagers, l'on pourrait également émettre l'hypothèse d'un service public administratif. Toutefois, cette dernière hypothèse serait difficilement soutenable.

En tout état de cause, la nature juridique de la personne gestionnaire du service public de la fourniture d'énergie électrique est une donnée essentielle dans la détermination du régime de responsabilité applicable. Dans ce sens, le règlement du service de distribution public de l'électricité a cantonné cette responsabilité aux contrats et aux délits. Dans l'article 16 alinéa 1 dudit texte, la responsabilité du fournisseur jadis AES-SONEL aujourd'hui ENEO, est soit contractuelle soit délictuelle.

Cette consécration limitative du champ de responsabilité du fournisseur apparaît en tous points intenable et mérite une attention particulière des pouvoirs publics. En tout état de cause, l'exercice des prérogatives exorbitantes de puissance publique couplé à l'accomplissement des missions de service public justifie sans aucun doute la responsabilité publique dans le champ de la fourniture de l'énergie électrique. Il paraît convenable de s'interroger sur le régime d'une telle responsabilité[889]. Dans ce sens, la détermination du fait générateur (section 1), du préjudice (section 2) et du lien de causalité (section 3) nous permettra de saisir la complexité de la responsabilité publique appliquée à la fourniture de l'énergie au Cameroun.

Section I : Le fait générateur de la responsabilité publique dans la fourniture de l'énergie électrique

La question de la responsabilité publique dans la fourniture de l'énergie électrique présente une extrême complexité qui fait émerger la lancinante préoccupation de la personne responsable entre l'État autorité concédante et le concessionnaire, gestionnaire du service public de distribution. Face à ce dilemme, plusieurs scénarios sont possibles[890]. À cet effet, l'engagement de la responsabilité dépend selon que le client a été victime des dommages du fait de la fourniture, ou que le client soit à l'origine des dommages à l'occasion de la fourniture[891].

S'agissant d'abord des dommages causés au client du fait de la fourniture, l'on peut engager la responsabilité du distributeur du fait des installations de branchement et de fourniture. Ici, le distributeur est tenu de mettre à la disposition de la clientèle des installations en bon état de fonctionnement.[892] Le distributeur est donc responsable vis-à-vis de l'abonné des défauts de fonctionnement et donc des dommages que ceux-ci soient matériels ou corporels[893]. Toujours dans le cadre des dommages causés aux clients, l'on peut également engager la responsabilité du distributeur du fait des dommages causés chez l'abonné du fait du réseau[894]. Dans ce cas, le distributeur est responsable des dommages dus à des anomalies véhiculées par ses installations de transport ou de distribution telles que des surtensions dues à la foudre ou au mauvais fonctionnement d'installations situées en amont du branchement individuel[895].

Concernant les dommages causés par le client à l'occasion de la fourniture, il existe une responsabilité du fait des installations intérieures où le client est seul responsable de ses installations intérieures situées après le point de livraison. Aussi, est-il responsable du fait des installations du distributeur

---

[889]DUEZ (P), *La responsabilité de la puissance publique en dehors du contrat*, Dalloz, 1938, pp. 239 et s.

[890]CHAPUS (R.), *Responsabilité publique et responsabilité privée*, LGDJ, 1957, pp. 198 et s.

[891] BENOIT (F.P.), « *Le régime et les fondements de la responsabilité de la puissance publique* », JCP 1954 n° 1178.

[892] Bastia, 30 novembre 1987, BENETTI c/EDF, CJEG 1988.

[893] CE, affaire EDF c/ Dame veuve Pichon, 30 juin 1976.

[894]EISENMANN, « *Le degré d'originalité du régime de la responsabilité extracontractuelle des personnes morales de droit public* », JCP 1949 I n° 742 : La responsabilité du droit administratif, Cours de doctorat, LGDJ, 1983, pp.783 et s.

[895] TC, affaire Galland c/ EDF du 24 juin 1954.

situées dans les locaux privatifs. Ici, le compteur et le disjoncteur, partie intégrante des installations de distribution publique, peuvent être installés dans les locaux privatifs du client[896]. Dans cette hypothèse, la garde en est partagée.

Afin de clarifier cette question, il paraît nécessaire de relever que le fait générateur s'analyse comme l'élément qui déclenche la responsabilité du fournisseur ou de la puissance publique. Comme dans les branches classiques de l'activité administrative, on distingue la responsabilité pour faute (paragraphe 1) de la responsabilité sans faute (paragraphe 2).

Paragraphe I : La responsabilité pour faute

Planiol définit la faute comme « *le manquement à une obligation préexistante* ». Selon Pierre Laurent FRIER et Jacques Petit, *c'est par rapport à « un standard », un comportement type, soit fixé par les textes, soit par le juge, qu'est mesuré l'écart entre ce qui a été fait ou non (en cas d'abstention) et qui aurait dû l'être.*[897]

Cette faute est celle du service public qui a mal fonctionné, peu importe qu'elle ait été commise par un agent déterminé ou qu'elle reste anonyme. Ainsi, contrairement au droit privé, il n'est pas nécessaire de rechercher en premier lieu l'erreur particulière d'un individu pour remonter à celui qui l'emploie[898].

Selon Jean RIVERO[899] la faute au fondement de l'engagement de la responsabilité publique peut revêtir plusieurs acceptions. Elle peut être constitutive soit d'un acte matériel (un accident) ou un acte juridique (révocation irrégulière d'un fonctionnaire), d'un acte volontaire (décision claire) ou un acte de caractère involontaire (une maladresse) ; d'un fait positif (une décision), mais peut-être aussi une abstention[900] ou une omission[901] ; d'un grand retard mis à prendre une décision[902]

Selon LAURENT FRIER et Jacques PETIT, le droit français distingue plusieurs niveaux de faute. Notamment, la « *faute simple prouvée* », la faute

---

896 CORNU (G.), *Étude comparée de la responsabilité délictuelle en droit privé et en droit public*, Matot-Braine 1951.

897 FRIER (P-L) et PETIT (J.), *Droit administratif*, LGDJ, 10e édition, Paris, 2015, pp. 278 et s.

898 KARAM-BOUSTANY (L.), *L'action en responsabilité extracontractuelle devant le juge administratif*, LGDJ, 2007.

899 RIVERO et WALINE, *Droit administratif*, *op. cit.*, p. 279,

900 Arrêt LEMONIER, grands arrêts n°277.

901 CE, 27 janvier 1988 Min. Éducation Nationale C/Grand AJ 1998 p352 note Moreau : non assurance des enseignements obligatoires par des enseignants recrutés par l'État.

902 CE 27/mars 1981, S.E aux anciens combattants/Thurel RDP 1982.202.

lourde et la faute présumée[903]. Le droit Camerounais n'opère pas cette distinction. Néanmoins, les hypothèses de faute simple prouvée et de faute présumée semblent correspondre à la réalité de la responsabilité publique applicable à l'activité de la fourniture au Cameroun. Ainsi dans le cadre de la présente analyse, nous mettrons en évidence les hypothèses de faute simple prouvée (A) et les hypothèses de faute présumée (B).

A- La faute simple prouvée dans le contentieux de la fourniture

Selon le professeur Joseph OWONA, la responsabilité de l'État connait plusieurs variantes : à savoir la faute de service, la substitution, le défaut de maintenance… Le grand maître du droit public camerounais fait valoir ainsi que la responsabilité de l'État peut résulter de la survenance de plusieurs situations ou du jeu de plusieurs règles : faute de service de l'agent, substitution automatique prévue par la loi ou défaut de maintenance.

En ce qui concerne la responsabilité de l'État par substitution à son agent et l'action récursoire, l'État peut être responsable à la place de son agent, soit pour faute de service, soit par substitution automatique prévue par la loi.[904] Dans le cas de la substitution de l'agent ayant commis une faute de service[905], l'administration peut se substituer à l'agent ayant commis une faute de service[906]. Le maître du droit public camerounais note ainsi que la faute de service est une faute, c'est-à-dire un manquement à une obligation préexistante selon la définition de Planiol.

C'est une faute de service, c'est-à-dire une défaillance dans le fonctionnement normal du service incombant à un agent public, car l'Administration n'agit que par l'intermédiaire des agents. La faute de service apparaît au-dessous du niveau moyen de satisfaction attendu normalement de l'agent et du service[907]. Elle est commise par un agent du service, une personne physique. Les actes fautifs de l'Administration sont nécessairement le fait des êtres physiques que sont les agents de l'État[908].

---

[903]FRIER (P-L) et PETIT (J.), *Droit administratif*, LGDJ, 10e édition, Paris, 2015, *op. cit.*, pp. 280 et s.

[904]KARAM-BOUSTANY (L), *L'action en responsabilité extracontractuelle devant le juge administratif*, LGDJ, 2007, pp. 56 et s.

[905]MAESTRE (J-C), *La responsabilité pécuniaire des agents publics en droit français*, LGDJ, 1962 ; « *La responsabilité civile des agents à l'égard des collectivités publiques doit-elle être abandonnée* ? » Mél. WALINE, LGDJ, 1974, pp. 258 et s.

[906]OWONA (J), *Le contentieux administratif de la République du Cameroun*, *op. cit.*, 2018, pp. 55 et s.

[907]PAILLET (M.), *La faute du service public en droit administratif français*, LGDJ, 1980, pp.36 et s.

[908]OWONA (J), *Le contentieux administratif de la République du Cameroun*, *op. cit.*, 2018, pp.58 et s. ; MAESTRE (J-C), *La responsabilité pécuniaire des agents publics en droit français*,

Théoriquement, trois cas de figure sont susceptibles d'être mis en évidence en matière de fourniture de l'énergie électrique. La faute est la conséquence d'une illégalité[909]. Il s'agira dans le contentieux de la fourniture d'une décision illégale prise soit par le concessionnaire, soit par l'autorité compétente dont la portée ou l'exécution cause à un usager ou à un groupe d'usagers, voire à tous les usagers du service public de la fourniture de l'énergie électrique un dommage. Ce sera le cas lors de l'institution unilatérale des mesures visant l'augmentation des prix de l'énergie électrique ou même de l'arrêté portant service public de distribution de l'électricité, dans ses dispositions portant atteinte à l'intérêt des consommateurs. Cette faute est donc dite juridique.

La faute pourrait également résulter d'un simple fait matériel. C'est d'ailleurs le cas le plus fréquent dans le domaine de la fourniture. Il s'agit d'un mauvais fonctionnement du service public de l'électricité dû à des causes variées à savoir, le retard dans la réalisation des branchements, le défaut d'entretien normal des installations et des ouvrages affectés au service public de la distribution, le fonctionnement défectueux des compteurs, lignes et câbles, les interruptions et coupures brusques d'énergie électrique, la non-conformité des installations électriques, les mauvais branchements, les incidents survenus du fait des dysfonctionnements des compteurs, la mauvaise qualité du courant, l'indisponibilité de la fourniture, la mauvaise facturation, *etc.* Pierre Laurent FRIER et Jacques PETIT notent à cet effet que dans le cas d'espèce, *le juge administratif apprécie le contenu de l'obligation in abstrato. Il se demande à cet effet quelle aurait dû être le comportement d'un « bon » service public dans les circonstances analogues*[910].

B- La faute présumée

Selon Pierre Laurent FRIER et Jacques PETIT, il s'agit, tout en restant dans le cadre de la faute, de rendre plus aisée l'indemnisation de la victime. Ici, la preuve de la faute incombe à l'administration qui doit démontrer qu'il n'y a pas eu de faute de sa part. Quant à la victime, elle doit simplement établir le lien de causalité entre la faute du service public et le préjudice subi. Ainsi, le doute bénéficie à la victime. C'est le cas des dommages de travaux publics et du service public hospitalier[911].

En ce qui concerne la responsabilité pour défaut de maintenance, l'État peut être tenu pour responsable d'un défaut de maintenance du service public, d'un défaut d'entretien des bâtiments abritant des services publics. « *La*

LGDJ, 1962 ; « *La responsabilité civile des agents à l'égard des collectivités publiques doit-elle être abandonnée* ? » Mél. WALINE, LGDJ, 1974, pp.575 et s.

909 NGWESE (N.P.) et BINYOUM (J.), *Éléments de contentieux administratif camerounais*, Harmattan, Paris, 2015, pp. 50 et s.

910 FRIER (P-L) et PETIT (J), *Droit administratif*, LGDJ, 10e édition, Paris, 2015, pp. 279 et s.

911 *Idem.*

présence même de cette cassure revêt un défaut d'entretien de cette voie publique, de nature à engager la responsabilité de l'État »[912]. La faute consiste ici dans l'abstention de l'État, manifesté par ses effets évidents et par la matérialité de la cassure non réparée de l'escalier monumental du bureau central des postes et télécommunications de Yaoundé ayant provoqué la chute de dame Ferrière.[913]

La faute résulte aussi de la méconnaissance par une partie à un contrat administratif des obligations que celui-ci met à sa charge[914]. Ainsi à la différence du droit privé, le droit administratif pose en principe qu'un tiers à un contrat administratif ne peut se prévaloir de l'inexécution de celui-ci dans le cadre d'une action en responsabilité contractuelle.[915] Ce principe ne va pas toutefois, sans exception, et en particulier, il n'est pas applicable aux clauses réglementaires des contrats administratifs : leur méconnaissance étant une illégalité invocable au soutien d'un recours pour excès de pouvoir est nécessairement une faute dont on peut se prévaloir à l'appui d'un recours en responsabilité extracontractuelle.[916]

Le jugement ENYENGUE DIPOKO est de ceux qui traduisent les carences administratives. La carence administrative est une défaillance dans l'exécution d'une obligation administrative ou tout simplement un défaut d'exécution de celle-ci.[917] Il peut s'agir du fonctionnement défectueux du service public, du retard administratif ou du défaut d'entretien. La notion de fonctionnement défectueux du service se rapproche étroitement de celle du défaut d'entretien, mais s'en distingue du fait qu'elle ne désigne pas une catégorie spécifique de faute de service. C'est sans doute ce qui explique le peu d'intérêt qu'elle présente pour la doctrine. Il s'agit d'un terme générique qui désigne l'ensemble des manquements aux obligations non spécifiques, ne résultant pas forcément des actes administratifs, mais relevés à la charge à l'administration. Ces fautes dénotent un état de mauvais fonctionnement du service public préjudiciable aux particuliers.

L'intérêt de cette décision se trouve également dans la déclaration de compétence du juge administratif. Car, si l'on s'en tient à la répartition des compétences opérée aussi bien par l'ordonnance n° 72/06 du 26 août 1972

---

912 ROUGEVIN-BAVILLE (M), *La responsabilité administrative*, Hachette (Les fondements) 1992, pp. 29 et s.

913 Arrêt n°15 du 16 mars 1967 dame Ferrière Marc contre État du Cameroun oriental.

914 BENOIT (F-P), « Le régime et les fondements de la responsabilité de la puissance publique », JCP 1954 n° 1178.

915 TENEYR (P), *La responsabilité contractuelle des personnes publiques en droit administratif*, Economica, 1989, pp. 44 et s.

916 DUEZ (P.), *La responsabilité de la puissance publique en dehors du contrat*, Dalloz, 1938, pp. 61 et s.

917 BILONG (S.), *Memento de la Jurisprudence Administrative du Cameroun*, PUD, 1ère édition, 2014, 551p.

fixant organisation de la Cour suprême que par la loi n° 2006/022 du 29 décembre 2006 fixant organisation et fonctionnement des tribunaux administratifs, le recours en responsabilité devant le juge administratif n'est possible que du fait d'un préjudice causé par un acte administratif.[918]

Or, de toute évidence, le fait à l'origine de l'affaire en cause n'est pas constitutif d'un acte administratif. On sait en effet que par une jurisprudence constante, la définition de l'acte administratif unilatéral ne souffre plus d'aucune ambiguïté[919]. Parce que le fonctionnement défectueux du service public n'est pas forcément susceptible d'être rattaché à un acte administratif, il existe des flottements dans la déclaration des compétences des juridictions, car, pour des cas similaires, il n'est pas impossible de voir des juridictions d'ordre différent se déclarer compétentes[920].

En se basant sur les dommages de travaux publics d'entretien, d'aménagement et de concession du réseau électrique, il convient de remarquer que lorsqu'un usager du service public de distribution est victime d'un dommage accidentel, il lui suffit de démontrer que le préjudice subi est causalement lié ou dû au défaut ou aux infrastructures défectueuses et c'est au maître d'ouvrage ou au fournisseur d'apporter « *la preuve qui lui incombe* » qu'aucune faute n'a été commise. De ce qui précède, tout tourne autour du défaut d'entretien de l'ouvrage public[921].

Paragraphe II : La responsabilité sans faute

Il est classiquement et communément admis que même en l'absence de faute, la responsabilité de l'administration peut être engagée[922]. Ainsi, la victime peut obtenir réparation sans avoir à prouver la faute de l'administration[923]. La configuration de l'organisation du service public en général et les mécanismes institués pour la gestion de la fourniture de l'énergie électrique amènent à se poser la question de savoir si la responsabilité sans faute peut s'appliquer dans le cadre de la fourniture de l'énergie électrique au Cameroun.

La responsabilité de l'État peut aussi être une responsabilité sans faute lorsque le concessionnaire raccorde les clients dans les sites où les conditions

---

[918]Article 3 et s.

[919]CFJ/AP 20 mars 1968 NGONGANG NJANKE Martin C/ État du Cameroun ; (CS/CA, jugement n° 38/04-05 du 29 décembre 2004, Association « Le tabernacle des aigles » c/État du Cameroun ; CS/CA, n°89/2008 du 13 août 2008, KAMDEM Prosper C/État du Cameroun.

[920]BILONG (S), *Memento de la Jurisprudence Administrative du Cameroun*, PUD, 1ère édition, 2014, *op. cit.*

[921]AMSELEK (P), « La responsabilité sans faute des personnes publiques d'après la jurisprudence administrative », Mél. EISENMANN, Cujas, 1975, pp.234 et s.

[922]*Ibid.*, pp.233 et s.

[923]CANGULHEM (B), *Recherches sur les fondements de la responsabilité sans faute en droit administratif*, Dalloz, nouvelle bibliothèque des thèses, 2014, pp. 36 et s.

de sécurité ne sont pas réunies ou dans les zones interdites de tout raccordement (art. 4.1 du règlement de service de distribution de l'énergie électrique). La responsabilité de l'État ici est fondée sur le risque social[924]. Une analyse objective des données du problème permet de répondre par l'affirmative. Ainsi, il paraît justifié de relever que la responsabilité sans faute appliquée dans le contentieux de la distribution de l'énergie électrique se traduit par ses deux versants à savoir : la responsabilité pour risque d'une part A) (et la responsabilité pour rupture de l'égalité devant les charges publiques (B).

A- L'application de la responsabilité pour risque aux activités de fourniture de l'énergie électrique au Cameroun

De manière générale, dans l'hypothèse de la responsabilité pour risque, l'administration ou son délégant ou encore son concessionnaire doivent réparer tout dommage émanant d'un risque spécial[925]. Cette responsabilité concerne par contre et dans son principe essentiellement des victimes qui sont tierces par rapport à l'action de l'administration. En effet, n'en tirant aucun profit, elles doivent être couvertes de tous les préjudices[926]. Les usagers, quant à eux, restent en principe soumis à la responsabilité pour faute. Il convient de distinguer dans le cas qui concerne la fourniture de l'énergie électrique, les choses et les activités dangereuses (1), des dommages accidentels de travaux publics (2)

1- Les choses et les activités dangereuses.

Dans cette hypothèse, l'on pourrait considérer comme dangereux les ouvrages et installations électriques tels que les transformateurs, les pylônes, les câbles de conduite de l'énergie électrique dont une explosion ou un incendie ou un départ de feu peut causer aux usagers et aux tiers d'énormes préjudices. Il est vrai à ce niveau que l'on pourrait se demander qui devrait en répondre.[927] C'est le cas des incendies dans les marchés lorsque les installations électriques sont anarchiques.

---

[924]PONTIER (J.M), « L'indemnisation hors responsabilité », *AJDA* 2010.19

[925]COTTERET (J-M), « *Le régime de la responsabilité pour risque en droit administratif* », Études de droit public, Cujas, 1964, pp. 23 et s.

[926]CANGULHEM(B), *Recherche sur les fondements de la responsabilité sans faute en droit administratif, Dalloz*, nouvelle bibliothèque des Thèses, 2014.

V. aussi, MOREAU (J), « La naissance de la clause exorbitante du droit commun comme critère du contrat administratif », *Mél F. Burdeau,* Litec 2008, pp. 211 et s.

[927]GHESTIN (J.), (dir.), *Sécurité des consommateurs et responsabilité du fait des produits défectueux,* LGDJ, 1987, 235 p.

2- Les dommages accidentels de travaux publics

Pierre LAURENT FRIER et Jacques PETIT soulignent que la situation dans cette hypothèse a beaucoup évolué en France. En effet, selon le Conseil d'État, le mauvais fonctionnement des installations ou des ouvrages publics concédés au service public de l'électricité est parfois cause de préjudice réel. Ainsi, selon l'auguste juridiction, tout dommage subi doit être réparé sans que la victime n'ait pas à prouver l'existence d'une faute commise par le maître d'ouvrage.

B- La responsabilité pour rupture de l'égalité devant les charges publiques

Les citoyens doivent être traités de manière égale. Dans le cadre de la fourniture de l'énergie électrique, cette responsabilité peut résulter des **discriminations consacrées** par le règlement du service public de distribution plus précisément en son article **14 alinéa 1** intitulé « *priorité en cas d'insuffisance d'électricité* ».

Selon cette disposition normative, en cas d'insuffisance d'énergie, l'alimentation sera prioritairement accordée aux clients ci-dessous :

- Autorités administratives ;
- Hôpitaux et centres de santé ;
- Services de sécurité publique ;
- Services collectifs (pompage de l'eau, médias audiovisuels, télécommunications, etc. »

L'on pourrait également évoquer le refus de connecter un usager du service public.

De ce qui précède, la rupture de l'égalité peut aussi découler des décisions réglementaires qui, non illégales et donc non fautives, causent à une personne ou à une catégorie particulière de personnes des préjudices anormaux tels les associations des consommateurs ou les consommateurs de l'énergie électrique pris individuellement.

La responsabilité du fait des dommages permanents des travaux publics apparaît également comme une composante de la responsabilité pour rupture de l'égalité devant les charges publiques. Cette hypothèse pourrait être perceptible à travers les dommages et incidents survenus lors des travaux d'entretien du réseau public de transport ou de distribution. Tous ces éléments qui caractérisent ou constituent le fait générateur de la responsabilité publique dans la fourniture de l'énergie électrique doivent être rattachés à un fait pour créer un lien de causalité.

Section II : Le préjudice électrique indemnisable

Il est classiquement admis que l'engagement de la responsabilité de l'administration est subordonné à l'existence d'un préjudice indemnisable[928]. Cette règle connait une application significative dans le contentieux de la fourniture de l'énergie électrique, dans les litiges mettant en cause fournisseur et usager du service public de distribution. Le préjudice indemnisable pour être pris en compte par le juge administratif doit obéir à certaines exigences tenant à certains caractères (paragraphe 1) et en vue d'une évaluation du préjudice (paragraphe 2).

Paragraphe I : Les caractères du préjudice électrique indemnisable

L'élément générateur du contentieux administratif doit avoir causé un préjudice au requérant. Il est donc exigé qu'il y ait un fait dommageable généré par l'activité administrative et que les droits atteints par ce fait dommageable soient susceptibles d'être indemnisés[929]. Il est nécessaire que ce dernier (le préjudice) réponde à certaines exigences. En effet, le préjudice doit être direct, exprimant ainsi la nécessité du lien immédiat qui devrait exister entre l'activité administrative et le dommage[930]. Le souci de cette exigence est évidemment d'éviter un grossissement du nombre de recours provoquant ainsi un engorgement de la juridiction. Le préjudice électrique comme les autres préjudices doit être direct, matériel, certain, spécial et moral.

A- Le préjudice direct et certain

Le préjudice électrique indemnisable doit de façon cumulée être direct (1) et certain (2).

1- Le préjudice direct

Pour être indemnisable, le préjudice doit directement émaner de l'activité de fourniture de l'énergie électrique. Ce qui est pris en compte c'est le caractère immédiat du dommage. Dans le cadre de la fourniture de l'énergie, le préjudice direct est celui occasionné par le fournisseur ou le fait direct de la puissance ou de l'autorité concédante[931]. Ici, le dommage direct pourrait avoir

---

[928]MOREAU (J), « Indemnisation et évaluation des dommages causés aux biens », Mél. CHAPUS, Montchrestien, 1992, p.443. C. PAILLARD, « *Le préjudice indemnisable en droit administratif français* », DA 2011, Étude 1, p.7.

[929]PAILLARD, « le préjudice indemnisable en droit administratif français », *DA* 2011, Étude 1.p.7

[930]CORMIER(C), *Le préjudice en droit administratif français*, LGDJ, 2002, pp. 46 et s.

[931]MOREAU (J.), « Indemnisation et évaluation des dommages causés aux biens », Mél. CHAPUS, Montchrestien, 1992, pp.447 et s ; PAILLARD (C), « Le préjudice indemnisable en droit administratif français », *DA* 2011, Étude 1, pp.7 et s.

une appréciation différenciée, en raison de l'opération juridique de la concession par laquelle l'État donne mandat à ENEO pour exercer pour son compte des missions de service public de fourniture. Le préjudice direct sera directement imputable à ENEO. Toutefois, dans l'opération de concession, il convient de distinguer deux types de biens à savoir ; les biens propres d'ENEO et les biens concédés. Il va de soi que l'appréciation du caractère direct du dommage sera fonction de la nature et de la destination des biens lorsque le dommage résulte de ceux-ci.

2- Le préjudice certain indemnisable

Seul le préjudice certain est indemnisable. Selon le juge administratif camerounais, le préjudice certain peut être un préjudice futur et donc finalement un préjudice éventuel tel que la perte d'une chance.

B- Le préjudice matériel et légitime

Le préjudice doit également être matériel et/ou moral. Ici, il faut que le dommage subi soit visible et donc avéré, c'est le préjudice matériel. Il peut néanmoins arriver que le dommage subi porte sur une atteinte à l'honorabilité ou porte atteinte à un élément, à un bien ou à une personne auquel la victime peut être effectivement liée ; c'est le préjudice moral[932]. En outre, le préjudice doit être certain, impliquant que le dommage soit déjà réalisé, ce qui est le contraire du préjudice éventuel. Le préjudice doit enfin être anormal et légitime ; anormal, car il faut exclure des recours contentieux ceux qui ne se fondent pas sur des atteintes graves et légitimes, car l'atteinte doit porter sur une situation juridiquement protégeable et juridiquement protégée.

1- Le préjudice matériel

Le préjudice électrique peut être matériel. C'est-à-dire perceptible, palpable, visible et effectif. Le dommage électrique doit être quantifiable.

2- Le préjudice légitime

Pour être fondé à prétendre à un droit à réclamation, le requérant doit être dans une situation légale.

C- Le préjudice anormal et spécial

Selon Pierre LAURENT FRIER et Jacques PETIT, les caractères du préjudice ne concernent qu'une catégorie particulière de responsabilité : celle engagée en cas de rupture de l'égalité devant les charges publiques. Pour qu'elle joue, il faut que le préjudice soit spécial, sinon il n'y aurait pas

[932] CFJ/CAY, affaire Dame KWEDI Augustine c/ État du Cameroun, arrêt n° 10 du 16 janvier 1967.

inégalité puisque tout le monde l'aurait subi. Le préjudice est considéré comme anormal quand il y a rupture caractérisée d'égalité qui dépasse les inconvénients qui doivent être supportés par tous au nom des exigences de la vie en société.

D- Le préjudice moral

Ici, le juge administratif prend en compte l'honorabilité et l'affection. Mais, la preuve d'un tel préjudice n'est pas toujours évidente. Comment le dommage électrique est-il réparti ?

Paragraphe II : La répartition du dommage électrique

La répartition s'inscrit dans la cohérence de l'engagement de la responsabilité de la puissance publique ou du fournisseur. Une fois que la responsabilité est établie, la victime doit être indemnisée. La question de la réparation du préjudice soulève plusieurs problèmes dont les plus cruciaux ont trait à l'absence des bases de l'évaluation de l'indemnité (B) et à la détermination de la personne responsable (A).

A- La collectivité responsable

Deux hypothèses sont susceptibles de se présenter : soit l'État et le fournisseur sont associés à une même activité (1), soit le concessionnaire agit pour le compte du concédant (2).

1- L'association de l'État et du fournisseur à une activité commune

Dans ce cas précis, l'État est titulaire du réseau alors qu'ENEO personne privée est propriétaire des compteurs et câbles. En cas de dommages accidentels pour défaut d'entretien de l'ouvrage électrique ou de dommages pour des travaux publics d'entretien du réseau électrique, il faudra déterminer qui doit en répondre. Il convient de relever à ce niveau qu'il n'existe pas de solidarité entre ENEO et l'État comme en droit civil. Par ailleurs, la question pourrait se poser avec une intensité différente lorsque le concessionnaire est une personne publique ou une collectivité publique chargée de la gestion du service public.

2- Le concessionnaire agissant pour le compte du concédant

Plusieurs éléments doivent être pris en considération dans cette hypothèse à l'instar du contrat de concession, du cahier de charges y annexé. Sur le fondement de ces données objectives, il est loisible et ne fait l'ombre d'aucun doute que le concessionnaire est tenu de répondre.

B- L'évaluation ou l'indemnisation du préjudice électrique

Avant l'indemnisation du préjudice électrique, le juge procède à une évaluation en tenant compte d'un certain nombre d'indices (1). C'est après cette évaluation qu'il peut alors réparer le préjudice selon plusieurs modalités (2).

1- Les facteurs d'évaluation du préjudice

De nombreux facteurs entrent en compte dans l'évaluation de l'indemnité à verser à la victime. Il n'y a pas d'indemnisation d'office puisque le juge s'en tient aux prétentions des parties. Aussi, s'il peut revoir les sommes réclamées, il faut que l'indemnité ait été demandée.

En ligne de compte, le juge évalue à partir de la date du dommage. Les dommages causés aux biens sont évalués à compter du jour de leur réalisation, tandis que l'évaluation du dommage subi par les personnes s'effectue au jour du prononcé du jugement. Le juge tient compte de la dépréciation monétaire et surtout des causes exonératoires[933].

Il existe deux hypothèses d'application de l'évaluation suivant les causes exonératoires. En premier lieu, la faute de la victime est à l'origine du dommage, ce qui fait que la victime n'est pas fondée à réclamer l'indemnisation. En second lieu, la faute de la victime est pour partie la cause du dommage. Ce cas de figure amène le juge à procéder à une évaluation par partage de responsabilité, l'administration n'étant pas seule responsable du dommage subi par la victime. Par ailleurs, les modalités ou plus précisément les frais calculés sont l'agrégat d'un ensemble d'éléments pouvant même inclure des intérêts. En droit administratif, le principe est l'indemnisation en argent.

Au regard de ces attributs, le contentieux administratif fait de l'État un justiciable spécial. C'est-à-dire un justiciable contre lequel le juge ne peut faire des injonctions. Dès lors, l'évaluation ou l'indemnisation du préjudice électrique devant le juge administratif suppose au préalable la réalisation de cinq conditions cumulatives à savoir :

- Le préjudice est direct, c'est-à-dire est établi un lien de causalité entre le fournisseur du service public de l'électricité et le dommage subi par l'usager.
- Le préjudice est matériel : autrement dit, que le dommage subit est réel et évaluable.
- Le préjudice est certain : en d'autres termes, cela signifie que pour être réparé, le dommage causé doit être actuel. C'est-à-dire qu'il doit avoir été réalisé. Néanmoins, le juge camerounais a fini par admettre que le

933 Causes exonératoires, *op. cit.*

préjudice est éventuel. Dans ce sens, il s'est rapproché du juge français qui avait avant lui consacré la perte d'une chance.

- Le préjudice est anormal et spécial, donc le dommage pourrait être survenu du fait des travaux publics.
- Le préjudice soit légitime, ce qui emporte la conviction du juge dans ce cas, c'est le caractère légal du préjudice.

En somme, l'évaluation ou l'indemnisation du préjudice électrique suppose que la responsabilité du fournisseur de l'énergie électrique soit absolument établie.

2- Les modalités de la réparation

Elles couvrent tout le préjudice, car, la réparation doit être intégrale[934]. Il s'agit à titre principal de verser une indemnité destinée à couvrir le préjudice réellement subi par la victime. Elle est étendue à l'indemnité compensatrice qui est ici une équivalence de ce que la victime aurait éventuellement perçu si elle avait procédé à un placement de ladite somme. L'indemnité versée couvre donc le dommage.

Par ailleurs, des intérêts peuvent être inclus dans l'indemnité versée ; ils courent à compter du jour où le requérant a demandé réparation à l'administration. La demande de réparation est formulée au jour de l'émission du recours gracieux, c'est donc à compter de cette date que les intérêts comptent. Les intérêts imputables à l'administration à compter du jour où le requérant a formulé sa demande en réparation sont les intérêts moratoires. Ces derniers compensent uniquement le retard qu'a mis l'administration à verser la somme réclamée par la victime. Pour avoir le montant des intérêts moratoires[935], il faut prendre en compte l'indemnité réclamée au titre de la réparation du dommage réel, et considérer ce que ce montant aurait produit s'il avait fait l'objet d'un placement.

Section III : Le lien de causalité

La déclaration ou l'engagement de la responsabilité administrative dans le contentieux de la fourniture de l'énergie électrique est subordonné à l'exigence du rattachement du préjudice à un fait. Plus prosaïquement, le juge administratif ne peut intervenir dans le cadre de la fourniture de l'énergie électrique dans un contentieux opposant fournisseur et usager que si le préjudice se greffe dans ce cas spécifique c'est-à-dire soit par le fait du concessionnaire agissant dans le cadre de l'exécution des missions de services publics, soit par le fait direct de la puissance publique. En effet, le lien de causalité permet de relier la cause à la

[934] *La restitutio in integrum.*
[935] Prévu par les articles 1153 et 1154 du code civil, et que le juge administratif a repris.

conséquence, l'auteur au fait dommageable[936]. La mise en œuvre du lien de causalité a pour finalité, la recherche ou la détermination de la personne responsable. Une telle opération non a priori aisée dans le cadre des contentieux classiques se pose dans le cadre du contentieux de la fourniture de l'énergie avec une intense et singulière complexité, cela en raison du faisceau des relations verticales et horizontales résultant de la fourniture de l'énergie électrique. La mise en évidence du lien de causalité dans le contentieux administratif de la fourniture de l'énergie électrique se traduit par l'exigence de l'adéquation de la causalité d'une part (paragraphe 1) et la délimitation des faits exonératoires de la responsabilité publique dans le champ de la fourniture (paragraphe 2) d'autre part.

Paragraphe I : L'exigence de la causalité adéquate dans le contentieux administratif de la fourniture et de la détermination des personnes responsables

relativement à la causalité, la question qui se pose ici est celle de savoir de quoi ou de qui provient le préjudice. L'atteinte portée aux droits de la victime doit normalement résulter de l'action (ou de l'inaction) de l'administration[937]. Il est nécessaire que les actes qui sont considérés comme ayant causé le dommage aient un rapport direct avec le préjudice. Ce rapport direct s'identifie au préjudice direct et consiste à effectuer une opération par laquelle il doit établir de façon évidente que le dommage est réellement imputable à l'administration[938]. Pour que l'imputabilité du dommage soit endossée en partie ou en totalité par l'administration, il est nécessaire qu'il n'y ait pas de causes exonératoires. Dans la théorie du droit administratif, les causes exonératoires sont la force majeure, le cas fortuit, le fait d'un tiers, l'exception de risque accepté et la faute de la victime.

L'adéquation de la causalité constitue une exigence fondamentale du droit processuel visant à garantir l'équilibre des droits des parties au procès. Elle prône l'existence d'un lien indissoluble entre le fait préjudiciable et la personne chargée d'en réparer les conséquences. Le rattachement d'un fait préjudiciable à un ou plusieurs auteurs apparaît en soi comme une opération intellectuelle et technique très contraignante. Dans le champ sémantique du contentieux de la fourniture de l'énergie électrique, cette opération est sans aucun doute délicate en raison du mode de gestion du secteur de l'électricité. En tout état de cause, la question inévitable et sans cesse rébarbative est celle de savoir qui du concessionnaire ENEO et/ou l'autorité concédante qu'est l'État doivent répondre lorsqu'un dommage est causé soit aux usagers soit aux

---

[936]BENOIT (F-P.), « Le régime et les fondements de la responsabilité de la puissance publique », JCP 1954 n° 1178.
[937]BENOIT (F.P.), « *Essai sur les conditions de la responsabilité en droit public et en droit privé (Causalité et imputabilité)* », JCP 1957 I n° 1351.
[938]PAILLARD (C), « Le préjudice indemnisable en droit administratif français », *DA* 2011, Étude 1, pp. 11 et s.

tiers par le concessionnaire réalisant le service public de fourniture de l'électricité? La question n'est pas évidente et ne cesse d'interroger. Ce doute est consécutif au caractère implicite de la compétence du juge administratif dans le cadre des litiges opposant le fournisseur aux usagers du service public de distribution de l'énergie électrique.

Le caractère latent ou implicite de la compétence du juge administratif rend difficile la détermination de la personne responsable en cas de préjudices causés aux usagers du service public de distribution de l'électricité[939]. Dans un régime de gestion directe par la puissance publique elle-même ou par un de ses démembrements, la question se serait posée autrement.

Dans ce sens, et à titre d'illustration, le mécanisme de l'action récursoire institué dans notre contentieux administratif permet à l'État d'endosser la responsabilité, de réparer le préjudice résultant de la faute de son agent public avant de se retourner par la suite contre ce dernier afin qu'il répare le préjudice qu'il a commis. Cette substitution de responsabilité apparaît comme un mécanisme efficace permettant à la victime d'obtenir réparation du préjudice qu'elle a subi.

L'importance de la substitution de la responsabilité dans le contentieux administratif soulève la question de l'opportunité de **l'application d'un tel mécanisme** au contentieux administratif de la fourniture de l'énergie électrique. Un tel mécanisme présenterait l'avantage de la simplification de la procédure administrative contentieuse.

À la question de savoir qui de l'État puissance publique ou du concessionnaire gestionnaire est chargé de réparer les dommages causés aux usagers et aux tiers dans le cadre de la fourniture de l'énergie électrique, l'on rapportera que plusieurs scénarios sont possibles et même plausibles : l'un d'eux consisterait à avancer l'hypothèse d'une responsabilité partagée entre la puissance publique et le concessionnaire. L'autre scénario consisterait à décliner distinctement la responsabilité de l'État, personne morale de droit public, de la responsabilité du fournisseur, personnes morales de droit privé. Dans le premier cas, il est possible de distinguer les dommages découlant du fait de la puissance publique de ceux émanant de l'activité de service public du fournisseur.

Dans le second cas, et en vertu de l'opération juridique de la concession, il est possible d'affirmer la plénitude de la responsabilité du fournisseur. Dans tous les cas et indépendamment de la personne appelée à répondre, il doit exister une adéquation entre la cause et le fait au fondement de la réparation.

939DELVOLVÉ (P), « La responsabilité du fait d'autrui en droit administratif », Mél. MARTY, PU Toulouse, 1978, pp.410 et s.

La lecture de la loi de 2006 sur les tribunaux administratifs dont l'article 2 de l'alinéa 3 énonce très clairement que le contentieux administratif comprend c) : « *les litiges concernant les contrats à l'exception de ceux conclus même implicitement sous l'empire du droit privé ou les concessions de service public* ». Ce qui pourrait constituer une réponse à la question de la détermination de la personne responsable.

Malgré le caractère succinct de cette disposition normative, l'affirmation de la compétence du juge administratif et l'incorporation du contentieux de la concession de service public dans le champ matériel du contentieux administratif amène à affirmer la responsabilité de la puissance publique dans le contentieux de la fourniture de l'énergie électrique conséquemment aux litiges opposant fournisseur et usagers du service public de l'énergie électrique.

Paragraphe II : Les exonérations de responsabilité dans le contentieux administratif de la fourniture

Comme dans toutes les autres branches du contentieux administratif, la personne responsable peut se voir exonérer d'une ou de toute une partie du droit à réparation vis-à-vis de la victime du dommage électrique[940].

À titre de droit comparé en France, la notion d'aléa technique est apparue, dans les relations entre les distributeurs d'électricité et leurs clients, afin de prendre en compte les contraintes techniques, insurmontables à un moment donné en l'état de la science, mais qui ne peuvent, pour autant, être regardées comme des cas de force majeure exonératoires de toute responsabilité puisque prévisibles et non extérieures à l'activité en cause[941].

Dans un premier temps, les contrats ont simplement précisé que ces aléas devaient être assimilés, quant aux responsabilités en présence, à des cas de force majeure. Mais la question s'est alors posée de savoir si une telle clause, limitative de la responsabilité, ne devait pas être regardée comme une clause abusive puisque déséquilibrant les droits des parties en présence[942].

C'est pourquoi une autre solution fut retenue lors de l'accord signé en 1992 entre EF et les représentants du patronat en vue de définir de nouvelles relations contractuelles pour la fourniture d'électricité aux clients industriels : celle de la prise en compte d'un régime « *perturbé* » d'exploitation résultant d'aléas graves et précisément décrits (destructions volontaires, catastrophes

---

940CABRILLAC (R), « Les clauses abusives appréhendées par le droit civil français », *in Les clauses croisées franco-espagnoles* (dir.), PICOD (Y), MAZEAUD (D) et LAUROBA (E), *Société de législation comparée*, 2013, p. 23, spé. p. 28.

941SABLIÈRE (P), « Clauses limitatives de responsabilité et clauses limitatives des obligations dans les contrats d'abonnement à l'électricité », CJEG 1986, 385.

942BENOIT (F-P), « Essai sur les conditions de la responsabilité en droit public et en droit privé (Causalité et imputabilité) », *op. cit.*

naturelles, circonstances atmosphériques de grande ampleur, etc.) non maîtrisables en l'état des techniques et ayant pour effet de limiter l'obligation d'alimentation en régime normal[943].

Il convient de relever comme faits exonératoires : la faute de la victime et le fait du tiers (A) d'une part, la force majeure et le cas fortuit (B) d'autre part.

A- La faute de la victime et le fait du tiers

Les exonérations de responsabilité sont admissibles lorsqu'elles résultent soit de la faute de la victime (1), soit du fait d'un tiers (2).

1- La faute de la victime

Lorsque la victime a elle-même contribué en partie ou en totalité à l'avènement du dommage électrique, le principe reste celui de l'exclusion de la responsabilité du fournisseur de la victime-usagère du service public de distribution qui s'est soustraite à l'obligation de conformité des installations électriques intérieures.

2- Le fait du tiers

Le tiers ici en cause est le **tiers auteur ou coauteur du préjudice,** qui se doit d'être clairement distingué de la tierce **victime** dans la plupart des cas, bénéficie souvent d'un régime de responsabilité plus favorable que les usagers. Il incombe donc au tiers auteur de supporter la part de dommages qu'il a causés.

B- La force majeure et le cas fortuit

Les faits exonératoires de la responsabilité en matière de contentieux de la fourniture sont le plus souvent les cas de force majeure (1) et le cas fortuit (2).

1- La force majeure

De manière classique, la force majeure se caractérise par l'imprévisibilité, l'irrésistibilité et l'extériorité. Toutefois, il convient de relever que la force majeure connait une limite dans le cas de la responsabilité sans faute[944]. Elle n'y opère pas.

---

[943]VERCIER (E), « Les clauses d'exonération et de limitation de responsabilité dans les polices d'abonnement de gaz et d'électricité », CJEG 1950. 106 ; SABLIÈRE (P), « Clauses limitatives de responsabilité et clauses limitatives des obligations dans les contrats d'abonnement à l'électricité », CJEG 1986, 385.

[944]Block (G), « La force majeure dans les contrats d'énergie », Europ'Énergies, mai 2007 ; pp. 12 et s.

2- Le cas fortuit

En droit public, le cas fortuit est assimilable à la cause inconnue. Le cas fortuit est exonératoire en cas de responsabilité pour faute. Au-delà de la détermination d'un fait générateur et de l'existence d'un lien de causalité en matière de responsabilité dans la fourniture de l'énergie électrique, il est également une exigence que le préjudice électrique soit indemnisable.[945] Un évènement naturel (neige, tempête, ouragan, inondation, tremblement de terre, etc.) ne peut être considéré comme un cas de force majeure, exonérant le distributeur de son obligation de fourniture que si les conditions d'imprévisibilité et d'irrésistibilité sont conjointement réunies.

C'est naturellement, dans ce cas, le caractère imprévisible qui fait le plus débat puisque l'irrésistibilité doit s'apprécier en fonction de l'imprévisibilité. Autrement dit, ne peut être regardé comme irrésistible, malgré sa violence, un évènement naturel de même intensité qui s'est déjà produit au même endroit dans le passé, étant entendu que la jurisprudence prend en général en compte, s'agissant de ce passé, une mémoire centennale[946].

Ainsi, un verglas d'une importance inconnue dans la région où il s'est formé et provoquant la rupture des conducteurs électriques a été regardé comme un cas de force majeure, mais il n'en a pas été de même pour un vent soufflant à 160 km/h, dans la région de Plogoff, en Bretagne, lors d'une tempête en 1996, dans la mesure où des vents de vitesse supérieure y avaient déjà été enregistrés par les stations météorologiques entre 1989 et 1995. Il en est de même d'une avalanche survenue en 1970.

CONCLUSION Chapitre II

L'engagement de la responsabilité publique dans le cadre de la fourniture de l'énergie électrique passe par l'existence d'un fait générateur en adéquation avec un lieu de causalité dont la finalité réside dans la détermination du préjudice indemnisable ainsi que la répartition de celui-ci.

---

[945] SOUSSE (M), « Les clauses abusives dans les contrats administratifs », *in Les clauses croisées franco-espagnoles* (dir.), PICOD (Y), MAZEAUD (D) et LAUROBA (E), *Société de législation comparée*, 2013, p.199 s., spéc. pp. 209 et s.

[946] MAZEAUD (L), « De la portée d'une clause de la police d'abonnement exonérant le distributeur des conséquences d'une interruption de la fourniture d'énergie électrique en cas d'accident », CJEG 1951. 474 ; VERCIER (E), « Les clauses d'exonération et de limitation de responsabilité dans les polices d'abonnement de gaz et d'électricité », CJEG 1950. 106.

CONCLUSION TITRE II

Le juge administratif apparaît comme le juge naturel de la puissance publique. En matière de la fourniture de l'énergie électrique, il a vocation à connaitre de la légalité des actes édictés par le fournisseur de l'énergie électrique et relatifs à la régulation de l'activité de distribution de l'énergie électrique. Telle est par exemple le cas des actes relatifs à la facturation, à la qualité de l'énergie, aux emprises du fait des installations des ouvrages électriques, ou même à la légalité du règlement du service public de distribution. Il est donc fondé à statuer sur les actes illégaux aussi bien par le concessionnaire que par l'État, puissance publique.

CONCLUSION DE LA PARTIE II

L'analyse du traitement juridictionnel des litiges conséquents à la fourniture de l'énergie électrique entre le consommateur et le fournisseur de l'énergie électrique nous a amené à constater une privatisation du contentieux de la fourniture de l'énergie électrique. Une telle privatisation résulte d'un choix arbitraire opéré par le législateur en la faveur du juge judiciaire pourtant à l'évidence l'intervention du juge administratif ne fait l'ombre d'aucun doute. La privatisation arbitraire du contentieux de la fourniture de l'énergie électrique est de nature à fragiliser la structure contentieuse. La légitimité de l'État de droit commande sans doute aujourd'hui un rééquilibrage et une répartition claire de compétence ente le juge administratif et le juge judiciaire dans la régulation des rapports entre le fournisseur et consommateur de l'énergie électrique.

L'effectivité d'une telle solution commande une réécriture des instruments normatifs relatifs à la fourniture de l'énergie électrique. Le juge administratif devrait faire preuve d'audace. Il en ressort à l'évidence que celui-ci est resté amorphe. Car, l'exploration des décisions de l'auguste juridiction a malheureusement permis de constater que le juge administratif a rarement statué ou même ne s'est jamais prononcé sur la légalité des actes de régulation de l'énergie électrique au Cameroun, ce qui concerne les rapports normatifs entre le consommateur et le fournisseur. L'effectivité de la garantie des droits fondamentaux commande aujourd'hui, à la plus grande faveur du consommateur, une judiciarisation plus équilibrée des droits du consommateur.

CONCLUSION GÉNÉRALE

L'analyse des rapports entre consommateurs et fournisseurs de l'énergie électrique au prisme du droit fait émerger la question de l'efficacité des instruments normatifs et institutionnels mobilisés en vue de la résolution d'éventuels litiges. Ce faisant, l'on aboutit au dualisme du traitement des différends susceptibles d'être nés. Les modes non juridictionnels ont vocation à prévenir le contentieux, à retrouver l'apaisement du litige. Une distinction simpliste permet de les envisager en modes administratifs et non administratifs. Tandis qu'aux premiers revient la fonction de conciliation, il incombe aux seconds le rôle d'étouffement du contentieux.

C'est d'ailleurs la raison pour laquelle ils sont encore qualifiés de modes amiables ou préventifs. S'il paraît significatif de relever que le législateur camerounais a opéré un sérieux effort d'institutionnalisation de ces modes, il reste que l'orientation qu'il en a faite, tout comme leur aménagement, n'est pas de nature à garantir au consommateur de l'énergie électrique l'assurance d'une protection accrue.

Au discrédit de ces modes préventifs, il conviendrait de relever au passage, l'inopérabilité de certains (comité de recours) et la fongibilité structurelle des autres. Bien plus, il convient de relever aussi la consécration normative du déséquilibre entre le consommateur et le fournisseur. Tandis que le premier jouit des prérogatives écrasantes et exorbitantes de puissance publique, le second quant à lui se réduit à subir la toute-puissance du fournisseur. Cette tendance vers l'abus de position dominante du fournisseur couplé à la fragilité du régulateur à trouver le juste équilibre tend à décourager le consommateur de l'énergie électrique qui n'hésite pas à se résigner dans certains cas.

Pourtant, l'idée de contentieux est saupoudrée par celle d'égalité, de justice et d'équité et suppose l'analyse objective des agissements qui émanent aussi bien du fournisseur de l'énergie électrique que du consommateur. Face à cette déception grande, le consommateur de l'énergie électrique est souvent amené à ignorer le régulateur ou les instances administratives de prévention pour saisir directement le juge. L'action limitée de l'ARSEL, tout comme la fragilité des comités de recours, des associations de consommateurs, permet de relativiser l'efficacité des modes amiables de traitement des litiges nés de la fourniture de l'énergie électrique. Les pouvoirs d'injonction limités, les moyens d'action réduits, l'extrême centralisation des requêtes, les lenteurs observées dans le traitement des requêtes, la faible représentativité du régulateur à l'échelle nationale, la portée incertaine et limitée des décisions du régulateur, tout comme celles des autres institutions de prévention, vont dans cette dynamique.

Pourtant à l'opposé des modes non juridictionnels, les modes juridictionnels se caractérisent par leur efficacité accrue. Le juge camerounais se montre plus protecteur et plus attaché aux droits de la consommation. La particularité du contentieux à ce niveau réside dans la dualité juridictionnelle avec en toile de fond, le juge administratif d'une part et le juge judiciaire d'autre part. Le fait marquant ici est le déséquilibre entre ces deux phases en la faveur du juge judiciaire. La tendance est à l'orientation du contentieux vers des solutions judiciaires. On assiste ainsi à la quasi-judiciarisation du contentieux de la fourniture de l'énergie électrique au Cameroun.

Cette quasi-judiciarisation s'explique par le fait que le contentieux de la fourniture oscille essentiellement autour de la voie de fait et de l'emprise. Plus concrètement, ces deux hypothèses font référence aux situations soit de suspension de l'énergie électrique au consommateur, soit d'irruption dans son domicile, au regard du danger imminent qui pèse sur lui et qui est déjà privé d'énergie électrique ou menacé d'en être privé.

Dans ce cas, le juge judiciaire est obligé d'intervenir à bref délai pour mettre un terme à cette menace. Ce faisant, le juge judiciaire interviendra principalement d'abord en tant que juge des référés, ensuite comme juge civil ou comme juge de fonds, enfin en tant que juge pénal. Ainsi, le juge judiciaire affirme la plénitude de sa compétence dans le contentieux de la fourniture, même lorsque se trouvent émises des questions comme celles relatives à la facturation de l'énergie électrique, à la tarification de l'énergie électrique, à la qualité de l'énergie électrique, ou même à la légalité du règlement de service, ou encore à la domanialité publique ; questions très pointues qui relèvent pourtant et naturellement de la compétence du juge administratif.

Dans ce sillage, il paraît sans doute indiqué de relever que le juge judiciaire civil de la fourniture dans sa quête de la protection des droits fondamentaux opère difficilement une distinction entre les notions de voie de fait et d'emprise. Pour lui, dès lors qu'un consommateur est menacé d'un danger imminent s'analysant en un trouble du fait du fournisseur, il prend toutes mesures même par astreintes, à l'effet d'y mettre un terme. Si à certains égards, il analyse la voie de fait comme un trouble résultant de la suspension de l'énergie électrique, tandis que l'emprise renverrait selon lui à un trouble de jouissance résultant d'une atteinte grossière de la propriété privée à certains moments, il a établi une assimilation entre les deux. La privation du contentieux de la fourniture de l'énergie électrique pourrait s'expliquer par le fait que l'emprise et la voie de fait quoi qu'étant ou relevant naturellement du juge administratif, ont été dévolues au juge judiciaire qui doit de ce fait connaitre de l'intégralité. Cette consécration normative trouve son origine dans l'ordonnance de 1972.

Il convient de souligner que dans son office, le juge judiciaire ne vise pas seulement à protéger le consommateur. Il tend aussi à protéger le fournisseur de l'énergie électrique contre les actions et comportements fautifs du consommateur de l'énergie électrique. Ainsi, quelle que soit sa position au civil comme au pénal, il condamne avec la dernière énergie, les agissements fautifs du consommateur. De manière récurrente, lorsqu'il intervient au pénal, il sanctionne durement avec une extrême sévérité les infractions de vol spécial d'énergie. Dans le même sens, il engage la responsabilité pénale du fournisseur de l'énergie électrique dès lors que sont retenus à son encontre des éléments probants lui permettant de vider sa saisine.

Par ailleurs, le juge administratif se trouve privé de son office à cause de sa timidité. En tout état de cause, l'office du juge est obstrué par un certain nombre d'obstacles qui écument le bon déroulé de son office. Au rang de ces difficultés, il convient d'évoquer en ligne de mire l'épineuse question du recours gracieux préalable, l'incertitude qui entoure le champ matériel de la compétence de la juridiction administrative. Tous ces obstacles dérivent ou découlent du mutisme à la fois du règlement de service et des textes relatifs à l'électricité au Cameroun qui ont orienté le contentieux de la fourniture, soit vers les solutions judiciaires, soit vers la conciliation.

de l'énergie électrique, d'autre des actions des consommateurs [illegible] utilisateurs [illegible] consommateur de l'énergie électrique. Ainsi, [illegible] sa position au [illegible] comme au passé, il se coupe avec l'ensemble [illegible] autres consommateurs. [illegible] [illegible] d'énergie. Dans le [illegible] [illegible] [illegible] [illegible]

Pour finir, la question [illegible] se trouve [illegible] de [illegible] [illegible] [illegible] [illegible] [illegible] difficultés. Il convient de voir [illegible] [illegible] [illegible] [illegible] [illegible] [illegible] [illegible] [illegible] les solutions judiciaires [illegible] [illegible] conciliation.

RÉFÉRENCES BIBLIOGRAPHIQUES

I- OUVRAGES GÉNÉRAUX

AUBERT DE VINCELLES (C), *Droit des obligations*, Dalloz, 2016, 111p.

BAZIN (E.), *L'essentiel du droit de la consommation*, Gualiano, 2011, 112p.

CALAIS-AULOY (J) et Temple (H), *Droit de la consommation*, 9e éd., Dalloz, Coll. « Précis », 2015.

FRIER (P-L) et PETIT (J), *Droit administratif*, Paris, LGDJ, 2015-2016, 10e éd, 646p.

HERZOG-EVANS (M), *Droit pénal général*, 2e édition, Librairie Vuibert, 2009, 321p.

MALAURIE (P.), AYNES (L.) et GAUTIER (P-Y), *Droit civil. Les contrats spéciaux*, Paris, *defrenois/lextenso, 2009*, 4e éd., N° 825, 470p.

MATHIAS (É.) et SORDINO (M-C.), *Droit pénal général et procédure pénale*, Gualiano, Paris, 2005, 258.p.

MAZEAUD, *Droit commun du contrat et droit de la consommation et du surendettement*, Montchrestien, 2009.

MEYER (P.), *Droit de l'arbitrage*, Bruxelles, éditions BRUYLANT, 2002.

PICOD (Y.) *Droit de la consommation*, Paris, Dalloz, 2015, 464p.

RAYMOND (G), *Droit de la consommation*, 2e éd., Litec, Coll. « Droit et professionnels », n° 17, 2015.

ROUAULT (M-C), *Droit administratif général*, 4e édition, Gualiano éditeur, 124p.

TCHAKOUA (J-M), *Les tendances de la nouvelle procédure pénale camerounaise*, Vol. 1, Presses universitaires d'Afrique (PUA), Yaoundé, 2007, 395p.

II- OUVRAGES SPÉCIALISÉS

ABANE ENGOLO (P-E.), *Traité de contentieux administratif du Cameroun*, Paris, Harmattan, 2019, 400p.

ALIBERT (R.), *L'imprévision dans les concessions de service public : l'évolution des faits et l'adaptation de la théorie depuis 1916*, Paris, 1924.

AMAR (J.), *De l'usager au consommateur du service public*, PUAM, 2001.

AUBY (J-F.) et BRACONNIER (S.), (dir.), *Services publics industriels et commerciaux, questions actuelles*, Paris L.G.D.J, 2003.

AUDIT (M), BOLLEE(S) CALLE (P), *Droit du commerce international et des investissements étrangers*, 2e Ed., L.G.D.J., 2016, 810p.

DOMINIQUE (C), JUILLARD (P) et Al, *Droit international économique,* 6e éd., Paris, Dalloz 2017, 940p.

AYNES (L), *Cession et sous-traité en matière de marchés de travaux publics*, Economica, 1984.

BACACHE (M*), Action de groupe*, RTD civ. 2014. .450p.

BAHOUGNE (L), *Le financement du service public*, Paris, L.G.D.J., 2015

BELORGEY, (G), *La qualité dans les services publics,* Berger-Levrault, 1989, 274p.

BESSALA (A-G), S*écurité d'approvisionnement et énergies renouvelables en droit camerounais, Recherches sur les mécanismes de diversification du parc énergétique,* L'Harmattan, Paris, 2021, 267p.

BEZANÇON *(X), Essai sur les contrats de travaux et de services publics – contribution à l'histoire administrative de la délégation de missions publiques*, Paris L.G.D.J, 1999.

BILONG (S), *Memento de la jurisprudence administrative au Cameroun*, Les Clés, Presses universitaires de Dschang, 2014, 1re éd., 576p.

BOURGOIGNIE (T.), *L'aide juridique au consommateur*, Bruxelles, Bruylant, 1981, 551p.

BRECHON MOULENES (C), Les *régimes législatifs de responsabilité de la puissance publique,* Paris, L.G.D.J., 1974.

CANGULHEM (B), *Recherche sur les fondements de la responsabilité sans faute en droit administratif*, Dalloz, nouvelle bibliothèque des Thèses, 2014.

CAPITANT (H), *La protection du consommateur*, Paris, Dalloz, 1973, 578p.

CHAPUS (R.), *Responsabilité publique et responsabilité privée*, Paris L.G.D.J, 1954 et 1957.

CHARBIT (N), *Le droit de la concurrence et le secteur public*, Paris, L'Harmattan, 2002.

CHEVALIER (J-M) (dir.), *L'idée de service public est-elle encore soutenable* ? PUF, 1999.

CHEVALIER (J-M), *Tarification et organisation du système énergétique,* Grenoble, 1990, 123p.

CLUZEL-METAYER (L), *Le service public et l'exigence de qualité*, Dalloz, 2006, 634p.

CORMIER (C), *Le préjudice en droit administratif français*, Paris, L.G.D.J, 2002

CORNU (G.), *Étude comparée de la responsabilité délictuelle en droit privé et en droit public*, Matot-Braine 1951.

DAVID (R), *L'arbitrage dans le commerce international, Paris*, Economica, 1982, 613p.

DE BELLECIZE (R), *Les services publics constitutionnels*, Paris, L.G.D.J., 2005.

DELVOLVE (P.), *Le principe d'égalité durant les charges publiques*, LGDJ, 1969 ;

DEVOLVE (P), *Droit public de l'économie*, Dalloz, Coll. « Précis, 1998. RAYMOND (G.), *Droit de la consommation*, Litec, 2008, 430 p.

DIABATE (A.), *Protection juridique du consommateur d'aliments et libéralisme économique dans les pays en développement l'exemple du Mali*, Harmattan, Paris, Études eurafricaines, 2020, 374p.

DU BOIS DE GAUDUSSON (J), *L'usager du service public administratif*, Paris L.G.D.J, 1974.

DU MARAIS (B), *Droit public de la régulation économique*, Dalloz, 2004.

DUEZ (P.), *La responsabilité de la puissance publique en dehors du contrat*, Dalloz, 1938.

FABRE MAGNAN, (M.), *De l'obligation d'information dans les contrats, essai d'une théorie,* LGDJ, 1992, 573p.

FERRIER (D), *La protection des consommateurs*, Dalloz, Coll. « Connaissance du droit », 1996.

FERRIER (N), *Droit de la distribution*, Lexis Nexis, 2014, n° 330.

FLOUR (J), AUBERT (J-L) et SAVAUX (E), Les obligations, vol. 1, L'acte juridique, Sirey, Coll. « Université », 15e éd., n° 184, 2012.

FROMONT (M), Justice constitutionnelle comparée, Paris Dalloz 2013 ; 509p.

GASCON INCHAUSTI (F.), *La protection des consommateurs en procédure civile espagnole*, In *Le droit des consommateurs et les procédures spécifiques en Europe*, prec. n° 253 118 p.

GENTOT (M), *Les autorités administratives indépendantes*, Montchrestien, Coll. Clefs, 1991.

GHESTIN (J.), (dir.), *Sécurité des consommateurs et responsabilité du fait des produits défectueux*, LGDJ, 1987, 235p.

GILLES, GUGLIELMI (J), KOUBI (G), Droit du service public, Montchrestien-EJA, 2000, 585p.

GILLI (J-P) (dir), *La continuité des services publics*, PUF, 1973.

GOHIN (O), Contentieux administratif, 7e édition LexisNexis 2012, 520p.

GRARD (L), VANDAMME (J) et VAN DER MENSBRUGGHE (F) (dir.), *Vers un service public européen,* ASPE, 1996.

GUEDEON (M-J), *Les autorités administratives indépendantes*, LGDJ, Coll. Systèmes, 1991.

HALMENSCHLAGER (C), *Le prix de l'électricité dans une situation de suréquipement*, L.G.D.J., 1992.

HEGO DEVEZA- BARRAU (A.), *Droit et intégration des énergies renouvelables. Les règles juridiques relatives au développement et à l'utilisation des énergies renouvelables dans le bâtiment*, Paris, L'Harmattan 2011.

JAMMES (L), La *crise du prix de vente de l'énergie électrique,* Rodez, 1924, 103p.

KAPSEU (C.), DJONGYANG (N.), ELAMBO NKENG (G.), PETSOKO (M.), AYUK MBI EGBE (D.), *Énergies renouvelables en Afrique subsaharienne*, Paris, L'Harmattan, 2012.

KARAM-BOUSTANY (L.), *L'action en responsabilité extracontractuelle devant le juge administratif*, LGDJ, 2007.

LE TOURNEAU (PH), *Droit de la responsabilité et des contrats*, Coll. « Dalloz Action », 10e éd, n° 3645 2014/2015.

LENGRAND (C.) et PROVOST (C.), *Les outils juridiques de lutte contre la différenciation tarifaire fondée sur le sexe dans l'accès aux biens*, étude commandée par le haut Conseil à l'égalité entre les femmes et les hommes, 2015, 13p.

LENTACKER (F.), *La révolution énergétique de notre temps*, Paris, Colin, 1969.

LEPAGE (H), EDF *Et la tarification au coût marginal*, Doc. Fr., 1988.

LINOTTE (D), MESTRE (A), ROMI (R), *Services publics et droit public économique*, Litec, 1995.

LONG (M), *La tarification des services publics locaux*, L.G.D.J., 2001.

MAESTRE (J-C.), *La responsabilité pécuniaire des agents publics en droit français*, LGDJ, 1962 ; « *La responsabilité civile des agents à l'égard des collectivités publiques dit-elle être abandonnée* ? » Mél. WALINE, LGDJ, 1974, 575p.

MASQ (B), *Les autorités administratives indépendantes*, *La documentation française*, Paris, 2006, 76p.

MAZEAUD (D), *La notion de clause pénale*, Paris, LGDJ, 1992.

MELIN-SOUCRAMANIEN (F), *Le principe d'égalité dans la jurisprudence du Conseil constitutionnel*, Economica-PUAM, 1997.

MESTRE (A), *Contentieux administratif. Le contentieux des concessions hydrauliques*, Cours de droit, Paris, 1927-1928, 197p.

MINIATO (L), *Le principe du contradictoire en droit processuel*, LGDJ, Coll. « Bibl. dr. Privé », 2008.

MODERNE (F) et MARCOU (G) (dir), *L'idée de service public dans le droit des États de l'Union européenne*, L'Harmattan, 2001.

MODOMPTE DEG-TIGUEY (F.), *Le contentieux des contrats miniers et pétroliers en République centrafricaine*, L'Harmattan, Paris, 2020, 107p.

NEGRIN (J-P), *L'intervention des personnes morales de droit privé dans l'action administrative,* Paris, L.G.D.G., 1957.

NGWESE (N.P.) et BINYOUM (J.), *Éléments de contentieux administratif camerounais*, L'Harmattan, Paris, 2015, 255p.

NICINSKI (S), *L'usager du service public industriel et commercial*, Paris, L'Harmattan, 2001.

NOBLOT (C.), *Droit de la consommation*, Montchrestien, 2012, 232p.

OPPETIT (B.), *Théorie de l'arbitrage*, Paris, PUF, 1998, 127p.

ORTIGAS (J-C), Tarification *et consommation d'électricité par l'industrie*, PUF, 1984, 132p.

OWONA (J.), *Le contentieux administratif* de la *République du Cameroun*, L'Harmattan, Paris, 2018, 219p.

PAISANT (G.), *l'introduction de la notion de consommateur en droit français*, D. 1982, Chron, 91p.

PELISSIER (G), *Le principe d'égalité en droit public*, Paris, L.G.D.J., 1996, 142p.

PICARD (E), *La juridiction administrative et les exigences du procès équitable*, in SUDRE (F) (dir.), *Le droit français et la Convention européenne des droits de l'Homme*, 1974-1992, éd. N.P. Engel, 1994.

PIEDIEU (A.), *La procédure contentieuse en matière administrative*, Les Grandes Éditions, 2015, 230p.

PISIER (E), *Le service public dans la théorie de l'État de Léon Duguit*, L.G.D.J, 1972 ; Service public et libertés publiques, Pouvoirs, 1986, n° 36, 143p.

RAYMOND (G.), *Droit de la consommation*, Litec, 2008, 430p.

ROUBIER (P), *Théorie générale du droit*, Paris, Sirey, 1951

ROUGEVIN-BAVILLE (M.), *La responsabilité administrative*, Hachette 1992.

STEINMETZ (F.), *Le droit de la consommation... peut mieux faire*, in Mélanges CALAIS-AULOY, *Études de droit de la consommation*, Liber amicorum Jean CALAIS-AULOY, Dalloz 2004, 1049p.

TAORMINA (G), *Théorie et pratique du droit de la consommation, Aspects généraux et contrats spéciaux*, Librairie de l'Université d'Aix-en-Provence, n° 167, 2004.

TENEYR (P), *La responsabilité contractuelle des personnes publiques en droit administratif*, Economica, 1989.

YAWAGA (S) (dir*), La protection du consommateur au Cameroun :* principes, enjeux et perspectives, Bibliothèque de législation et de jurisprudence africaines et malgaches, EDLK, 2018, 452p.

YAWAGA (S), *L'information judiciaire dans le code camerounais de procédure pénale*, PUA-2007, 226p.

III- DICTIONNAIRES

ALLAND (D), RIALS (S), *Dictionnaire de la culture juridique*, Paris, PUF, 2003.

CORNU (G), *Vocabulaire juridique,* 12e Édition, Paris, PUF, 2018.

ALLAND (D), RIALS (S), (dir), *Dictionnaire de la culture juridique*, PUF, Paris, 2003, 1649p.

SALMON (J), (dir), *Dictionnaire de droit international public*, Bruxelles, Bruylant, 2001, 1200p.

NICOLAS (M), RODRGUES (S), *Dictionnaire économique et juridique des services publics*, Édition ASPE Europe-Paris 1998.

NICOLAS (M), RODRIGUES (S) (dir.) ; *Dictionnaire économique et juridique des services publics en Europe*, SPE, Coll. ISUPE, 1998.

VAN LANG (A), et All, *Dictionnaire de Droit administratif*, 7e édition Sirey., 2015

VILLIERS (M), LE DIVELLEC (A), *Dictionnaire du Droit constitutionnel*, 10e édition Sirey, 2015.

ARTICLES ET CONTRIBUTIONS

ADVERNIER (G), « L'éviction des droits à l'usage de l'eau et les modalités d'application de l'article 6 de la loi du 16 octobre 1919 sur l'utilisation de l'énergie hydraulique », *CJEG* 1959. 19 ; *CJEG* 1959.

AMSELEK (P.), « La responsabilité sans faute des personnes publiques d'après la jurisprudence administrative », Mél. EISENMANN, *Cujas*, 1975, p.233.

ANDRÉ (J-M), « La responsabilité de la puissance publique du fait des diverses formes d'engagements non contractuels de l'administration », *AJDA* 1976.

AUBERT DE VINCELLES, (C) *RTDE* 2013. 575 ; S. BERNHEIM-DESVAUX, « Litige de consommation : règlement extrajudiciaire et règlement en ligne », *JCPE* 2013.

AUBY (J-F), « Les sociétés publiques locales. Un outil aux contours incertains », *RFDA,* 2012.

AUBY (J-M), « Actualité de l'affermage de service public », Mélanges Pequignot, 1984, p.29.

AULAGNON (L), « De la situation juridique des usagers titulaires de polices d'abonnement à l'égard des compagnies concessionnaires d'un service public », *RTD civ.* 1924.

BACACHE (M), « Action de groupe », *RTD civ.* 2014. 450.

BAFOIL (F), « Dynamiques de privatisation et de libéralisation des secteurs énergétiques. Une comparaison Ouest-Est », in BAFOIL, F., FODOR, F., LE ROUX, D. (dir.), *Accès à l'énergie en Europe. Les précaires invisibles*, Paris, Presses de Science Po, 2014, pp. 33-58.

BAILLEUL (D), « Vers la fin de l'établissement public industriel et commercial ? À propos des transformations des EPIC en sociétés », *CJEG*, n°105 2006.

BATTEUR (A), « La protection illusoire du consommateur par le droit spécial de la consommation : réflexion sur la réglementation nouvelle régissant le contrat de vente de voyage », com., Chron Dalloz, 1996. 82p.

BAUCHARD (J), « Remarque sur le code de consommation », in écrits en hommage à CORNU (G), 1994, pp.9 s.

BAZEX (M), « Le droit public de la concurrence », *R.F.D.A*, 1998, p.782.

BECHILLON (D), « Le contrat comme norme dans le droit public positif », *RFDA* 1992.

BELLOUBET-FRIER (N), « Service public et droit communautaire », *A.J.D.A.*, 1994.

BENKAIS-BENBRAHIM (A), « La notion d'usager dans le contentieux du chemin de fer », *Petites Affiches,* n° 96.1995.

BENOIT (F-P), « Essai sur les conditions de la responsabilité en droit public et en droit privé (Causalité et imputabilité) », *JCP,* n° 1351, 1957.

BENOIT (F-P), « Le régime et les fondements de la responsabilité de la puissance publique », *JCP,* n° 1178, 1954.

BERNARD (P), « La tarification de l'électricité : acquis et modalités nouvelles », *CJEG* 1984. 25 5-R. Conte, « Historique de l'index économique électrique national », *CJEG* 1955.

BESSALA (A-G), « Le droit public financier de l'État du Cameroun et les conditionnalités de la communauté financière internationale : rupture ou continuité ? », *R.A.D.P.*, Vol. X, n° 20, 2021. pp. 200-207.

BESSALA (A-G), « Le secret médical au Cameroun : analyse du droit et des pratiques », *R.A.D.S.P.*, Vol. VIII, 2020, pp.157-165

BESSALA (AG), Le droit à la santé dans les pays pauvres très endettés, revue africaine de droit et science politique, EDLK, Vol. IX, n°21 supplément 2021 1er semestre, pp. 104-126.

BILONG NKOH (F.R.), « Le consommateur et le commerce des énergies renouvelables en Afrique subsaharienne », *RIDE*, 2020, pp. 67-96.

BIZEAU (J-P),« Usagers ou clients du service public ? Le discours de l'administration », *Rev. Adm.* 1997, p.209.

BLANDIN (A), « L'équilibre entre service universel et concurrence dans le régime juridique communautaire des télécommunications », Services publics et Communauté européenne : entre l'intérêt général et le marché, 1998, p.103.

Block (G), « La force majeure dans les contrats d'énergie », *Europ'Énergies*, mai 2007.

BLUMANN (C), « Quelques variations sur le thème de service public et l'Union européenne », Mél. LACHAUME, Dalloz, 2007, p.45.

BOITEUX (M), « Principe de la politique commerciale de distribution de l'électricité en France », *Revue française de l'énergie*, 1959, 112, pp. 269-279.

BOMBA (D-T), « La protection du consommateur d'un immeuble à construire au Cameroun : une traduction des principes directeurs des Nations Unies pour la protection du consommateur ? », *in* YAWAGA (S) (dir), *La protection du consommateur au Cameroun : principes, enjeux et perspectives*, Yaoundé, Les éditions Le Kilimandjaro (EDLK), pp. 301-318.

BORGETTO (M), « Égalité, solidarité, équité ? », in KOUBI (G) (dir), *Le préambule de la constitution de 1946, Antinomies juridiques et contradictions politiques*, PUF, Coll. CURAPP, 1996, p.239.

BORGETTO (M), « Sur la nature juridique du service de distribution d'eau et le traitement jurisprudentiel du principe d'égalité », *RFD adm.* 1993.673.

BOUBOU (P), « Présentation du projet d'Acte uniforme relatif au contrat de consommation », *in* Paul-Gérard POUGOUE (dir), Encyclopédie du droit OHADA, Paris, Lamy, 2011, p.117.

BOURGOIGNIE (T), « À la recherche d'un fait générateur de responsabilités unique et autonome dans les rapports de consommation : le défaut de conformité à l'attente légitime du consommateur », *in Liber Amicorum N. Reich, Nomos, Baden-Baden, 1997, p. 221.*

BOUVIER(G), « Enjeux géopolitiques autour de la distribution d'électricité en France », *Hérodote* 2003/3, N° 110, pp 71- 87.

BRENET (F), « La qualification des concessions hydroélectriques », ACCP 2009, n° 85, p. 36 ;

CABRILLAC (R), « Les clauses abusives appréhendées par le droit civil français », in Les clauses croisées franco-espagnoles (dir.) PICOD (Y), MAZEAUD (D) et LAUROBA (E), *Société de législation comparée,* 2013, pp. 23- 28.

CALLAIS-AULOY (J), « L'influence du droit de la consommation sur le droit des contrats », in *droit du marché et commun des obligations, RTD com.* 1998.

CARBAJO (J), « Remarques sur l'intérêt général et l'égalité des usagers devant le service public », *AJDA,* 1981.

CARRAN (A), « La notion d'établissement public à caractère industriel et commercial », *CJEG,* 1969.

CARRON (A), « La grève et la force majeure *», CJEG 1958. 33* et *CJEG,* 1964.

CHARLIER (R-E), « La notion juridique de service public industriel et commercial », *JCP,* 1955.

CHEVALIER (J), « L'intérêt général dans l'administration française », *RISA,* 1975.235. *Variations autour de l'idéologie de l'intérêt général*, PUF, 1978/1979, *Le service public*, « Que sais-je ? » 2012.

CHEVALIER (J), « Les transformations du statut d'établissement public », *JCP* 1972 n° 2496.

CHEZAL (J-P.), « Vulnérabilité et droit de la consommation », Colloque sur *La vulnérabilité et le droit*, organisé par l'Université P. Mendès-France Grenoble II, 23 mars 2000, Presses universitaires de Grenoble.

CLIQUENNOIS (M), « Égalité, tarification et service public », Petites affiches 12 juillet 1993.

COHEN (E) et HENRY (C), « Sur les bases et l'évolution récente des services publics et industriels et commerciaux en France et dans l'Union européenne », *in* COHEN (E), HENRY (C), Service public, secteur public, La documentation française, 1997, p.12.

COTTERET (J-M.), « Le régime de la responsabilité pour risque en droit administratif », *Études de droit public*, Cujas, 1964.

COURIVAUD (H), « la concession de service public « à la française » confrontée au droit européen », *Revue internationale de droit économique*, 2004, pp. 395-434.

DE CORAIL (J-L), « Contribution du juge administratif à une théorie générale de l'établissement public à caractère industriel et commercial », Mélanges CHARLIER, 1981, p.29.

DE CORAIL (J-L), « L'identification du service public dans la jurisprudence administrative », Mélanges BURDEAU, 1976, p. 789.

DE LAFORCADE (A), « L'évolution du droit d'agir des associations des consommateurs : vers un détachement du droit pénal de leur action en justice », *RTD* com. 2011.

DÉBATS (A), « De la nature juridique du contrat de concession », *R.G. A*. 1917.

DECOOPMAN (N), « Entreprises privées, entreprises publiques », *La société civile*, *PUF*, CURAPP, 1986, p. 182.

DEGUERGUE (M.), « Le point de vue du publiciste sur l'arrêt Perruche », *GP* 2002, n° 111, p.5.

DELION (A-G), « La notion d'entreprise publique », *AJDA* 1979.

DELMAS-MARSALET(J), « Le contrôle juridictionnel des interventions économiques de l'État », *EDC*E 1969-1970, p.133.

DELVOLVE (P), « Service public et libertés publiques », *RFDA*, 1985.

DELVOLVÉ (P.), « La responsabilité du fait d'autrui en droit administratif », Mél. MARTY, PU Toulouse, 1978, p. 407.

DESSUS (G), FLEURQUIN (P), « Les tarifs du gaz et de l'électricité et l'orientation du consommateur », Revue d'économie politique, pp. 513-546.

DONIER (V), « Les lois du service public : entre tradition et modernité », *RFDA* 2006.

DOUENCE (J-C), « La spécialité des personnes publiques en droit français », *RDP* 1972.

DUBOUIS (L), « Missions de service public ou missions d'intérêt général », *Rev. Gén. Coll. Terr.* 2001.p. 588.

DUFEAU (J), « La nature juridique de la concession de service public », Mélanges René CHAPUS, *Droit administratif*, Montchrestien, Paris, 1992, p.147.

DUPUIS (G), « Sur la concession de service public », D. 1978, chron. p.222.

DURUPTY (M), « Aspects récents de la privatisation du secteur public en France », Mélanges AUBY, 1992, p.97.

ECKERT (G), « L'égalité de concurrence des opérateurs publics et privés sur le marché », Mél. J. WALINE, Dalloz, 2002, p.207

EISENMANN(C), « Le degré d'originalité du régime de la responsabilité extracontractuelle des personnes morales de droit public *», JCP,* n° 742 1949: La responsabilité du droit administratif, Cours de doctorat, LGDJ, 1983, p.783.

ESSAMA MEKONGO (P), « Le droit de l'information des consommateurs des services de communication électroniques au Cameroun », *in* YAWAGA (S) (dir), *La protection du consommateur au Cameroun : principes, enjeux et perspectives*, Yaoundé, Les éditions Le Kilimandjaro (EDLK), pp. 229- 252.

FANSI (P- M), « La protection du consommateur de l'énergie électrique », in YAWAGA (S) (dir), *La protection du consommateur au Cameroun : principes, enjeux et perspectives*, Yaoundé, Les éditions Le Kilimandjaro (EDLK), pp. 209-228.

FANSI (P-M), « La protection du consommateur camerounais d'énergie électrique », in YAWAGA (S) (dir.), *La protection du consommateur au Cameroun : principes, enjeux et perspectives,* [Yaoundé], EDLK, 2018, p.209.

FARDET (C), « La clause exorbitante et la réalisation de l'intérêt général » *AJDA* 2000.115

FENEON (A.), « Le projet de loi sur la médiation au Burkina Faso : Prémices d'un droit africain de la médiation », *Revue trimestrielle de droit africain*, oct.-déc.2012, n° 881, p.427-439

FENOUILLE (D), « Commerce électronique et droit à la consommation ; une rencontre incertaine », *RDC* 2004, n° 4, p 955.

FRISON-ROCHE (M-A), « Étude dressant un bilan des autorités administratives indépendantes », *in* Rapport sur les autorités administratives indépendantes, Office parlementaire d'évaluation de la législation, par M. Patrice Gélard, du 15 juin 2006.

GRAS (A), « Équilibre financier des contrats de délégation de service public », Dr. Adm. 2012.

GRIMALDI, (C) « Les clauses abusives dans les contrats administratifs », *in Les clauses croisées franco-espagnoles* (dir.) PICOD (Y), MAZEAUD (D) et LAUROBA (E), *Société de législation comparée*, 2013, p.75.

HAMAN ADJI ALHADJI DJOUGDOUM, « Le « E-consommateur » et le droit à la sécurité à l'épreuve de la prolifération des sites marchands circonstanciels », *in* YAWAGA (S) (dir), *La protection du consommateur au Cameroun : principes, enjeux et perspectives*, Yaoundé, Les éditions Le Kilimandjaro (EDLK), pp. 319-345.

JANICOT (L), « L'identification du service public géré par une personne privée », *RFDA* 2008.

JAVERZAC (J-L), MANTION (P), Molle (M) « Les engagements du gestionnaire de réseau de transport français RTE en matière de qualité de fourniture d'électricité », *REE* 2002, n° 11, p. 41

JOHNSON-ANSAH (A), « La protection du « consommateur de médicaments » en Afrique francophone subsaharienne », *in* YAWAGA (S) (dir), *La protection du consommateur au Cameroun : principes, enjeux et perspectives*, Yaoundé, Les éditions Le Kilimandjaro (EDLK), pp. 155-186.

KALIEU ELONGO (Y-R), « La réception du contrat d'adhésion dans les législations contemporaines », *Revue trimestrielle de droit économique*. 2017.

KALIEU ELONGO (Y-R), « Réflexion sur la notion de consommateur en droit camerounais : à propos de la soumission des personnes morales à la loi portant protection des consommateurs », *in* YAWAGA(S) (dir.), *La protection du consommateur au Cameroun : principes, enjeux et perspectives*. Yaoundé, Éditions Le Kilimandjaro, 2018, pp.13-22.

KAMGAING (P-C), « Quand le consommateur tend à redevenir roi… À propos des métamorphoses récentes du droit de la consommation au Cameroun », *Les cahiers du droit*, Vol. 63 n° 3, septembre 2022, pp. 673-718.

KAMWE MOUAFFO (M-C), « Une directive pour la protection du consommateur dans la CEMAC », *L'essentiel*, *Droits africains des affaires*, n° 5, 2021, p.7.

KAMWE MOUAFFO(M-C) épouse KENGNE, « Qui est la ''personne'' visée comme consommateur en droit positif camerounais ? Argumentations plurielles en défaveur de l'influence du droit français », (2019)1, *Revue trimestrielle de droit économique* p.703.

KANWE MOUAFFO (M- C) et PETGA NKWENGOUA (S- V), « Les comités de recours au Cameroun : une réponse à la Résolution 70/186 des principes directeurs des Nations Unies pour la protection du consommateur ? », *in* YAWAGA (S) (dir), *La protection du consommateur au Cameroun : principes, enjeux et perspectives*, Yaoundé, Les éditions Le Kilimandjaro (EDLK), pp. 415-432.

KEUGONG WATCHO (R-S), « Le droit de la consommation et la responsabilité sociale de l'entreprise », *in* YAWAGA (S) (dir), *La protection du consommateur au Cameroun : principes, enjeux et perspectives*, Yaoundé, Les éditions Le Kilimandjaro (EDLK), pp. 33-60.

KOM KAMSU (M), « La protection de la liberté du consommateur camerounais », *in* YAWAGA (S) (dir), *La protection du consommateur au Cameroun : principes, enjeux et perspectives*, Yaoundé, Les éditions Le Kilimandjaro (EDLK), pp.77-102.

KOUBI (G), « Le principe de neutralité des services publics, un principe corollaire à la modernisation de l'État ? », *Rev. Adm.*, 1992 p.492(I), 1993 p.9 (II)

LABETOULLE (D), « Le juge administratif et l'interventionnisme économique », in *Les relations entre l'État et les entreprises privées dans la CEE*, Paris, 1979, p.75.

LACHAUME (J-F), « L'usager du service public industriel et commercial géré par l'entreprise publique », *CJEG,* n° 500 : *Actualité de l'entreprise publique*, juin 1994, p.317.

LAFFONT (D), « Intérêt général et intérêts particuliers », *EDCE* 1999, n° 50, p.421.

LAMARQUE (J), « Le déclin du critère de la clause exorbitante », Mél. WALINE, L.G.D.J., 1974, P497

LAVIGNE (P), « Les biens qui doivent devenir la propriété de la collectivité », Mélanges PEQUIGNOT, 1984, p.407.

LAZZARIN (G), « L'application du droit de la consommation aux services publics. Les contradictions de la jurisprudence Société des eaux du Nord », *RFDA* 2011.

Le BAULT-FERRARESS, MICHALET (L), « Nouvelles règles pour l'attribution des concessions d'énergie hydraulique *», JCP Adm* n° 207. 2009.

LE ROUX (D), (2014b), « Le service public français en débat », *in* BAFOIL, F., FODOR, F., LE ROUX, D. (dir.), Accès à l'énergie en Europe. Les précaires invisibles, Paris, Presses de Science Po, pp. 213-254.

LEBAN (R), « La tarification de l'électricité en France, de la réalité aux perspectives dans la concurrence », *Rev. de l'énergie* n° 510, 1999.

LECERF (M) et LEBLANC (G), « La gratuité de services publics à l'égard des usagers », *JCP* 1998.

LECERF (M), « La gratuité ses services publics à l'égard des usagers », *JCP*, I, 1968, n° 41 du 7 octobre 1998, p. 1745.

LEMO (L), « L'arbitrage des litiges de consommation au Cameroun. Mise en œuvre du principe onusien N°V(F) relatif au règlement des différends en matière de consommation », *in* YAWAGA (S) (dir), *La protection du consommateur au Cameroun : principes, enjeux et perspectives*, Yaoundé, Les éditions Le Kilimandjaro (EDLK), pp.433-449.

LIET-VEAUX (G), « Nature juridique des cessions de concessions de travaux ou de services publics », *AJDA* 1983.

LIORENS, « Le pouvoir de modification unilatérale et le principe de l'équilibre financier dans les contrats administratifs », *RFDA,* 1984.

LOCHAK (D), « Les problèmes juridiques posés par la concurrence des services publics et des activités privées », *ADJA,* 1971.

LOMBARD (M), « l'Établissement public industriel et commercial est-il condamné ? », *AJDA,* 2006.

LOQUIN (E), « La soumission de l'arbitrage international à un régime protecteur du consommateur », *Rev. Crit. D.I.P.* 2021.

LORMETEAU(B), « Justice énergétique et inégalités : introduction à la vulnérabilité énergétique » *in L'environnement, Revue juridique de l'environnement* 2021/3 (Volume 46) 2021/3), *Éditions Lavoisier* Pp 541-558.

MAINGUY (D) et DEPINCE (M), « L'introduction de l'action de groupe en droit français », *JCP* E 2014.

MARCOU (G), « La notion juridique de régulation », *AJDA* 2006.

MARILLIER (M.), « Crise énergétique : il n'est pas trop tard pour s'en sortir ! », *Nouvelles fondations,* 2/2007, pp. 3-69.

MAURIN (G), « Du concessionnaire de force hydraulique », *CJEG* 1970. 19 P.

MAYER (Pierre), « Faut-il distinguer arbitrage interne et arbitrage international ? », in *revue de l'arbitrage,* 2005, n° 2, pp.361-374.

MAZEAUD (D), « Droit commun du contrat et de la consommation », *in* mélange CALAIS-AULOY, Dalloz, 2004.

MAZEAUD (D), « L'attraction du droit de la consommation », droit du marché et droit commun des obligations, (sous dir. Y PICOD), *RTD com.*1998. p 95.

MAZEAUD (D), « Le droit de la consommation est-il un droit économique ? », *revue Lamy de la concurrence*, 2006.

MAZEAUD (L), « De la portée d'une clause de la police d'abonnement exonérant le distributeur des conséquences d'une interruption de la fourniture d'énergie électrique en cas d'accident », *CJEG* 1951.

MEYER (F), « La responsabilité pénale des décideurs publics *», Rapport, MASSOT*, La Documentation française, 1999.

MEYER (F), « Réflexions sur la responsabilité pénale des personnes morales de droit public à la lumière des premières applications jurisprudentielles », *RFDA* 1999.

MEYER (P.), « L'acte uniforme de l'OHADA sur le droit de l'arbitrage », *Revue de droit des affaires internationales* 1999.629.

MEYER (P.), « Le droit de l'arbitrage dans l'espace OHADA dix ans après l'acte uniforme », in *Revue de l'arbitrage*, 2010, n° 3, pp.467-494.

MOLFESSIS (N), « L'exorbitance de l'action de groupe à la française », D. 2014.

MOREAU (B), « Les effets de la nullité de la sentence arbitrale », pp.403-413.

MOREAU (J), « La naissance de la clause exorbitante du droit commun comme critère du contrat administratif », *Mél* F. BURDEAU, Litec, 2008. p.197.

MOREAU (J.), « Indemnisation et évaluation des dommages causés aux biens », Mél. CHAPUS, Montchrestien, 1992, p.443.

NDAM. (I.), « L'indépendance de la Cour Commune de Justice et d'Arbitrage : un nécessaire affermissement », *Penant,* n° 888, juillet-septembre 2014, pp. 303-333.

NEMEDEU (R), « De l'action de groupe : une esquisse venant du droit camerounais de la consommation », *in* YAWAGA (S) (dir), *La protection du consommateur au Cameroun : principes, enjeux et perspectives*, Yaoundé, Les éditions Le Kilimandjaro (EDLK), pp. 349-362.

NGNINTEDEM (J-C), « Droit des transports et droit de la consommation en Afrique centrale : Panorama sur la protection du consommateur des services de transport en hommage aux sinistrés des transports », *in* YAWAGA (S) (dir), *La protection du consommateur au Cameroun : principes, enjeux et perspectives*, Yaoundé, Les éditions Le Kilimandjaro (EDLK), pp. 253-300.

NGOMO (A-F), « Le consommateur de médicaments au Cameroun : réflexion à partir des principes directeurs des Nations Unies pour la protection du consommateur », *in* YAWAGA (S) (dir), *La protection du consommateur au Cameroun : principes, enjeux et perspectives*, Yaoundé, Les éditions Le Kilimandjaro (EDLK), pp.139-154.

NJEUFACK TEMGWA (R), « Le contrat conclu sur incitation du professionnel en droit de la consommation au Cameroun », *Juridis périodique*, n° 111, juillet-août-septembre 2017, p.146.

NJEUFACK TEMGWA (R), « Regard sur la protection juridique du consommateur africain : lecture comparée », *Penant*, 2009, p.293.

NJEUFACK TEMGWA, « Regard sur la protection juridique du consommateur africain : lecture comparée », *Penant*, 2009, p.293.

NSIE (E), « CEMAC : les contrats de consommation dans la directive du 8 avril 2019 », *L'Essentiel. Droits africains des affaires* n° 5, 2020, p.6.

NSIE (E), « Protection des consommateurs : le champ de la prohibition des clauses abusives », *L'Essentiel. Droits africains des affaires*, n° 4, 2020, p.5.

NYAMBEYEU TCHOUKEU (L), « La coexistence de plusieurs hiérarchies de normes en droit camerounais de la consommation », YAWAGA (S) (dir), *La protection du consommateur au Cameroun : principes, enjeux et perspectives*, Yaoundé, Les éditions Le Kilimandjaro (EDLK), pp. 61-76.

OMGBA MBARGA (A-B), « La protection du consommateur des produits pharmaceutiques », *in* YAWAGA **(S)** (dir), *La protection du consommateur au Cameroun : principes, enjeux et perspectives*, Yaoundé, Les éditions Le Kilimandjaro (EDLK), pp.187-208.

ONANA NOAH (N), « La consommation au Cameroun : entre identités culturelles des acteurs sociaux et fabrication des prothèses sociales », *in* YAWAGA(S) (dir), *La protection du consommateur au Cameroun : principes, enjeux et perspectives*, Yaoundé, Les éditions Le Kilimandjaro (EDLK), pp. 103-114.

PAILLARD (C), « Le préjudice indemnisable en droit administratif français », DA 2011, Étude 1.

PAISANT (G), « La lutte contre les clauses abusives des contrats dans l'Union européenne », *in Vers un Code européen de la consommation*, Bruylant, Bruxelles, 1998, p.165.

PAISANT (G), « Les nouveaux aspects de la lutte contre les clauses abusives », D. 253, n° 20 1988.

PEREON (P), « La délégation des services publics administratifs », *AJDA* 2004.

PERROUD (T), « Les raisons de l'attribution d'une fonction de règlement des différends aux autorités de régulation : une comparaison France – Royaume-Uni » ; *Droit et Société* 2016/2 (N° 93) pp. 317 - 336.

PICHETTE (M), « La responsabilité du fabricant », *Lavery, De Billy, Avocats, 2007,* /En ligne], [www.lavery.ca/DATA/PUBLICATION/937_fr-v-la-responsabilite-du-fabricant.pdf] 2022. p.683

PICOD (Y), « Les clauses abusives dans les projets de réforme français », *in Les clauses abusives : approche croisées franco-espagnoles* (dir.) PICOD (Y), MAZEAUD (D) et LAUROBA (E), *Société de législation comparée*, 2013, p.43.

PICOD (Y), « Rapport introductif », in *Droit du marché et droit commun des obligations, RTD com*. 1998.

PONTIER (J-M), « L'indemnisation hors responsabilité », AJDA 2010.

POUPEAU (F-M), « Un néo-libéralisme centralisateur-les collectivités locales dans la libéralisation du système de distribution électrique français », *Revue politique et management public*, volume XVIII, n° 2, juin 2000.

PUCHEU (R), « Étude sur la nature des droits à l'usage de l'eau. Loi du 8 avril 1989 et du 16 octobre 1919 », *CJEG* 1953.

PUISSOCHET (J-P), « L'intérêt du consommateur », dans le droit à la mesure de l'homme. Mélanges en l'honneur de Philippe LEGER, Paris, Éditions A. Pedone, 2006, p.473.

RIVERO (J), « Les deux finalités du service public industriel et commercial », *CJEG*, n° 500 : Actualité de l'entreprise publique, juin 1994, p.375.

ROCHFELD (J), « les ambiguïtés des directives d'harmonisation totale. La nouvelle répartition des compétences communautaires et interne. À propos de l'arrêt de la *CJCE* du 4 juin 2009 », 2009.

ROUSSELY (F), « Clarifier les rapports entre le service public et les citoyens », *in* JOIN-LAMBERT (dir.), *L'État moderne et l'administration*, LGDJ, Coll. Systèmes, 1994, p.56.

SABIANI (F), « L'habilitation des personnes privées à gérer un service public », *AJDA* 1977.

SABLIÈRE (P), « Clauses limitatives de responsabilité et clauses limitatives des obligations dans les contrats d'abonnement à l'électricité », *CJEG,* 1986.

SABLIÈRE (P), « La réglementation du prix de l'électricité », CJEG, 1988, p.349

SABLIÈRE (P), « Les ouvrages de production, de transport et de distribution d'électricité sont-ils encore des ouvrages publics et faut-il qu'ils le soient ? », *A.J.D.A* 2005.

SAMB (M), « À propos de la résurgence de la médiation comme mode alternatif de résolution des conflits sociaux en Afrique », *Penant,* Revue trimestrielle de droit africain, janv.-mars 2016, n° 894, p.11.

SAMB (M), « Privatisation des services publics en Afrique subsaharienne », Afrilex, *Revue d'étude et de recherche sur le droit et l'administration dans les pays d'Afrique*, juin 2009.

SANDEVOIR (P), « Les vicissitudes de la notion de service public industriel et commercial », Mélanges STASSINOPOULOS, Paris, LGDJ, 1974, p.317.

SCHLESINGER (M), « Contentieux de l'énergie. La fixation des tarifs réglementés et le juge des marchés régulés » *RIEP* déc. 2012.

SCHRAMECK, « Quelques observations sur le principe du contradictoire », in Mél. G. BRAIBANT, Dalloz, 1996, pp.629-640.

SOUSSE (M), « Les clauses abusives dans les contrats administratifs », in *Les clauses croisées franco-espagnoles* (dir.) PICOD (Y), MAZEAUD (D) et LAUROBA (E), *Société de législation comparée*, 2013, p.199.

SOWENG (D), « La protection du consommateur face aux règles substantielles du droit camerounais de la publicité commerciale », in YAWAGA(S) (dir), *La protection du consommateur au Cameroun : principes, enjeux et perspectives*, Yaoundé, Les éditions Le Kilimandjaro (EDLK), pp. 117-138.

STOFFEL-MUNCK (Ph), « L'autonomie du droit contractuel de la consommation : d'une logique civiliste à une logique de régulation », *RTD* com. 2012.

SYMCHOWICZ (N), « La notion de délégation de services publics administratifs », *AJDA,* 1998.

TENEYRE (P), GOURDOU (J), « Pour une clarification du contentieux de la légalité en matière contractuelle », *CJEG,* 1999.

TESTE, « L'équipement hydraulique et le droit privatif du riverain. Étude de législation et de jurisprudence », *CJEG,* 1960.

TESTE, « La réglementation sur les prix et l'application des procédures contractuelles de révision des tarifs de vente de l'électricité », *CJEG,* 1953.

TIMSIT (G), « Les relations entre l'État et les entreprises publiques », *Rev. Adm.* 1983.

VENEZIA (J-C), « Le principe d'adaptation », Clés pour le siècle, Dalloz, 2000, p.1661.

VERCIER (E), « Les clauses d'exonération et de limitation de responsabilité dans les polices d'abonnement de gaz et d'électricité », *CJEG*, 1950.

VINEY (G), « Un pas vers l'assainissement des pratiques contractuelles : la loi du 5 janvier 1988 relative aux actions en justice des associations agréées de consommateurs », *JPCE* II, n° 15336. 1988.

VOISSET (M), « Qualité, adaptabilité, mutabilité », *in* R. KOVAR et D. SIMON (dir.), *Service public et Communauté européenne : entre l'intérêt général et le marché* (T 2), La Documentation française, 1998, p.717.

YAWAGA (S), « La protection pénale du consommateur au Cameroun : Appréciation de la politique criminelle camerounaise au regard des principes directeurs des Nations Unies pour la protection des consommateurs », *in* YAWAGA **(S)** (dir), *La protection du consommateur au Cameroun : principes, enjeux et perspectives*, Yaoundé, Les éditions Le Kilimandjaro (EDLK), pp.385-414.

IV- THÈSES

ABRESPY (M), *La nature juridique des concessions d'énergies hydrauliques de la loi du 16 octobre 1919*, Toulouse, Thèse, 1929, 165p.

BELLUTEAU (P), *La nature juridique des travaux d'aménagement des chutes d'eau*, Paris, Thèse, 1930.

BEZZIN (J), *Équité, tarification, réglementation : analyse des politiques de cost allocation d'une industrie électrique de service public,* Montpellier I, Thèse, 1998, 744p.

CLÉMENT (S), *Les droits de la défense dans le procès pénal : du principe du contradictoire à l'égalité des armes*, Thèse de doctorat en droit privé, Université de Nantes, décembre 2007, 527p.

DECENCIERE-FERRANDIERE (A), *De l'effet à l'égard des tiers des augmentations de tarifs dans les concessions de gaz et d'électricité,* Paris, thèse, 1926, 117 p.

DESTANNE DE BERNIS (G), *Essai sur la tarification des exploitations industrielles de l'État du secteur monopolistique,* Paris, Thèse, 1953, 390p.

DIALLO (A), *Réflexion sur l'arbitrage dans l'espace OHADA*, Thèse Doctorat, Université de Perpignan 2016, 295 P.

GARNIER (P), *Le cahier des charges des concessions de chute d'eau*, Paris, Thèse, 1931, 354 p.

HUGUES (M), Essai *sur la nature juridique des tarifs d'énergie électrique exposé théorique et pratique des rapports de l'administration et des entreprises de distribution d'électricité*, Montpellier, Thèse, 1936, 205p.

HYON (R), La *détermination administrative du prix de vente de l'énergie électrique*, Paris, Thèse, 1937, 246p.

Mestre (G), *Le concessionnaire de chutes d'eau et les propriétés privées*, Paris, thèse, 1934.

MIRANDA PEREIRA (W), *La protection des consommateurs dans les opérations de crédit. Étude de droit comparé franco-brésilien*, Thèse de doctorat en droit privé, Université de GRENOBLE, Novembre 2010, 595p.

PATUREAU (P), Les *tarifs spéciaux de vente de gaz et de l'électricité*, Paris, Thèse, 1937, 163p.

PERROUD (T), *La fonction contentieuse des autorités de régulation en France et au Royaume-Uni, Paris* : Dalloz, coll. « Nouvelle Bibliothèque de Thèses », 127, 2013, 472p.

REDEEUILH (H), *Nature juridique de la concession de service public*, Thèse de doctorat. Bordeaux, Economica, 1992.

ROYER (G.), *L'efficience en droit pénal économique*, Thèse Université de Nancy II, 2007, 520p.

SAPLANCAN (R), *L'analyse des performances de la distribution d'électricité en environnement concurrentiel,* Thèse de doctorat Université Paris Sud XL, 2008.

VASSILOPOULOS (P), *Les prix des marchés de gros de l'électricité donnent-ils les bons signaux et les bonnes incitations pour l'investissement en capacité de production électrique* ? Université Paris-Dauphine, Thèse, 2007, 252p.

VIDAL (L), L'équilibre *financier du contrat dans la jurisprudence administrative*, Paris I, Thèse, 2003, 686 p.

V- MÉMOIRES

BEULAMINE (M), Les problèmes posés par la tarification d'un service public : cas de l'Électricité de France, Paris II, Mémoire DEA, 1998, 154p.

MIOCHE (G), Contractualisation *de la qualité électrique dans un réseau accessible aux tiers*, Université Paris I, Mémoire DEA, 2001.

NJOMKAM V. (J-A), « L'énergie et le développement du Cameroun : l'exemple du complexe électrométallurgique d'Edéa », Mémoire d'obtention du diplôme d'ingénieur commercial, Université de Grenoble, 1966, 49p.

POKAM KAMDEM, (W) L'énergie et le processus de mise en valeur du Cameroun français (1946-1959), mémoire de maîtrise d'histoire, Université de Dschang, 2007.

TABOUIS (A), La *nature juridique des concessions d'énergie électrique*, Paris II, mémoire DEA, 2002, 97p.

VIZINHO (A), *Les clauses abusives dans les contrats de distribution d'eau, de gaz et d'électricité*, Paris, mémoire DEA, 1997.

VI- RAPPORTS

Amélioration de l'information et de l'incitation sur la qualité de l'alimentation d'électricité, UFC - Que Choisir, avr. 2013, p.19.

Commission des affaires économiques, rapp. n° 3307, 5 avril. 2011 p.147.

Conseil d'État, La réforme des établissements publics, La Documentation française, 1972 ; « Études sur les établissements publics (Réflexions sur les catégories et les spécificités des établissements publics nationaux) » EDCE 1985.13 ; Les établissements publics : transformation et suppression, La Documentation française, 1989 ; Les GIP, La Documentation française, 1997 ; Les établissements publics (Rapport d'étude), ADCE 15 oct. 2009.

Conseil d'État, rapport public 2008, le contrat, mode d'action publique et de production de normes, EDCE, 2008.

Diagnostics et propositions relatives à la continuité de l'alimentation en électricité CRE, oct. 2010, 282p.

EDF et la tarification au coût marginal, Rapp. Au ministre de l'Industrie, 1988, p.112.

Étude technique sur la fragilité des réseaux publics de distribution d'électricité face aux évènements climatiques majeurs, Étude par KB intelligence pour la FNCCR, 10 sept. 2009, 62p.

L. Poniatowski, Rapport d'information sur le compteur électrique évolué, Sénat, Commission de l'économie, du développement durable et de l'aménagement du territoire, rapport. N°185, 15 déc. 2010, 48p.

Proriol (J), Gaubert (J), Sécurité et financement des réseaux de distribution d'électricité, AN.

Rapport du réseau d'association des consommateurs d'énergie (Race) sur « L'analyse du secteur de l'énergie électrique au Cameroun, bilan des actions de plaidoyers et système de tarification de l'électricité », novembre 2010, ARSEL (Cameroun),

Rapport préliminaire, vol.1, Revue des fonctions du régulateur, développement du manuel des procédures et renforcement des capacités pour la mise en œuvre de la régulation, 67p.

VII- TEXTES OFFICIELS

Règlement de conciliation de l'ARSEL.

Acte uniforme sur le droit de l'arbitrage, du 23 novembre 2017.

Règlement d'arbitrage du centre de médiation et d'arbitrage du GICAM.

Loi n° 96/06 du 18 janvier 1996 portant révision de la constitution du 2 juin 1972. Modifiée et complétée par la loi n° 2008/001 du 14 avril 2008.

Règlement d'arbitrage de la Cour commune de justice et d'arbitrage de l'OHADA, 18 avril 1996, modifié le 30 janvier 2014.

Décret n°2°° 1/021/PM du 29 janvier 2001 fixant le taux, les modalités de calcul, le recouvrement et la répartition de la redevance sur les activités du secteur de l'électricité.

Décret n° 2004/325 du 8 avril 2004 relatif à la tarification spéciale de l'électricité comme produit de première nécessité

Loi n° 2005/007 du 27 juillet 2005 portant code de procédure pénale.

Loi n° 2006/015 du 29 décembre 2006 portant organisation judiciaire.

Loi n° 2006/022 du 29 décembre 2006 fixant l'organisation et le fonctionnement des tribunaux administratifs.

Arrêté n°00000013/MINEE du 26 janvier 2009 portant approbation du règlement du service de distribution publique d'électricité de la société AES-SONEL.

Loi-cadre n° 2011/ 012 du 6 mai 2011 portant protection du consommateur au Cameroun.

Loi n° 2011/022 du 14 décembre 2011 régissant le Secteur de l'électricité.

Arrêté n° 119 PM du 10 août 2012 portant organisation et fonctionnement des comités de recours pour l'arbitrage des différends relatifs à la protection du consommateur.

Décret n° 2012/501 du 7 novembre 2012 portant organisation du ministère de l'Eau et de l'Énergie.

Décret n° 2013/203 du 28 juin 2013 portant organisation et fonctionnement de l'Agence de Régulation de l'électricité.

Loi n° 2015-23 du 23 avril 2015 portant code de procédure civile.

Loi n° 2016/007 du 12 juillet 2016 portant code pénal.

Décret n° 2017/252 du 17 juillet 2017 fixant les principes de tarification dans le secteur de l'électricité.

Arrêté n° 000014 du 13 juin 2019 portant approbation, adoption et application du code de marché de l'électricité.

Décision n° 00000427/ARSEL/DG du 12 décembre 2022 fixant les tarifs de vente hors taxe d'électricité des clients de la moyenne tension et les seuils minima de négociation des tarifs pour les clients dits « grands comptes » applicables par la société ENEO.

INDEX ALPHABÉTIQUE

(Les mots renvoient aux numéros de pages)

A

accès au réseau, 9
Action de groupe, 136, 422, 427
activités génératrices de contentieux, 377
AES-SONEL, 9, 34, 55, 73, 87, 111, 112, 120, 162, 173, 215, 232, 239, 240, 241, 246, 257, 258, 261, 263, 268, 284, 287, 289, 317, 318, 319, 323, 324, 326, 331, 332, 394
Arbitrage, 434
arsel, 78
ARSEL, 9, 33, 48, 49, 67, 72, 73, 74, 75, 78, 79, 81, 82, 83, 84, 85, 86, 87, 88, 89, 90, 91, 92, 93, 94, 95, 98, 102, 105, 107, 116, 119, 122, 130, 131, 132, 133, 134, 135, 141, 143, 154, 155, 156, 157, 158, 159, 160, 161, 162, 163, 164, 165, 166, 167, 168, 170, 171, 172, 176, 177, 178, 186, 189, 199, 230, 231, 233, 267, 268, 288, 316, 318, 319, 342, 356, 372, 373, 375, 376, 377, 378, 417, 440
audience de conciliation, 93
Audiences, 90, 91, 93, 383

C

clauses abusives, 27, 30, 61, 88, 114, 123, 157, 194, 246, 279, 282, 309, 319, 320, 354, 380, 410, 412, 428, 431, 435, 436, 439
clauses limitatives, 164, 279, 281, 282, 320, 354, 380, 410, 411, 436
clients, 43, 44, 53, 55, 84, 87, 93, 110, 112, 115, 116, 129, 145, 161, 193, 205, 245, 248, 277, 279, 281, 297, 310, 311, 315, 317, 318, 367, 380, 400, 402, 410, 428
collectivités territoriales décentralisées, 195, 197
Comités de recours, 72, 132, 154, 170
commission de conciliation, 91, 94, 157, 158
compétence, 45, 48, 62, 72, 75, 76, 83, 86, 87, 89, 90, 94, 95, 97, 100, 101, 102, 103, 105, 107, 109, 111, 124, 127, 134, 155, 158, 159, 173, 174, 176, 178, 180, 187, 190, 195, 211, 212, 213, 214, 215, 216, 217, 218, 219, 220, 221, 222, 223, 226, 228, 230, 231, 232, 233, 234, 235, 237, 238, 255, 256, 257, 258, 259, 261, 262, 263, 266, 267, 268, 269, 270, 271, 272, 273, 274, 279, 285, 306, 307, 332, 342, 345, 349, 350, 351, 352, 353, 354, 356, 357, 358, 359, 360, 361, 362, 364, 365, 366, 368, 373, 374, 375, 376, 377, 378, 383, 387, 388, 390, 399, 409, 410, 414, 418, 419
compteur électrique, 330, 439
compteur fictif, 234, 238, 278
compteur intelligent, 242
compteur prépayé, 112, 217, 229, 230, 231, 245, 298
Conciliation, 89, 91, 92, 93, 94, 158, 167, 168
Conseil constitutionnel, 10, 32, 385, 387, 424
Consommation, 73, 141, 194, 357
contentieux, 37, 38, 39, 48, 53, 56, 57, 59, 61, 62, 63, 67, 70, 77, 78, 83, 86, 88, 99, 101, 102, 103, 107, 109, 110, 113, 114, 116, 119, 123, 124, 125, 136, 153, 159, 160, 165, 166, 170, 172, 173, 175, 176, 177, 178, 181, 183, 185, 186, 188, 189, 193, 195, 196, 200, 205, 206, 209, 211, 212, 213, 214, 215, 216, 217, 218, 221, 222, 223, 224, 231, 242, 248, 250, 254, 255, 256, 258, 259, 261, 262, 263, 267, 268, 269, 274, 282, 284, 285, 286, 291, 292, 297, 302, 303, 304, 307, 309, 311, 317, 331, 338, 340, 341, 342, 345, 346, 349, 350, 351, 353, 354, 355, 357, 358, 359, 362, 363, 364, 365, 368, 369, 371, 372, 374, 375, 376, 377, 378, 379, 380, 382, 383, 385, 386, 387, 389, 390, 397, 398, 401, 403, 404, 406, 407, 408, 409, 410, 411, 414, 417, 418, 419, 421, 424, 425, 427, 437
Contentieux administratif, 384, 424
Cour suprême, 10, 213, 274, 400

D

Distribution de l'énergie électrique, 310
dommage éventuel subi, 235
droits de la défense, 271, 437

E

électrisation, 117, 118, 277, 310
électrocution, 117, 118, 242, 277, 310
ENEO, 32, 43, 46, 55, 73, 74, 75, 76, 84, 86, 87, 88, 91, 92, 93, 94, 105, 109, 110, 111, 112, 113, 116, 117, 118, 119, 120, 122, 123, 130, 131, 132, 133, 134, 138, 141, 145, 157, 159, 161, 162, 167, 168, 173, 176, 177, 178, 187, 205, 212, 215, 217, 218, 220, 225, 226, 227, 228, 229, 230, 231, 232, 233, 234, 235, 236, 237, 238, 239, 242, 244, 246, 255, 256, 257, 258, 259, 260, 261, 262, 263, 264, 265, 266, 267, 268, 269, 273, 275, 276, 277, 278, 284, 288, 289, 295, 298, 299, 310, 311, 312, 313, 314, 315, 316, 317, 318, 319, 321, 322, 324, 326, 327, 328, 329, 330, 331, 332, 333, 334, 335, 336, 337, 342, 343, 344, 349, 355, 357, 358, 359, 360, 362, 364, 369, 370, 372, 374, 375, 376, 377, 378, 394, 404, 405, 408
Energie électrique, 67, 254
Etat de droit, 34, 104, 110, 161, 166, 170, 171, 174, 176, 194, 217, 222, 279, 414
exécution, 42, 80, 97, 153, 160, 161, 162, 163, 164, 168, 174, 178, 193, 217, 223, 232, 240, 241, 289, 291, 294, 301, 302, 314, 318, 323, 325, 332, 360, 362, 375, 384, 385, 398, 399, 407

F

factures frauduleuses, 142, 244, 247, 248, 249, 366
Faute, 389
faute civile, 311
faute commise par le maître d'ouvrage, 402
faute contractuelle, 310
faute de l'administration, 400
faute de l'auteur de l'acte préjudiciable, 310
faute de la victime, 406, 408, 411
faute de présenter, 253, 305
faute de publicité, 181
faute délictuelle, 310
faute des personnes publiques, 400, 426
faute du fournisseur, 291
faute grave ou des agissements incompatibles, 79
fondement contractuel et délictuel, 324
fondement de la responsabilité, 335
fondement de la rupture du lien d'égalité, 366
Fournisseur de l'énergie électrique, 342
fourniture de l'énergie électrique, 33, 34, 36, 37, 38, 49, 56, 57, 59, 62, 67, 70, 71, 72, 73, 74, 76, 77, 78, 86, 89, 90, 103, 104, 105, 107, 109, 111, 122, 123, 151, 153, 154, 155, 156, 159, 160, 168, 169, 170, 171, 172, 173, 174, 175, 176, 178, 181, 182, 183, 184, 185, 187, 197, 198, 200, 205, 206, 209, 211, 212, 213, 215, 216, 218, 219, 221, 222, 223, 224, 234, 241, 242, 246, 252, 255, 256, 258, 259, 267, 270, 271, 273, 274, 275, 281, 284, 285, 286, 291, 292, 293, 305, 307, 316, 317, 319, 324, 326, 340, 341, 342, 343, 345, 349, 350, 351, 352, 353, 354, 356, 357, 358, 359, 360, 361, 363, 365, 370, 373, 375, 376, 380, 386, 387, 388, 389, 390, 393, 394, 395, 398, 400, 401, 402, 403, 407, 408, 409, 410, 412, 413, 414, 418
fraude, 48, 56, 87, 88, 92, 95, 119, 131, 133, 158, 225, 226, 227, 229, 233, 242, 268, 270, 271, 273, 275, 278, 298, 311, 338, 339, 340, 343, 345, 361

H

homicide involontaire, 276, 277, 345

I

Indemnisation, 316, 393, 403, 434
instance civile, 285, 293, 296, 307, 345
instance d'arbitrage, 95, 119

instances non juridictionnelles, 76, 78
interruption d'énergie électrique, 226, 322

J

juge administratif de l'énergie, 365, 381, 382, 384
juge civil, 48, 209, 211, 218, 220, 221, 222, 234, 236, 267, 285, 286, 289, 293, 294, 298, 299, 307, 309, 311, 345, 418
juge civil de la fourniture, 222, 307
JUGE CONSTITUTIONNEL, 386
juge pénal de la fourniture, 270, 271
juridiction, 38, 62, 67, 73, 75, 76, 79, 87, 104, 105, 131, 137, 153, 155, 156, 159, 172, 186, 205, 209, 212, 213, 214, 219, 220, 222, 223, 231, 235, 239, 256, 257, 262, 269, 270, 272, 273, 274, 280, 285, 292, 294, 295, 296, 297, 299, 303, 304, 305, 306, 307, 330, 338, 345, 358, 362, 364, 365, 366, 368, 370, 372, 373, 382, 383, 384, 385, 386, 389, 390, 391, 393, 402, 403, 414, 419, 425
JURIDICTION CIVILE, 218
juridiction de l'ARSEL, 87
JURIDICTION JUDICIAIRE, 212
JURIDICTION PENALE, 269
juridiction pénale, 137, 212, 270, 305
Jurisprudence, 223, 399, 400

L

L'institutionnalisation des garanties d'indépendances, 191
L'UNILATERALISME DU FOURNISSEUR, 111
La demande introductive d'instance, 293
La libéralisation effective du secteur de l'électricité, 196
la procédure devant le juge, 294, 345
la saisine préalable non obligatoire, 78
légalité de la facturation, 366
législateur camerounais, 34, 54, 71, 76, 106, 122, 124, 151, 154, 156, 169, 171, 200, 206, 213, 214, 216, 223, 284, 318, 323, 324, 349, 371, 417
les organes administratifs, 77, 198

M

médiateur de l'énergie, 170, 192, 194, 195, 196, 198, 367

P

pouvoir de juger, 48, 89, 220
pouvoir des collectivités locales, 45
pouvoirs d'astreintes, 161, 169
pouvoirs exorbitants, 165, 179
principes des Nations Unies, 32
protection du consommateur, 27, 28, 29, 30, 31, 32, 40, 43, 44, 51, 52, 54, 55, 59, 60, 72, 73, 77, 82, 90, 91, 95, 97, 98, 99, 100, 101, 102, 104, 110, 114, 115, 121, 122, 123, 124, 125, 127, 128, 129, 130, 134, 135, 136, 137, 138, 140, 143, 144, 154, 155, 157, 163, 164, 173, 174,176, 178, 179, 181, 205, 206, 211, 212, 216, 221, 222, 246, 247, 270, 272, 277, 279, 280, 281, 282, 285, 286, 290, 312, 323, 325, 354, 355, 357, 372, 375, 379, 380, 422, 426, 428, 430, 431, 432, 433, 434, 435, 436, 437, 440
Protection du consommateur, 82
Puissance, 58

Q

qualité de la fourniture, 89, 266, 267, 311
question prioritaire de constitutionnalité, 390
Question prioritaire de constitutionnalité, 391

R

recours gracieux, 138, 156, 160, 353, 370, 371, 372, 373, 374, 375, 376, 377, 378, 381, 382, 407, 419
recours gracieux préalable, 371, 373, 374, 376, 377, 378

recours pour excès, 358, 366, 368, 374, 376, 380, 399
règlementation, 126, 141, 144, 170, 243, 279, 283, 344, 362, 427, 437
régulation du secteur de l'électricité, 78
régulation économique, 26, 81, 109, 423
requête, 62, 86, 87, 88, 90, 91, 93, 94, 95, 116, 117, 128, 130, 131, 134, 157, 158, 167, 172, 176, 220, 230, 259, 262, 285, 297, 333, 373, 374, 379, 380, 381, 382, 383, 390
responsabilité contractuelle, 48, 222, 282, 284, 312, 313, 314, 317, 324, 326, 331, 332, 333, 357, 393, 399, 425
responsabilité extracontractuelle, 217, 358, 393, 395, 396, 397, 399, 424, 430
Responsabilité publique, 309, 310, 314, 395, 422
rétablissement de l'énergie électrique, 88, 225, 226, 230, 231, 232

S

saisine prealable, 78
sanctions, 129, 161, 162, 163, 168, 169, 211, 244, 311, 318, 340, 341, 342, 343, 344
service public, 24, 26, 28, 32, 34, 35, 36, 37, 38, 39, 41, 42, 43, 44, 45, 47, 48, 52, 53, 54, 55, 56, 57, 58, 59, 62, 71, 72, 73, 77, 78, 87, 88, 90, 100, 101, 103, 104, 110, 111, 112, 114, 115, 116, 120, 121, 122, 123, 130, 138, 140, 143, 154, 155, 161, 162, 164, 165, 166, 168, 169, 170, 174, 175, 186, 187, 188, 189, 190, 192, 206, 209, 211, 212, 213, 215, 216, 217, 222, 241, 243, 244, 245, 247, 249, 250, 251, 252, 255, 256, 257, 258, 259, 260, 261, 266, 271, 275, 281, 282, 283, 284, 286, 287, 290, 291, 292, 313, 316, 317, 318, 319, 320, 324, 325, 327, 328, 332, 340, 342, 343, 344, 349, 350, 351, 352, 353, 354, 355, 356, 357, 358, 359, 360, 361, 362, 363, 365, 366, 367, 368, 369, 370, 371, 372, 374, 376, 377, 378, 387, 388, 393, 394, 395, 396, 397, 398, 399, 400, 402, 403, 404, 405, 406, 409, 410, 411, 413, 421, 422, 423, 424, 425, 426, 427, 428, 429, 430, 431, 432, 436, 437, 438, 439
sinistre, 95, 113, 117, 133, 158, 281, 289, 321, 333, 372
suites juridictionnelles, 174
surplomb de propriété, 92, 95, 158, 234, 236
suspension de l'énergie électrique, 224, 225, 227, 228, 234, 238, 242, 254, 418

T

Tarification, 81, 422, 425

U

urgence, 80, 222, 223, 226, 229, 230, 232, 237, 255, 262, 337, 349, 383, 385

V

valeur contraignante, 366

TABLE DE MATIÈRES

REMERCIEMENTS 7

PRINCIPALES ABRÉVIATIONS 9

SOMMAIRE 13

PRÉFACE 15

AVANT-PROPOS 17

INTRODUCTION GÉNÉRALE 21

PREMIÈRE PARTIE : L'EFFICACITÉ LIMITÉE DES MODES NON-JURIDICTIONNELS DE TRAITEMENT DES LITIGES 65

TITRE I : L'AMBIGUÏTÉ DES RÉSOLUTIONS ÉDITÉES PAR DES ORGANES NON JURICTIONNELS 69

CHAPITRE I : LA SAISINE PRÉALABLE NON OBLIGATOIRE DES ORGANES ADMINISTRATIFS DE RÈGLEMENTS AMIABLES 71

Section préliminaire : La consécration de la règle du recours facultatif aux modes non juridictionnels de prévention des contestations nées de la fourniture de l'énergie électrique 72

Paragraphe I : Le contenu de la règle jurisprudentielle de recours facultatif aux modes non juridictionnels de résolution des litiges nés de la fourniture de l'énergie électrique 73

Paragraphe II : La portée de la règle du recours facultatif aux organes non juridictionnels de prévention des litiges nés de la fourniture de l'énergie électrique 76

Section I : La saisine préalable non obligatoire de l'agence de régulation du Secteur de l'électricité (ARSEL) 78

Paragraphe I : Le régime juridique de l'ARSEL 79

A- L'Organisation de l'ARSEL 79

1- Les organes d'Administration 79

2- Les directions 81

B- Le fonctionnement de l'ARSEL 82

1- Les missions de l'ARSEL 83

a- Les missions contentieuses de l'ARSEL 83

b- Les missions non contentieuses de l'ARSEL....84
2- Le financement de l'ARSEL....85
Paragraphe II : L'office de l'ARSEL dans le traitement des incidents entre consommateur et fournisseur de l'énergie électrique....85
A- La saisine de l'ARSEL....86
1- Les modes de saisine de l'ARSEL....86
a- La requête....86
b- Les modes modernes issus des TIC : les call-centers....87
c- Les modes issus de la pratique : La saisine par ampliation d'acte d'huissier et la requête adressée à ENEO avec ampliation à ARSEL....87
2- Les conditions de saisine de l'ARSEL....87
a- La restriction de la notion de qualité et d'intérêt pour agir....87
b- La sélectivité des litiges soumis au régulateur....88
B- L'étendue de la compétence de L'ARSEL en matière de conciliation....89
1- La limitation de la compétence matérielle....89
2- L'extension de la compétence territoriale....89
Paragraphe III : Le déroulement de l'instance au niveau de l'ARSEL....90
A- Le déroulement de l'instance....90
1- La circulation des requêtes....90
a- La réception des requêtes....90
b- La transmission des requêtes aux hauts responsables de l'ARSEL....91
2- L'instruction des requêtes....91
a- Les descentes conjointes ARSEL-ENEO....92
b- Le caractère peu conventionnel des audiences de conciliation....93
B- La décision de l'ARSEL....93
1- Les conditions de forme de validité du procès-verbal....93
a- Les informations relatives aux parties....93
b- Les autres informations....94
2- Les conditions de fond de validité du procès-verbal....94
a- La compétence de l'autorité agissante et la procédure suivie pour le traitement de la requête....94
b- La constatation et la prise d'acte de la décision des parties....95
Section II : Le caractère inapparent de l'action des comités de recours dans la résolution des litiges inhérents à la consommation de l'énergie électrique....95

Paragraphe I : la controverse sémantique sur la notion d'arbitrage au fondement de l'action des comités de recours 96

Paragraphe II : La consécration normative confuse et concurrencée de la compétence de l'arbitrage 102

Paragraphe III : L'incertitude du recours à la juridiction des comités de recours dans le cadre des litiges nés de la fourniture de l'énergie électrique 104

CONCLUSION chapitre I 107

CHAPITRE II : LE TRAITEMENT ALÉATOIRE DES INCIDENTS NÉS DE LA FOURNITURE PAR DES ORGANES NON ADMINISTRATIFS 109

Section I : L'unilatéralisme du fournisseur dans le traitement des réclamations 111

Paragraphe I : Le durcissement des conditions d'accès à l'office du fournisseur 111

A- La sélectivité des litiges susceptibles d'être portés à la connaissance du fournisseur 112

B- La sévérité des conditions relatives à la présentation des réclamations et aux délais 112

1- Le durcissement des exigences liées à la présentation de la réclamation conformément aux modalités du règlement de service public de distribution 112

2- L'encadrement des délais des recours devant le fournisseur 113

Paragraphe II : L'unilatéralisme de l'office du fournisseur de l'énergie électrique 116

A- L'unilatéralisme de la procédure de traitement des réclamations 116

1- Cas d'électrocution 118

2- Le cas d'électrisation 118

B- L'évaluation unilatérale des préjudices et la détermination unilatérale des modalités de la réparation 120

C- Les limites à l'efficacité de l'organe chargé du traitement des réclamations 121

1- L'absence du contradictoire devant le fournisseur. 121

2- Le caractère obscur de la suite à donner à la réclamation du consommateur 122

Section II : Le recours circonstanciel aux associations des consommateurs d'énergie électrique 123

Paragraphe I : Les généralités sur les associations de consommateurs d'énergie électrique 126

A- La présentation du régime juridique des associations des consommateurs 126
1- La création des associations de consommateurs 126
2- Le fonctionnement et la dissolution d'une association des consommateurs 127
B- Les objectifs des associations des consommateurs 129
1- L'éducation du consommateur d'énergie 129
2- La défense des intérêts collectifs des consommateurs 129
Paragraphe II : Le rôle prépondérant des associations des consommateurs dans la résolution des litiges entre consommateurs et fournisseurs d'énergie électrique 132
A- L'accompagnement des consommateurs vers une solution amiable 132
1- La délivrance de l'information 132
2- La représentation et la défense des consommateurs devant les instances arbitrales 134
B- L'accompagnement des consommateurs vers des instances juridictionnelles 135
1- La saisine du juge judiciaire par les associations des consommateurs d'électricité 135
2- La saisine du juge administratif par les associations des consommateurs d'électricité 137
Paragraphe III : Le caractère non structuré et limité des actions des associations de consommateurs d'énergie 139
A- Les faiblesses internes à l'action des associations des consommateurs d'électricité 139
1- Une fragilité financière plombant l'action des associations de consommateurs d'électricité 139
2- Une capacité technique fragile des associations de consommateurs d'électricité 141
B- Les faiblesses externes à l'action des associations des consommateurs d'énergie 142
1- La faible expression des libertés publiques reconnues aux associations de consommateurs d'énergie 142
2- La tendance à l'inégalité dans la protection des intérêts en présence 143
CONCLUSION chapitre II 146
CONCLUSION TITRE I 147

TITRE II : L'AMBIGUÏTÉ DES SUITES RÉSERVÉES AUX RÉSOLUTIONS ÉDITÉES PAR LES ORGANES NON JURIDICTIONNELS DE TRAITEMENT DE LITIGES NÉS DE LA FOURNITURE DE L'ÉNERGIE ÉLECTRIQUE 149

CHAPITRE I : L'EFFET MITIGÉ DES RÉSOLUTIONS DES ORGANES NON-JURIDICTIONNELS 153

Section I : L'évasivité des résolutions des organes administratifs de traitement 154

Paragraphe I : Le mutisme du législateur sur la portée incertaine des décisions des comités de recours 154

Paragraphe II : L'ambiguïté des suites réservées aux décisions de l'ARSEL 156

A-La décision de l'ARSEL 157

1- Les conditions de forme de validité du procès-verbal. 157

2- Les conditions de fond de validité du procès-verbal 158

3- La constatation et la prise d'acte de la décision des parties.......159

B- les facteurs probants de la valeur juridique controversée des décisions de l'ARSEL 159

Paragraphe III : La difficile mise en œuvre des décisions des organismes administratifs de règlement des litiges 160

A- Les prérogatives exorbitantes de puissance publique du fournisseur de l'énergie électrique comme obstacle à la bonne exécution des décisions émanant des institutions administratives 161

B- Les facteurs probants justifiant l'incertitude de la décision 164

C- La floraison des plaintes sur la gestion du service public de l'électricité : des usagers déboutés 166

D- Les obstacles à l'efficacité dans la mise en œuvre de la responsabilité du fournisseur de l'énergie électrique par l'ARSEL .166

1- Les obstacles internes à l'ARSEL 167

a- La lenteur des programmations des descentes/séances de conciliation 167

b- La lenteur dans l'établissement des procès-verbaux de conciliation/non-conciliation 167

2- Les obstacles externes à l'ARSEL....................................168

b- Les problèmes liés à l'exécution des procès-verbaux établis par l'ARSEL....................................168

c- L'oubli de la responsabilité pénale du fournisseur de l'énergie électrique 168

E- L'inexistence des pouvoirs d'astreinte des organes administratifs 169

1- Le silence textuel quant aux moyens d'astreinte du régulateur sur le fournisseur 169

2- Le mutisme du législateur quant aux pouvoirs d'astreinte des comités de recours 170

Paragraphe IV : Le mutisme textuel relatif aux délais de traitement des requêtes par L'ARSEL 171

Section II : L'indécision des résolutions des organes non administratifs de prévention 172

Paragraphe I : La portée incertaine des autorésolutions du fournisseur 173

A- La douteuse contestation des autorésolutions amiables du fournisseur 173

B- La tumultueuse mise en œuvre des résolutions unilatérales du fournisseur 174

C- La faible portée des actions préventives des associations de consommateurs de l'énergie électrique 175

CONCLUSION Chapitre I 176

CHAPITRE II : PLAIDOYER POUR UNE OPTIMISATION DE L'EFFICACITÉ DES MODES NON-JURIDICTIONNELS DE RÈGLEMENT DES LITIGES EN MATIÈRE DE FOURNITURE DE L'ÉNERGIE ÉLECTRIQUE AU CAMEROUN 177

Section I : L'harmonisation du cadre institutionnel de la résolution des litiges de l'énergie électrique 178

Paragraphe I : la coordination des instances administratives de résolution des différends 179

A- La mutualisation des compétences entre l'organe en charge de la régulation et les comités de recours 180

B- L'opérationnalisation des compétences des comités de recours.. 181

Paragraphe II : La modernisation des instances administratives de traitement des différends 181

A-........La modernisation matérielle des instances administratives de traitement des différends 182

1- Le cas de l'ARSEL 182

a- Sur la refonte de l'instance de conciliation 183

b- Pour l'institution du caractère obligatoire de la règle du contradictoire au niveau de l'instance de conciliation 185

c- Pour une dématérialisation et une territorialisation à large spectre des interventions de l'ARSEL : un impératif d'efficacité 186
2- L'intégration des collectivités locales dans le processus de règlement de litiges liés à la fourniture de l'énergie électrique 187
a- Un enjeu de nature politique, économique et social 188
b- La création des comités de conciliation auprès de chaque mairie 189
B- La modernisation technique des instances administratives de résolution des différends 190
1- Pour une formation initiale et continue du personnel chargé de la connaissance des affaires : une garantie de compétitivité et de compétence 190
2- L'institutionnalisation des garanties d'indépendances et d'impartialité des organes non juridictionnels chargés du traitement des litiges électriques 191
Section II : La nécessité de l'institution d'un médiateur de l'énergie ... 192
Paragraphe I : Sur l'organisation de l'institution du médiateur de l'énergie 194
Paragraphe II : Sur la composition du médiateur de l'énergie 195
A- Un président 195
B- Les membres 195
Paragraphe II : Sur le fonctionnement du médiateur de l'énergie 196
Paragraphe III : Des préconisations diffuses, mais indispensables 196
A- La libéralisation effective du secteur de l'électricité 196
B- Incitations à l'utilisation par les collectivités territoriales décentralisées des énergies complémentaires 197
CONCLUSION Chapitre II 198
CONCLUSION TITRE II 199
CONCLUSION DE LA PREMIÈRE PARTIE 200
DEUXIÈME PARTIE : LA QUASI-JUDICIARISATION DU TRAITEMENT DES LITIGES CONSÉQUENTS À LA FOURNITURE DE L'ÉNERGIE ÉLECTRIQUE 203
TITRE I : LA PRÉÉMINENCE DE L'OFFICE DU JUGE JUDICIAIRE DANS LE TRAITEMENT DES LITIGES INHÉRENTS À LA FOURNITURE DE L'ÉNERGIE ÉLECTRIQUE 207

CHAPITRE PRÉLIMINAIRE : LES FONDEMENTS DE LA PLÉNITUDE DES COMPÉTENCES DU JUGE JUDICIAIRE EN MATIÈRE DES CONTESTATIONS RELATIVES À LA FOURNITURE DE L'ÉNERGIE ÉLECTRIQUE 211
Section I : L'affirmation de la plénitude de la compétence de la juridiction judiciaire 212
Paragraphe I : Les fondements normatifs de la consécration de la plénitude de compétence du juge judiciaire 213
Paragraphe II : Les fondements jurisprudentiels de la consécration de la plénitude de compétence du juge judiciaire 216
Section II : La compétence de la juridiction civile en matière de fourniture de l'énergie électrique 218
Paragraphe préliminaire : La répartition classique de la compétence de la juridiction civile 218
A- La compétence territoriale de la juridiction civile en matière de fourniture 219
1- Le principe de la régionalisation de la compétence du juge judiciaire 219
2- La relativisation du principe de la compétence territoriale en matière de fourniture 220
B- La structuration de la compétence matérielle du juge civil à l'intérieur de la juridiction civile 220
Paragraphe II : Le juge des référés : juge de l'urgence de la voie de fait et de l'emprise 222
A- Les fondements de la prééminence de l'intervention du juge des référés dans le contentieux de la fourniture de l'énergie électrique 223
B- L'intervention du juge des référés dans le contentieux de la voie de fait et de l'emprise 224
1- La suspension abusive de l'énergie électrique 225
a- La suspension de l'énergie électrique à un abonné sans motifs légitimes 225
b- La suspension de l'énergie électrique à un abonné sans préavis 227
c- Les contrôles inopinés et manipulations illégitimes du compteur d'un abonné par des agents non identifiables et la suspension de l'énergie électrique par des agents qui ne sont pas assermentés 228
2- La suspension de l'énergie électrique sur le fondement d'un avis de coupure irrégulier 228
3- La suspension abusive de l'énergie électrique en l'absence de l'existence d'une dette exigible 230

4- La suspension de fourniture abusive à un abonné à jour de ses obligations contractuelles....231
5- L'inexécution d'un exploit d'huissier régulièrement établi et adressé au fournisseur pour le rétablissement de l'énergie électrique 232
6- Le passage d'une ligne électrique monophasée dans une concession privée sans autorisation préalable du propriétaire 232
C- La négation de la compétence du juge des référés en cas de contestation sérieuse en matière d'emprise 233
Paragraphe III : Le juge ordinaire : juge de fond de l'intégralité de la voie de fait et de l'emprise en matière de fourniture d'énergie électrique....234
A- L'implantation des poteaux électriques dans une propriété privée sans autorisation préalable du propriétaire 234
B- Les dommages causés à une propriété privée par l'effondrement des poteaux électriques d'ENEO....235
C- Le passage des fils de courant électrique sur une propriété privée sans le consentement du propriétaire ou surplomb de propriété....236
D- La suspension de l'énergie électrique reposant sur une indexation fictive ou sur un compteur fictif....238
E- La suspension illégitime de l'énergie électrique à un abonné à jour de ses obligations contractuelles....239
Paragraphe IV: La connaissance du juge judiciaire des contestations nées de la tarification de l'énergie électrique....241
A- Le contenu de la notion de facturation en matière d'énergie électrique 241
B- L'identification des incidents de la facturation 242
1- Les modalités de la facturation....243
2- La question préliminaire : La problématique de l'introduction des compteurs prépayés dans les systèmes de facturation de l'énergie électrique....244
a- La légalité des compteurs prépayés....245
b- Le contrôle envisagé de la légalité des compteurs prépayés....247
3- Les incidents émanant du fournisseur....248
a- L'erreur sur le calcul de la consommation réelle 248
b- L'émission des factures frauduleuses, arbitraires ou abusives 249
c- Le trop-perçu du fournisseur 250
4- Les incidents émanant du consommateur et les moyens de pression du fournisseur de l'énergie électrique....251
a- Le tripotage des installations....251

b- Le refus ou retard du paiement..252
c- Le refus de la relève des compteurs 254
Paragraphe V: L'empiètement du juge judiciaire dans la compétence du juge administratif 255
A- Les fondements de l'empiètement..255
B- L'envahissement du domaine de compétence exclusive au juge administratif : Les litiges mettant en cause les biens concédés au service public de l'électricité...256
C- La connaissance par le juge judiciaire des contestations relatives à la qualité de l'énergie électrique...266
D- La connaissance par le juge judiciaire des contestations afférentes à la tarification de l'énergie électrique 267
Section III : L'étendue de la compétence de la juridiction pénale en matière de fourniture 269
Paragraphe I : La délimitation de la compétence territoriale du juge pénal en matière de fourniture 270
A- La compétence du ressort...270
B- La compétence de rattachement 271
Paragraphe II : La compétence matérielle inhérente à la structuration interne de la juridiction pénale en matière de fourniture 272
A- La compétence du TPI...272
B- La compétence du TGI 273
C- La compétence de la Cour d'appel 274
D- La compétence de la Cour suprême 274
Paragraphe III: La compétence matérielle de la juridiction pénale inhérente aux protagonistes..274
A- Les infractions commises par le consommateur de l'énergie électrique 275
1- Le vol spécial d'électricité..275
2- La corruption 275
B- Les infractions commises par le fournisseur de l'énergie électrique 276
1- Les homicides et blessures involontaires....................................276
2- Les pratiques commerciales inéquitables 277
3- La violation de domicile 278
Section IV : Les exclusions de responsabilité comme une entorse à la plénitude de la compétence du juge judiciaire de la fourniture 279
CONCLUSION Chapitre préliminaire 284

CHAPITRE I : L'ACTION DEVANT LE JUGE JUDICIAIRE DE LA FOURNITURE DE L'ÉNERGIE ÉLECTRIQUE 285

Section I : L'action devant le juge civil de la fourniture de l'énergie électrique 285

Paragraphe I : La vérification des conditions d'accès au juge civil 285

A- Les incidences de la qualité de consommateur sur la détermination des conditions objectives d'accès au juge de la fourniture 286

B- La dénaturation du contenu des notions de qualité et d'intérêt à agir par le règlement du service public de distribution 287

1- La dénaturation de la notion de qualité 287

2- Les incidences de la dénaturation de la notion d'intérêt pour agir 290

C- L'instabilité des notions de capacité et de pouvoir d'agir 292

1- La capacité d'agir 292

2- Le pouvoir d'agir 293

Paragraphe II : L'instance civile en matière de fourniture de l'énergie électrique 293

A- Les préalables à l'ouverture de l'instance 293

1- La demande introductive d'instance 293

2- L'enrôlement et le paiement de consignation 295

B- Le déroulement de l'instance civile 296

1- Les parties aux débats 296

2- L'ouverture des débats 297

Paragraphe III : Le jugement et ses suites 299

A- Le prononcé du jugement 299

1- Le moment du prononcé 299

2- Les modalités du prononcé 300

3- L'autorité de la chose jugée de la décision du juge 300

B- Les voies d'exécution de la décision du juge 301

1- Les conditions communes aux différentes saisies 301

2- Les différents types de saisies dans le contentieux de la fourniture de l'énergie électrique 302

C- Les voies de recours 303

1- Les voies de réformation 303

2- Les voies de rétractation 304

Section II : L'action devant le juge pénal 305

Paragraphe I : La saisine du juge pénal 305

Paragraphe II : L'instance pénale 306
A- Le déroulement du procès pénal 306
B- Le jugement et ses suites 307
CONCLUSION Chapitre I 307
CHAPITRE II : L'ENGAGEMENT DE LA RESPONSABILITÉ ÉLECTRIQUE DEVANT LE JUGE JUDICIAIRE 309
Section I : L'engagement de la responsabilité devant le juge civil........ 309
Paragraphe I : Le fait générateur de la responsabilité : la faute 309
A- La faute civile à l'origine de la responsabilité du consommateur 311
B- La faute civile à l'origine de la responsabilité du fournisseur..... 311
Paragraphe II : Le lien de causalité : le préjudice dommageable........ 320
A- La causalité des dommages causés par une coupure de courant : endommagement des appareils électroménagers 323
B- La causalité des dommages liés à l'exécution du contrat 325
C- La responsabilité variée dans les cas des dommages résultant des installations défectueuses 326
Paragraphe III : La réparation du préjudice 329
A- La condamnation à la réparation du préjudice matériel 329
B- La condamnation à la réparation du préjudice moral 334
Section II : L'engagement de la responsabilité pénale en matière de fourniture de l'énergie électrique 338
Paragraphe I : Le fait générateur de la responsabilité pénale en matière de fourniture : la faute 340
A- La faute du consommateur ou de l'usager du service public de l'électricité 340
B- La faute pénale à l'origine de la responsabilité du fournisseur ... 341
Paragraphe II : La réparation du préjudice subi 342
A- La sévérité des sanctions des infractions commises par le consommateur 343
B- La sanction des infractions commises par le fournisseur 344
CONCLUSION Chapitre II 345
CONCLUSION TITRE I 346
TITRE II : LE CLAIR OBSCUR DE L'INTERVENTION DU JUGE ADMINISTRATIF DANS LE TRAITEMENT JURIDICTIONNEL DES INCIDENTS NÉS DE LA FOURNITURE DE L'ÉNERGIE ÉLECTRIQUE 347

CHAPITRE I : L'INTERVENTION DES JUGES ADMINISTRATIF ET CONSTITUTIONNEL EN MATIÈRE DE FOURNITURE DE L'ÉNERGIE ÉLECTRIQUE 353

Section I : La spécificité de la compétence de la juridiction administrative en matière de fourniture 354

Paragraphe préliminaire : La controverse sur l'existence de la compétence du juge administratif dans le contentieux de la fourniture de l'énergie électrique 355

A- Le mutisme du règlement du service public de distribution et la loi de 2011 régissant le secteur de l'électricité sur la détermination de la compétence du juge administratif 356

B- La réfutation du mutisme textuel et l'affirmation de l'existence de la compétence du juge administratif en matière de fourniture de l'énergie électrique : L'expression des fondements de la compétence du juge administratif 357

1- Les fondements théoriques de la compétence du juge administratif de la fourniture de l'énergie électrique. 358

a- Les arguments tirés de l'exercice de l'activité d'intérêt général de la fourniture de l'énergie électrique 358

b- Les arguments tirés la nature juridique des biens équipements affectés aux branchements en vue de l'exercice d'une activité de service public 359

c- Les arguments tirés de l'exercice des prérogatives de puissance publique par le concessionnaire 360

2- Les fondements jurisprudentiels de la compétence du juge administratif de la fourniture 361

a- Les fondements jurisprudentiels originaires 361

b- Les fondements jurisprudentiels tirés de la nature du service gestionnaire du service public de la fourniture de l'énergie électrique 361

C- Les bases juridiques de la compétence du juge administratif 363

1- Les bases constitutionnelles 363

2- Les bases législatives 363

3- Les bases réglementaires 364

Paragraphe I : le rappel des règles classiques de dévolution de la compétence territoriale de la juridiction administrative 364

Paragraphe II : L'explicitation des contours de la compétence matérielle du juge administratif en matière de fourniture de l'énergie électrique 365

A- La légalité des actes réglementaires relatifs à la régulation de la fourniture de l'énergie électrique 365

1- La légalité de l'arrêté portant règlement du service public de distribution de l'énergie électrique 366
2- La légalité des actes unilatéraux du fournisseur relatif à la tarification de l'énergie électrique 366
3- La légalité de la facturation et de la tarification 366
4- La légalité des prérogatives exorbitantes de puissance publique du fournisseur de l'énergie électrique 368
B- Les actions en indemnisation du préjudice causé par les actes illégaux du fournisseur 368
1- Les dommages causés par les installations électriques et ouvrages concédés au service public de l'électricité 369
2-Les dommages causés du fait du fonctionnement défectueux du service public de l'électricité 369
3- Les dommages résultant de la qualité de l'énergie électrique ... 370
Section II : L'ambiguïté des conditions d'accès au juge administratif.. 370
Paragraphe I : La problématique du recours gracieux préalable dans le cadre des concessions de fourniture d'énergie électrique 370
A- Les données du problème : les consécrations normatives ambigües 371
1- Les contradictions des dispositions de la loi n °2006/022 du 29 décembre 2006 portant organisation et fonctionnement des tribunaux administratifs.. 371
2- Les contradictions du règlement du service public de distribution de 2009 : les dispositions ambigües des articles 17 et 18 et les consécrations évasives des dispositions normatives de la loi de 2011 régissant le secteur de l'électricité 372
B- Les solutions envisageables pour l'opportunité d'un recours gracieux préalable en matière de fourniture de l'énergie électrique. 373
1- Sur la détermination de l'acte valant RGP 374
a- La réclamation de l'article 17 du règlement du service public de distribution 374
b- Le PV de conciliation ou de non-conciliation et les décisions des comités de recours 375
2- Sur la détermination des autorités adressataires du recours gracieux préalable : les scénarios possibles 375
a- En cas de litige opposant le consommateur au fournisseur de l'énergie.. 376
b- En cas de litige opposant le consommateur à l'État................ 378
c- En cas de litige dirigé par le régulateur contre le concessionnaire 378

Paragraphe II : L'opacité des conditions subjectives 378
Section III : La procédure devant le juge administratif de l'énergie électrique 380
Paragraphe I : la requête introductive d'instance 381
Paragraphe II : Les spécificités de la procédure administrative contentieuse 381
A- Les caractères de la procédure 381
B- Le déclenchement de la procédure 382
C- Les règles du procès 383
Paragraphe III : Les suites de la procédure 383
A- La décision du juge 384
B- Les pouvoirs du juge 384
C- Les voies de recours 385
Section III : L'intervention du juge constitutionnel dans le contentieux de la fourniture de l'énergie électrique 386
Paragraphe I : Le fondement juridique de la compétence du juge constitutionnel dans le contentieux de la fourniture de l'énergie électrique 387
Paragraphe II : Le sort de l'intervention du juge constitutionnel dans le contentieux de la fourniture de l'énergie électrique au Cameroun 389
Paragraphe III : Pour l'institution de la question prioritaire de constitutionnalité ? 390
CONCLUSION Chapitre I 391
CHAPITRE II : L'ENGAGEMENT DE LA RESPONSABILITÉ PUBLIQUE DANS LE CONTENTIEUX ADMINISTRATIF DE LA FOURNITURE DE L'ÉNERGIE ÉLECTRIQUE 393
Section I : Le fait générateur de la responsabilité publique dans la fourniture de l'énergie électrique 395
Paragraphe I : La responsabilité pour faute 396
A- La faute simple prouvée dans le contentieux de la fourniture 397
B- La faute présumée 398
Paragraphe II : La responsabilité sans faute 400
A- L'application de la responsabilité pour risque aux activités de fourniture de l'énergie électrique au Cameroun 401
1- Les choses et les activités dangereuses 401
2- Les dommages accidentels de travaux publics 402
B- La responsabilité pour rupture de l'égalité devant les charges publiques 402

Section II : Le préjudice électrique indemnisable 403
Paragraphe I : Les caractères du préjudice électrique indemnisable... 403
A- Le préjudice direct et certain 403
1- Le préjudice direct 403
2- Le préjudice certain indemnisable 404
B- Le préjudice matériel et légitime 404
1- Le préjudice matériel 404
2- Le préjudice légitime 404
C- Le préjudice anormal et spécial 404
D- Le préjudice moral 405
Paragraphe II : La répartition du dommage électrique 405
A- La collectivité responsable 405
1- L'association de l'État et du fournisseur à une activité commune 405
2- Le concessionnaire agissant pour le compte du concédant 405
B- L'évaluation ou l'indemnisation du préjudice électrique 406
1- Les facteurs d'évaluation du préjudice 406
2- Les modalités de la réparation 407
Section III : Le lien de causalité 407
Paragraphe I : L'exigence de la causalité adéquate dans le contentieux administratif de la fourniture et de la détermination des personnes responsables 408
Paragraphe II : Les exonérations de responsabilité dans le contentieux administratif de la fourniture 410
A- La faute de la victime et le fait du tiers 411
1- La faute de la victime 411
2- Le fait du tiers 411
B- La force majeure et le cas fortuit 411
1- La force majeure 411
2- Le cas fortuit 412
CONCLUSION Chapitre II 412
CONCLUSION TITRE II 413
CONCLUSION DE LA PARTIE II 414
CONCLUSION GÉNÉRALE 415
RÉFÉRENCES BIBLIOGRAPHIQUES 421
INDEX ALPHABÉTIQUE 443

Structures éditoriales du groupe L'Harmattan

L'Harmattan Italie
Via degli Artisti, 15
10124 Torino
harmattan.italia@gmail.com

L'Harmattan Hongrie
Kossuth l. u. 14-16.
1053 Budapest
harmattan@harmattan.hu

L'Harmattan Sénégal
10 VDN en face Mermoz
BP 45034 Dakar-Fann
senharmattan@gmail.com

L'Harmattan Cameroun
TSINGA/FECAFOOT
BP 11486 Yaoundé
inkoukam@gmail.com

L'Harmattan Burkina Faso
Achille Somé – tengnule@hotmail.fr

L'Harmattan Guinée
Almamya, rue KA 028 OKB Agency
BP 3470 Conakry
harmattanguinee@yahoo.fr

L'Harmattan RDC
185, avenue Nyangwe
Commune de Lingwala – Kinshasa
matangilamusadila@yahoo.fr

L'Harmattan Congo
219, avenue Nelson Mandela
BP 2874 Brazzaville
harmattan.congo@yahoo.fr

L'Harmattan Mali
ACI 2000 - Immeuble Mgr Jean Marie Cisse
Bureau 10
BP 145 Bamako-Mali
mali@harmattan.fr

L'Harmattan Togo
Djidjole – Lomé
Maison Amela
face EPP BATOME
ddamela@aol.com

L'Harmattan Côte d'Ivoire
Résidence Karl – Cité des Arts
Abidjan-Cocody
03 BP 1588 Abidjan
espace_harmattan.ci@hotmail.fr

Nos librairies en France

Librairie internationale
16, rue des Écoles
75005 Paris
librairie.internationale@harmattan.fr
01 40 46 79 11
www.librairieharmattan.com

Librairie des savoirs
21, rue des Écoles
75005 Paris
librairie.sh@harmattan.fr
01 46 34 13 71
www.librairieharmattansh.com

Librairie Le Lucernaire
53, rue Notre-Dame-des-Champs
75006 Paris
librairie@lucernaire.fr
01 42 22 67 13

www.ingramcontent.com/pod-product-compliance
Lightning Source LLC
LaVergne TN
LVHW021143061026
849535LV00002B/341
* 9 7 8 2 3 3 6 4 7 9 5 5 2 *